AF557625

Icinga

Lennart Betz arbeitet als Consultant und Trainer bei der Nürnberger NETWAYS GmbH. Seine Hauptarbeitsgebiete sind Planung, Aufbau und Betreuung von Monitoringlösungen, Konfigurationsmanagement und weitere Automatisierungsthemen. Schon früh während seines Mathematikstudiums beschäftigte er sich mit Freier Software und verfolgt dies auch seit dem Abschluss in seiner beruflichen Tätigkeit konsequent weiter.

Thomas Widhalm hilft als Lead Support Engineer Kunden der Netways GmbH beim Beheben von Problemen mit Icinga-Installation. Außerdem unterstützt er als Consultant Kunden bei der Planung, Umsetzung und weiteren Betreuung von Projekten im Bereich Monitoring und Logmanagement. Als Trainer zeichnet er sich für die Schulungen im Bereich Logmanagement verantwortlich. Im Icinga-Team arbeitet er an der Online-Dokumentation mit. Er ist überzeugt, dass Freie Software proprietärer Software überlegen ist und ihre Konzepte auch außerhalb der IT mehr Anwendung finden sollten.

Lennart Betz · Thomas Widhalm

Icinga

Monitoring – Grundlagen und Praxis

Lennart Betz, Thomas Widhalm
feedback@icinga-book.net

Lektorat: Dr. Michael Barabas
Projektkoordinierung: Anja Weimer
Copy-Editing: Ursula Zimpfer, Herrenberg
Satz: Lennart Betz
Herstellung: Stefanie Weidner, Frank Heidt
Umschlaggestaltung: Helmut Kraus, *www.exclam.de*
Druck: mediaprint solutions GmbH, 33100 Paderborn

Bibliografische Information der Deutschen Nationalbibliothek
Die Deutsche Nationalbibliothek verzeichnet diese Publikation in der Deutschen Nationalbibliografie; detaillierte bibliografische Daten sind im Internet über *http://dnb.d-nb.de* abrufbar.

ISBN:
Print 978-3-86490-879-8
PDF 978-3-96910-622-8
ePub 978-3-96910-623-5
mobi 978-3-96910-624-2

1. Auflage 2022

Wieblinger Weg 17
69123 Heidelberg

Hinweis:
Dieses Buch wurde auf PEFC-zertifiziertem Papier aus nachhaltiger Waldwirtschaft gedruckt. Der Umwelt zuliebe verzichten wir zusätzlich auf die Einschweißfolie.

Schreiben Sie uns:
Falls Sie Anregungen, Wünsche und Kommentare haben,
lassen Sie es unswissen: *hallo@dpunkt.de.*

5 4 3 2 1 0

Vorwort

Wie mache ich es richtig? Ich vermute durchaus, dass dies eine Frage ist, die Sie zum Kauf dieses Buchs bewogen hat. In den vielen Jahren, die wir als Icinga und die Autoren das Produkt begleiten, ist uns diese Frage ebenfalls immer wieder begegnet. Allerdings gibt es für viele Fragestellungen und Szenarien im Bereich der Infrastrukturüberwachung oft nicht die eine richtige Antwort, um ans Ziel zu kommen. Umgebungen sind unterschiedlich und somit verändert sich auch der passende Lösungsansatz.

Dieses aktualisierte Icinga-Buch geht nochmals detaillierter auf die unterschiedlichen Herausforderungen moderner IT und den Einsatz von Icinga ein. Dabei grenzt sich das Werk vor allem durch die geradlinige Führung des Lesers von anderen Werken und zugegebenermaßen auch der Dokumentation ab. Die Autoren nehmen Sie an die Hand und helfen Ihnen beim richtigen Konfigurieren und Betrieb von Icinga. Dabei ist trotz der Balance zwischen der Betrachtung unterschiedlicher Bedürfnisse stets ein roter Faden erkennbar, der dieses Buch besonders macht. So wird es Sie über den Einstieg und die Konfiguration hinaus im täglichen Betrieb begleiten und Ihnen die Überwachung unterschiedlicher Systeme und Umgebungen nahebringen. Außerdem geht das Buch auf Fragestellungen ein, die sich dem erfahrenen Anwender und Administrator von Icinga stellen: Virtualisierte Umgebungen, APIs, Visualisierung zeitlicher Verläufe und das Thema Hochverfügbarkeit sind detailliert und gleichzeitig leicht zugänglich beschrieben.

Dass die Autoren darüber hinaus über jahrzehntelange praktische Erfahrung mit Icinga verfügen, macht das Buch zu einem Standardwerk für den richtigen Einsatz von Icinga. Der Leser profitiert von dieser Erfahrung, die dem gesamten Buch immer wieder zu entnehmen ist. Daher kann ich Sie zum Kauf des Buchs mit bestem Wissen und Gewissen nur beglückwünschen.

Egal ob Einsteiger oder Fortgeschrittener, wünsche ich Ihnen bei der Einrichtung und dem Betrieb von Icinga mindestens genauso viel Freude wie beim Studieren dieses Buchs. Alles, was Sie dafür brauchen, halten Sie in Ihren »Händen«.

Bernd Erk
CEO Icinga

Einige Zeilen zum Buch selbst

Das vorliegende Buch richtet sich an Administratoren, die Icinga einsetzen, mit dem Gedanken spielen, dies zu tun, oder in absehbarer Zeit zu Icinga migrieren möchten. Die zentralen Komponenten einer Überwachung mit Icinga sind Linux-basiert. Daher ist ein Grundwissen von Linux zwingend für das Verständnis der Materie erforderlich. Das Buch richtet sich aber gleichermaßen auch an erfahrene Linux-Administratoren, die Icinga bereits einsetzen. Es behandelt auch Schnittstellen, die es ermöglichen, Icinga mit anderer Software zu verknüpfen, wie die Integration von Messdaten und deren Darstellung (Graphing) über einer Zeitachse oder das Einbinden von Erkenntnissen aus einem Logmanagement. Nebenbei sind viele Vorschläge enthalten, wie die Überwachung selbst erweitert werden kann.

Struktur dieses Buchs

Dieses Buch besteht aus fünf Teilen, die sich wiederum in einzelne Kapitel gliedern. Der erste Teil gibt eine kleine Einführung in das Thema Monitoring und stellt die einzelnen Softwarekomponenten von Icinga vor.

Der zweite Teil stellt den Icinga-Agenten vor und beschreibt, wie mit dem Agenten Linux- und Windows-Systeme zu überwachen sind.

Teil drei ist der praktischen Überwachung mit unterschiedlichen Plugins vorbehalten. Es werden einige Plugins vorgestellt und beschrieben, wie diese zu installieren und in Icinga zu integrieren sind.

In den letzen beiden Teilen wird darauf eingegangen, wie Icinga erweitert wird und sich in andere Systeme integrieren lässt. Aber auch die Realisierung von verteilter Überwachung mit Icinga und die Erhöhung der Ausfallsicherheit des eigenen Monitorings werden thematisiert.

Der Anhang ist nicht nur ein Nachschlagewerk, sondern vertieft und erweitert Ihr Wissen um die Themenkomplexe Tuning, Security, Updates und Datensicherung.

In diesem Buch behandelte Versionen

Dieses Buch behandelt Icinga 2 in der Version 2.13 und Icinga Web 2 Version 2.8 und Version 2.9. Alle Beispiele zu Installationen beziehen sich, wenn nicht anders angegeben, auf die Distributionen RHEL/CentOS 8 bzw. Debian Bullseye. Dabei wird RHEL wie auch CentOS mit RedHat synonym verwendet.

Das in mehreren Kapiteln eingesetzte und in seiner Benutzung beschriebene MySQL wird ebenfalls als Synonym für MariaDB benutzt.

Typografische Konventionen

In diesem Buch werden folgende typografischen Konventionen verwendet:

- `Nichtproportionalschrift`
  Wird benutzt für Namen von Programmen, Befehlen sowie für Codebeispiele.
- *Kursivschrift*
  Kommt zum Einsatz bei spezifischen Wörtern in Konfigurationen wie Schlüsselwörtern, Objektnamen, deren Attributen oder Custom Variables.
- *`Nichtproportionalschrift kursiv`*
  Wird bei Datei- und Verzeichnisnamen verwendet.

> Kommandos oder Codezeilen, die dem Format dieses Buchs geschuldet einem unnötigen oder falschen Zeilenumbruch unterworfen sind, haben am Ende der Zeilen einen Backslash »\«.

Materialien zum Buch

Die Codebeispiele in diesem Buch, die sich auf die Konfiguration von Icinga beziehen, befinden sich auch online zugänglich in einem Repository[1] auf GitHub. Kommandos auf der Kommandozeile müssen wohl oder übel abgetippt werden.

```
$ git clone https://github.com/lbetz/icinga-book
```

Die Beispiele befinden sich unterhalb des Verzeichnisses */code*. Aufgetretene und entdeckte Fehler an den Beispielen werden wir ebenfalls dort korrigieren sowie generelle Korrekturen am Text unterhalb */errata* hochladen.

Die Beispiele sind nach Kapiteln in Unterverzeichnisse aufgeteilt und dort als Textdateien abgelegt, deren Namen der jeweiligen Codebeispielnummer entsprechen.

[1] https://github.com/lbetz/icinga-book

Danksagung

Lennart Betz

Danke an all die lieben und engagierten Menschen, die sich mit Icinga beschäftigen und durch ihre direkte Arbeit, Zuarbeit durch Issues oder in der Community dieses Projekt ermöglichen. Vielen Dank an Bernd als treibende Kraft, der mich auch moralisch immer unterstützte. Mein besonderer Dank geht auch an Thomas, der mir nicht die Freundschaft kündigte, obwohl ich dieses Buch nahezu ohne ihn geschrieben habe.

Servus
Lennart

Thomas Widhalm

Ich möchte mich bei all den Leuten bedanken, die mich zu dem gemacht haben, der ich heute bin. Vor allem bei meiner Frau, auch weil sie die vielen »Ich muss heute unbedingt an diesem Buch arbeiten«-Tage ertragen hat. Ganz besonders bedanken möchte ich mich bei Lennart, weil er mir die Möglichkeit gegeben hat, genug zu dieser Auflage beizutragen, um meinen Namen am Umschlag zu rechtfertigen. Und das, obwohl ich mich aus persönlichen Gründen weitgehend aus dem Projekt zurückziehen musste und er fast alles alleine gestemmt hat.

Vielen Dank für alles,
Thomas Widhlam

Feedback

Die Qualität jedes Fachbuchs misst sich am Nutzen, den es für seine Leser hat. Wir würden uns freuen, davon zu hören, was Sie als Leser nützlich im Buch fanden und wo wir uns noch verbessern können. So wie sich die beschriebene Software weiterentwickelt, soll es auch unser Buch tun und hiermit geben wir Ihnen die Chance, die Richtung zu beeinflussen, in die es geht.

Für Rückmeldungen zum Buch freuen wir uns über E-Mails an *feedback@icinga-book.net*.

Inhaltsverzeichnis

V Integration 427

Anhang 611

I Einführung

1 Einleitung

Drei Freunde aus den USA, die als Juniordetektive tätig sind, baten uns um Unterstützung bei der Überwachung der IT-Systeme eines großen Secondhandshops. Das »Gebrauchtwarencenter Jonas«, auf dessen Gelände unsere Freunde ihre Zentrale eingerichtet hatten, war ein voller Erfolg und so wurde auch die IT mit der Zeit immer umfangreicher.

Der Erfolg führte zu neuen Services und Applikationen, die natürlich ebenfalls überwacht werden mussten, um rund um die Uhr den reibungslosen Verkauf zu gewährleisten. Dieses Buch beschreibt, wie Icinga im Hintergrund half, diese Ziele zu erreichen, und welchen Weg ich dabei gegangen bin.

Der erste Teil des Buchs definiert, was Monitoring mit Icinga genau bedeutet. Er beschreibt die Architektur von Icinga und führt alle wichtigen Begriffe ein. Nach der Installation werfen wir einen ersten Blick auf die Benutzeroberfläche und gehen anschließend noch auf die Konfiguration der Kernkomponenten ein. Am Ende des ersten Teils wird die Umgebung des Gebrauchtwarencenters vorgestellt und sogleich damit begonnen diese zu überwachen.

Im zweiten Teil steht der Icinga-Agent im Mittelpunkt. Dieser wird zur Überwachung von Linux- und Windows-Systemen verwendet. Mit seiner Hilfe kann beispielsweise die Auslastung der CPU, des Hauptspeichers und der Dateisysteme ermittelt und an Icinga gemeldet werden. Als Alternative zum Agenten, inbesondere für ältere Linux- oder andere Unix-Systeme, wird die Überwachung unter Zuhilfnahme der Secure Shell (SSH) vorgestellt.

Der dritte Teil widmet sich bereits fortgeschritteneren Themen. So startet dieser mit Erläuterungen, wie sich die Benutzeroberfläche Icinga Web 2 weiter ausreizen lässt. Das Formulieren von Filtern und das Anlegen eigener Dashboards wird behandelt, aber auch, wie Icinga Web 2 durch zusätzliche Module erweitert werden oder zur Authentifizierung an ein Microsoft Active Directory (AD) angebunden werden kann. Die Konzepte von Benachrichtigungen und der verteilten Überwachung befinden sich enbenfalls in diesem Teil, wie auch die Einführung in den Icinga Director, der eine grafisch unterstützte Konfiguration ermöglicht.

Ausschließlich um weitere Plugins geht es in Teil vier. Es werden weitere Plugins vorgestellt sowie deren Installation und Anwendung erläutert. Es wird gezeigt, wie Netzwerkdienste der eigenen Infrastruktur überwacht werden, aber auch die zugrunde liegende Hardware sowie Datenbanken und Application Server.

Um Integration geht es im letzten Teil. Hier werden zunächst Businessprozesse eingeführt und gezeigt, wie solche in Icinga definiert und überwacht werden. Die Integration anderer Systeme ist ebenfalls Thema dieses Teils. Kapitel 21 ab Seite 447 beschäftigt sich sehr ausführlich damit, wie von Icinga erfasste Daten in Zeitreihen gespeichert werden können und in die Benutzerobfläche einzubinden sind. Die Überwachung auf bestimmte Logeinträge zeigt Kapitel 23. Zuvor wird jedoch in Kapitel 22 die hiefür erforderliche Schnittstelle von Icinga vorgestellt.

Den Abschluss bildet ein nicht ganz triviales Thema: Hochverfügbarkeit. Es wird erörtert, was wann zu tun ist, um die Fehlertoleranz und damit die Verfügbarkeit einzelner Komponenten oder des Gesamtsystems zu erhöhen. Da das Thema sehr komplex ist und mitunter zusätzliche Software erfordert, nähert sich dieses Kapitel der Problematik auf theoretischer Ebene.

Der Anhang ist nicht nur ein Nachschlagewerk, sondern vermittelt in Abschnitt A viel Wissen über Updates, Datensicherung, Tuning, Troubleshooting und die Absicherung der eigenen Icinga-Umgebung. Die Installation einer Icinga-Umgebung per Hand und aus den Paketquellen beschreibt Anhang D. Der Anhang E gibt hingegen einen kurzen Ausblick auf die IcingaDB, die mittelfristig den IDO als Backend ersetzen soll, wodurch dessen Performanceprobleme der Vergangenheit angehören sollen.

Wer Interesse an der Geschichte rund um Icinga hat, sei hier auf Anhang B verwiesen, der diese kurz zusammengefasst.

Wenn nicht anders beschrieben, sind alle Beispiele, was Installation und Betrieb betrifft, auf RedHat Enterprise Linux (RHEL) in der Version 8 und Debian Bullseye ausgelegt. Mit ein wenig Erfahrung lassen sich die Anleitungen und Beispiele aber auch auf andere Distributionen übertragen.

»Es sind 106 Meilen bis Chicago, wir haben einen vollen Tank, ein halbes Päckchen Zigaretten, es ist dunkel und wir tragen Sonnenbrillen.«

Elwood Blues, 1980

So viel zum Überblick, welche Themen behandelt werden und wo sie zu finden sind. Nun genug der Worte und viel Spaß mit Icinga!

1.1 Monitoring

Der Begriff »Monitoring«[1] bezeichnet die Überwachung von Vorgängen. Es ist ein Überbegriff für alle Arten von systematischen Erfassungen, Messungen oder Beobachtungen eines Vorgangs oder Prozesses mittels technischer Hilfsmittel oder anderer Beobachtungssysteme.

Eine wichtige Funktion des Monitorings besteht darin, bei einem beobachteten Ablauf oder Prozess festzustellen, ob dieser den gewünschten Verlauf nimmt und bestimmte Schwellenwerte eingehalten werden, um andernfalls steuernd eingreifen zu können. Monitoring ist deshalb ein Sondertyp des Protokollierens.

Übertragen auf die IT definiert Wikipedia den »Service-Monitor«[2]. Ein Service-Monitor ist ein Programm, das auf einem Server läuft und Systemressourcen von Servern und deren Rechnernetze überwacht. Des Weiteren gibt es Dienste, die verschiedene Funktionen des Servers von extern in kontinuierlichen Zeitabschnitten überprüfen und die Ergebnisse entsprechend aufbereiten. Bei Fehlfunktionen wird der Betreiber des Servers oder der Services benachrichtigt.

Ohne Monitoring können die Betreiber bzw. die verantwortlichen Administratoren von IT-Systemen nur dann reagieren, wenn ein Anwender eine Störung meldet, sie diese Störung selbst zufällig feststellen oder ein abhängiges System einen Fehler meldet. **Bei dem heute üblichen Verhältnis zwischen der Anzahl von Systemen zu deren Betreuern ist eine kontinuierlich stattfindende, manuelle Kontrolle nicht mehr zu realisieren**. Meldet hingegen ein Anwender einen Ausfall, ist dies nicht nur für genau diesen ärgerlich, sondern auch für alle anderen, die zeitgleich auf das gestörte System zugreifen. Durch die massive Parallelisierung sind dies z. B. bei der Webseite eines Onlineshops viele Tausend potenzielle Kunden, die nun möglicherweise bei einem Marktbegleiter kaufen. Genau solche Ausfälle sollen durch ein Monitoring-System vermieden werden, in dem Probleme frühzeitig erkannt werden und rechtzeitig Gegenmaßnahmen ergriffen werden können.

Gegenmaßnahmen lassen sich nur einleiten, wenn Probleme den Verantwortlichen auch bekannt gemacht werden. Ein Monitoring-System muss über Mechanismen verfügen, Personen oder Gruppen von Personen aktiv zu benachrichtigen.

---

[1] https://de.wikipedia.org/wiki/Monitoring

[2] https://de.wikipedia.org/wiki/Service-Monitor

1.2 Das Universum um Icinga

Eine Installation zum Monitoring mit Icinga besteht grundlegend aus vier Komponenten und wird ausschließlich auf Linux unterstützt. Die Überwachung weiterer Plattformen wie Windows ist aber natürlich gegeben. Die Kernkomponente, die alles steuert, ist Icinga 2.

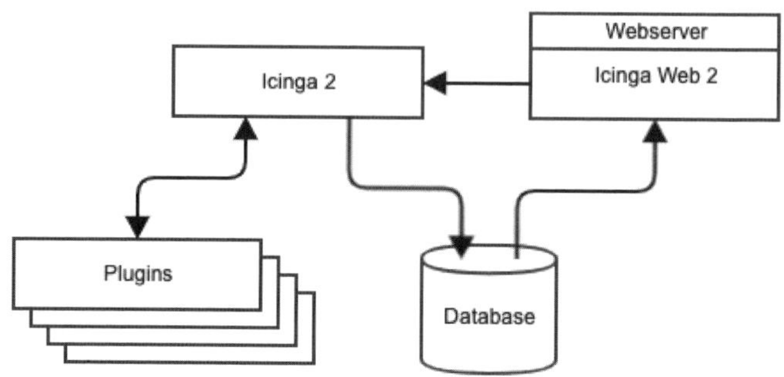

Abbildung 1-1: Die einzelnen Icinga-Komponenten

Die Anzeige des aktuellen Status übernimmt Icinga Web 2, eine Datenbank wird zum Datenaustausch zwischen beiden Komponenten benötigt.

Aus der Benutzeroberfläche Icinga Web 2 heraus steuert der Anwender Icinga 2 interaktiv. Einzelne spezialisierte Plugins übernehmen die Überwachung und Benachrichtigung.

1.2.1 Plugins

Der Name Plugin ist irreführend, da es sich jeweils um ein externes Programm oder Skript handelt. Sie nehmen dabei gesonderte Aufgaben wahr und unterteilen sich danach in Check-Plugins, die den Zustand einer zu überwachenden Komponente ermitteln, und Notification-Plugins, die sich um die Benachrichtigung bei erkannten Problemen kümmern.

Check-Plugins

Bei Check-Plugins gibt der Rückgabewert, auch Exit Code oder Return Code (RC) genannt, den Status der Überwachung an. Beendet sich ein Plugin mit »0«, entspricht das einem OK und bedeutet, der überwachte Dienst funktioniert im Rahmen normaler Parameter.

Die Auswahl des Plugins entscheidet darüber, was überwacht wird. Durch Setzen von Optionen beim Plugin-Aufruf wird angegeben, wo der Dienst läuft, wie er zu überwachen ist und welche Schwellen gelten sollen, um den Zustand OK von WARNING mit dem Exit Code »1« und CRITICAL mit »2« abzugrenzen.

```
$ ./check_http -H www.google.com -w 0.5 -c 1
HTTP OK: HTTP/1.1 200 OK - 13430 bytes in 0.099s response time
$ echo $?
0
```

Worauf sich Schwellenwerte beziehen, richtet sich nach dem gewählten Plugin. Das Plugin `check_http` baut eine Verbindung via Hypertext Transfer Protocol (HTTP) zum Zielsystem auf und ermittelt neben der Antwortzeit auch die Größe der angeforderten Webseite, die Schwellenwerte für WARNING von »0.5« und CRITICAL von »1« beziehen sich aber ausschließlich auf die Antwortzeit.

Das HTTP-Protokoll ist weit komplexer und wird entsprechend von `check_http` unterstützt. Neben der Dokumentation des Plugins sind ebenfalls Kenntnisse des Protokolls von Nutzen. Um z. B. eine durch Transport Layer Security (TLS) abgesicherte Seite auf einem per IP-Adresse spezifizierten namensbasierten Webserver abzufragen, kommen weitere Optionen zum Einsatz:

```
$ ./check_http -H www.google.com.net -I 172.217.22.228 --ssl
HTTP OK: HTTP/1.1 200 OK - 13430 bytes in 0.101s response time
```

Eine aussagekräftige Hilfe, die zumeist mit `--help` auf der Kommandozeile aufgerufen wird, kennzeichnet gute Plugins.

Neben dem Exit Code gibt ein Check-Plugin über seinen **Plugin-Output** in für Menschen verständlicher Form Auskunft über den aktuellen Zustand. Darüber hinaus können zusätzlich vom Plugin ermittelte Werte angefügt sein. Diese Metriken unterscheiden sich je nach Plugin. Bei `check_http` sind es die Größe sowie die benötigte Zeit des Lesens der Webseite.

Eine weitere Eigenschaft von Check-Plugins, die bisher unterschlagen wurde, ist nicht nur das Ermitteln von Metriken, sondern auch deren Aufbereitung zu einer möglichen maschinellen Weiterverarbeitung. So gibt `check_http` zwar Metriken in seinem Output aus, in der erweiterten Ausgabe nach einem »|« werden diese Metriken aber z. B. mit den Schwellenwerten kombiniert. Die Gesamtheit dieser Metriken wird allgemein als **Performance-Daten** bezeichnet.

Jeder einzelne Satz von Performance-Daten identifiziert ein Label, hier *time* und *size*, gefolgt jeweils von einem Gleichheitszeichen. Danach stehen die vom Plugin gemessenen Werte, mittels Semikolon abgetrennt kommen an zweiter und dritter Position die Schwellenwerte. Abschließend können optional noch Minimal- und Maximalwert ausgegeben werden.

```
$ ./check_http -H www.google.com -w 0.5 -c 1
HTTP OK: HTTP/1.1 200 OK - 13527 bytes in 0.074s response time |\
    time=0.074161s;0.500000;1.000000;0.000000 \
    size=13527B;;;0
```

Neben **Remote-Check-Plugins**, die sich mithilfe eines Netzwerkprotokolls zu einem entfernten Rechner verbinden, existieren auch solche, die Ergebnisse durch einen lokalen Aufruf ermitteln. Erforderlich sind diese **Local-Check-Plugins**, um Werte zu ermitteln, die nur lokal zur Verfügung stehen, wie z. B.:

- CPU-Auslastung
- Hauptspeicherbenutzung
- Platzverbrauch auf Dateisystemen
- Laufende Prozesse
- ...

Solche Plugins müssen binärkompatibel zur Plattform sein, auf der sie aufgerufen werden, und unterscheiden sich je nach Betriebssystem auch in der Parametrisierung, aber mitunter auch in den zurückgelieferten Werten. Auf Unix-Systemen wird die CPU-Auslastung traditionell mit Load-Werten[3] angegeben, die in der Aussagekraft über einen auf Windows üblichen Prozentwert hinausgehen.

```
$ ./check_load -w 4,6,8 -c 6,8,10
WARNING - load average: 4.46, 5.02, 3.76
```

Im Gegensatz zu `check_http` werden hier für die drei Werte unterschiedliche Schwellenwerte berücksichtigt.

> Da Check-Plugins die gebräuchlichsten Plugins sind, wird von ihnen meistens in verkürzter Form einfach von Plugins gesprochen. Dabei wird sprachlich selten zwischen Remote und Local unterschieden.

[3]https://en.wikipedia.org/wiki/Load_(computing)

Notification-Plugins

Das Versenden von Benachrichtigungen deligiert Icinga ebenfalls an externe Programme, meistens Skripte. In der Regel kümmert sich jedes Notification-Plugin um einen Benachrichtigungsweg, üblich sind Mail- und SMS-Versand, aber es erfreuen sich inzwischen auch Anbindungen an Messaging-Systeme großer Beliebtheit.

Mit Optionen wird den Plugins übergeben, wer zu benachrichtigen ist und welche Informationen mitgeteilt werden sollen. Das Plugin bereitet die Informationen in der Regel entsprechend zum Übertragungsweg vor dem Versand noch optisch auf.

Damit ist Icinga, wie auch mit den Check-Plugins, einfach und schnell erweiterbar. Notification-Plugins sind im Allgemeinen noch viel leichter selbst zu schreiben als Check-Plugins, da erstere z. B. nur den erfolgten Versand mit einem RC von »0« zu bestätigen haben und nicht zwischen Schwellenwerten unterscheiden müssen. Die Programmlogik ist damit einfacher.

1.2.2 Icinga 2

Beim Projekt[4] Icinga 2 handelt es sich um die unverzichtbare Kernkomponente eines Icinga-Monitoring-Systems. Auf Basis der in den Konfigurationen definierten Überwachung steuert Icinga 2, wann etwas wie zu prüfen ist, wertet den Rückgabewert der entsprechenden Check-Plugins aus und entscheidet, wer im Fehlerfall wie zu benachrichtigen ist. Vereinfacht betrachtet handelt es sich bei Icinga 2 somit um einen »großen« Scheduler[5] zur Transaktionsverarbeitung.

Zusammen mit den Plugins erfüllt Icinga 2 die in Abschnitt 1.1 festgelegten Anforderungen an einen »Service-Monitor«.

Host, Service und andere Objekte

Die zu überwachenden Server und die auf ihnen laufenden Dienste werden Icinga 2 in Konfigurationsdateien bekannt gemacht. Neben diesen Hosts und Services werden auch Benachrichtigungen als Objekte definiert, im Icinga-Umfeld Notification genannt. Zu beachten ist, dass für Icinga auch alles, was mit Local-Check-Plugins überwacht werden soll, ein Service ist. Der Host selbst wird »nur« geprüft, ob er erreichbar ist. Standardmäßig wird so ein Hostalive-Check mittels Ping durchgeführt.

Objekte besitzen je nach Typ unterschiedliche Attribute, die ihre Eigenschaften definieren. Die eben angesprochene Referenzierung zu einem

---

[4] https://github.com/icinga/icinga2

[5] https://de.wikipedia.org/wiki/Historie_(Transaktionsverarbeitung)

Check Command und damit indirekt zu einem Plugin wird z. B. an einem Service über das Attribut *check_command* hergestellt. Darüber hinaus sind einige Objekttypen mittels sogenannter Custom Variables erweiterbar. Sie können frei gewählt werden und können so zusätzliche Informationen enthalten, wie den Hersteller eines überwachten Geräts oder zur Durchführung der Überwachung benötigte Passwörter.

All diese Objekte stehen in Beziehung zueinander, so gehört ein Service immer zu genau einem Host, eine Notification zu einem Service oder Host. Für jedes Plugin gibt es genau ein Check-Command-Objekt, das beschreibt, mit welchen Optionen das Plugin ausgeführt werden kann. Im Host und Service wird demnach ein Check Command referenziert, das die Überwachung steuert. Bei Benachrichtigungen übernimmt dies zwischen Notification und Plugin das Notification Command mit gleichen Eigenschaften.

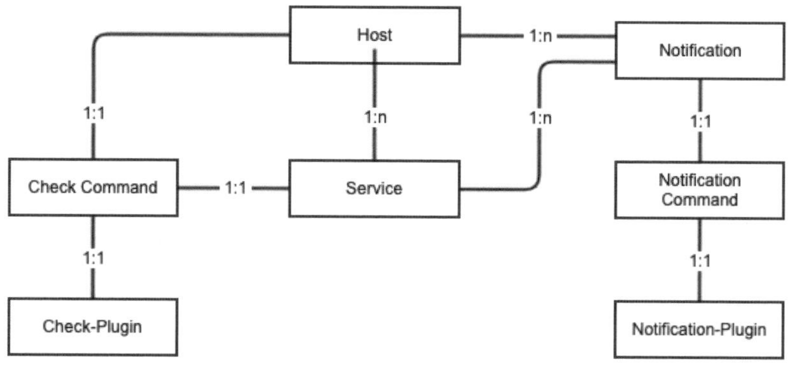

Abbildung 1-2: Zusammenhang zwischen Konfigurationsobjekten

Zusammen mit weiteren Sprachelementen, wie »if-else«-Conditions zur Ablaufsteuerung, Variablen und Funktionen, ist die Konfiguration eine eigene Sprache, die die Spezifikationen einer Domain Specific Language (DSL) erfüllt.

Features

Icinga 2 ist modular aufgebaut und kann durch Features im Funktionsumfang erweitert werden. So lassen sich Informationen von Icinga 2 zu anderen Systemen übertragen. Um beispielsweise einen Graphen für die zeitliche Entwicklung von Festplattenauslastungen zu visualisieren, liefert Icinga 2 Features zur Übertragung von Metriken an diverse nicht zum Icinga-Projekt gehörende Systeme. Die beliebtesten sind InfluxDB und Graphite, PNP4Nagios und openTSDB werden jedoch ebenfalls unterstützt.

Aber selbst die grundlegenden Eigenschaften sind in Features ausgelagert und können damit deaktiviert werden. Sollen keine Benachrichtigungen bearbeitet werden, wird das Feature *notification* abgeschaltet. Auch der Scheduler selbst ist im Feature *checker* implementiert.

Aktive und passive Checks

Werden Hosts und Services in regelmäßigen Abständen mit einem Check-Plugin geprüft, wird von einem aktiven Check gesprochen.

Icinga kennt jedoch auch passive Checks. Hierbei tut Icinga 2 nichts und wartet, dass ihm der Status oder Check-Result von außen mitgeteilt wird. Damit muss Icinga 2 eine Schnittstelle zur Einlieferung solcher Ergebnisse bereitstellen. Genau diese Aufgabe übernimmt das Feature *api*. Es stellt ein REST[6]-Application Programming Interface (API) bereit, das eine verschlüsselte Kommunikation von anderen Servern übers Netzwerk erlaubt.

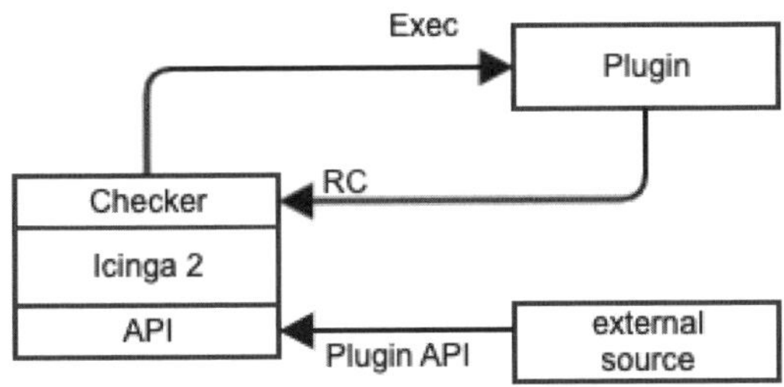

Abbildung 1-3: Icinga 2 – aktive und passive Checks

Bei passiven Checks ist Folgendes zu bedenken: Erfolgt keine regelmäßige Lieferung von Ergebnissen, sondern z. B. nur im Fehlerfall, kann nicht gewährleistet werden, dass der Kommunikationsweg noch funktioniert oder das sendende System noch läuft.

Host- und Servicestatus

Die Überwachung teilt sich wie oben beschrieben in Host und Service auf. Beide werden mit Plugins geprüft, zumindest bei aktiven Checks. Dabei kennt jedes Plugin vier Zustände, OK, WARNING, CRITICAL und UNKNOWN, die es an Icinga 2 übermittelt. Für passive Checks gilt die Beschränkung auf diese vier Zustände verständlicherweise ebenfalls, da Icinga 2 bei der weiteren Verarbeitung keinen Unterschied mehr zwischen aktiv und passiv macht.

[6]https://de.wikipedia.org/wiki/Representational_State_Transfer

Der vierte und letzte Status, den ein Plugin zurückliefern darf, ist UNKNOWN. Er besagt, dass das Plugin nicht in der Lage war, den abzufragenden Zustand zu ermitteln. Das passiert, wenn das Plugin in einen Timeout läuft, weil es den Zustand in der gesetzten Zeit nicht abfragen konnte. Ein weiterer Grund könnte sein, dass Icinga 2 das Plugin beim Aufruf nicht ausführen darf, da der Icinga-Benutzer nicht die Berechtigungen besitzt.

Bei einem Service erschließt sich die Einteilung in WARNING als Vorwarnstufe und CRITICAL für höchste Gefährdung der Produktion, aber was soll dies bei einem Host bedeuten?

Nun, Icinga unterscheidet bei einem Host auch nur zwischen UP und DOWN. Der Grund ist die Überlegung, dass ein Service zu einem Host, der ausgeschaltet bzw. nicht mehr erreichbar ist, mit an absoluter Sicherheit grenzender Wahrscheinlichkeit ebenfalls nicht mehr erreichbar ist. Deshalb muss der Hostalive-Check auch entsprechend hoch angesetzte Schwellenwerte haben, um sicherzustellen, dass der Host wirklich DOWN ist. Standardmäßig liefert ein Ping dann CRITICAL, wenn er Antwortzeiten von jenseits von 5 Sekunden misst oder eine Verlustrate von 100 Prozent bei fünf gesendeten Pings aufweist. Ein Schwellenwert für WARNING ist bei Hosts unerheblich, da Icinga dies als OK auffasst und den Host für UP erklärt.

Return Code	**Servicestatus**	**Hoststatus**
0	OK	UP
1	WARNING	UP
2	CRITICAL	DOWN
3	UNKNOWN	DOWN oder UNREACHABLE wird aus Abhängigkeiten berechnet

Tabelle 1-1: Plugin-Return-Code, Service- und Hoststatus

Die Tabelle fasst den Zusammenhang zwischen dem RC des Plugins zum Host- und Servicesatus nochmals zusammen. Dort findet sich auch, dass ein UNKNOWN an einem Host einem DOWN entspricht, UNREACHABLE ist hingegen ein Status, den Icinga berechnet. Ein Host ist nicht erreichbar, wenn Icinga ein Problem auf dem Weg vom Icinga-Server zum Zielhost bekannt ist, z. B. der Ausfall eines Routers. Icinga weiß damit, dass der Host nicht erreicht werden kann, und kann deshalb auch keinen Status ermitteln und »kennzeichnet« ihn als UNREACHABLE.

1.2.3 Icinga Web 2

Um die Überwachung und Benachrichtigung kümmert sich Icinga 2 im Zusammenspiel mit den Plugins. Jetzt fehlt noch eine adäquate visuelle Aufbereitung und Präsentation. Icinga Web 2 ist das Graphical User Interface (GUI) aus dem Icinga-Projekt, eine in Hypertext Preprocessor (PHP) implementierte Anwendung, die neben PHP einen Webserver zur Interaktion benötigt.

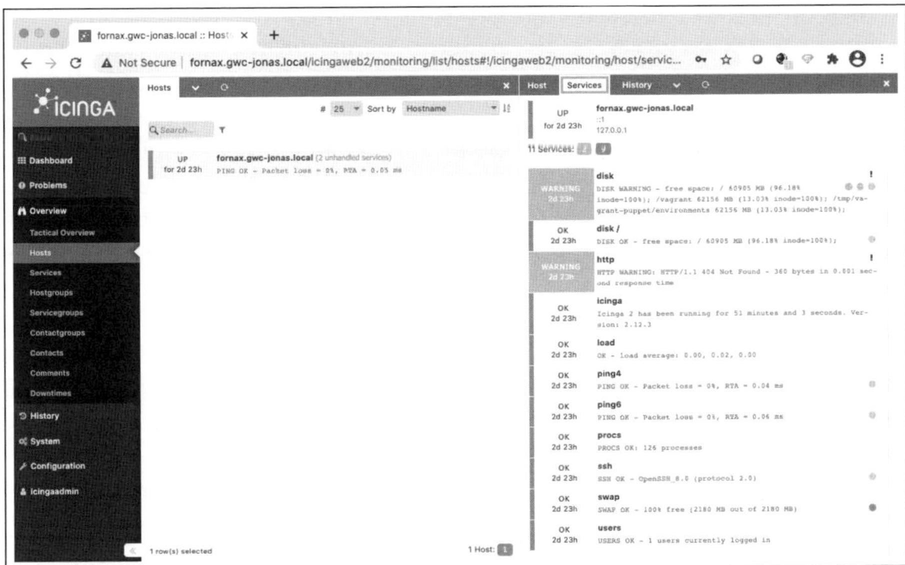

Abbildung 1-4: Icinga Web 2 mit Host- und Service-Ansicht

Als Schnittstelle von Icinga 2 zu Icinga Web 2 muss eine Datenbank eingesetzt werden. Icinga 2 schreibt seine Daten mithilfe eines Features in die Datenbank, von wo Icinga Web 2 sie ausliest und anzeigt. Diese Schnittstelle wird als Icinga Data Output (IDO) bezeichnet.

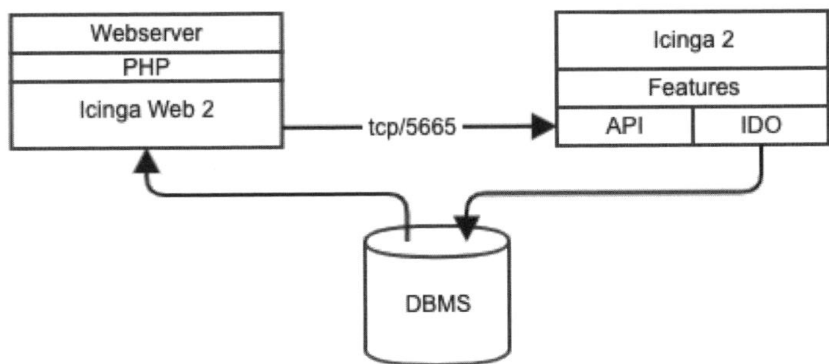

Abbildung 1-5: Icinga 2 – IDO-Anbindung

Als Datenbank werden MySQL/MariaDB oder PostgreSQL unterstützt. Im Icinga-Umfeld wird häufig von MySQL gesprochen, auch wenn MariaDB eingesetzt wird. Aus Sicht von Icinga sind die Unterschiede nicht entscheidend und so wird es auch in diesem Buch gehandhabt. Entsprechend tragen die Features die Namen *ido-mysql* und *ido-pgsql*.

Für den Rückkanal von der GUI ins Icinga 2 wird nicht die Datenbank benutzt, sondern Icinga Web 2 sendet Kommandos, wie führe jetzt unmittelbar einen Check aus, setze eine Downtime oder einen Kommentar, indem die Anwendung diese Befehle an die API von Icinga 2 schickt.

Icinga Web 2 unterstützt als moderne Benutzeroberfläche mehrere unterschiedliche, gleichzeitig angemeldete Benutzer. Durch ein auf Rollen basierendes Berechtigungskonzept können so Benutzern unterschiedliche Berechtigungen erteilt werden. Die Benutzer werden dabei standardmäßig in einer eigenen Datenbank verwaltet, können aber anstatt oder zusätzlich durch Anbindungen an ein Lightweight Directory Access Protocol (LDAP) wie z. B. ein Microsoft AD ersetzt oder ergänzt werden.

1.2.4 Datenbanken

Voraussetzung für den Einsatz von Icinga Web 2 ist der IDO und damit einhergehend wird eine PostgreSQL- oder MariaDB/MySQL-Datenbank benötigt.

Je größer die zu überwachende Umgebung, desto wichtiger ist ein schnelles Plattensubsystem mit geringen Latenzen. Jeder mit einem Plugin ermittelte Wert überschreibt den letzten ermittelten, dies zieht eine Vielzahl von SQL-Updates nach sich, die IO-Last verursachen. Verkleinert man die Check-Intervalle, steigt die Last linear an. Als Plattensubsystem ist hierfür Direct Attached Storage (DAS), also lokal angebundene Festplatten, nach wie vor am besten geeignet.

Für große Installationen, ab ca. 30.000 Checks pro Minute, empfiehlt sich eine MySQL-Datenbank. Der Grund liegt im unterschiedlichen Verhalten der beiden Systeme, was Updates angeht. Für PostgreSQL sei in diesem Zusammenhang »Vaccum« erwähnt. Auch ist MySQL in der Community weiter verbreitet und man erhält auf dem Icinga-Community-Board[7] wahrscheinlicher und schneller Hilfe. Dies soll jedoch niemanden abhalten, PostgreSQL als Backend zu verwenden, es sollten jedoch fachkundige Anpassungen an »AUTOVACUUM« und ggf. »fillfactor« vorgenommen werden.

Somit ist zuerst die Entscheidung zu treffen, welches Database Management System (DBMS) zum Einsatz kommen soll. Dieses lässt sich auf einem dedizierten System, aber auch auf dem Icinga-Server selbst betreiben. Bei getrennten Systemen für Icinga und das DBMS ist beim Einsatz

[7]https://community.icinga.com

des IDO darauf zu achten, dass das Netzwerk eine ausreichend hohe Bandbreite und geringe Latenz bietet. Ein anderer Standort ist in den seltesten Fällen geeignet.

1.3 Installation

Im Rahmen dieses Buchs hat das Icinga-Installer[8]-Projekt zum Ziel, zum jetzigen Zeitpunkt eine vereinfachte Installation der im vorherigen Abschnitt beschriebenen Grundkomponenten anzubieten. Der Installer basiert auf Puppet[9] und erfordert damit zusätzlich nur noch einen auf dem System befindlichen Puppet-Agenten. Die Installation für das Gebrauchtwarencenter wird auf dem Linux-Server *fornax.gwc-jonas.local* durchgeführt.

Eine ausführliche Schritt-für-Schritt-Anleitung der Installation ohne Automatisierung auf RHEL 8 und Debian 11 »Bullseye« ist in Anhang D dieses Buchs zu finden. Für andere Systeme sei auf die Onlinekokumentation[10] von Icinga verwiesen.

> Leider hat sich Icinga, zumindest vorrübergehend, dazu entschieden, Installationspakete für RHEL-Version-8-basierte Systeme **nicht mehr frei und kostenlos** zum Download anzubieten[a]. Betroffen sind Icinga 2 ab Version 2.12.6 bzw. Version 2.13.2 und Icinga Web 2 ab Version 2.9.5.
>
> [a]https://icinga.com/blog/2022/04/06/releasing-icinga-web-v2-10-1

Das alles heißt nun nicht, dass man sich nicht selbst Pakete bauen kann. Dazu wird einfach das Quellpaket von Fedora hergenommen und mit dessen Hilfe[11] ein neues Paket gebaut.

»Fetischsammler sind ähnlich wie Pornofreaks: an ihnen zu verdienen ist eigentlich mies, aber irgendwo ... bin ich ja auch einer von denen.«

Rob Gordon, 2000

[8]https://github.com/NETWAYS/icinga-installer

[9]https://puppet.com/open-source

[10]https://icinga.com/learn

[11]https://community.icinga.com/t/how-to-build-your-own-icingaweb2-packages-for-centos-8-as-the-security-fix-was-not-released-for-it/9390

1.3.1 Software-Repositories

Grundsätzlich ist für die hier beschriebene Installation ein Zugang ins Internet und zu den offiziellen Software-Repositories erforderlich. Andernfalls sind neben den Distributions-Repositories noch folgende zusätzlich zu spiegeln und intern zur Verfügung zu stellen:

- Icinga-Release
  - Erfordert für aktuelle Pakete auf Systemen, die auf RHEL Version 8 basieren, eine Icinga Subscription[12].
- Puppet 6 oder 7
- RHEL-basierte Systeme:
  - Extra Packages for Enterprise Linux (EPEL)
  - *Code Ready Builder* bei RHEL bzw. *PowerTools* nur CentOS
- NETWAYS-Extras

Die automatische Einbindung vom Icinga-Repository wie auch EPEL lässt sich im interaktiven Modus des Installers abschalten. Alternativ kann dies mit der Option `--no-enable-install-repos` beim Aufruf erledigt werden. Dann sind allerdings im Vorfeld alle Software-Repositories per Hand oder durch sonstige Automatismen dem System hinzuzufügen.

RedHat In der Version 8 von RHEL müssen neben den Repositories für Puppet und dem Icinga-Installer zusätzlich die eigenen Optional- und Code-Ready-Builder-Repositories aktiviert werden:

```
$ subscription-manager repos --enable rhel-8-server-optional-rpms
$ subscription-manager repos \
    --enable codeready-builder-for-rhel-8-x86_64-rpms
```

Bei einem CentOS-System heißt das zusätzliche Repository hingegen Power-Tools:

```
$ dnf config-manager --enable powertools
```

Sowohl für das Icinga- wie auch das NETWAYS-Extras-Repository ist keine Unterscheidung nötig:

```
$ dnf install https://packages.netways.de \
    /extras/epel/8/noarch/netways-extras-release \
    /netways-extras-release-8-1.el8.netways.noarch.rpm
$ dnf install https://yum.puppet.com \
    /puppet6/puppet6-release-el-8.noarch.rpm
```

[12]https://icinga.com/subscription/

Die Installation des Installers wird wie folgt durchgeführt, erfordert jedoch noch jeweils eine Bestätigung des GPG-Keys der Puppet, und Netways-Repositories:

```
$ dnf install -y icinga-installer
```

Debian Hingegen benötigt Debian neben den Repositories für den Puppet-Agenten und dem Icinga-Installer keine weiteren. Dafür muss hier der Import der GPG-Keys gesondert erfolgen und ein abschließendes `apt-get update` vor der eigentlichen Installation ausgeführt werden:

```
$ wget -O -  https://apt.puppetlabs.com/DEB-GPG-KEY-puppet-20250406 \
    | sudo apt-key add -
$ echo "deb http://apt.puppetlabs.com bullseye puppet6" \
    > /etc/apt/sources.list.d/puppet6.list

$ wget -qO - \
    https://packages.netways.de/netways-repo.asc |apt-key add -
$ echo "deb https://packages.netways.de/extras/debian bullseye main" \
    > /etc/apt/sources.list.d/netways-extras-release.list

$ apt update
$ apt install -y icinga-installer
```

1.3.2 Icinga-Installer

Mit dem Installer wird auf dem Server ein Icinga-Basissystem aufgesetzt. Neben Icinga 2 wird ein MySQL, Icinga Web 2 mit PHP und ein Apache-Webserver installiert und konfiguriert.

```
$ icinga-installer -S server-ido-mysql --enable-director false
```

Mit der Option `-S` wird das Setup-Szenario festgelegt, *server-ido-mysql* beschreibt, dass alles Notwendige auf einem Rechner zu installieren ist. Soll anstatt MySQL ein PostgreSQL verwendet werden, ist das Szenario *server-ido-pgsql* zu wählen.

Die Option `enable-director false` unterbindet, dass das Feature Director mit installiert wird.

```
$ icinga-installer -S server-ido-pgsql --enable-director false
```

Die Installation und Konfiguration des Dirctors, als grafische Unterstützung zur Konfiguration, wird in Kapitel 11 ausfürlich beschrieben und könnte hiermit zunächst unterbleiben.

Der Aufruf mit `--help` offenbahrt eine Vielzahl von Optionen, die den Installer beeinflussen. Alle diese Einstellungen können ebenfalls im interakiven Modus vorgenommen werden:

```
$ icinga-installer -S server-ido-mysql -i
```

> Sind Konfigurationen am Apache, des DBMS, Icinga 2, PHP oder Icinga Web 2 vorgenommen worden, darf der Installer nicht erneut ausgeführt werden, wenn die Änderungen erhalten bleiben sollen. Der Installer ist ohne tiefergreifende Kenntnisse nicht als Konfigurationstool einsetzbar. Er kann aber demzufolge dazu verwendet werden, den Ursprungszustand wiederherzustellen.

Beispielkonfiguration

Im Softwarepaket von Icinga 2 wird zwar eine Beispielüberwachung des eigenen Hosts mitgeliefert, aber der Installer bindet diese nicht ein. Die Beispiele befinden sich im Verzeichnis `/etc/icinga2/conf.d` und lassen sich durch eine kurze Zeile in die aktuelle Konfiguration aufnehmen:

```
$ echo 'include_recursive "../../conf.d"' \
    > /etc/icinga2/zones.d/main/default.conf
$ systemctl reload icinga2
```

Icinga 2 ist für die Konfiguration in Bezug auf zu überwachende Server und Dienste zuständig und wie üblich bei Änderungen muss der zugehörige Systemdienst »neu gestartet« werden. Bei Icinga 2 genügt zum erneuten Einlesen der Konfigurationsdateien üblicherweise ein *reload*.

1.4 Sicherheits- und Zugriffskontrolle

Zur Erhöhung der Sicherheit setzen Linux-Systeme auf klassische Paketfilter und Kernel-nahe Zugriffskontrollsysteme wie SELinux oder AppArmor. Paketfilter beschränken die IP-gestützte Kommunikation über das Netzwerk bzw. den lokalen IP-Stack. Die Zugriffskontrollsysteme erweitern die traditionelle Beschränkung von Benutzer (Owner) und Gruppenzugehörigkeit (Group) auf Unix um Rollen, Domänen und Abstufungen deren Sensibilität.

Um erste Gehversuche mit Icinga zu unternehmen, kann auf einen Paketfilter und eine Zugriffskontrolle verzichtet werden, im produktiven Einsatz sieht dies anders aus. Selbst wenn auf netzwerkseitige Sicherheit gesetzt wird, empfiehlt es sich, die Zugriffskontrolle zu verwenden. Für SELinux stellt das Icinga-Projekt über sein Repository die Pakete bereit, die alle benötigten Profile mitbringen und diese gleich aktivieren. Beide lassen sich einfach über den Paketmanager auch noch im Nachhinein installieren.

> Icinga 2 ist immer dann mit `restart` neu zu starten, wenn sich Einstellungen bezüglich des Benutzers oder der Gruppen ändern. Wird der Benutzer, unter dem Icinga ausgeführt wird, einer anderen Gruppe hinzugefügt, muss `restart` verwendet werden. Gleiches gilt auch, wenn sich Kernel-seitig prozessbezogene Limits ändern. In allen anderen Fällen reicht ein `reload`.

RedHat Installationen unter RedHat kommen meistens mit aktiviertem SELinux[13], das den erfolgreichen Zugriff auf installierte Komponenten wie Icinga Web 2 unterbindet, aber auch die Kommunikation mit der REST-API von Icinga 2.

Der aktuelle Zustand von SELinux wird mit `getenforce` ermittelt, Änderungen lassen sich zur Laufzeit mit `setenforce` vornehmen. Ist der ermittelte Wert *Disabled* oder *Permissive*, ist SELinux abgeschaltet bzw. protokolliert nur mehr, was es im Modus *Enforcing* blockieren würde, und erlaubt somit alle benötigten Zugänge. Läuft Icinga 2 zu diesem Zeitpunkt bereits, muss es neu gestartet werden.

```
$ getenforce
Enforcing
$ setenforce Permissive
```

Im Gegensatz zu anderen Services muss SELinux für den Systemstart in */etc/sysconfig/selinux* deaktiviert werden. Dort ist der Wert zu *SELinux* auf *permissive* zu setzen.

Über das öffentlich verfügbare Icinga-Repository werden Policies für Icinga 2 und Icinga Web 2 als Pakete zur Verfügung gestellt. Die Anwendung und Konfiguration werden in der zugehörigen Onlinedokumentation zu `icinga2-selinux`[14] und `icingaweb2-selinux`[15] beschrieben.

[13] https://fedoraproject.org/wiki/SELinux
[14] https://www.icinga.com/docs/icinga2/latest/doc/22-selinux
[15] https://www.icinga.com/docs/icingaweb2/latest/doc/90-SELinux

Zusätzlich blockt ein Paketfilter hereinkommende Anfragen auf TCP-Port 80. Dieser muss entsprechend konfiguriert oder aber komplett abgeschaltet werden. Letzteres zieht sicherlich sicherheitstechnische Bedenken nach sich, soll jedoch ebenfalls zum jetzigen Zeitpunkt genügen.

```
$ systemctl stop firewalld.service
$ systemctl disable firewalld.service
```

Debian Auf einem Server installiert Debian in der Basisversion im Allgemeinen keine Zugriffskontrolle oder Firewall. Ist nach der Installation Icinga Web 2 nicht unter der Adresse des Servers mit der URI */icingaweb2* erreichbar, wird die Anfrage womöglich doch durch eine eingeschaltete Firewall geblockt. Bei folgendem `iptables`-Aufruf sind keine Filterregeln aktiv:

```
$ iptables -L -n
Chain INPUT (policy ACCEPT)
target     prot opt source               destination

Chain FORWARD (policy ACCEPT)
target     prot opt source               destination

Chain OUTPUT (policy ACCEPT)
target     prot opt source               destination
```

Für Debian existieren eine Vielzahl von Firewall-Projekten[16]. Je nachdem, welches verwendet wird, ist die Konfiguration dahingehend anzupassen, dass eingehende Verbindungen auf TCP-Port 80 erlaubt sind. Alternativ kann die Firewall auch komplett deaktiviert werden.

[16] https://wiki.debian.org/Firewalls

2 Erste Schritte auf der Benutzeroberfläche

Beim Design von Icinga Web 2 wurde ein problem- und kontextorientierter Ansatz verfolgt. Informationen werden hierbei in einem übersichtlichen Zusammenhang optisch ansprechend aufbereitet, zudem werden nur passende ausführbare Aktionen dazu angezeigt. Ein weiteres Hauptaugenmerk der Entwickler galt dabei einer möglichst performanten GUI, was auch in der täglichen Arbeit spürbar ist.

In diesem Kapitel befassen wir uns mit den grundlegenden Elementen von Icinga Web 2, wie das Navigieren auf der Oberfläche und welche Ansichten verfügbar sind und wo sie zu finden sind.

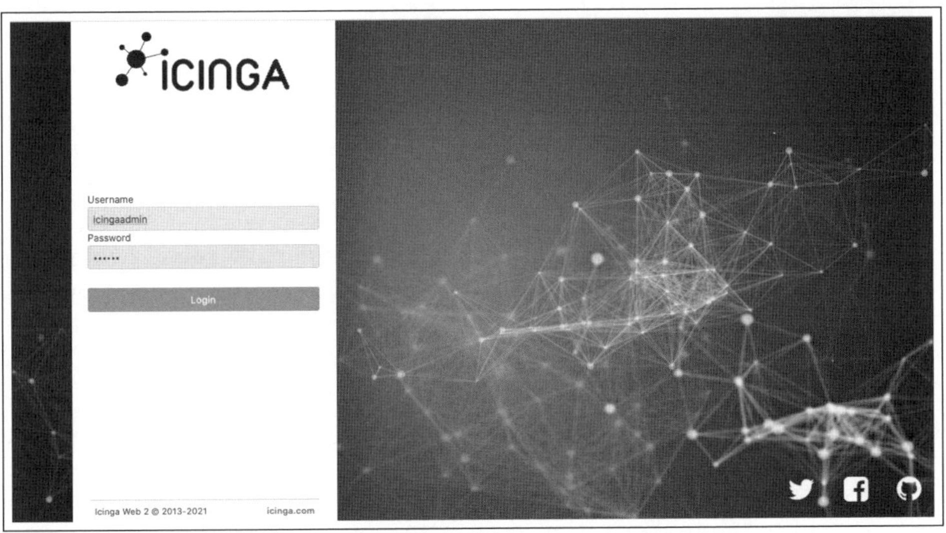

Abbildung 2-1: Anmeldung an Icinga Web 2

Die Login-Seite wird über die Zusammensetzung des Hostnamens des Servers und der URI ***/icingaweb2*** erreicht. Der Icinga-Installer hat einen Admin-Account ***icingaadmin*** mit dem Passwort ***icinga*** angelegt.

2.1 Dashboards

Nach erfolgter Anmeldung wird zuerst das im Installationsumfang enthaltene Standard-Dashboard *Current Incidents* dargestellt, das die zurzeit bestehenden Probleme der überwachten Systeme mitteilt. Es setzt sich aus drei sogenannten Dashlets zusammen: *Service* und *Host* für erkannte Probleme, nach Services und Hosts aufgeteilt, und *Recently Recovered Services*, das sind Services, die vor kurzer Zeit noch ein Problem gemeldet haben, sich aber in der Zwischenzeit erholt haben.

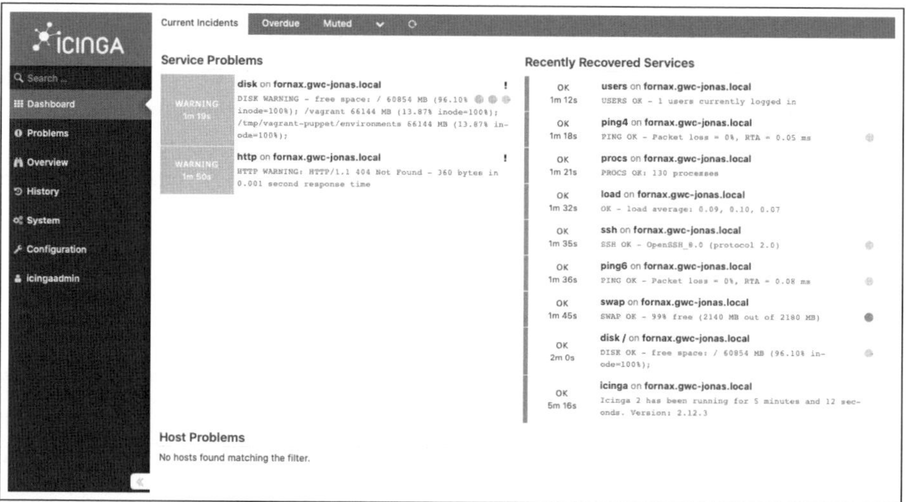

Abbildung 2-2: Das Standard-Dashboard

Die Anordnung der Dashlets, wie auch jegliche andere Anzeige, richtet sich nach gewählter Bildschirmauflösung sowie den Abmessungen des Fensters. So werden in Abbildung 2-2 zwei Dashlets untereinander dargestellt und das dritte weiter rechts in einer eigenen Spalte. Ist das Fenster breiter, kann es sogar zu einer Aufteilung in drei Spalten kommen.

Weitere vorinstallierte Dashboards werden in dem horizontal angeordneten Menü am oberen Fensterrand angezeigt.

Das zweite Dashboard *Overdue* listet alle Host- bzw. Servicechecks auf, deren erwartete Antworten noch immer nicht eingetroffen und damit überfällig sind. Dies erhält später eine starke Relevanz bei der Überwachung mit dem Icinga-Agenten oder in verteilten Umgebungen. Das letzte Dashboard *Muted* informiert über Checks, deren Benachrichtigung zurzeit deaktiviert ist.

2.2 Navigation

Die Navigation in Icinga Web 2 ist sehr intuitiv gehalten. Das Hauptmenü zur Steuerung der Anzeige befindet sich am linken Bildschirmrand unterhalb des Icinga-Logos. Dieses Hauptmenü lässt sich durch Betätigen von « am unteren Fensterrand, wie in Abbildung 2-5 zu sehen, platzsparend auf Symbole reduzieren. Das Wiederaufklappen erfolgt dann mit », das bei reduziertem Menü an gleicher Stelle zu finden ist.

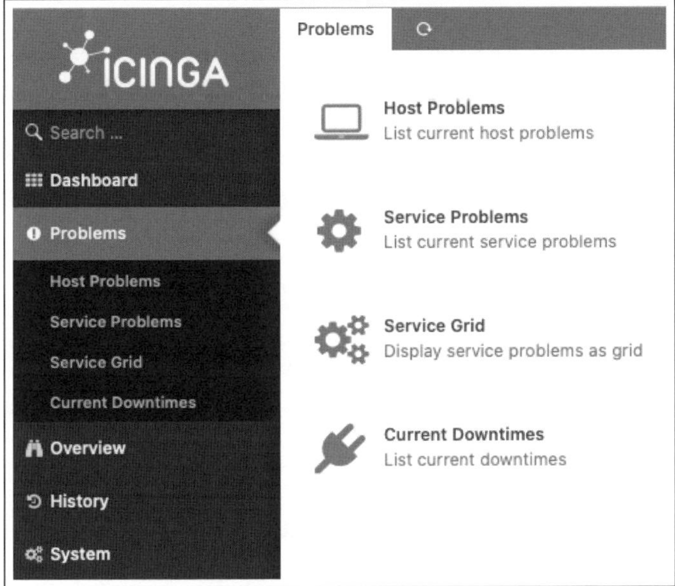

Abbildung 2-3: Ausklappen eines Untermenüs

Die einzelnen Punkte im Hauptmenü können jeweils eigene Untermenüs besitzen, die durch Anwahl ausgeklappt angezeigt werden oder sich durch ein »Mouseover« als Kontextmenü öffnen lassen.

Beim Wechsel durch eine Auswahl eines Haupt- oder Untermenüpunkts ändert sich nicht nur die Anzeige im Hauptbereich des Fensters, sondern auch die horizontal ausgerichtete Darstellung am oberen Bildschirmrand direkt rechts vom Logo. Die dort angezeigten Punkte bilden ein weiteres kontextbezogenes Untermenü.

Beim Punkt *Dashboard* werden die einzelnen Dashboards aufgeführt. Für die Statusanzeige des Monitorings in Abbildung 2-14 auf Seite 28 wechselt das Kontextmenü zu Punkten mit unterschiedlichen Statusinformationen.

WARNING 4m 57s	**http** on **fornax.gwc-jonas.local** ! `HTTP WARNING: HTTP/1.1 404 Not Found - 360 bytes in 0.001 second response time`

Abbildung 2-4: Einen Service auswählen

Host- und Servicenamen sind in Auflistungen immer auch Links zu jeweiligen Detailinformationen. So führt das Anklicken von *http* im Dashlet *Service Problems* zur Detailansicht des Services wie in Abbildung 2-5.

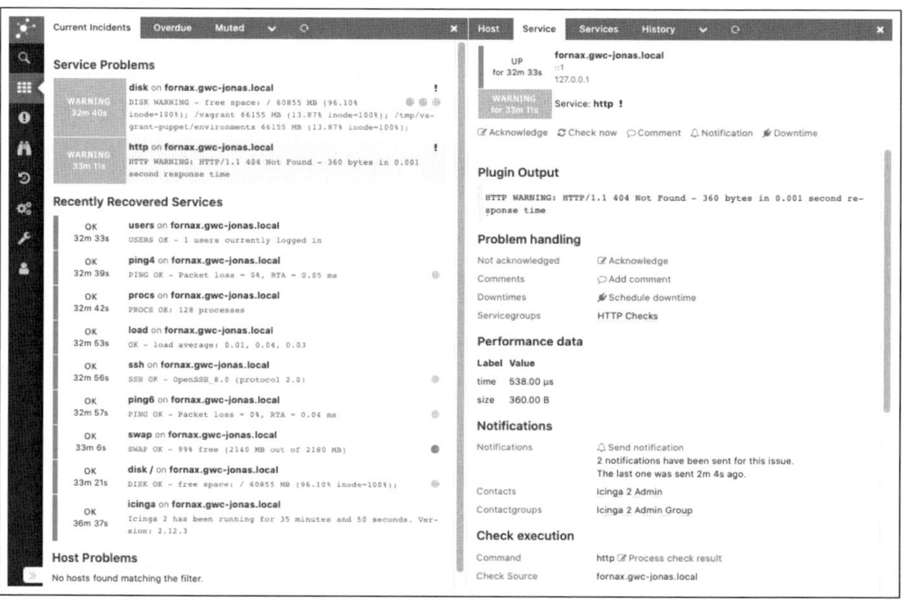

Abbildung 2-5: Detailansicht des Services *http*

2.3 Detailansicht von Host- und Servicechecks

Bei dargestellten Service-Ergebnissen können immer zwei unterschiedliche Links zu einer detaillierteren Ansicht angewählt werden, einer zum entsprechenden Service und einer zum zugehörigen Host. Wird ein Link angeklickt, teilt sich der Bildschirm. Die bisherige Anzeige, die sich auf die gesamte Fläche erstreckte, wird auf den linken Bereich reduziert bzw. verschoben und die ausgewählte Detailansicht erscheint im rechten Fensterbereich. Auch hier arbeitet Icinga Web 2 je nach Größe des Fensters mit einer, zwei oder mehr Spalten, auf denen Informationen verteilt werden.

Die Detailansicht zu einem Host oder Service gliedert sich in mehrere Abschnitte. Der erste ist immer die Ausgabe des hinter dem Host oder Service liegenden Plugins.

Plugin Output

```
HTTP WARNING: HTTP/1.1 404 Not Found - 360 bytes in 0.001 second
response time
```

Abbildung 2-6: Abschnitt Plugin-Ausgabe der Detailansicht

Der zweite Abschnitt befasst sich mit der Problembehandlung. Hierzu zählen das Setzen von Kommentaren und Downtimes, aber auch die Information über Gruppenzugehörigkeiten. Die Bestätigung (*Acknowledge*) wird kontextbezogen nur zur Auswahl angeboten, wenn der Check auch wirklich zurzeit ein Problem meldet.

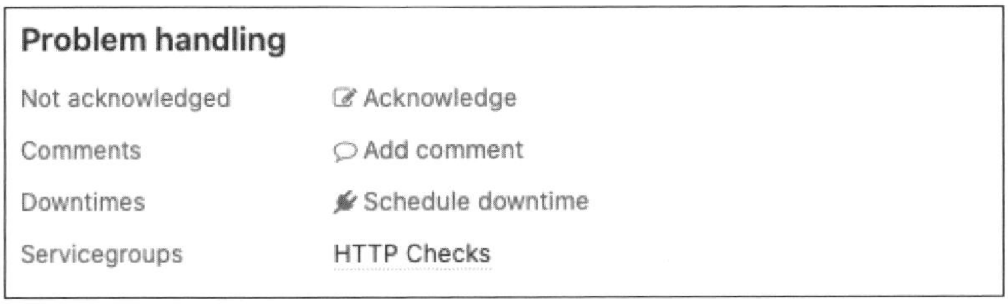

Problem handling

Not acknowledged	Acknowledge
Comments	Add comment
Downtimes	Schedule downtime
Servicegroups	HTTP Checks

Abbildung 2-7: Abschnitt Problembehandlung der Detailansicht

Liefert das Plugin zusätzliche Metriken, die sogenannten Performance-Daten, werden die jeweils ermittelten Werte aufgelistet. Außerdem werden diese Daten, wenn möglich, auch als Tortendiagramme direkt neben den aufgelisteten Check-Ergebnissen dargestellt.

Performance data

Label	Value
time	695.00 µs
size	360.00 B

Abbildung 2-8: Abschnitt Performance-Daten der Detailansicht

Nur wenn eine Benachrichtigung konfiguriert ist, wird dies angezeigt. Zusätzliche Informationen, z. B. wer zu benachrichtigen ist, werden ebenfalls in diesem Abschnitt mitgeteilt. Sollten schon Nachrichten versendet worden sein, stehen hier auch solche Informationen.

Notifications

Notifications	Send notification A notification has been sent for this issue 8m 15s ago.
Contacts	Icinga 2 Admin
Contactgroups	Icinga 2 Admin Group

Abbildung 2-9: Abschnitt Benachrichtigungen der Detailansicht

Bei aktiven Checks folgen Daten, die den Plugin-Aufruf betreffen: neben der Information in *Check Source*, auf welchem Host der Plugin-Aufruf erfolgte, auch die Information, wann der letzte Check ausgeführt wurde und der kommende Aufruf erfolgen soll. Die *Check execution time* gibt die Laufzeit des Plugins an und die *Check latency* informiert darüber, wie hoch die zeitliche Abweichung von geplanter zur tatsächlich erfolgten Ausführung war.

Check execution

Command	http Process check result
Check Source	fornax.gwc-jonas.local
Reachable	yes
Last check	0m 19s ago Check now
Next check	in 0m 41s Reschedule
Check attempts	1/5 (hard state)
Check execution time	0.005s
Check latency	0.00275s

Abbildung 2-10: Abschnitt Check-Ausführung der Detailansicht

Alle Abschnitte bieten in ihrem Bereich auch immer gleich die Möglichkeit, passende Aktionen anzustoßen, so z. B. in *Check execution* das neue Einplanen, wann der Check das nächste Mal erneut ausgeführt werden soll, oder mit *Check now* der unmittelbare Aufruf des Plugins. Im Abschnitt *Notifications* kann eine erneute Benachrichtigung ausgelöst werden oder wie oben beschrieben in *Problem handling* das Hinzufügen von Kommentaren.

Damit zum Erreichen der einzelnen Aktionen nicht immer zu dem entsprechenden Abschnitt gescrollt werden muss, sind die am häufigsten zu benutzenden Aktionen als zusätzliche Links gleich oben noch vor der Plugin-Ausgabe untergebracht.

Zudem verfügt die Detailansicht in ihrer Spalte über ein eigenes Menü am oberen Fensterrand. Auch diese Elemente sind kontextbezogen, so kann von der Detailansicht eines Services direkt zum zugehörigen Host gewechselt werden oder auch gleich zu einer vollständigen Liste aller Services dieses Hosts.

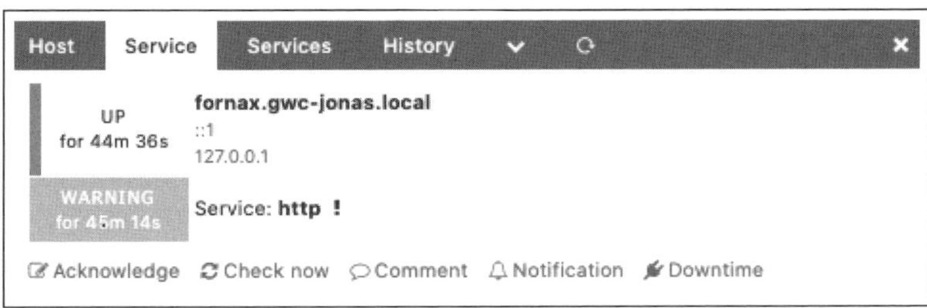

Abbildung 2-11: Kontextmenü der Detailansicht

Mit *History* erhält man Daten zur zeitlichen Abfolge erfolgter Statuswechsel, gesendeter Benachrichtigungen und vom Benutzer ausgeführter Aktionen, wie z. B. das Einstellen von Kommentaren oder das Setzen von Bestätigungen von erkannten Problemen.

Custom Variables

http_uri	/

Abbildung 2-12: Abschnitt mit Custom Variables

Vor den abschließenden Funktionsbefehlen werden die vom verantwortlichen Admin für die Konfiguration gesetzten Variablen für diesen Service bzw. Host angezeigt. Das bewirkt bei diesem HTTP-Check, dass der Host auf seiner IP-Adresse ohne Uniform Resource Locator (URL)-Zusatz geprüft wird.

Feature Commands

Active Checks
Passive Checks
Notifications
Event Handler
Flap Detection

Abbildung 2-13: Abschnitt Funktionsbefehle der Detailansicht

Mit den Funktionsbefehlen können die in den Konfigurationsdateien von Icinga 2 gemachten Einstellungen zur Überwachung des Services bzw. Hosts überschrieben werden. So kann z. B. per Hand die Benachrichtigung abgeschaltet werden.

2.4 Monitoring Health

Dieselben Funktionsbefehle gibt es auch global für alle Host- und Servicechecks. Zu erreichen sind sie im Hauptmenü mit *Monitoring Health* unterhalb von *System*. Dort finden sich auch Informationen zur Version von Icinga 2, seit wann der Prozess läuft und vor allem aber, ob in der IDO-Datenbank aktuelle Daten stehen. Wurde seit mehr als 60 Sekunden nichts mehr in die Datenbank geschrieben, wird die untere Balkenanzeige rot und meldet »Backend icinga is not running«. Ist dies der Fall, werden auch bald alle Hosts und Services im Dashboard *Overdue* auftauchen.

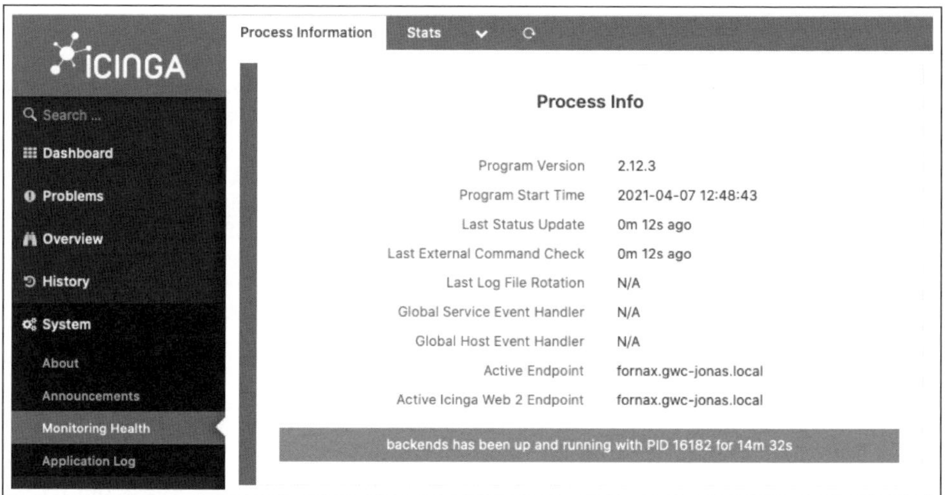

Abbildung 2-14: Statusanzeige des Monitorings

Im Kontextmenü *Stats* werden weitere statistische Daten zusammengefasst, z. B. gemittelte Werte zu Ausführungsdauern und Latenz von Checks sowie auch deren Gesamtanzahl.

2.5 Aktionen auf Mehrfachauswahl

In *Overview* werden einfache Listenansichten zu allen Hosts, Services, Host- und Servicegruppen, Kontakten, Kontaktgruppen, Downtimes und Kommentaren angeboten.

Alle anwählbaren Objekte wie z. B. Host oder Service lassen sich zusammenfassend mithilfe der Mehrfachauswahl anwählen. Eine Abfolge von Objekten wird durch Klicken auf das erste Objekt und erneutes Klicken mit gleichzeitig gedrückter Shift-Taste auf das letzte Element angewählt.

Es ist aber darauf zu achten, dass sich die Maus auch beim zweiten Klick nicht über einem Link befindet.

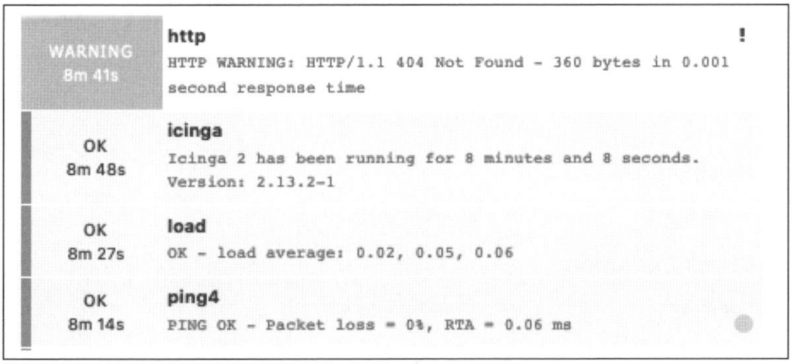

Abbildung 2-15: Mehrfachauswahl

Sollen hingegen einzelne Objekte ausgewählt werden, die nicht aufeinanderfolgend angeordnet sind, muss bei jedem weiteren Element die Steuerungstaste oder je nach Plattform die Command-Taste benutzt werden.

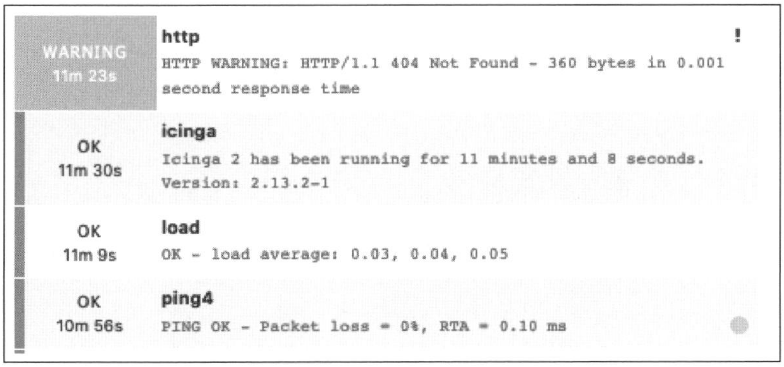

Abbildung 2-16: Mehrfachauswahl

Die angezeigte Detailansicht fasst dann z. B. bei Host und Service jeweils die Statusansicht, Problembehandlung, Benachrichtigung, Check-Ausführung und den Abschnitt mit den Funktionsbefehlen zusammen. Alle in diesen Bereichen zur Verfügung stehenden Aktionen werden dann bei Ausführung auf alle ausgewählten Objekte angewendet.

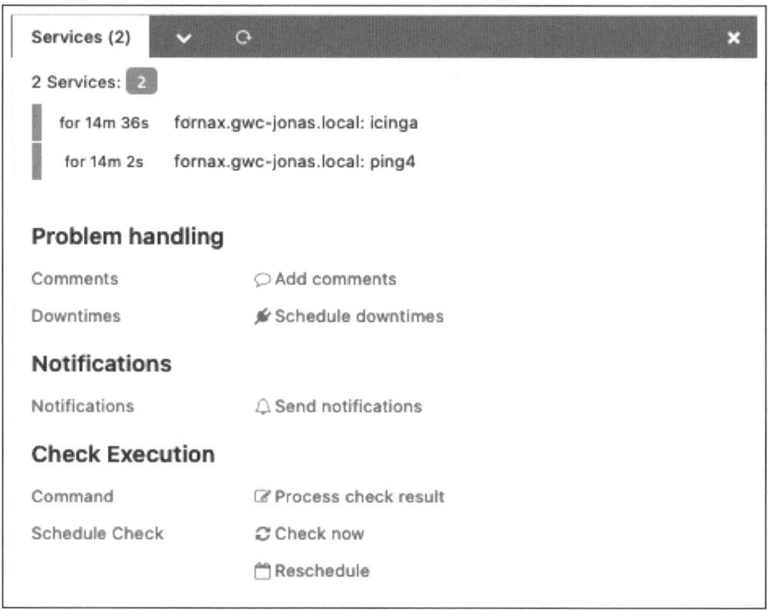

Abbildung 2-17: Aktionen auf eine Mehrfachauswahl

2.6 Benutzereinstellungen

Das Passwort oder die Sprache und Zeitzone für den gerade angemeldeten Benutzer können im Hauptmenü mit dem Punkt, der dem Benutzer entspricht, unterhalb von *My Account* geändert werden. Die Änderungen lassen sich persistent oder nur für den aktuellen Anmeldezeitraum speichern.

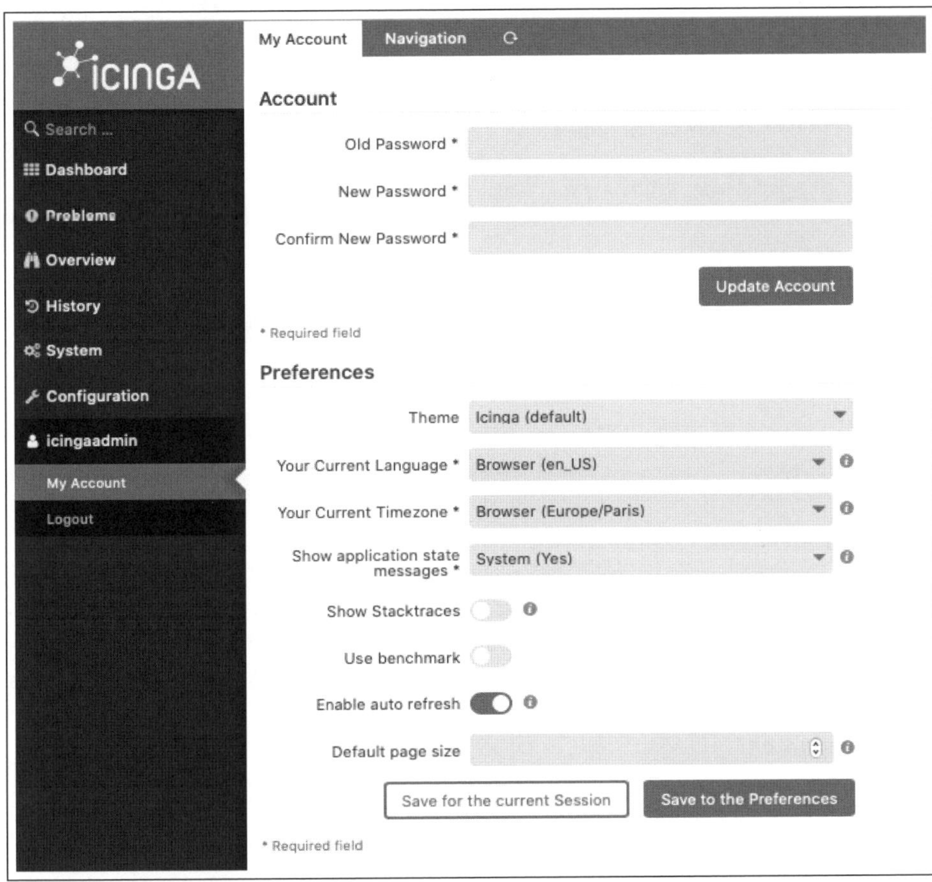

Abbildung 2-18: Benutzereinstellungen anpassen

Mit *Default page size* wird die Länge von Listenansichten auf den gesetzten Wert beschränkt. Möchte man ein anderes *Look & Feel* verwenden, kann unter *Theme* ein anderes ausgewählt werden.

> Da in diesem Buch, Beschreibungen und Bilder ausschließlich in englischer Sprache verwendet werden, empfiehlt es sich hier die Spracheinstellungen entsprechend zu setzen.

2.7 Kommentare

Ein probates Mittel zur Kommunikation mit Kollegen bzgl. Informationen zu Host oder Service ist der Kommentar.

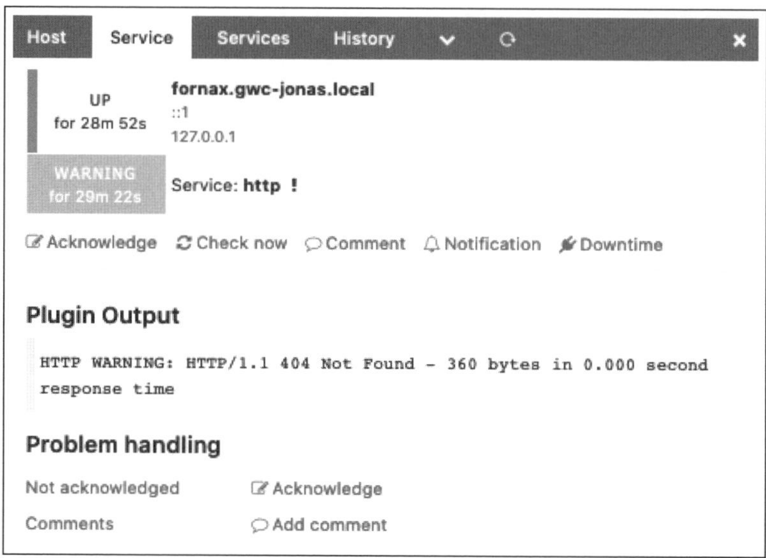

Abbildung 2-19: Icinga Web 2 – Kommentare

Ein Kommentar lässt sich auf zwei Wegen einem Host oder Service hinzufügen. Beide sind über die jeweilige Detailansicht erreichbar. Ein Link findet sich im Abschnitt *Problem handling* und lautet *Add comment*. Der alternative Link steht unmittelbar unter der farbigen Statusanzeige und lautet *Comment*.

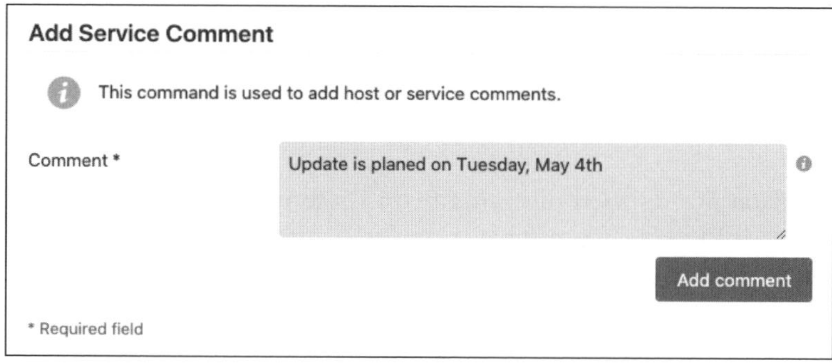

Abbildung 2-20: Einen Kommentar hinzufügen

Mit Betätigen eines dieser beiden Links gelangt man in die Maske *Add Service Comment* bzw. *Add Host Comment*. Hier muss nun zwangsweise ein Kommentar in dem zugehörigen Feld hinterlegt werden.

Nach Bestätigen mit *Add comment* wird der Kommentar dann ebenfalls im Bereich *Problem handling* mit dem eingegebenen Kommentartext angezeigt. Ein Kommentar wird nicht automatisch entfernt, dies muss per Hand durch einen Benutzer erfolgen. Bewegt man die Maus über die Kommentarinformation, die enthält, von wem und vor wie viel verstrichener Zeit der Kommentar eingestellt wurde, erscheint wie in Abbildung 2-21 dargestellt ein Kreuz rechts neben der Informationszeile. Mit Anwahl dieses Symbols kann der Kommentar wieder entfernt werden.

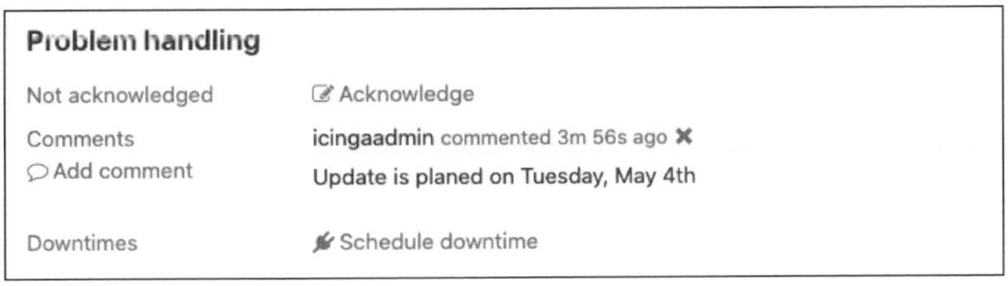

Abbildung 2-21: Kommentarinformation und Löschung

Über die Mehrfachauswahl von Host oder Services ist auch das gleichzeitige Setzen desselben Kommentars durchführbar.

2.8 Acknowledges – Bestätigen von Problemen

Um für sich oder andere zu zeigen, dass ein Problem bereits bekannt ist, kann es mit *Acknowledge* gekennzeichnet werden. Üblicherweise bedeutet dies nicht nur, dass jemand das Problem gesehen hat, sondern auch, dass er sich darum kümmert. Wurde ein Alarm so bestätigt, schickt Icinga 2 keine weiteren Benachrichtigungen zu diesem speziellen Problem. Ist ein Problem bestätigt, wird dieser Check in einem blasseren Farbton dargestellt als vorher.

Eine Bestätigung wird gesetzt durch das Anwählen des Links *Acknowledge* im Abschnitt *Problem handling* der Detailansicht oder des gleichnamigen Links oberhalb von *Plugin Output*, siehe Abbildung 2-21.

Dabei gibt es verschiedene Einstellungen, die sich unterschiedlich auf die Unterdrückung von Benachrichtigungen auswirken. Ein Kommentar ist aber auf jeden Fall zu hinterlegen. Das kleine Icon mit dem »*i*« bietet beim »Mouseover« mit dem Mauszeiger Informationen zu dem jeweiligen Punkt.

Ein persistenter Kommentar bleibt als Kommentar erhalten, auch wenn die Bestätigung wieder entfernt wird. Eine *Acknowledge* mit einem Verfallsdatum wird beim Erreichen dieses automatisch entfernt und es werden wieder Benachrichtigungen versendet. Unter einem *Sticky Acknowledgement* wird verstanden, dass die Bestätigung auch dann bestehen bleibt, wenn beim Check der Problemstatus in einen anderen wechselt, der ebenfalls nicht einem OK entspricht.

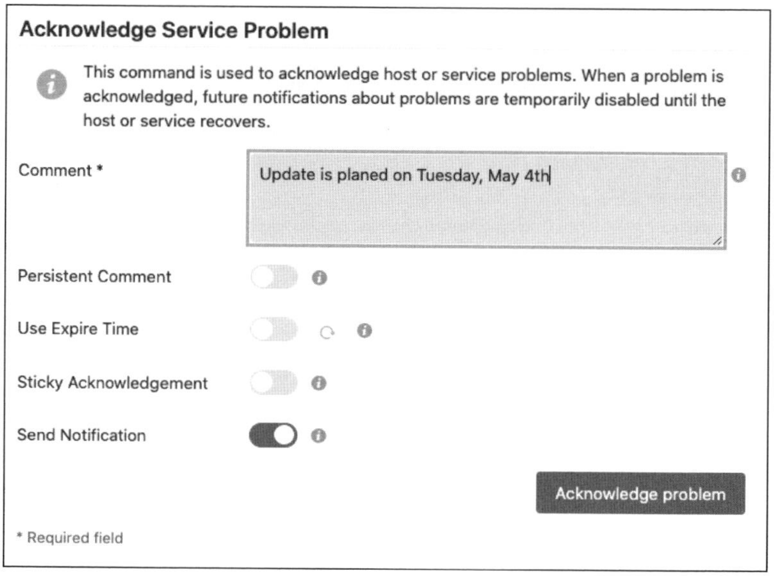

Abbildung 2-22: Bestätigen eines Problems

Die letzte vorausgewählte Checkbox sorgt dafür, dass alle, die eine Benachrichtigung bekamen, nun auch darüber informiert werden, dass das Problem bestätigt wurde und jemand daran arbeitet.

Mithilfe der Mehrfachauswahl ist auch hier das gleichzeitige Bestätigen einer Vielzahl von Hosts oder Services möglich, was eine erhebliche Arbeitserleichterung bei Folge- oder abhängigen Problemen darstellt.

2.9 Downtimes

Bei geplanten Wartungsarbeiten ist es natürlich nicht wünschenswert, über resultierende Ausfälle benachrichtigt zu werden, da diese vorher bekannt sind und erwartet werden.

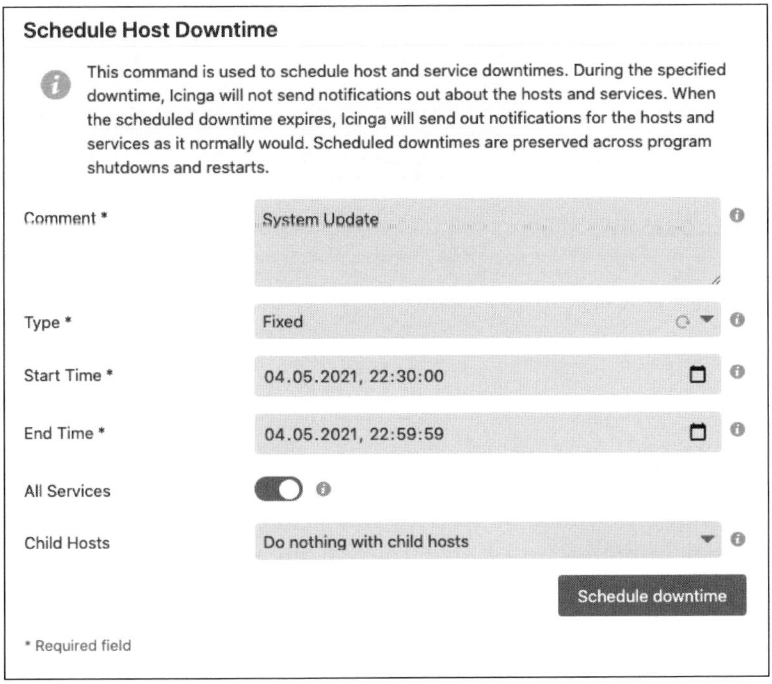

Abbildung 2-23: Definieren einer festen Downtime

Hierfür bietet Icinga neben den in Abschnitt 4.7 ab Seite 75 behandelten *Scheduled Downtimes* auch die Möglichkeit, Downtimes zur Laufzeit zu setzen. Diese bleiben ebenfalls über einen Neustart von Icinga hinaus erhalten. Icinga Web 2 sendet die Informationen zu einer Downtime mittels eines API-Requests an Icinga 2.

Den Link zum Setzen einer Downtime erreicht man über die jeweilige Detailansicht zum Host oder Service. Er befindet sich entweder in der oberen Zeile direkt unter der Anzeige zum Status oder im Bereich, der als *Problem handling* gekennzeichnet ist.

Icinga kennt zwei Arten von Downtimes. Die erste wird als feste Downtime bezeichnet und hat fest definierte Start- und Endzeitpunkte, d. h., die Unterdrückung von Benachrichtigungen beginnt zu einer fest gewählten Zeit und endet zu einem feststehenden Zeitpunkt. Ist eine Downtime verstrichen, werden wieder Benachrichtigungen gesendet.

Type *	Flexible
Start Time *	04.05.2021, 22:30:00
End Time *	04.05.2021, 22:59:59

Flexible Duration
Enter here the duration of the downtime. The downtime will be automatically deleted after this time expired.

Hours *	0
Minutes *	30

Abbildung 2-24: Setzen einer flexiblen Downtime

Wird hingegen mit *Type* eine flexible Downtime ausgewählt, beziehen sich die Werte bei Anfangs- und Endzeitpunkt auf einen Zeitraum, in dem die Downtime starten soll. Wechselt der Host oder Service in diesem angegebenen Zeitfenster in einen Problemzustand, gilt dieser Zeitpunkt als Start der Downtime. Die Downtime endet dann nach Ablauf der angegebenen Zeitspanne, z. B. nach dreißig Minuten wie in Abbildung 2-24.

Ein Kommentar muss bei beiden Varianten gesetzt sein. Der Schalter *All Services* in Abbildung 2-23 setzt automatisch dieselbe Downtime bei allen dem Host zugehörigen Services. Der Punkt *Child Hosts* erweitert die Downtime auf alle abhängigen Hosts. Beide letztgenannten Auswahlmöglichkeiten gibt es nur bei Hosts!

Problem handling

Comments	Add comment
Downtimes Schedule downtime	**Fixed downtime by icingaadmin** scheduled on May 4 22:30 expires on May 4 22:59 | created 0m 13s ago ✖ System Update
Hostgroups	Linux Servers

Abbildung 2-25: Löschen einer gesetzten Downtime

Informationen zur Downtime wie auch der dazugehörige Kommentar werden in der Detailansicht im Abschnitt *Problem handling* angezeigt. Entfernt werden kann eine Downtime durch Bewegen der Maus auf die Information der zu löschenden Downtime und das Klicken auf das dann rechts erscheinende Kreuz.

Wurde eine Downtime an einem Service über den Host automatisch gesetzt, wird dies nicht automatisch durch Entfernen der Downtime am Host mit gelöscht. Dann müssen die Downtimes einzeln oder über die Mehrfachauswahl entfernt werden. Mit der Mehrfachauswahl können selbstverständlich ebenfalls eine Vielzahl von Downtimes gleichzeitig angelegt oder entfernt werden.

3 Grundkonfiguration von Icinga

Dieses Kapitel behandelt zuerst die Konfiguration von Icinga 2 und dann die von Icinga Web 2.

»Manöverdüsen voraus, Mr. Sulu. Bringen Sie uns raus.«
Capt. Kirk, 1979

Alle Konfigurationsdateien für Icinga 2 liegen unterhalb des Verzeichnisses */etc/icinga2*. Die zentrale Konfigurationsdatei heißt *icinga2.conf*. Alle anderen Dateien werden (direkt oder indirekt) über die Anweisung *include* eingebunden.

```
include "constants.conf"
```

Im obigen Beispiel wird also die Datei *constants.conf* eingebunden. Nutzt man doppelte Anführungszeichen und gibt keinen absoluten Pfad an, erfolgt die Suche nach der einzubindenden Datei im gleichen Verzeichnis, hier also */etc/icinga2*.

```
include <itl>
include <plugins>

include "features-enabled/*.conf"
```

Verwendet man spitze Klammern, <...>, anstelle von Anführungszeichen, wird in einem vordefinierten Pfad wie */usr/share/icinga2/include* nach der entsprechenden Datei gesucht. Der genaue Pfad variiert je nach Installationspaket bzw. Plattform. Im obigen Beispiel werden einzelne Dateien der Icinga Template Library (ITL) eingebunden.

```
include_recursive "../../conf.d"
```

Eine schon bekannte Direktive ist *include_recursive*, bei der keine Datei, sondern ein Verzeichnis angegeben wird. Alle Dateien mit der Endung *.conf* in diesem Verzeichnis und allen darunterliegenden Verzeichnissen werden rekursiv eingebunden.

3.1 Konstanten

Wie in *icinga2.conf* zu sehen, ist *constants.conf* die erste der Konfigurationsdateien, die gelesen wird. In ihr werden Konstanten gesetzt, die damit in den nachfolgenden Konfigurationsdateien zur weiteren Benutzung zur Verfügung stehen.

```
const NodeName = "fornax.gwc-jonas.local"
const ZoneName = "main"
const PluginDir = "/usr/lib64/nagios/plugins"
const PluginContribDir = "/usr/lib64/nagios/plugins"
[...]
```

Codebeispiel 3.1: */etc/icinga2/constants.conf*

3.2 Features

Vieles der Funktionalität von Icinga 2 ist in sogenannte Features ausgelagert, die bei Bedarf hinzugeladen werden. Alle zur Auswahl stehenden Features können über einen CLI-Aufruf angezeigt werden. Die Ausgabe zeigt zusätzlich an, ob diese zurzeit aktiviert oder deaktiviert sind.

```
$ icinga2 feature list
Disabled features: command debuglog icingastatus compatlog ...
Enabled features: api checker mainlog notification
```

In der Datei *icinga2.conf* werden mittels »include« alle Dateien mit der Endung *.conf* im Verzeichnis */etc/icinga2/features-enabled* eingebunden. Die dort liegenden Dateien enthalten die Konfiguration des jeweiligen Features mit demselben Namen.

```
$ ls -l /etc/icinga2/features-enabled/
insgesamt 0
lwrx... api.conf     -> ../features-available/api.conf
lrwx... checker.conf -> ../features-available/checker.conf
lwrx... mainlog.conf -> ../features-available/mainlog.conf
lwrx... notification.conf -> ../features-a.../notification.conf
```

Ist ein Feature aktiviert, zeigt ein Link aus diesem Verzeichnis auf die entsprechende Datei in */etc/icinga2/features-available*.

```
$ ls /etc/icinga2/features-available/
api.conf           command.conf          gelf.conf
ido-mysql.conf     mainlog.conf          statusdata.conf
compatlog.conf     perfdata.conf         graphite.conf
ido-pgsql.conf     notification.conf     ...
```

Aktiviert man beispielsweise das Feature *api* mit `icinga2 feature enable api` oder deaktiviert es entsprechend mit `icinga2 feature disable api`, muss Icinga 2 danach jeweils dazu veranlasst werden, seine Konfiguration neu einzulesen.

Hier folgen eine Auflistung und eine Kurzbeschreibung der Features und ihrer Funktion. Die Features sind jeweils eigene Objekte und werden entsprechend über Attribute konfiguriert. Standardmäßig sollte die Konfiguration über oben stehende Dateien erfolgen.

CheckerComponent

Das Feature *checker* regelt das Ausführen der aktiven Checks, also den Aufruf der Plugins und das Entgegennehmen der Ergebnisse, d. h. den Exit Code und den Output. Zusätzlich obliegt ihm die Verantwortung, wann was zu geschehen hat und dieses einzuplanen (Scheduling), z. B. auch das Handling von Downtimes.

Mit der Konstanten ***MaxConcurrentChecks*** wird die Anzahl gleichzeitig laufender Checks beschränkt, der Default steht auf **512**.

NotificationComponent

Das An- oder Abschalten von *notification* aktiviert bzw. deaktiviert das Benachrichtigungssystem von Icinga 2.

FileLogger

Mit *mainlog* wird das Logfile in die Datei `icinga2.log` geschrieben. Der Standardpfad, der in *LogDir* hinterlegt ist, lautet per Default */var/log/icinga2*. Das Logging lässt sich in den Abstufungen *error*, *warning*, *notice*, *information* und *debug* konfigurieren.

```
object FileLogger "main-log" {
  severity = "information"
  path = LogDir + "/icinga2.log"
}
```

Codebeispiel 3.2: /etc/icinga2/feature-enabled/mainlog.conf

Über das Feature *debuglog* kann das Logfile `debug.log` für Debug-Meldungen angeschaltet werden. Es befindet sich ebenfalls im Verzeichnis */var/log/icinga2*.

Die Logfiles werden nicht automatisch durch Icinga 2 rotiert, hier muss auf einen externen Mechanismus zurückgegriffen werden. Bei der Installation aus Paketen ist `logrotate` hierfür vorkonfiguriert.

SyslogLogger

Mit der Aktivierung von *syslog* werden die Logeinträge in ein `syslog`-Target umgeleitet. Die Verwendung von *syslog* anstelle von *mainlog* reduziert den Plattenzugriff. Das Feature *syslog* schreibt nicht unmittelbar auf die Platte, sondern puffert Einträge erst, um sie dann gesammelt zu schreiben, und kann auch genutzt werden, um die Logs nicht »nur« am Icinga-Host abzulegen, sondern auch an einen zentralen Loghost zu senden.

Die Abstufungen für Logeinträge lauten wie beim *FileLogger* und werden ebenfalls durch ein Attribut mit dem Namen *severity* gesetzt.

IdoMysqlConnection

Dieses Feature ist aus dem Paket `icinga2-ido-mysql` gesondert zu installieren. Mit *ido-mysql* werden die anfallenden Daten, wie aktueller Status, Statuswechsel und vieles mehr, in eine MySQL-Datenbank geschrieben. Von dort können sie dann von Icinga Web 2 oder Add-ons wie NagVis[1] ausgelesen werden.

Das Datenbankschema wurde bereits durch den Icinga-Installer eingespielt. Es ist Bestandteil des Installationspakets `icinga2-ido-mysql` und ist in der Datei `/usr/share/icinga2-ido-mysql/schema/mysql.sql` hinterlegt.

```
object IdoMysqlConnection "ido-mysql" {
  host = "localhost"
  port = 3306
  user = "icinga2"
  password = "XXX"
  database = "icinga2"
  enable_ha = false
  enable_ssl = false
}
```

Codebeispiel 3.3: /etc/icinga2/feature-enabled/ido-mysql.conf

Neben den üblichen Zugangsdaten und dem Namen der Datenbank stehen die Werte zu *enable_ssl* und *enable_ha* per Default auf »false«. Es wird empfohlen, eine Verbindung zu einer entfernt laufenden Datenbank mittels TLS (Anhang A.3.3 auf Seite 625) zu verschlüsseln. Ist die Datenbank entsprechend vorbereitet, baut Icinga 2 eine gesicherte Verbindung auf sobald *enable_ssl* den Wert »true« aufweist und für Icinga 2 ein Reload ausgeführt wurde.

[1] http://www.nagvis.org

Der Parameter *enable_ha* erlangt erst dann Bedeutung, falls dieser Icinga-Knoten in einem Cluster zur Hochverfügbarkeit betrieben wird. Ein Thema, das in Kapitel 24 besprochen wird.

IdoPgsqlConnection

Das Feature *ido-pgsql* dient zum Ablegen derselben Daten wie bei *IdoMysqlConnection* in eine PostgreSQL-Datenbank. Für dieses Feature ist das Paket `icinga2-ido-pgsql` zusätzlich zu installieren.

Auch hier gilt, das Datenbankschema wurde bereits durch den Icinga-Installer eingespielt. Es ist Bestandteil des Installationspakets und ist in der Datei `/usr/share/icinga2-ido-pgsql/schema/pgsql.sql` zu finden.

ApiListener

Mit *api* lässt sich der API Listener steuern. Dieser öffnet einen TCP-Socket, der sowohl Hypertext Transfer Protocol Secure (HTTPS) für die REST-API als auch JSON-RPC für die Clusterkommunikation versteht. Letzteres ist Voraussetzung für den Datenaustausch mit anderen Icinga-Instanzen. Andere Instanzen können dabei Satellitensysteme (Worker) oder auch Icinga-Agenten sein.

An die REST-API sendet Icinga Web 2 Kommandos, wie das Setzen einer Downtime oder das unmittelbare Anstoßen eines Checks. Der hierfür erforderliche API-User *icingaweb2* ist vom Installer im Verzeichnis `/etc/icinga2/zones.d/main` in der Datei `api-users.conf` abgelegt worden:

```
object ApiUser "icingaweb2" {
  password = "XXX"
  permissions = [
    "status/query", "actions/*",
    "objects/modify/*", "objects/query/*",
  ]
}
```

Codebeispiel 3.4: /etc/icinga2/zones.d/main/api-users.conf

Die Berechtigungen sind auf das Nötigste eingeschränkt.

GelfWriter

Das Feature *gelf* (Graylog Extended Log Format) bietet mit dem Objekt vom Typ *GelfWriter* eine Schnittstelle fürs Logmanagement mit Graylog[2].

[2]http://www.graylog.org

GraphiteWriter

Das Objekt *GraphiteWriter* im Feature *graphite* schreibt Performance-Daten als Metriken in den TCP-Socket, den der Carbon-Cache des Graphite-Projekts[3] oder einer alternativen Implementierung bereitstellt.

InfluxdbWriter

Stellt im Feature *influxdb* eine Schnittstelle zu InfluxDB[4] zur Weiterverarbeitung von Metriken und Performance-Daten bereit.

ElasticsearchWriter

Mit dem Feature *elasticsearch* wird eine weitere Schnittstelle zur Verfügung gestellt, die Metriken im geforderten Format für Elasticsearch[5] weiterreicht.

OpenTsdbWriter

Schreibt Metriken und Performance-Daten an eine OpenTSDB[6].

PerfdataWriter

Schreibt mit `perfdata` rotierte Dateien mit Performance-Daten für die Weiterverarbeitung durch PNP4Nagios (http://www.pnp4nagios.org) nach `/var/spool/icinga2/perfdata`.

LivestatusWriter

Aktiviert mit *livestatus* die Schnittstelle selbigen Namens. Das Feature kann für die Verwendung mit TCP- oder UNIX-Socket konfiguriert werden. Um historische Daten über Livestatus abfragen zu können, wird außerdem der *CompatLogger* benötigt.

CompatLogger

Das *compatlog* kümmert sich um ein zu Icinga 1 kompatibles Logfile *`icinga.log`* und dessen Rotation. Der Ablageort für das aktuelle Logfile

[3]http://graphite.wikidot.com
[4]https://www.influxdata.com
[5]https://www.elastic.co
[6]http://opentsdb.net

ist */var/log/icinga2/compat* und für die archivierten Dateien unterhalb von *archives*. Das Feature wird z. B. für das Icinga Classic User Interface (UI) benötigt, um historische Daten anzuzeigen oder auszuwerten.

IcingaDB

IcingaDB wird in Zukunft den IDO ersetzen, indem dieses Feature in die In-Memory-Datenbank Redis[7] schreibt anstatt in ein relationales DBMS wie MySQL oder PostgreSQL.

Die folgenden Features sind nur noch aus Gründen der Kompatibilität in Icinga 2 enthalten und bereits abgekündigt. Sie sollten nicht mehr für neue Projekte eingesetzt werden!

CheckResultReader (abgekündigt)

Das Objekt vom Type *CheckResultReader* bildet zur Kompatibilität das Verzeichnis *checkresults* von Icinga 1 nach. Dies erleichtert die Migration von verteilten Monitorumgebungen. Es gibt hierfür kein Feature, das beschriebene Verhalten kann aber leicht in einer beliebigen Konfigurationsdatei aktiviert werden:

```
object CheckResultReader "reader" {
  spool_dir = "/var/cache/icinga2/checkresults"
}
```

ExternalCommandListener (abgekündigt)

Mit dem Aktivieren des Features *command* wird die Commandpipe */var/run/icinga2/cmd/icinga2.cmd* zur Verfügung gestellt. Dabei handelt es sich um einen Unix-Socket, in den Anweisungen in einer von Icinga 1 übernommenen Syntax direkt an Icinga 2 übergeben werden können. Über diese kann Icinga 2 weitreichend gesteuert werden. So können Check-Ergebnisse eingereicht, Downtimes geplant, Probleme bestätigt und einiges mehr über diesen Weg in Icinga 2 eingeliefert werden.

StatusDataWriter (abgekündigt)

Das Feature *statusdata* schreibt mit dem Objekt vom Typ *StatusDataWriter* zur Kompatibilität die beiden Dateien *status.dat* und *object.cache* in das Verzeichnis */var/cache/icinga2*, die erforderlich sind, um aktuelle Daten in zu Icinga Web 2 alternativen Frontends anzuzeigen.

[7] https://redis.io

3.3 Icinga Web 2

Icinga Web 2 gliedert sich in ein Framework und zusätzliche Module. Die in Kapitel 2 ab Seite 21 beschriebene Funktionalität, die sich aufs Monitoring bezieht, ist ein Modul. Das Framework kümmert sich um die Anmeldung und die darauf aufbauenden Berechtigungen. Damit unterteilt sich die Konfiguration, die komplett unterhalb von `/etc/icingaweb2` liegt, in den Teil für das eigentliche Monitoring und den Teil für die Authentifizierung und Autorisierung.

Gemeinsam ist beiden Teilen jedoch, dass sie auf Ressourcen aufbauen. So verwenden beide Datenbanken, Icinga Web 2 für die Benutzerverwaltung und das Modul *monitoring*, um auf die Daten des IDOs zuzugreifen. Die nötigen Zugangsdaten zu beiden Datenbank werden in der Datei *`resources.ini`* hinterlegt.

Framework

Das Codebeispiel 3.5 zeigt die Konfiguration zum Anbinden einer Datenbank auf einem anderen entfernten PostgreSQL-Server. Der Sektionsname *pgsql-icingaweb2* ist die Bezeichnung, die von Icinga Web 2 intern zur Referenzierung auf diese Ressource verwendet wird. Er ist frei wählbar, muss bei Änderung jedoch dann in den anderen Konfigurationsdateien angepasst werden.

```
[pgsql-icingaweb2]
type = "db"
db = "pgsql"
host = "db2.gwc-jonas.local"
port = "5432"
dbname = "icingaweb2"
username = "icingaweb2"
password = "XXX"
```

Codebeispiel 3.5: *`/etc/icingaweb2/resources.ini`*

Das sind in der Basisinstallation *`authentication.ini`* und *`groups.ini`*. In beiden ist zuzeit hinterlegt, dass Icinga Web 2 eine datenbankbasierte Ressource zum Feststellen der Berechtigung zur Anmeldung (*authentication.ini*) verwendet sowie dieselbe, um Gruppen zu deren Mitgliedern (*groups.ini*) zuzuordnen. Die vergebenen Bezeichnungen der Sektionen entsprechen den angezeigten Backends in Icinga Web 2, die über den Eintrag *Authentication* im Menü *Configuration* zu erreichen sind.

Die dritte und letzte Datei im Bunde, wenn es um Berechtigungen geht, ist *roles.ini*. Sie bildet die Abstraktionsebene zwischen Benutzern, Gruppen und Rollen. In Rollen werden Berechtigungen zu einzelnen Funktiona-

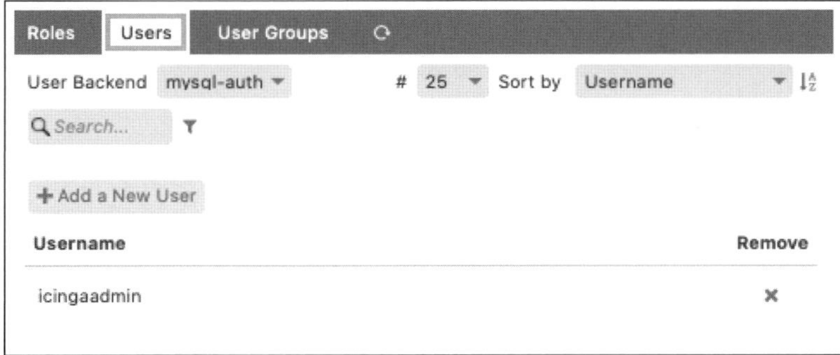

Abbildung 3-1: Authentication Backend

litäten von Icinga Web 2 hinterlegt. Das Rollenkonzept ermöglicht ein späteres Austauschen oder Erweitern des Benutzer- und Gruppen-Backends, um andere Quellen wie die eines LDAPs.

```
[default admin user]
users = "icingaadmin"
permissions = "*"
```

Codebeispiel 3.6: */etc/icingaweb2/roles.ini*

Aktuell ist eine Rolle *default admin user* definiert. Ihr ist der Benutzer *icingaadmin* zugeordnet, mit der Rolle erhält er über den Eintrag *permissions* alle möglichen Berechtigungen.

Die erste Konfigurationsdatei `config.ini` legt fest, wohin Logeinträge gesendet werden und welche optische Erscheinung (Theme) nach der Anmeldung für einen Benutzer verwendet wird, sofern dieser keine eigene bei seinen Benutzereinstellungen gewählt hat. In welcher Art von Backend z. B. diese Benutzereinstellungen gespeichert werden, ist unter der Rubrik *global* mit *config_backend* angegeben und die konkrete Ressource mit *config_resource*.

Monitoring-Modul

Die Funktionalität von Icinga Web 2 lässt sich mittels zusätzlicher Module erweitern. Mit *module_path* wird auf den Pfad verwiesen, in dem sich Module befinden. Mit der Standardinstallation sind dort neben *monitoring* die Module *doc*, *setup* und *translation* zu finden.

Die passende Dokumentation zur installierten Version stellt *doc* zur Verfügung, *setup* ist ein webbasierter Setup-Wizard zur Erstkonfiguration und *translate* ist ein Modul, das Entwickler bei der Übersetzungsarbeit in andere Sprachen unterstützt.

Die Konfigurationsdateien zu den Modulen, so auch für *monitoring*, befinden sich in einem dem Modulnamen entsprechenden Unterverzeichnis von `modules`.

```
[backends]
type = "ido"
resource = "icingaweb2-module-monitoring"
```

Codebeispiel 3.7: *modules/monitoring/backends.ini*

In *backends.ini* ist festgelegt, dass der IDO verwendet wird und aus welcher Ressource die angezeigten Monitoring-Daten kommen.

Die Definition und die entsprechenden Zugangsdaten liegen wiederum in der schon bekannten Datei *resources.ini* im Hauptkonfigurationsverzeichnis von Icinga Web 2, hier beispielsweise eine MySQL-Datenbank auf demselben Rechner:

```
[icingaweb2-module-monitoring]
type = "db"
db = "mysql"
host = "localhost"
port = "3306"
dbname = "icinga2"
username = "icinga2"
password = "XXX"
```

Codebeispiel 3.8: */etc/icingaweb2/resources.ini*

Kommandos, die in Icinga Web 2 aufgerufen werden, sendet dieses bekanntlich an die API-Schnittstelle von Icinga 2. Der Benutzer, seine Zugangsdaten und wo Icinga 2 läuft, werden in der Datei *commandtransport.ini* des Monitoring-Moduls eingestellt:

```
[icinga2]
transport = "api"
host = "localhost"
port = "5665"
username = "icingaweb2"
password = "XXX"
```

Codebeispiel 3.9: *modules/monitoring/commandtransport.ini*

Abschließend werden unter der Rubrik *security* in *config.ini* die Custom Variables namentlich aufgeführt, deren Inhalt aus Sicherheitsgründen in Icinga Web 2 durch Sternchen ersetzt anzuzeigen sind:

```
[security]
protected_customvars = "*pw*,*pass*,community"
```

Codebeispiel 3.10: *modules/monitoring/config.ini*

Weitere Module und wie alternative Backends zur Authentifizierung zu installieren und zu konfigurieren sind, ist in den Abschnitten 8.6 und ab Abschnitt 8.3 auf Seite 148 beschrieben. Informationen finden sich aber auch in der Onlinedokumentation.

4 Aufbau des eigenen Monitorings

Es ist Zeit, sich nach der Grundkonfiguration und den ersten Gehversuchen auf der Benutzeroberfläche näher mit der Überwachung der Systemlandschaft des Gebrauchtwarencenters zu beschäftigen. Beim Monitoring sollte man sich zuerst immer auf die wirklich wichtigen Systeme und Dienste konzentrieren und nicht auf alles, was möglich ist.

Dennoch erfolgt in der Regel zu Beginn eine Konsolidierung, welche Systeme existieren und wo die wichtigen Dienste laufen. Das erste Ziel sollte sein, alle Geräte oder virtuellen Maschinen als Hosts im Monitoring zu konfigurieren und auf Verfügbarkeit zu überwachen. Ist dies nicht in überschaubarer Zeit möglich, kümmert man sich auch schon früher um die wichtigsten Dienste. In der Regel sind das die Dienste, mit denen ein Unternehmen Geld einnimmt, und solche, die für den reibungslosen Geschäftsbetrieb unverzichtbar sind.

»Ich funktioniere im Rahmen normaler Parameter.«
Lt. Cmdr. Data, 1998

Die IT-Umgebung des Gebrauchtwarencenters

Beim Gebrauchwarencenter Jonas muss das Shop-System für den Onlinehandel rund um die Uhr erreichbar sein, aber auch das Kassensystem vor Ort hat zu den Öffnungszeiten zwischen 9 und 17 Uhr zu laufen.

Bei dem Onlineshop handelt es sich um eine Webseite *shop.gwc-jonas.net*, die auf einem Linux-Server *antlia* als »Virtual Named Host« läuft. Auf dem gleichen Webserver unter derselben IP-Adresse ist auch der Webauftritt *www.gwc-jonas.net* des Gebrauchtwarencenters erreichbar.

Beide Webseiten greifen auf Datenbanken zu, die auf einem weiteren Linux-Server *aquarius* laufen. Bei dem dort installierten DBMS handelt es sich um ein PostgreSQL.

Host	Netzwerk	Plattform	Services
draco	DMZ, LAN	Linux	DNS, DHCP, NTP
kmw	DMZ	Linux	SMTP, ClamAV, Amavis, Squid
gmw	LAN	Windows	Exchange, SMTP, IMAP
sculptor	DMZ	Linux	Icinga
antlia	DMZ	Linux	HTTP, HTTPS
aquarius	LAN	Linux	PostgreSQL
phoenix	LAN	Solaris	ERP, Oracle
fornax	LAN	Linux	Icinga, MySQL
andromeda	LAN	Windows	AD, Terminalserver
carina	LAN	Appliance	Kassensystem
sagittarius	LAN	Linux	Squid
triagulum	LAN	Linux	VMware VCenter
sextans	LAN	Linux	PuppetDB u. Server
canis	LAN	Linux	Elasitc-Stack

Tabelle 4-1: Hosts und Services des Gebrauchtwarencenters

Der Shop kommuniziert zur Bestellabwicklung, Lagerhaltung und Rechnungsstellung ebenfalls mit einem Enterprise Resource Planning (ERP) System und der zugehörigen Oracle-Datenbank auf einem Solaris-Server *phoenix*. Bestellbestätigungen und Rechnungen müssen per Mailversand verschickt werden und benötigen das Relay auf *kmw*.

Das Kassensystem ist eine Appliance, die keinen direkten Zugriff auf ihr laufendes System gestattet. Hier gilt aber die Einschränkung, dass die Kasse außerhalb der Öffnungszeiten ausgeschaltet ist und zu diesen Zeiten nicht überwacht werden kann und soll. Das Gleiche gilt für den Drucker, über den Rechnungen ausgestellt werden, der aber auch die sonstigen Ausdrucke des kleinen Büros bewerkstelligt.

Die im Monitoring nicht zu berücksichtigenden Büroarbeitsplätze mit ihren Windows-Desktop-Systemen sind an ein AD auf *andromeda* angeschlossen, das auch als Server für diverse Terminals dient, über die die Mitarbeiter auf das ERP zugreifen. Als Mail- und Groupware-Server kommt ein Exchange-Server *gmw* zum Einsatz. Während alle Windows-Server 24 Stunden am Tag laufen, werden die Terminals, ebenso wie die Kasse und der Drucker, nur zu den Öffnungszeiten betrieben.

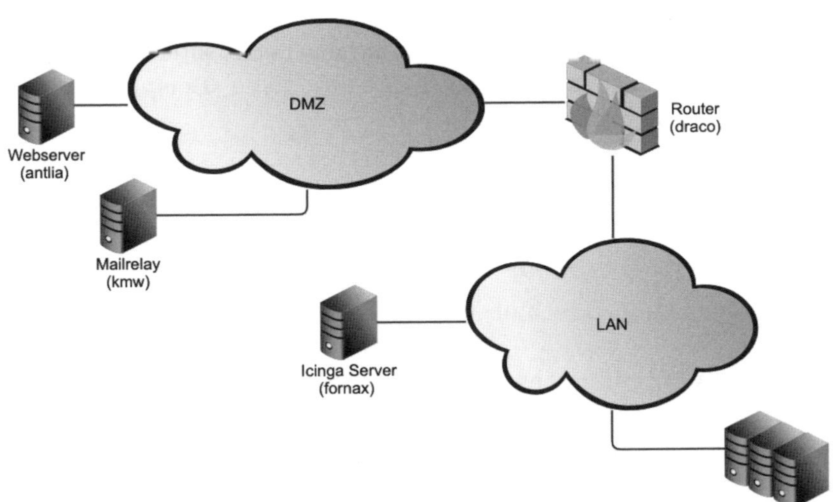

Abbildung 4-1: Logischer Netzwerkplan

Das Netzwerk ist in zwei Segmente unterteilt: eine Demilitarized Zone (DMZ) mit den Hosts *antlia*, *kmw* sowie dem zu einem späteren Zeitpunkt für Icinga eingeplanten Server *sculptor* und das Local Area Network (LAN) mit allen übrigen Systemen wie z. B. dem Icinga-Server selbst.

Getrennt sind beide Netze durch den Router *draco*, der neben der Internetanbindung auch für beide Netze die Namensauflösung, die dynamische Zuweisung von IP-Adressen via Dynamic Host Configuration Protocol (DHCP) und einen Zeitserver bereitstellt.

Die DMZ hat eine eigene vom LAN *gwc-jonas.local* getrennte Domain *gwc-jonas.net*.

Zu einem späteren Zeitpunkt ist für die DMZ ein eigenes als Satellitensystem arbeitendes Icinga auf einem dedizierten Host *sculptor* vorgesehen, der stellvertretend für den eigentlichen Server Überwachungen ausführen wird.

Vorbereitungen

In diesem Kapitel werden wir einen Blick auf die Beispielkonfiguration werfen, die sich im Verzeichnis *conf.d* unterhalb vom Hauptkonfigurationsverzeichnis */etc/icinga2* befindet, und ebenfalls unterhalb, in *zones.d/main*, unsere eigene Konfiguration zusammenbauen.

> Pfadangaben bei Konfigurationsdateien, die nicht absolut angegeben sind, beziehen sich ab nun immer relativ zu */etc/icinga2*.

Dazu entfernen wir zuerst die Datei, die die Beispielkonfiguration einbindet, und führen einen Reload von Icinga aus, siehe »Beispielkonfiguration« Abschnitt 1.3.2 ab Seite 18.

```
$ cd /etc/icinga2
$ rm zones.d/main/default.conf
$ cp -p conf.d/templates.conf zones.d/main/
$ systemctl reload icinga2
```

Aus den Beispielen unterhalb von *conf.d* bietet sich zunächst die Übernahme der Datei *templates.conf* an, da sie einiges Grundlegendes zur allgemeinen Verwendung enthält.

Bei Konfigurationsdateien ist immer darauf zu achten, dass der Benutzer, unter dem Icinga ausgeführt wird, die Dateien lesen kann. Eine Konfigurationsüberprüfung gibt Auskunft, falls Icinga eine Datei nicht lesen kann:

```
$ icinga2 daemon --validate
...
information/cli: Icinga application loader (version: 2.13.2)
information/cli: Loading configuration file(s).
warning/ConfigCompiler: Cannot compile 'zones.d/main/templates.conf

    (0) Compiling configuration file 'zones.d/main/templates.conf'

information/ConfigItem: Committing config item(s).
...
```

Darüber hinaus enthält die Ausgabe weitere nützliche Informationen, neben der Icinga-Version auch die Anzahl der jeweiligen Objekte der aktuellen Konfiguration nach Typen aufgeteilt.

Auch **Fehler werden hier**, wenn der Start oder Reload fehlschlägt, **aussagekräftig ausgegeben**.

4.1 Kleine Sprachreferenz Icinga-DSL

Eine Domain Specific Language ist eine auf ein bestimmtes Anwendungsfeld (die sog. Domäne) zugeschnittene formale Sprache. Im Falle von Icinga wird beschrieben, dass etwas überwacht werden soll, es wird aber nicht festgelegt, wie das zu geschehen hat. Die eigentliche Überwachung übernehmen dann die Plugins.

Leider basiert die Icinga-DSL auf keiner anderen Sprache, wie z. B. die auf Ruby basierenden Puppet-DSL und Rake, weshalb Sie zunächst eine neue Sprache erlernen müssen. Als DSL ist sie jedoch kompakt und übersichtlich und damit leicht zu erlernen.

»Ich spreche nur meine eigene Sprache und damit hab ich schon Probleme.«

Korben Dallas, 1997

4.1.1 Konstanten

In der Datei `/etc/icinga2/constants.conf` sind einige Konstanten definiert, die in anderen Konfigurationsdateien verwendet werden können. Hier ein beispielhafter Ausschnitt:

```
const PluginDir = "/usr/lib64/nagios/plugins"
//const NodeName = "localhost"
```

Codebeispiel 4.1: `/etc/icinga2/constants.conf`

Standardmäßig ist *PluginDir* vordefiniert und legt den Pfad auf die sogenannten »Standard-Plugins« fest. Je nachdem, welche Distribution Sie verwenden, ist hier ein anderer Wert voreingestellt (das obige Beispiel stammt von einem RedHat-System). Unter Debian oder einem Derivat befinden sich die Monitoring-Plugins in `/usr/lib/nagios/plugin`.

Der *NodeName* definiert den Namen des Servers. Im obigen Beispiel ist die entsprechende Zeile durch die beiden Slashes auskommentiert und daher nicht gesetzt. In diesem Fall wird bei einem korrekt konfigurierten Server automatisch der Fully Qualified Domain Name (FQDN) verwendet.

4.1.2 Objekt- und Template-Definition

Die gesamte Konfiguration ist objektbasiert. Objekte werden mit dem Schlüsselwort *object* definiert, gefolgt von einer frei wählbaren Bezeichnung für dieses Objekt. Der Name muss konfigurationsweit eindeutig für Hosts sein. Typ und Name bilden zusammen ein eindeutiges identifizierendes Merkmal eines Objekts.

Hier ist ein Ausschnitt eines Objekts vom Typ *Host* aus der Beispielkonfiguration:

```
object Host NodeName {
  import "generic-host"

  address = "127.0.0.1"
  address6 = "::1"

  vars.os = "Linux"

  vars.disks["disks"] = {}
  vars.disks["disk /"] = {
    disk_partition = "/"
  }
}
```

Codebeispiel 4.2: Beispiel eines Hostobjekts `conf.d/hosts.conf`

Als Name ist sogleich auch eine Konstante in Verwendung. In der Beispielkonfiguration entspricht dieser Host damit dem Icinga-Server selbst. Bei *address* und *address6* handelt es sich um Attribute. Attribute sind objektspezifisch, diese beiden gelten zum Beispiel nur für Objekte vom Typ *Host*.

Im Gegensatz dazu können Custom Variables frei vergeben und benannt werden. Während *address* ein fester Bestandteil eines Hostobjekts ist, handelt es sich bei *os* um eine solche Custom Variable. Sie haben keine spezielle Bedeutung für Icinga 2 selbst und werden im Attribut *vars* als Key-Value-Paar gespeichert. Custom Variables können für Informationen zu Objekten, insbesondere aber für Regeln verwendet werden, die Objekte miteinander verbinden, wie im weiteren Verlauf immer wieder gezeigt werden wird.

Jedes Objekt hat einen festen Satz an Attributen und kann beliebig viele Custom Variables erhalten. Viele Nicht-Custom-Variables sind optional und können weggelassen werden. Eine Übersicht, welche Attribute ein Objekt hat, findet sich in der Onlinedokumentation zu Icinga 2. Eine genauere Beschreibung von Custom Variables folgt noch in diesem Kapitel.

```
template Host "generic-host" {
  max_check_attempts = 3
  check_interval = 1m
  retry_interval = 30s

  check_command = "hostalive"
}
```

Codebeispiel 4.3: Generisches Template für Hosts `conf.d/templates.conf`

Zusätzlich können von jedem Objekttyp auch Templates angelegt werden. Diese werden als Vorlagen mit *import* zu einem Objekt gleichen Typs hinzugeladen. Die dort gesetzten Attribute und Custom Variables werden mit ihren Werten dann dem eigentlichen Objekt hinzugefügt. Dort können die ererbten Werte optional auch wieder überschrieben werden.

4.1.3 Datentypen

Folgende Ausdrücke können durch eine Zuweisung mit »=« auf der rechten Seite verwendet werden. Bei Konstanten und Custom Variables ist der Wert bzw. dessen Typ im Gegensatz zu Attributen nicht festgelegt. Attribute haben einen festen Einsatzzweck und sind zumeist an einen Datentyp bei ihrer Zuweisung gebunden.

Floating Point als Zahl in angelsächsischer Notation mit Punkt.

```
a = 7.3
```

Floating Point als »sprechende« Darstellung bei Zeitangaben mit *ms* (Millisekunden), *s* (Sekunden), *m* (Minuten), *h* (Stunden) und *d* (Tage). Ist keine Einheit angegeben, wird Sekunden angenommen.

```
a = 1.5m
```

Strings; die Zeichen in Tabelle 4-2 benötigen eine Escape-Sequenz.

```
a = "Hello World!"
```

Zeichen	Escape-Sequenz
"	\"
\	\\
$	$$
<TAB>	\t
<CARRIAGE-RETURN>	\r
<LINE-FEED>	\n
<BEL>	\b
<FORM-FEED>	\f

Tabelle 4-2: Zeichen und ihre Escape-Sequenz

Multiline Strings, die sich über mehrere Zeilen erstrecken, sind wie folgt zu klammern:

```
a = {{{Hello
all
over the
world!}}}
```

Boolean mit den Werten *true* und *false*.

Null Value; mit dem Schlüsselwort *null* wird ein leerer Wert angegeben.

Arrays sind eine geordnete, kommaseparierte Liste unterschiedlicher Elemente. Die Liste darf sich auf mehrere Zeilen verteilen.

```
a = [ "the question", 42 ]
```

Dictionary ist eine ungeordnete Liste von Key-Value-Paaren. Die Schlüssel müssen eindeutig sein. Der Vergleich der Schlüssel ist case-sensitiv. Die Paare sind mit Komma voneinander zu trennen oder jeweils in eine separate Zeile zu schreiben.

```
a = {
  address = "172.16.1.11"
  port = 443
}
```

Die einzelnen Elemente eines Dictionarys lassen sich auf unterschiedliche Weisen ansprechen oder zuweisen. So kann ein Schlüssel durch die Trennung mit einem Punkt zum Dictionary angesprochen werden oder als Index mit eckigen Klammern.

```
dictionary.key = value
dictionary["key"] = value
```

Letzteres ermöglicht auch die Verwendung von Leerzeichen in der Schlüsselbezeichnung. Der Zuweisungsoperator »+=« fügt das Paar additiv dem Dictionary hinzu oder überschreibt dieses bei Vorhandensein mit dem neuen Wert.

```
dictionary += {
  key = value
}
```

4.1.4 Funktionen

Die Icinga-DSL kennt ebenfalls Funktionen. Eine große Anzahl kommt bereits im Standard des Sprachumfangs mit und kann in einer Gesamtübersicht in der Onlinedokumentation[1] eingesehen werden.

Es gibt Funktionen, die auf Strings, Arrays und Dictionarys operieren, mathematische, boolesche und welche, die komplette Icinga-Objekte oder Referenzen auf diese zurückliefern.

Einige werden in diesem Buch sukzessive eingeführt und an den entsprechenden Stellen gesondert vorgestellt.

[1]https://icinga.com/docs/icinga-2/latest/doc/18-library-reference

4.2 Host und Hostgruppen

Das erste Teilziel, alle Geräte als Hosts ins Monitoring aufzunehmen, legt nahe, sich zuerst mit Objekten vom Typ Host zu beschäftigen. In der Datei `conf.d/hosts.conf` befindet sich das Hostobjekt *NodeName*, ein Host mit dem Namen des Werts der gleichnamigen Konstante aus `constants.conf`. Die Attribute *address* und *address6* bilden mit den ererbten Attributen aus *generic-host* zusammen die Eigenschaften des Objekts. Zusätzlich sind die Eigenschaften über das Dictionary *vars* noch um die Custom Variable *os* erweitert.

```
object Host NodeName {
  import "generic-host"

  address = "127.0.0.1"
  address6 = "::1"

  vars.os = "Linux"
}
```

Codebeispiel 4.4: Hostdefinition in `conf.d/hosts.conf`

In `conf.d/templates.conf` findet sich die Definition des eben benutzten Templates *generic-host*. Hostobjekte, die dieses Template einbinden, bekommen die hier gesetzten Attribute automatisch als Standardwerte zugewiesen.

Mit *check_interval* wird der Zeitabstand angegeben, in dem der Host auf Erreichbarkeit geprüft werden soll. Das Attribut *retry_interval* setzt dieses Intervall auf den angegebenen Wert herab, für den Fall, dass Icinga einen Statuswechsel von UP auf DOWN feststellt.

```
template Host "generic-host" {
  max_check_attempts = 3
  check_interval = 1m
  retry_interval = 30s

  check_command = "hostalive"
}
```

Codebeispiel 4.5: Template *generic-host* in `zones.d/main/templates.conf`

Das nun reduzierte Intervall wird für die in *max_check_attempts* angegebene Anzahl von Checks beibehalten, bevor es wieder auf das »normale« Intervall zurückfällt. Die Checks werden demnach im Fall eines erkannten Fehlers für eine gewisse Zeit strenger überwacht, um sicherzustellen, dass es sich nicht nur um einen kurzfristig auftretenden Fehler handelt, für den eine Alarmierung nicht nötig ist.

Diese drei Attribute spielen auch für die Benachrichtigung eine wichtige Rolle, wie in Abschnitt 9.1 ab Seite 182 erläutert wird. Das Check Command *hostalive* ist vordefiniert in Icinga enthalten und beruht auf dem Plugin `check_ping`.

Mit diesen Mitteln lässt sich das Zwischenziel, alle Geräte auf Verfügbarkeit zu prüfen, bereits erreichen. Da das Gebrauchtwarencenter sowohl einige Linux- wie auch mehrere Windows-Systeme sein eigen nennt, bietet sich die Definition zweier Templates an. Das Template *linux-host* kommt in die Datei *zones.d/main/linux.conf* und *windows-host* für Windows-Systeme in *zones.d/main/windows.conf*.

```
/*
 * Host Templates
 */
template Host "linux-host" {
  import "generic-host"
  vars.os = "Linux"
}
```

Codebeispiel 4.6: *zones.d/main/linux.conf*

Im Verlauf werden wir die Templates, aber vor allem die beiden Dateien erweitern, und das nach der logischen Unterteilung Linux – Windows.

```
/*
 * Host Templates
 */
...
template Host "windows-host" {
  import "generic-host"
  vars.os = "Windows"
}
```

Codebeispiel 4.7: *zones.d/main/windows.conf*

Um nun weitere Hosts wie z. B. für den Webserver *antlia* in die Überwachung aufzunehmen, wird einfach ein Hostobjekt in einer neuen Datei *zones.d/main/hosts/antlia.conf* hinzugefügt. Damit auch ein Check ausgeführt wird, muss dem neuen Objekt eine IP-Adresse im Attribut *address* oder in *address6* mitgegeben werden.

```
object Host "antlia.gwc-jonas.net" {
  import "linux-host"

  display_name = "antlia"
  address = "172.16.2.12"
}
```

Codebeispiel 4.8: Neuen Host in *zones.d/main/hosts/antlia.conf* anlegen

Mit *display_name* wird die Bezeichnung der Anzeige in Icinga Web 2 angepasst. Wird das Attribut *display_name* nicht verwendet, ist der Anzeigename identisch mit dem Objektnamen.

Analog wird bei allen anderen Linux- und Windows-Hosts verfahren, natürlich bis auf den Unterschied, welches Template zu verwenden ist. Die Solaris-Maschine *phoenix* ist als Unix-System einem Linux sehr ähnlich und so kann auch hier das Template *linux-host* benutzt werden, die Custom Variable *os* wird allerdings überschrieben:

```
object Host "phoenix.gwc-jonas.local" {
  import "linux-host"

  display_name = "phoenix"
  address = "172.16.1.15"

  vars.os = "Solaris"
}
```

Codebeispiel 4.9: `zones.d/main/hosts/phoenix.conf`

Der Hintergedanke hierbei ist, auch im weiteren Verlauf des Konfigurationsausbaus von Informationen aus dem Linux-Template zu profitieren. Alle anderen Geräte, wie die Switche des Gebrauchtwarencenters, arbeiten zunächst mit dem generischen Template *generic-host*.

Hosts lassen sich zu Hostgruppen zusammenfassen. Zwei solche Gruppendefinitionen stehen in `conf.d/groups.conf`. In beiden wird ein neues und mächtiges Mittel von Icinga 2 benutzt, der *assign*-Filter. Ist der boolesche Ausdruck für die Objekte in *assign where* wahr, werden diese in die Gruppe aufgenommen. Im folgenden Beispiel sind das alle Hostobjekte, die die Custom Variable *os* entsprechend gesetzt haben.

```
object HostGroup "linux-servers" {
  display_name = "Linux Servers"
  assign where host.vars.os == "Linux"
}

object HostGroup "windows-servers" {
  display_name = "Windows Servers"
  assign where host.vars.os == "Windows"
}
```

Codebeispiel 4.10: Definition von Hostgruppen in `conf.d/groups.conf`

Hostgruppen sind im Folgenden keine Notwendigkeit, können aber gerne in die jeweilige Datei `linux.conf` und `windows.conf` übernommen werden. Am besten versieht man die Zeilen davor mit einem Kommentar wie bei den Templates.

Bei Anpassungen an der Konfiguration der zu überwachenden Objekte muss Icinga 2 diese mit einem einfachen Reload neu einlesen.

```
$ systemctl reload icinga2
```

Danach erscheinen die neuen Hosts in Icinga Web 2 zunächst mit dem Zustand PENDING bis zum ersten Check, ab dann müssen sie UP oder DOWN anzeigen.

4.3 Service und Servicegruppen

Ein Service muss stets genau einem Host zugeordnet sein. Diese Zuordnung kann über das Attribut *host_name* erfolgen, Icinga 2 bietet aber eine wesentlich elegantere Methode. Bei einem Blick in `conf.d/services.conf` wird für die Services *ping4* bzw. *ping6* eine *apply*-Regel verwendet. Diese erzeugt mithilfe der schon bekannten *assign*-Filter je einen Service mit angegebenen Namen zu allen Hostobjekten, die den booleschen Ausdruck mit »wahr« erfüllen.

Die beiden genannten Services können eins zu eins in die neue Datei für Netzwerkbelange `zones.d/main/network.conf` übernommen werden.

```
/*
 * Services
 */
apply Service "ping4" {
  import "generic-service"

  check_command = "ping4"

  assign where host.address
}

apply Service "ping6" {
  import "generic-service"

  check_command = "ping6"

  assign where host.address6
}
```

Codebeispiel 4.11: Service mittels *apply* in `zones.d/main/network.conf`

Allen Hostobjekten, die das Attribut *address* definiert haben, wird auch der Service *ping4* zugewiesen. Analoges gilt für *address6* und *ping6*. Das importierte Template befindet sich bereits in der Datei `templates.conf` im Verzeichnis `zones.d/main`. Die Attribute haben dieselben Bedeutungen wie beim Hostobjekt. Die benötigten Check Commands sind standardmäßig in

Icinga vorhanden und beruhen ebenfalls auf dem Plugin `check_ping`, allerdings mit deutlich niedrigeren Schwellenwerten.

```
template Service "generic-service" {
  max_check_attempts = 5
  check_interval = 1m
  retry_interval = 30s
}
```

Codebeispiel 4.12: Template *generic-service* in *zones.d/main/templates.conf*

Zurück zur Datei `conf.d/services.conf`. Dort befindet sich auch die Definition, die einen Service *ssh* an allen als Linux klassifizierten Hosts erzeugt, die zusätzlich die Attribute *address* oder *address6* gesetzt haben müssen:

```
apply Service "ssh" {
  import "generic-service"

  check_command = "ssh"

  assign where (host.address || host.address6) \
      && host.vars.os in ["Linux, "Solaris"]
}
```

Codebeispiel 4.13: Apply-Service *ssh* in *zones.d/main/unix.conf*

Auch dieser Service kann mit einer kleinen Ergänzung für Solaris-Hosts übernommen werden. Der Operator *in* prüft, ob sich der Inhalt der Custom Variable *os* mit einem Element der nachfolgenden Liste deckt. Da es sich nun nicht mehr um einen rein Linux-spezifischen Service handelt, gehört er folgerichtig in eine Datei *zones.d/main/unix.conf* gespeichert.

Auch Services lassen sich gruppieren. Die folgende Definition ist in *conf.d/groups.conf* abgelegt und verwendet die Funktion *match* als *assign*-Filter. Die Servicegruppe *ping* enthält alle Services, deren Namen mit dem String »ping« beginnen.

```
object ServiceGroup "ping" {
  display_name = "Ping Checks"
  assign where match("ping*", service.name)
}
```

Codebeispiel 4.14: Servicegruppe mittels einer Funktion in *conf.d/groups.conf*

Wer auch diese Gruppe übernehmen möchte, dem sei als Ablageort die Datei *zones.d/main/network.conf* empfohlen.

Service mittels Dictionary automatisch erzeugen

Die Beispielkonfiguration hält noch eine weitere wichtige Eigenschaft der DSL bereit, nämlich einen definierten Service auf ein und demselben Host mehrfach zu verwenden. Die Services unterscheiden sich natürlich im Namen, aber auch die Parametrisierung ist unterschiedlich wählbar.

So ist das Überwachen von unterschiedlichen Webseiten mit individuellem Uniform Resource Identifier (URI) oder Schwellenwerten möglich. Im Hostobjekt *NodeName* in *conf.d/hosts.conf* findet sich ein Beispiel hierzu.

```
vars.http_vhosts["http"] = {
  http_uri = "/"
}

/* Uncomment if you've sucessfully installed Icinga Web 2. */
vars.http_vhosts["Icinga Web 2"] = {
  http_uri = "/icingaweb2"
}
```

Codebeispiel 4.15: Webseiten auf dem Host *NodeName* in *conf.d/hosts.conf*

Hier ist eine Custom Variable *http_vhosts* als Dictionary definiert und dessen Elementen *http* und *Icinga Web 2* ist als Wert jeweils wieder ein Dictionary zugewiesen. Diese enthalten unterschiedliche Parameter, die einen unterschiedlichen Plugin-Aufruf zur Folge haben.

```
apply Service for (http_vhost => config in host.vars.http_vhosts) {
  import "generic-service"

  check_command = "http"

  vars += config
}
```

Codebeispiel 4.16: Service *http* in *zones.d/main/webserver.conf*

Das Serviceobjekt für diese Checks offenbart sein Geheimnis in der Datei *conf.d/services.conf*. Neben der *apply*-Regel findet sich eine *for*-Schleife in der Definitionszeile.

Jedes Element aus *vars.http_vhosts* zu jedem Host, der diese Custom Variable enthält, wird von *for* durchlaufen und es wird jeweils ein Service erzeugt. Der Name entspricht hierbei den jeweiligen Schlüsselnamen von *http_vhosts*. Der Teil *http_vhost => config in host.vars.http_vhosts* bedeutet, dass der Schlüsselname, im zweiten Beispiel *Icinga Web 2*, in jedem Schleifendurchlauf über die Variable *vhost_http* referenziert werden kann. Ebenso kann der Wert, im zweiten Beispiel das Dictionary, das nur *http_uri = /icingaweb2* enthält, als *config* angesprochen werden.

Serviceobjekte haben ihr eigenes von Hostobjekten getrenntes Dictionary *vars* für Custom Variables. Diesem wird mit der letzten Zeile das Dictionary *config* mit den enthaltenen Parametern für den Plugin-Aufruf des Services hinzugefügt. Das gesamte Dictionary wird also mit dem *vars*-Dictionary des Services zusammengelegt und jedes Element gilt für Icinga 2 so, als wäre es im Service mit *vars* direkt definiert worden. Wäre das zweite Beispiel ohne *apply for* angelegt worden, müsste er deshalb *vars.http_uri = /icingaweb2* enthalten.

Es wäre möglich, wenn auch unüblich, einzelne Elemente des Dictionarys zu übernehmen. Statt *vars += config* wäre dann *vars.http_uri = config.http_uri* in den Service aufzunehmen. www komplette Übernahme des Dictionarys bietet aber deutlich mehr Flexibilität, da eine zusätzliche Konfiguration nur beim Host hinzugefügt werden muss.

Mit der folgenden einfachen Erweiterung werden z. B. die Schwellenwerte für Antwortzeiten (in Sekunden) der Seite gesetzt.

```
vars.http_vhosts["Icinga Web 2"] = {
  http_uri = "/icingaweb2"
  http_warn_time = 1
  http_crit_time = 2
}
```

Genau so funktioniert auch die Überwachung von Dateisystemen in der Beispielkonfiguration, dazu später mehr in Abschnitt 6.4 ab Seite 116.

Um nun die Webseiten des Gebrauchtwarencenters zu überwachen, ist die Servicedefinition mittels *apply* nach `zones.d/main/network.conf` zu übernehmen und dem Objekt zum Host *antlia* zwei solcher Custom Variables hinzuzufügen, eine für den Webauftritt der Firma und eine weitere, die den Onlineshop überwacht.

```
vars.http_vhosts["Website"] = {
  http_vhost = "www.gwc-jonas.net"
}
vars.http_vhosts["Online Shop"] = {
  http_vhost = "shop.gwc-jonas.net"
  http_ssl = true
}
```

Codebeispiel 4.17: Ergänzungen in `zones.d/main/hosts/antlia.conf`

Beide Webseiten werden über denselben Host mit dem Verfahren »Virtual Named Host« ausgeliefert, deshalb muss der Name der Seite jeweils mit *http_vhost* angegeben werden. Da der Shop nur verschlüsselt erreichbar ist, muss zusätzlich mit *http_ssl* für diesen Service das Protokoll HTTPS ausgewählt werden.

Eine weitaus detailreichere Einführung in die Überwachung von Webseiten und deren Server ist in Abschnitt 14.5 ab Seite 299 zu finden.

4.4 Check Commands und die Template Library

Check Commands stellen das Bindeglied zum Plugin dar. Sie regeln, wie ein Plugin zur Ausführung gelangt und mit welchen Optionen es aufgerufen wird. Die bisher eingesetzten Check Commands *hostalive*, *check_ping* und *check_http* wurden als Bestandteil von Icinga 2 bezeichnet, was nicht ganz richtig ist. Sie sind jedoch Teil der ITL, die mit Icinga 2 ausgeliefert wird.

Bei der ITL handelt es sich eher um eine umfangreiche Sammlung von Check-Command-Definitionen anstatt um Templates. Sie befindet sich in `/usr/share/icinga2/include` und besteht aus mehreren unterschiedlichen Dateien, die sich ggf. gegenseitig einbinden. So erfolgt in `plugins.conf` das Laden von `command-plugins.conf` unter Zuhilfenahme von *include*. In dieser Datei befinden sich Check-Command-Definitionen zu den Plugins aus dem Monitoring-Plugins-Projekt[2].

```
include "command-plugins.conf"
```

Codebeispiel 4.18: `/usr/share/icinga2/include/plugins`

Auf diese Weise werden Check Commands für häufig verwendete Plugins von Icinga 2 gleich mitgeliefert. Im Gegensatz zu anderen Teilen der Konfiguration gibt es nicht viel Wahlmöglichkeiten in diesen Definitionen, außerdem sind sie oft lang und eintönig. Durch die fertig ausformulierten Check Commands in der ITL nimmt das Icinga-Team den Anwendern viel Arbeit im Alltag ab.

Es lohnt sich, immer wieder einen Blick in die ITL zu werfen, da sie mit neuen Versionen von Icinga 2 regelmäßig erweitert wird. Eigene Check Commands sollte man übrigens keinesfalls der ITL hinzufügen, da diese von den Paketen nicht als Konfigurationsdatei angesehen und bei Updates einfach überschrieben werden. Besser aufgehoben sind sie stattdessen in einer eigenen selbstverwalteten Datei.

Als Beispiel eines Check Commands dient hier das in der ITL abgelegte Kommando *load*.

```
object CheckCommand "load" {
  command = [ PluginDir + "/check_load" ]

  arguments = {
    "-w" = {
      value = "$load_wload1$,$load_wload5$,$load_wload15$"
      description = "Exit with WARNING status if load ..."
    }

    "-c" = {
```

[2] https://www.monitoring-plugins.org

```
      value = "$load_cload1$,$load_cload5$,$load_cload15$"
      description = "Exit with CRITICAL status if load  ..."
    }
    "-r" = {
      set_if = "$load_percpu$"
      description = "Divide the load averages by the ..."
    }
  }

  vars.load_wload1 = 5.0
  vars.load_wload5 = 4.0
  vars.load_wload15 = 3.0

  vars.load_cload1 = 10.0
  vars.load_cload5 = 6.0
  vars.load_cload15 = 4.0

  vars.load_percpu = false
}
```

Codebeispiel 4.19: Check Command *load* aus der ITL-Sammlung

In der Option *command* wird im ersten Element des erwarteten Arrays der Pfad zum zugehörigen Plugin angegeben. Hier setzt er sich aus zwei Strings zusammen, wobei es sich bei *PluginDir* um eine Konstante aus *constants.conf* handelt, die den konkreten Pfad enthält. Weitere Array-Elemente werden beim Aufruf des Plugins jeweils durch Leerzeichen getrennt als zusätzliche Optionen mitgegeben, d. h., wird ein Element vor den Pfad zum Plugin gesetzt, steht es auch im Aufruf davor!

Das Herzstück des Objekttyps *CheckCommand* ist das Dictionary *arguments*. Es beschreibt die Optionen des Plugins und deren Verhalten. So ist die Option `-w` im Aufruf nur gesetzt, wenn die Auswertung der Makros *$load_wload1$*, *$load_wload5$* und *$load_wload15$* für *value* einen Wert ergeben. Ist das der Fall, wird dessen Wert hinter der Option eingefügt. Handelt es sich bei der Option, wie bei `-r`, nur um einen Schalter ohne zugehörigen Wert, verwendet man anstatt *value* den Schlüssel *set_if*. Ein beschreibender Text zur jeweiligen Option sollte mittels *description* optional hinzugefügt werden. Er hat jedoch in den bis zum Erscheinen des Buchs veröffentlichten Versionen keinerlei Funktion.

Eine weitere Option im *arguments*-Dictionary ist *required*. Damit wird deutlich gemacht, dass die zugehörige Plugin-Option zwingend benötigt wird. Mit *skip_key* wird die im Schlüssel angegebene Option beim Aufruf des Plugins nicht mit eingesetzt. Dies wird bei Plugins eingesetzt, die zwar Argumente benötigen, aber dazu keine Optionen benutzen.

Name	Typ	Beschreibung
value	String/Function	**optional** Argumentenwert als Makro oder Funktion
key	String	**optional** überschreibt die Option
description	String	**optional** eine Beschreibung des Arguments
required	Boolean	**false** (default) erforderliches Argument
skip_key	Boolean	**false** (default) unterdrückt die Option
set_if	String/Function	**optional** Option ohne Wert, wenn Makro definiert
order	Number	Setzen der Reihenfolge in der Argumentenliste
repeat_key	Boolean	**true** (default) Option wird mehrfach verwendet, wenn *value* ein Array ist

Tabelle 4-3: Verwendbare Keys im Argumenten-Dictionary

Genau bei solchen Plugins ist die Reihenfolge der Argumente meistens ebenfalls entscheidend. Ein Dictionary ist aber ein unsortierter Key-Value-Store und deshalb existiert mit *order* die Möglichkeit, die Reihenfolge der Argumentenliste zu bestimmen. Argumente mit demselben Wert werden untereinander unsortiert angefügt, der Default ist »0«. Danach folgen in aufsteigender Reihenfolge die Argumente mit positiven Werten. Negative Werte sind ebenfalls möglich und reihen Argumente vor denen mit *order* gleich »0« ein. Das bewirkt hier: Je kleiner der Wert, desto weiter »vorne« steht das Argument in der Liste.

```
#!/bin/bash

if [ "$2" == "--fqdn" ]; then
  HOSTNAME=$(hostname --fqdn) || exit 3
else
  HOSTNAME=$(hostname --short) || exit 3
fi

if [ $HOSTNAME == $1 ]; then
  echo "OK: hostname matches $1" && exit 0
else
  echo "WARNING: hostname does not match $1" && exit 1
fi
```

Codebeispiel 4.20: Shell-basiertes Plugin `check_hostname`

Müssen bei einem Plugin mehrere Argumente zu einer Option angegeben werden, wird dies mit der Übergabe eines Arrays an *value* gemacht. Nun kann es möglich sein, dass das Plugin die zugehörige Option entweder nur einmal fordert oder vor jedem Element. Aus dem Check Command heraus steuert das Icinga 2 mit *repeat_key*. Standardmäßig ist *true* gesetzt und die Option wird mehrfach verwendet.

Damit ist es an der Zeit, ein eigenes Check Command zu schreiben. Aber zu welchem Plugin? Am besten gleich zu einem eigenen. Ein einfaches Shell-basiertes Plugin zur Ermittlung des eigenen Hostnamens könnte aussehen wie in Codebeispiel 4.20.

Das Plugin `check_hostname` ohne ausreichende Fehlerbehandlung fordert als ersten Parameter einen String, der im Folgenden mit dem ermittelten Hostnamen verglichen wird. Stimmen beide überein, wird ein OK, andernfalls ein WARNING zurückgegeben. Mit der Option `--fqdn` bezieht sich der Vergleich auf den FQDN.

```
object CheckCommand "hostname" {
  command = [ MyPluginDir + "/check_hostname" ]

  arguments = {
    "--match" = {
      value = "$hostname_match$"
      skip_key = true
      order = 1
    }
    "--fqdn" = {
      set_if = "$hostname_fqdn$"
      order = 2
    }
  }

  vars.hostname_match = "$host.name$"
}
```

Codebeispiel 4.21: Check Command *hostname* in `zones.d/main/linux.conf`

Soll das Plugin verständlicherweise nicht bei den Monitoring-Plugins nach *PluginDir* abgelegt werden, kann eine neue Konstante *MyPluginDir* in `constants.conf` auf den eigenen Pfad gesetzt werden.

Zwar ist der erste Parameter immer anzugeben, hier wird er aber nicht mit einem *required* versehen, da unten ein Default auf den Hostobjektnamen gesetzt wird und damit immer gesetzt ist.

Erzeugt man nun einen Service an allen Linux-Maschinen, stellt man als Erstes fest, dass kein einziger Service ein OK meldet.

```
apply Service "hostname" {
  import "generic-service"

  check_command = "hostname"

  //assign where host.vars.os == "Linux"
  assign where host.name == NodeName
}
```

Codebeispiel 4.22: Service *hostname* beschränkt auf den Icinga-Server

Das kommt daher, dass in den Konfigurationen immer der FQDN als Objektname eingesetzt ist. Wer nun nicht das Check Command abändern möchte und einen Default hierfür setzen will, ergänzt das Template *linux-host* um *vars.hostname_fqdn = true*. Damit wird auf allen Linux-Systemen das Plugin mit `--fqdn` ausgeführt.

```
template Host "linux-host" {
  import "generic-host"
  vars.os = "Linux"
  vars.hostname_fqdn = true
}
```

Codebeispiel 4.23: FQDN ermitteln in `zones.d/templates.conf`

Als Nächstes stellt man fest, dass alle Hosts bis auf den Icinga-Server *fornax* selbst weiterhin ein WARNING melden. Das ist nicht verwunderlich, da es sich hierbei um ein lokal aufzurufendes Plugin handelt und für alle Services *hostname* das Plugin auf dem Server ausgeführt wird. Auf diesen Umstand bzw. wie das eigentliche Ziel zu erreichen ist, wird in Kapitel 5 ab Seite 83 eingegangen.

Eine Vielzahl von Check Commands befinden sich in der ITL und auch einige in Anhang F. Makros werden hingegen schon direkt im Anschluss näher behandelt, wenn es um die Ermittlung, die sogenannte Substitution, ihres Werts geht.

4.5 Makros und deren Substitution

Makros werden in $-Zeichen eingeschlossen. Es handelt sich bei einem Makro um eine Custom Variable oder Attribut gleichen Namens, dessen Werte aus den übergelagerten Objekten oder dem eigenen entnommen werden.

An einem Hostcheck sind je ein Objekt vom Typ *CheckCommand* und *Host* miteinander verknüpft. Hingegen ist bei einem Servicecheck zusätzlich noch ein Serviceobjekt beteiligt.

Ein Serviceobjekt *ssh* wird über eine *apply*-Regel bei Start von Icinga 2 für den Host *NodeName* erzeugt. Der Service ist wiederum über den Wert des Attributs *check_command* mit dem Check Command *ssh* verbunden. Das Check Command sorgt für die Ausführung des Plugins `check_ssh`. Der Aufruf erfolgt nur mit der Option `-p`, wenn die Auswertung des Makros *ssh_port* einen definierten Wert ergibt.

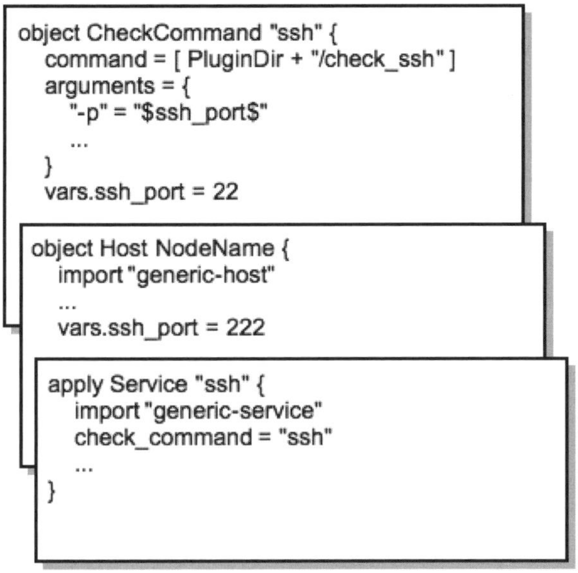

```
object CheckCommand "ssh" {
  command = [ PluginDir + "/check_ssh" ]
  arguments = {
    "-p" = "$ssh_port$"
    ...
  }
  vars.ssh_port = 22
```

```
object Host NodeName {
  import "generic-host"
  ...
  vars.ssh_port = 222
```

```
apply Service "ssh" {
  import "generic-service"
  check_command = "ssh"
  ...
}
```

Abbildung 4-2: Makrosubstitution bei Hostattributen

Ist also ein Attribut bzw. eine Custom Variable mit entsprechenden Namen in einem der drei beteiligten Objekte gesetzt, wird das Plugin mit der Option aufgerufen. Ergibt die Auswertung jedoch, dass es mehrere Möglichkeiten gibt wie in Abbildung 4-2 im Hostobjekt mit *ssh_port = 222* und im Check Command mit *ssh_port = 22*, stellt sich die Frage nach der Wertigkeit. Welcher Port soll am Host also überwacht werden? Es wird der Port 222 geprüft, denn die Makrosubstitution räumt Attributen bzw. Custom Variables am Host eine höhere Wertigkeit ein. Im Check Command wird demnach lediglich ein Default gesetzt, der am Host überschrieben werden kann. Dieses Verhalten ist ganz klar an dem Ziel ausgerichtet, die Konfiguration, wie etwas zu überwachen ist, im Hostobjekt zu tätigen.

Käme noch die Custom Variable im Serviceobjekt hinzu, würde dieses den Wert im Host »überschreiben«. Damit ist die Reihenfolge bei der Makrosubstitution vom schwächsten zum stärksten Beteiligten wie folgt: Check Command, Host und Service. Was erst einmal verblüfft, sich aber am nachfolgenden Beispiel erklärt.

Betrachtet man nun das Beispiel in Abbildung 4-3, bei dem Serviceobjekte mittels einer *for*-Schleife erzeugt werden, wie es im vorhergehenden Abschnitt gezeigt wurde, wird jedem Serviceobjekt in der Variablen *config* ein Dictionary übergeben.

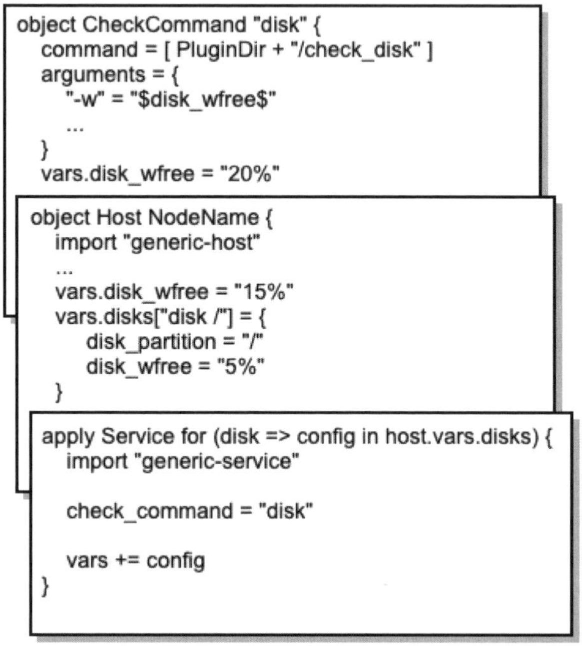

```
object CheckCommand "disk" {
  command = [ PluginDir + "/check_disk" ]
  arguments = {
    "-w" = "$disk_wfree$"
    ...
  }
  vars.disk_wfree = "20%"
```

```
object Host NodeName {
  import "generic-host"
  ...
  vars.disk_wfree = "15%"
  vars.disks["disk /"] = {
     disk_partition = "/"
     disk_wfree = "5%"
  }
```

```
apply Service for (disk => config in host.vars.disks) {
  import "generic-service"

  check_command = "disk"

  vars += config
}
```

Abbildung 4-3: Makrosubstitution bei Serviceattributen

Der Inhalt besteht aus einfachen Key-Value-Paaren, bei denen der Schlüssel keine Custom Variable ist, denn diese sind ausschließlich als Schlüssel direkt unterhalb von *vars* definiert. Um nun aber unterschiedlich parametrisierte Plugin-Aufrufe für die verschiedenen Dateisysteme zu bekommen, wird ein Kunstgriff angewendet. Das Dictionary mit den eigentlichen Konfigurationsparametern in *config* wird auf Serviceebene mittels Merge »+=« dem Dictionary *vars* hinzugefügt. Damit werden aus diesen Einträgen Custom Variables in den einzeln erzeugten Services.

> Die Reihenfolge bei der Makrosubstitution vom schwächsten zum stärksten Beteiligten ist: Check Command, Host und Service.

Die aus Custom Variables resultierenden Optionen beim Plugin-Aufruf können damit z. B. für Dateisysteme unterschiedlich gestaltet werden.

Zusätzlich ist es damit auch möglich, nicht nur generelle Standardwerte zu setzen, die systemweite Gültigkeit haben, sondern ebenfalls solche, die nur für genau einen Host gelten.

```
object Host NodeName {
  ...
  vars.disk_wfree = "15%"

  vars.disks["disk /"] = {
    disk_partition = "/"
    disk_wfree = "5%"
  }

  vars.disks["disk /boot"] = {
    disk_partition = "/boot"
  }
}
```

Codebeispiel 4.24: Überschreiben von Standardschwellenwerten

Somit gilt ein Schwellenwert von 5 für WARNING im Codebeispiel 4.24 beim Dateisystem »disk /«, weil dieser Wert in eine Service-Custom-Variable überführt wird. Beim Dateisystem »disk /boot« sind es 15, da dieser Wert bei der Makrosubstitution nicht im Service gefunden wird, aber im zugehörigen Host und damit der Default aus dem Check Command »überschrieben« wird.

4.6 Timeperiods

Mit *timeperiods* werden Zeitfenster definiert, in denen Icinga 2 gewisse Aktionen ausführen darf. Im Umkehrschluss gilt, diese Aktionen werden außerhalb des definierten Zeitfensters nicht ausgeführt. In der Datei `conf.d/timeperiods.conf` stehen nach der Paketinstallation die drei Beispiele *24x7*, *9to5* und *never* zur Verfügung. Zufällig entsprechen diese Definitionen genau den Anforderungen des Gebrauchtwarencenters und die Datei `timeperiods.conf` kann nach `zones.d/main` übernommen werden. Bei oder nach einem Kopieren muss auf die Berechtigung geachtet werden, siehe Abschnitt »Vorbereitungen« in Kapitel 4 ab Seite 54.

Die Periode *9to5* definiert Zeitfenster für die Werktage Montag bis Freitag und jeweils von 9 bis 17 Uhr. Das Zeitfenster des Timeperiod-Objekts *24x7* gilt rund um die Uhr, *never* deckt hingegen das andere Extremum ab, nämlich nie. Dem Attribut *ranges* wird ein Dictionary zugewiesen, die Schlüssel bestehen aus Wochentagen und die zugewiesenen Werte grenzen die Uhrzeiten ein. Als Schlüssel kann alternativ auch ein Datum verwendet werden. Die unterschiedlichen Notationen sind im nachfolgenden Beispiel enthalten und in dieser Form benutzbar.

```
object TimePeriod "9to5" {
  import "legacy-timeperiod"

  display_name = "Icinga 9to5 TimePeriod"

  ranges = {
    "monday"    = "09:00-17:00"
    "tuesday"   = "09:00-17:00"
    "wednesday" = "09:00-17:00"
    "thursday"  = "09:00-17:00"
    "friday"    = "09:00-17:00"
  }
}
```

Codebeispiel 4.25: Zeitfenster *9to5* in *zones.d/main/timeperiods.conf*

Als Zeitfenster lassen sich auch kommaseparierte Listen von Uhrzeiten benutzen. So werden am 21. Oktober 2022 nur die Zeitspannen zwischen 04:29 und 12:00 Uhr sowie zwischen 15:00 bis 24:00 berücksichtigt. Der 25. Dezember jeden Jahres ist als ganzer Tag in der Timeperiod enthalten. Das letzte Beispiel nimmt jeden 3. Tag ab dem 2. Montag im Februar bis einschließlich den 8. November in die Zeitspanne mit auf.

```
ranges = {
  "2022-10-21" = "04:29-12:00,15:00-24:00"
  "december 25" = "00:00-24:00"
  "monday 2 february - november 8 / 3" = "00:00-24:00"
}
```

Timeperiods werden sowohl in Host- wie auch in Servicechecks verwendet. Sie definieren die Zeitfenster, in denen die aktiven Checks ausgeführt werden. In außerhalb liegenden Zeiten wird dann keine Überprüfung vorgenommen. Weiterhin werden sie auch eingesetzt, um das Versenden von Benachrichtigungen zu regulieren. Für beide Fälle ist die voreingestellte Timeperiod *24x7*, die nicht einmal explizit definiert sein muss. Wird jedoch auf *24x7* konkret referenziert, muss so eine benannte Timeperiod in der Konfiguration vorhanden sein.

Mit dem gerade erworbenen Wissen über Timeperiods können nun auch die Checks für das Kassensystem und den Drucker des Gebrauchtwarencenters eingeschränkt werden. Ein Blick in die Onlinedokumentation[3] zu den Objekttypen Host und Service zeigt, dass das Attribut *check_period* für beide entsprechend auf die Timeperiod *9to5* zu setzen ist.

[3]https://icinga.com/docs/icinga-2/latest/doc/09-object-types

```
object Host "carina.gwc-jonas.local" {
  import "generic-host"

  address = "172.16.1.12"
  check_period = "9to5"
}
```

Codebeispiel 4.26: Check Period am Hostobjekt

Die Überlegung, dass auch die jeweils zum Host gehörigen Services in denselben Zeitperioden überwacht werden sollen, führt dazu, für Services generell dieselbe Timeperiod zu benutzen.

```
template Service "generic-service" {
  ...
  check_period = host.check_period
}
```

Codebeispiel 4.27: Verwenden derselben Check Period am Service wie am Host

Ein Service existiert in Icinga nie ohne zugeordneten Host und so kann aus einem Service heraus, der aus einem *apply* erzeugt wird, immer auf Attribute und Custom Variables des Hosts zugegriffen werden.

4.7 Scheduled Downtimes

Downtimes sind ein sehr wichtiges Feature. Sie unterbinden den Versand von Benachrichtigungen in einem definierten Zeitfenster. Benachrichtigungen werden genauer in Kapitel 9 ab Seite 181 behandelt.

```
apply ScheduledDowntime "backup-downtime" to Service {
  author = "icingaadmin"
  comment = "Scheduled downtime for backup"

  ranges = {
    monday = service.vars.backup_downtime
    tuesday = service.vars.backup_downtime
    wednesday = service.vars.backup_downtime
    thursday = service.vars.backup_downtime
    friday = service.vars.backup_downtime
    saturday = service.vars.backup_downtime
    sunday = service.vars.backup_downtime
  }
  assign where service.vars.backup_downtime != ""
}
```

Codebeispiel 4.28: Beispiel einer wiederkehrenden Downtime für die Datensicherung

Neben dem Setzen von Downtimes über die grafische Benutzeroberfläche können regelmäßig wiederkehrende Downtimes in den Konfigurationsdateien definiert werden. Das Objekt *ScheduledDowntime* muss dabei immer dem Typ Service oder Host zugeordnet werden, da auch hier Host- und Serviceobjekte getrennt betrachtet werden. Mit dem Attribut *ranges*, das derselben Syntax unterliegt wie das gleichnamige Attribut vom Objekt *timeperiod* aus Abschnitt 4.6 auf Seite 73, werden Zeitspannen angegeben, in denen eine Downtime eingeplant werden soll.

Eine Datensicherung verursacht in der Regel einen erhöhten IO-Durchsatz und damit auf Unix-Systemen eine höhere Load als üblich. Mit obiger *apply*-Regel wird eine Downtime für jeden Service festgelegt, der die Custom Variable *backup_downtime* gesetzt hat. Angenommen, das Zeitfenster der Datensicherung ist von 2 bis 3 Uhr nachts, dann muss beim Service *vars.backup_downtime* der String *02:00-03:00* zugewiesen werden.

```
apply Service "load" {
  import "generic-service"

  check_command = "load"
  vars.backup_downtime = "02:00-03:00"

  assign where host.name == NodeName
}
```

Codebeispiel 4.29: Downtime setzen für den Service *load* zu Zeiten der Datensicherung

4.8 Debugging

Nachdem nun schon einige Objekttypen bekannt sind und sich die Definitionen von Objekten dieser Typen über mehrere Konfigurationsdateien verteilen können, wird hier mit `object list` ein hilfreiches Werkzeug vorgestellt, mit dem ein Überblick erhalten bleibt.

Durch den Aufruf von `icinga2 object list` auf der Konsole erhält man eine komplette Auflistung aller Objekte. Im Hintergrund wird bei diesem Aufruf die Datei */var/cache/icinga2/icinga2.debug* ausgewertet. Sie wird bei jeder Validierung der Konfiguration aktualisiert, also bei einem Start, Neustart oder Reload. Allerdings geschieht das auch bei einem expliziten Aufruf, die Konfiguration zu überprüfen, wie es mit `icinga2 daemon -C` per Hand erfolgen kann. Daraus folgt, es muss sich nicht um die aktuell benutzte Konfiguration handeln! Das heißt aber auch, man kann sich Änderungen anschauen, bevor sie »live« gehen.

Mit der Option `--type` kann das Ergebnis auf einen bestimmten Objekttyp eingeschränkt werden. Wird zusätzlich noch `--name` verwendet, ist die Anzeige auf ein Objekt eingeschränkt.

```
$ icinga2 object list --type host --name antlia.gwc-jonas.net
 % declared in '.../main/hosts/antlia.conf', lines 25:1-25:20
 * __name = "antlia.gwc-jonas.net"
 * action_url = ""
 * address = "172.16.2.12"
   % = modified in '.../main/hosts/antlia.conf', lines 30:3-30:23
 * address6 = "::1"
   % = modified in '.../main/hosts/antlia.conf', lines 31:3-31:18
 * check_command = "hostalive"
   % = modified in '.../main/templates.conf', lines 19:3-19:29
 * check_interval = 60
   % = modified in '.../main/templates.conf', lines 16:3-16:21
...
```

Beim Start oder auch bei einem erneuten Reload von Icinga 2 werden z. B. alle Template-Importe durchgeführt und damit aufgelöst. Das wirklich Schöne an der Objektliste ist, dass die Information gegeben wird, aus welcher Datei ein Attribut stammt.

Bei Icinga 2 existiert ein Service nie alleine, sondern ist immer einem Host zugeordnet, damit setzt sich der intern in Icinga verwendete eindeutig bezeichnende Name immer aus dem des Hosts und des Services zusammen. Beide werden mit einem »!« voneinander getrennt geschrieben, damit ist der Servicename in der Konsole zu quoten.

```
$ icinga2 object list --type service \
        --name 'antlia.gwc-jonas.net!ping4'
Object 'antlia.gwc-jonas.net!ping4' of type 'Service':
  % declared in '.../main/network.conf', lines 26:1-26:21
  * __name = "antlia.gwc-jonas.net!ping4"
  * action_url = ""
  * check_command = "ping4"
  ...
```

Eine Timeperiod ist hingegen wiederum ein alleinstehendes Objekt und eine einzelne Periode wird mit ihrem Namen abgefragt. Eine Scheduled Downtime setzt sich aus dem Namen des Objekts, auf das sie sich bezieht, und als Erweiterung aus dem Namen des Hostobjekts und dem Unix-Zeitstempel des Eintrittzeitpunkts der Downtime zusammen. Zusätzlich wird noch eine Zahl als Index angehängt, falls mehrere Downtimes mit derselben Anfangszeit angelegt wurden.

Für eine Downtime zum Service *load* auf dem Host *fornax* sähe der eindeutig identifizierende Name dann wie folgt aus:

```
'fornax.gwc-jonas.local!load!fornax.gwc-jonas.local-15...-0'
```

Handelt es sich um eine Downtime zu einem Host, verkürzt sich der Name wieder auf zwei durch »!« getrennte Teile, da der Service entfällt.

Möchte man eine Konfigurationsänderung auf Syntax und Objektabhängigkeiten testen, erreicht man dies mit dem Kommandozeilenaufruf von `icinga2` mit dem Subkommando `daemon` und der Option `--validate` bzw. `-C` in der verkürzten Schreibweise.

Treten keine Fehler auf, zeigt der Aufruf der Validierung lediglich, wie viele Objekte von welchem Typ in der Konfiguration enthalten sind. Die zu diesem Zeitpunkt sehr hohe Anzahl von Check Commands rührt daher, dass diese in der ITL definiert sind und standardmäßig auch alle geladen werden.

```
$ icinga2 daemon --validate
information/cli: Icinga application loader (version: r2.13.2-1)
information/cli: Loading configuration file(s).
information/ConfigItem: Committing config item(s).
information/ApiListener: My API identity: fornax.gwc-jonas...
information/ConfigItem: Instantiated 228 CheckCommands.
information/ConfigItem: Instantiated 1 IcingaApplication.
information/ConfigItem: Instantiated 3 Host.
information/ConfigItem: Instantiated 1 FileLogger.
information/ConfigItem: Instantiated 1 Comment.
information/ConfigItem: Instantiated 1 IcingaApplication.
information/ConfigItem: Instantiated 3 HostGroups.
information/ConfigItem: Instantiated 1 CheckerComponent.
information/ConfigItem: Instantiated 1 Zones.
information/ConfigItem: Instantiated 1 Endpoints.
information/ConfigItem: Instantiated 1 IdoMysqlConnection.
information/ConfigItem: Instantiated 1 ApiUser.
information/ConfigItem: Instantiated 1 ApiListener.
information/ConfigItem: Instantiated 253 CheckCommands.
information/ConfigItem: Instantiated 3 TimePeriods.
information/ConfigItem: Instantiated 14 Services.
information/ConfigItem: Instantiated 3 ServiceGroups.
...
information/cli: Finished validating the configuration file(s).
```

Codebeispiel 4.30: Ausgabe der Konfigurationsvalidierung

Die Ausgabe zu aufgetretenen Fehlern ist sehr hilfreich. So informiert die folgende Ausgabe darüber, dass das Host-Template *generic-host* in der Konfiguration nicht gefunden werden konnte. Da jedoch das angegebene Hostobjekt auf dessen Verwendung besteht, ist die Konfiguration nicht korrekt und es wird mit einem Fehler abgebrochen.

```
critical/config: Error: Import ... unknown ...: 'generic-host'
Location: in .../zones.d/main/hosts/antlia.conf: 20:3-20:23
.../zones.d/main/hosts/antlia.conf(18): object Host NodeName {
.../zones.d/main/hosts/antlia.conf(19):
/* Import the default...
.../zones.d/main/hosts/antlia.conf(20):   import "generic-host"
                                          ^^^^^^^^^^^^^^^^^^^^^
.../zones.d/main/hosts/antlia.conf(21):
.../zones.d/main/hosts/antlia.conf(22):
/* Specify the address...

critical/config: 1 error
```

II Betriebssystemüberwachung

5 Der Icinga-Agent

Das Mittel der Wahl für Überwachungen von Linux- und Windows-Systemen ist der Icinga-Agent. Auf dem zu überwachenden Host wird hierfür ein eigenes Icinga 2 installiert, die Kommunikation zwischen den Instanzen funktioniert über eine auf JavaScript Object Notation (JSON) Remote Procedure Call (RPC) basierende Cluster-API. Der Icinga-Agent arbeitet wie ein »normales« Icinga 2, es werden also Plugins ausgeführt, die Ergebnisse werden dann allerdings an den eigentlichen Monitoring-Server weitergemeldet. Die Kommunikation erfolgt über eine persistente mit TLS verschlüsselte Verbindung und wird anhand von Zertifikaten beim Verbindungsaufbau authentifiziert.

»Ich vertraue nur zwei Leuten: Der eine bin ich,
der andere sind nicht Sie.«

Cameron Poe, 1997

5.1 Zonen und Endpunkte

Konfigurationsseitig wird die Kommunikation über sogenannte Zonen definiert, d. h., eine Zone sendet bzw. empfängt Daten von einer anderen Zone. Die Zone gibt dann die Daten an die der Zone zugehörigen Endpunkte weiter. Ein Endpunkt ist hierbei eine Instanz von Icinga 2. Jeder Zone muss mindestens ein Endpunkt zugeordnet sein.

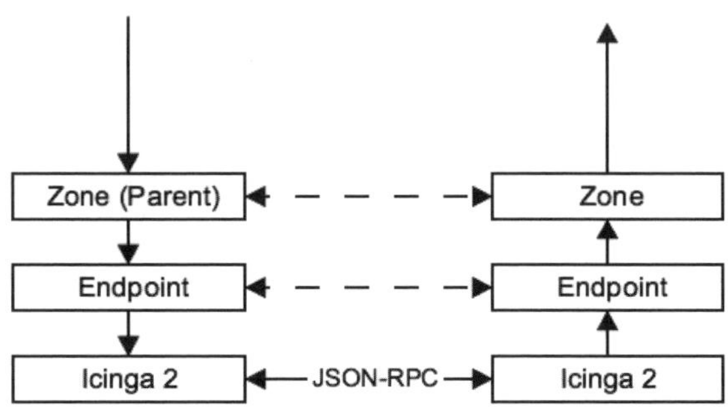

Abbildung 5-1: Icinga 2 – Cluster-Kommunikation

Diese bidirektionale Kommunikation zwischen Instanzen muss Icinga 2 durch die Definition von Zonen- und Endpoint-Objekten bekannt gemacht werden. Alle teilnehmenden Kommunikationspartner sind auf den jeweils beteiligten Icinga-Instanzen als Zonen und Endpunkte einzutragen.

> Der Name des *Endpoint*-Objekts muss jeweils dem Common Name (CN) des Zertifikats der zugehörigen Icinga-Instanz entsprechen, auf diese Weise wird die Validierung des Namens vorgenommen.

Auf dem Icinga-Server wird die Konfiguration, was wann und wie überwacht wird, abgelegt. Die Zone des Servers ist aus Sicht des Agenten immer die Parent-Zone. Soll ein Check auf dem Agenten ausgeführt werden, wird dieser vom Server aus angetriggert und gelangt über die Zonen-Kommunikation zum Agenten. Dort wird das Plugin aufgerufen, das Ergebnis gelangt dann auf umgekehrtem Weg an die Parent-Zone und damit an den Server.

Optional kann zwischen Zonen auch jedes beliebige Konfigurationsobjekt ausgetauscht werden. Diese Konfigurationssynchronisation ist allerdings ausschließlich auf die **Richtung von der Parent-Zone zur untergeordneten Zone** beschränkt.

Damit auf einem Agenten ein Plugin ausgeführt werden kann, muss dieses dort installiert sein. Zusätzlich wird auf dem Agenten die Definition des zugehörigen Check Commands zum Plugin benötigt. In diesem ist schließlich bestimmt, von wo das Plugin aufzurufen ist und mit welchen Parametern dies erfolgen soll. Es sind zwar viele Check Commands in der ITL definiert, jedoch kommt es immer wieder vor, dass man ein Plugin einsetzen möchte, wo eben keine Definition vorliegt wie bei `check_hostname` in Codebeispiel 4.21 auf Seite 69. In diesem Fall muss selbst ein Objekt vom Typ *CheckCommand* erstellt werden. Hier kann dann die optional zu konfigurierende Synchronisation verwendet werden.

Hierzu wird im Folgenden auf globale Zonen zurückgegriffen. Eine globale Zone ist eine spezielle Zone, die nicht an bestimmte Icinga-Instanzen gebunden ist und die damit übergreifend zu den anderen Zonen eingesetzt werden kann, z. B. um Konfigurationen zu verteilen.

5.2 Vorbereiten des Icinga-Servers

Der Icinga-Installer bereitet den Server von vorneherein auf den Einsatz mit Agenten vor, sodass in diesem Abschnitt »nur« darauf eingegangen wird, welche Konfigurationsdateien dies betrifft. Kommt der Installer nicht zum Einsatz, beschreibt Anhang D.6 ab Seite 667 wie eine Grundkonfiguration mit dem Node Wizard oder komplett per Hand durchgeführt wird.

Konstanten setzen

Neben drei Konstanten, die Orte beschreiben, wo Plugins auf diesem Server aufzufinden sind, wurden weitere Konstanten gesetzt:

```
const NodeName = "fornax.gwc-jonas.local"
const ZoneName = "main"
const TicketSalt = "XXX"
```

Codebeispiel 5.1: Konstanten in */etc/icinga2/constants.conf* anpassen

Die Konstante *TicketSalt* ist wichtig bei der Signierung von Zertifikatsanfragen und wird in der Konfiguration des Features *api* verwendet. Die Konstante ist wie ein Passwort zu behandeln, »XXX« ist hier demnach nur ein Platzhalter!

Die beiden anderen Konstanten werden bei der Definition des eigenen Endpunkts und der eigenen Zone eingesetzt.

Zonen und Endpunkte

Das eigene Zertifikat wird anhand der Übereinstimmung seines Namens zum Objektnamen des Endpunkts validiert. Stimmen beide nicht überein, wird Icinga nicht starten und einen entsprechenden Logeintrag erzeugen.

```
object Endpoint NodeName {
}
object Zone ZoneName {
  endpoints = [ NodeName, ]
}

object Zone "linux-commands" {
  global = true
}
object Zone "windows-commands" {
  global = true
}
```

Codebeispiel 5.2: Globale Zonen in `/etc/icinga2/zones.conf`

Beide globale Zonen sind dafür vorgesehen, selbst geschriebene Check Commands getrennt nach jeweiliger Plattform zu übertragen, sodass dort die zugehörigen Plugins ausgeführt werden können. Ein Zusammenlegen in eine Zone empfiehlt sich nicht, da bei Änderungen auch auf den Agenten ein Neustart des Icinga-Prozesses erforderlich wird, und im Gegensatz zu Linux kennt Windows keinen sanften Reload, sondern nur einen Stopp mit anschließendem Start.

Certificate Authority

Im Verzeichnis `/var/lib/icinga2/ca` liegt die Certificate Authority (CA), die benutzt wird, um Zertifikatsanfragen zu signieren. Genauer gesagt wird dort der private Schlüssel und das CA-Zertifikat abgelegt.

```
$ ls -al /var/lib/icinga2/ca/
insgesamt 8
drwx------. 2 icinga icinga   34 Feb 13 14:38 .
drwxr-x---. 4 icinga icinga   27 Feb 13 14:38 ..
-rw-r--r--. 1 icinga icinga 1720 Feb 13 14:38 ca.crt
-rw-------. 1 icinga icinga 3243 Feb 13 14:38 ca.key
```

Zugriff wird nur dem Benutzer gewährt, unter dem der Icinga-Prozess läuft. Auf Debian weicht obige Anzeige ab, da dort dieser Benutzer `nagios` heißt.

Eine CA ließe sich manuell von Icinga durch den folgenden Aufruf erzeugen:

```
$ icinga2 pki new-ca
```

Zertifikat

Neben der CA erzeugt der Installer auch gleich noch ein Zertifikat für den Server selbst. Der private Schlüssel, das Zertifikat und das CA-Zertifikat liegen in */var/lib/icinga2/certs*. Der Ablageort ist fest vorgegeben und kann nicht geändert werden.

```
$ ls /var/lib/icinga2/cert/
ca.crt fornax.gwc-jonas.local.crt fornax.gwc-jonas.local.key
```

Zu Fuß müsste zuerst ein Schlüsselpaar erzeugt und danach eine Zertifikatsanfrage generiert werden. Icinga fasst beide Schritte zusammen:

```
$ cd /var/lib/icinga2/certs
$ icinga2 pki new-cert \
    --cn=fornax.gwc-jonas.local \
    --key=./fornax.gwc-jonas.local.key \
    --csr=./fornax.gwc-jonas.local.csr
```

Codebeispiel 5.3: Erzeugen einer Zertifikatsanfrage

Die Zertifikatsanfrage ist im nächsten Schritt von der CA zu beglaubigen. Das Zertifikat befindet sich danach ebenso wie auch der private Schlüssel und die Anfrage im Verzeichnis */var/lib/icinga2/certs*.

```
$ icinga2 pki sign-csr \
    --csr=./fornax.gwc-jonas.local.csr \
    --cert=./fornax.gwc-jonas.local.crt
```

Codebeispiel 5.4: Beglaubigen einer Zertifikatsanfrage

Fehlt noch das CA-Zertifikat zur Authentizitätsprüfung. Die entsprechende Datei ist abschließend ebenfalls mit den korrekten Berechtigungen in dasselbe Verzeichnis zu kopieren.

- RedHat

  ```
  $ install -o icinga -g icinga -m644 \
      /var/lib/icinga2/ca/ca.crt /var/lib/icinga2/certs/
  ```

- Debian

  ```
  $ install -o nagios -g nagios -m644 \
      /var/lib/icinga2/ca/ca.crt /var/lib/icinga2/certs/
  ```

Auch hier ist bitte darauf zu achten, dass je nach Distribution der korrekte Benutzer und die richtige Gruppe verwendet wird.

Feature API

Die Kommunikation erfolgt über das Icinga 2 eigene Cluster-Protokoll, das im Feature *api* implementiert ist. Wurde der Icinga-Installer verwendet, ist das Feature konfiguriert und auch schon aktiviert.

```
$ icinga2 feature list
Disabled features: command compatlog debuglog elasticsearch ...
Enabled features: api checker ido-mysql mainlog notification
```

Soll die Konfiguration per Hand vorgenommen werden, ist die folgende Konfigurationsdatei wie hier gezeigt anzupassen:

```
object ApiListener "api" {
  accept_config = true
  accept_commands = true
  ticket_salt = TicketSalt
}
```

Codebeispiel 5.5: */etc/icinga2/features-available/api.conf*

Vor einem Reload von Icinga 2 müsste dann das Feature noch mittels `icinga2 feature enable api` aktiviert werden.

Das Attribut *accept_commands* erlaubt das Senden von Check Commands an den Host, also etwas, was für einen Agenten essenziell ist. Ist der Wert auf *true* gesetzt, braucht später in der Konfiguration der Überwachung nicht komplett zwischen dem Server und einem beliebigen Linux mit Icinga-Agenten unterschieden zu werden.

Wie *accept_config* gesetzt ist, ist im aktuellen Szenario egal. Es bedeutet, die zu synchronisierende Konfiguration wird auf den Server selbst synchronisiert und es wird empfohlen, dieses in hochverfügbaren Umgebungen auch auf dem Server zu aktivieren.

Ein gesetzter *TicketSalt* ist wichtig im Zuge der Beglaubigung von Zertifikatsanfragen eines Agentens. Er ist hier als Konstante zugewiesen, dabei ist darauf zu achten, dass der gesetzte Wert genügend lang ist und damit eine große Entropie ermöglicht.

5.3 Zertifikate beglaubigen

Icinga kennt zwei Verfahren, die einen Zertifikatsaustausch mit der CA durchführen können. Die eine Methode besteht darin, bevor der Agent auf einem zu überwachenden System installiert wird, ein Ticket auf dem Icinga mit der CA zu erzeugen. Dieses authentifiziert die vom Agenten gestellte Zertifikatsanfrage gegenüber der CA. Ist das Ticket gültig, sendet der Server ein Zertifikat und das CA-Zertifikat an den Agenten zurück.

```
$ icinga2 pki ticket --cn 'antlia.gwc-jonas.net'
0b5c8051b775fabb2395d56a7f81addf586b2755
```

Codebeispiel 5.6: Ticket für eine Zertifikatsanfrage erzeugen

Das Ticket ist ein Hashwert, der aus dem angegebenen CN, dem »Namen des Zertifikats«, berechnet wird. Es ist sehr wichtig, einen Salt-Wert für diese Berechnung zu setzen. Die Public Key Infrastructure (PKI) der Icinga-CA verwendet hierfür die Konstante *TicketSalt*, die in `constants.conf` gesetzt ist. Damit dieser Hash nicht leicht errechenbar ist, ist der Salt entsprechen lang zu wählen. Dieses Verfahren wird meistens in **automatisierten Umgebungen eingesetzt** oder auch in solchen mit einer hohen Fluktuation an Systemen.

Die andere Methode ist das zentrale Signieren an der CA, das manuell vorgenommen wird. Die eingehenden Zertifikatsanfragen müssen auf der Kommandozeile aktiv zur Beglaubigung autorisiert werden. Der anfragende Agent prüft währenddessen regelmäßig in kurzen Zeitabständen nach, ob seine Anfrage in der Zwischenzeit signiert wurde. Ist das der Fall, wird ihm das Zertifikat über den gleichen Kanal wie bei der Anfrage zugesendet.

Das Kommando `icinga2 ca list` gibt eine Übersicht aller zur Bestätigung ausstehenden Zertifikatsanfragen aus. Mit der Option `--all` werden nicht nur die ausstehenden, sondern auch die schon früher bestätigten Anfragen aufgelistet. Eine noch nicht signierte Anfrage erkennt man daran, dass die Spalte »Signed« leer ist, ansonsten ist die Zelle mit einem »*« ausgefüllt.

```
$ icinga2 ca list --all
Fingerprint|Timestamp               |Signed|Subject
-----------|------------------------|------|-------
3da75...   |Nov  5 11:41:46 2017 GMT|      |CN = antlia.gwc-...
```

Ausstehende Anfragen werden mittels des Unterkommandos `sign` und der Angabe des Fingerprints bestätigt:

```
$ icinga2 ca sign 3da75...
information/cli: Signed certificate for 'CN = antlia.gwc-...
```

Die Zertifikatsanfragen verwaltet Icinga ebenfalls als »normale« Dateien im Verzeichnis */var/lib/icinga2/certificate-requests*.

Beide Mechanismen zur Signierung funktionieren nur, wenn es dem Agenten erlaubt ist, sich mit der CA auf dem API-Port zu verbinden. Der Port ist standardmäßig TCP 5665.

Eine Certificate Revocation List (CRL) kann ebenfalls verwaltet werden. Damit lassen sich ausgestellte Zertifikate vor ihrem eigentlichen Ablaufdatum bereits sperren. Diese Datei muss allerdings per Hand erstellt werden, wie das mit `openssl` zu bewerkstelligen ist, wird in Anhang A.3.2 auf Seite 623 beschrieben.

5.4 Konfiguration auf Linux

Der Icinga Node Wizard hilft aufseiten des Agenten bei der Konfiguration. Im Anschluss wird darauf eingegangen, wie eine Konfiguration ohne ihn durchgeführt wird oder auch welche Anpassungen vom Wizard vorgenommen werden. Für beides muss aber erst eine Installation der erforderlichen Pakete erfolgen.

5.4.1 Installation

Vor der Installation sind das Repository mit den Paketen zu Icinga 2 und auch sonstige benötigte Quellen einzurichten. Ausführlich beschrieben ist dies im Abschnitt C auf Seite 641 des Anhangs. Danach werden neben Icinga 2 auch die Plugins installiert:

- RedHat

  ```
  $ dnf install icinga2 nagios-plugins-all
  ```

- Debian

  ```
  $ apt-get install icinga2 monitoring-plugins
  ```

5.4.2 Node Wizard

Der Node Wizard ist Bestandteil jedes Icinga 2. Er ist ein interaktives Skript, das die gemachten Angaben in die jeweiligen Konfigurationsdateien einträgt. Der Aufruf erfolgt von der Kommandozeile:

```
$ icinga2 node wizard
Welcome to the Icinga 2 Setup Wizard!

We will guide you through all required configuration details.

Please specify if this is an agent/satellite setup \
                              ('n' installs a master setup) [Y/n]:
```

Nach einem Willkommensgruß wird als Erstes erfragt, ob ein Agent oder ein Server mit CA zu konfigurieren ist. Die Antwort lautet hier »y« oder die Frage wird einfach mit ENTER bestätigt. Der Großbuchstabe zeigt im Node Wizard immer den Default an.

```
Starting the Agent/Satellite setup routine...

Please specify the common name (CN) [antlia.gwc-jonas.net]:
```

Als Nächstes wird uns der FQDN des Hosts als CN des Zertifikats vorgeschlagen. Entspricht der Vorschlag nicht dem FQDN, ist der Host an sich falsch konfiguriert. Dies sollte am besten korrigiert werden oder per Hand der FQDN angegeben werden. Da der CN umgebungsweit eindeutig sein muss, ist der FQDN hier immer eine gute Wahl, da für ihn dasselbe gilt.

```
Please specify the parent endpoint(s) (master or satellite) \
                                   where this node should connect to:
Master/Satellite Common Name
    (CN from your master/satellite node): fornax.gwc-jonas.local
```

Die nun kommenden Fragen betreffen den Server, an den der Agent angebunden werden soll, und demgemäß wie die Datei `zones.conf` auf dem Agenten aussehen soll. Zunächst muss der verwendete CN im Zertifikat des Servers angegeben werden. Damit wird während des Kommunikationsvorgangs sichergestellt, dass der Agent mit dem richtigen Server spricht.

```
Do you want to establish a connection to the parent node \
                                            from this node? [Y/n]:
Please specify the master/satellite connection information:
Master/Satellite endpoint host (IP address or FQDN): 172.16.1.11
Master/Satellite endpoint port [5665]:

Add more master/satellite endpoints? [y/N]:
```

Der eben erfragte CN mit den hier gemachten Angaben konfiguriert die benötigten Objekte für Zone und Endpunkt des Servers. Wird die erste Frage nicht mit »ja« beantwortet, versucht der Agent von sich aus nicht, seinen soeben konfigurierten Server zu kontaktieren, sondern muss darauf warten, dass der Server die Verbindung aufbaut.

> Die Empfehlung ist, in Monitorumgebungen immer auf IP-Adressen in der Konfiguration zu setzen, um sich nicht vom Domain Name System (DNS) abhängig zu machen. Fiele dieses aus oder arbeitet es nicht korrekt, hätte es zur Folge, dass man sich nicht mehr auf das Monitoring verlassen könnte, und eine Überwachung des DNS wäre dann sowieso obsolet.

Die letzte Frage ist wie vorgesehen mit »nein« zu beantworten, ein »ja« führt dazu, einen zusätzlichen Server als Kommunikationspartner einzurichten, was erst bei einem hochverfügbar ausgelegten Server notwendig ist.

```
Parent certificate information:

 Version:                 3
 Subject:                 CN = fornax.gwc-jonas.local
 Issuer:                  CN = Icinga CA
 Valid From:              Feb 13 12:56:13 2021 GMT
 Valid Until:             Feb 10 12:56:13 2036 GMT
 Serial:                  87:44:cf:ed:e4:15:e9:8a:a1:7d:f7:61 ...

 Signature Algorithm: sha256WithRSAEncryption
 Subject Alt Names:   fornax.gwc-jonas.local
 Fingerprint:         3E D4 D8 A6 6C 09 72 06 10 5A FF FF ...

Is this information correct? [y/N]: y
```

Diese Ausgabe, die explizit mit »ja« bestätigt werden muss, gibt Informationen zur CA des Servers aus. Wichtig ist der Fingerprint, anhand dessen verifiziert werden kann, ob mit dem richtigen Server bzw. der richtigen CA kommuniziert wird.

```
Please specify the request ticket generated on your \
                                   Icinga 2 master (optional).
 (Hint: # icinga2 pki ticket --cn 'antlia.gwc-jonas.net'):
```

Hier wäre nun das Ticket anzugeben, das, wie in Abschnitt 5.6 beschrieben, auf dem Server mit der CA zu erfragen ist. Bleibt es wie hier leer, muss im Nachgang die Signierung an der CA direkt erfolgen.

```
No ticket was specified. Please approve the certificate \
                                     signing request manually
on the master (see 'icinga2 ca list' and \
                        'icinga2 ca sign --help' for details).
```

Der Hinweis, was und auch wie dies zu erledigen ist, wird gleich im Anschluss ausgegeben.

```
Accept config from parent node? [y/N]: y
Accept commands from parent node? [y/N]: y

Reconfiguring Icinga...
Disabling feature notification.
Enabling feature api.
Make sure to restart Icinga 2 for these changes to take effect.
```

Es folgen die beiden Fragen, wie das Feature *api* zu konfigurieren ist. Hier müssen beide Fragen mit »ja« beantwortet werden, da sonst keine Check Commands auf dem Agenten angetriggert werden können und somit keine Plugins ausgeführt würden. Desgleichen würde keine Konfiguration von selbst geschriebenen Check-Command-Definitionen zum Agenten synchronisiert.

```
Local zone name [antlia.gwc-jonas.net]:
Parent zone name [master]: main
```

Welche Bezeichnung die Agenten-Zone bekommen soll und welche Zone ihr Ziel für die Übertragung sein soll, sind in den beiden nächsten Fragen zu beantworten. Für einen Agenten sollte immer gelten, der CN des Zertifikats entspricht der Bezeichnung der Objekte Endpoint, Zone und dem zugehörigen Host in der Konfiguration. Wird dies befolgt, erleichtert es die Konfigurationsarbeit und hilft einem selbst, die Übersicht zu behalten.

```
Default global zones: global-templates director-global
Do you want to specify additional global zones? [y/N]: y

Please specify the name of the global Zone: linux-commands

Do you want to specify another global zone? [y/N]:
```

Um die Konfiguration der Zonen in *zones.conf* abzuschließen, ist nur noch die Frage nach zusätzlichen globalen Zonen zu beantworten. Da die globale Zone *linux-commands* dafür vorgesehen ist, Check Commands zum Agenten zu transferieren, muss diese hier angegeben werden. Die beiden per Default gesetzten Zonen haben auf einem Agenten allerdings nichts zu suchen und sollten im Anschluss, leider per Hand, entfernt werden.

```
Do you want to disable the inclusion of the \
                                   conf.d directory [Y/n]:
Disabling the inclusion of the conf.d directory...

Done.

Now restart your Icinga 2 daemon to finish the installation!
```

Auch die Beispielkonfiguration muss nicht geladen werden. Um dies zu unterbinden, ist die letzte Frage wie vorgesehen mit »ja« zu beantworten. Zum Schluss weist der Node Wizard zwar darauf hin, einen Neustart auszuführen, aber ein Reload reicht wie fast immer vollkommen aus.

Wie schon weiter oben angeführt, werden die beiden **nicht benötigten Zonen *global-templates* und *director-global*** in *zones.conf* zwangsweise eingetragen. Vor dem Reload von Icinga 2 sind beide **per Hand zu entfernen**. Beide Zonen sollten dem Server und den Workern bzw. Satelliten in einer Umgebung mit verteilter Überwachung vorbehalten bleiben, vergleiche hierzu Kapitel 10 ab Seite 197.

5.4.3 Manuelle Konfiguration

Hier folgt nun die Beschreibung, wie die Schritte, die der Node Wizard übernimmt, manuell auszuführen sind. Der Abschnitt ist für das allgemeine Verständnis von Vorteil und zeigt darüber hinaus, welche Dateien vom Node Wizard angepasst werden.

Zertifikat von CA beziehen

Um mit dem Server eine Kommunikation etablieren zu können, wird ein von der CA signiertes Zertifikat benötigt. Standardmäßig erwartet Icinga 2 Zertifikate und seinen privaten Schlüssel im Verzeichnis */var/lib/icinga2/certs*. Dieses Verzeichnis ist nicht Bestandteil des Installationspakets `icinga2` und muss deshalb angelegt werden. Bei dem Besitzer und der Gruppe ist wieder darauf zu achten, dass auf Debian der User *nagios* lauten muss.

- RedHat

  ```
  $ install -o icinga -g icinga -m750 -d /var/lib/icinga2/certs
  ```

- Debian

  ```
  $ install -o nagios -g nagios -m750 -d /var/lib/icinga2/certs
  ```

Damit sichergestellt ist, dass die Kommunikation immer mit demselben Server stattfindet, wird als erster Schritt das Zertifikat vom Server *fornax.gwc-jonas.local* heruntergeladen und in *trusted-master.crt* zur Validierung gespeichert.

```
$ cd /var/lib/icinga2/certs
$ icinga2 pki save-cert \
    --host fornax.gwc-jonas.local \
    --trustedcert trusted-master.crt
```

Codebeispiel 5.7: Download des Serverzertifikats

Der Logausgabe in */var/log/icinga2/icinga2.log* auf dem Server lässt sich entnehmen, dass diese Verbindung nicht TLS-gesichert erfolgt:

```
[2017-11-05 10:28:35 -0800] information/ApiListener:
   New client connection from [172.16.2.12]:48696
   (no client certificate)
[2017-11-05 10:28:35 -0800] warning/ApiListener: No data
   received on new API connection for identity ''.
   Ensure that the remote endpoints are properly
   configured in a cluster setup.
Context:
        (0) Handling new API client connection
```

Mit `new-cert` muss ein Schlüsselpaar generiert werden. Zusätzlich erhält man hier ein selbst signiertes Zertifikat, also ein Zertifikat, das mit dem eigenen zugehörigen privaten Schlüssel beglaubigt ist.

```
$ icinga2 pki new-cert --cn antlia.gwc-jonas.net \
    --key ./antlia.gwc-jonas.net.key \
    --cert ./antlia.gwc-jonas.net.crt
```

Codebeispiel 5.8: Erzeugen von Zertifikat und privatem Schlüssel für den Agenten

Dieses selbst signierte Zertifikat und der zugehörige private Schlüssel werden nun verwendet, um über eine TLS-gesicherte Verbindung an den Host *fornax* eine Zertifikatsanfrage zu senden. Zusätzlich wird von der CA das CA-Zertifikat abgefragt und nach der Validierung an *trusted-master.crt* in *ca.crt* abgelegt.

Soll mit einem generierten Ticket gearbeitet werden, wie in Codebeispiel 5.6 auf Seite 89 beschrieben, ist dem folgenden Aufruf noch das Ticket mit der Option `--ticket` hinzuzufügen:

```
$ icinga2 pki request --host fornax.gwc-jonas.local \
    --key ./antlia.gwc-jonas.net.key \
    --cert ./antlia.gwc-jonas.net.crt \
    --ca ./ca.crt \
    --trustedcert ./trusted-master.crt
```

Codebeispiel 5.9: Zertifikatsanfrage des Agenten

Auch dieser Vorgang kann im Log des Servers beobachtet werden:

```
[2017-11-05 10:32:50 -0800] information/ApiListener: New client
   connection for identity 'antlia.gwc-jonas.net' from
[172.16.1.254]:48704 (certificate validation failed:
   code 18: self signed certificate)
[2017-11-05 10:32:50 -0800] info.../JsonRpcConnection: Received
   certificate request for CN 'antlia.gwc-jonas.net'
   not signed by our CA.
[2017-11-05 10:32:50 -0800] information/JsonRpcConnection:
   Certificate request for CN 'antlia.gwc-jonas.net' is
   pending. Waiting for approval.
[2017-11-05 10:32:50 -0800] warning/TlsStream:
   TLS stream was disconnected.
[2017-11-05 10:32:50 -0800] warning/JsonRpcConnection:
   API client disconnected for identity
   'antlia.gwc-jonas.net'
```

Das von der CA beglaubigte Zertifikat wird, wenn es zur Verfügung steht, in *antlia.gwc-jonas.net.crt* gespeichert. Der Node Wizard kopiert das selbst signierte Zertifikat zuvor noch als Sicherung nach *antlia.gwc-jonas.net.crt.orig*.

Zonen und Endpunkte konfigurieren

Die Kommunikation mit dem Server über die API erfordert bekanntlich Zonen- und Endpoint-Objekte, und zwar für alle beteiligten Partner, hier für den Agenten auf dem Host *antlia* und den Server auf *fornax*. Für die eigenen Objekte des Agenten können wieder Konstanten benutzt werden. Besonders ist darauf zu achten, dass der Zone zum Agenten *ZoneName* mit dem Attribut *parent* die Server-Zone bekannt gegeben wird. Erst dies aktiviert den Datenfluss zwischen beiden Zonen.

```
object Endpoint NodeName {
}
object Endpoint "fornax.gwc-jonas.local" {
  host = "172.16.1.11"
}

object Zone ZoneName {
  endpoints = [ NodeName ]
  parent = "main"
}
object Zone "main" {
  endpoints = [ "fornax.gwc-jonas.local" ]
}

object Zone "linux-commands" {
  global = true
}
```

Codebeispiel 5.10: Zonen und Endpunkte in `/etc/icinga2/zones.conf`

Die globale Zone *linux-commands* existiert bekanntlich, um benötigte Check-Command-Definitionen vom Server zu synchronisieren.

API-Feature konfigurieren und aktivieren

Da sowohl Standardpfade wie auch der FQDN als Common Name des Zertifikats verwendet werden, beschränkt sich die Anpassung der Konfiguration des API-Features in `/etc/icinga2/features-available/api.conf` auf das Hinzufügen zweier Attribute.

```
object ApiListener "api" {
  accept_config = true
  accept_commands = true
  ticket_salt = TicketSalt
}
```

Codebeispiel 5.11: Konfiguration des API-Features

Durch das Aktivieren von *accept_config* wird es dem Agenten überhaupt erst erlaubt, Konfigurationsdaten vom Server zu beziehen. Mit *accept_commands* darf der Agent Kommandos vom Server entgegennehmen und damit vom Server getriggerte Plugins ausführen. Letztere Eigenschaft ist Voraussetzung für die Überwachung von Services am Agenten.

Schlussendlich muss das Feature *api* aktiviert werden, erst dann sollte Icinga 2 gestartet werden. Alternativ kann ein Reload erforderlich sein, für den Fall, dass Icinga schon läuft.

```
$ icinga2 feature enable api
$ systemctl start icinga2.service
```

Das Log auf dem Server zeigt die neue Verbindung an, weist aber auch darauf hin, dass auf dem Master noch kein zur Verbindung gehörendes Endpoint-Objekt existiert.

```
[2017-11-05 10:43:47 -0800] information/ApiListener:
   New client connection for identity 'antlia.gwc-jonas.net'
   from [172.16.1.254]:48720
   (no Endpoint object found for identity)
[2017-11-05 10:43:47 -0800] information/JsonRpcConnection:
   Received certificate request for
   CN 'draco.icinga-book.local' signed by our CA.
[2017-11-05 10:43:47 -0800] information/JsonRpcConnection:
   The certificate for CN 'antlia.gwc-jonas.net'
   cannot be renewed yet.
```

Codebeispiel 5.12: Logausgabe bei fehlendem Endpoint-Objekt

Die Verbindung steht nun, aber der Server kann mit gesendeten Daten zum jetzigen Zeitpunkt noch nichts anfangen, weil ihm der sendende Endpunkt nicht bekannt ist. Die Daten werden verworfen. Wie die Seite des Servers abschließend zu konfigurieren ist, wird in Abschnitt 5.6 ab Seite 106 erklärt.

5.5 Konfiguration auf Windows

Wie auf Windows-Systemen üblich kann dort Icinga als Paket im Format Microsoft Windows Installer (MSI)[1] installiert werden. Am Ende der Installation kann, wenn gewünscht, ein grafischer Konfigurations-Wizard gestartet werden. Alternativ steht der aus Abschnitt 5.4.2 ab Seite 90 bekannte textzeilenbasierte Node Wizard für Linux in gleicher Form auch für Windows bereit. Wenn während der Installation kein alternativer Ablageort für Icinga bestimmt wurde, befindet sich das für den Node Wizard benötigte Binary `icinga2` unterhalb des Programme-Ordners in *`ICINGA2\sbin`*.

[1]https://packages.icinga.com/windows

Eine weitere Methode, die Installation und Konfiguration vereint, ist die mittels Powershell-basiertem Installer. Im Projekt »Icinga for Windows[2]« ist mit Version 1.4.0 ein interaktiv zu bedienendes Skript hinzugekommen. Da innerhalb dieses Projekts die »Icinga Powershell Plugins« gepflegt werden, die wir zur Überwachung von Windows-Systemen einsetzen werden und die über den Installer gleich mit installiert werden, bietet sich diese Methode für uns an.

5.5.1 Icinga-Powershell-Framework

Voraussetzung ist ein Windows-Server 2012 bzw. Windows 8 oder neuer. Als Powershell muss mindestens Version 4.0 installiert sein, empfohlen ist jedoch 5.1. Das ebenfalls erforderliche .NET-Framework muss mindestens in Version 4.6, besser ab 4.7, vorliegen.

Allen weiteren benötigten Komponenten, wie z. B. den Plugins, liegt das »Icinga-Powershell-Framework« zugrunde. Der Installer ist Bestandteil dieses Frameworks. Es handelt sich hierbei um ein Powershell-Modul, das entweder automatisch via Skript aus einem Repository als Kickstart, manuell oder aus der Powershell-Gallery[3] installiert werden kann.

Powershell-Gallery

Besteht ein Zugang zur Microsoft Powershell-Gallery, lässt sich das Framework wie folgt installieren:

```
Powershell> Install-Module 'icinga-powershell-framework'
Powershell> Use-Icinga
```

Codebeispiel 5.13: Installation aus der Powershell-Gallery

Treten Probleme bezüglich der Berechtigungen auf, gibt es im Abschnitt über »Freischaltung vom Modul und Ausführungsrichtlinien« ab Seite 101 Tipps, wie diese zu beheben sind.

Manuelle Installation

Powershell-Module haben ihren Ablageort üblicherweise im Programme-Ordner unterhalb von *WindowsPowerShell\Modules*. Ob dieser Ort wirklich auch im Suchpfad enthalten ist, wird mit folgendem Aufruf, ausgeführt in einer Powershell, geprüft:

```
Powershell> echo $env:PSModulePath
```

[2] https://icinga.com/docs/icinga-for-windows/latest

[3] https://www.powershellgallery.com

Hat der zu überwachende Windows-Server keinen direkten Zugang zur Powershell-Gallery oder dem Internet, kann eine manuelle Installation erfolgen. Hierbei muss das Framework[4] heruntergeladen und entpackt werden. Das entpackte Verzeichnis ist in eines der Modulverzeichnisse zu verschieben und umzubenennen. Der Verzeichnisname muss dem Namen des Moduls entsprechen, dieses leitet sich aus dem Namen der enthaltenen Datei mit der Endung *.psm1* her.

```
Powershell> dir
LICENSE                                  cache
icinga-powershell-framework.psm1         custom
icinga-powershell-framework.psd1         doc
PSScriptAnalyzerSettings.psd1            lib
README.md
```

Codebeispiel 5.14: Verzeichnis *icinga-powershell-framework*

Wird die Powershell erst nach erfolgtem Verschieben des Frameworks in ein Modulverzeichnis gestartet oder neu gestartet, wird wie folgt geprüft, ob dem System das Modul nun bekannt ist:

```
Powershell> Get-Module -ListAvailable \
    -Name icinga-powershell-framework
Powershell> Use-Icinga
```

Ist das nicht der Fall, kann es an den fehlenden Ausführungsberechtigungen liegen. Der Abschnitt »Freischaltung vom Modul und Ausführungsrichtlinien« ab Seite 101 gibt bei der Problembewältigung einige Hilfestellungen.

Installation mittels Kickstart

Unter *https://packages.icinga.com/IcingaForWindows* befindet sich mit `IcingaForWindows.ps1` das Skript, das das Framework installiert und den Kickstart[5] herunterlädt und ausführt.

Mit dem folgenden Skript kann schon dieser Vorgang automatisiert werden. Es lädt das besagte Skript vom mit `-Uri` angegebenen Ablageort und speichert es lokal an den Ort, der in der Variablen *$ScriptFile* angeführt wurde. Wird es von dort aufgerufen, startet die in Abschnitt 5.5.2 ab Seite 102 beschriebene Management-Console im Anschluss automatisch. Durch Setzen der Option `-SkipWizard` lässt sich dies unterbinden.

```
[Net.ServicePointManager]::SecurityProtocol = 'tls12, tls11';
$ProgressPreference = 'SilentlyContinue';
$ScriptFile = 'C:\Users\Administrator\IcingaForWindows.ps1';
```

[4]https://github.com/Icinga/icinga-powershell-framework/releases

[5]https://github.com/Icinga/icinga-powershell-kickstart

```
Invoke-WebRequest `
    -UseBasicParsing `
    -Uri 'https://packages.icinga.com \
        /IcingaForWindows/IcingaForWindows.ps1' `
    -OutFile $ScriptFile;

& $ScriptFile `
    -SkipWizard;
```

Codebeispiel 5.15: Powershell-Skript zur automatischen Framework-Installation

Treten beim Laden des Icinga-Frameworks Probleme mit fehlenden Berechtigungen auf, hilft der nachfolgende Abschnitt, dies zu beheben.

Durch Anpassungen und Erweiterungen an diesem Skript kann auch die Installation aus einem eigenen Repository durchgeführt werden. Hierzu ist offensichtlich zuerst das mittels `-Uri` angegebene Verzeichnis auf einen lokalen Rechner zu spiegeln und der Pfad dorthin anzugeben. Der Pfad darf dabei weiterhin der zu einem Webserver sein oder eine Windowspfadangabe.

Des Weiteren muss dem Skriptaufruf von `IcingaForWindows.ps1` die Option `-IcingaRepository` hinzugefügt werden. Mit ihr ist eine Repository-Datei anzugeben, standardmäßig wäre es *`ifw.repo.json`* im Verzeichnis *`stable`* des offiziellen Repositorys. Gesetzt den Fall, der Spiegel liegt auf dem Webserver *antlia*, sehe die Anpassung wie folgt aus:

```
...
Invoke-WebRequest `
    -UseBasicParsing `
    -Uri 'https://antlia.gwc-jonas.net \
        /IcingaForWindows/IcingaForWindows.ps1' `
    -OutFile $ScriptFile;

& $ScriptFile `
    -IcingaRepository 'https://antlia.gwc-jonas.net \
        /IcingaForWindows/stable/ifw.repo.json' `
    -SkipWizard;
```

Codebeispiel 5.16: Skriptanpassung für die Nutzung eines eigenen Repositorys

Der Verzeichnisname *`stable`* bezieht sich darauf, dass dort nur stabile Versionen der einzelnen Powershell-Komponenten zu finden sind.

Je nachdem, ob eine URL oder ein »lokaler« Pfad angegeben wird, muss in der eigenen *`ifw.repo.json`* der Wert zu *LocalSource* oder *RemoteSource* angepasst werden! Mit *RepoHash* ist eine Checksumme über das ganze Repository gesetzt, möchte man diese nicht neu berechnen, **ist das komplette Verzeichnis** *`IcingaForWindows/stable`* von *packages.icinga.com* zu spiegeln.

Wird durch Weglassen der Option `-SkipWizard`, die in Abschnitt 5.5.2 ab Seite 102 beschriebene Management-Console (aka Install-Icinga) automatisch gestartet, lässt sich mit einer vorgefertigten Antwortdatei die Installation weiter automatisieren. Die Option hierfür lautet `-AnswerFile`.

Ein solches AnswerFile kann ebenfalls mit der Management-Console erzeugt und zur Wiederverwendung exportiert werden.

Freischaltung vom Modul und Ausführungsrichtlinien

Schlägt der explizite Import der Frameworks oder ein `Use-Icinga` fehl, müssen die Ausführungsrichtlinien aktualisiert oder auch nur die Modulskriptdateien entsperrt werden.

```
Powershell> Import-Module 'icinga-powershell-framework'
```

Die bevorzugte Methode besteht darin, die Skriptdateien einfach zu entsperren, damit sie auf dem System ausgeführt werden können. Hierfür öffnet man eine weiter Powershell-Instanz, diesmal muss diese unbedingt als Administrator gestartet sein.

```
Powershell> Get-ChildItem \
    -Path 'C:\Program Files\WindowsPowershell\Modules \
    \icinga-powershell-framework' -Recurse | Unblock-File
Powershell> Use-Icinga;
```

Sollten nun immer noch Anpassungen an der Security Policy des Windows-Systems erforderlich sein, überprüft man zuerst die Einstellungen am Host.

```
Powershell> Get-ExecutionPolicy -List
```

Die verschiedenen Bereiche, in denen Richtlinien festgelegt werden können, sind:

- MachinePolicy: Wird durch eine Gruppenrichtlinie für **alle Benutzer** des Computers festgelegt.
- UserPolicy: Wird durch eine Gruppenrichtlinie für **den aktuellen Benutzer** des Computers festgelegt.
- Process: Betrifft nur die aktuelle Powershell-Sitzung.
- CurrentUser: Betrifft nur den aktuellen Benutzer.
- LocalMachine: Standardbereich, der alle Benutzer des Computers betrifft.

Für jeden Bereich lässt sich eine der folgenden Richtlinien definieren, wie Module und Skripten möglicherweise blockiert werden:

- **AllSigned**: Erfordert, dass alle Skripte und Konfigurationsdateien von einem vertrauenswürdigen Herausgeber signiert sind, einschließlich der auf dem lokalen Computer geschriebenen Skripte.

- **Bypass**: Nichts ist blockiert und es gibt keine Warnungen oder Eingabeaufforderungen.
- **RemoteSigned**: Erfordert, dass alle aus dem Internet heruntergeladenen Skripte und Konfigurationsdateien von einem vertrauenswürdigen Herausgeber signiert sind. Die Standardrichtlinie für Windows-Server.
- **Restricted**: Lädt keine Konfigurationsdateien und führt keine Skripte aus. Die Standardrichtlinie für Windows-Clients.
- **Undefined**: Für den Bereich ist keine Richtlinie festgelegt. Entfernt eine zugewiesene Richtlinie aus einem Bereich, der nicht durch eine Gruppenrichtlinie festgelegt wurde. Wenn die Ausführungsrichtlinie in allen Bereichen undefiniert ist, ist die effektive Ausführungsrichtlinie eingeschränkt.
- **Unrestricted**: Lädt alle Konfigurationsdateien und führt alle Skripte aus. Wenn Sie ein nicht signiertes Skript ausführen, wird vor der Ausführung zur Erlaubnis aufgefordert.

Falls eine interne Sicherheitsrichtlinie festlegt, dass für Powershell-Skripte und -Module ein RemoteSigned erforderlich ist, muss dies selbst vorgenommen werden, da Icinga keine signierten Module ausliefert. Hilfe findet sich in der Microsoft-Dokumentation zur Signierung[6]. Zum Testen oder generell in Testumgebungen lässt sich auch mit *Bypass* arbeiten.

Die Ausführungsrichtlinie wird mit `Set-ExecutionPolicy` angepasst:

```
Powershell> Set-ExecutionPolicy \
    -ExecutionPolicy RemoteSigned -Scope LocalMachine
```

Danach muss ein explizites Laden mittels *`Import-Module`* erfolgreich durchführbar sein. Die Dokumentation enthält mittlerweile einen Knowledge-Base-Bereich[7], der immer wieder einen Blick wert sein sollte.

5.5.2 Installation und Konfiguration

Ist das Framework korrekt installiert und die Berechtigungen sind gesetzt, kann in einer Powershell mit administrativen Berechtigungen losgelegt werden.

```
Powershell> Use-Icinga
Powershell> Install-Icinga
```

Im Hauptmenü wählt man zuerst aus, ob es sich um eine komplette Neuinstallation inklusive Konfiguration handelt oder um ein Update oder ob man

---

[6]https://docs.microsoft.com/en-us/powershell/module/microsoft.powershell.core/about/about_signing

[7]https://icinga.com/docs/icinga-for-windows/latest/doc/300-Knowledge-Base

die schon vorhandene Konfiguration abändern möchte. Darüber hinaus lassen sich Komponenten, wie Plugins, entfernen.

```
[0] Installation
[1] Update environment
[2] Manage environment
[3] Remove components

[x] Exit [c] Continue [h] Help [m] Main

Input (Default 0 and c):
```

Da es sich hier zunächst um eine Neuinstallation handelt, kann mit »c« für *continue* fortgefahren werden. Die jeweilige Vorauswahl wird standardmäßig in einem hellen Blau oder Türkis dargestellt, die eigene abweichende Auswahl in Grün.

Die nächste Bildschirmanzeige erfragt, wer den Verbindungsaufbau initiieren soll. Die Vorauswahl »Connecting from this system« ist demnach eine gute Wahl.

```
How do you want to configure your local Icinga Agent?

[0] Connecting from this system
[1] Connecting from parent system
[2] Connecting from both systems
[3] Icinga Director Self-Service API

[x] Exit [c] Continue [h] Help [m] Main [p] Previous

Input (Default 0 and c):
```

Auch im darauf folgenden Menü kann mit »c« gleich zum nächsten gewechselt werden. Wie schon geklärt, sollte der FQDN benutzt werden, diese Auswahl setzt das Endpunkt- und Zonen-Objekt entsprechend.

Danach schlägt der Installer vor, den Agenten mit der Zone *master* zu verbinden, unsere Zone heißt aber *main*. Das Betätigen von »d« entfernt die Einträge und damit den Vorschlag. Danach muss die gewünschte Zone eingegeben und bestätigt werden, bevor zum nächsten Menü gesprungen werden kann.

```
Please enter your parent Icinga zone:

 "main"

[x] Exit [c] Continue [d] Delete [h] Help [m] Main [p] Previous

Input (Default c) (1/1):
```

Dort muss der Endpunktname des Servers eingetragen werden. Woraufhin der Installer eine Namensauflösung vornimmt, bei Erfolg zeigt er die IP-Adresse an und man kann sogleich fortfahren. Steht keine Namensauflösung zur Verfügung, erscheint der folgende Fehler:

```
Please enter the connection data for \
    endpoint: "fornax.gwc-jonas.local"

 "fornax.gwc-jonas.local"

[x] Exit [c] Continue [d] Delete [h] Help [m] Main [p] Previous

[Error]: Failed to resolve the address for the following ...

Input (Default c) (1/1):
```

Dann ist auch hier der Eintrag zuerst zu löschen, bevor die IP-Adresse angegeben werden kann.

```
Please validate your configuration. Installation starts on continue

[0] Connection: Connecting from this system
[1] Hostname: "andromeda.gwc-jonas.local": FQDN (lowercase)
[2] ParentZone: "main"
[3] ParentNodes: "fornax.gwc-jonas.local"
[4] ParentAddress for "fornax.gwc-jonas.local": "172.16.1.11"

[x] Exit [a] Advanced [c] Continue [h] Help [m] Main [p] Previous

Input (Default c):
```

Damit ist die Grundkonfiguration eigentlich abgeschlossen. Schaltet man hier allerdings mit »a« in die erweiterte Ansicht, ist bei den Punkten »8« und »9« zu erkennen, dass sie nicht unseren Ansprüchen genügen. Unter »8« entscheiden wir uns, keine der beiden vorgeschlagenen globalen Zonen zu konfigurieren. Allerdings ist die von uns gewünschte globale Zone *windows-commands* bei »9« hinzuzufügen.

```
Please validate your configuration. Installation starts on continue

[0] Connection: Connecting from this system
[1] Hostname: "andromeda.gwc-jonas.local": FQDN (lowercase)
[2] ParentZone: "main"
[3] ParentNodes: "fornax.gwc-jonas.local"
[4] ParentAddress for "fornax.gwc-jonas.local": "172.16.1.11"
[5] Port: "5665"
[6] WindowsFirewall: Do not open Windows Firewall for \
     incoming Icinga connections
```

```
[7] Certificate: Sign certificate manually on the Icinga CA master
[8] GlobalZones: Add "director-global" and "global-templates" zones
[9] CustomZones: ""
[10] AgentVersion: "release"
[11] AgentSource: Download from "https://packages.icinga.com"
[12] AgentDirectory: "C:\Program Files\ICINGA2"
[13] AgentUser: "NT Authority\NetworkService"
[14] PluginSource: Download latest release from GitHub
[15] WindowsServiceSource: Download latest release from GitHub
[16] WindowsServiceDirectory: \
     "C:\Program Files\icinga-framework-service"
[17] CodeCache: Enable Icinga Framework Code Cache

[x] Exit [a] Advanced [c] Continue [h] Help [m] Main [p] Previous

Input (Default c):
```

Über Punkte, die noch weiter darunter liegen, können neben den Einstellungen, wohin der Agent zu installieren ist und unter welchem Benutzer der Service laufen soll, auch die Download-URL geändert werden. »AgentSource« akzeptiert auch Pfadangaben zu lokalen oder entfernt im Netzwerk freigegebenen Verzeichnissen. Soll nicht die neueste vorgefundene Version installiert werden, kann in »AgentVersion« eine Versionsnummer wie »2.11.5« angegeben werden.

Hat man hier nochmals alles kontrolliert und fährt mit »c« fort, kann in der nächsten Ansicht entschieden werden, ob die Installation jetzt unmittelbar gestartet werden soll oder eine Antwortdatei im JSON-Format geschrieben werden soll, die sich zu einem späteren Zeitpunkt an diesem Host oder auch bei der Installation einer Vielzahl weiterer Agenten verwenden lässt.

Ein Kommandozeilenaufruf, der die Installation ebenfalls wie eben konfiguriert vornimmt, wird unter »2« angezeigt. Zuletzt kann die Konfiguration gespeichert und zum Hauptmenü zurückgekehrt werden.

```
How do you want to proceed:

[0] Start installation
[1] Export answer file
[2] Print installation command
[3] Save current configuration and go to main menu

[x] Exit [c] Continue [h] Help [m] Main [p] Previous

Input (Default 0 and c):
```

Eine Abspeicherung ist natürlich sehr nützlich, wird jedoch sowieso vorgenommen, sodass hier gleich die Installation gestartet werden kann.

Nach hoffentlich erfolgreichem Abschluss springt der Installer ins Hauptmenü zurück, das man nun ruhigen Gewissens mit »x« verlassen kann.

Ein erneuter Aufruf kann durch `Icinga -Manage` erfolgen. Somit lassen sich auch nachträglich zusätzliche Komponenten installieren, Updates durchführen oder Anpassungen an der Konfiguration vornehmen. Bezeichnenderweise kann man nun allerdings nicht mehr vom Installer sprechen, sondern man sollte »Management-Console« als Namen verwenden.

5.5.3 Check Commands

Den Informationen, die während der Installation ausgegeben werden, entnimmt man, dass auch die Plugins[8] aus dem Projekt Icinga for Windows installiert wurden. Was jedoch fehlt, sind Definitionen der Check Commands für die Plugins. Auf GitHub unter *config/icinga* lassen sich diese herunterladen. Die dortigen Dateien *PowerShell_Base.conf* und *Plugins-Bundle.conf* müssen lediglich auf dem Server im Verzeichnis */etc/icinga2/zones.d/windows-commands* abgelegt werden, um nach einem Reload auf die Windows-Server synchronisiert zu werden.

Alternativ lassen sich die Check Commands auf einem Windows-System mit installiertem Framework und Plugins wie folgt erzeugen:

```
Powershell> Use-Icinga
Powershell> Get-IcingaCheckCommandConfig -IcingaConfig \
    -OutDirectory 'C:\Users\myuser\Documents\'
```

Die schon oben genannten beiden Dateien müssen nun allerdings vom Windows-System auf den Icinga-Server in die globale Zone *windows-commands* kopiert werden.

5.6 Anbinden der Agenten an den Server

Die zu überwachenden Hosts sind so weit vorbereitet, dass dort Plugins ausgeführt werden könnten, und für die Agenten ist die Konfiguration auch abgeschlossen, jedoch muss in der Konfiguration auf dem Server zu jedem Agenten noch je ein Endpunkt und die zugehörige Zone definiert werden. Dieser Umstand kann dem Icinga-Log entnommen werden, siehe hierzu den Logeintrag auf dem Server aus Codebeispiel 5.12 auf Seite 97 zum Agenten auf dem Host *antlia*.

Die Konfiguration auf dem Server, um die Verknüpfung mit Zonen und Endpunkten der Agenten herzustellen, muss von Hand durchgeführt werden. Es empfiehlt sich hierfür, die Objekte *Endpoint* und *Zone* nicht in

[8] https://github.com/Icinga/icinga-powershell-plugins

der Datei `zones.conf` abzulegen, sondern in einer eigenen Datei zusammen mit dem Hostobjekt. Für den Linux-Host *antlia* erfolg dies also in `zones.d/main/hosts/antlia.conf`.

```
object Endpoint "antlia.gwc-jonas.net" {
}

object Zone "antlia.gwc-jonas.net" {
  endpoints = [ "antlia.gwc-jonas.net" ]
  parent = "main"
}

object Host "antlia.gwc-jonas.net" {
  import "linux-host"

  display_name = "antlia"
  address = "172.16.2.12"
  ...
}
```

Codebeispiel 5.17: Host *antlia* in `zones.d/main/hosts/antlia.conf`

Ein Vorteil ist, dass alles, was den Host betrifft, in einer Datei liegt und so bei Änderungen nur diese eine Datei zu editieren oder beim Entfernen nur diese zu löschen ist. Ein weiterer Vorteil wird später in Kapitel 10 ab Seite 197 über verteilte Umgebungen angeführt. Analog dazu wird für den Windows-Host *andromeda* die Datei `andromeda.conf` angepasst:

```
object Endpoint "andromeda.gwc-jonas.local" {
}

object Zone "andromeda.gwc-jonas.local" {
  endpoints = [ "andromeda.gwc-jonas.local" ]
  parent = "main"
}

object Host "andromeda.gwc-jonas.local" {
  import "windows-host"

  display_name = "andromeda"
  address = "172.16.1.20"
  ...
}
```

Codebeispiel 5.18: Host *andromeda* in `zones.d/main/hosts/andromeda.conf`

Die Endpunkte enthalten kein Attribut *host*, mit dem ein Verbindungsaufbau zum Agenten initiiert würde. Damit wird der Verbindungsaufbau nur dem Agenten überlassen. Läuft ein zu überwachender Host einige Zeit nicht, würde andernfalls der Server alle paar Sekunden versuchen, diesen Host zu erreichen, und je nach eingestelltem Loglevel einen Logeintrag schreiben. Um diesen Umstand zu umgehen und unnötige Kommunikationsversuche zu vermeiden, sollte sich der Server bezogen auf die Agenten passiv verhalten und auf deren Verbindungsaufbau warten.

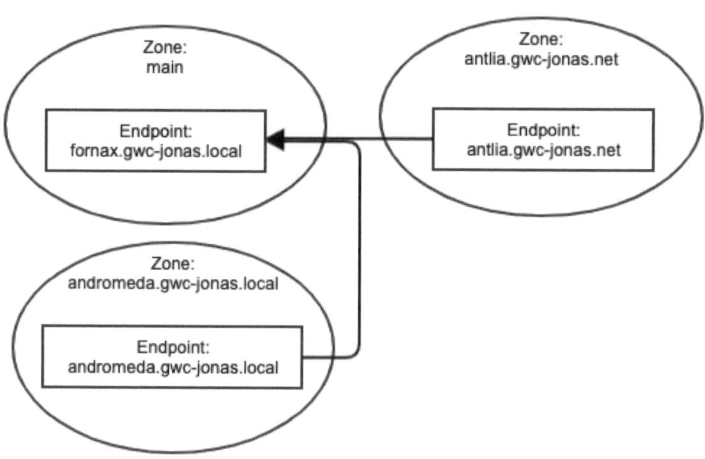

Abbildung 5-2: Zonenkommunikation zwischen Server und Agent

Mit dem Attribut *parent* wird die Zone des Agenten der Zone *main* untergeordnet, d. h., Daten werden in beide Richtungen zwischen den Zonen ausgetauscht, die diese an ihre Endpunkte weitergeben. Der Eintrag für *parent* sowohl aufseiten des Agenten wie auch des Servers ist Voraussetzung für den bidirektionalen Datenaustausch. Informationen, die der Agent an den Server sendet, sind z. B. die Ergebnisse von ausgeführten Checks. In der anderen Richtung muss der Server die auf ihm geplanten Checks, die auf dem Agenten Plugins ausführen sollen, antriggern können. Weiterhin müssen auch vom Benutzer hervorgerufene Aktionen an den Agenten weitergereicht werden, zu nennen sind hier alle via GUI abgesetzten Kommandos.

5.6.1 Services an Agenten erzeugen

Eines wird einen Host mit Agenten immer von den anderen unterscheiden. Es existiert ein Endpunkt passend zum Host. Beherzigt man die Empfehlung, bei Agenten den Endpunktnamen als Hostobjektnamen zu wählen, sieht eine Service-Apply-Regel wie folgt aus:

```
apply Service "ping4" {
  import "generic-service"

  check_command = "ping4"
  command_endpoint = host.name

  assign where get_object("Endpoint", host.name)
}
```

Darüber erfolgt die Zuordnung, auf welchem Endpunkt der Plugin-Aufruf angestoßen wird. Dem Objekt vom Typ *Service* steht zu diesem Zweck das Attribut *command_endpoint* zur Verfügung.

Der Wert muss dem Namen eines existierenden Endpoint-Objekts entsprechen. Da aus einem Service heraus nicht das benötigte Endpoint-Objekt ermittelbar ist, aber auf zum Host gehörende Attribute zugegriffen werden kann, lässt sich der Name des Hostobjekts verwenden.

Die Assign-Bedingung erzeugt einen Service *ping4* nur für Hosts, zu denen ein Endpoint-Objekt gleichen Namens existiert. Die Funktion *get_object* sucht in der kompletten Konfiguration nach Objekten eines angegebenen Typs, hier *Endpoint*, und liefert für den Fall, dass eines gefunden wird, eine Referenz auf diese Objekt zurück. Im anderen Fall liefert sie *null*, was als *false* gewertet wird und wodurch kein Service an diesem Host erzeugt wird. Andernfalls entspricht die Existenz einer Referenz einem *true* und der Host bekommt einen Service *ping4*.

Im Umkehrschluss für Services, die ausschließlich zu Hosts ohne Agenten erzeugt werden sollen, ist *assign* durch *ignore* zu ersetzen. Alternativ kann dem *get_object* im *assign* auch ein *!* vorangestellt werden, was einer Negation entspricht, also einem »not«.

Icinga Web 2 bietet für den Zugriff auf Objekte viele auf den Objekttypen spezialisierte Funktionen[9]. Für Objekte, für die es eine solche Funktion nicht gibt, kann wie oben auf das generische *get_object* zurückgegriffen werden.

Wer sich schon die Frage nach dem Sinn dieser Überwachung mit Ping gestellt hat, der sei beruhigt, es ist nur ein Beispiel gewesen. Eine Überwachung mit Ping vom und zum eigenen Host ist wenig aussagekräftig.

Ein erstes praktisch relevantes Beispiel ist unser *check_hostname* aus Codebeispiel 4.21 auf Seite 69. Da die Definition des Check Command nicht in der ITL existiert, muss sie zu den Agenten synchronisiert werden und ist somit in die Datei `zones.d/linux-commands/hostname.conf` zu verschieben.

[9]https://icinga.com/docs/icinga-2/latest/doc/18-library-reference/#object-accessor-functions

```
apply Service "hostname" {
  import "generic-service"

  check_command = "hostname"
  command_endpoint = host.name

  assign where get_object("Endpoint", host.name) \
      && host.vars.os == "Linux"
}
```

Codebeispiel 5.19: Service *hostname* in `zones.d/main/linux.conf`

Nun ist nicht nur zu beachten, dass das zugehörige selbstgeschriebene Plugin `check_hostname` auf den Linux-Servern installiert werden muss, sondern wo und damit auf was die Konstante *MyPluginDir* am Agenten, jedes Linux-Agenten, zu setzen ist. Konstanten aus *constants.conf* gelten nur auf der jeweiligen Icinga-Instanz.

Möchte man dies vermeiden, bleibt einem als Installationsort des Plugins der voreingestellte Pfad in z. B. *PluginContribDir* oder man muss die eigene Konstante ebenfalls zum Agenten synchronisieren lassen. Letzteres ist allerdings unüblich, da man dann auch in der Definition schon einen absoluten Pfad angeben könnte, da er für alle Icinga-Instanzen gleich wäre.

5.6.2 Überwachung des Icinga-Prozesses

Das in Icinga 2 integrierte Plugin zum Check Command *icinga* prüft nicht nur, ob der Prozess läuft, sondern ermittelt nebenbei auch noch viele Kennzahlen zur Information. Ein WARNING wird erzeugt, wenn ein Neustart oder Reload fehlgeschlagen ist. Bekommt ein Agent via Icinga ein Konfigurations-Update, wird auch er zu einem Neustart veranlasst. Ist diese neue Konfiguration nicht valide, schlägt der Neustart fehl und der Agent läuft mit seiner bisherigen, alten Konfiguration weiter. Die folgende Servicedefinition sorgt auf allen Linux- und Windows-Systemen mit Agenten dafür, dass bei solchen Fällen ein WARNING generiert wird.

```
apply Service "icinga" {
  import "generic-service"

  check_command = "icinga"
  command_endpoint = host.name

  assign where get_object("Endpoint", host.name) \
      && (host.vars.os == "Linux" || host.vars.os == "Windows")
}
```

Codebeispiel 5.20: Überwachung des Prozesses `icinga` in *zones.d/main/icinga.conf*

Das beschriebene Verhalten kann nur auf dem Agenten selbst festgestellt werden, deshalb kommt bei diesem Service das Attribut *command_endpoint* zum Einsatz. Damit kann der Prozess sich natürlich nicht selbst überwachen, aber der komplette Ausfall des Icinga-Prozesses lässt sich auch mit dem im Folgenden beschriebenen Servicecheck prüfen.

5.6.3 Überwachung der Kommunikation

Ebenfalls auf allen Systemen mit Linux und Windows, die mit einem Agenten überwacht werden, sollte vom Server aus beobachtet werden, dass die Kommunikation zwischen der Server-Zone und der jeweiligen Zone des Agenten korrekt funktioniert. Dieser Check muss immer in der Parent-Zone des zu überwachenden Agenten ausgeführt werden, also vom Server aus. Auch dieses Plugin ist direkt in Icinga 2 implementiert.

```
apply Service "cluster zone" {
  import "generic-service"

  check_command = "cluster-zone"

  assign where get_object("Endpoint", host.name) \
      && (host.vars.os == "Linux" || host.vars.os == "Windows")
  ignore where host.name == NodeName
}
```

Codebeispiel 5.21: Sind die Zonen verbundenen in `zones.d/main/icinga.conf`

Da auch der Server ein Linux-Host ist und das Feature API zum Entgegennehmen von Kommandos via *command_endpoint* konfiguriert ist, würden mit der derzeitigen Hostkonfiguration auch die Services *icinga* und *cluster zone* angezogen. Das Plugin `cluster-zone` wird auf dem Server ausgeführt, prüft jedoch, ob die Zone *main* mit sich selbst verbunden ist, was immer ein CRITICAL zurückliefert. Mit der letzten *ignore*-Zeile wird der Server darum von diesem Service ausgenommen.

5.6.4 Läuft die Zeit synchron?

Die Kommunikation zwischen Server und Agenten besteht aus dem Senden von Nachrichten, die mit Zeitstempeln versehen sind. Je nachdem, von wo nach wo die Nachrichten zu übertragen sind, passieren merkwürdige Dinge, wenn die Zeit auf den Agenten und dem Server deutlicher auseinanderläuft.

Wenn beispielsweise der Agent dem Server Minuten vorausläuft und der Anwender einen *Force Check* zu einem Service schickt, nimmt der Agent das Kommando entgegen, stellt fest, dass er den Check in der Vergangenheit hätte ausführen sollen, und verwirft dieses Kommando. Der Anwender wartet nicht nur zu lange auf das Ergebnis seiner Aktion, sondern sogar vergeblich. Ist es umgekehrt, wird der mit der Ausführung beauftragte Agent so lange mit dem Check warten, bis auch er den Zeitpunkt erreicht hat. Für den Anwender ist das ein ähnliches Verhalten, er wird nicht feststellen, dass Icinga auf ihn reagiert.

Deshalb ist es wichtig, dass die Zeit auf dem Server und den Agenten nahezu synchron läuft, nicht richtig, aber synchron. Um dies zu überwachen, gibt es zwei unterschiedliche Szenarien. Beim ersten werden alle beteiligten Komponenten gegen ein und dieselbe Zeitquelle auf Synchronizität getestet. Beim zweiten kommen mehrere Zeitserver zum Einsatz, weil die Hosts in mehreren unterschiedlichen gegeneinander abgesicherten Netzwerksegmenten stehen, dann muss gegen diese unterschiedlichen Zeitquellen getestet werden, aber auch die Quellen selbst sind gesondert zu überwachen.

Wie die lokale Zeit gegen einen Zeitserver zu testen ist, ist abhängig von der Plattform und muss auf dem Host selbst erfolgen. Für Linux-Systeme wird dies explizit in Abschnitt 6.5 beschrieben, für Windows in Abschnitt 7.4. Die Überwachung eines Zeitservers beschreibt der Abschnitt 14.2 ab Seite 294 über das Network Time Protocol (NTP).

6 Linux-Systeme überwachen

Für Linux sind Definitionen zu Services bereits in der Beispielkonfiguration in *conf.d/service.conf* mitgeliefert. Durch leichte Modifikationen lassen sich alle so anpassen, dass die Plugins jeweils auf dem Endpunkt bzw. Agenten ausgeführt werden. Für eine komplette Liste aller Optionen zu den im Folgenden angewendeten Check Commands sei auf die Onlinedokumentation verwiesen.

```
object Host "antlia.gwc-jonas.net" {
  ...
  vars.osfamily = "Debian"

  vars.disks["disk /tmp"] = {
    disk_partitions = "/tmp"
    disk_wfree = "30%"
    disk_cfree = "15%"
  }

  vars.procs_warning = 150
  vars.procs_critical = 250
  vars.procs["apache2"] = {
    procs_warning = "4:8"
    procs_critical = "1:10"
  }
}
```

Codebeispiel 6.1: Host *antlia* in *zones.d/main/hosts/antlia.conf*

Der Host wird mit zusätzlichen Informationen zur Parametrisierung der Services erweitert. Ein Teil wird außerdem in das Template *linux-host* ausgelagert, damit die Eigenschaften auch anderen Hosts zur Verfügung stehen. Das betraf bisher *vars.os* zur Identifizierung des Betriebssystems und wird nun um solche Informationen erweitert, dass z. B. jedes Linux-System ein Root-Dateisystem besitzt. In den folgenden Beschreibungen wird jeweils auf die beteiligten Attribute eingegangen.

```
template Host "linux-host" {
  import "generic-host"

  vars.os = "Linux"
  vars.load_percpu = true
  vars.disks["disk /"] = {
    disk_partitions = "/"
  }

  vars.mem_used = true
  vars.mem_warning = 80
  vars.mem_critical = 90
  vars.mem_cache = true
}
```

Codebeispiel 6.2: Template in *zones.d/main/linux.conf*

Die nachfolgenden Services werden mittels *apply* und der entsprechenden Werte der Custom Variable *vars.os* jeweils nur an Linux-Hosts mit installiertem Agenten gebunden, wie in Abschnitt 5.6.1 auf Seite 108 erläutert.

6.1 Prozessorauslastung

Zur Ermittlung der Load existiert zu dem aus den Monitoring-Plugins stammenden `check_load` in der ITL das zugehörige Check Command *load*.

```
apply Service "load" {
  import "generic-service"

  check_command = "load"
  command_endpoint = host.name

  assign where get_object("Endpoint", host.name) \
      && host.vars.os == "Linux"
}
```

Codebeispiel 6.3: Definition: *load* in *zones.d/main/linux.conf*

Im Host-Template *linux-host* wird mit der Custom Variable *load_percpu* Einfluss auf den Plugin-Aufruf genommen. Er bewirkt, dass die ermittelten Werte für *load1*, *load5* und *load15* jeweils durch die Anzahl der auf dem Host verbauten CPU-Cores geteilt werden. Damit lassen sich auf angenehme Weise die Schwellenwerte harmonisieren, egal ob ein Server nur vier oder 64 Kerne besitzt.

6.2 Hauptspeicher

Das hinter dem Check Command *mem* stehende Plugin `check_mem.pl`[1] ist kein Bestandteil der Monitoring-Plugins und muss gesondert installiert werden. Es handelt sich um ein Perl-Skript, das das Linux-Kommandozeilentool `free` benutzt. Dieses Tool muss demnach ebenfalls installiert sein.

Das Check Command ist bereits in der ITL definiert, zur Einbindung sind in *icinga.conf* die »Contrib Plugins« mittels *include <plugins-contrib>* zu aktivieren. Dies ist schon seit einigen Versionen standardmäßig nach der Installation der Fall und hier muss nichts weiter getan werden.

```
apply Service "memory" {
  import "generic-service"

  check_command = "mem"
  command_endpoint = host.name

  assign where get_object("Endpoint", host.name) \
      && host.vars.os == "Linux"
}
```

Codebeispiel 6.4: Hauptspeicher in *zones.d/main/linux.conf*

Über den Sinn der Überwachung des Hauptspeichers bei Unix-Systemen kann man trefflich streiten. Dort ist es üblich, dass sämtlicher freier Speicher dem Buffer der Dateisysteme zugewiesen wird und erst bei Bedarf anderen Prozessen. Das Plugin `check_mem.pl` berücksichtigt diesen Umstand und bietet mit der Option `-C` die Möglichkeit, den Buffer als freien Speicherplatz zu bewerten. Entsprechend großzügig sind dann jedoch die Schwellenwerte zu wählen, da ein Dateisystem für schnelle Antwortzeiten diesen Buffer benötigt.

Im Host-Template *linux-host* sind hierfür Defaulteinstellungen vergeben: *mem_cache* = *true* entspricht dabei der Plugin-Option `-C`, *mem_used* = *true* sorgt dafür, dass sich die Schwellenwerte von 80 und 90 auf den belegten Speicher beziehen. Beide Werte werden vom Plugin als Prozentwerte interpretiert.

6.3 Swap

Zur Überwachung des Swap-Bereichs eines Linux-Systems liefern sowohl die ITL als auch die Monitoring-Plugins eine fertige Lösung mit. Die Default-Schwellenwerte liegen hier bei 50 bzw. 25 freiem Swap-Bereich, da

[1] https://github.com/justintime/nagios-plugins/tree/master/check_mem

Linux zwar üblicherweise etwas Swap belegt, aber schon eine etwas stärkere Swap-Nutzung das System durchaus spürbar ausbremst.

```
apply Service "swap" {
  import "generic-service"

  check_command = "swap"
  command_endpoint = host.name

  assign where get_object("Endpoint", host.name) \
      && host.vars.os == "Linux"
}
```

Codebeispiel 6.5: Swap in *zones.d/main/linux.conf*

6.4 Dateisysteme

Das Check Command *disk* bezieht sich ebenfalls auf ein Plugin `check_disk` aus den Monitoring-Plugins. Über das *apply for* werden alle Keys des Dictionarys *vars.disks* des zugeordneten Hostobjekts durchlaufen. Jeder Durchlauf generiert einen eigenen Service mit Namen, der der Bezeichnung des Keys entspricht.

```
apply Service for (disk => config in host.vars.disks) {
  import "generic-service"

  check_command = "disk"
  command_endpoint = host.name

  vars += config

  assign where get_object("Endpoint", host.name) \
      && host.vars.os == "Linux"
  ignore where typeof(config) != Dictionary
}
```

Codebeispiel 6.6: Dateisysteme in *zones.d/main/linux.conf*

Beim Host *antlia* entspricht das den Keys *disk /* aus dem Template-Objekt und *disk /tmp* aus dem Hostobjekt. Beide Services und damit die Plugin-Aufrufe sind unterschiedlich parametrisiert. Für beide ist mit *disk_partitions* jeweils das zu überwachende Dateisystem angegeben, bei */tmp* sind zusätzlich die Schwellenwerte hochgesetzt.

6.5 Lokale Zeit

Viele Anwendungen erfordern eine korrekt laufende Zeit. Das betrifft auch Basisdienste wie Kerberos oder verteilte Überwachung bzw. den Einsatz von Agenten mit Icinga.

```
apply Service "time" {
  import "generic-service"

  check_command = "ntp_time"
  command_endpoint = host.name

  assign where get_object("Endpoint", host.name) \
      && host.vars.os == "Linux"
  ignore where host.vars.ntp_address == host.address
}
```

Codebeispiel 6.7: Lokale Zeit in *zones.d/main/linux.conf*

Der erforderliche Service für einen Linux-Agenten folgt dem schon bekannten *assign*-Filter. Neu und gesondert für diesen Service ist der Ausschluss, wenn die Host-Custom-Variable *vars.ntp_address* der eigenen Hostadresse entspricht. In *vars.ntp_address* ist die IP-Adresse des NTP-Servers anzugeben, zu dem der Offset ermittelt wird. Das bedeutet, für den eigentlichen Zeitserver wird der Offset sinnvollerweise nicht überwacht. Die Adressen der zuständigen Zeitserver hinterlegt man am besten in einem entsprechenden Template für z. B. unterschiedliche Netzwerksegmente, denen unterschiedliche Zeitserver zuzuordnen sind.

```
template Host "lan-net" {
  vars.ntp_address = "172.16.1.254"
}

template Host "dmz-net" {
  vars.ntp_address = "172.16.2.254"
}
```

Codebeispiel 6.8: Templates für Eigenschaften unterschiedlicher Netzwerksegmente in *zones.d/main/network.conf*

Das entsprechende Template muss nun unabhängig vom Betriebssystem im jeweiligen Hostobjekt zusätzlich eingebunden werden. Die Reihenfolge der Imports der Host-Templates ist zum jetzigen Zeitpunkt zwar noch egal, sollte aber für später einer festgelegten Ordnung folgen. Für die beiden hier definierten Templates legen wir fest, dass sie jeweils nach den bisher eingesetzten Templates importiert werden.

6.6 Lauffähige Prozesse

Möchte man die Anzahl der laufenden Prozesse überwachen, kann dies mit dem Monitoring-Plugin `check_procs` geschehen. Beim Host *antlia* handelt es sich um eine kleine virtuelle Maschine, auf der die Schwellenwerte im Hostobjekt mit *vars.procs_warning* und *vars.procs_critical* kleiner als die Defaultwerte aus dem Host-Template *linux-host* zu setzen sind.

```
apply Service "procs" {
  import "generic-service"

  check_command = "procs"
  command_endpoint = host.name

  assign where get_object("Endpoint", host.name) \
      && host.vars.os == "Linux"
}
```

Codebeispiel 6.9: Gesamtanzahl aller Prozesse in `zones.d/main/linux.conf`

Sollen außerdem wie auf *antlia* einzelne Prozesse, z. B. `apache2`, überwacht werden, kann dasselbe Plugin verwendet werden. Es werden wieder über ein Dictionary des Hosts, diesmal *vars.procs*, iterativ Services erstellt. Hierzu wird zusätzlich der Key benutzt, um die Anzahl der laufenden Prozesse mit diesem Namen (*vars.procs_command = proc*) festzustellen.

```
apply Service "process " for (proc => config in host.vars.procs) {
  import "generic-service"

  check_command = "procs"
  command_endpoint = host.name

  vars.procs_command = proc
  vars += config

  assign where get_object("Endpoint", host.name) \
      && host.vars.os == "Linux"
  ignore where typeof(config) != Dictionary
}
```

Codebeispiel 6.10: Prozesse in `zones.d/main/linux.conf`

Beim Host *antlia* werden alle laufenden Webserverprozesse gezählt und der Schwellenwert für WARNING auf eine Anzahl größer als 8 bzw. CRITICAL auf mehr als 10 gesetzt. Beim Host *antlia* handelt es sich offenkundig um ein Debian-basiertes Linux, da die Webserverprozesse *apache2* heißen und es sich um einen Apache handelt, auf RedHat wären es Prozesse mit dem Namen *httpd*.

Wichtig ist, dass in diesem Beispiel die Schwellenwerte auch wirklich gesetzt werden, denn sonst gelten diejenigen vom Hostobjekt. In diesem Fall wären es 150 bzw. 250, die eigentlich auf die Gesamtanzahl aller Prozesse zu beziehen sind, siehe Abschnitt 4.5 ab Seite 70.

Eine Besonderheit stellt hier ein gesetzter String vor dem *for* dar. Dies ist ein Präfix, das jedem erzeugten Service im Namen vorangestellt wird. Damit erklärt sich das Leerzeichen am Ende.

6.7 Updates

Die Überwachung auf neue Updates unterscheidet sich je nach eingesetzter Distribution. Dabei gibt es Familien von Distributionen, z. B. RedHat für RHEL, CentOS oder Fedora. Ein Plugin für die RedHat-Familie ist `check_yum`[2]. Für Debian, zu dem auch Ubuntu oder Mint gehören, gibt es mit `check_apt` ein in den offiziellen Repositories enthaltenes Plugin. Bei SUSE-Distributionen lässt sich `check_zypper`[3] einsetzen.

```
apply Service "updates" {
  import "generic-service"

  check_interval = 8h
  retry_interval = 10m
  max_check_attempts = 2

  check_command = "apt"
  command_endpoint = host.name

  assign where get_object("Endpoint", host.name) \
      && host.vars.osfamily == "Debian"
}
```

Codebeispiel 6.11: Updates in *zones.d/main/linux.conf*

Check Commands befinden sich für Debian mit *apt* zum Plugin in der ITL, Gleiches gilt für *yum*. Bei der Verwendung von `check_zypper` ist zurzeit noch ein eigenes Check Command zu schreiben.

Eine Prüfung auf ausstehende Updates reicht zwei- bis dreimal am Tag und wird im Fehlerfall nur einmal (*max_check_attempts*) nach 10 Minuten (*retry_interval*) wiederholt, bevor eine Benachrichtigung erfolgt. Das Benachrichtigungssystem von Icinga wird ausführlich in Kapitel 9 ab Seite 181 beschrieben.

[2]https://github.com/calestyo/check_yum

[3]https://exchange.icinga.com/exchange/check_zypper

Bei allen drei genannten Plugins wird der auf dem jeweiligen System existierende Index des Paketmanagers herangezogen, um verfügbare Updates zu ermitteln. Wird dieser nicht regelmäßig aktualisiert, z. B. via `cron`, muss das Plugin dies erst anstoßen. Die Laufzeit des Plugins erhöht sich somit erheblich. Anstatt wie oben das *retry_interval* heraufzusetzen und davon auszugehen, dass der Index beim nächsten Check aktualisiert ist, kann alternativ auch der jeweilige Plugin-Timeout heraufgesetzt werden.

6.8 SSH als Alternative für Unix-Derivate und ältere Linux-Systeme

Steht für eine Unix-Plattform kein Agent zur Verfügung, kann jedes beliebige Plugin auch über SSH aufgerufen werden. Neben einem `sshd` müssen dann jedoch auch die Plugins dort verfügbar sein.

Basiert ein Linux auf RedHat oder Debian, werden die Plugins wie in Anhang D.1 beschrieben installiert. Für andere Distributionen lässt sich das Verfahren leicht adaptieren, da meist auch für diese Pakete angeboten werden. Bei anderen Unix-Derivaten verhält sich dies leider anders und man muss selbst zum Compiler greifen oder es finden sich Pakete im Netz wie z. B. für Solaris[4].

6.8.1 Schlüsselpaar und Client-Konfiguration

Als weitere Voraussetzung benötigt man für den Benutzer, unter dem Icinga 2 läuft, auf dem Icinga-Server ein Schlüsselpaar aus privatem und öffentlichem Schlüssel. Der private Schlüssel darf hierbei nicht über eine Passphrase abgesichert sein, da dieser Mechanismus automatisch im Hintergrund laufen muss.

- RedHat

```
$ sudo -u icinga ssh-keygen -t rsa -b 4096 -N "" \
    -C icinga@fornax -f ~icinga/.ssh/id_rsa
$ install -o icinga -g icinga -m750 -d ~icinga/.ssh/controlmaste
```

- Debian

```
$ sudo -u nagios ssh-keygen -t rsa -b 4096 -N "" \
    -C nagios@fornax -f ~nagios/.ssh/id_rsa
$ install -o nagios -g nagios -m750 -d ~nagios/.ssh/controlmaste
```

[4]https://www.opencsw.org/package/nagios_plugins

Damit nicht jeweils eine SSH-Verbindung für jeden SSH-basierten Check geöffnet und danach unmittelbar wieder geschlossen wird, sollte der SSH-Client aufseiten des Icinga-Servers so konfiguriert werden, dass sie eine gewisse Zeit offen gehalten wird. Somit wird beim kommenden Check diese offene Verbindung benutzt und ein weiterer kompletter Verbindungsaufbau mit SSH-Handshake entfällt. Die offenen Sockets sollen im Unterverzeichnis `.ssh/controlmasters` gespeichert werden.

In der SSH-Client-Konfiguration in *~nagios/.ssh/config* (hier für Debian) wird am besten auch das Nachfragen unterbunden, wenn sich Host-Keys ändern oder auch neu sind. Änderungen werden dann automatisch in *.ssh/known_hosts* übernommen.

```
Host *
  StrictHostKeyChecking no
  ControlPath ~nagios/.ssh/controlmasters/%r@%h:%p.socket
  ControlMaster auto
  ControlPersist 5m
```

Codebeispiel 6.12: SSH-Client-Konfiguration auf einem Debian

Auf dem zu überwachenden Host ist neben den zu installierenden Plugins ein neuer Benutzer anzulegen. Es empfiehlt sich, denselben Benutzer zu nehmen, unter dem Icinga 2 auf dem Server läuft. Das reduziert den Konfigurationsaufwand, da nicht nach Login-Namen zu unterscheiden ist. Als Beispiel dient hier das auf Solaris laufende ERP-System der Firma Jonas und der Benutzer *icinga*.

```
$ useradd -d /var/spool/icinga -m -k '' icinga -s /bin/sh
$ install -o icinga -g icinga -m700 -d ~icinga/.ssh
```

Nun ist noch der öffentliche Schlüssel in der Datei *~.ssh/authorized_keys* abzulegen und ein erster Test durchzuführen. Die Datei *authorized_keys* muss dem Benutzer *icinga* und der Gruppe *icinga* gehören. In Bezug auf die Permissions unterscheiden sich die verschiedenen Distributionen. Auf der sicheren Seite ist man aber auf jeden Fall mit `rw-` für den Besitzer bzw. einem `chmod 600`.

6.8.2 Unix überwachen mittels SSH am Beispiel von Solaris

Jetzt kann man sich um die Überwachung des Hosts kümmern. Vergessen sollte man auch nicht, den »sshd« selbst abzuprüfen.

Ein selbst zu schreibendes Check Command *by_ssh_disk* zum Überwachen von Dateisystemen lässt sich z. B. in *zones.d/main/unix.conf* ablegen.

```
template CheckCommand "by_ssh_base" {
  import "by_ssh"

  vars.by_ssh_plugindir = PluginDir
}

object CheckCommand "by_ssh_disk" {
  import "disk"
  vars.by_ssh_arguments = arguments
  arguments = null
  vars.by_ssh_command = "$by_ssh_plugindir$/check_disk"
  import "by_ssh_base"
}
```

Codebeispiel 6.13: Beispiel zur Dateisystemüberwachung mit SSH

Pfade zu den Plugins unterscheiden sich je nach Plattform. Deshalb wird in dem Template *by_ssh_base* ein Default gesetzt, der dem Pfad auf dem Icinga-Server entspricht. Unterscheidet sich dieser aber auf dem Client, kann im Hostobjekt eine Alternative gesetzt werden.

Das neue Check Command leitet sich von den beiden existierenden Check Commands *disk* und indirekt über *by_ssh_base* von *by_ssh* ab. Wichtig ist hierbei die Reihenfolge. Als Erstes wird das *arguments*-Dictionary kopiert, und zwar schon in die entsprechende Custom Variable für die Argumente des Check Command *by_ssh*. Danach wird die Quelle *arguments* auf *null* gesetzt. Das soll verhindern, dass beim Import von *by_ssh* womöglich das dortige Dictionary mit demselben Namen zu dem aktuellen hinzugefügt wird und damit *by_ssh*-Argumente zugewiesen bekommt, die das zugrunde liegende Plugin gar nicht kennt. Zurzeit benutzt *by_ssh* zwar eine absolute Zuweisung mit »=«, es ist jedoch nicht auszuschließen, dass sich dies in Zukunft auf »+=« ändern könnte.

Der Solaris-Server verwendet hier das Template *linux-host* und überschreibt die Custom Variable *os*, um von den gemachten Einstellungen für Linux-Systeme zu profitieren. Befindet sich eine Vielzahl von Solaris-Servern im Einsatz, empfiehlt sich ein eigenes Template, z. B. *solaris-host*.

In einem Hostobjekt können damit jetzt Optionen sowohl für das Plugin `check_by_ssh` wie auch für das aufzurufende `check_disk` angegeben werden: z. B. ein Benutzername für die SSH-Verbindung und ein abweichender Pfad zu den Plugins, aber auch Schwellenwerte für die ermittelten Werte für die Auslastung des Root-Dateisystems.

Das wirklich Schöne ist, dass dieselben Plugins und deren Check-Command-Definitionen wie beim Agenten benutzt werden und somit dieselbe Parametrisierung der Plugin-Aufrufe wie beim Agenten verwendet wird. Damit gelten z. B. für die Überwachung des Hauptspeichers und des Root-Dateisystems die Einstellungen aus dem Template *linux-host* aus Abschnitt

6.2 auf Seite 114 auch für die Überwachung mit SSH. Beim Dateisystem werden hier jedoch noch zusätzlich die Schwellenwerte beim Host *phoenix* angepasst, indem diese dem Konfigurations-Dictionary mittels »+=« hinzugefügt werden.

```
object Host "phoenix.gwc-jonas.local" {
  import "linux-host"
  import "lan-net"

  display_name = "phoenix"
  address = "172.16.1.15"

  vars.os = "Solaris"

  vars.by_ssh_logname = "icinga"
  vars.by_ssh_plugindir = "/opt/csw/libexec/nagios-plugins"

  vars.disks["disk /"] += {
    disk_wfree = 90
    disk_cfree = 95
  }
}
```

Codebeispiel 6.14: Beispiel für ein Hostobjekt zur Überwachung mit SSH

Der zugehörige Service kann nun sehr einfach gehalten werden. Wie bei *apply for*-Definitionen üblich, muss im Hostobjekt eine Custom Variable *vars.disks* existieren. Die verwendeten *assign*-Filter schränken die Bindung auf Solaris-Systeme oder Linux-Plattformen ohne einen installierten Agenten ein.

```
apply Service for (disk => config in host.vars.disks) {
  import "generic-service"

  check_command = "by_ssh_disk"

  vars += config

  assign where !get_object("Endpoint", host.name) \
      && (host.vars.os == "Linux" || host.vars.os == "Solaris")
  ignore where typeof(config) != Dictionary
}
```

Codebeispiel 6.15: Beispiel zur Dateisystemüberwachung mit SSH

Für alle anderen benötigten Services wie *procs*, *swap*, *ntp_time* usw. ist die zugehörige Definition von Check Command und Service nahezu gleich, sodass hier als weiteres Beispiel nur noch die Überwachung der Load folgt.

```
object CheckCommand "by_ssh_load" {
  import "load"

  vars.by_ssh_arguments = arguments
  arguments = null

  vars.by_ssh_command = PluginDir + "/check_load"
  import "by_ssh_base"
}

apply Service "load" {
  import "generic-service"

  check_command = "by_ssh_load"

  assign where !get_object("Endpoint", host.name) \
      && (host.vars.os == "Linux" || host.vars.os == "Solaris")
}
```

Codebeispiel 6.16: Check Command und Service zur Load-Ermittlung via SSH

7 Windows-Systeme überwachen

Die im Installationspaket des Agenten mitgelieferten Plugins umfassen zwar einige native Plugins für Windows sind vom Icinga-Team inzwischen jedoch zugunsten der neueren Powershell-Plugins[1] abgekündigt. Sie können zwar nach wie vor eingesetzt werden, wovon in diesem Buch aber Abstand genommen wird. Check Commands befinden sich in der ITL und sind in `icinga2.conf` als *windows-plugins* eingebunden.

Die Plugins sind vom Installer bereits in Abschnitt 5.5 installiert worden und die zugehörigen Check Commands stehen über die globale Zone *windows-commands* auf den Windows-Systemen zur Verfügung. Wenige der Plugins haben Standardschwellenwerte. Bei den Check Commands sind ebenfalls keine Schwellenwerte definiert, sodass Standardwerte nur übers Setzen in einem Host-Template erfolgen kann.

Als zu überwachendes Beispiel dient uns in diesem Abschnitt der »Microsoft Domain Controller« der Firma Jonas, der auf dem Host *andromeda* betrieben wird.

```
object Host "andromeda.gwc-jonas.local" {
  import "windows-host"

  display_name = "andromeda"
  address = "172.16.1.20"

  vars.IcingaCheckMemory_Object_WarningPercent = "100"
  vars.IcingaCheckMemory_Object_CriticalPercent = "100"
  vars.IcingaCheckMemory_String_Warning = "1700MB"
  vars.IcingaCheckMemory_String_Critical = "1850MB"

  vars.disks["dick C"] = false
  vars.disks["disk D"] = {
    IcingaCheckUsedPartitionSpace_Array_Include = [ "D" ]
  }
}
```

Codebeispiel 7.1: Host *andromeda* in `zones.d/main/hosts/andromeda.conf`

[1] https://github.com/Icinga/icinga-powershell-plugins

Beim Template für Windows-Hosts wird davon ausgegangen, dass jedes Windows-System ein Laufwerk C besitzt.

```
template Host "windows-host" {
  import "generic-host"

  vars.os = "Windows"

  vars.IcingaCheckCPU_Object_Warning = "85"
  vars.IcingaCheckCPU_Object_Critical = "95"
  vars.IcingaCheckMemory_Object_WarningPercent = "80"
  vars.IcingaCheckMemory_Object_CriticalPercent = "90"

  vars.disks["disk C"] = {
    IcingaCheckUsedPartitionSpace_Array_Include = [ "C" ]
  }

  vars.IcingaCheckTimeSync_Object_Critical = 10
  vars.IcingaCheckTimeSync_Object_Warning = 5

  vars.services["Icinga Powershell Service"] = {
     IcingaCheckService_Array_Service = [ "icingapowershell" ]
  }

  vars.IcingaCheckProcessCount_Object_Critical = "1:1"
  vars.procs["procs"] = {
    IcingaCheckProcessCount_Object_Warning = 100
    IcingaCheckProcessCount_Object_Critical = 130
  }

  vars.counter["pagefile usage"] = {
    IcingaCheckPerfcounter_Array_PerfCounter \
        = [ "\\Paging File(_total)\\% Usage" ]
  }
}
```

Codebeispiel 7.2: Template in *zones.d/main/windows.conf*

Alle Services werden anhand der Custom Variable *os* an den Windows-Host gebunden, auf dem ein Agent läuft.

7.1 Prozessorauslastung

Icinga führt Plugins in benutzerdefinierten Intervallen aus und ermittelt somit diskrete Werte, also erfasst Daten, die nur eine Momentaufnahme darstellen. Bei sich schnell ändernden Daten führt das zu einer Verzerrung der Wirklichkeit. So bereitet dieser Umstand bei der Ermittlung, wie viel Platz auf einem Dateisystem belegt ist, keine großen Problemen, ist aber bei der Ermittlung der CPU-Auslastung schon ein Problem, da Daten zwischen den ausgeführten Checks nicht berücksichtigt werden.

Im Gegensatz zu Unix wird die Prozessorauslastung auf Windows-Systemen üblicherweise als Prozentwert angegeben. Dieser wird **nicht** über einen Zeitraum gemittelt. Auch dies unterscheidet sich von den Load-Werten unter Unix. Um es, bis auf den Prozentwert, vergleichbar zu halten, sollen standardmäßig vom Check Command *Invoke-IcingaCheckCPU* gemittelte Werte für die Zeiträume von einer, fünf und fünfzehn Minuten geliefert werden.

Performance data

Label	Value	Warning	Critical
core_0_1	60.15714%	85%	95%
core_total_1	60.15714%	85%	95%
core_0	53.66639%	85%	95%
core_0_5	50.449676%	85%	95%
core_0_15	50.449676%	85%	95%
core_total_5	48.796507%	85%	95%
core_total_15	48.796507%	85%	95%
core_total	42.43576%	85%	95%

Abbildung 7-1: CPU-Performance-Daten nach der Registrierung

Bei der Installation ist auf dem jeweiligen Windows-System neben dem Icinga-Agenten als Service ein weiterer mit dem Namen *icinga-powershell-service* eingerichtet und gestartet worden. An diesem muss der CPU-Check registriert werden, `-Interval` gibt die Zeitabstände in Sekunden an, in denen im Hintergrund die Auslastung zu ermitteln ist. Danach folgt mit `-TimeIndexes` in Minuten, über welche Zeiträume die summierten Einzelwerte gemittelt werden sollen. Der Service-Neustart aktiviert die neue Registrierung.

```
Powershell> Use-Icinga;
Powershell> Register-IcingaServiceCheck \
    -CheckCommand 'Invoke-IcingaCheckCpu'
    -Interval 15 -TimeIndexes 1,5,15;
Powershell> Restart-IcingaService 'icingapowershell';
```

Über das Template *windows-host* aus Codebeispiel 7.2 werden allen Windows-Systemen die Schwellenwerte 85 für WARNING und 95 für CRITICAL mitgegeben. Beide Zahlen werden als Prozentwerte interpretiert.

```
apply Service "cpu usage" {
  import "generic-service"

  check_command = "Invoke-IcingaCheckCPU"
  command_endpoint = host.name

  assign where get_object("Endpoint", host.name) \
      && host.vars.os == "Windows"
}
```

Codebeispiel 7.3: Prozessorauslastung in *zones.d/main/windows.conf*

7.2 Hauptspeicher

Die Belegung des Hauptspeichers wird mit `Invoke-IcingaCheckMemory` ermittelt. Das gleichnamige Check Command bekommt seine Schwellenwerte ebenfalls über das Host-Template *windows-host*. Neben den dort verwendeten, bei denen es sich um Prozentwerte in Bezug auf den belegten Speicherplatz handelt, besitzt das Plugin als Alternative mit *IcingaCheckMemory_String_Warning* bzw. *IcingaCheckMemory_String_Critical* Schwellenwerte, die sich auf absolute Werte bezieht. Dabei sind Angaben wie *2048MB*, *2GB* oder *0.5PB* möglich.

```
apply Service "memory" {
  import "generic-service"

  check_command = "Invoke-IcingaCheckMemory"
  command_endpoint = host.name

  vars.IcingaCheckMemory_Object_WarningPercent = "100"
  vars.IcingaCheckMemory_Object_CriticalPercent = "100"
  vars.IcingaCheckMemory_String_Warning = "1700MB"
  vars.IcingaCheckMemory_String_Critical = "1850MB"

  assign where get_object("Endpoint", host.name) \
      && host.vars.os == "Windows"
}
```

Codebeispiel 7.4: Hauptspeicherbelegung in *zones.d/main/windows.conf*

Möchte man die Schwellenwerte für die absoluten Werte zusätzlich verwenden und damit diese auch wirklich heranziehen, müssen diese niedriger liegen. Um das zu erreichen, können die prozentualen basierten Schwellenwerte auf 100 gesetzt werden.

7.3 Dateisysteme

Dateisysteme lassen sich mit dem *Invoke-IcingaCheckUsedPartitionSpace* überwachen. Das Check Command wird mit einer *apply-for* Schleife an das Hostattribut *vars.disks* gebunden. Da dieses Attribut auch schon für Linux-basierte Systeme Verwendung findet, werden die generierten Services mittels *assign*-Regel nur an Hosts mit entsprechend auf *Windows* gesetzten *vars.os* gebunden.

```
apply Service for (disk => config in host.vars.disks) {
  import "generic-service"

  check_command = "Invoke-IcingaCheckUsedPartitionSpace"
  command_endpoint = host.name

  vars += config

  assign where get_object("Endpoint", host.name) \
      && host.vars.os == "Windows"
  ignore where typeof(config) != Dictionary
}
```

Codebeispiel 7.5: Dateisysteme in `zones.d/main/windows.conf`

Windows-Systeme besitzen in der Regel ein Laufwerk »C:«. Diesem Umstand wird im Template *windows-host* Folge geleistet und das Laufwerk wird mit den 80 und 90 Prozent für Schwellenwerte in Bezug auf belegten Platz überwacht. Alle Windows-Systeme, die im Dictonary *disk* keine expliziten Werte für *IcingaCheckUsedPartitionSpace_Object_Warning* und *IcingaCheckUsedPartitionSpace_Object_Critical* gesetzt haben, erben diese vom Host-Template.

Standardmäßig werden von diesem Plugin alle Laufwerke des Hosts in einem Servicecheck überwacht. Mit *IcingaCheckUsedPartitionSpace_Array_Include* werden in einem Array alle Laufwerke angegeben, die von dem Check zu überwachen sind. Ein Gegenstück existiert mit *IcingaCheckUsedPartitionSpace_Array_Exclude*, bei dem die angegebenen Laufwerke aus dem Check herausgehalten werden. Für alle gelten die gleichen Schwellenwerte, sodass aus Gründen der Flexibilität eine einzelne Laufwerksüberwachung vorzuziehen ist.

Beim Beispielhost *andromeda* ist das System aber auf Laufwerk »D:« installiert und es gibt gar kein anderes Laufwerk, deshalb muss das aus dem Template übernommene »C:« für diesen Host entfernt werden. Mit der Zuweisung auf *false* beim entsprechenden Laufwerk greift die letzte *ignore*-Klausel in der Servicedefinition. Jeder andere Wert als ein Dictionary hätte dieselbe Wirkung, da mit der Funktion *typeof* auf den Typ *Dictionary* geprüft wird.

7.4 Lokale Zeit

Das Check Command *Invoke-IcingaCheckTimeSync* zum gleichnamigen Powershell-Plugin überwacht nicht nur die Abweichung der lokalen Zeit zum *IcingaCheckTimeSync_String_Server*, sondern auch, ob der zugrunde liegende Service läuft. Ist das nicht der Fall, meldet der zugehörige Check ein CRITICAL.

Da die Firma Jonas bekanntlich zwei nach Netzwerken getrennte Zeitserver betreibt, wird wie bei der Linux-Überwachung der Zeitserver in den beiden Host-Templates *lan-net* und *dmz-net* hinterlegt.

```
template Host "lan-net" {
  if (vars.os in ["Linux", "Solaris"]) {
    vars.ntp_address = "172.16.1.254"
  }
  if (vars.os == "Windows") {
    vars.IcingaCheckTimeSync_String_Server = "172.16.1.254"
  }
}
```

Codebeispiel 7.6: Erweiterung der Templates in `zones.d/main/network.conf`

Die beiden Templates finden bei Linux-, Solaris- und Windows-Servern Verwendung. Damit die Custom Variables nur dort zur Verfügung stehen und damit in Icinga Web 2 nur dort angezeigt werden, wo sie relevant sind, kann dies mit einer »if« Condition erreicht werden. Die Folge ist, dass *vars.os* schon gesetzt sein muss, also der Import des Templates *lan-host* bzw. *dmz-host* immer hinter *linux-host* oder *windows-host* zu erfolgen hat.

```
apply Service "time" {
  import "generic-service"

  check_command = "Invoke-IcingaCheckTimeSync"
  command_endpoint = host.name

  assign where get_object("Endpoint", host.name) \
      && host.vars.os == "Windows"
}
```

Codebeispiel 7.7: Lokale Zeit in `zones.d/main/windows.conf`

Die Definition von Schwellenwerten erfolgt dann wieder ausschließlich in *windows-host*, da die Alarmierung über eine Abweichung der lokalen Zeit vom Netz unabhängig ist.

7.5 Dienste

Dienste werden mit *Invoke-IcingaCheckService* geprüft. Ohne Parameter werden alle Dienste, die automatisch gestartet werden, darauf geprüft, ob sie laufen. Die in einem Array aufgeführten Dienste und dem *IcingaCheckService_Array_Exclude* zugewiesenen werden aus dieser Überwachung ausgenommen. Um gesondert angegebene Dienste oder einzelne Dienste zu überwachen, werden diese einem Array *IcingaCheckService_Array_Service* zugewiesen.

```
apply Service for (srv => config in host.vars.services) {
  import "generic-service"

  check_command = "Invoke-IcingaCheckService"
  command_endpoint = host.name

  vars += config

  assign where get_object("Endpoint", host.name) \
      && host.vars.os == "Windows"
  ignore where typeof(config) != Dictionary
}
```

Codebeispiel 7.8: Dienste in `zones.d/main/windows.conf`

Einen solchen einzelnen Dienst haben wir im Codebeispiel 7.2 kennengelernt, den fürs Monitoring selbst wichtigen Service `icingapowershell`.

7.6 Lauffähige Prozesse

Einzelne oder alle lauffähigen Prozesse lassen sich mit *Invoke-IcingaCheckProcessCount* überwachen. Ohne Angaben von einzelnen Prozessen als Array in *IcingaCheckProcessCount_Array_Process* werden alle Prozesse gezählt. Wie schon bekannt müssen Schwellenwerte gesetzt werden, ansonsten hat die Ausgabe nur informativen Charakter.

```
apply Service for (proc => config in host.vars.procs) {
  import "generic-service"

  check_command = "Invoke-IcingaCheckProcessCount"
  command_endpoint = host.name
```

```
  vars += config

  assign where get_object("Endpoint", host.name) \
      && host.vars.os == "Windows"
  ignore where typeof(config) != Dictionary
}
```

Codebeispiel 7.9: Prozesse in *zones.d/main/windows.conf*

Ausgehend davon, dass hauptsächlich einzelne Prozesse überwacht werden sollen, ist im Host-Template der Schwellenwert entsprechend gesetzt. Läuft mehr als ein Prozess oder gar keiner, wird ein CRITICAL gemeldet. Der Servicecheck *procs* soll die Gesamtanzahl »im Auge« behalten und überschreibt den Wert für CRITICAL und setzt einen für WARNING.

7.7 Updates

Die Ausführung des hinter dem Check Command *Invoke-IcingaCheck-Updates* liegenden Plugins erfordert jedoch erweiterte Berechtigungen. Standardmäßig läuft der Prozess `Icinga2` auf Windows mit der Berechtigung *Network Service*, die es nicht gestattet, auf das Objekt *Microsoft.Update.Session* (Component Object Model (COM)) zuzugreifen. Dem Benutzer *Local System* ist dies gestattet. Hat man dies für den Icinga-Dienst geändert, muss er nur noch neu gestartet werden.

```
apply Service "updates" {
  import "generic-service"

  check_interval = 8h
  retry_interval = 10m
  max_check_attempts = 2

  check_command = "Invoke-IcingaCheckUpdates"
  command_endpoint = host.name

  assign where get_object("Endpoint", host.name) \
      && host.vars.os == "Windows"
}
```

Codebeispiel 7.10: Updates in *zones.d/main/windows.conf*

Die Prüfung auf ausstehende Updates sollte nicht jede Minute durchgeführt werden, nicht nur weil es das System selbst sehr belastet, sondern auch weil Änderungen nicht minütlich zu erwarten sind.

Schwellenwerte sind wie üblich im Host-Template *windows-host* gesetzt.

7.8 Abfragen von Performance-Counter

Alle noch aktuell supporteten Windows-Systeme schreiben Kennwerte zum Betriebssystem und von Applikationen in eine eigene Datenbank. Diese Performance-Daten sind standardisiert abfragbar. Welche Zähler das jeweilige System bereitstellt, wird mit `typeperf.exe -q` ermittelt.

```
$ typeperf.exe -q
\RAS\Bytes Transmitted By Disconnected Clients
\RAS\Bytes Received By Disconnected Clients
\RAS\Failed Authentications
...
\PhysicalDisk(*)\Avg. Disk Write Queue Length
\PhysicalDisk(*)\Avg. Disk sec/Transfer
\PhysicalDisk(*)\Avg. Disk sec/Read
\PhysicalDisk(*)\Avg. Disk sec/Write
\PhysicalDisk(*)\Disk Transfers/sec
...
```

Die Aufgabe, Counter abzufragen, übernimmt bei den Powershell-Plugins *Invoke-IcingaCheckPerfcounter*.

```
apply Service for (counter => config in host.vars.counter) {
  import "generic-service"

  check_command = "Invoke-IcingaCheckPerfcounter"
  command_endpoint = host.name

  vars += config

  assign where get_object("Endpoint", host.name) \
      && host.vars.os == "Windows"
  ignore where typeof(config) != Dictionary
}
```

Codebeispiel 7.11: Performance Counter in *zones.d/main/windows.conf*

Performance Counter sind als eindeutiger Pfad anzugeben, in der Icinga-Konfiguration müssen die Backslashes, die als Separatoren dienen, mit einem weiteren Backslash quotiert werden. Auf Windows-Systemen wird mittels Counter geprüft, wie viel Platz vom Pagefile aktuell belegt wird.

III Fortgeschrittene Themen

8 Icinga Web 2 einsetzen, anpassen und erweitern

Durch starke Modularisierung, auch für zu formulierende Suchabfragen, kann Icinga Web 2 sehr leicht und schnell den eigenen Bedürfnissen angepasst werden. Eigene Filter lassen sich abspeichern und in eigenen Dashboards verwenden.

»Die Südfrüchte runter vom Kartentisch. Auf Bananen kann ich nicht navigieren.«

Kommandant U96, 1981

Die Benutzeroberfläche zu Icinga ist in PHP implementiert und so modular aufgebaut, dass selbst die vielen unterschiedlichen Ansichten zum Monitoring als Modul geliefert werden. Wie weitere Module eingebunden werden und welche es für die unterschiedlichen Anwendungszwecke überhaupt gibt, ist ebenfalls Thema dieses Kapitels.

Darüber hinaus bietet Icinga Web 2 ein ausgefeiltes Berechtigungskonzept, das durch jedes Modul auch erweitert werden kann. Dabei kann nicht nur der Zugriff auf die einzelnen Module eingegrenzt werden, sondern auch innerhalb dieser. Im Monitoring-Modul ist es z. B. möglich, die Ansicht für einzelne Benutzer oder Benutzergruppen nur auf bestimmte Hosts oder Services zu beschränken.

Um dies sinnvoll umsetzen zu können, ist eine Integration in ein bereits bestehendes Identitätsmanagement mehr als wünschenswert. In diesem Kapitel wird Icinga Web 2 mittels LDAP an ein Active Directory angebunden.

8.1 Filter

Eine der großen Stärken von Icinga Web 2 sind mit Sicherheit die schnellen Such- und Filterfunktionen. Das globale Suchfeld befindet sich oben links direkt unter dem Icinga-Logo. Bei Suchbegriffen, die hier eingegeben werden, durchsucht Icinga Web 2 alle Hosts, Services, Host- und Servicegruppen nach diesem Begriff. Hierzu muss nicht einmal die Suche mit einem abschließenden Return gestartet werden, sondern die einfache Eingabe reicht schon, um ein Ergebnis angezeigt zu bekommen.

Weitaus mächtigere Filter mit logischen Verknüpfungen lassen sich ebenfalls entwerfen und anwenden. Um z. B. alle Hosts mit einer Kombination aus verschiedenen Eigenschaften als Ergebnis zu erhalten, geht man zuerst über den Menüpunkt *Overview* im Hauptmenü und den Unterpunkt *Hosts*. Bekanntlich werden nun alle Hostobjekte aufgelistet. Oberhalb der aufgelisteten Hosts befindet sich ein weiteres Suchfeld.

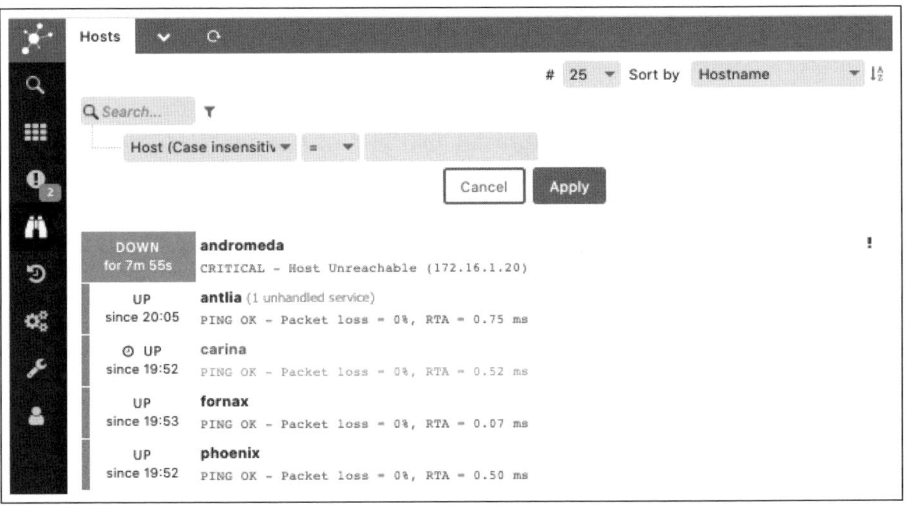

Abbildung 8-1: Erzeugen eines Filters für Hosts

Mit der Verwendung dieses Felds lässt sich die Ergebnisliste aller bekannten Hosts weiter einschränken. Der dort eingegebene Suchstring wird auf Hostnamen und Hostaliases angewendet. Soll die Suche jedoch wesentlich spezifischer gestaltet werden, ist das Filtersymbol rechts neben dem Eingabefeld anzuwählen.

Nun stehen einem alle Host- sowie Custom Variables zur Durchsuchung bereit. Darüber hinaus kann auch so etwas wie der aktuelle Status in die eigene Suche mit einbezogen werden. Als erstes Beispiel soll hier ein Filter gebaut werden, der alle Hosts mit einem Status ungleich UP anzeigt, die gleichzeitig auch eine Windows-Plattform bieten.

Abbildung 8-2: Hostfilter für Windows-Plattformen

Hierzu ist in der linken Box der Eintrag *Host Os* auszuwählen, da er sich auf die Host-Custom-Variable *os* bezieht. Anfangsbuchstaben werden in Icinga Web 2 immer groß geschrieben. Entsprechend wird die Gleichheit als Operator beibehalten und auf der rechten Seite muss *windows* eingetragen werden. Die Suche ist hierbei case-insensitive, sodass hier wirklich *windows* verwendet werden kann und nicht in der Großschreibweise wie in der Icinga-Konfiguration vorgegeben.

Ein Klick auf *Apply* oder das Betätigen der Return-Taste wendet den Filter unverzüglich an. Die weitere Einschränkung auf Hosts mit dem aktuellen Status ungleich UP wird nach einem Druck auf das Plus-Symbol rechts neben dem Mülleimer und dem Eingabefeld mit *windows* als Inhalt in der dann erscheinenden neuen Zeile eingegeben.

Abbildung 8-3: Hostfilter für Windows-Plattformen und Status

Hierfür muss im linken Feld *Host State* stehen, das Operatorfeld ist auf »!=« zu ändern und im rechten Feld ist *up* einzutragen. Alternativ kann anstelle von *up* auch der entsprechende numerische Wert benutzt werden, hier dementsprechend die *0*.

Das Modellieren von Filterregeln für Services wird auf gleiche Weise durchgeführt, nur muss vorweg in die Übersicht *Services* gewechselt werden. Für das Beispiel aller Services, die einen Status ungleich OK aufweisen und auf einer Windows- oder Linux-Plattform laufen, wo der Host selbst jedoch UP ist, startet man wie im obigen Beispiel für Hosts. Als Unterschied ist bei *Host State* jedoch die Gleichheit mit »=« als Operator zu wählen.

Abbildung 8-4: Servicefilter für Windows-Plattformen und Status

Die erforderliche dritte Bedingung, der *Service State*, kann nach der Betätigung des Plus-Symbols neben der *AND*-Bedingung in der dann zur Verfügung stehenden dritten Zeile eingetragen werden. Der Wert, der auf Ungleichheit geprüft werden soll, ist hier nun der String *ok* oder der numerische Wert *0*.

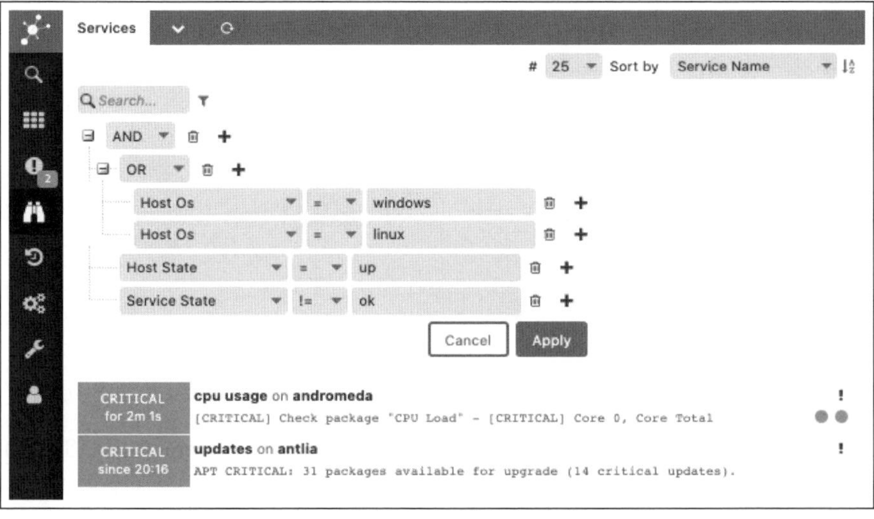

Abbildung 8-5: Servicefilter für Windows- und Linux-Plattformen mit Status

Fehlt noch eine Oder-Verknüpfung für die Betriebssystemplattform. Diese lässt sich einbauen, indem nun das Plus-Symbol in der Zeile mit der bisherigen *Host Os*-Bedingung betätigt wird. Nun wird eine neue Verknüpfung eingefügt. Die Voreinstellung ist hier ein *AND*, das auf *OR* abgeändert werden muss.

Danach wird in der zweiten Bedingung zum *OR* der neue Ausdruck für *Host Os* gleich *linux* hinzugefügt.

Filter können nicht nur für Hosts oder Services erzeugt werden, sondern auch für jegliche andere Objekttypen wie Host- und Servicegruppen, Kontakte, Downtimes oder Benachrichtigungen. Ein Beispiel ist ein Filter für alle gesendeten Benachrichtigungen der letzten sieben Tage, die kein RECOVER gemeldet haben.

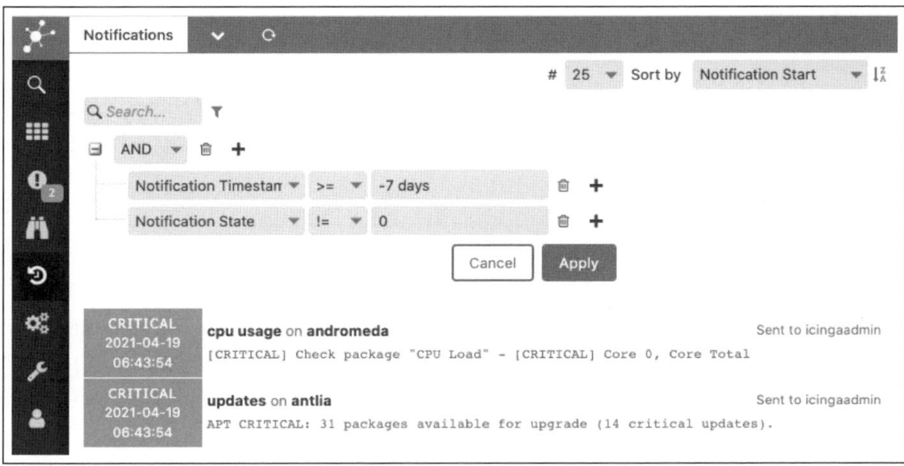

Abbildung 8-6: Benachrichtigungsfilter

Das Thema Filter findet im folgenden Abschnitt eine sehr praktische Anwendung beim Zusammenstellen von individuellen Dashboards.

8.2 Dashboards

Die Entwickler von Icinga Web 2 legen den Fokus neben der Geschwindigkeit für einen flüssigen Arbeitsablauf besonders auf das Erkennen der aktuell wichtigsten Daten. Viele andere GUIs bieten erst eine Übersicht mit Statistiken, wie viele Objekte sich in welchem Zustand befinden. Dort wählt der Benutzer dann erst aus, welche Objekte angezeigt werden sollen. Icinga Web 2 verfolgt stattdessen den Ansatz, eine Vorauswahl zu treffen und sofort anzuzeigen, wo es »brennt«.

Um zu einer allumfassenden Ansicht zu gelangen, sind mehrere Klicks nötig. Das ist sicherlich auch dem Umstand geschuldet, dass Icinga Web 2 von Grund auf neu entwickelt wurde und dabei auf einige Jahre Erfahrung im Monitoring-Umfeld zurückgegriffen werden konnte.

Abbildung 8-7: Icinga Web 2 – Standard-Dashboard

Für jeden Benutzer stehen die aus Kapitel 2 auf Seite 21 bekannten Standard-Dashboards zur Verfügung. Obwohl sie schon viele Standardfälle abdecken, sollen sie in erster Linie als Anregung für eigene Erweiterungen dienen.

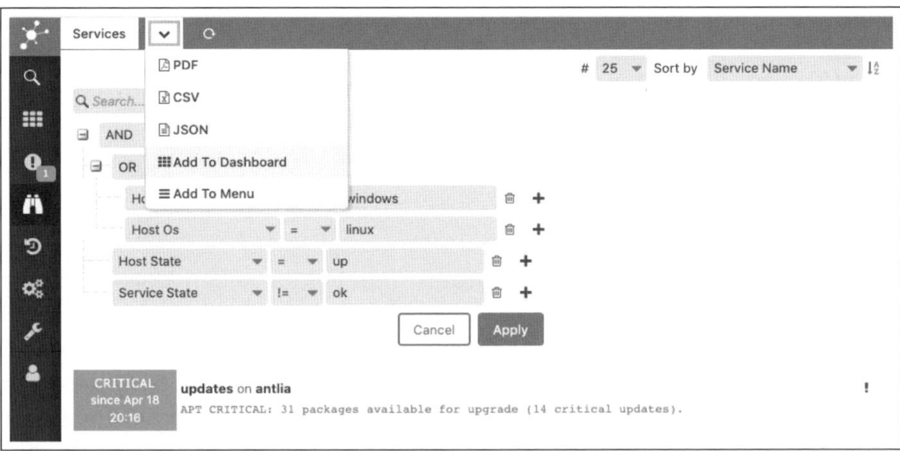

Abbildung 8-8: Hinzufügen eines Dashboards in Icinga Web 2

Die Aufteilung der einzelnen Dashlets am Dashboard kann sich je nach Client unterscheiden. Das Design ist responsiv und passt sich dem zur Verfügung stehenden Platz an. So kann Icinga Web 2 auch komfortabel auf Tablets oder anderen kleinen Bildschirmen bedient werden.

Um jetzt ein neues, an die eigenen Bedürfnisse angepasstes Dashboard anzulegen, wird auf das Wissen über Filter aus dem vorhergehenden Abschnitt zurückgegriffen. So lässt sich mit den dort vorgestellten Filtern aus Abbildung 8-5 auf Seite 140 ein Dashboard aufbauen.

Mit wenigen Klicks kann aus der Filteransicht ein neues Dashboard erzeugt werden. Im horizontal angeordneten Kontextmenü in Abbildung 8-8 gibt es ein Symbol, das einem stilisierten Pfeil entspricht, der nach unten zeigt. Neben diversen Exportfunktionen, mit denen sich PDF-, CSV- oder JSON-Dateien mit den aktuellen Suchergebnissen erzeugen lassen, kann das Suchergebnis auch als neuer zusätzlicher Link zum Hauptmenü hinzugefügt werden. Um einem Dashboard hinzugefügt zu werden, muss *Add To Dashboard* ausgewählt werden.

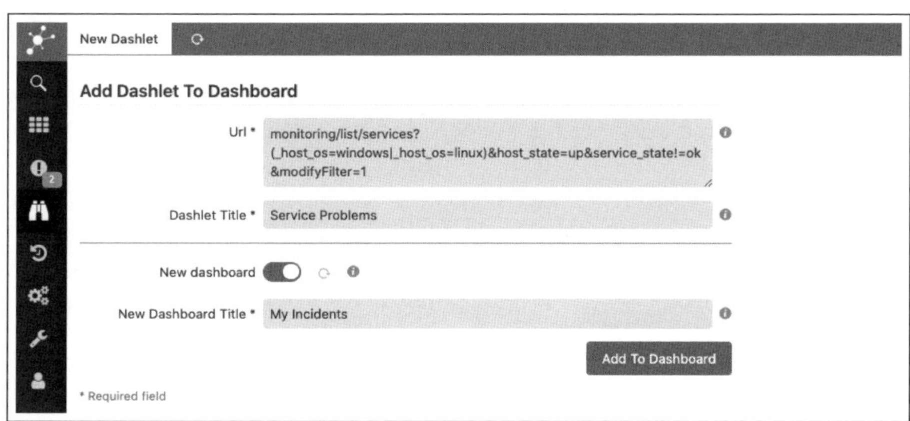

Abbildung 8-9: Neues Dashboard mit erstem Dashlet erzeugen

Dabei wird der Filter, der über den Aufruf einer URL ausgeführt wird, automatisch zur Speicherung übernommen. Ein Dashboard kann aus mehreren sogenannten Dashlets bestehen. Dies sind einzelne Filter, die zusammen auf einem Dashboard dargestellt werden, wie z. B. *Service Problems*, *Recently Recovered Services* und *Host Problems* im Standard-Dashboard *Current Incidents* in Abbildung 8-7.

Als erste Tätigkeit ist der Name des ersten Dashlets für das neue Dashboard einzutragen, hier *Service Problems*. Da ein neues Dashboard erstellt werden soll, muss die Checkbox *New dashboard* aktiviert werden. Danach kann dann auch der Name des neuen Dashboards angegeben werden.

Mit Betätigen von *Add To Dashboard* wird das Dashboard kreiert und es steht ab sofort in der Dashboard-Übersicht als neuer Eintrag im horizontalen Menü am oberen Rand zur Verfügung.

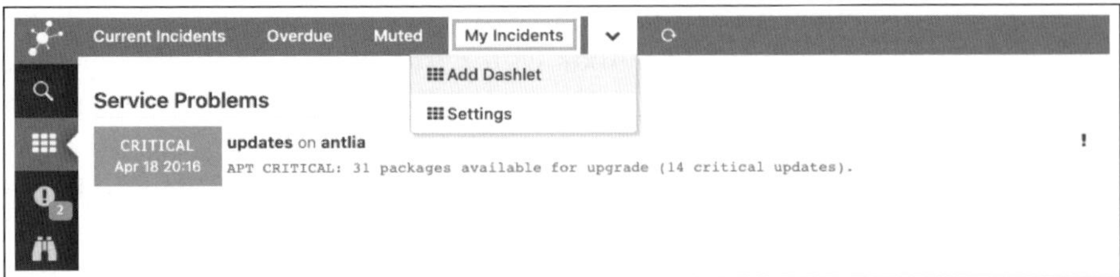

Abbildung 8-10: Hinzufügen eines weiteren Dashlets

Ist die URL zu einem Filter bekannt, kann ein Dashlet auch direkt zu einem Dashboard hinzugefügt werden. Hierzu kann über die Dashboard-Übersicht ebenfalls der *»Pfeil nach unten«* im Kontextmenü benutzt werden und dort der Punkt *Add Dashlet*.

In der bekannten Maske *New Dashlet* muss nun die URL, die man einfach beim Erstellen des Suchfilters aus der Browser-URL-Zeile kopiert, eingetragen werden. Neben einem Namen für das neue Dashlet muss dann nur noch das Dashboard ausgewählt werden, dem das neue Dashlet hinzugefügt werden soll.

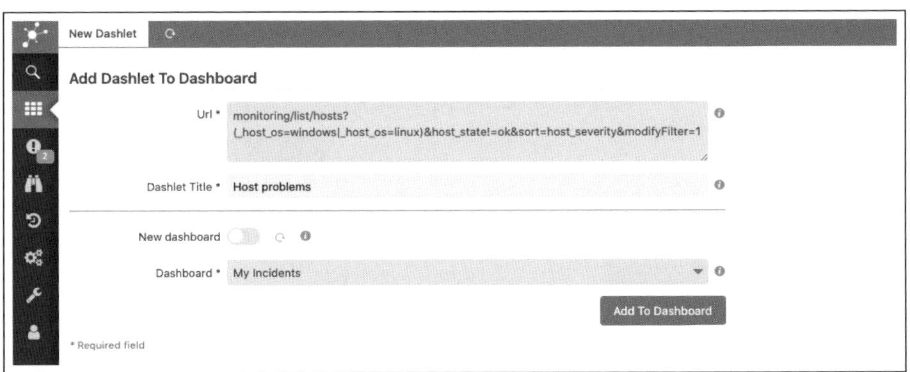

Abbildung 8-11: Einstellungen zu einem weiteren Dashlet

Als URL wurde hier folgender Filter gewählt. Er liefert als Ergebnis alle Linux- und Windows-Hosts, die Probleme melden.

```
monitoring/list/hosts?(_host_os=windows|_host_os=linux) \
    &host_state!=ok&sort=host_severity&modifyFilter=1
```

Der Hostanteil der URL kann ebenso weggelassen werden wie der Zusatz */icingaweb2*.

Damit sind nun beide Filter in einem Dashboard zusammengeführt. Dieses kann, wenn gewünscht, um weitere Filter ergänzt werden. Mit den mächtigen Filtern lassen sich somit spezifische Dashboards erstellen, die dann von unterschiedlichen Teams genutzt werden können.

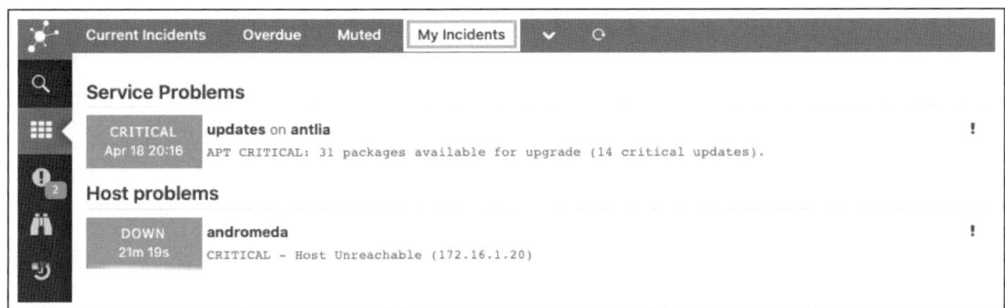

Abbildung 8-12: Das neue Dashboard für Linux und Windows Incidents

Dashboard-Verwaltung

Stellt sich die Frage nach der Verwaltung der Dashboards. Die grafische Verwaltung wird über den Menüpunkt *Settings* der Dashboard-Übersicht erreicht, siehe Abbildung 8-10 auf Seite 144.

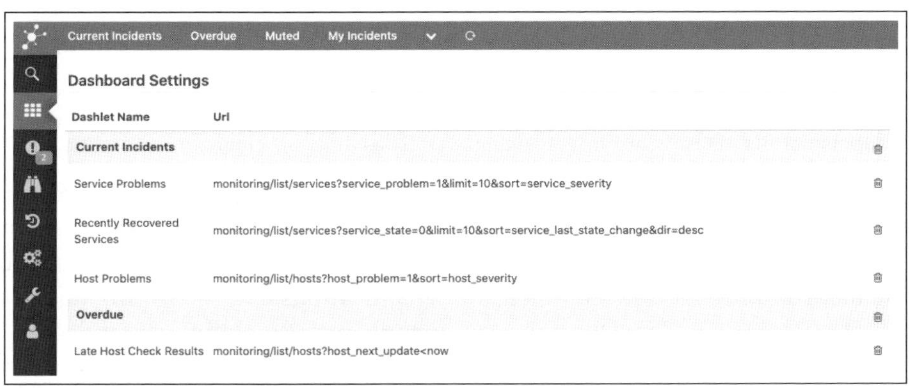

Abbildung 8-13: Dashboard-Verwaltung

Es folgt eine Auflistung aller Dashboards, gruppiert mit den jeweils zugehörigen Dashlets. Die erste Spalte enthält den Dashboard- bzw. den Dashlet-Namen. Beide sind als Link benutzbar, so gelangt man bei einem Dashlet zur Bearbeitungsmaske, in der Anpassungen durchgeführt werden können. Eine Erweiterung der Filterregel oder der komplette Austausch dieser ist hier möglich, aber auch das Versetzen dieses Dashlets in ein anderes Dashboard kann vorgenommen werden.

Ein Dashboard hat keine Eigenschaften, die geändert werden können, und so ist über diesen Link nur das Entfernen des kompletten Dashboards inklusive Dashlets möglich. Dieselbe Aufgabe des Löschens kann auch über das Mülleimersymbol am rechten Rand erreicht werden. Zum Entfernen eines Dashlets ist es die alleinige Löschfunktion.

Die in der zweiten Spalte angegebene Filter-URL ist ebenfalls ein Link und öffnet die Filteransicht. Die dort getätigten Änderungen werden allerdings nicht in das Dashlet übernommen, sondern es ist nur möglich, via *Add Dashlet* ein neues anzulegen.

Gespeichert werden Dashboards nicht in der Datenbank, sondern ausschließlich im Dateisystem. Dort werden sie als INI-Datei benutzerbezogen jeweils in einer Datei *dashboards.ini* unterhalb vom Verzeichnis */etc/icingaweb2/dashboards/* in einem dem Benutzernamen entsprechenden Unterverzeichnis abgelegt.

```
[Windows Incidents]
title = "Windows Incidents"

[Windows Incidents.Host Problems]
url = "monitoring/list/hosts?_host_os=windows& \
        host_state!=ok&modifyFilter=1"
title = "Host Problems"

[Windows Incidents.Service Problems]
url = "monitoring/list/services?_host_os=windows& \
        host_state=ok&service_state!=ok&modifyFilter=1"
title = "Service Problems"
```

Codebeispiel 8.1: Dashboard in /etc/icingaweb2/dashboards/icingaadmin/dashboards.ini

Es gibt leider keine Möglichkeit, Dashboards für ganze Benutzergruppen zu verwalten. So bleibt einem zurzeit nur, entsprechende Dashboards oder Dashlets von einer Datei in eine andere zu kopieren. Die Standard-Dashboards hingegen lassen sich nur global anpassen, da sie für das Modul *Monitoring* in der Datei *configuration.php* definiert sind. Diese Datei dient der Konfiguration des besagten Moduls und wirkt sich damit nicht auf einzelne Benutzer aus. Die Datei ist im Root-Verzeichnis */usr/share/icingaweb2* von Icinga Web 2 im dortigen Unterverzeichnis *modules/monitoring* zu finden. Das Codebeispiel 8.2 zeigt den Ausschnitt für die Definition des Dashboards *Current Incidents*.

Für kommende Versionen von Icinga Web 2 ist allerdings die optionale Auslagerung in eine Datenbank geplant, sodass dann von dort aus Dashboards gemeinsam und gruppenbezogen benutzt werden können.

```
/*
 * Current Incidents
 */
$dashboard = $this->dashboard(N_('Current Incidents'), \
        array('priority' => 50));
$dashboard->add(
    N_('Service Problems'),
    'monitoring/list/services?service_problem=1&limit=10 \
        &sort=service_severity'
);
$dashboard->add(
    N_('Recently Recovered Services'),
    'monitoring/list/services?service_state=0&limit=10 \
        &sort=service_last_state_change&dir=desc'
);
$dashboard->add(
    N_('Host Problems'),
    'monitoring/list/hosts?host_problem=1&sort=host_severity'
);
```

Codebeispiel 8.2: /usr/share/icingaweb2/modules/monitoring/configuration.php

8.3 Ressourcen

In Icinga Web 2 wird eine Datenquelle, aus der Informationen bezogen werden, als Ressource bezeichnet. Auch eine Speicherung von Daten ist in solchen Ressourcen vorgesehen, aber sehr stark vom Anwendungszweck abhängig.

Zum jetzigen Zeitpunkt ist zumindest eine Ressource definiert, die auch in Benutzung ist. Es handelt sich hier um *icingaweb2-module-monitoring*, die Anbindung an die Datenbank des IDO. Je nach Installationsdurchführung kann die Bezeichnung abweichen.

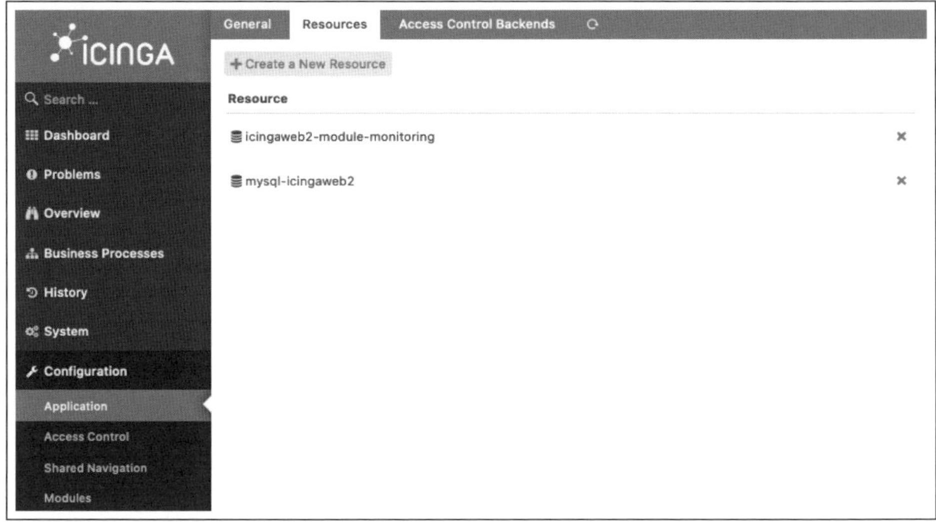

Abbildung 8-14: Ressourcenverwaltung

Die Verwaltung von Ressourcen kann auf zwei Arten erfolgen, zum einen aus Icinga Web 2 heraus oder direkt in der Datei `resources.ini` im Konfigurationsverzeichnis `/etc/icingaweb2`.

```
[icingaweb2-module-monitoring]
type = "db"
db = "mysql"
host = "localhost"
port = "3306"
dbname = "icinga2"
username = "icinga2"
password = "XXX"
```

Codebeispiel 8.3: `/etc/icingaweb2/resources.ini`

Die andere Methode ist über die Weboberfläche selbst. Die grafische Eingabemaske erreicht man über den Untermenüpunkt *Application* des Hauptmenüpunkts *Configuration* und dann mit der Anwahl von *Resources* im zugehörigen Kontextmenü am oberen Bildschirmrand.

Die konkreten Konfigurationsparameter, die für den Zugriff erforderlich sind, erreicht man durch Klicken auf den jeweiligen Ressourcennamen. Das Löschen einer Ressource lässt sich mithilfe des Kreuzes rechts in derselben Zeile neben dem Namen der Ressource durchführen.

Bei der IDO-Datenbank handelt es sich um einen SQL-basierten Zugang. Hier sind die üblichen Parameter wie Datenbankname, Login-Name mit Passwort sowie Host und Typ der Datenbank hinterlegt.

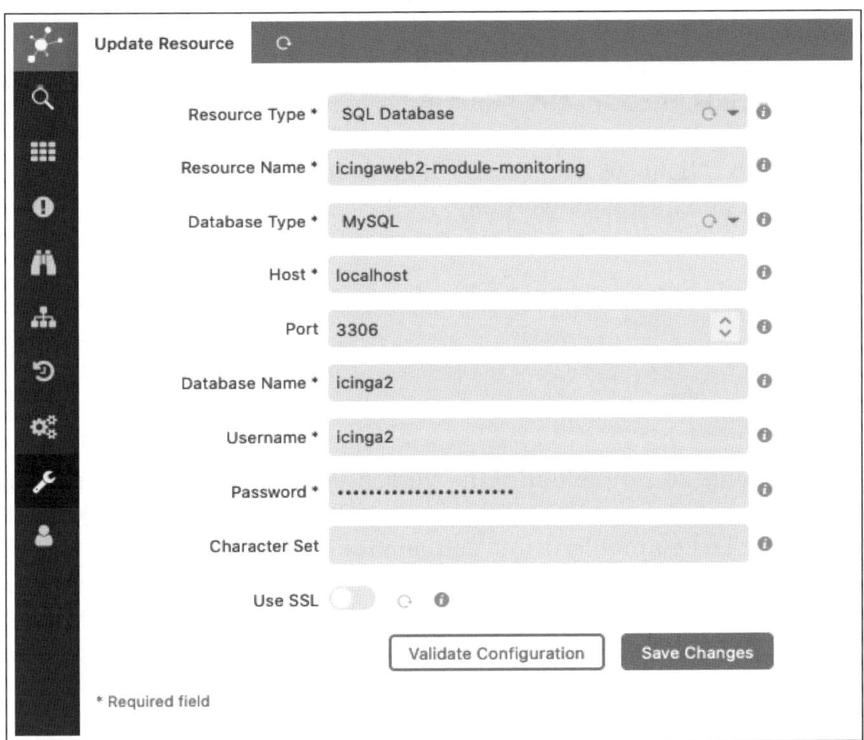

Abbildung 8-15: Ressourcenverwaltung der IDO-DB

In dieser Maske können Änderungen vorgenommen werden, die sich vor der Speicherung validieren und damit auf Korrektheit prüfen lassen. Die durchgeführten Anpassungen werden nach erfolgter Bestätigung in die Datei `resources.ini` übernommen. Wie in Abbildung 8-15 zu sehen, wäre mit *Use SSL* auch die Konfiguration einer verschlüsselten Verbindung zur Datenbank möglich.

Wurde die Installation von Icinga Web 2 mit dem Icinga-Installer vorgenommen, ist zusätzlich noch die Datenbank zu Icinga Web 2 in Verwendung. Sie dient ausschließlich zur Benutzerverwaltung und damit zur Authentifizierung von Benutzern beim Login und zur Ermittlung von deren Gruppenzugehörigkeiten. Da die Verwaltung von Benutzern und Gruppen aus der GUI heraus erfolgt, ist auf diese Datenbank ein Schreib- und Lesezugriff Voraussetzung.

Die zur Benutzung zur Verfügung stehenden Typen von Quellen sind abhängig von den installierten PHP-Modulen. So steht etwa erst mit der Installation der LDAP-Extensions von PHP der Typ LDAP zur Auswahl bereit. Gleiches gilt für SQL-Datenbanken, so müssen für MySQL, PostgreSQL, Oracle oder Microsoft SQL die erforderlichen Erweiterungen installiert sein.

Im Folgenden wird exemplarisch ein AD als Ressource hinzugefügt. Zuerst ist sicherzustellen, dass die LDAP-Erweiterung installiert ist. Möchte man Credentials für den LDAP-Zugriff vorher von der Kommandozeile testen, sollten die Kommandozeilentools vom LDAP-Client gleich mit aufgespielt werden. Nicht zu vergessen, danach muss der Webserver bzw. der FPM-Service neu gestartet werden.

- RedHat

  ```
  $ dnf install php-ldap openldap-clients
  ```

- Debian

  ```
  $ apt-get install php-ldap ldap-utils
  ```

Es ist dringend zu empfehlen, eine verschlüsselte Verbindung zum Active Directory zu benutzen. Diese kann via STARTTLS oder LDAPS aufgebaut werden. Die empfohlene und zeitgemäße Methode ist STARTTLS, aber natürlich muss die zu fragende Gegenseite entsprechend konfiguriert sein.

Für Tests von der Kommandozeile aus kann zur Erleichterung wiederkehrender Informationen der systemseitige LDAP-Client in der Datei *ldap.conf* konfiguriert werden. Auf RedHat befindet sie sich im Verzeichnis */etc/openldap*, auf Debian-Systemen hingegen in */etc/ldap*.

```
BASE          dc=gwc-jonas,dc=local
URI           ldap://andromeda.gwc-jonas.local

TLS_REQCERT   demand
```

Codebeispiel 8.4: LDAP-Client ldap.conf für Zertifikatsvalidierung anpassen

Die beiden Optionen *BASE* und *URI* versorgen die Kommandozeilentools mit Standardwerten für den abzufragenden Server und den LDAP-Baum, der zu durchsuchen ist. Unter *URI* können mehrere Verbindungen jeweils durch Leerzeichen getrennt definiert werden, die dann im Round-Robin-Verfahren abgefragt werden. Der Wert *demand* für *TLS_REQCERT* sorgt dafür, dass eine Validierung des Zertifikats, mit dem sich der LDAP-Server ausweist, standardmäßig vorzunehmen ist. Schlägt diese fehl, wird die Verbindung sofort abgebrochen. Da mit an Sicherheit grenzender Wahrscheinlichkeit für das eigene Active Directory eine private Certificate Authority (CA) zum Einsatz kommt, muss deren Root-CA-Zertifikat dem System hinzugefügt werden.

Ein erster Verbindungstest kann dann von der Kommandozeile erfolgen, hier unter der Annahme, dass das Root-CA-Zertifikat im aktuellen Verzeichnis liegt und in der Datei *jonas-ca.crt* enthalten ist. Außerdem wird noch ein Benutzeraccount mit Leseberechtigung benötigt. Im folgenden Szenario wird der Zugriff mittels Option `-ZZ` für `STARTTLS` versucht. Mit `-D` ist der Account anzugeben, `-W` bewirkt die Abfrage des zugehörigen Passworts von der Kommandozeile aus.

```
$ LDAPTLS_CACERT=./jonas-ca.crt ldapsearch \
    -x -D "icinga2ro@gwc-jonas.local" -W -ZZ
```

War dieser Test erfolgreich, kann das Zertifikat dem Schlüsselbund des eigenen Systems hinzugefügt werden. Bei RedHat ist dies die Datei *ca-bundle.crt* im Verzeichnis */etc/ssl/certs*, bei Debian heißt sie *ca-certificates.crt* und liegt in */etc/ssl/certs*. Zu empfehlen ist, die jeweilige systemeigene Vorgehensweise und Tools zu benutzen:

- RedHat

  ```
  $ mv jonas-ca.crt /etc/pki/ca-trust/source/anchors/
  $ update-ca-trust
  ```

- Debian

  ```
  $ mv jonas-ca.crt /usr/local/share/ca-certificates/
  $ update-ca-certificates
  ```

Die Dateien können abschließend noch in *ldap.conf* mit vollem Pfad und der Option *TLS_CACERT* hinzugefügt werden, sie sollten so aber schon per Default gesetzt sein.

Die Credentials können nun mit einem Texteditor in *resources.ini* per Hand eingetragen werden oder mittels der Ressourcenverwaltung in Icinga Web 2.

```
[ad-ldap]
type = "ldap"
hostname = "ldap://andromeda.gwc-jonas.local"
port = "3268"
encryption = "starttls"
root_dn = "DC=gwc-jonas,DC=local"
bind_dn = "icinga2ro@gwc-jonas.local"
bind_pw = "XXX"
```

Codebeispiel 8.5: Neue LDAP-Ressource in */etc/icingaweb2/resources.ini*

Stehen mehrere Domain Controller und damit LDAP-Server zur Verfügung, lassen sich diese als Liste mit Leerzeichen getrennt bei *hostname* bzw. *Host* eintragen.

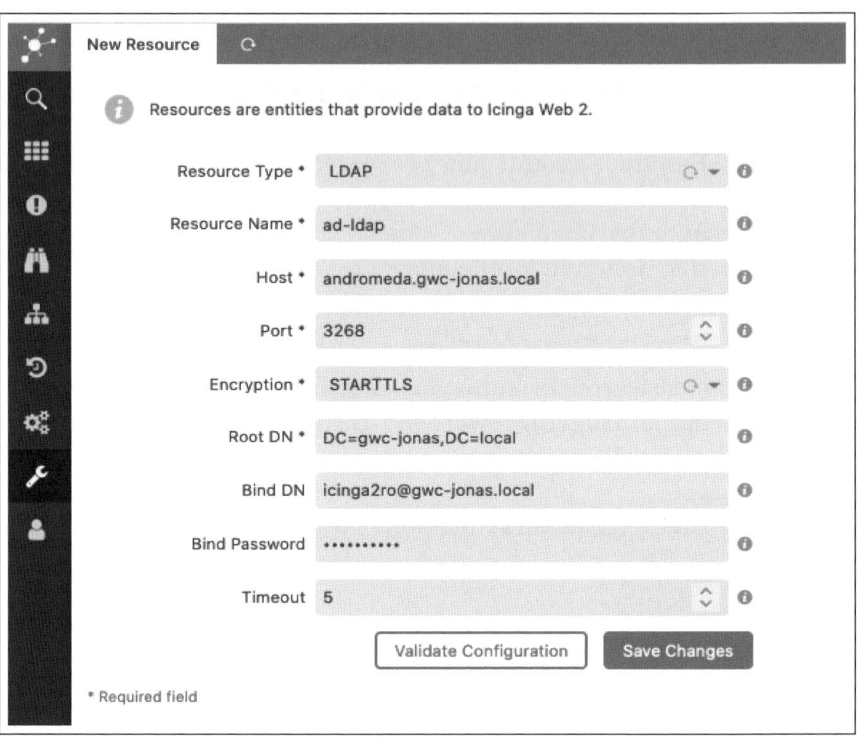

Abbildung 8-16: LDAP-Ressource *ad_ldap*

Wir verwenden hier den Port zum Global Catalog der Domain Controller. Es handelt sich hierbei um etwas Windowsspezifisches, der Port ist standardmäßig 3268 und für LDAPS 3269.

> Bei einem AD sollten immer die Ports zum Global Catalog angegeben werden, da nur so alle Teilbäume eines LDAP-Forrest angesprochen werden!

Der »normale« Port für LDAP ist 389 und 636, wenn LDAPS verwendet werden soll.

8.4 Berechtigungen

Bei der Entwicklung von Icinga Web 2 wurde von Beginn an Wert auf ein fein granuliertes Berechtigungsmodell gelegt. Zur eindeutigen Identifizierung dient ein Benutzername, die Authentizität wird in der Regel anhand eines Passworts sichergestellt. Schon diese Authentifizierung kann gegen mehrere Quellen erfolgen. Hierbei können auch unterschiedliche Quellen nacheinander zur Sicherstellung der Identität verwendet werden. So kann zuerst eine Abfrage via LDAP an ein Microsoft Active Directory durchgeführt werden und falls dort der Benutzername nicht vorhanden sein sollte, als Fallback eine Abfrage gegen die Datenbank hinter der Ressource *mysql-icingaweb2* aus Abbildung 8-14 auf Seite 148 erfolgen.

Damit ist die Zugangsbeschränkung an Icinga Web 2 geregelt. Im Anmeldevorgang folgt dann auch die Ermittlung, welche Autorisierung der Benutzer erhalten soll. Das beinhaltet, welche Hosts und Services der angemeldete Benutzer sehen darf und welche Aktionen ausgeführt werden dürfen. Berechtigungen lassen sich hierbei in sogenannten Rollen zusammenfassen und dann jeweils Benutzern oder Benutzergruppen zuweisen. Neben dem Benutzer lassen sich auch Benutzergruppen und deren Mitglieder aus mehreren Quellen ermitteln.

8.4.1 Authentifizierung

Icinga Web 2 setzt zur Prüfung der Authentizität ein entsprechend konfiguriertes Backend voraus, das wiederum auf einer Ressource basiert. Die Verwaltung von diesen Backends findet sich wie auch schon die Ressourcenverwaltung unterhalb von *Configuration* → *Application* im Hauptmenü, im Punkt *Access Control Backends* des Kontextmenüs.

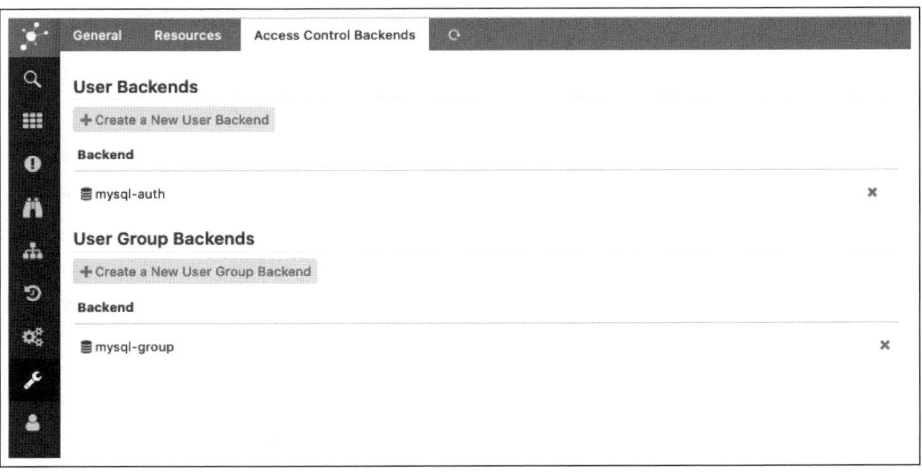

Abbildung 8-17: Verwalten von Backends zur Authentifizierung

In die Detaileinstellungen wird intuitiv durch einen einfachen Klick auf den Link mit dem Namen des Backends gewechselt, das Löschen geschieht wiederum mit dem Kreuz rechts vom Namen. Ist die Installation mit dem Icinga-Installer erfolgt, existiert bereits ein Backend für die MySQL- bzw. PostgreSQL-Datenbank, jeweils für Benutzer und Benutzergruppen.

Im Folgenden wird ein Backend zur Prüfung gegen ein Active Directory eingerichtet und das schon existierende SQL-Backend soll danach weiter als Fallback dienen.

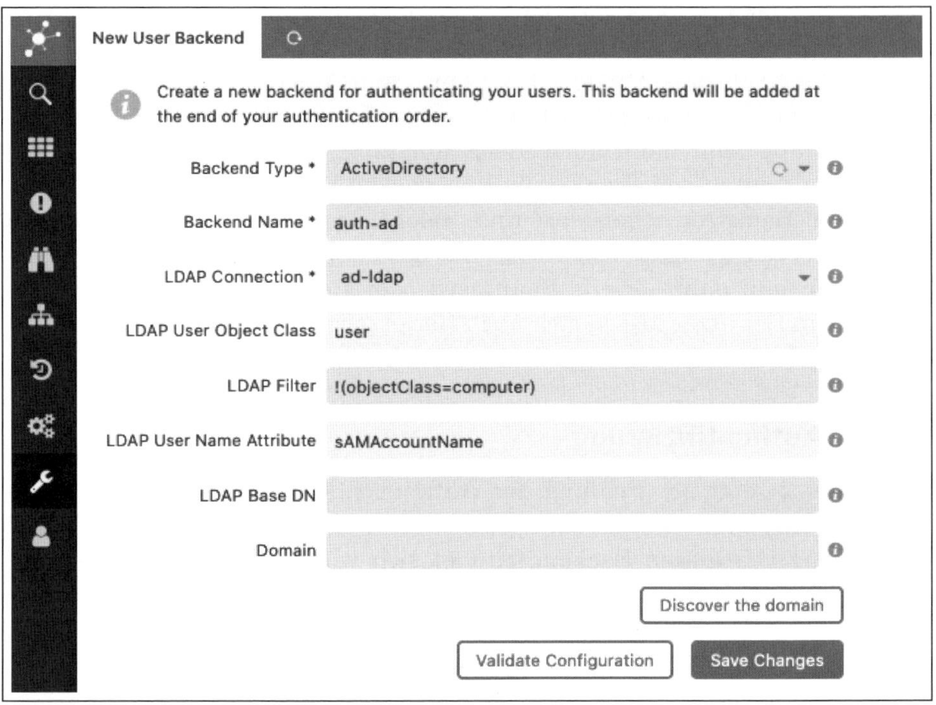

Abbildung 8-18: Authentifizierung gegen ein Active Directory

Unterstützte Backend-Typen sind *Database*, *LDAP*, *Active Directory* und *External*. Bei *Database* handelt es sich um die SQL-Datenbank zu Icinga Web 2, die ggf. bei der Installation erstellt wurde. *LDAP* und *Active Directory* setzen eine entsprechende LDAP-Ressource voraus. *External* kommt zum Einsatz, wenn eine externe Quelle zur Authentifizierung herangezogen wird, wie z. B. durch die Basis- oder Kerberos-Authentifizierung eines Webservers.

Die Anbindung an ein Active Directory erfordert eine entsprechende LDAP-Ressource wie in Abschnitt 8.3 ab Seite 148. Alle anderen Optionen sind mit sinnvollen Voreinstellungen ausgefüllt, sobald als Backend-Typ *Active Directory* gewählt wurde.

So werden alle AD-Objekte vom Typ *user* herangezogen, aber diejenigen, die der LDAP-Objektklasse *computer* entsprechen, werden via Filter außen vor gelassen. Als LDAP-Attribut wird *sAMAccountName* vorgeschlagen, was dem verkürzten Login ohne Domäne entspricht. Soll jedoch die Anmeldung an Icinga Web 2 mit kompletter Domäne erfolgen, was bei sehr großen Umgebungen mit etlichen unterschiedlichen Domänen vorkommt, kann stattdessen auch das Attribut *userPrincipalName* genommen werden.

Nach der Sicherung der getätigten Einstellungen, die optional vorher auf Validität geprüft wurden, erscheint das neue Backend in der Liste aller zur Authentifizierung konfigurierten Backends.

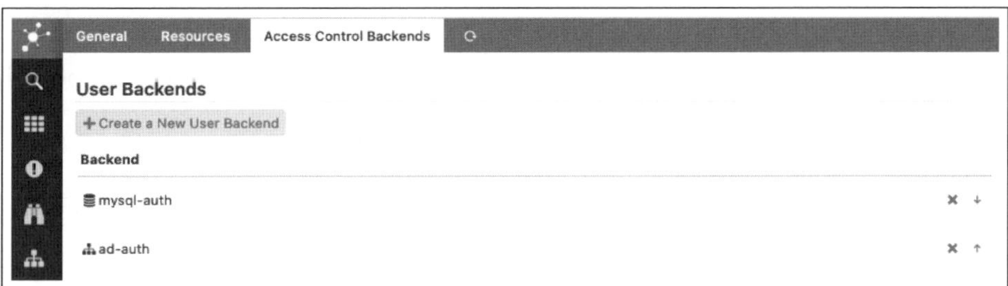

Abbildung 8-19: Reihenfolge der Benutzer-Backends

Jetzt, wo es zwei Backends gibt, ist rechts neben dem Kreuz zum Löschen ein Pfeil zu sehen. Dieser dient dazu, den zugehörigen Eintrag in der Liste nach oben bzw. unten zu verschieben. Damit wird eine eindeutige Reihenfolge zwischen den Backends festgelegt. Primär soll die AD-Authentifizierung herangezogen werden und die SQL-basierte nur als Fallback dienen, damit muss der AD-Eintrag als oberster geführt werden und der oder die anderen in gewünschter Reihenfolge dahinter. Diese Reihenfolge wird auch in der eigentlichen Konfigurationsdatei `authentication.ini` im Konfigurationsverzeichnis von Icinga Web 2 abgebildet:

```
[ad-auth]
resource = "ad-ldap"
backend = "msldap"

[mysql-auth]
backend = "db"
resource = "mysql-icingaweb2"
```

Codebeispiel 8.6: `/etc/icingaweb2/authentication.ini`

Weitere Optionen, die in *ad-auth* nicht auftauchen, sind, wie die Eingabemaske in Icinga Web 2 vermuten lässt, *user_class* und *user_name_attribute*. Beide sind vorbelegt mit *user* bzw. *sAMAccount*. Besonders interessant ist allerdings die Option *filter*, die aus Icinga Web 2 heraus bei längeren und damit komplizierteren LDAP-Abfragen umständlich zu realisieren ist.

Ein nützliches Beispiel ist die Zugangsbeschränkung auf die Mitglieder bestimmter Gruppen.

```
[ad-auth]
resource = "ad_ldap"
backend = "msldap"
filter = "&(|
    (memberof:1.2.840.113556.1.4.1941:=CN=Icinga,OU=Groups, \
        DC=gwc-jonas,DC=local)
    (memberof:1.2.840.113556.1.4.1941:=CN=....)
)"
```

Codebeispiel 8.7: `/etc/icingaweb2/authentication.ini`

Aufseiten von LDAP löst *memberOf* die Gruppenmitgliedschaften auf. Mit *1.2.840.113556.1.4.1941* wird eine Funktion des memberOf-Overlays ausgeführt, die auch rekursiv Mitglieder von Gruppen, die der eigentlich angegebenen Gruppe angehören, mit berücksichtigt.

Neben einem Benutzer-Backend braucht es zur Verwaltung von Gruppen zusätzlich auch Backends zu diesen. Nach der Installation existiert bereits eines zur Icinga-Web-Datenbank. Um nun auch Gruppen aus dem AD benutzen zu können, muss ein weiteres Backend hinzugefügt werden. Dieses wird ebenfalls in der Ansicht *Access Control Backends* im Menü *Configuration → Application* durchgeführt. Mit *Create a New User Group Backend* gelangt man in die zugehörige Maske aus Abbildung 8-20 auf Seite 157, um ein solches Backend anzulegen.

Neben den sinnvollen Voreinstellungen für die LDAP-Attribute kann auch für die Gruppe ein Filter genutzt werden. Das kann in großen Umgebungen mit Hunderten oder gar Tausenden von Gruppen eine sinnvolle Sache sein. Zu beachten ist dann aber, dass bei aktivierter Suche in verschachtelten Gruppen alle Gruppen, die dies betreffen kann, auch übernommen werden.

Als Backend-Typ ist natürlich ebenfalls *Active Directory* zu wählen. Der Name ist zu vergeben, und man muss sich auch für eine zuvor angelegte Ressource entscheiden. In den allermeisten Fällen wird man sich für dieselbe Ressource entscheiden wie schon bei der Benutzerauthentifizierung. Das gespeicherte Backend befindet sich dann in der Datei `groups.ini`:

```
[ad-groups]
resource = "ad_ldap"
user_backend = "ad-auth"
group_filter = "memberof:1.2.840.113556.1.4.1941:=CN=icinga, ..."
backend = "msldap"
```

Codebeispiel 8.8: `/etc/icingaweb2/groups.ini`

Davon ausgehend, dass im AD bereits eine Gruppenstruktur existiert, ist es Best Practice, zusätzliche Gruppen für Icinga anzulegen. Die Gruppen sind so aufzuteilen, dass man ihnen später in Icinga Web 2 die gewünschten unterschiedlichen Berechtigungen zuweisen kann. Diesen Gruppen werden dann entsprechend die schon existenten Gruppen oder einzelne Benutzer als Mitglieder zugeteilt.

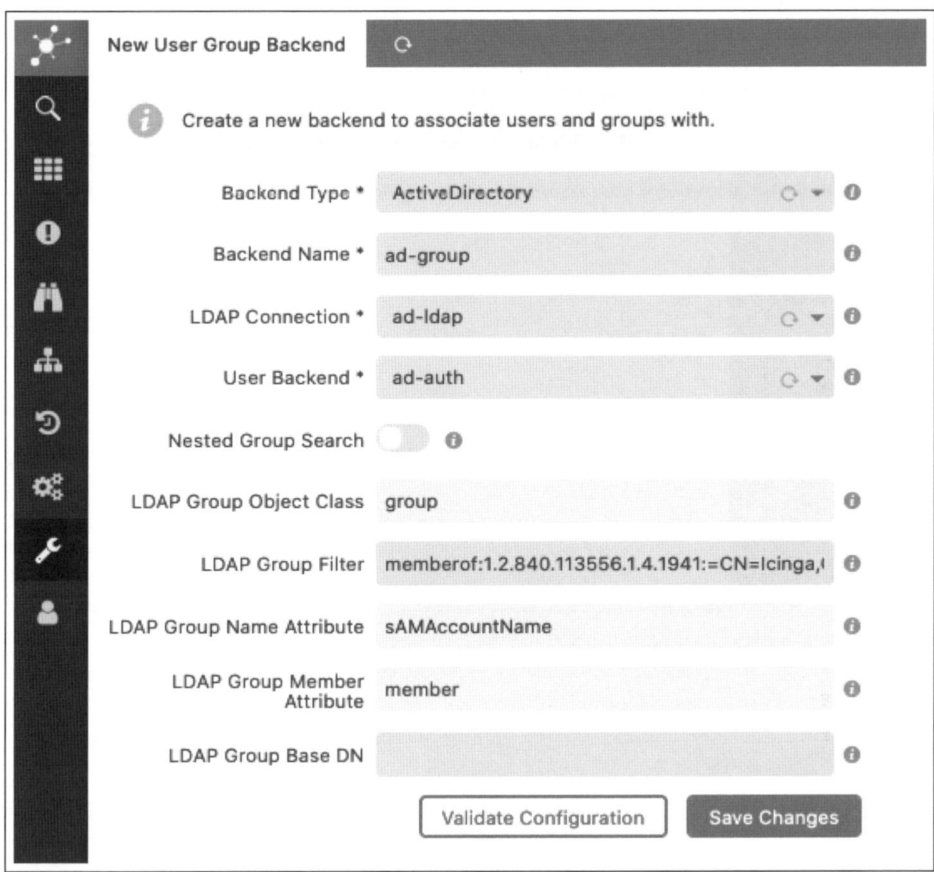

Abbildung 8-20: Authentifizierung von Benutzergruppen

Zusätzlich bietet es sich zur Authentifizierung an, alle diese Icinga-Gruppen einer **einzigen Übergruppe** zuzuteilen. Diese wird dann alleinig als Filter im Benutzer- und Gruppen-Backend verwendet. Damit lässt sich nun die gesamte Berechtigung über Gruppenzugehörigkeiten rein aus dem AD steuern.

8.4.2 Benutzerverwaltung

Damit ist der generelle Zugang geregelt. Es ist somit an der Zeit, sich mit der Benutzerverwaltung an sich zu befassen. Diese verbirgt sich unterhalb des Menüpunkts *Configuration* → *Access Control* und gliedert sich in das Management von Rollen, Benutzern und Benutzergruppen.

Zu bedienen sind sämtliche Listen und Eingabemasken durch die üblichen Vorgehensweisen. So sind alle Elemente einer Auflistung jeweils links, die zur Bearbeitung des jeweiligen Objekts führen. Ein »*X*« bzw. ein Mülleimer sind für das Entfernen des Objekts in der gleichen Zeile zuständig.

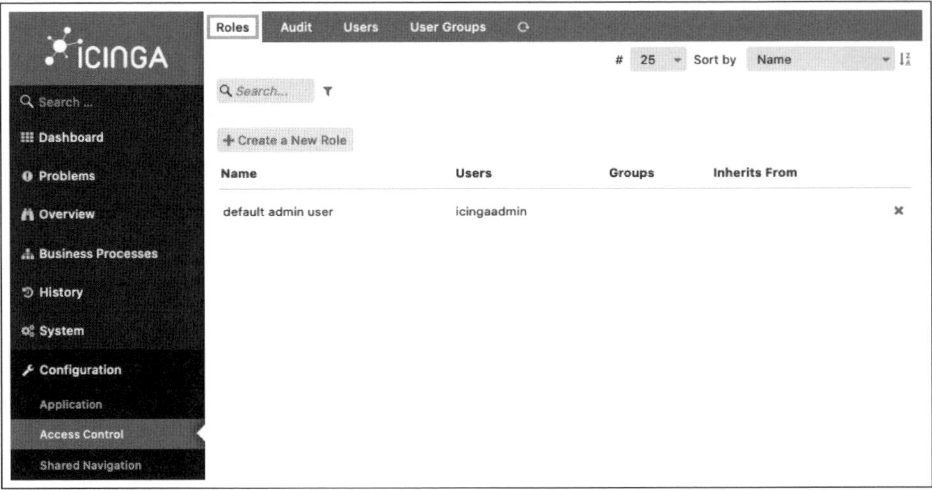

Abbildung 8-21: Benutzerverwaltung

Benutzer

Ein Benutzer ist schnell angelegt. Unterhalb von *Users* muss jedoch zuerst das Backend ausgewählt werden, aus dem der Benutzer stammen soll.

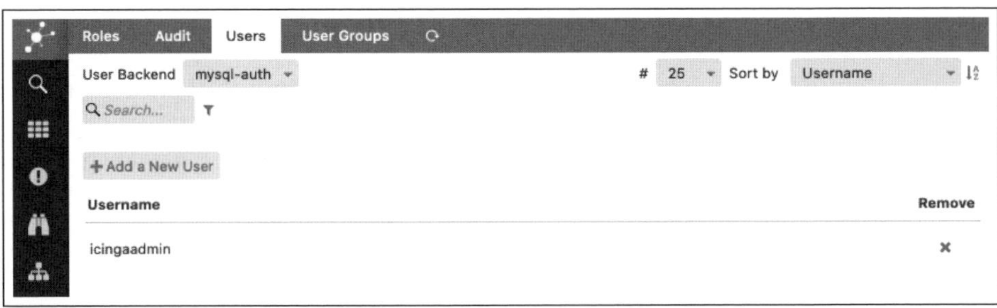

Abbildung 8-22: Benutzer verwalten

Da Benutzer aus einem LDAP oder AD nicht via Icinga Web 2 verwaltet werden können, bleibt zurzeit nur das Datenbank-Backend *mysql-icingaweb2*.

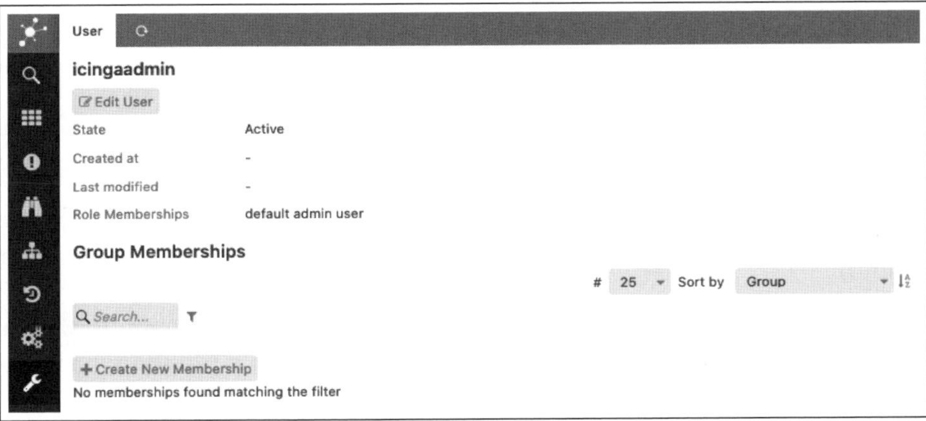

Abbildung 8-23: Benutzer bearbeiten

Mit der Anwahl von *Add a New User* gelangt man zu einer Eingabemaske, in der ein gewünschter Benutzername mit Kennwort einzutragen ist. Danach können in der Detailansicht mittels *Create New Membership* dem Benutzer neue Mitgliedschaften in einer Gruppe hinzugefügt werden.

Mit *Edit User* wechselt man in die sonstige Bearbeitung des Benutzers. Dort ist z. B. die Vergabe eines neuen Passworts möglich oder ein globales Sperren durch Deaktivieren des Benutzers.

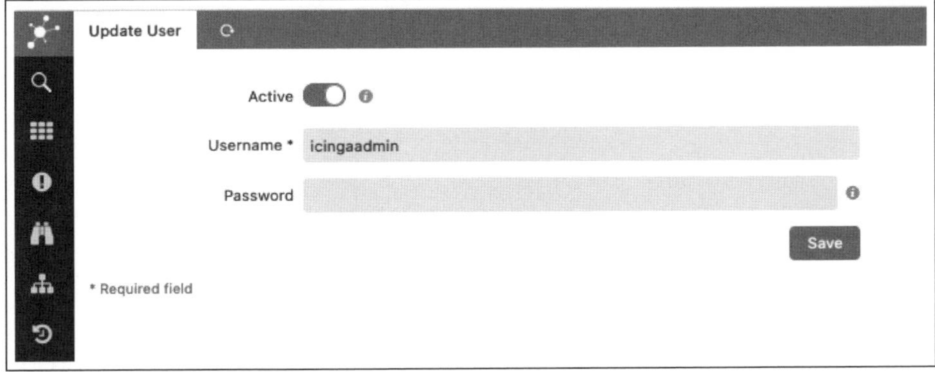

Abbildung 8-24: Benutzereinstellungen bearbeiten

Benutzergruppen

Auch bei Benutzergruppen muss entschieden werden, für welches Backend denn Gruppen bearbeitet werden sollen. Hier gilt dasselbe wie bei Benutzern, dass LDAP, AD und External nicht infrage kommen, da diese mit Icinga Web 2 nicht zu verwalten sind. Das Anlegen ist mit *Create New Group* eher unspektakulär machbar, es ist einfach nur der Gruppenname anzugeben.

Natürlich ist es aus der Bearbeitung von Gruppen heraus auch möglich, dieser Gruppe einzelne Benutzer zuzuordnen. Hierbei hat man die Wahl, diese aus einer Liste auszuwählen oder über eine kommaseparierte Liste per Hand einzutragen. Bei der Auswahl mit der Maus ist eine mehrfache Selektion von unterschiedlichen Benutzern möglich.

Rollen

Berechtigungen, wie das Beschränken von Aktionen, die ein Benutzer ausführen darf, und welche Objekte oder ganze Module überhaupt im Zugriff sind, erfolgen mit der Zuordnung von Rollen. Einer Rolle werden also die beschriebenen Eigenschaften zugewiesen und die Rolle wiederum einem bestimmten Benutzer oder einer Benutzergruppe.

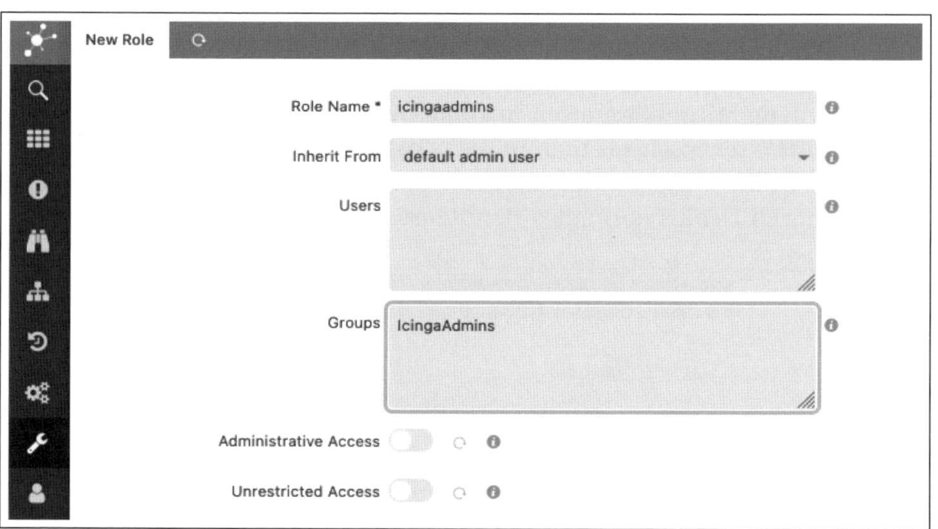

Abbildung 8-25: Rollenzuordnung

Erstellt man eine neue Rolle, so muss ein Rollenname vergeben werden. Wie eben schon erwähnt, ist diese Rolle einem Benutzer oder einer Benutzergruppe zuzuordnen. Hier können durch Komma getrennt auch jeweils mehrere angegeben werden.

Rechte lassen sich auch von bereits bestehenden Rollen ererben, der Parent ist im Feld *Inherit from* auszuwählen. Soll hingegen nichts geerbt werden, hat die Einstellung auf *none* zu verbleiben.

Darunter sind die Berechtigungen zu vergeben. Sie sind alle nach Modulen gegliedert. Jedes Modul besitzt seine eigene Liste von Berechtigungen und optional mit *Restrictions*, die Möglichkeit, den Zugriff auf Objekte weiter einzuschränken.

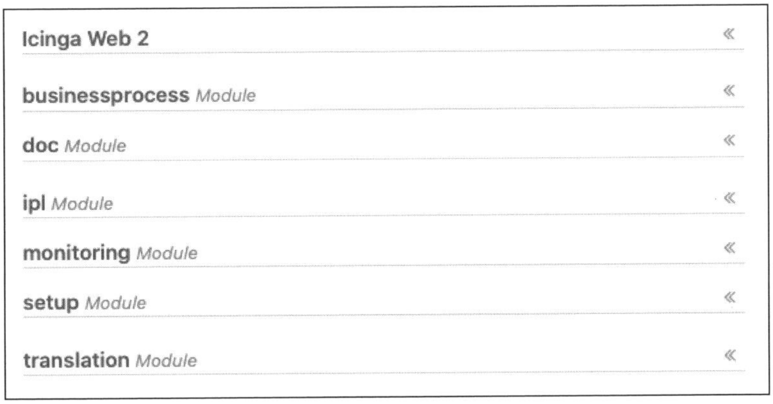

Abbildung 8-26: Berechtigungen von Rollen nach Modulen

Das zunächst wichtigste Modul ist *Monitoring* sowie zusätzlich die Berechtigungen für *Icinga Web 2* selbst. Dort lässt sich nun der Zugriff auf zu machende Ankündigungen, die Logfiles und im Besonderen darauf, welche Einstellungen in der Konfiguration vorgenommen werden dürfen, festlegen. Ob der Benutzer, der dieser Rolle zugeordnet ist, sein Passwort ändern darf oder Navigationselemente mit anderen Benutzern teilen darf, wird ebenfalls hier gesetzt.

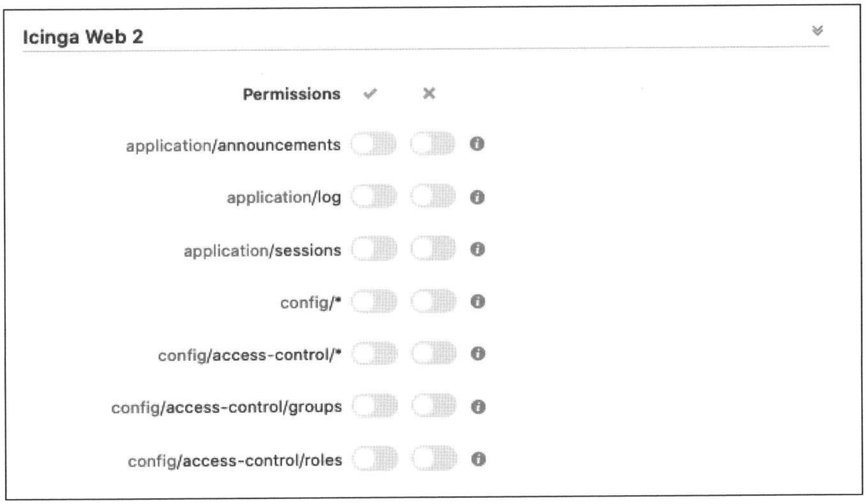

Abbildung 8-27: Berechtigungen in Icinga Web 2

Es existiert nicht nur ein Schalter, um die entsprechende Berechtigung zu erlauben, sondern auch einer zum expliziten Verbieten. Das ist notwendig, da es auch möglich sein muss, ererbte Rechte zu überschreiben. Ist in der Parent-Rolle ein Recht erteilt, kann es hier für die neue Rolle entzogen werden.

Scrollt man ganz nach unten, entdeckt man mit *Restrictions* die Möglichkeit, mit wem Bedienelemente geteilt werden, auf einzelne Benutzer oder ganze Benutzergruppen zu beschränken.

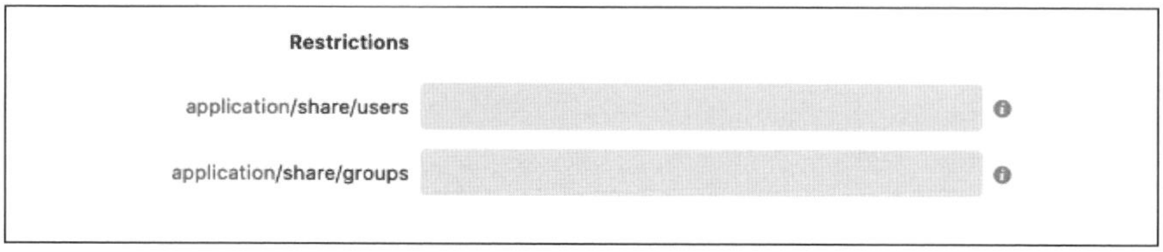

Abbildung 8-28: Rollenbeschränkungen nach Modulen

Beim Modul *Monitoring* kann eine generelle Freischaltung aller Berechtigungen oder deren Verbot mit *Full Module Access* erfolgen. Über dieses Modul werden auch Kommandos an die API von Icinga 2 gesendet. Diese lassen sich hier auf die genaue Art des Kommandos einschränken. So kann mit *monitoring/commands/** das Absetzen jedes Kommandos gestattet werden, aber auch mit *../comment/** auf Kommentare beschränkt werden. Und selbst dies lässt sich noch unterteilen, ob Kommentare nur gesetzt (*../comment/add*) werden dürfen oder sich nur entfernen (*../comment/delete*) lassen. Für alle weiteren Kommandos gibt es ihrer Art entsprechend ähnliche Abstufungen.

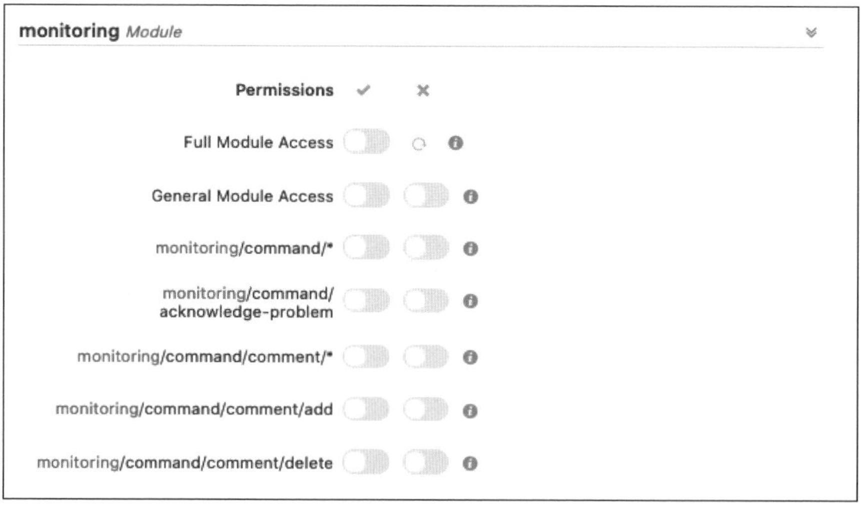

Abbildung 8-29: Auszug aus den Berechtigungen für das Modul *Monitoring*

Auch für dieses Modul können Einschränkungen gesetzt werden. Die Anzeige von Objekten lassen sich über Filter einschränken. Ein Linux-Administrator darf oder möchte vielleicht nur Linux-Server und dessen Services sehen. Mit *_host_os=Linux* als Filter wird den Mitgliedern dieser Rolle nur der Zugriff auf Hostobjekte mit gesetzter Custom Variable *os=Linux* gestattet.

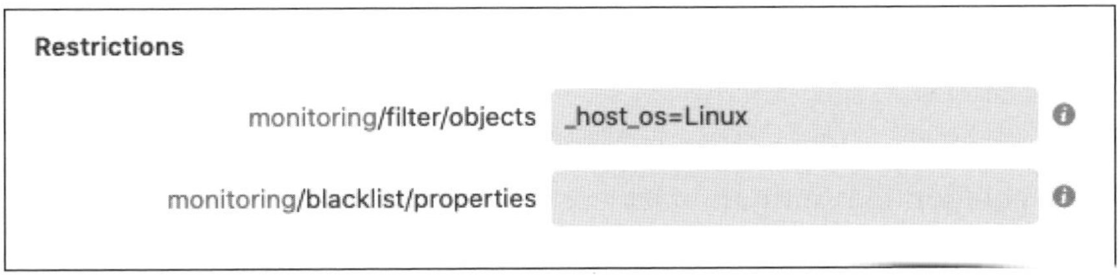

Restrictions

monitoring/filter/objects _host_os=Linux

monitoring/blacklist/properties

Abbildung 8-30: *Restrictions* fürs Modul *Monitoring*

Dies kann durch komplexere Filter noch weiter eingeschränkt werden. So ist es möglich, die Sicht nur auf die Dateisystemüberwachung aller Linux-Systeme zu reduzieren. Es folgt ein Beispiel, bei dem in der Konfiguration alle Disk-Checks in einer Servicegruppe *disk* zusammengefasst sind:

```
_host_os=Linux&servicegroup_name=disk
```

Oder noch etwas komplexer, indem mit einer Oder-Verknüpfung das vorhergehende Beispiel um alle Hosts der Hostgruppe *esx-host* erweitert wird:

```
(_host_os=Linux|hostgroup_name=esx-host)&servicegroup_name=disk
```

Bei *monitoring / filter / objects* sind nur folgende Attribute zugelassen:

- instance_name, host_name, service_description
- _(host|service)_<customvar-name>
- hostgroup_name, servicegroup_name

Die andere Beschränkung *monitoring / blacklist / properties* blendet Custom Variables für die Rolle aus, somit können überflüssige Informationen für ganze Personenkreise unterdrückt werden.

Rollen werden, weil sie auch ohne ein Datenbank-Backend zur Verfügung stehen müssen, im Dateisystem abgelegt, genauer gesagt in der Konfigurationsdatei */etc/icingaweb2/roles.ini*.

```
[linuxadmin]
groups = "LinuxAdmins"
permissions = "module/monitoring"
monitoring/filter/objects = "_host_os=Linux"
application/share/groups = "LinuxAdmins,LinuxDevOps"
```

Codebeispiel 8.9: */etc/icingaweb2/roles.ini*

8.5 Icinga Web 2 von der Kommandozeile

Mit der Entwicklung von Icinga Web 2 ging auch gleich der Wunsch einher, das Monitoring auch von der Kommandozeile aus zu benutzen. Mit dem Tool `icingacli` können Module von Icinga Web 2, die die Funktionalität zur Verfügung stellen, gesteuert werden. Dies geschieht über die Icinga-Web-2-API. Um Module wird es im nächsten Abschnitt gehen, in diesem Abschnitt wird ausschließlich das Modul *Monitoring* beleuchtet.

```
$ icingacli monitoring
USAGE: icingacli monitoring <command> [<action>] [options]
```

Das entscheidende Kommando ist `list`. Mit der Erweiterung um *hosts* wird der aktuelle Status aller Hosts auf der Kommandozeile ausgegeben. Analog erhält man alle Services mit *list services*. Als Aktion kann jede wählbare Spalte der Filter von Icinga Web 2 verwendet werden. So zeigt `--host` nur die Services des nachfolgend angegebenen Hosts an.

```
$ icingacli monitoring list services --host=fornax.gwc-jonas.local
   UP   fornax.gwc-jonas.local: PING OK - Packet loss = 0%,...
   OK   |- ping4 (For 1d 3h)
   OK   |- ssh (For 1d 7h)
   OK   |- disk / (For 1d 2h)
   OK   |- disk /tmp (For 1d 2h)
   OK   |- cluster zone (For 1d 2h)
   OK   |- icinga (For 1d 5h)
   OK   |- load (For 1d 5h)
   OK   |- memory (Since Oct 27 18:36)
   OK   |- procs (For 1d 5h)
   OK   |- swap (For 1d 5h)
   OK   `- updates (For 1d 2h)
```

Mit der Option `--verbose` lässt sich die Ausgabe erweitern. Bei dem eben verwendeten Beispiel mit einem Host wird der Ausgabe bei den einzelnen Services des Hosts die Plugin-Ausgabe hinzugefügt. Eine interessante Option ist `--showsql`, hier wird nicht ein Status ausgegeben, sondern das SQL-Statement, das hinter dem benötigten Filter steht.

Wie erwähnt sind alle Spalten eines Filters verwendbar, so auch Custom Variables, z. B. als Einschränkung auf alle Services mit dem Namen *updates* auf Linux-Systemen.

```
$ icingacli monitoring list services \
      --service=updates --_host_os=linux
   UP     antlia.gwc-jonas.local: PING OK - Packet loss = 0%,...
   CRIT   `- updates (Since 05:39)

   UP     fornax.gwc-jonas.local: PING OK - Packet loss = 0%,...
   OK     `- updates (For 26m 38s)
```

Natürlich kann wie bei Filtern in Icinga Web 2 auch der Status in die Abfrage mit einbezogen werden. Die folgenden Zeilen liefern alle Hostprobleme, die als »unhandled« gelten, also nur solche Probleme, die weder bestätigt wurden noch einer Abhängigkeit geschuldet sind.

```
$ icingacli monitoring list hosts --host_problem --host_unhandled
   DOWN  andro-alpha.icinga-book.local: CRITICAL - Host Unrea...
```

Das Ausführen von Aktionen oder irgendwelcher Befehle ist mit `icingacli` nicht möglich. Dafür ist die API von Icinga 2 zuständig, die Icinga Web 2 ja selbst genau dafür benutzt.

8.6 Module

Mit Modulen ist Icinga Web 2 beliebig erweiterbar. Allen gemein ist, dass sie selbst das Monitoring-Modul voraussetzen. Die meisten fügen sich nahtlos in Icinga Web 2 ein und bereichern dies mit zusätzlichen Informationen. Einige wiederum ergänzen die Funktionalität anderer Module. So sind eigene Module denkbar, die Daten aus einer Support-Datenbank auslesen, und bei Problemen werden FAQs angezeigt.

Die vom Icinga-Projekt gepflegten Module stehen auf *github.com / icinga* bereit und folgen dem Namensschema mit dem Präfix »icingaweb2-module«. Dort findet man Module wie `icingaweb2-module-pnp` oder `icingaweb2-module-graphite`, die zeitliche Verläufe von Performance-Daten grafisch einbinden und in einem eigenen Kapitel 21 ab Seite 447 näher beschrieben werden, sowie auch das Business-Process-Modul zum Modellieren von Geschäftsprozessen aus dem ersten Band.
Zusätzlich gibt es auch aus anderen Quellen interessante Module. Zu nennen sind hier unter anderem das Modul zu Grafana[1] von Carsten Köbke und Map[2] von Nicolai Buchwitz.

Bei Ersterem handelt es sich um ein Modul, das von Grafana gerenderte Graphen zu Service- und Hostchecks einbindet. Dieses Modul wird dem Thema entsprechend auch in Kapitel 21 ab Seite 447 behandelt. Nicolai hat hingegen ein Modul geschrieben, das den Standort von Hosts in OpenStreetMap[3] eingebettet anzeigt. Dieses Modul dient uns in diesem Kapitel als Beispiel, wie Module zu installieren und zu konfigurieren sind.

Zurzeit liegt keines dieser Module offiziell als Paket für RedHat, Debian oder eine andere Distribution bereit. Die Firma NETWAYS bietet in ihrem

[1] https://github.com/Mikesch-mp/icingaweb2-module-grafana
[2] https://github.com/nbuchwitz/icingaweb2-module-map
[3] http://www.openstreetmap.org

Repository Extras[4] allerdings seit einiger Zeit Pakete für RHEL, Debian und Ubuntu an.

Um immer den letzten Entwicklungsstand einzusetzen, muss natürlich auf den aktuellen Code zurückgegriffen werden. Es handelt sich hierbei auch »nur« um PHP-Code, der einfach als Tarball oder Git-Clone installiert werden kann. Hierzu muss er lediglich an die richtige Stelle im Dateisystem abgelegt werden. Standardmäßig erwartet Icinga Web 2 Module im Verzeichnis */usr/share/icingaweb2* und die zugehörige Konfiguration in */etc/icingaweb2/modules*. Möchte man Module aus anderen Quellen als Pakete an einem anderen Ort installieren, kann dem Modulpfad in */etc/icingaweb2/config.ini* ein weiteres Verzeichnis hinzugefügt werden.

```
[global]
...
module_path = "/usr/share/icingaweb2/modules: \
        /usr/local/share/icingaweb2-modules"
```

Codebeispiel 8.10: /etc/icingaweb2/config.ini

Nach der Installation in eines der angegebenen Verzeichnisse muss das Modul abschließend noch aktiviert werden.

```
$ mkdir -p /usr/local/share/icingaweb2-modules
$ cd /usr/local/share/icingaweb2-modules
$ git clone https://github.com \
        /nbuchwitz/icingaweb2-module-map.git map
```

Entscheidet man sich für einen `git clone`, sollte darauf geachtet werden, im produktiven Einsatz nur ein mit einem Tag versehenes Release zu verwenden und nicht den Branch »master«, der immer nur einen Entwicklungsstand beherbergt.

```
$ cd map
$ git branch
* master
```

Welche getaggten Versionen angeboten werden, wird mit `git tag` ermittelt. Wie in das aktuelle Release gewechselt wird, zeigt das folgende Listing:

```
$ git tag
v1.0.4
v1.1.0
$ git checkout v1.1.0
$ git branch
* (HEAD detached at v1.1.0)
  master
```

[4]https://packages.netways.de/extras

Die Modulverwaltung befindet sich in der Weboberfläche im linken Menü unterhalb von *Configuration* → *Modules*.

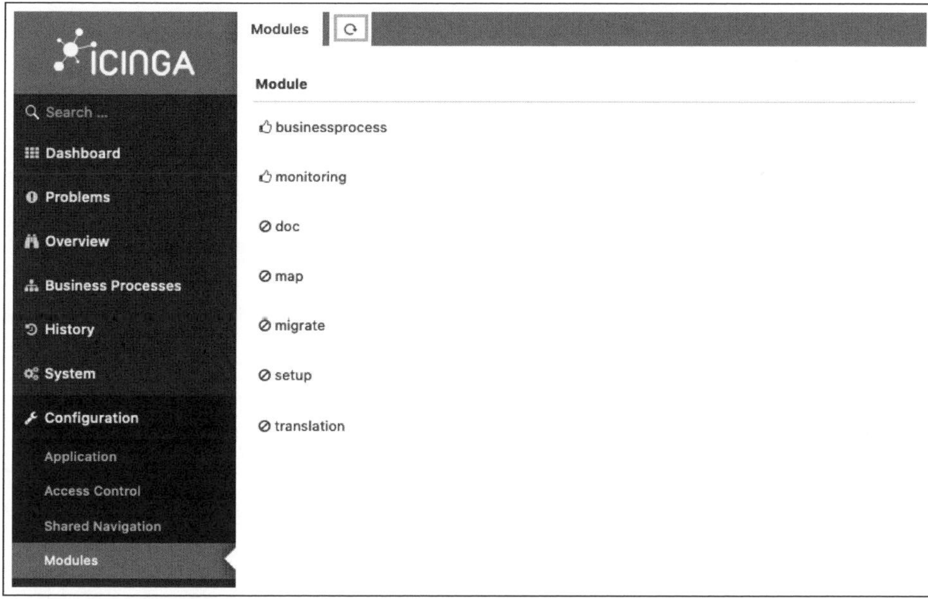

Abbildung 8-31: Modulverwaltung

Das neue Modul wird angeschaltet, indem man es anwählt und in der sich öffnenden Detailansicht auf *enable* klickt. Erst nach der ersten Aktivierung steht dann im Kontextmenü zu diesem Modul mit *Configuration* der Menüpunkt zur Konfiguration zur Verfügung.

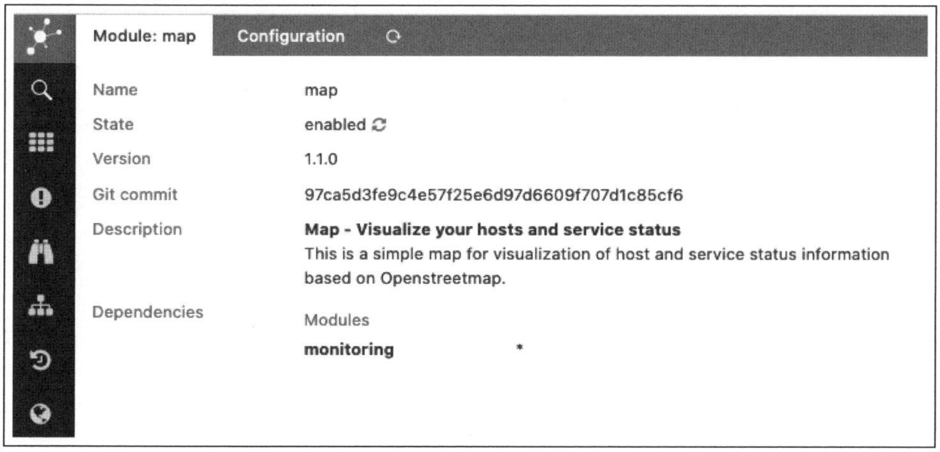

Module: map
Configuration
Name map
State enabled
Version 1.1.0
Git commit 97ca5d3fe9c4e57f25e6d97d6609f707d1c85cf6
Description **Map - Visualize your hosts and service status**
This is a simple map for visualization of host and service status information based on Openstreetmap.
Dependencies Modules
monitoring *

Abbildung 8-32: Detailansicht eines Moduls

Die Abschaltung ist auf gleichem Wege möglich. Die Modulverwaltung kann aber auch mittels `icingacli` von der Kommandozeile aus erfolgen. Das Kommando lautet `module`, mit der Aktion `list` erhält man eine Liste aller aktuell aktivierten Module mit ihrer Version und einer kurzen Beschreibung.

```
$ icingacli module list
MODULE         VERSION    STATE      DESCRIPTION
map            1.1.0      enabled    Map visualization
monitoring     2.8.2      enabled    Icinga monitoring module
```

Mit den Aktionen `enable` und `disable`, gefolgt vom Modulnamen, schaltet man ein Modul ein bzw. ab.

```
$ icingacli module disable map
$ icingacli module list
MODULE         VERSION    STATE      DESCRIPTION
monitoring     2.8.2      enabled    Icinga monitoring module
```

Die Aktionen `permissions` und `restrictions` geben Auskunft über die Berechtigungen, die auf das jeweilige Modul angewendet werden können bzw. welche Einschränkungen auf Objekte Auswirkungen haben.

```
$ icingacli module permissions
MODULE         PERMISSION                    DESCRIPTION
monitoring     monitoring/command/*          Allow all commands
monitoring     monitoring/command/schedule-check  ...
...
```

Der Dokumentation von Modul *map* kann entnommen werden, dass der Anzeige im Abschnitt *Problem handling* eines Hosts ein Link *Show on map* hinzugefügt ist, wenn die Host-Custom-Variable *geolocation* gesetzt ist und einen durch Komma getrennten Längen- und Breitengrad als Wert enthält.

> Viele Module in ihrer aktuellen Version, wie sie in diesem Buch Verwendung finden, benötigen bis zu zwei zusätzliche Basismodule. Mit Erscheinen der Version 2.9.0 von Icinga Web 2 sind die beiden ehemaligen Module *ipl* als *icinga-php-library* und *reactbundle* als *icinga-php-thirdparty* integraler Bestandteil von Icinga Web 2.

Die beiden Module *ipl*[5] und *reactbundle*[6] lassen sich über die Version 2.9.0 hinaus trotzdem als eigenständige Module betreiben oder installieren, obwohl sie fest integriert sind. Das ermöglicht einen reibungslosen Übergang

[5] https://github.com/Icinga/icingaweb2-module-ipl
[6] https://github.com/Icinga/icingaweb2-module-reactbundle

zur neuen Version von Icinga Web 2, bei gleichzeitiger Nutzung von weiteren Modulen, die noch nicht auf die Nutzung der integrierten Versionen angepasst sind.

Ein weiteres Modul, das viele Basisfunktionen bereitstellt, ist *incubator*[7]. Hat man sich mittels `icingacli module list` versichert, dass die genannten Module noch nicht installiert sind, kann dies nun im Nachgang erfolgen. Als Ablageort bietet sich das in diesem Abschnitt angelegte zusätzliche Verzeichnis *icingaweb2-modules* an.

```
$ cd /usr/local/share/icingaweb2-modules
$ mkdir ./{ipl,reactbundle,incubator}
$ wget -qO - https://github.com/Icinga/icingaweb2-module-ipl \
    /archive/refs/tags/v0.5.0.tar.gz
    |tar xfz - -C ipl --strip-components 1
$ icingacli module enable ipl
$ wget -qO - https://github.com/Icinga \
    /icingaweb2-module-reactbundle/archive/refs/tags/v0.9.0.tar.gz \
    |tar xfz - -C reactbundle --strip-components 1
$ icingacli module enable reactbundle
$ wget -qO - https://github.com/Icinga \
    /icingaweb2-module-incubator/archive/refs/tags/v0.12.0.tar.gz \
    |tar xfz - -C incubator --strip-components 1
$ icingacli module enable incubator
```

Kommt Icinga Web 2 in einer Version vor 2.9.0 zum Einsatz, sind die Module *ipl* und *reactbundle* zwingend vorausgesetzt!

8.7 Reporting

Unter Reporting versteht man im Allgemeinen die Ermittlung der Verfügbarkeit einzelner Dienste oder Hosts. Reporting wird besonders relevant, wenn ein Unternehmen Service Level Agreements (SLAs) für seine Dienste definiert hat, denn diese enthalten neben fest definierten Obergrenzen von Antwort- und Reaktionszeiten auch garantierte Verfügbarkeiten in spezifizierten Zeiträumen.

Mittels dreier Erweiterungsmodule bietet auch Icinga die Möglichkeit, ein solches Reporting zu realisieren. Es basiert, wie bei Icinga üblich, auf Hosts und Services. Ganz besonders interessant wird das Reporting, wenn es auf Businessprozessen angewandt wird.

[7] https://github.com/Icinga/icingaweb2-module-incubator

Erforderlich sind die Module *reporting*[8], das *pdfexport*[9] als Abhängigkeit voraussetzt, und letztendlich *idoreports*[10].

Das Modul *pdfexport* muss installiert, aber nicht konfiguriert sein, sofern man auf den Export seiner Reports als PDF verzichten möchte.

pdfexport

Die Installation wird ähnlich wie im vorherigen Abschnitt über Module beschrieben vorgenommen. Es erfolgt ebenfalls in das dort vorgestellte zusätzliche Modulverzeichnis, wird allerdings hier in einem Einzeiler als Tarball geladen, entpackt und unter richtigem Namen installiert.

```
$ cd /usr/local/share/icingaweb2-modules
$ install -m755 -d pdfexport
$ wget -qO - https://github.com/Icinga \
    /icingaweb2-module-pdfexport/archive/refs/tags/v0.9.1.tar.gz \
    | tar xfz - -C pdfexport --strip-components 1
$ icingacli module enable pdfexport
```

Das Rendern der PDF-Dokumente leistet Icinga nicht selbst, sondern greift dafür auf einen Webbrowser wie Chrome oder Chromium zurück:

- RedHat

  ```
  $ dnf install chromium
  ```

- Debian

  ```
  $ apt install chromium
  ```

Abschließend muss das Modul konfiguriert werden, d. h. in diesem Fall, der Pfad zum Aufruf von Chromium ist zu hinterlegen.

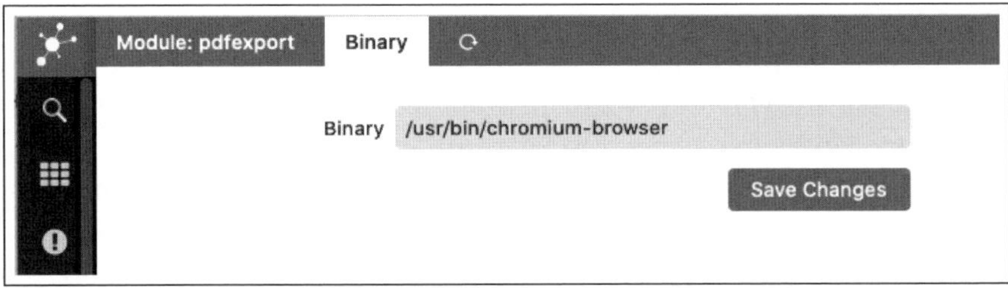

Abbildung 8-33: Konfiguration des Moduls *pdfexport* auf RedHat

[8] https://github.com/Icinga/icingaweb2-module-reporting
[9] https://github.com/Icinga/icingaweb2-module-pdfexport
[10] https://github.com/Icinga/icingaweb2-module-idoreports

Die Pfade unterscheiden sich je nach Distribution:

- RedHat: */usr/bin/chromium-browser*
- Debian: */usr/bin/chromium*

Alternativ kann die Konfiguration auch direkt in die Datei *config.ini* im Verzeichnis */etc/icingaweb2/modules/pdfexport* erfolgen. Das Verzeichnis muss dann jedoch zuvor per Hand erzeugt werden. Dabei muss auf die richtige Berechtigung geachtet werden, damit der Webserver die Datei lesen kann.

- RedHat

```
$ APACHE_USER=apache
$ CHROMIUM_BIN=/usr/bin/chromium-browser
```

- Debian

```
$ APACHE_USER=www-data
$ CHROMIUM_BIN=/usr/bin/chromium
```

Eine Schreibberechtigung sollte ebenfalls existieren, da sonst keine Anpassungen mehr über die Weboberfläche erlaubt wären.

```
$ install -o $APACHE_USER -g icingaweb2 \
    -m 2770 -d /etc/icingaweb2/modules/pdfexport
$ echo -e "[chrome]\nbinary = \"${CHROMIUM_BIN}\"" \
    > /etc/icingaweb2/modules/pdfexport/config.ini
$ chown $APACHE_USER:icingaweb2 \
    /etc/icingaweb2/modules/pdfexport/config.ini
$ chmod 660 /etc/icingaweb2/modules/pdfexport/config.ini
```

Diese Kommandofolge erzeugt die erforderliche Konfigurationsdatei und das Verzeichnis mit den benötigten Rechten.

- RedHat

```
[chrome]
binary = "/usr/bin/chromium-browser"
```

Codebeispiel 8.11: *pdfexport/config.ini* auf einem RedHat-System

- Debian

```
[chrome]
binary = "/usr/bin/chromium"
```

Codebeispiel 8.12: *pdfexport/config.ini* auf einem Debian-System

reporting

Ein weiteres erforderliches Modul ist *reporting*. Es sorgt dafür, dass die in der Weboberfläche konfigurierten Reports in einer Datenbank abgespeichert werden. Das benötigte Datenbankschema steht nach der Installation des Moduls bereit.

```
$ cd /usr/local/share/icingaweb2-modules
$ install -m755 -d reporting
$ wget -qO - https://github.com/Icinga \
    /icingaweb2-module-reporting/archive/refs/tags/v0.9.2.tar.gz \
    | tar xfz - -C reporting --strip-components 1
$ icingacli module enable reporting
```

Das aktuelle Release v0.9.2 unterstützt noch kein PostgreSQL. Da der Code jedoch schon vorhanden ist und »nur« noch nicht ausreichend getestet wurde, ist hier schon die Beschreibung der nötigen Schritte zur Nutzung einer PostgreSQL-Datenbank angegeben. Möchte man diesen Code bereits nutzen, bleibt nur die Möglichkeit, die Installation aus dem Git-Branch *master* vorzunehmen. Das Vorgehen ist dabei äquivalent zur Installation des Moduls *map* aus Abschnitt 8.6 auf Seite 166.

- MySQL
  Wie üblich ist darauf zu achten, wenn sich der MySQL-Server auf einem entfernten Rechner befindet, dass dann der Datenbankbenutzer *reporting* entsprechend nicht mit *localhost*, sondern mit dem Namen oder der IP des Icinga-Servers anzulegen ist.

  ```
  $ mysql -e "CREATE DATABASE reporting; \
      CREATE USER reporting@localhost IDENTIFIED BY 'XXX'; \
      GRANT SELECT, INSERT, UPDATE, DELETE, DROP, CREATE VIEW, \
      INDEX, EXECUTE ON reporting.* TO reporting@localhost;"
  $ mysql reporting < reporting/schema/mysql.sql
  ```

  Die Datenbankinformationen sind im Anschluss als Ressource in der Konfiguration von Icinga Web 2 zu hinterlegen:

  ```
  [mysql-reporting]
  type = "db"
  db = "mysql"
  host = "localhost"
  port = "3306"
  dbname = "reporting"
  username = "reporting"
  password = "XXX"
  ```

  Codebeispiel 8.13: MySQL-Datenbank in */etc/icingaweb2/resources.ini*

- PostgreSQL
  Die Zugriffsberechtigung steht traditionell in der Datei `pg_hba.conf`. Sie befindet sich bei Debian Bullseye für die Version 13 im Verzeichnis `/etc/postgresql/13/main` und auf RedHat-Systemen in */var/-lib/pgsql/data*.

```
$ sudo -i -u postgres psql -c \
    "CREATE ROLE reporting WITH LOGIN PASSWORD 'XXX';"
$ sudo -i -u postgres createdb -O reporting -E UTF8 reporting
$ sudo -i -u postgres psql -d reporting \
    < reporting/schema/postgresql.sql
```

Für den lokalen Zugriff sind die folgenden drei Zeilen, die die Datenbank *reporting* betreffen, einzufügen, und zwar vor den vordefinierten anderen lokalen Zugriffen. Bei einem dedizierten Server genügen die beiden Zeilen mit den IP-Adressen. Gegebenenfalls reicht auch nur eine von beiden, falls ausschließlich mit IPv4 oder IPv6 gearbeitet wird. Dort sind die Adressen durch die der Server zu ersetzen, von denen der jeweilige Zugriff erfolgt.

```
# icinga reporting
local   reporting   reporting                       md5
host    reporting   reporting   127.0.0.1/32        md5
host    reporting   reporting   ::1/128             md5

# "local" is for Unix domain socket connections only
local   all         all                             peer
# IPv4 local connections:
host    all         all         127.0.0.1/32        ident
# IPv6 local connections:
host    all         all         ::1/128             ident
```

Codebeispiel 8.14: `pg_hba.conf` für den lokalen Zugriff

Die erste Spalte gibt den Socket an, *local* bezeichnet den lokalen Unix-Socket, *host* und *hostssl* den TCP-Socket, wobei letzterer eine mit TLS verschlüsselte Verbindung verlangt. In der zweiten Spalte wird die Datenbank angegeben, auf die der Benutzer zugreifen darf, der in der dritten Spalte aufgeführt ist. Die nächste enthält die Angabe, von wo der Verbindungsaufbau erfolgen darf, bevor in der letzten Spalte die Methode festgelegt wird, die bei der Authentifizierung verwendet werden soll. Mit *md5* wird ein entsprechend verschlüsseltes Passwort erwartet, bei *ident* muss der Systembenutzername lediglich mit dem von PostgreSQL übereinstimmen, weitere Informationen aus der langen Liste sind der offiziellen Dokumentation[11] des PostgreSQL-Projekts zu entnehmen.

[11]https://www.postgresql.org/docs/13/auth-pg-hba-conf.html

Der Benutzeroberfläche Icinga Web 2 muss die Datenbank und wie auf sie zugegriffen werden soll, als Ressource bekannt gemacht werden:

```
[pgsql-reporting]
type = "db"
db = "pgsql"
host = "localhost"
port = "5432"
dbname = "reporting"
username = "reporting"
password = "XXX"
```

Codebeispiel 8.15: PostgreSQL-Datenbank in */etc/icingaweb2/resources.ini*

Abgeschlossen wird die Konfiguration des Moduls *reporting* mit der Verknüpfung zur zu benutzenden Datenbank als Backend in der Modulkonfiguration, zu erreichen über *Configuration* → *Modules* → *reporting*.

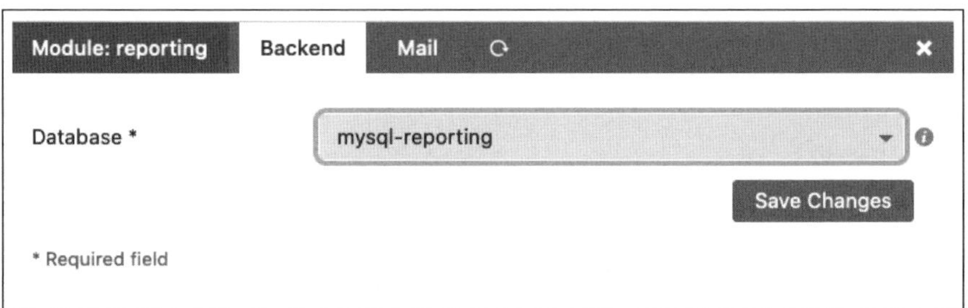

Abbildung 8-34: Backend für Modul *reporting* setzen

Unter *Mail* lässt sich eine Mailadresse hinterlegen, die später als Absenderadresse für zu verschickende Reports dient. Alternativ können beide Einstellungen auch direkt in der Konfigurationsdatei hinterlegt werden. Die Schwierigkeit ist hier, wieder auf die korrekten Dateiberechtigungen zu achten und das Verzeichnis für diese anzulegen. Beides übernimmt sonst Icinga Web.

```
[backend]
resource = "mysql-reporting"

[mail]
from = "icinga@gwc-jonas.local"
```

Codebeispiel 8.16: */etc/icingaweb2/modules/reporting/config.ini*

Sollen Reports in regelmäßigen Abständen automatisch erzeugt und versandt werden, ist noch der dafür zuständige Systemdienst einzurichten und zu starten. Eine Vorlage für eine Systemd-Unit befindet sich im Verzeichnis des Moduls unterhalb von *config/systemd/*.

```
$ cd /usr/local/share/icingaweb2-modules/reporting
$ install -o root -g root -m644 \
    config/systemd/icinga-reporting.service /etc/systemd/system/
$ systemctl daemon-reload
$ systemctl start icinga-reporting.service
$ systemctl enable icinga-reporting.service
```

Nach erfolgreichem Start läuft der folgende Prozess im Kontext des Benutzers *root*:

```
/usr/bin/php /usr/bin/icingacli reporting schedule run
```

Ist aus irgendwelchen Gründen kein Systemd-Service gewünscht, kann der Daemon genauso auch per Hand gestartet werden.

idoreports

Bleibt als letztes der drei erforderlichen Module dasjenige, das die Reports mit Informationen aus der IDO-Datenbank erzeugt und in der Datenbank des eben konfigurierten Moduls *reporting* abspeichert.

> Durch einen Bug lässt sich dieses Modul der Version 0.9.1 aktuell nicht in einen alternativen Pfad installieren!

```
$ cd /usr/share/icingaweb2/modules
$ install -m755 -d idoreports
$ wget -qO - https://github.com/Icinga \
    /icingaweb2-module-idoreports/archive/refs/tags/v0.9.1.tar.gz \
    | tar xfz - -C idoreports --strip-components 1
$ icingacli module enable idoreports
```

Zur Berechnung der Verfügbarkeit werden zusätzliche Funktionen benötigt, die auf Datenbankebene agieren. Diese ermitteln die Verfügbarkeit über einen anzugebenden Zeitraum und rechnen in diesem Zeitraum enthaltene Downtimes heraus. **Gesetzte Downtimes schmälern demnach nicht die Verfügbarkeit**.

- MySQL
  Zunächst muss sichergestellt sein, dass die Funktionen berechtigt sind, ausgeführt zu werden. Da sie in der IDO-Datenbank *icinga2* aufzurufen sind, müssen dem Benutzer zusätzlich folgende Berechtigungen gewährt werden:

```
$ mysql -e "GRANT CREATE, CREATE ROUTINE, ALTER ROUTINE, \
    EXECUTE ON icinga2.* TO 'icinga2'@'localhost';"
```

  Auch hier gilt wieder, befindet sich die Datenbank auf einer anderen Maschine, ist *localhost* durch den Namen oder die IP des Servers zu ersetzen, auf dem Icinga Web 2 läuft. Das bedeutet in diesem Fall, dass die folgenden Aufrufe vom Host mit Icinga Web 2 aus erfolgen können, wenn man sich mit der Datenbank als Benutzer *icinga2* verbindet.

```
$ mysql -h localhost -p -u icinga2 \
    icinga2 < schema/slaperiods.sql
$ mysql -h localhost -p -u icinga2 \
    icinga2 < schema/get_sla_ok_percent.sql
```

  Anmerkung: In späteren Modulversionen, wenn PostgreSQL ebenfalls offiziell unterstützt wird, werden sich diese beiden Dateien im Verzeichnis `schema/mysql` befinden.

- PostgreSQL
  Hier besitzt der Datenbankbenutzer *icinga2* bereits die erforderlichen Berechtigungen.

```
$ psql -h localhost -U icinga2 -d icinga2
    -w -f schema/postgresql/slaperiods.sql
$ psql -h localhost -U icinga2 -d icinga2
    -w -f schema/postgresql/get_sla_ok_percent.sql
```

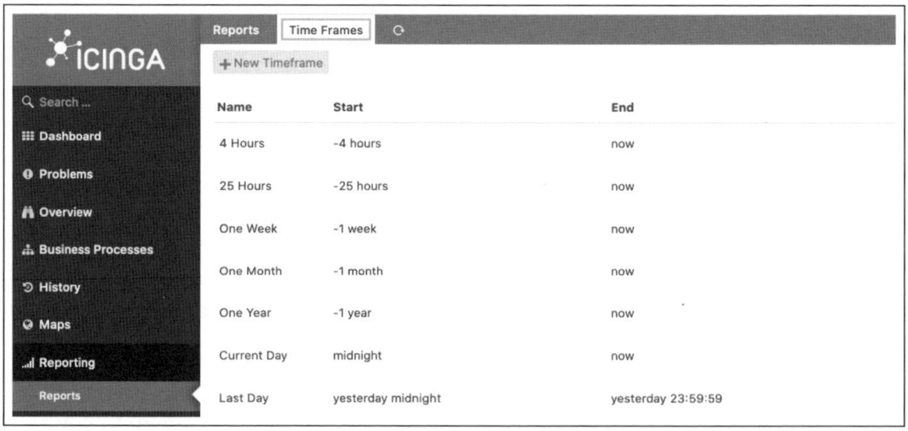

Abbildung 8-35: Vordefinierte Zeitrahmen im Modul *idoreports*

Damit können ab jetzt Reports in der Oberfläche von Icinga Web 2 definiert und erzeugt werden. Das Modul *idoreports* liefert von sich aus schon einige vordefinierte Zeitrahmen mit. Eigene lassen sich mit *New Timeframe* intuitiv hinzufügen.

Ein Report wird unterhalb von Reports erstellt, ein Drücken auf *New Report* öffnet die folgende Eingabemaske:

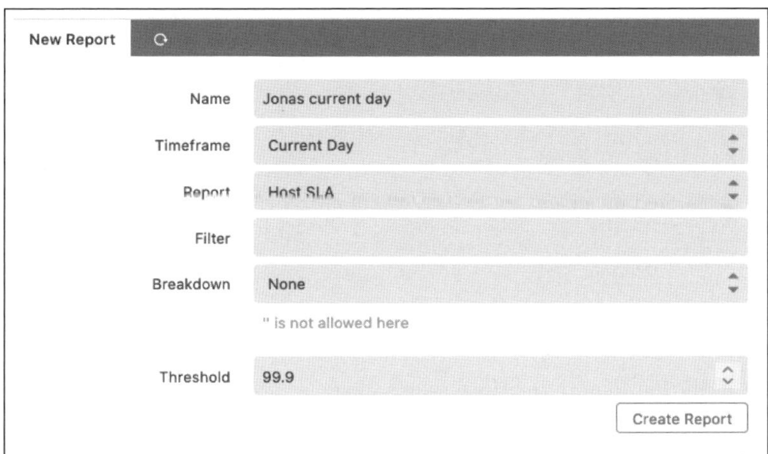

Abbildung 8-36: Einen neuen Report anlegen

Dort muss man sich zunächst für einen Namen für den neuen Report entscheiden. Mit *Timeframe* wird die Zeitspanne ausgewählt, über den sich der Report erstrecken soll. Unter *Report* ist festzulegen, ob es sich um einen Report zur Verfügbarkeit von Hosts, Services oder lediglich um den System-Report handeln soll. Als Filter kann optional der erzeugte Report auf Hosts bzw. Services eingeschränkt werden, die dem Filter entsprechen (siehe Abbildung 8-39 auf Seite 178).

Breakdown ermöglicht mit *Day*, *Week* oder *Month*, die Verfügbarkeit für den gewählten Zeitrahmen in einzelne Tage, Wochen oder Monate aufzuschlüsseln. Die letzte Angabe *Threshold* bestimmt, ab welcher Verfügbarkeit ein Eintrag als Grün markiert wird, in Abbildung 8-38 auf Seite 178 sind das die Werte ab 99,90.

Reports | Time Frames

+ New Report

Name	Author	Timeframe	Date Created	Date Modified
Jonas current day	icingaadmin	Current Day	2021-12-05 12:15	2021-12-05 12:19

Abbildung 8-37: Der neue Report in der Reportliste

Hat man den Report gespeichert, erscheint der neue Report als neuer Listeneintrag in der Liste aller Reports. Ein Report wird erstellt, sobald man ihn mit einem Mausklick anwählt.

Abbildung 8-38: Ein Report zur Hostverfügbarkeit

Von dort kann man ihn sogleich via *Download* im Format PDF, CSV oder JSON herunterladen. In den gleichen Formaten kann man ihn sich oder jemand anderem auch als E-Mail zusenden lassen.

Modify ermöglicht das erneute Bearbeiten der Reporteinstellungen. Dort findet man auch mit *Remove Report* die Auswahl, den kompletten Report wieder zu löschen.

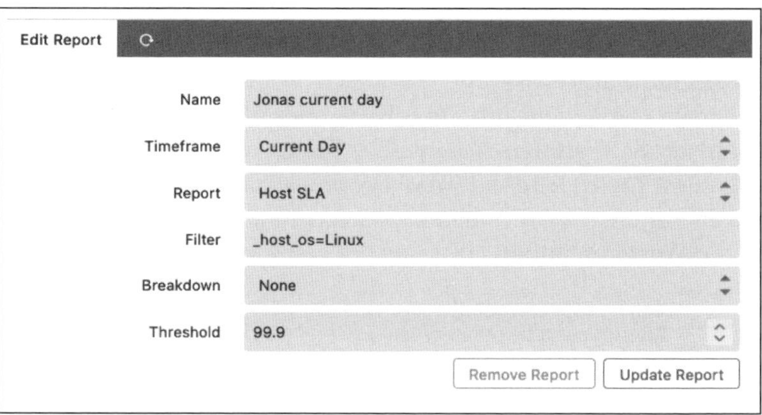

Abbildung 8-39: Einen neuen Report bearbeiten

Ist der Service *icinga-reporting* gestartet, lässt sich ein Report auch geplant erstellen und verschicken.

Abbildung 8-40: Einen Report einplanen

Es wird ein Startzeitpunkt ausgewählt und dann die Frequenz, die die Regelmäßigkeit ab dem Startzeitpunkt angibt. Im obigen Beispiel wäre dies zu jeder vollen Stunde. Als *Action* steht hier nur das Versenden als Mail zur Verfügung. Abschließend entscheidet man sich für das Format und den Empfänger des Reports.

9 Benachrichtigungen

Neben der visuellen Darstellung ist eine weitere sehr wichtige Eigenschaft der Verfügbarkeitsüberwachung mit Icinga die Benachrichtigung über erkannte Probleme. Je nach Klassifizierung des Problems sind womöglich unterschiedliche Personen zu benachrichtigen. Icinga kennt für die Differenzierung bzw. Zusammenfassung Objekte vom Typ *User* bzw. *Usergroup* und bietet die Möglichkeit, Benachrichtigungen auf unterschiedlichen Wegen zuzustellen. Gebräuchliche Wege sind neben E-Mail und SMS auch Instant Messenger oder Voicecalls. Die unterschiedlichen Wege lassen sich auch kombinieren und für ein Eskalationsmanagement nutzen. Wird z. B. beim Auftreten eines Problems eine Mail versandt und das Problem wird in einer definierten Zeitspanne nicht gelöst oder – schlimmer noch – nicht beachtet, kann über eine Eskalation ein anderer Benachrichtigungsweg und auch ein anderer Empfänger gewählt werden. Empfänger sind immer Objekte vom Typ *User* oder *Usergroup*.

Was die Akzeptanz einer Überwachung nachhaltig beeinträchtigt, ist eine Überflutung durch Benachrichtigungen. Auf jeden Fall zu vermeiden sind Benachrichtigungen, die keine Aktivität nach sich ziehen. Bei diesen stellt sich auch die generelle Frage, ob sie dann überhaupt überwacht werden sollten. Auf die Frage, warum im Monitoring so viel rot oder gelb ist, sollte die Antwort nicht lauten, das ist normal. Stellt der Normalzustand eine Warnung dar oder ist er gar als kritisch bewertet, ist eine Überwachung mehr als fragwürdig bzw. die Schwellenwerte sind nicht korrekt gewählt.

Ein Szenario für eine unnötige Flut an Benachrichtigungen, die sich technisch eindämmen lässt, ist die Definition von Abhängigkeiten zwischen zu überwachenden Objekten. Dies kann beispielsweise die Netzwerkstruktur sein. Bei Ausfall einer Netzwerkkomponente soll genau über diesen Ausfall informiert werden und nicht über die nun nicht mehr von Icinga erreichbaren dahinterliegenden Systeme. Das Gleiche gilt auch für Services. Icinga stellt eine implizite Abhängigkeit zwischen einem Host und den auf diesem laufenden Services her. Das heißt, ist der Ausfall eines Hosts festgestellt worden, ist klar, dass die Services auf diesem Host ebenfalls nicht mehr erreichbar sind. Auch die Abhängigkeit der überwachten Services von einem auf dem Host laufenden Agenten, wie SSH oder dem Icinga-Agenten, kann angegeben werden und damit kann die Benachrichtigung auf den Ausfall des zugrunde liegenden Services beschränkt werden.

»Es gibt kein Problem, das wir nicht ignorieren können, wenn wir uns genug Mühe geben.«

Ralph I., 1991

9.1 Das Benachrichtigungssystem

Benachrichtigungen werden von Icinga nicht einfach so versendet, wenn ein Normalzustand in einen problembehafteten Zustand übertritt. Man stelle sich nur vor, eine Webseite antwortet ein- oder auch zweimal hintereinander nicht so schnell wie gewünscht, danach aber ist alles wieder in Ordnung. In diesem Fall ist es sicherlich nicht gewünscht, eine Benachrichtigung zu bekommen, vor allem nicht nachts per SMS oder Voicecall. Wann Icinga Benachrichtigungen versendet, wird über die Attribute *check_interval*, *retry_interval* und *max_check_attempts* gesteuert. Die drei Attribute gelten jeweils für Host- und Serviceobjekte gleichermaßen.

Mit *check_interval* wird bekanntlich die Zeitspanne zwischen zwei aktiven Checks angegeben. Wechselt nun der Zustand in einen Problemstatus, wie DOWN oder UNREACHABLE für Hosts bzw. WARNING, CRITICAL oder UNKNOWN für Services, wird die Zeitspanne für den nächsten anstehenden Check auf den in *retry_interval* angegebenen Wert gesetzt. Dieses Intervall wird entweder so lange beibehalten, bis die in *max_check_attempts* gesetzte Anzahl an Ausführungen erreicht ist oder bis der Zustand wieder in einen Normalzustand wie UP bzw. OK wechselt.

Zustände werden in sogenannte Soft und Hard States unterteilt, damit sie auch sprachlich unterscheidbar sind. Der Status nach einem Wechsel in einen anderen Zustand als UP bzw. OK wird so lange als Soft State betrachtet, bis die in *max_check_attempts* gesetzte Anzahl an Checks erreicht wird, ohne dass in den Zustand UP oder OK zurückgewechselt wurde.

In Abbildung 9-1 ist ein Beispiel grafisch aufbereitet. Die Darstellung startet im Zustand OK, dieser Zustand ist wie auch UP immer ein Hard State. Das normale *check_interval* beträgt *5m*, d. h., Icinga führt den Check alle 5 Minuten aus. Nach 10 Minuten wird ein Problem festgestellt und der Zustand wird zu CRITICAL, zunächst aber nur als Soft State. Noch löst Icinga keine Benachrichtigung aus. Icinga prüft nun im Abstand von *retry_interval*, im Beispiel 1 Minute, die Situation. Nach fünf Checks, *max_check_attempts* ist gleich 5, mit demselben Ergebnis ändert Icinga den Zustand von einem Soft in einen Hard State. Erst jetzt benachrichtigt Icinga die gewünschten Personen und die Tests wiederholen sich von nun an wieder alle 5 Minuten. Nach einem weiteren Check arbeitet der Service wieder normal und wechselt in den OK-Zustand, der immer ein Hard State ist. Auch bei diesem Statuswechsel (»Hard Recovery«) überprüft Icinga, ob Benachrichtigungen zu versenden sind.

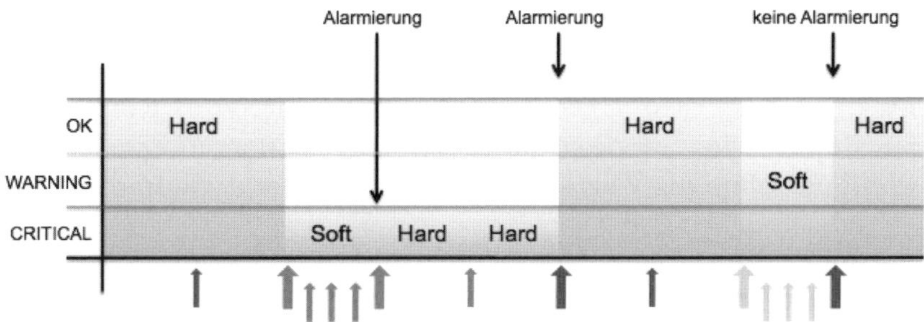

Abbildung 9-1: Hard- und Soft States

Dieselbe Abbildung zeigt im weiteren Verlauf noch ein Beispiel. Zum vorherigen Fall ist der entscheidende Unterschied, dass nach Erkennen eines Fehlers der Service schon nach vier weiteren Tests wieder in den Normalzustand zurückfällt (»Soft Recovery«). Hier wird von Icinga überhaupt keine Benachrichtigung durchgeführt.

Benachrichtigungen werden über Objekte vom Typ *Notification* definiert. Die aus den Paketen mitgelieferten und nach `/etc/icinga2/conf.d` installierten Beispiele enthalten eine rudimentäre Konfiguration von Benachrichtigungen per Mail. Diese Beispiele lassen sich einfach in die eigene Konfiguration übernehmen.

Grundlage für eine Benachrichtigung bilden die zu informierenden Personen bzw. Personengruppen. Icinga kennt das Objekt *User*, das sich auf eine Person oder ein Benachrichtigungsziel bezieht, sowie das Objekt *Usergroup* für die Gruppierung von Benutzern. Als Beispiel sind in `users.conf` ein Benutzer und eine Gruppe angelegt.

```
object User "icingaadmin" {
  import "generic-user"

  display_name = "Icinga 2 Admin"
  groups = [ "icingaadmins" ]
  email = "root@localhost"
}

object UserGroup "icingaadmins" {
  display_name = "Icinga 2 Admin Group"
}
```

Codebeispiel 9.1: Definition von *User*- und *Usergroup*-Objekten

Ein Blick in `templates.conf` zeigt, das hier verwendete Template ist leer. Somit besitzt der User *icingaadmin* lediglich die hier dargestellten Attribute. Neben einer E-Mail-Adresse und seiner eigenen anzuzeigenden Bezeichnung ist er Mitglied der Gruppe *icingaadmins*. Da ein User immer Mitglied mehrerer Gruppen sein kann, ist auch eine einzelne Gruppe als Array zuzuweisen.

Die eigentliche Zuweisung der Benachrichtigung ist in der Konfigurationsdatei `notifications.conf` abgelegt. Auch hier wird, wie schon in vorherigen Kapiteln für Services, darauf zurückgegriffen, die Zuweisung über eine *apply*-Regel an die Werte von bestimmten Hostattributen zu binden.

```
apply Notification "mail-icingaadmin" to Host {
  import "mail-host-notification"

  user_groups = host.vars.notification.mail.groups

  assign where host.vars.notification.mail
}

apply Notification "mail-icingaadmin" to Service {
  import "mail-service-notification"

  user_groups = host.vars.notification.mail.groups

  assign where host.vars.notification.mail
}
```

Codebeispiel 9.2: Notification-Objekte für Hosts und Services

Hier wird eine Benachrichtigung eingerichtet, wenn das Hostobjekt ein Dictionary *notification.mail* als Custom Variable besitzt. Ist das der Fall, bekommen die Mitglieder der Gruppen in *groups* eine Mail gesendet.

```
object Host NodeName {
  import "linux-host"

  ...
  vars.notification["mail"] = {
    groups = [ "icingaadmins" ]
  }
}
```

Codebeispiel 9.3: Definition der Benachrichtigung an einem Hostobjekt

Soll eine Verzögerung eingebaut werden, sodass erst nach einer bestimmten Zeitspanne nach dem Erreichen des Hard State eine Nachricht versendet wird, kann das durch Einfügen des Attributs *times.begin* im Notification-Objekt erreicht werden.

Diese Startverzögerung kann wie bei Zeitspannen üblich »sprechend« angegeben werden, so z. B. *15m* für eine Verzögerung von 15 Minuten.

Wann und wie eine Mail zu versenden ist, übernimmt das Notification-Template aus dem in `templates.conf` definierten Template *mail-host-notification* bzw. *mail-service-notification*. Der Versand selbst ist über ein Kommando geregelt, auf das weiter unten noch eingegangen wird.

```
template Notification "mail-host-notification" {
  command = "mail-host-notification"

  states = [ Up, Down ]
  types = [ Problem, Acknowledgement, Recovery, Custom,
            FlappingStart, FlappingEnd,
            DowntimeStart, DowntimeEnd, DowntimeRemoved ]

  period = "24x7"
}

template Notification "mail-service-notification" {
  command = "mail-service-notification"

  states = [ OK, Warning, Critical, Unknown ]
  types = [ Problem, Acknowledgement, Recovery, Custom,
            FlappingStart, FlappingEnd,
            DowntimeStart, DowntimeEnd, DowntimeRemoved ]

  period = "24x7"
}
```

Codebeispiel 9.4: Template zur Benachrichtigung von Problemen an Hosts oder Services

Bei Hosts werden für die Benachrichtigung die Zustände UP und DOWN berücksichtigt, d. h., bei einem UNREACHABLE wird keine Nachricht gesendet. Eine Nachricht wird gesendet, wenn der Zustand von UP auf DOWN wechselt, also ein Problem erkannt wird, und auch umgekehrt bei einem *Recovery*, wenn der Host wieder in den Zustand UP wechselt. Außerdem erfolgt eine Benachrichtigung beim Setzen bzw. Entfernen eines Acknowledgements. Dieser Mechanismus wird verwendet, um anzuzeigen, dass ein Problem bekannt ist und daran gearbeitet wird. Auch über den Beginn und das Ende einer eingetragenen Downtime wird informiert. Mit *Custom* wird das Benachrichtigen erlaubt, das durch einen Endnutzer, z. B. über Icinga Web 2, angestoßen wird.

Mit dem abschließenden *period*-Attribut wird Icinga mitgeteilt, in welchem Zeitraum die Benachrichtigungen versendet werden. Über die Wahl einer anderen Timeperiod als *24x7*, z. B. einer mit dem Namen *9to5*, kann der Versand auf die Arbeitszeit beschränkt werden.

Ein weiteres wichtiges, hier nicht explizit gesetztes Attribut ist *interval*, hiermit wird angegeben, in welchen Zeitabständen Benachrichtigungen versendet werden, sofern das Problem fortbesteht. Der standardmäßig gesetzte Wert ist *30m*. Soll lediglich eine Nachricht gesendet werden, setzt man den Wert auf *0*.

Die verwendeten Kommandos *mail-host-notification* bzw. *mail-service-notification* werden über ein eigenes Objekt definiert. In der Beispielkonfiguration befinden sie sich in der Datei *commands.conf* im Verzeichnis */etc/icinga2/conf.d*.

```
object NotificationCommand "mail-host-notification" {
  command = [ ConfigDir + "/scripts/mail-host-notification.sh" ]

  arguments += {
    "-4" = "$notification_address$"
    "-6" = "$notification_address6$"
    "-b" = "$notification_author$"
    "-c" = "$notification_comment$"
    "-d" = {
      required = true
      value = "$notification_date$"
    }
  ...
  vars += {
    notification_address = "$address$"
    notification_address6 = "$address6$"
    notification_author = "$notification.author$"
    notification_comment = "$notification.comment$"
    notification_date = "$icinga.long_date_time$"
    ...
  }
}
```

Codebeispiel 9.5: Kommando für den Mailversand

Es handelt sich wie schon bei den Check Commands um eine Kapselung eines zugehörigen Plugins, hier das im Installationspaket enthaltene Shell-Skript `mail-host-notification.sh`. Aus den übergebenen Optionen wird im Skript der Inhalt der Nachricht zusammengesetzt und an die Empfänger versandt.

Ob und mit welchen Attributen ein Notification-Objekt korrekt erzeugt wurde, kann wie schon in Abschnitt 4.8 ab Seite 76 beschrieben mit *object list* abgefragt werden.

9.2 Flapping-Erkennung

Wechselt ein Host- oder Servicestatus immer wieder zwischen unterschiedlichen Zuständen hin und her, insbesondere ohne jemals einen Hard State zu erreichen, spricht man von Flapping. Ob Icinga auf Flapping achten soll, muss am Objekt mit *enable_flapping* bestimmt werden. **Standardmäßig ist es aktiviert.**

Zur Erkennung, ob sich ein Service oder Host im Flapping-Status befindet, werden die letzten zwanzig Check-Ergebnisse zur Berechnung herangezogen. Der ermittelte Wert wird dann mit den zwei Schwellenwerten *flapping_threshold_high* und *flapping_threshold_low* verglichen. Überschreitet er den oberen Schwellenwert, liegt Flapping vor. Sinkt er wieder unter den unteren, ist das Flapping beendet. Per Default liegen die beiden Schwellenwerte bei 30 und 25 Prozent. Wurde ein Flapping erkannt, werden andere Benachrichtigungen unterdrückt, selbst wenn ein Hard State erreicht wurde.

Um ggf. die Schwellenwerte der eigenen Konfiguration anzupassen, ist das Verständnis des Algorithmus zur Berechnung erforderlich. Hierbei werden die zwanzig Check-Ergebnisse in 0,02 Schritten zwischen 0,8 und 1,2 gewichtet. Der älteste erhält die 0,8 und der jüngste und damit letzte eine Gewichtung von 1,2.

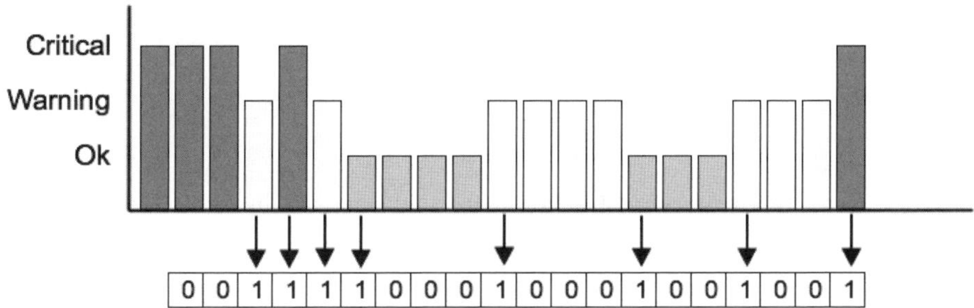

Abbildung 9-2: Berechnung, um Flapping zu erkennen

Tritt ein Statuswechsel auf, werden die entsprechenden Werte addiert und ins Verhältnis zum gesamten Zeitraum (20,0) gesetzt. Der so berechnete Wert für obiges Beispiel von 39,1 Prozent wird dann mit den Schwellenwerten verglichen.

$$0{,}84 + 0{,}86 + 0{,}88 + 0{,}9 + 0{,}98 + 1{,}06 + 1{,}12 + 1{,}18 = 7{,}82$$

Beim nächsten Check verschieben sich die bisherigen Ergebnisse, das ehemals älteste entfällt, alle anderen »rutschen« eine Stelle nach unten und das neue Check-Ergebnis nimmt den letzten Platz ein.

9.3 Abhängigkeiten

Fallen mehrere Systeme oder Services gleichzeitig aus, so geht das oft auf ein Problem eines einzelnen Systems zurück, von dem die anderen abhängig sind. In dieser Situation würde Icinga für jeden betroffenen Host und Service eine Benachrichtigung verschicken. Zu viele Nachrichten sind lästig und führen dazu, dass die Betreuer desensibilisiert werden. Es wird auch sehr schwer, die eigentliche Ursache des Problems auszumachen. Daneben ist es auch ratsam, Hosts, die wegen Überlastung Schwellenwerte überschreiten, nicht noch weiter mit ressourcenintensiven Checks zu traktieren.

Als erstes Beispiel soll hier eine Abhängigkeit zwischen dem Webserver *antlia* und Router *draco* des Gebrauchtwarencenters dienen. Der Icinga-Server steht bekanntlich im internen LAN und überwacht den Webserver, der in der DMZ beheimatet ist. Den erreicht Icinga allerdings nur per Netzwerk über den Router. Fällt dieser aus, kann Icinga den Zustand des Webservers oder den seiner Services nicht mehr ermitteln und eine Benachrichtigung hierüber soll unterdrückt werden.

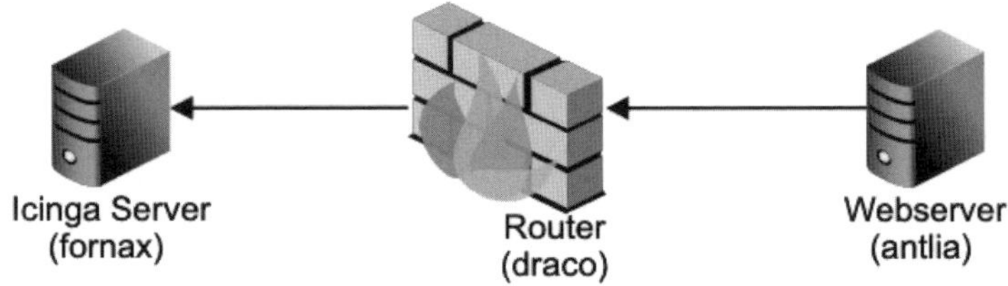

Abbildung 9-3: Abhängigkeit des Webservers vom Router

Um im Fall von bekannten Abhängigkeiten zwischen Objekten Benachrichtigungen und/oder Checks der in Mitleidenschaft gezogenen Objekte zu unterdrücken, verwendet Icinga 2 Dependency-Objekte.

Hierbei ist es wichtig, für zu findende Abhängigkeiten zu einem Objekt, z. B. dem Webserver, den Weg der Kommunikation zum Icinga-Server zu betrachten. Der Weg führt über den Router und somit ist für das Hostobjekt *antlia* eine Abhängigkeit zum Hostobjekt *draco* zu definieren.

```
object Dependency "webserver-router" {
  parent_host_name = "draco.gwc-jonas.local"
  child_host_name = "antlia.gwc-jonas.net"
  states = [ Up ]
  disable_checks = true
}
```

Codebeispiel 9.6: Hostabhängigkeit zwischen Webserver und Router

Es wird davon gesprochen, dass der Router der Parent und der Webserver das Child vom Dependency-Objekt ist. Wie üblich kann nach einer Validierung der Konfiguration mit *object list* geprüft werden, ob das Dependency-Objekt bei einem Reload korrekt erzeugt würde. Der optional anzugebende Objektname (`--name`) setzt sich aus dem Namen des Child-Objekts und des Dependency-Objekts zusammen.

```
$ icinga2 daemon --validate
$ icinga2 object list --type Dependency \
    --name 'antlia.gwc-jonas.net!webserver-router'
```

Neben Abhängigkeiten zwischen Hosts gibt es auch noch die Möglichkeit, die Abhängigkeit zwischen zwei Services zu definieren und einen Host von einem Service abhängig zu machen. Zusätzlich besteht eine implizite Abhängigkeit zwischen einem Host und seiner auf ihm laufenden Services.

Mit dem Attribut *states* kann eine Liste von Zuständen angegeben werden, bei denen die Abhängigkeit den Zustand als funktionstüchtig und damit in Ordnung betrachtet. Der Defaultwert für Hosts als Parent ist UP und für Services sind es die beiden Zustände OK und WARNING.

Die von Icinga initiierte Berechnung des Zustands von *antlia* ist UP, solange *draco* im Zustand UP ist. Wechselt *draco* nach DOWN oder UNREACHABLE, wird *antlia* der Status UNREACHABLE zugewiesen und die Benachrichtigung wird unterdrückt. Sollen trotz alledem Nachrichten versendet werden, muss das standardmäßig auf *true* stehende Attribut *disable_notifications* explizit auf *false* gesetzt werden. Mit *disable_checks* auf *true* werden von nun an auch so lange keine Checks auf das Objekt *antlia* ausgeführt, bis auch *draco* wieder UP ist.

Best Practice ist es jedoch, auch bei Abhängigkeiten die *apply*-Regel zu verwenden. Mit dem Zusatz *to* wird deutlich gemacht, ob es sich um eine Abhängigkeit von einem Host oder einem Service zum Parent handelt.

Um an Hostobjekten leicht verständlich anzugeben, von welchen anderen Hosts sie abhängig sind, kann z. B. eine Custom Variable *parents* verwendet werden:

```
apply Dependency for (parent in host.vars.parents) to Host {
  parent_host_name = parent
}
```

Codebeispiel 9.7: For-Schleife zum Erzeugung von Hostabhängigkeiten

Da ein Host über mehr als nur einen weiteren Host erreichbar sein kann, implementiert man die Abhängigkeit am besten mit einer *for*-Schleife. Dann muss *vars.parents* jedoch immer ein Array zugewiesen bekommen.

Somit kann beim Gebrauchtwarencenter jedem Host aus der DMZ über ein neues Host-Template *dmz-net* der Router als Abhängigkeit zugewiesen werden. Über dieses Template werden in Zukunft, den Hosts in der DMZ, noch weitere Eigenschaften zugewiesen.

```
template Host "dmz-net" {
  ...
  vars.parents = [ "draco.gwc-jonas.local" ]
}
```

Codebeispiel 9.8: /etc/icinga2/zones.d/main/network.conf

Das Standardverhalten eines Dependency-Objekts ist es, Checks weiterhin auszuführen, auch wenn die Benachrichtigung schon ausgesetzt wurde. Sollen nun die zu einem Host gehörenden Services ebenfalls bei dessen Ausfall nicht mehr aktiv abgefragt werden, kann die implizit existierende Abhängigkeit durch explizite Definition mit beliebigen Einstellungen überschrieben werden.

```
apply Dependency "disable-host-service-checks" to Service {
  disable_checks = true
  assign where true
}
```

Codebeispiel 9.9: Überschreiben der impliziten Abhängigkeit zwischen Host und Service

Die Definition von Abhängigkeiten zwischen Services unterscheidet sich dahingehend, dass ein Service zwei zusammenhängende Merkmale besitzt, den Servicenamen und die Bezeichnung des Hosts, auf dem er überwacht wird. Aber auch hier kann auf ein *apply* zurückgegriffen werden.

```
apply Dependency "disable-ssh-checks" to Service {
  parent_host_name = host.name
  parent_service_name = "ssh"

  states = [ OK ]
  disable_checks = true
  disable_notifications = true

  assign where match("by_ssh_*", service.check_command)
}
```

Codebeispiel 9.10: Abhängigkeit zwischen Services am Beispiel SSH

Die *apply*-Regel stellt jeweils für jeden Host, auf dem ein SSH-Daemon läuft, die Abhängigkeit zwischen diesem und den Services, deren Check Command mit *by_ssh_* beginnt, her. Der Hintergrund ist, dass hier die Plugins auf einem entfernten Host über jeweils einen SSH-Login ausgeführt werden.

Die Benachrichtigung und die Checks für die abhängigen Services werden ausgesetzt, sobald *ssh* einen Hard State erreicht hat, der nicht OK entspricht. Der Standard des Attributs *states* für Services ist OK und WARNING. Antwortet SSH also zu langsam, werden die lokalen Checks ausgesetzt.

```
apply Service "ssh" {
  import "generic-service"

  check_command = "ssh"
  max_check_attemps = 3

  assign where host.vars.os in ["Linux", "Solaris"]
}
```

Codebeispiel 9.11: Der Parent-Service für das SSH-Beispiel

Im Gegensatz zu abhängigen Hostobjekten, die bei Nichterreichbarkeit immer in den Status UNREACHABLE wechseln, erfolgt bei abhängigen Services ein Wechsel nach CRITICAL (disable_checks = false) oder der bisherige Zustand wird beibehalten (disable_checks = true), da keine Checks mehr ausgeführt werden, nachdem der übergeordnete Service nicht OK ist.

```
apply Service "load" {
  import "generic-service"

  check_command = "by_ssh_load"

  assign where host.vars.os in ["Linux", "Solaris"]
  ignore where get_object("Endpoint", host.name)
}
```

Codebeispiel 9.12: Ein Child-Service für das SSH-Beispiel

Bei Verwendung von `check_by_ssh` meldet das Plugin jedoch von sich aus schon ein UNKNOWN, wenn der zugehörige Daemon nicht erreichbar ist. Für diese Fälle kann die Benachrichtigung bereits unterdrückt werden, wenn über den Zustand UNKNOWN nicht berichtet wird.

Zu beachten ist, dass für abhängige Objekte die Benachrichtigung immer erst dann unterdrückt wird, wenn die *parents* in den Hard State wechseln. Erreicht also ein abhängiger Service vor seinem *parent* den Hard State, wird für diesen Service eine Nachricht versendet.

Aus diesem Grund ist z. B. generell für Hosts dafür Sorge zu tragen, dass diese immer den Hard State vor den auf ihnen laufenden Services erreichen. Eine praktikable Lösung ist, die *max_check_attempts* für Hosts generell kleiner zu wählen als für Services.

Eine weitere Möglichkeit besteht darin, das Attribut *ignore_soft_states = false* zu setzen. Damit wird das »Warten« auf das Erreichen des Hard State abgeschaltet. Standardmäßig ist dies jedoch mit *true* deaktiviert.

Möchte man die Abhängigkeiten ausreizen, muss man darauf achten, dass Hosts schneller als »Parent Services« und Parent Services schneller als normale Services den Hard State erreichen. Dazu muss *check_interval* plus *retry_interval* mal *max_check_attemps* kleiner sein als *retry_interval* mal *max_check_attemps* des nächsthöheren Parents. Diese Berechnung ergibt sich, wenn man betrachtet, wann ein überwachtes Objekt frühestens und wann es spätestens einen Hard State erreicht. Tritt der Fehler direkt nach dem letzten Check auf, dauert es ein ganzes *check_interval*, bevor er zum ersten Mal erkannt wird. Dann wird noch *max_check_attempts* Mal geprüft, wobei jedes Mal zwischen den Checks der in *retry_interval* gesetzte Wert abgewartet wird. Tritt der Fehler direkt vor der nächsten Prüfung auf, fällt das *check_interval* aus der Dauer weg.

9.4 Eskalationen

Eine Eskalation tritt in Kraft, wenn seit dem Auftreten des Problems eine definierte Zeitspanne verstrichen ist. Konfiguriert wird eine Eskalation über das schon bekannte Objekt vom Typ *Notification*.

```
apply Notification "escalation-sms-2nd-level" to Service {
  import "generic-notification"

  command = "sms-notification"
  users = [ "icinga-oncall-2nd-level" ]

  times = {
    begin = 30m
    end = 1h
  }

  assign where service.name == "ping4"
}
```

Codebeispiel 9.13: Eskalation für einen Service

Im obigen Beispiel erfolgt die Eskalation via SMS nur zwischen der 30. Minute nach Auftreten des Problems und einer Stunde. Auch hier gilt das Attribut *interval* (default 30m), es werden demnach maximal zwei SMS versendet, die erste nach 30 Minuten und die zweite nach einer Stunde. Über diesen Weg lassen sich beliebig viele Eskalationsstufen definieren.

```
apply Notification "escalation-call-3rd-level" to Service {
  import "generic-notification"

  command = "voicecall-notification"
  users = [ "icinga-oncall-3rd-level" ]
  interval = 15m

  times = {
    begin = 1h
  }

  assign where service.name == "ping4"
}
```

Codebeispiel 9.14: Eine weitere Eskalationsstufe für denselben Service

Nach einer Stunde soll alle 15 Minuten ein Telefonanruf an den angegebenen Benutzer *icinga-oncall-3rd-level* erfolgen. Da mit *begin* nur ein Anfangszeitpunkt gegeben ist, erfolgt diese Benachrichtigung, bis das Problem nicht mehr besteht, der Zustand also wieder OK ist, oder endlich ein Acknowledge gesetzt wurde.

9.5 Events

Neben einer Benachrichtigung kann Icinga auch andere Aktionen beim Auftreten eines Problems auslösen, und zwar mithilfe von »Event Commands«[1].

Ein Event Command startet ebenfalls ein Plugin und damit ein externes Programm, wenn ein bestimmter Alarm auftritt. Ein übliches Beispiel dafür ist der Neustart eines Services, wenn dieser als CRITICAL gemeldet wird.

In der Praxis ist allerdings meist davon abzuraten, solche Automatismen zu verwenden. Zwar funktionieren die Event Handler zuverlässig, aber die Erfahrung zeigt, dass es leicht vorkommen kann, dass ein Check nicht vollständig durchdacht konfiguriert wird und so Fehlalarme ausgelöst werden. Als Folge davon werden sinnlos Services neu gestartet. Dadurch können mitunter mehr Probleme entstehen als abgefangen werden. Noch gefährlicher wird das bei einem durch ein Event Command angestoßenes Verlagern von Ressourcen in einem Cluster, was insbesondere durch Unachtsamkeit bei einer Wartung zur Katastrophe führen wird.

Die Anwendung von Events beschränkt sich aber nicht nur auf solche Selbstheilungsmaßnahmen, über ein Skript kann man genauso gut Ergebnisse oder Ereignisse an Dritte protokollieren.

[1]Sie haben keine direkte Verbindung zu Benachrichtigungen, sind aber von der Konfiguration her so ähnlich zu Benachrichtigungen, dass sie im selben Abschnitt erklärt werden.

Im Gegensatz zu Benachrichtigungen werden Event Commands immer dann zu ihrem zugeordneten Host- oder Servicecheck ausgeführt, wenn sie

- sich in einem Soft State befinden,
- in einen Hard State wechseln oder
- von einem Soft- oder Hard State zurück auf OK bzw. UP wechseln.

Damit eignen sich Events eher nicht zur Kommunikation mit einem Ticketsystem. Dabei ist es unerheblich, ob die Kommunikation per E-Mail oder REST-API stattfindet. Ein Event Command würde immer, wenn ein Problem gemeldet wird, ein Ticket eröffnen. Um eine Ticketflut zu verhindern, müsste das Ticketsystem selbst eine entsprechende Logik beinhalten. Sofort ein Ticket zu eröffnen, hört sich zwar für viele Vorgesetzte gut an, verursacht in der Praxis jedoch meist nur unnötig viel zusätzlichen Aufwand, ohne tatsächlich etwas zu verbessern.

Ein nicht unüblicher Einsatz zur Selbstheilung ist ein auf Java basierender Application Server, in dem eine Applikation läuft, die ein Memory-Leak hat, wodurch die Heap-Size immer wieder vollläuft. Für so ein eingeschränktes Szenario lässt sich als Workaround ein Event Command schreiben, das bei drei aufeinanderfolgenden Ergebnissen eines CRITICAL einen Neustart auslöst. Dabei muss der Vergleich auf *service.check_attempt* kleiner dem in *max_check_attempts* angegebenen Wert sein.

```
object EventCommand "restart-tomcat" {
  command = [ "test $service.state_id$ -eq 3 && \
        test $service.check_attempt$ -eq 3 && \
        sudo systemctl restart tomcat" ]
}

apply Service "Tomcat Heap Size" {
  ...
  max_check_attempts = 5

  event_command = "restart-tomcat"
  command_endpoint = host.name

  assign where ...
}
```

Codebeispiel 9.15: Beispiel für ein Event Command

Dafür benötigt der Benutzeraccount, unter dem Icinga ausgeführt wird, allerdings Root-Rechte, die via `sudo` erteilt werden können. Damit der Dienst ohne Eingabe eines Passworts neu startet, ist dies bei der Konfiguration zu berücksichtigen.

- RedHat

```
icinga  ALL=(ALL) NOPASSWD: /bin/systemctl restart tomcat
```

- Debian

```
nagios  ALL=(ALL) NOPASSWD: /bin/systemctl restart tomcat
```

Dic Onlinodokumentation enthält allerdings ein wesentlich besser ausgearbeitetes Beispiel[2], das unter anderem auch für Windows-Dienste parametrisierbar ist und für beliebige Services.

> Wird der Check mittels *command_endpoint* auf einem anderen Icinga ausgeführt, muss nicht nur das Plugin zum Event, sondern auch das Event Command selbst auf dem entfernten Server vorhanden sein. Hier bieten sich wie in Kapitel 5 ab Seite 83 vorgeschlagen getrennte globale Zonen für Linux und Windows an.

[2]https://www.icinga.com/docs/icinga2/latest/doc/03-monitoring-basics/#event-commands

10 Verteilte Überwachung

In den meisten Firmennetzwerken so auch beim Gebrauchtwarencenter existieren unterschiedliche Sicherheitszonen, die durch Perimeter-Firewalls voneinander abgetrennt sind. Diese erlauben lediglich einen wohldefinierten Datenverkehr über Netzgrenzen hinaus.

Die verantwortlichen Administratoren reagieren verständlicherweise abweisend auf Anforderungen vom Monitoring-Team, massiv unterschiedliche Kommunikation vom Monitor-Server zu den zu überwachenden Hosts zu erlauben. Definierte Verbindungen von einem Host zu einem anderen – auf womöglich auch nur einem einzelnen Port – sind gegenüber Security-Abteilungen aber relativ leicht zu vertreten und durchzusetzen.

Ein weiteres Szenario sind weiter entfernte Standorte, die keine stabile Anbindung oder eine hohe Latenz in der Netzkommunikation haben. Dabei würde ein rein zentrales Monitoring zur Überwachung je auszuführendem Check viele Verbindungen über diese Leitung öffnen müssen, Verbindungen würden abbrechen und zu Fehlalarmen führen.

Beide Probleme lassen sich durch eine Icinga-Außenstelle im jeweiligen Netz lösen. Ein solcher Worker aka Satellit ist eine Icinga-Instanz, die den schon bekannten Agenten sehr ähnelt, nur dass auf dieser nicht nur lokale Checks aufgerufen werden, sondern ebenfalls auch solche, die entfernte Hosts und Services überwachen. Zusätzlich puffert der Worker bei einer abgebrochenen Verbindung die eingesammelten Ergebnisse und reicht diese bei wieder aufgebauter Verbindung weiter. Unterstützt wird ein Worker wie bereits der Server ausschließlich auf Linux-Systemen.

»Wir brauchen ein größeres Boot ...«
Martin Brody, 1975

10.1 Zonen und Endpunkte

Wie schon bei der Kommunikation zwischen Server und Agenten werden auch mit einem Worker Daten über Zonen ausgetauscht. Zum besseren Verständnis wird hier die Abbildung 5-2 erweitert.

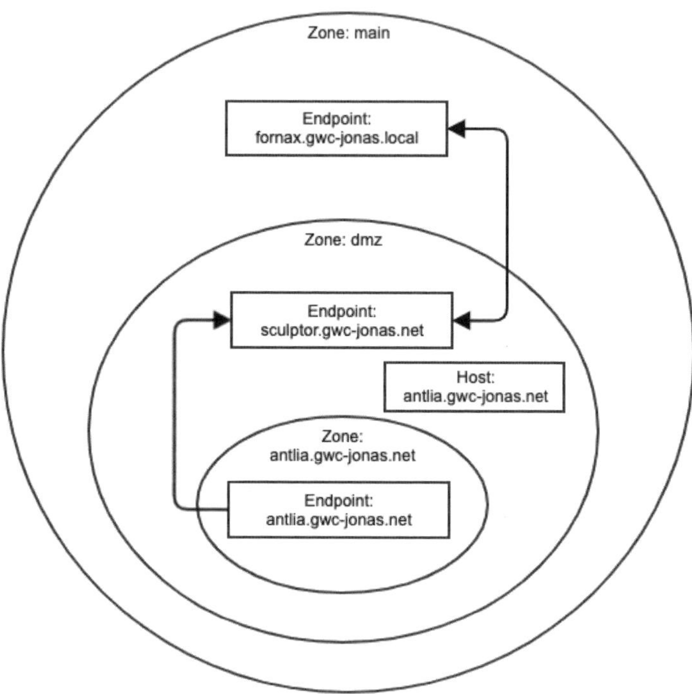

Abbildung 10-1: Einbettung der Satelliten- in die Master-Zone

Hier ist nun die Zone *dmz* mit dem Worker *sculptor* als ein Teil der Zone *main* dargestellt, ebenso wie auch der Agent *antlia* als Teil von *dmz* dargestellt ist. Das soll verdeutlichen, dass Objekte immer noch zur übergeordneten Zone, der Parent-Zone, gehören, auch wenn sie einer anderen Zone zugeordnet sind. So wird z. B. das Hostobjekt zum via Agenten überwachten Server *antlia* der Zone *dmz* zugewiesen und gehört damit zu dieser Zone. Dabei verbleibt das Objekt jedoch als eine Art Schatten in der übergeordneten Zone mit speziellen Eigenschaften, so darf der Host *antlia* nicht mehr aktiv überwacht werden. Er muss jedoch als Objekt existieren, um die Check-Ergebnisse zuordnen zu können.

Das bedeutet, in der Zone *main* existieren alle Objekte und können somit nach ihrem Status gefragt werden, was zur Benachrichtigung und Visualisierung genutzt wird. Icinga Web 2 bezieht also seine Daten aus dieser

Zone, so wie auch das Feature *notification* für die Benachrichtigung auf dem Icinga-Server mit seiner Zone *main* in der Regel am besten aufgehoben ist.

Für die Kommunikation gilt auch hier, jede Icinga-Instanz ist ein Endpunkt und muss genau einer Zone zugewiesen sein. Jedes Icinga, ob Server, Worker oder Agent, muss jeweils sich selbst bekannt gemacht werden sowie seinen Kommunikationspartner kennen und damit die entsprechenden Endpunkt- und Zonenobjekte in seiner Konfiguration hinterlegt haben. Wichtig zu beachten ist, dass das Zonenobjekt mit einer übergeordneten Parent-Zone immer mit dem Parameter *parent* in jeder Konfiguration der beiden Kommunikationspartner definiert sein muss.

```
object Endpoint "sculptor.gwc-jonas.net" {
}
object Zone "dmz" {
  endpoints = [ "sculptor.gwc-jonas.net" ]
  parent = "main"
}

object Endpoint "fornax.gwc-jonas.local" {
  host = "172.16.1.11"
}
object Zone "main" {
  endpoints = [ "fornax.gwc-jonas.local" ]
}
...
```

Codebeispiel 10.1: Konfiguration der Zonen und Endpunkte auf dem Worker

Die Konfigurationen in Bezug auf Zonen und Endpunkte müssen auf den beteiligten Icinga-Instanzen also korrespondieren. Die Definition wird jeweils in `/etc/icinga2/zones.conf` abgelegt.

```
object Endpoint "fornax.gwc-jonas.local" {
}
object Zone "main" {
  endpoints = [ "fornax.gwc-jonas.local" ]
}

object Endpoint "sculptor.gwc-jonas.net" {
  host = "172.16.2.11"
}
object Zone "dmz" {
  endpoints = [ "sculptor.gwc-jonas.net" ]
  parent = "main"
}
...
```

Codebeispiel 10.2: Zonen und Endpunkte aufseiten des Servers

Das Attribut *host* im Endpoint-Objekt bestimmt die Richtung des Verbindungsaufbaus. Ist eine IP-Adresse oder ein FQDN angegeben, wird versucht, die Verbindung von dem entsprechenden Endpunkt zu dem anderen Server aufzubauen. Ist der jeweils andere Host auf beiden beteiligten Endpunkten angegeben, etabliert derjenige die Verbindung, der es zuerst erfolgreich versucht. Steht ein Paketfilter zwischen beiden Hosts, kann damit gesteuert werden, wer von beiden die Verbindung initiiert. Ist nur eine Richtung erlaubt, freut sich jeder Firewall-Administrator, wenn seine Logs nicht mit geblockten Verbindungsversuchen vollgeschrieben werden.

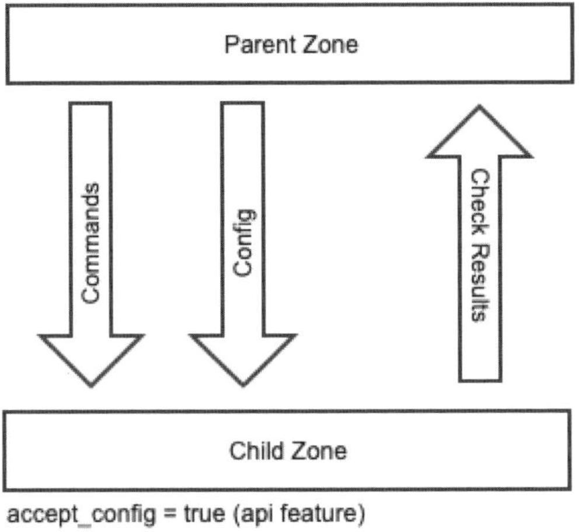

Abbildung 10-2: Datenaustausch zwischen Zonen

Daten fließen bei einer Kommunikation zweier Zonen in beide Richtungen. Von der Parent-Zone zur untergeordneten (Child-)Zone sind dies Konfigurationsdaten, d. h. alle Objekte, die in der Zone zur Überwachung relevant sind. Es werden aber auch Kommandos wie eine zu setzende Downtime weitergereicht. Konfigurationsdaten werden auf Endpunkten in der Child-Zone nur angenommen, wenn im Feature *api* die Option *accept_config* auf *true* gesetzt ist. In die andere Richtung werden die Ergebnisse der ausgeführten Checks gemeldet.

Für beide Richtungen dieses Datenflusses ist das Attribut ***parent*** in der Zonendefinition **entscheidend**. Bemerkt man, dass von neu in die Konfiguration eingetragenen Hosts keine Ergebnisse eintreffen und die Hosts und Services immer auf dem Status PENDING in der Weboberfläche verharren, kann dies zwei Ursachen haben. Die erste ist, auf dem Endpunkt mit der Parent-Zone wurde das Attribut *parent* in der Definition der untergeordneten Child-Zone vergessen. Damit werden keine Ergebnisse von ausgeführten Checks entgegengenommen.

Die andere Ursache wäre der fehlende Eintrag von *parent* für die Child-Zone auf der anderen Seite. Das hieße, auf dem Worker wird die Konfiguration nicht angenommen, deshalb ist sie dort nicht bekannt und es werden gar keine Checks ausgeführt, die Ergebnisse liefern könnten. Überprüfen lässt sich dies am einfachsten mit `icinga2 object list` auf dem Worker, um zu erfahren, ob ein Objekt überhaupt in der Konfiguration vorhanden ist. Auch eine Kontrolle der Konfiguration, ob diese valide ist, sollte im Fehlerfall erfolgen. Womöglich ist die Konfiguration zwar angekommen, ist aber fehlerhaft und »nur« der Reload ist fehlgeschlagen. Auch in diesem Fall sind die Objekte dort natürlich nicht vorhanden.

10.2 Installation und Konfiguration eines Workers

Die Installation mit dem Node Wizard wie auch eine per Hand durchgeführte Installation entsprechen im Vorgehen der eines Linux-basierten Agentens aus Abschnitt 5.4 ab Seite 90. Es werden dieselben Repositories und Pakete benötigt. Auf einem RedHat sind die folgenden Pakete zu installieren:

```
$ dnf install icinga2 nagios-plugins-all
```

Bei Debian entsprechend:

```
$ apt-get install icinga2 monitoring-plugins
```

Die Konfiguration unterscheidet sich lediglich in drei kleinen Teilen. Der erste offensichtliche Unterschied ist, dass in der Regel alle globalen Zonen in *zones.conf* hinterlegt werden, da auf einem Worker neben allen selbst geschriebenen Check Commands für Linux und Windows auch Host- und Service-Templates sowie Services selbst benötigt werden. Diese Dateien werden auf den Worker übertragen und erst dort wird die Konfiguration zusammengesetzt. Eine auf einer *apply*-Regel basierende Erzeugung eines Services geschieht demnach auf dem Worker selbst und muss dort vorhanden sein.

```
object Zone "global-templates" {
  global = true
}
object Zone "linux-commands" {
  global = true
}
object Zone "windows-commands" {
  global = true
}
```

Codebeispiel 10.3: Konfiguration der globalen Zonen

Die zweite Änderung gegenüber einem Agenten besteht in der Vergabe eines Namens für die Zone des Workers. Es sollte sich um einen »sprechenden« Namen handeln, der auch umgangssprachlich im Unternehmen verwendet wird. In unserem Beispiel des Gebrauchtwarencenters ist das *dmz*. Dies ermöglicht einen leichteren Austausch oder eine Erweiterung mit einer weiteren Icinga-Instanz zur Hochverfügbarkeit des Workers, da die Zone nicht an einen Hostnamen gebunden ist und somit später nicht zu Verwirrungen führt.

```
const NodeName = "sculptor.gwc-jonas.net"
const ZoneName = "dmz"
...
```

Codebeispiel 10.4: Konstante *ZoneName* auf dem Worker setzen

Als Letztes bleibt noch zu regeln, wer den Verbindungsaufbau initiiert. Ist bei einem Agenten die Faustregel, dies durch den Agenten zu veranlassen, kann bei einem Worker frei gewählt werden. Man wird sich zumeist nach der Security Policy richten. Wenn beide Richtungen erlaubt sein sollten, ist nach Best Practice der Verbindungsaufbau aus beiden Richtungen zu konfigurieren. Damit wird die Zeitspanne reduziert, bis nach einem Abbruch die Verbindung wieder etabliert wird. Ein solcher Verbindungsabbruch erfolgt z. B. bei jedem Reload nach einer Konfigurationsanpassung.

```
object Endpoint NodeName {
}

object Endpoint "fornax.gwc-jonas.local" {
  host = "172.16.1.11"
}

object Zone ZoneName {
  endpoints = [ NodeName ]
  parent = "main"
}

object Zone "main" {
  endpoints = [ "fornax.gwc-jonas.local" ]
}
```

Codebeispiel 10.5: Konfiguration der Zonen und Endpunkte auf dem Worker

Bei älteren Versionen war standardmäßig nach Durchlauf des Wizards die Benachrichtigung aktiviert. Ist die Konfiguration per Hand ohne den Node Wizard erfolgt, gilt das Gleiche, das Feature *notification* ist unnötigerweise angeschaltet.

```
$ icinga2 feature disable notification
```

Die Konfiguration auf dem Worker ist damit abgeschlossen, der Service `icinga2` muss abschließend nur noch gestartet bzw. neu gestartet werden. Fehler werden im Logfile */var/log/icinga2/icinga2.log* protokolliert. Auf dem Server sind die Zone *dmz* und der zugehörige Endpunkt *sculptor.gwc-jonas.net* auch in der Konfiguration *zones.conf* zu hinterlegen. Die globalen Zonen aus Codebeispiel 10.3 dürfen ebenfalls nicht fehlen.

```
...
object Endpoint "sculptor.gwc-jonas.net" {
  host = "172.16.2.11"
}

object Zone "dmz" {
  endpoints = [ "sculptor.gwc-jonas.net" ]
  parent = "main"
}
```

Codebeispiel 10.6: Zone und Endpunkt des Workers auf dem Icinga-Server

Icinga-Installer

Der Icinga-Installer bietet mit dem Szenario *worker* eine weitere Möglichkeit, die Installation und Konfiguration durchzuführen. Die Angaben, wohin die Zertifikatsanfrage zu richten ist, wie die Zone des Workers heißen soll und welches der Parent-Endpoint ist, muss entweder im interaktiven Modus (Option `-i`) oder direkt beim Aufruf in der Kommandozeile angegeben werden.

```
$ icinga-installer -S worker \
    --install-worker-ca-server=172.16.1.11 \
    --install-worker-zone=dmz \
    --install-worker-parent-endpoints \
        =fornax.gwc-jonas.local:host:172.16.1.11
```

Damit ist auf dem Worker schon alles Nötige abschließend konfiguriert und auch Icinga wurde gestartet. Bleiben noch zwei Maßnahmen, die am Server durchzuführen sind. Der Installer unterstützt von Hause aus keine automatische Signierung auf die Zertifikatsanfrage. Diese muss von Hand an der CA auf dem Server vorgenommen werden, wie in Abschnitt 5.3 ab Seite 88 beschrieben. Und die Anpassungen aus Codebeispiel 10.6 sind in der *zones.conf* vorzunehmen.

10.3 Konfiguration auf Zonen aufteilen

Nach der Installation und der Einrichtung der Verbindung ist zu klären, wie nun die Konfiguration der Icinga-Objekte zu erfolgen hat. Im Grunde ist dies recht einfach: Jede Zone bekommt ihrem Namen entsprechend ein benanntes Unterverzeichnis in */etc/icinga2/zones.d*. Dort werden Objekte abgelegt, die sich nur auf die jeweilige Zone beziehen.

```
/etc/icinga2/zones.d
  |- main
  |- dmz
  |- linux-commands
  |- windows-commands
  `- global-templates
```

Codebeispiel 10.7: Verzeichnisstruktur für Config-Dateien in einer verteilten Umgebung

Das Verzeichnis *main* bezieht sich demnach auf Objekte, die ausschließlich der Zone *main* zugeordnet werden sollen. Bei der Zone *dmz* verhält es sich etwas anders, da diese der Zone *main* untergeordnet ist. Damit gehört jedes Objekt, das im Verzeichnis *dmz* definiert ist, automatisch auch zur Zone *main*. So kann z. B. ein Template zwar in *dmz* abgelegt werden, aber trotzdem in der Server-Zone verwendet werden. Es werden lediglich keine aktiven Checks oder sonstige Aktionen ausgeführt.

Die beiden globalen Zonen *windows-* und *linux-commands* sind schon aus Kapitel 5 ab Seite 83 bekannt und dienen der Definition von Check Commands für die jeweilige Plattform. Spätestens beim Einsatz von mehreren Workern benötigt man auch eine globale Zone, um Objekte an alle diese gleichberechtigten Zonen zu verteilen und damit alle Worker mit denselben Definitionen zu bestücken. Diese Aufgabe erfüllt hier *global-templates* als globale Zone.

Template

Für Host- und Service-Templates gilt in der Regel, dass sie in *global-templates* am besten aufgehoben sind. Ausnahmen sind wenn überhaupt Vorlagen zu Objekten, die nur in der Server-Zone oder in der jeweiligen Worker-Zone benötigt werden.

Host

Da man bestrebt ist, lediglich Hostobjekte zu erstellen und Services mittels einer *apply*-Regel an diese zu binden, werden Hostobjekte in die Verzeichnisse der jeweiligen Zone abgelegt, die die Überwachung übernehmen soll. Solche, die vom Icinga-Server aus überwacht werden, verbleiben natürlich in *main*.

Service

Sicherlich ist die Ablage von Servicedefinitionen, die via *apply* getätigt werden, in `global-templates` die Regel. Services werden hiermit an diejenigen Hostobjekte gebunden, die die Bedingungen in den jeweiligen *assign*- bzw. *ignore*-Regeln erfüllen. Dies bezieht sich üblicherweise auf Hosts in allen Zonen.

Objektdefinitionen eines Services, der sich mittels *host_name*-Attribut nur auf einen Host bezieht, können damit auch genau in dessen Zone angelegt werden. Es bietet sich an, diesen Service auch in derselben Datei wie seinen Host abzulegen.

Notification

Das grundsätzliche Konzept von Icinga sieht vor, Benachrichtigungen zentral vom Icinga-Server erledigen zu lassen. Alle Objekte bzgl. der Benachrichtigung, wie Templates, Notification Commands oder die eigentlichen Objekte vom Typ Notification, lassen sich damit bedenkenlos in der Zone *main* anlegen.

Dependency

Bei Dependency-Objekten ist zu unterscheiden, ob diese lediglich zur Unterdrückung der Benachrichtigung oder der Ausführung des Checks definiert sind. Bei solchen, die sich ausschließlich auf Benachrichtigungen beziehen, kann wie mit Notification-Objekten verfahren werden. Sie können der Zone *main* überlassen werden.

Bei der anderen Kategorie soll die Ausführung des zugeordneten Plugins verhindert werden. Da dies aber auf dem jeweiligen Worker erfolgt, muss die Abhängigkeit dann auch genau in der entsprechenden Zone vorhanden sein und damit bietet sich hier *global-templates* an.

HostGroup und ServiceGroup

Sofern Host- oder Servicegruppen nicht dazu herangezogen werden, Services an Hosts zu koppeln, oder für die Definition von Abhängigkeiten benötigt werden, ist eine Zuordnung ausschließlich zur Server-Zone *main* angebracht, da sie anscheinend nur zur visuellen Gruppierung verwendet werden oder zur Definition der Benachrichtigungen dienen.

User und UserGroup

Objekte und Templates vom Typ *User* und *UserGroup* sind lediglich ausschlaggebend bei Benachrichtigungen, die aus der Server-Zone heraus ausgeführt werden. Daraus folgt, dass diese beiden Objekttypen ebenfalls der Zone *main* zugeordnet werden.

ScheduledDowntime

Der Haupteinsatzzweck von Downtimes und somit auch der wiederkehrenden Downtimes ist die Unterdrückung von Benachrichtigungen, die in der Server-Zone abzulegen ist. Anders verhält es sich, wenn auch die Ausführung der Checks in Downtimes unterbleiben soll, dann gilt wie bei Dependency-Objekten, dass die Definitionen der jeweiligen Zone zur Verfügung stehen müssen. Da dies wahrscheinlich nicht auf eine Zone begrenzt sein wird, müssen Objekte vom Typ *ScheduledDowntime* der Zone *global-templates* anvertraut werden.

Timeperiod

Timeperiods können sich auf alle auszuführenden Aktionen beziehen, z. B. Plugin-Aufrufe von Host- oder Servicechecks, das Senden von Benachrichtigungen oder die Ausführung von Event Handler. Damit sind Timeperiods in der globalen Zone *global-templates* am besten aufgehoben.

Check Command

Check Commands regeln den Aufruf von Plugins, damit gehört das Objekt auf den Endpunkt des Aufrufs. Das betrifft Worker wie auch Agenten. Kommandos, die nicht auf Agenten verteilt werden müssen, kommen nach `global-templates`, die anderen entsprechend der Plattform in `windows-commands` oder `linux-commands`. Die letzten beiden genannten stehen auch auf Workern zur Verfügung, da sie auch dorthin synchronisiert werden müssen, um von dort an die am Worker angeschlossenen Agenten weiterverteilt zu werden.

10.3.1 Überwachen eines Workers

Ein Worker sollte natürlich immer vom Server aus überwacht werden und nicht sich selbst monitoren. Das betrifft im Allgemeinen Services wie *ping* und *ssh*. Damit ist ein Worker der Zone *main* zuzuordnen.

Da er ansonsten auch wie ein Agent überwacht wird, wird der so wichtige *cluster zone*-Check auch weiterhin in der Server-Zone ausgeführt, wodurch ermittelt wird, ob diese mit der Zone des Workers verbunden ist.

Allerdings muss, da die Worker-Zone in der Regel nicht dem Hostnamen entspricht, der Plugin-Aufruf mittels der Custom Variable *cluster_zone* konfiguriert werden.

```
object Host "sculptor.gwc-jonas.net" {
  import "linux-host"
  import "dmz-net"

  display_name = "sculptor"
  address = "172.16.2.11"

  vars.cluster_zone = "dmz"
}
```

Codebeispiel 10.8: Worker `sculptor` in `zones.d/main/sculptor.conf`

Endpoint- oder Zone-Objekt sind in der Datei `sculptor.conf` nicht erforderlich, diese beiden sind bereits in `zones.conf` definiert.

10.3.2 Synchronisation der Konfigurationen

Der Ablauf, wie die zentral auf dem Server abgelegte Konfiguration zum Worker übertragen wird, ist in Abbildung 10-3 dargestellt. Es betrifft immer nur die Zonen, die auf dem jeweiligen Icinga konfiguriert sind. So werden nur die Verzeichnisse für Zonen vom Server zum Worker übertragen, die auf dem Worker konfiguriert sind. Das sind beim Gebrauchtwarencenter seine eigene Zone *dmz* und die globalen Zonen *global-templates*, *linux-commands* und *windows-commands*.

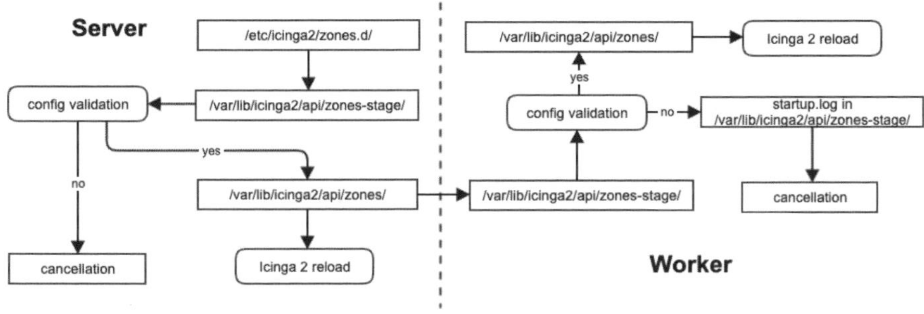

Abbildung 10-3: Ablauf der Synchronisation

Bevor die Zonen übertragen werden, durchlaufen sie zuerst das Staging inklusive Validierung. Zunächst werden auf dem Server alle Verzeichnisse, die Zonen entsprechen, aus `zones.d` in den Staging-Bereich `zones-stages` im Verzeichnis `/var/lib/icinga2/api` kopiert. Mit der nun dort liegenden Konfiguration und den Host-immaneten Konfigurationsdateien wie `zones.conf` erfolgt eine Überprüfung. Ist die Konfiguration valide, werden die Dateien nach `zones` kopiert. Andernfalls erfolgt der Abbruch und die bisher in `zones` liegende Konfiguration verbleibt dort als weiterhin aktuell laufende.

Erst jetzt werden die auf dem Worker bekannten Zonen an diesen übertragen. Dort durchlaufen sie die gleichen Verzeichnisse in umgekehrter Reihenfolge, nur eben auf dem Worker. Vom Server zum Worker wurde demnach zuerst in den Staging-Bereich synchronisiert. Ist die dortige Validierung erfolgreich, werden die Dateien nach `zones` kopiert und die dortige neue Konfiguration von Icinga mittels eines Reloads geladen. Schlägt die Überprüfung fehl, erfolgt natürlich keine Ausgabe auf der Konsole, sondern die Fehler sind der Datei `startup.log` im Staging-Verzeichnis zu entnehmen.

Von dort bezieht auch das interne Plugin `icinga` seine Informationen, ob ein Reload gescheitert ist. Erfolgt dieser jedoch reibungslos, weil die Konfiguration korrekt ist, existiert die Datei `startup.log` erst gar nicht.

Der Config-Sync zwischen Server und Agent läuft analog dazu ab, zwischen Worker und Agent aber mit dem Unterschied, dass nichts aus `zones.d` kopiert werden muss, sondern der Agent die Dateien aus für ihn relevanten Zonen selbst direkt in sein Staging-Verzeichnis synchronisiert bekommt.

10.3.3 Umsetzung beim Gebrauchtwarencenter Jonas

Wurden alle Icinga-Objekte für die Überwachung beim Gebrauchtwarencenter wie vorgeschlagen in die angegebenen Konfigurationsdateien aufgeteilt, ist die Überführung in ein verteiltes Monitoring mit einem Worker *sculptor* für die DMZ einfach umzusetzen. Hierzu müssen lediglich Dateien von einem Verzeichnis in ein anderes verschoben werden.

Eine Entscheidung ist bei den Hosts schnell und einfach getroffen. Die Umsetzung selbst ist hingegen ungleich aufwendiger. Alle Konfigurationsdateien zu Hosts, die in der DMZ stehen, werden ins Verzeichnis `zones.d/dmz` verschoben. Zu berücksichtigen ist, dass der Worker *sculptor* zwar in der DMZ betrieben wird, aber aus Sicht des Monitorings weiterhin zur Server-Zone *main* gehört.

```
$ cd /etc/icinga2/zones.d
$ install -m755 -d dmz/hosts
$ mv main/hosts/{antlia,kmw}.conf dmz/hosts/
```

Nicht vergessen werden darf, dass diese beiden Hosts mit dem **Icinga-Agenten** überwacht werden und entsprechend **umkonfiguriert** werden müssen. Das betrifft zum einen die Datei `zones.conf` auf den jeweiligen Agenten und zum anderen auch die eben verschobenen Dateien.

```
object Endpoint "sculptor.gwc-jonas.net" {
  host = "172.16.2.11"
}

object Zone ZoneName {
  endpoints = [ NodeName, ]
  parent = "dmz"
}

object Zone "dmz" {
  endpoints = [ "sculptor.gwc-jonas.net", ]
}
```

Codebeispiel 10.9: Änderungen in `zones.conf` für die Koppelung Agenten-Worker

Dabei ist auf dem Agenten selbst das bisherige Endpoint- und Zonen-Objekt zum Icinga-Server *fornax* durch das für den Worker *sculptor* zu ersetzen. Zusätzlich darf nicht vergessen werden, die Parent-Zone nun auf *dmz* im Zonen-Objekt des Agenten anzupassen.

Serverseitig muss hingegen nur die Parent-Zone der dem Agenten zugehörigen Zonen korrigiert werden.

```
/etc/icinga2/zones.d
 |- dmz
 |   |- antlia.conf
 |   `- kmw.conf
 |- global-templates
 |   |- icinga.conf
 |   |- linux.conf
 |   |- network.conf
 |   |- solaris.conf
 |   |- templates.conf
 |   |- timeperiods.conf
 |   |- webserver.conf
 |   `- windows.conf
 |- linux-commands
 |- main
 |   |- api-users.conf
 |   |- hosts
 |   |   |- andromeda.conf
 |   |   `- ...
 |   `- notifications.conf
 `- windows-commands
```

Codebeispiel 10.10: Neue Struktur der Konfigurationsdateien

Alle anderen Dateien, die sich nicht auf einen Host beziehen, werden ins Verzeichnis der globalen Zone *global-templates* verschoben. Ebenso verbleiben `notifications.conf` und `api-users.conf` im Verzechnis `main`. Die Benachrichtigungen bleiben dem Icinga-Server und seiner Zone *main* vorbehalten und in `api-users.conf` wird nur der Benutzer *icingaweb2* verwaltet, den Icinga Web 2 verwendet, um Kommandos an Icinga 2 zu senden.

Eine besondere Betrachtung verlangen allerdings die definierten Abhängigkeiten aus Abschnitt 9.3 ab Seite 188, sofern Checks nicht mehr auszuführen sind, wenn die Abhängigkeitsdefinition es verlangt. Das Unterdrücken ausschließlich von Benachrichtigungen bedeutet, die Dependency-Objekte werden nur in der Zone *main* benötigt und können im bisherigen Verzeichnis verbleiben.

Andernfalls ist immer zu berücksichtigen, dass für das Host- oder Service-Child-Objekt in der DMZ gilt, auch der Parent muss in dieser Zone bekannt sein. Trifft das nicht zu, schlägt der Reload auf dem Worker fehl. Das dortige, aus dem vorhergehenden Kapitel bekannte `startup.log` meldet in diesem Fall den Parent als eine unbekannte Referenz.

```
object Dependency "webserver-router" {
  parent_host_name = "draco.gwc-jonas.local"
  child_host_name = "antlia.gwc-jonas.net"

  states = [ Up ]
  disable_checks = true
}
```

So kann die Dependency *webserver-router* aus Abschnitt 9.3 weder in *global-templates* noch direkt in *dmz* definiert werden, da der Host *draco* der synchronisierten Konfiguration auf dem Worker nicht bekannt ist.

Dieses Problem kann jedoch einfach gelöst werden, indem auch das Hostobjekt zu *draco* in die Zone *dmz* verschoben wird. Damit existiert dort der Host und auch aus der Zone *main* heraus kann weiter auf *draco* referenziert werden, da alle Objekte einer Child-Zone ebenfalls zur Parent-Zone gehören.

Ob die Dependency korrekt ist, wird auf dem Worker mit `icinga2 object list` geprüft. Damit gehört der Router *draco* zur DMZ und wird vom Worker aus überwacht. Was aber, wenn viele der zu überwachenden Services von dort nicht erreichbar sind? Das gilt nun z. B. für den Service *dhcp lan* aus Codebeispiel 14.11. Der dort angewandte Trick, über einen Endpunkt zu arbeiten, klappt nun nicht mehr, da Kommandos an einen Endpunkt immer nur an solche in untergeordneten Zonen gesendet werden dürfen.

```
object Host "draco.gwc-jonas.local" {
  import "linux-host"
  ...
  zone = "main"
}
```

In diesem Fall kann das Attribut *zone* am Host auf *main* gesetzt werden. Das bewirkt, dass der Host damit wieder vom Server aus überwacht wird, aber *draco* auch weiterhin zur Zone des Workers gehört. Damit muss auch der Agent auf *draco* nicht umkonfiguriert werden und das bisher benutzte Host-Template *lan-net* kann weiter verwendet werden.

Alle Services, die über eine *apply*-Regel zu so einem Host erzeugt wurden, werden damit ebenfalls automatisch wieder vom Server aus überwacht. Die Zone wird vererbt. Anders schaut es bei direkt zugeordneten Services aus. Hier muss ebenfalls mit dem dortigen Attribut *zone* gearbeitet werden.

Damit löst man auch gleich das Problem mit dem DHCP-Monitoring aus Abschnitt 14.4 auf Seite 298. Während der Service *dhcp dmz* weiterhin in der DMZ verbleibt, wird für alle weiteren Serviceobjekte *zone* auf *main* gesetzt und damit wird *dhcp lan* wieder wie benötigt auf dem Server ausgeführt. Das Attribut *command_endpoint* ist damit aus *dhcp dmz* zu entfernen.

```
object Service "dhcp lan" {
  import "generic-service"
  host_name = "draco.gwc-jonas.local"

  check_command = "dhcp"
  zone = "main"

  vars.dhcp_interface = "eth1"
  vars.dhcp_serverip = "172.16.1.254"
}

object Service "dhcp dmz" {
  import "generic-service"
  host_name = "draco.gwc-jonas.local"

  check_command = "dhcp"

  vars.dhcp_interface = "eth1"
  vars.dhcp_serverip = "172.16.2.254"
}
```

Codebeispiel 10.11: Überarbeitete Prüfung von DHCP

Sowohl bei Abhängigkeiten zwischen einem Host und seinen Services als auch bei einer zwischen zwei Services vom selben Host besteht keine Gefahr und diese Objekte können der Zone *global-templates* zugeordnet werden.

10.4 Zertifikatsbeglaubigung in verteilten Umgebungen

Worker werden häufig betrieben, weil ein anderes Netzwerksegment nicht direkt zugänglich ist. Der Zugriff ist mit Paketfiltern reglementiert. Damit stellt sich die Frage, wie Icinga-Agenten in dieser Worker-Zone an ein beglaubigtes Zertifikat gelangen. Ein direkter Zugang zur CA ist in solch einem Fall meistens nicht gewünscht, da dies eine Kommunikation von außen nach innen ins Netz bedeutete.

»Ob Abkürzung oder Umweg – ich komme gewöhnlich da an, wo ich hin will.«

Aragorn, 2001

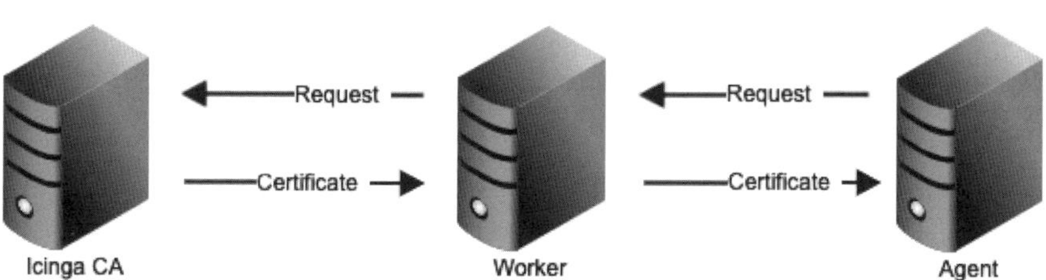

Abbildung 10-4: Icinga 2 – CA-Proxy

Eine Lösung ist, Zertifikate direkt auf dem Host mit der CA zu generieren und dann auf die jeweiligen Hosts zu kopieren. Bei großen Umgebungen ist dies ein erheblicher Aufwand. Seit Version 2.8 von Icinga 2 kann eine Zertifikatsanfrage an den Worker gerichtet werden. Dieser reicht die Anfrage wie ein Proxy an die übergeordnete Zone mit der CA weiter. Es wird also wie in Abschnitt 5.3 auf Seite 88 verfahren, nur dass das Ziel der Anfrage nicht die CA direkt ist, sondern der Worker.

11 Director

Schon früh entstand der Wunsch, Konfigurationen für Icinga 2 mit einer grafischen Unterstützung zu erzeugen und auch zu pflegen. Das Resultat ist im Projekt Director des Icinga-Teams zu finden. Es handelt sich um ein Modul[1], das sich nahtlos in Icinga Web 2 integriert und es Benutzern, die der Kommandozeile fernbleiben wollen oder sogar müssen, erlaubt, neue Server in die Überwachung aufzunehmen oder auch Schwellenwerte einzelner Services anzupassen.

Beim Einsatz des Directors ist jedoch zu beachten, dass es konzeptionelle Unterschiede zum Erstellen der Konfigurationsdateien per Hand gibt. So kann durch den zugrunde liegenden Automatismus im Director jedes Objekt beliebig oft erzeugt oder Dutzende von *apply*-Regeln zu einem Service generiert werden.

Auch muss man sich bewusst machen, dass der initiale Aufwand deutlich höher ist als ohne den Einsatz des Directors. So muss zuallererst ein Grundgerüst im Director erstellt werden, das von Hand in der GUI »zusammengeklickt« werden muss. Mit dem Director benutzt man erfahrungsgemäß ein Vielfaches von Templates, besonders für Services. Da Services natürlich ein zentrales Thema sind, können diese im Director zu sogenannten Servicesets zusammengefasst werden. Damit ist das mehrfache Anwenden einer größeren Anzahl von Services auf unterschiedliche Hosts oder deren Templates einfach und leicht möglich.

Wo in den Konfigurationsdateien vor allem Custom Variables durch ihr einfaches Setzen benutzt werden können, muss im Director zuvor immer ein Datenfeld angelegt werden, das dann auch erst in der GUI angezeigt wird. Dieser scheinbare Nachteil birgt jedoch auch Vorteile. Jedem Datenfeld wird z. B. ein Typ wie *Number*, *String* oder eine Liste mit vorgegebenen Elementen zugewiesen, somit werden fehlerhafte Eingaben vonseiten des Benutzers schon im Vorfeld abgefangen. Den Datentyp **Dictionary kennt der Director hingegen nicht**, was ebenfalls ein Grund ist, warum der Director einen anderen konzeptionellen Ansatz verfolgen muss.

Einen wirklich großen Gewinn bringt der Director bei der Integration in eine Landschaft, die eine oder verschiedene Informationsquellen über die

[1]https://github.com/Icinga/icingaweb2-module-director

vorhandenen Hosts und deren Rollen im Unternehmen bietet. SQL-basierte Configuration Management Databases (CMDBs) lassen sich so schon von Hause aus anzapfen. Über Zusatzmodule lassen sich auch Informationen aus weiteren Quellen wie z. B. einer PuppetDB einbeziehen. Diese Themen werden jedoch erst weiter hinten in Abschnitt 11.9 ab Seite 244 besprochen.

»Auftragen, polieren.«

Mr. Miyagi, 1984

Die folgenden Abschnitte über den Director liefern kein komplettes System zum Einsatz in jeder denkbaren Umgebung, sie sollen vielmehr einen Einblick in die Zusammenhänge und einige Techniken der Umsetzung geben.

11.1 Installation

Der Director ist ein Modul, das die Funktionalität der Benutzeroberfläche erweitert. Als Modul erfordert es einige zusätzliche PHP Libraries und auch einige andere Icinga-Web-Module.

- RedHat

```
$ dnf install -y php-process php-mbstring
```

- Debian

```
$ apt install -y php7.4-curl php7.4-mbstring
```

Die angesprochenen Module, die ebenfalls vorausgesetzt werden, sind zu der hier verwendeten Version 1.9.1 des Directors *ipl* 0.5.0, *reactbundle* 0.9.0 und *incubator* 0.12.0. Die Funktionalität und wie die einzelnen Module zu installieren sind, ist in Abschnitt 8.6 ab Seite 165 bereits behandelt worden.

Der Export der Konfiguration erfolgt nahezu komplett aus dem Director heraus, eine Ausnahme bilden extern liegende Kommandos, z. B. alle Definitionen von Check Commands aus der ITL. Jegliche andere Konfiguration muss vor dem Start mit dem Director ausgeschaltet bzw. entfernt werden. Eine Ausnahme bilden sämtliche *ApiUser*, da sich diese nicht vom Director verwalten lassen. Einer ist sogar zur Kommunikation zwischen Director und Icinga 2 erforderlich.

```
//include_recursive "conf.d"
include "conf.d/api-users.conf"
```

Codebeispiel 11.1: `/etc/icinga2/icinga2.conf`

Auch alle Zonenverzeichnisse unter `/etc/icinga2/zones.d` sind zunächst zu entleeren. Befinden sich dort allerdings Definitionen von API-Usern, verbleiben alleinig diese dort. Damit entfällt natürlich auch obiges

Einbinden der Datei *api-users.conf*. Zumindest ein Benutzer, den Icinga Web zur Übermittlung von Kommandos benutzt, sollte vorhanden sein.

```
object ApiUser "icingaweb2" {
  password = "XXX"
  permissions = [
    "status/query",
    "actions/*",
    "objects/modify/*",
    "objects/query/*"
  ]
}
object ApiUser "director" {
  password = "XXX"
  permissions = [ "*" ]
}
```

Codebeispiel 11.2: Mindestmenge der erforderlichen API-User

> Fand der Icinga-Installer Verwendung bei der Installation, ist zuallererst sicherzustellen, dass der Director nicht schon installiert und konfiguriert ist.

Der Director erzeugt Konfigurationsdateien, die im Anschluss mittels Icinga-2-API geladen werden. Ein manuell auszuführender Prozessneustart bzw. Reload entfällt. Damit ist Zugang zur API erforderlich, wie auch ein API-User mit den erforderlichen Root-Berechtigungen. Das Feature *api* sollte seit der Installation von Icinga Web 2 aktiviert und konfiguriert sein.

Danach ist Icinga 2 neu zu starten und mit der eigentlichen Installation des Directors kann begonnen werden. Hierzu muss zuerst das Modul[2] im Modulverzeichnis von Icinga Web 2 abgelegt und aktiviert werden. Zur Drucklegung war die Version 1.9.1 aktuell.

```
$ cd /usr/share/icingaweb2/modules
$ install -m755 -d director
$ wget -qO - https://github.com/icinga \
    /icingaweb2-module-director/archive/tags/v1.9.1.tar.gz \
    | tar xfz - -C director --strip-components 1
$ icingacli module enable director
```

[2]https://github.com/Icinga/icingaweb2-module-director

Der Director speichert die Konfiguration, die Benutzer anlegen, zuerst in einer Datenbank. Diese Konfiguration wird später bei einem *Deploy* in eine Icinga-Konfiguration übertragen und an die API von Icinga 2 übergeben. Die Datenbank kann der Director nicht selbst anlegen, sondern sie muss vor den weiteren Schritten bestehen. Besonders wichtig ist hier die Verwendung von »UTF-8« als Zeichensatz, da sonst der Director die Arbeit von vornherein verweigert.
Im Folgenden sind die SQL-Statements aufgelistet, die eine Datenbank auf dem Icinga-Server für den Director einrichten:

MySQL Es ist ein Client-Aufruf `mysql` mit Root-Rechten erforderlich.

```
MariaDB [(none)]> CREATE DATABASE director CHARACTER SET 'utf8';
MariaDB [(none)]> CREATE USER director@localhost IDENTIFIED BY 'XX
MariaDB [(none)]> GRANT ALL ON director.* TO director@localhost;
```

PostgreSQL Der Client `psql` muss unter dem PostgreSQL-Admin, in der Regel dem Systembenutzer *postgres*, ausgeführt werden.

```
postgres=# CREATE DATABASE director WITH ENCODING 'UTF8';
postgres=# CREATE USER director WITH PASSWORD 'XXX
postgres=# GRANT ALL PRIVILEGES ON DATABASE director TO director;
postgres=# CREATE EXTENSION pgcrypto;
```

Seit Version 1.8.0 benötigt der Director zum Deployment einer Konfiguration einen laufenden Daemon. Dieser soll unter einem eigenen Benutzer *icingadirector* ausgeführt werden. Die Service-Unit wird im Modulverzeichnis mitgeliefert und ist lediglich zu kopieren.

```
$ useradd -r -g icingaweb2 -d /var/lib/icingadirector \
    -m -k '' -s /bin/false icingadirector
$ cp ./director/contrib/systemd/icinga-director.service \
    /etc/systemd/system/
$ systemctl daemon-reload
$ systemctl enable icinga-director.service
$ systemctl start icinga-director.service
```

Die abschließende Konfiguration kann auf zwei unterschiedliche Arten erfolgen. Eine Methode besteht darin, den grafischen Assistenten zu verwenden, die andere wird von der Kommandozeile ausgeführt. Beide werden im Nachfolgenden ausführlich vorgestellt.

11.1.1 Der grafische Kickstart-Assistent

Da der Director die Informationen zur Konfiguration in einer Datenbank hält und er als Modul in Icinga Web 2 integriert ist, muss eine neue Ressource zur Director-Datenbank angelegt werden, siehe zu allgemeinen Informationen zum Thema Ressourcen Abschnitt 8.3 ab Seite 148.

Die Option *Create a New Resource* erreicht man über das Menü *Configuration → Application → Resources*. Dort legt man den Namen der Ressource fest und gibt die Zugangsdaten zur Datenbank *director* an.

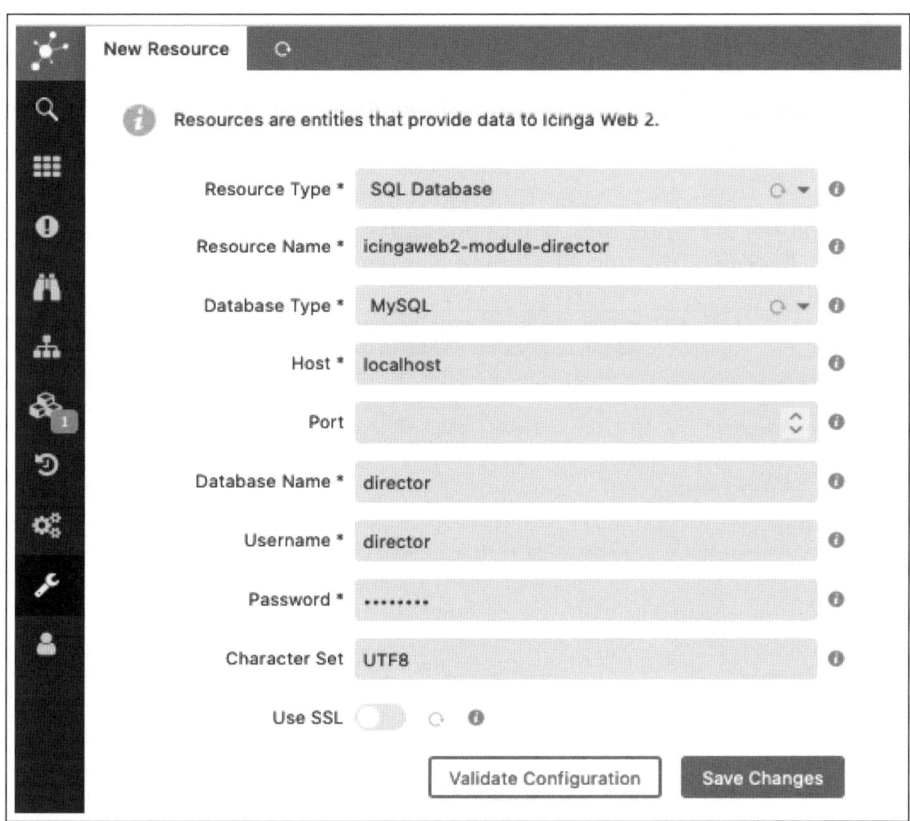

Abbildung 11-1: Neue Ressource für das Director-Modul

Danach wechselt man im Hauptmenü in die Konfiguration des Moduls, *Configuration → Modul*. Dort ist das Modul *director* zu wählen und in dessen Konfiguration zu wechseln. In dieser Konfiguration wird die eben konfigurierte Ressource mit ihrem Namen eingetragen.

Die Datenbank hinter dieser Ressource enthält noch nicht das nötige Datenbankschema. Das Betätigen des Buttons *Create schema* importiert das Schema. Nachdem dies erfolgreich durchgeführt ist, erweitert sich die

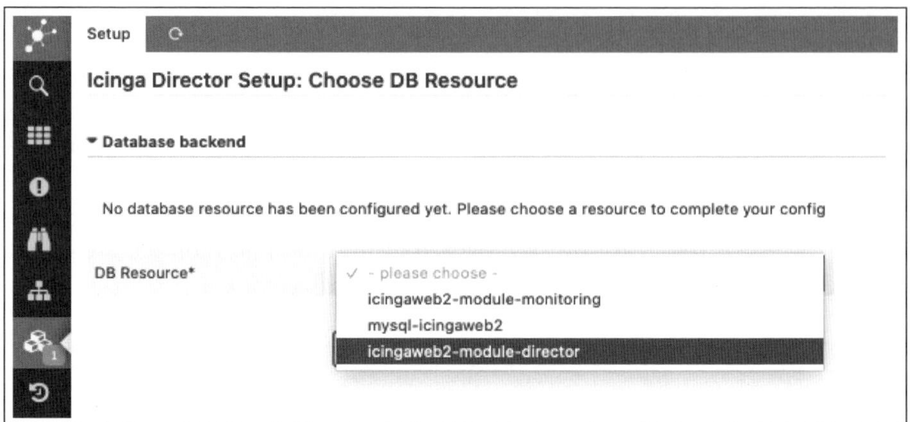

Abbildung 11-2: Ressource für den Director auswählen

Maske und der API-Zugang zu Icinga 2 muss hinterlegt werden, damit der Kickstart-Assistent die abschließende Konfiguration vornehmen kann.

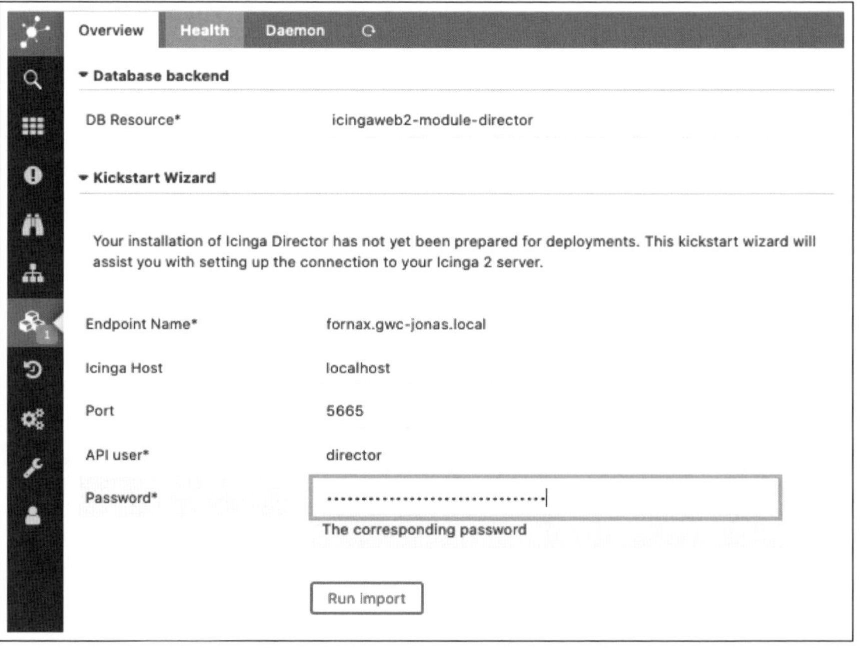

Abbildung 11-3: API-Zugang zu Icinga 2 konfigurieren

Name des Endpunkts ist der *Common Name* des Zertifikats, als Host ist einzutragen, auf welchem Server sich der anzusprechende Endpunkt befindet. Als *API user* und *Password* müssen die Zugangsdaten vom API-Benutzer *director* angegeben werden.

Das nach Klicken auf *Run import* durchgeführte Einlesen kann einige Sekunden in Anspruch nehmen. Hier werden nun auch alle Objekte vom Typ *Endpoint* und *Zone* sowie Kommandos, wie Check, Notification und Event Commands, aus der Konfiguration übernommen und in der Datenbank *director* gespeichert. Damit sind die Zonen aller konfigurierten Worker sowie deren Endpunkte importiert. Alle Einzelheiten hierzu können dem *Activity Log* im Director-Menü entnommen werden.

Damit ist die Installation vom Director abgeschlossen und es kann mit Abschnitt 11.2 auf Seite 220 fortgefahren werden.

11.1.2 Der Kommandozeilen-Kickstart-Assistent

Der Director ist als Modul zu Icinga Web 2 implementiert und benötigt zur Ablage der zu verwaltenden Konfiguration eine Datenbank, die Icinga Web 2 als Ressource bekannt gemacht werden muss. Wie dem Abschnitt 8.3 auf Seite 148 zu entnehmen ist, wird das in der Datei `resources.ini` im Verzeichnis `/etc/icingaweb2` getan.

```
[icingaweb2-module-director]
type = "db"
db = "mysql"
host = "localhost"
dbname = "director"
username = "director"
password = "XXX"
charset = "utf8"
```

Codebeispiel 11.3: Ergänzungen in `/etc/icingaweb2/resources.ini`

Das Codebeispiel 11.3 zeigt die Einstellungen zur Ressource mit dem Namen *icingaweb2-module-director*. Es handelt sich um eine lokal liegende MySQL-Datenbank mit ihren Zugangsdaten. Kommt PostgreSQL zum Einsatz, ist für *db* der Wert *pgsql* zu wählen. Wichtig ist, wie schon beim Anlegen der Datenbank, den Zeichensatz auf *utf8* zu setzen.

Die neue Ressource ist nun per Hand in der Konfiguration des Director-Moduls einzutragen. Sie befindet sich im zugehörigen Verzeichnis unterhalb von `/etc/icingaweb2/modules`, das denselben Namen haben muss wie das Modul. Dabei ist auf die Berechtigung zu achten, der Webserver muss die Dateien dort nicht nur lesen, sondern auch schreiben dürfen.

Bei RedHat-basierten Systemen ist das der Benutzer mit der Bezeichnung *apache*.

```
$ install -o apache -g icingaweb2 -m2770 -d \
      /etc/icingaweb2/modules/director
$ touch /etc/icingaweb2/modules/director/config.ini
$ chown apache /etc/icingaweb2/modules/director/config.ini
```

Auf Debian-Systemen heißt der Benutzer *www-data*.

```
$ install -o www-data -g icingaweb2 -m2770 -d \
        /etc/icingaweb2/module/director
$ touch /etc/icingaweb2/modules/director/config.ini
$ chown www-data /etc/icingaweb2/modules/director/config.ini
```

Für die Konfigurationsdatei `config.ini`, in der lediglich die Datenbankressource hinterlegt werden muss, gelten dieselben Voraussetzungen bezüglich der Dateiberechtigungen.

```
[db]
resource = "director_db"
```

Codebeispiel 11.4: */etc/icingaweb2/modules/director/config.ini*

Damit der Kickstart-Run den Import der Objekte der momentan laufenden Konfiguration erfolgreich durchführen kann, muss der API-Zugriff initial angegeben werden. Wird kein *host* oder *port* angegeben, werden automatisch die Defaultwerte *localhost* bzw. *5665* angenommen.

```
[config]
endpoint = fornax.icinga-book.local
; host = 127.0.0.1
; port = 5665
username = director
password = XXX
```

Codebeispiel 11.5: */etc/icingaweb2/modules/director/kickstart.ini*

Der Import und das Anlegen des Schemas für die Datenbank werden dann via Director-Modul mithilfe von `icingacli` durchgeführt.

```
$ icingacli director migration run
$ icingacli director kickstart run
```

Der erste Aufruf legt das Schema an und der zweite bewerkstelligt den Import. Beim Import werden nur Objekte vom Typ *Endpoint*, *Zone*, *CheckCommand*, *NotificationCommand* und *EventCommand* berücksichtigt. Damit ist die Installation des Directors abgeschlossen. In Icinga Web 2 im neuen Director-Menü, das sich in die linke Leiste integriert hat, ist der Importvorgang im *Activity Log* vollständig protokolliert.

11.2 Deployment der Konfiguration

Ist die Installation abgeschlossen, enthält der Director oder vielmehr die Datenbank schon eine lauffähige und valide Konfiguration, die ausgebracht werden kann. Im Director-Menü versteckt sich diese Funktionalität unter *Deployments*.

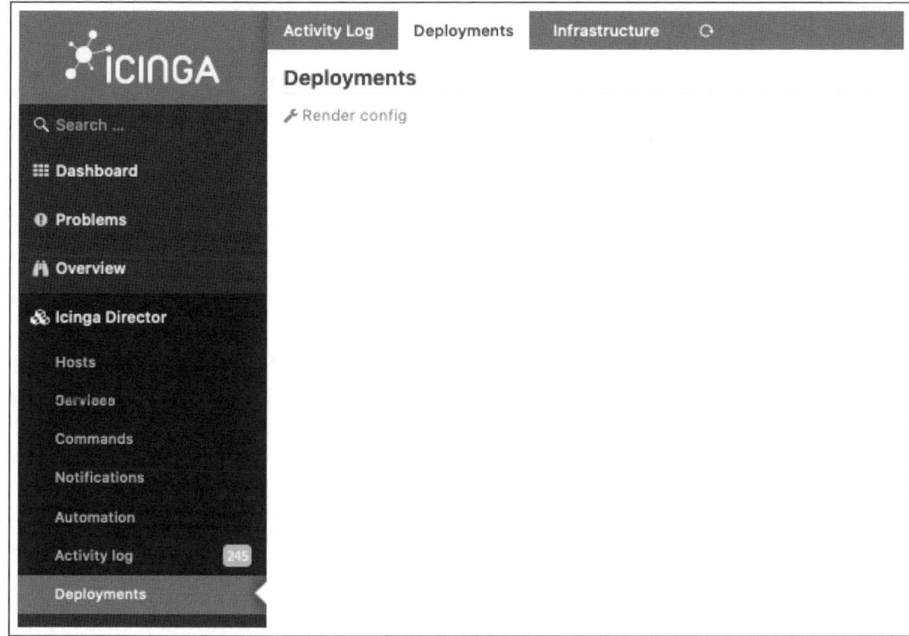

Abbildung 11-4: Deployments

Drückt man auf *Render Config*, wird die Konfiguration zusammengebaut. Das geschieht in einfache textbasierte Dateien, die der Syntax von »normalen« Dateien für Icinga 2 entsprechen. Alle erzeugten Dateien werden aufgelistet. Jeder Eintrag ist ein Link, der bei Auswahl den Inhalt der Datei anzeigt.

Abbildung 11-5: Konfiguration erzeugen

Oberhalb dieser Liste sind neben einer Statistik noch die anwendbaren Aktionen zu finden. Die letzte der drei Aktionen *Diff with other config* ist nützlich, um diese Version mit vorhergehenden Versionen der Konfiguration zu vergleichen. *Last related activity* springt genau zu dieser, der letzten Konfiguration.

Die erste Aktion sagt zuerst einmal, wie viele Änderungen zur letzten Konfiguration bestehen und dass sie ausstehend sind, also noch nicht aktiv sind. Betätigt man diesen Link, geschieht genau das. Die im Dateisystem liegenden Dateien werden via API-Package-Import in Icinga 2 geladen und aktiviert.

Der Ablageort der angesprochenen Dateien befindet sich im Verzeichnis `/var/lib/icinga2/api/packages/director` von Icinga 2.

```
$ ls -d */
fornax.icinga-book.local-1509544577-0/
```

Dort sind sie in einem Unterverzeichnis gespeichert, das den Namen des Endpunkts für die API-Kommunikation trägt und mit einem Unix-Zeitstempel als Suffix und zur zusätzlichen Absicherung auch noch mit einem numerischen Index versehen ist. Nicht nur die aktuell erzeugte Konfiguration liegt dort, sondern auch die jeweils vorhergehenden Versionen.

Nach erfolgreichem Deployment wird diese Konfiguration als Eintrag in die Liste aller vorherigen hinzugefügt, einzusehen unter *Director → Deployments*. Alle sind auch als Link anwählbar, der zu Details und dem Inhalt der erzeugten Dateien führt.

Abbildung 11-6: Historie der erzeugten Konfigurationen

War ein Deploy-Vorgang nicht erfolgreich, ist dies mit einem roten *X* gekennzeichnet anstatt mit einem grünen Häkchen. Mit einem Klick auf den Endpunktnamen des Servers kann man sich das Ergebnis der geprüften Konfiguration anschauen.

11.3 Hosts und Host-Templates

Im Menü *Director* werden Hostobjekte und ihre Verwandten unterhalb von *Host* verwaltet. Es stehen *Hosts* für Hostobjekte, *Host Templates* für Vorlagen und *Host Groups* zum Gruppieren von Hosts zur Verfügung. *Choices* fassen lediglich mehrere Vorlagen zusammen, sodass diese gemeinsam zusammen an einem Host ausgewählt werden können.

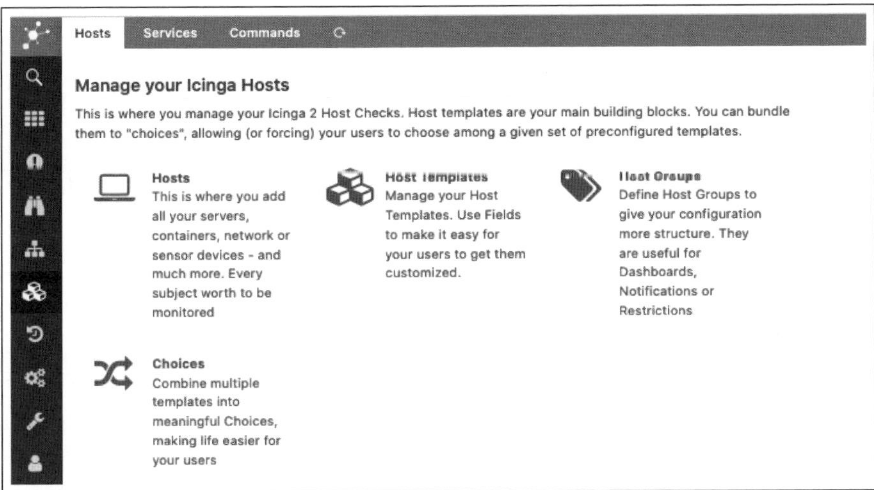

Abbildung 11-7: Hostmanagement

Bevor ein erster Host angelegt wird, muss zumindest ein Host-Template erstellt worden sein.

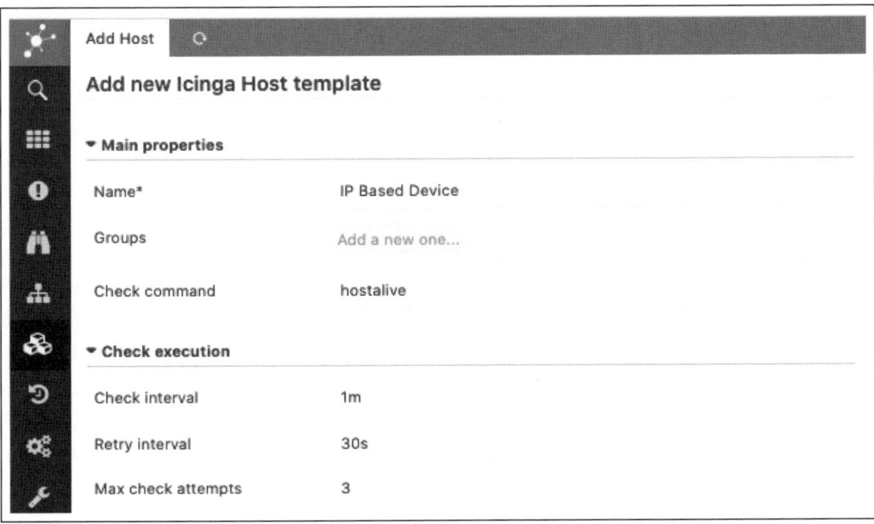

Abbildung 11-8: Ein erstes Host-Template erstellen

Da von nun an mit Auswahllisten und Dialogfeldern gearbeitet wird, ist es der Lesbarkeit geschuldet, Leerzeichen zu benutzen und auch Groß- und Kleinschreibung zu beherzigen.

Für alle Geräte mit einer IP-Adresse wird ein Template *IP Based Device* erstellt. Hosts, die dieses Template verwenden, sollen das Check Command *hostalive* und Einstellungen für *Check interval*, *Retry interval* und *Max check attempts* erben. Alle diese Parameter entsprechen natürlich den bekannten aus der Icinga-Konfiguration.

Ab nun kann das eben erstellte Template auch beim Anlegen von Hosts oder weiteren Templates verwendet werden. Drei solche Host-Templates, die *IP Base Device* verwenden, sollen *Server*, *Appliance* und *Switch* sein.

Server wird die Grundlage für alles Hosts bilden, die ein zugängliches Betriebssystem unter eigener Verwaltung beherbergen. *Server* selbst wird nochmals in *Unix* und *Windows* unterteilt.

Die Liste aller Host-Templates kann auch als Baumstruktur angezeigt werden, wie in Abbildung 11-9 zu sehen.

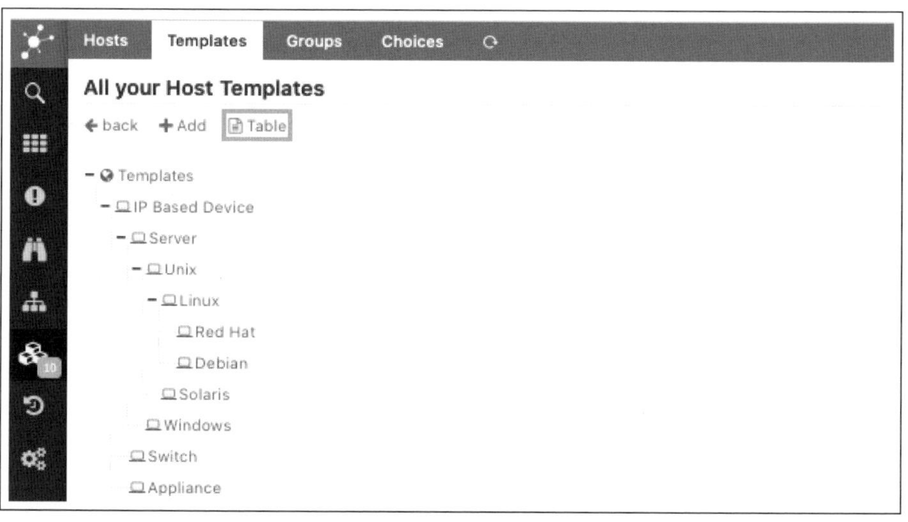

Abbildung 11-9: Host-Templates als Baum strukturiert

Für die Zwecke des Gebrauchtwarencenters bekommt *Unix* noch eine weitere Unterteilung in *Linux* und *Solaris*. Weitere Unix-Betriebssysteme wie AIX, HP-UX oder BSD lassen sich ebenfalls auf dieser Ebene hinzufügen. Als Linux-Distributionen kommen RHEL und Debian zum Einsatz. Aus Sicht des Monitorings wird das Enterprise Linux wie jedes RedHat-basierte Betriebssystem betrachtet und deshalb als Template *Red Hat* mit *Debian* zusammen als eigene Templates von *Linux* abgeleitet.

Linux- und Windows-Systeme sollen standardmäßig mit dem Icinga-Agenten überwacht werden. Im jeweiligen Template werden hierfür unter dem Abschnitt *Icinga Agent and zone settings* die in Abbildung 11-10 gezeigten Einstellungen vorgenommen.

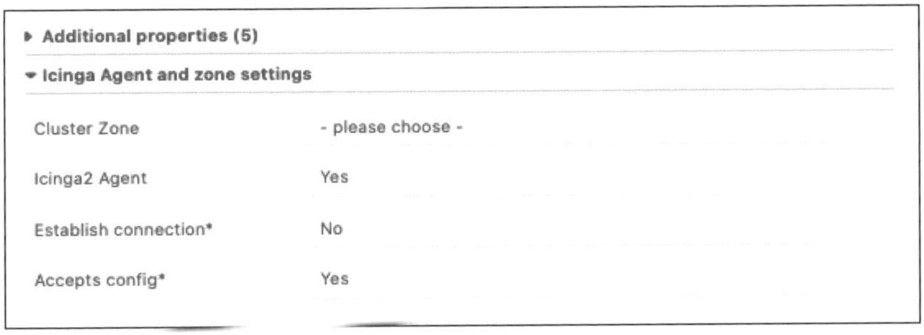

▸ Additional properties (5)

▾ Icinga Agent and zone settings

Cluster Zone	- please choose -
Icinga2 Agent	Yes
Establish connection*	No
Accepts config*	Yes

Abbildung 11-10: Host-Eigenschaften für Agenten

Eine Vorauswahl für eine Zone wird dem jeweiligen Template nicht zugewiesen, es soll allgemeingültig sein und später am Host selbst entschieden werden. Mit *Yes* zu *Icinga2 Agent* wird der Director automatisch zu jedem Host, der eines dieser beiden Templates verwendet, ein Zonen- und ein Endpointobjekt erzeugen. Die beiden Objekte tragen denselben Namen wie das zugehörige Hostobjekt. Diese beiden Objekte werden selbstverständlich nur auf der Seite des Masters angelegt. Um die Installation und Konfiguration des Agenten muss man sich selbst im Vorfeld oder auch im Nachgang kümmern.

Des Weiteren soll nur der Agent selbst die Verbindung aufbauen, deshalb ist bei *Establish connection* mit *No* zu antworten. Gesendete Konfigurationen soll der Agent vom Master akzeptieren. Die Einstellung *Accepts config* hat hier jedoch keine direkte Auswirkung, da hierzu die Konfiguration auf dem Agenten selbst angepasst werden müsste, was der Director aber nicht kann. Es wird später interessant, wenn es darum geht, wie der Director mittels des Self-Services bei der Agentenkonfiguration Unterstützung leisten kann.

Wird nun ein neuer Host (Abbildung 11-11 auf Seite 226) erstellt, werden nach der Auswahl eines Templates alle seine und die ererbten Eigenschaften in dem neu zu erstellenden Host angezeigt. Somit sind nur noch Felder wie *Hostname*, *Host address* und ggf. die Zone des Workers, von dem der Host überwacht werden soll, auszuwählen.

Nach erneutem Ausbringen der Konfiguration sollte nun der Host in Icinga Web 2 zu sehen sein. Die Existenz von Zone- und Endpoint-Objekt lässt sich via `icinga2 object list --type endpoint` überprüfen.

Host-Templates dienen im Director, genauso wie in der Icinga-DSL, dazu, einer Gruppe von Hosts dieselben Eigenschaften zu geben. Die dazu

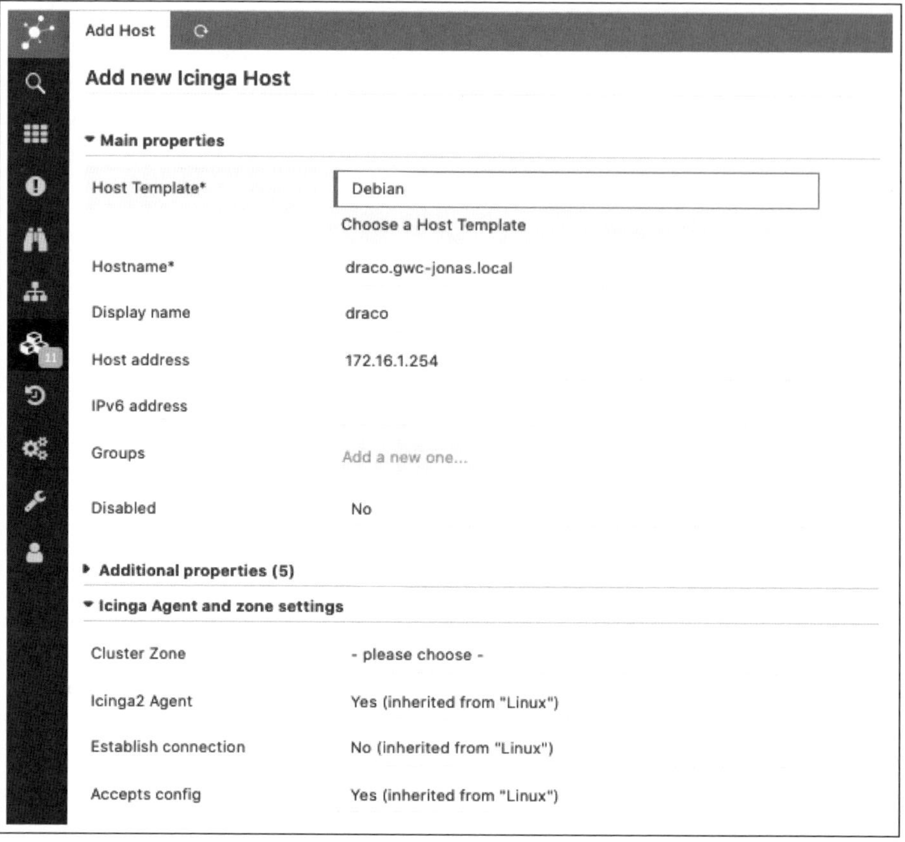

Abbildung 11-11: Host im Director anlegen

benötigten Custom Variables erfordern im Director zu definierende Datenfelder, nur so lässt sich ein Eingabefeld am Host, Service oder Check Command zur Verfügung stellen.

11.4 Datenfelder und Listen

Attribute und Custom Variables werden in Icinga 2 dazu benutzt, Plugin-Aufrufe zu parametrisieren, im Director übernehmen Datenfelder diese Aufgabe. Als Erstes soll in diesem Abschnitt ein Service »ping4« den Hosts mit einer IPv4-Adresse hinzugefügt werden. Der Service soll auf dem Check Command *icmp* basieren und es dem Anwender ermöglichen, für »pl« (Paketverlustrate) und »rta« (Roundtrip) Schwellenwerte anzugeben.

Die hierfür erforderlichen Datenfelder werden direkt am Check Command gesetzt. Hierzu wählt man zunächst *Director* → *Commands* → *External Commands*. »External Commands« wird gewählt, da es sich bei *icmp* um ein nicht mit dem Director erstelltes Kommando handelt. Diese Art von Kommandos wird beim Kickstart-Run des Directors importiert.

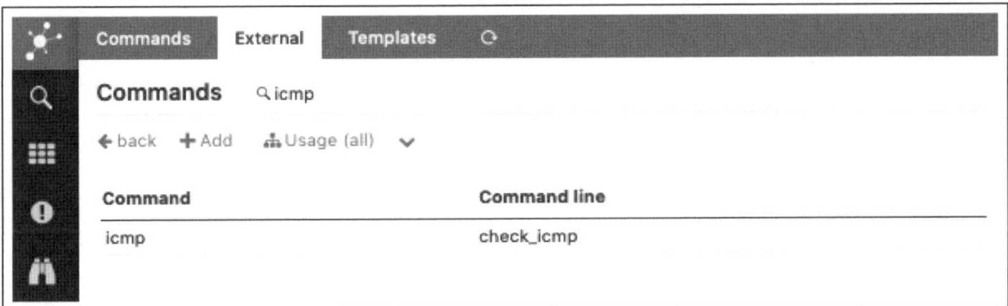

Abbildung 11-12: Kommandos verwalten

Neben dem Titel »Commands« befindet sich das Suchfeld. Hat man das entsprechende Kommando, hier »icmp«, gefunden, gelangt man durch einfaches Anklicken im Suchergebnis zur Voransicht. Da es sich um ein externes Kommando handelt, sind hier keine Änderungen möglich. Zu der Definition von Datenfeldern gelangt man im horizontalen Menü am oberen Fensterrand über den Punkt *Fields*.

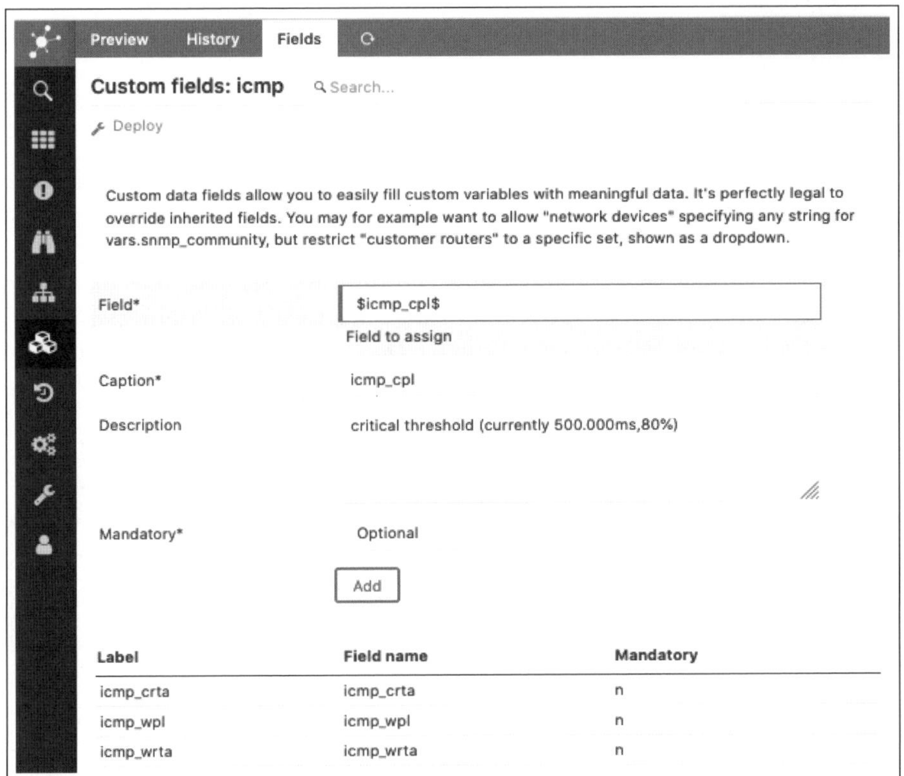

Abbildung 11-13: Datenfelder für Kommandos verwalten

Hier können aus der Liste der zum Kommando gehörigen Makros diejenigen ausgewählt werden, die ein Datenfeld bekommen sollen. Unter *Caption* kann der Name, mit dem das Datenfeld angezeigt wird, abgeändert werden. Mit »Mandatory« wird entschieden, ob der Anwender in diesem Datenfeld einen Wert setzen muss. Da alle vier hier gewählten Makros gesetzte Defaultwerte aufweisen, brächte dies hier nichts, da auch zum Service vererbte Werte als gesetzt angesehen werden.

Als Nächstes soll es auch Datenfelder geben, die es bei jedem Linux-Hosts ermöglichen, die Überwachung zwischen Agenten- und SSH-basiert zu wechseln. Der Anwender soll hier auch nur zwischen genau diesen beiden Möglichkeiten wählen können. Hierfür kommt eine Datenliste mit zwei Elementen zum Einsatz. Zusätzlich wird ein weiteres Feld benötigt, das den Pfad zu den Plugins angibt.

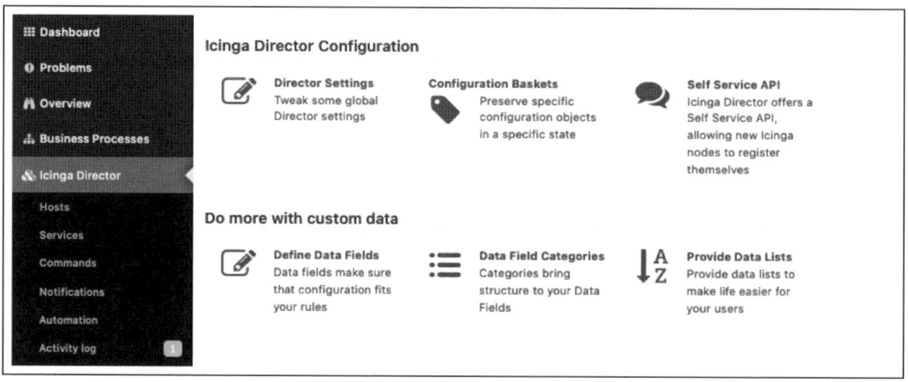

Abbildung 11-14: Datenfelder und Datenlisten verwalten

Die Verwaltung von Datenfeldern und Datenlisten erreicht man direkt unterhalb des Directors, aber nicht über einen weiteren Menüpunkt, sondern als über *Define Data Fields* und *Provide Data Lists* über Piktogramme im rechten Fensterbereich. Ein neues Datenfeld (*Define Data Fields*) wird mit *Add* angelegt.

Data fields | Data field categories | Data lists | Custom Variables

Data Fields Search...

+ Add

Label	Field name	Category	# Used	# Vars
icmp_cpl	icmp_cpl		1	1
icmp_crta	icmp_crta		1	1
icmp_wpl	icmp_wpl		1	1
icmp_wrta	icmp_wrta		1	1

Abbildung 11-15: Ein einzelnes Datenfeld anlegen

In der nun folgenden Eingabemaske entspricht der in *Field name* gesetzte Wert dem späteren Namen der Custom Variable. Bei *Caption* wird eingetragen, mit welchem Schriftzug das Datenfeld versehen bzw. angezeigt werden soll. Als *Data type*, der die Eingabe auf genau diesen Typ beschränkt, kann unter anderem String, Boolean, Number oder Array ausgewählt werden. Für einen Pfad, wie für das Verzeichnis der Plugins, bietet sich String als Typ an.

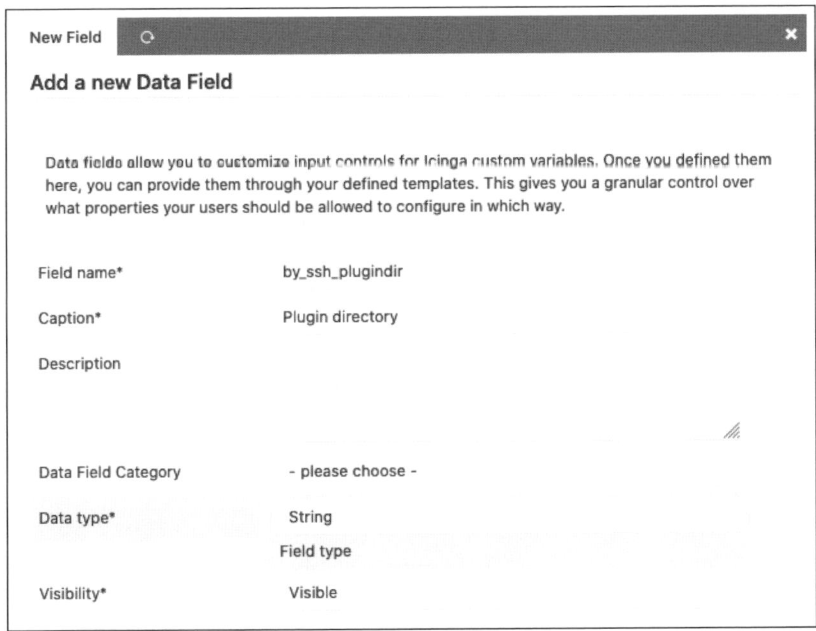

Abbildung 11-16: Ein Datenfeld konfigurieren

Das Feld *Description* bietet Platz für eine Beschreibung, welchen Zweck das Datenfeld verfolgt. Wird für *Visibility* nicht *Visible*, sondern *Hidden* gesetzt, wird im Director der Inhalt schon beim Schreiben unter Sternen »*« verborgen.

Datenfelder lassen sich optional Kategorien zuteilen, die dazu dienen, dass alle Datenfelder einer Kategorie später immer zusammenhängend bzw. hintereinander in einer Host- oder Service-Eingabemaske angezeigt werden. Kategorien werden unter *Director → Data Field Categories* erstellt.

Für das zweite Datenfeld, bei dem aus zwei vorgegebenen Werten ausgewählt werden darf, ist zuvor eine Datenliste (*Director → Provide Data Lists*) zu erstellen. Auch hier ist zuerst eine Name zu vergeben.

Danach werden die Listenelemente (*Labels*) und die bei Auswahl dieser Elemente im Datenfeld zu setzenden Werte (*Keys*) hinzugefügt. In der Regel sind jeweils beide identisch. Benutzer sind immer irritiert, etwas auszuwählen, dann aber etwas anderes angezeigt zu bekommen.

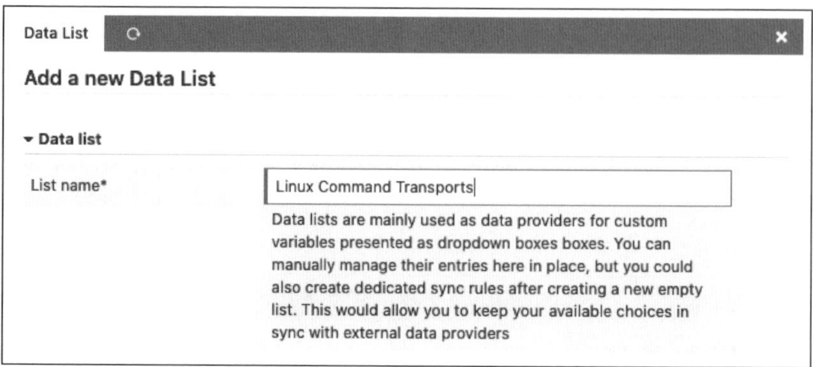

Abbildung 11-17: Eine Datenliste anlegen

Ist die Datenliste vollständig, muss sie mit einem Datenfeld verknüpft werden. Es ist also ein weiteres Datenfeld *Command Transport* zu erstellen. Dort muss nun *Datalist* im Feld *Data type* angewählt werden.

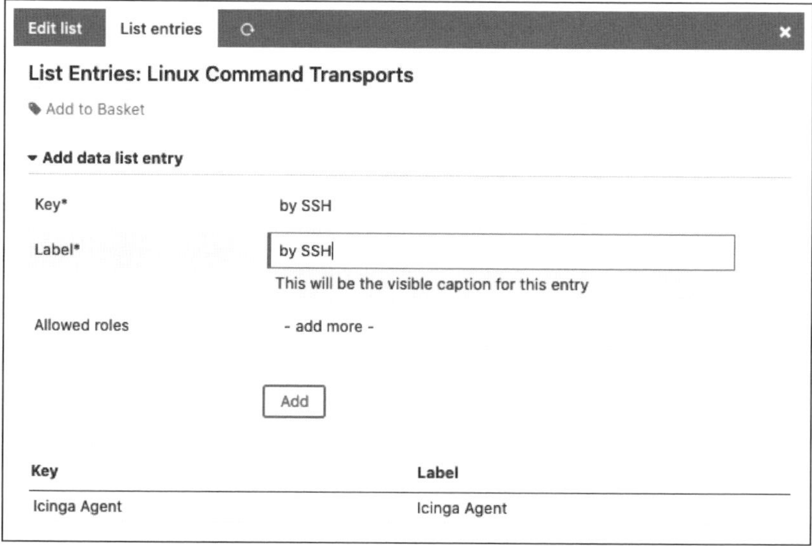

Abbildung 11-18: Elemente einer Datenliste hinzufügen

Mit welcher Liste das Datenfeld zu verbinden ist, bestimmt *List name*. Als Zieldatentyp (*Target data type*) wird String bestimmt, wodurch nur genau ein Element aus der Liste ausgewählt werden darf. Soll eine Mehrfachauswahl ermöglicht werden, muss Array gewählt werden.

Der Wert aus der letzten Dropdown-Box entscheidet über die Optik der späteren Auswahlmöglichkeit.

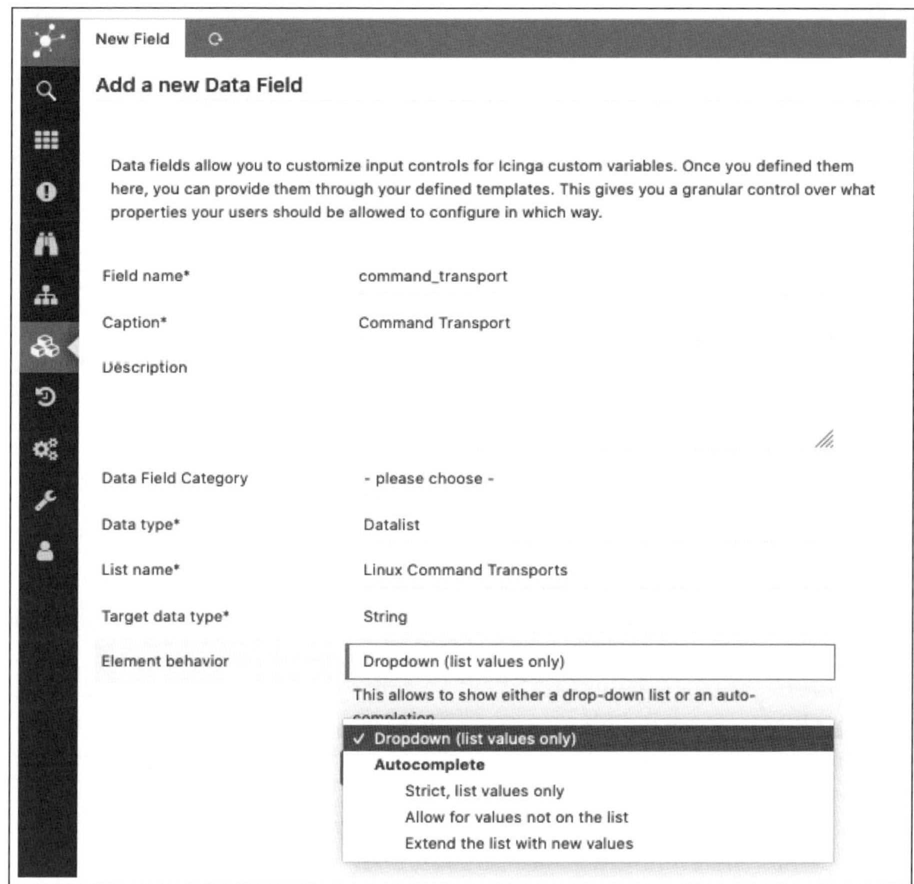

Abbildung 11-19: Ein Datenfeld mit einer Liste verknüpfen

Die beiden neuen Datenfelder müssen abschließend noch entsprechenden Host-Templates hinzugefügt werden. Damit bekommt jeder Host, der ein solches Template verwendet, automatisch dessen Datenfelder und damit die zugehörigen Custom Variables.

Das Feld *Command Transport* ist dem Template *Linux* zuzuordnen, weil nur dort eine Wahlmöglichkeit in der Überwachung zwischen SSH und Icinga-Agenten besteht. *Plugin directory* hingegen sollte unbedingt dem Template *Unix* zugewiesen werden, da neben Linux (optional) alle anderen Unix-Systeme nur via SSH überwacht werden können und deshalb dort die Information über den Pfad zu den Plugins unbedingt erforderlich ist.

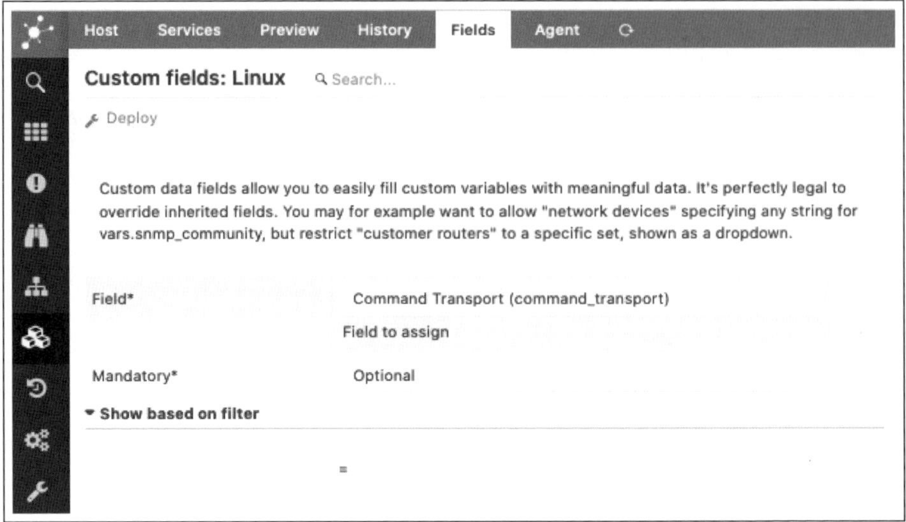

Abbildung 11-20: Ein Datenfeld einem Template zuweisen

Man wechselt zum Template *Director* → *Hosts* → *Host Templates* → *Linux* und klickt dort in der horizontalen Menüleiste auf *Fields*. Als *Field* wird das eben angelegte Datenfeld ausgewählt und mit *Add* dem Template hinzugefügt.

Mandatory hat dieselbe Funktion wie oben bei Datenfeldern für Check Commands. Es wird darüber entschieden, ob an einem Host mit diesem Datenfeld zwangsweise (*Mandatory*) ein Wert auszuwählen ist oder nicht (*Optional*).

Über den Filter kann die Anzeige und damit die Auswahlmöglichkeit auf den Wert eines anderen Datenfelds dieses Templates beschränkt werden. Zum Beispiel ließe sich so die Anzeige des zusätzlichen Datenfelds für eine alternative IP-Adresse unterdrücken, solange *Command Transport* auf die Verwendung des Icinga-Agenten eingestellt ist.

Zur Erlangung der vollständigen Funktionalität, der Überwachung mittels SSH, ist ein weiteres Feld für die Custom Variable *by_ssh_logname* für die Angabe des Benutzernamens erforderlich, der die Verbindung zum entfernten Host aufbauen soll. Auch dieses Feld ist vom Typ String und dem Host-Template *Unix* zuzuweisen.

Für beide Felder, *Plugin director* und den Logon-Namen, könnten und sollten unterschiedliche **Defaults für die Host-Templates *Debian, Red Hat* und *Solaris*** gesetzt werden.

Auf die hier beschriebene Art lassen sich Datenfelder und Datenlisten auch einem einzelnen Host, Service oder Service-Template zuweisen und benutzen.

11.5 Commands

Icinga 2 kennt drei unterschiedliche Kommandos: das Check Command für Plugins, das Notification Command zum Benachrichtigen und das Event Command, das ausgeführt wird, sofern es konfiguriert ist und ein Statuswechsel erfolgte. Alle drei Ausprägungen lassen sich mit dem Director anlegen und verwalten, inklusive jeweiliger Templates. Da sich alle sehr ähneln, wird hier lediglich ein Check Command als Beispiel angeführt.

In die Maske zum Anlegen eines Kommandos gelangt man mittels *Director → Commands → Add*. Dort entscheidet man sich zuerst für den Typ des Kommandos, bevor der Name gewählt wird. Mit *Import* können Templates hinzugebunden werden. Das Plugin wird in *Command* gesetzt und entspricht dem Namen ohne Pfadangabe. Neben den optionalen Einstellungen zu Timeout kann auch die *Cluster Zone* bestimmt werden, über die das Kommando verteilt werden soll.

Für das Kommando kann mit *Render as string* bestimmt werden, ob es als String oder wie üblich als Array geschrieben werden soll. Mit *yes* kann das *Command* um Optionen oder auch Custom Variables erweitert werden. Da dies sicherheitskritisch ist, sollte es nur mit äußerstem Bedacht eingesetzt werden.

Abbildung 11-21: Neues Kommando anlegen

Wird keine Zone angegeben, legt der Director das Kommando in der Zone *director-global* ab.

Die allermeisten Plugins bieten Argumente zum angepassten Aufruf an, insbesondere für Schwellenwerte bei Check Commands. Nachdem man die Grundeinstellungen zum Kommando mit Betätigen von *Add* abgespeichert hat, gelangt man über *Arguments* im oberen horizontalen Menü in die Maske zur Eingabe der gewünschten Argumente.

Der *Argument name* entspricht der Option des Plugins. Bekanntlich kann einer solchen Option nachfolgend ein Wert mitgegeben werden. Ist dieser für die Option erforderlich, muss in *Value* der gewünschte Makroname für Icinga 2 eingetragen werden. Handelt es sich bei der Option aber nur um einen Schalter, muss der Makroname hingegen in *Condition* gesetzt werden.

Bei beiden kann mit *Value type* bzw. *Condition format* zwischen *String* und *Icinga DSL* gewählt werden. Bei Letzterem lassen sich Sprachschnipsel der Konfigurationssprache einfügen, z. B. mit der Verwendung von Funktionen und Conditions. Die unteren drei, wie auch *Position* in der Mitte, entsprechen den bekannten in Abschnitt 4.4 ab Seite 66 beschriebenen Einstellungen bei Check Commands.

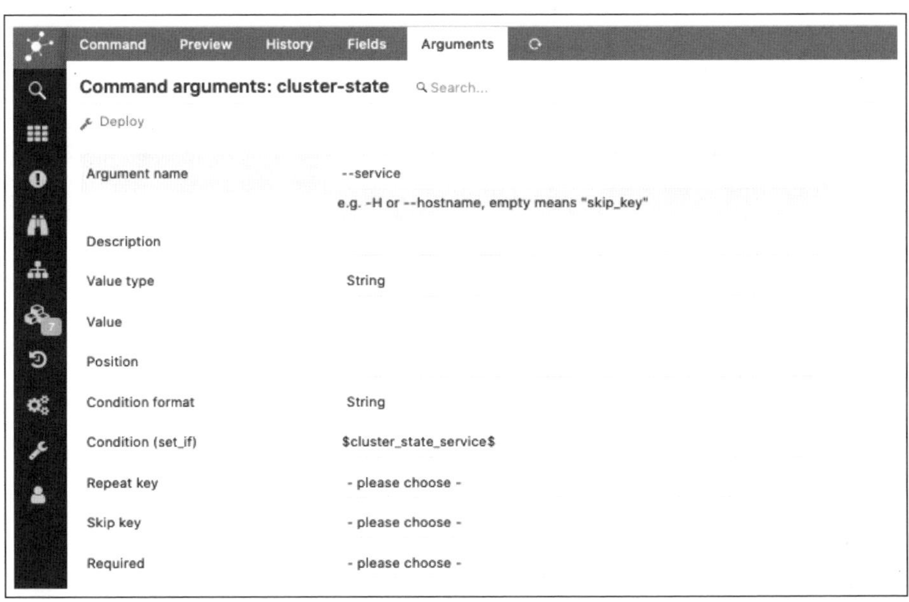

Abbildung 11-22: Einem Kommando Argumente hinzufügen

Ist einem dies jedoch zu umständlich oder liegen die Kommandos schon als Textdatei vor, kann ein alternativer Weg gewählt werden. Zudem ist der Editor für Kommandos in der aktuellen Version 1.9 noch immer recht eingeschränkt. Es können weder Defaults zu Argumenten definiert noch der Pfad zum Plugin angegeben werden. Schaut man sich die Vorschau an, erkennt man, dass immer die Konstante *PluginDir* als Pfad eingesetzt wird und man keine Möglichkeit hat, diesen z. B. auf *PluginContribDir* zu ändern.

Die vom Gebrauchtwarencenter auch benötigten Check Commands, um Plugins mittels SSH aufzurufen, müssen ebenfalls durch ein erneutes Ausführen des Kickstarts importiert werden. Definitionen von Kommandos müssen auf allen Icinga-Instanzen, auf denen das zugehörige Plugin aufgerufen werden können soll, vorhanden sein, d. h., die Datei muss einer entsprechenden Zone zugeordnet sein. Bei den Check Commands *by_ssh* aus Abschnitt 6.8 ab Seite 120 sollte *global-templates* genutzt werden.

Zunächst sind die Dateien zu kopieren bzw. anzulegen. Danach muss die Konfiguration mit einem Reload in Icinga 2 eingelesen werden, bevor diese nun im Core neu enthaltenen Kommandos mit einem erneuten Kickstart-Run in den Director zur weiteren Verwendung importiert werdon.

Der Kickstart-Assistent ist in den Abschnitt 11.1.1 auf Seite 217 für den grafischen Aufruf und in Abschnitt 11.1.2 auf Seite 219 für den von der Kommandozeile aufzurufenden ausführlich beschrieben.

11.6 Services und deren Templates

Der Director kennt keine Services. Er arbeitet nur mit Templates, die dann einem Host oder einer größeren Anzahl von Hosts zugeordnet werden. Letzteres kann auf zwei Arten erfolgen: einmal über *apply*-Regeln, wie sie schon aus der Icinga-Konfigurationssprache bekannt sind, oder dadurch, dass sie direkt an einen Host oder ein Host-Template gebunden werden.

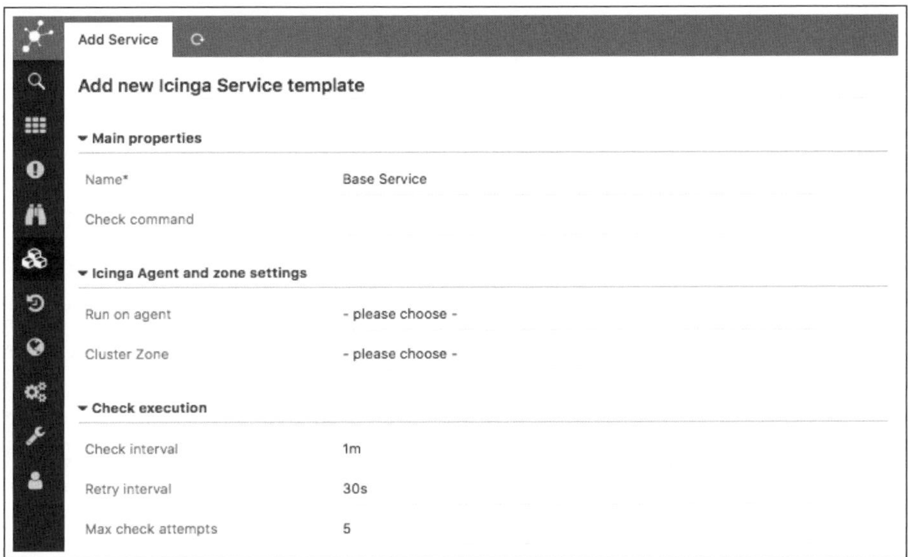

Abbildung 11-23: Erstellen eines Templates für Services

Zuerst sollte man sich aber ein Service-Template erstellen, von dem alle anderen abstammen. Damit erspart man sich die immer wiederkehrende Eingabe von *Check-* und *Retry interval* oder *Max check attempts*. Die Maske erreicht man über *Director → Services → Service Templates*.

Das Check Command bleibt natürlich leer. Dies wird erst in den abgeleiteten Templates eingetragen. So erzeugt man gleich im Anschluss am besten eine Vorlage *icmp* mit obigem Template als Vorlage und dem Check Command *icmp*.

Das nun vorhandene Template *icmp* soll dazu verwendet werden, zu allen Hosts mit einer IPv4-Adresse einen Service mit dem Namen *ping4* zu erzeugen. Das kann durch das Anlegen einer *apply*-Regel erfolgen. Die dafür notwendige Eingabemaske wird erreicht über *Director → Services → Service Apply Rules* oder in jeglicher Service-Maske unter *Assign where*. Der Vorgang ist danach noch mit *Store* abzuschließen.

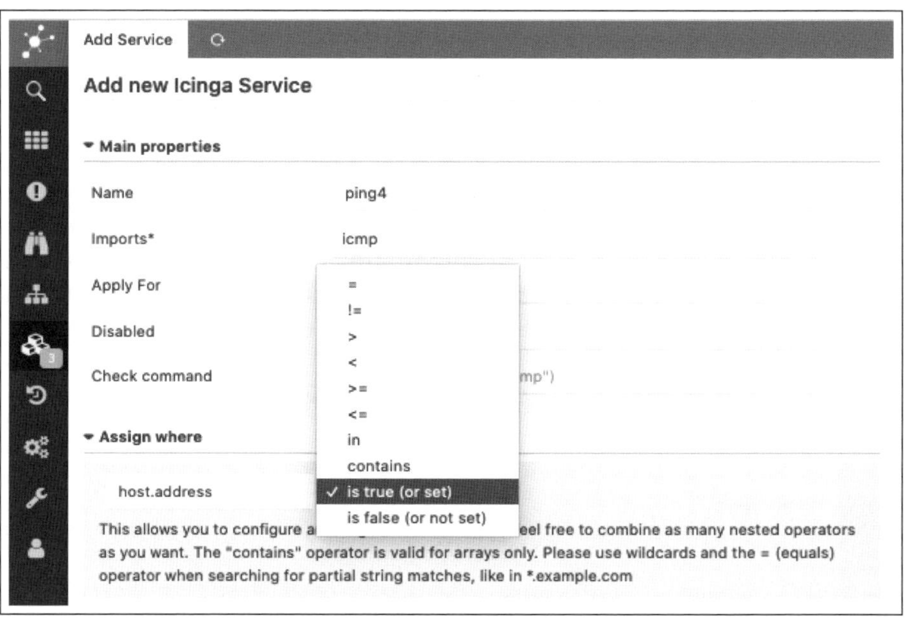

Abbildung 11-24: Erstellen von Services mittels *apply*

Nun öffnet sich eine Maske mit dem Namen *Add Service*. Hier wird neben dem Namen des Services und dem Import der Vorlage *ping4* die *apply*-Regel unter *Assign where* eingetragen. Links vom Operator wird aus einer Liste die Hosteigenschaft ausgewählt. Eine Liste wird erst angezeigt, sobald man einen Buchstaben eingibt, z. B.»h« für eine Custom Variable aus dem Hostkontext. Der Operator ist für dieses Beispiel einfach *is true (or set)*, der auf Existenz prüft.

Nach einem Deploy befindet sich der gewünschte Service an allen Hosts mit einer IPv4-Adresse.

Einen weiteren Service *ssh*, der auf einer noch anzulegenden Vorlage mit dem Check Command mit gleichem Namen basiert, wird nicht direkt mittels *apply* zu allen Unix-Hosts erzeugt, sondern durch das Hinzufügen eines Services zum Host-Template *Unix*.

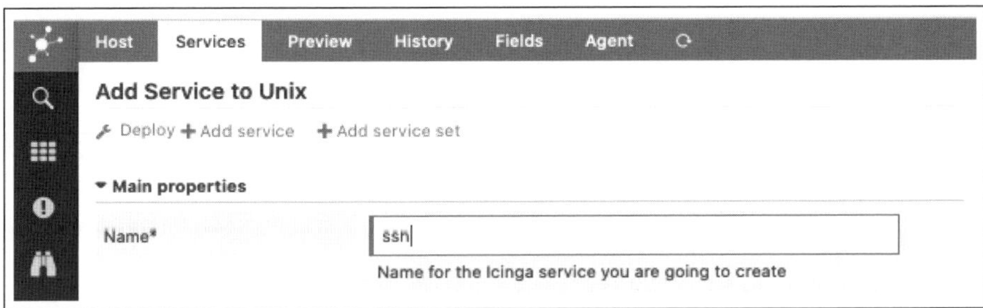

Abbildung 11-25: Erzeugen von Services mittels Template

Hierzu geht man zum gewünschten Host-Template und wählt im Kontextmenü *Services* aus. Mit *Add service* gelangt man zur Eingabemaske, in der zunächst das Service-Template ausgewählt werden muss und der Name erst nach Betätigen des Buttons *Add* gesetzt werden kann.

Mit *Preview* erhält man eine Voransicht des vom Director erzeugten Konfigurationsschnipsels zum Service. Mit *Show resolved* werden auch die ererbten Eigenschaften von importierten Templates angezeigt.

Service Preview History

Config preview: ssh

Show resolved

zones.d/director-global/service_apply.conf

```
apply Service "ssh" {
    import "ssh"


    assign where "Unix Host" in host.templates

    import DirectorOverrideTemplate
}
```

Abbildung 11-26: Vorschau eines Services als DSL-Code

Egal, welche Methode eingesetzt wird, die Services werden nicht nur am jeweiligen Host-Template und dessen Nachfahren angezeigt, sondern auch an den einzelnen Hosts. Dort gelangt man über einen Klick auf den entsprechenden Service in die Eingabemaske zur Anpassung dieses Services an diesem Host bzw. Host-Template. Dort lassen sich dann z. B. Schwellenwerte abweichend vom Default aus dem Command oder Service-Template setzen. Voraussetzung hierfür sind vorhandene Datenfelder, die dem Command oder Service-Template zuzuweisen sind.

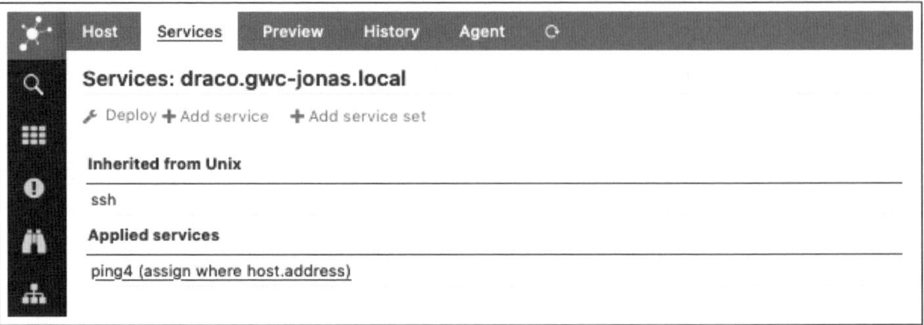

Abbildung 11-27: Services zu einem Host

Ist dies bei *ssh* noch nicht so spannend, da keine Datenfelder im Check Command oder Service-Template freigegeben sind, sieht dies bei *ping4* anders aus. In Abschnitt 11.5 ab Seite 233 wurde beschrieben, wie beim Check Command *icmp* Datenfelder gesetzt wurden. Somit lassen sich die hier zu sehenden Schwellenwerte zu diesem Host überschreiben.

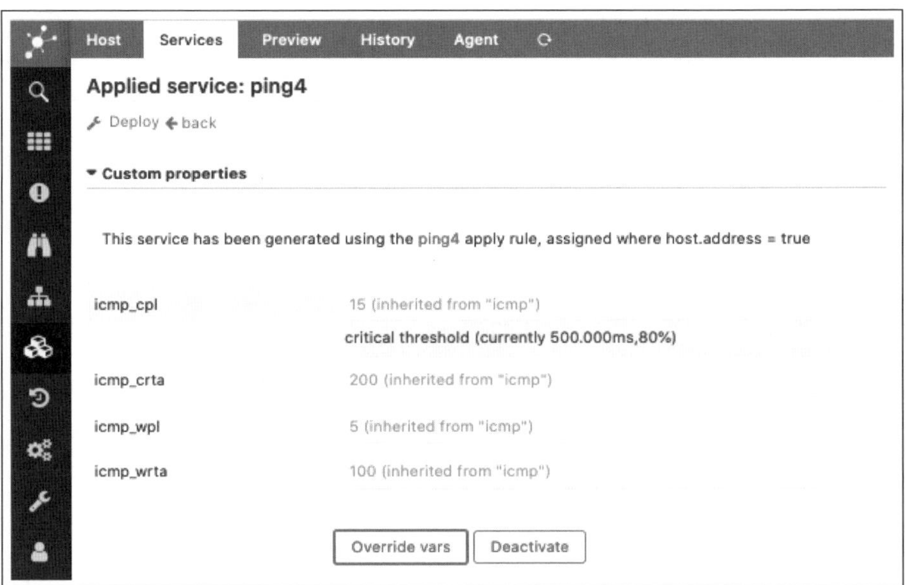

Abbildung 11-28: Ein Service und seine Datenfelder zu einem Host

Soll ein Service wieder entfernt werden, muss zuerst die Verbindung zu den Hosts gelöst werden. Egal, ob die Zuordnung mittels *apply* oder über ein Host-Template besteht, muss man das zu entfernende Objekt anwählen und dann in der folgenden Bearbeitungsmaske auf den Button *Delete* klicken.

Wenden wir uns wieder der Überwachung von Unix- und Linux-Systemen zu. Erstere sollen ausschließlich per SSH erfolgen, bei Linux hingegen standardmäßig mittels Icinga-Agenten und nur im Bedarfsfall mit SSH. Die erforderlichen Eigenschaften für eine Zuordnung sind mittels der Custom Variable *command_transport* bereits vorhanden. Für einen ersten beispielhaften Service *load* werden zwei unterschiedliche Templates benötigt, eines für den Icinga-Agenten mit gesetztem *Run on agent* (siehe Abb. 11-23 auf Seite 235) und Check Command *load* sowie eines für den Aufruf über SSH mit dem Check Command *by_ssh_load*, das wie im vorhergehenden Abschnitt zuerst zu importieren ist.

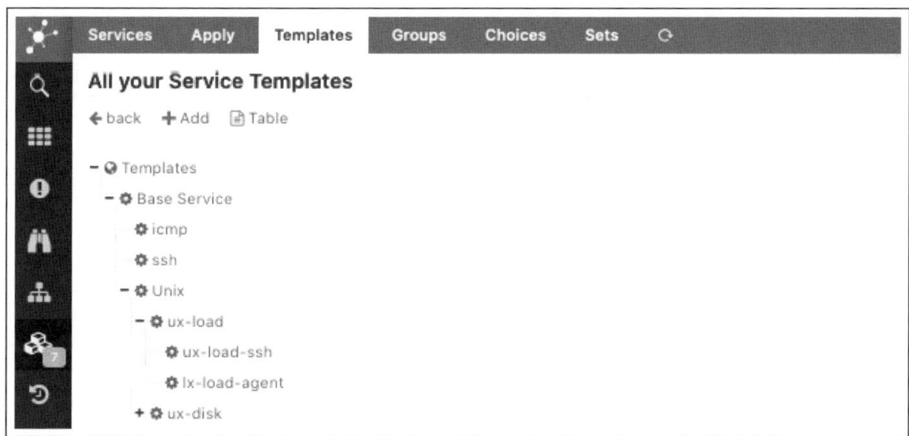

Abbildung 11-29: Baumansicht der Services

Da beide Male, ob Agent oder SSH, dasselbe Plugin eingesetzt wird, bietet sich ein »Basis«-Template *ux-load* für beide an. Hier wird das zu verwendende Check Command eingetragen, aber vor allem lassen sich hier die gewünschten Datenfelder zuweisen. Diese erben die beiden abgeleiteten Templates und unterscheiden sich eigentlich nur durch gesetztes oder nicht gesetztes *Run on agent*. Neben den Schwellenwerten, die am besten am Check Command oder alternativ am Service-Template zuzuordnen sind, ist *load_percpu* anders zu behandeln. Zuerst gilt aber eine Besonderheit, die alle Argumente eines Kommandos betreffen, die einem Boolean entsprechen:

> Der Director, genauer der Kickstart-Run, erkennt Argumente nicht, die einem Boolean entsprechen. Solche Argumente werden nicht als Makros erkannt, und sie werden nicht automatisch als Datenfelder vorgeschlagen, sondern müssen immer per Hand angelegt werden!

Nun zum Datenfeld für *load_percpu*, es ist dem Host-Template *Unix* zuzuweisen, da die Auswirkungen sowieso Host-immanent sind und so ein Default für all Unix- und Linux-Hosts gesetzt werden kann.

Die Zuweisung dieser beiden Service-Templates kann jetzt natürlich nur über ein *apply* erfolgen, da *ux-load-ssh* nur solchen Hosts mit *by SSH* als *command_transport* und *lx-load-agent* nur solchen mit *Icinga Agent* zugewiesen werden darf. Gleiches gilt für weitere Services, wie z. B. eine Überwachung der Dateisysteme. Hierfür werden drei weitere Templates *ux-disk*, *lx-disk-agent* und *ux-disk-ssh* analog zu den dreien rund um *load* angelegt. Dabei werden bei *ux-disk* zumindest Datenfelder für die Custom Variables *disk_partitions*, *disk_wfree* und *disk_cfree* erstellt.

Anstatt nun für alle diese Services eigene *apply*-Regeln zu erstellen, lassen sich *ux-load-ssh* und *ux-disk-ssh* sowie *lx-load-agent* und *lx-disk-agent* jeweils in getrennte sogenannte Servciesets zusammenfassen. Zu solch einem Serviceset ist dann nur einmal ein Regelsatz zu erstellen.

11.7 Servicesets

Servicesets sind, wie der Name schon sagt, eine zusammengefasste Menge von Services. Dadurch ist das mehrfache Zuweisen von den immer selben Services an unterschiedliche Templates oder Hosts via *apply* leicht durchführbar.

Hier werden die Beispiele aus dem vorherigen Abschnitt aufgegriffen, um zu zeigen, wie sich Servicesets anlegen und zuweisen lassen. Die Verwaltung von Servicesets erreicht man über *Director* → *Service* → *Service Set*.

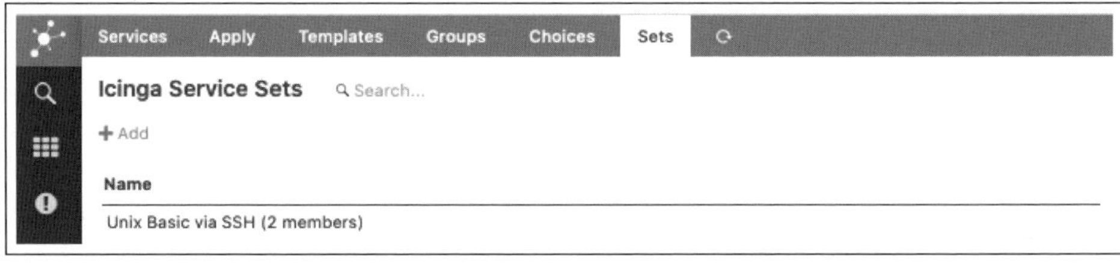

Abbildung 11-30: Serviceset anlegen

Das initiale Anlegen erfolgt selbstverständlich mittels *Add*. Soll ein bestehendes Set lediglich bearbeitet werden, gelangt man in die Bearbeitung durch einfache Auswahl dieses entsprechenden Sets aus der unteren Liste.

Das Serviceset *Linux Basic via Agent* soll im ersten Schritt neben einem Service *load* auch einen Service *disk /* zur Überwachung des Root-Dateisystems beinhalten. Im Folgenden wird jedoch nur letzterer Service »durchgespielt«, da das Erzeugen des anderen Services analog erfolgt.

Zuerst bekommt das Serviceset seinen Namen. Eine Beschreibung ist wie immer optional, aber durchaus für dritte hilfreich. Die Regel, die das Set den entsprechenden Hosts zuordnet, wird wie ein Filter aus Abschnitt 8.1 ab Seite 138 zusammengebaut, dies geschieht hier durch eine Und-Verknüpfung. Dabei soll der Host das Template *Linux* verwenden und zusätzlich die Custom Variable *command_transport* auf *Icinga Agent* gesetzt haben.

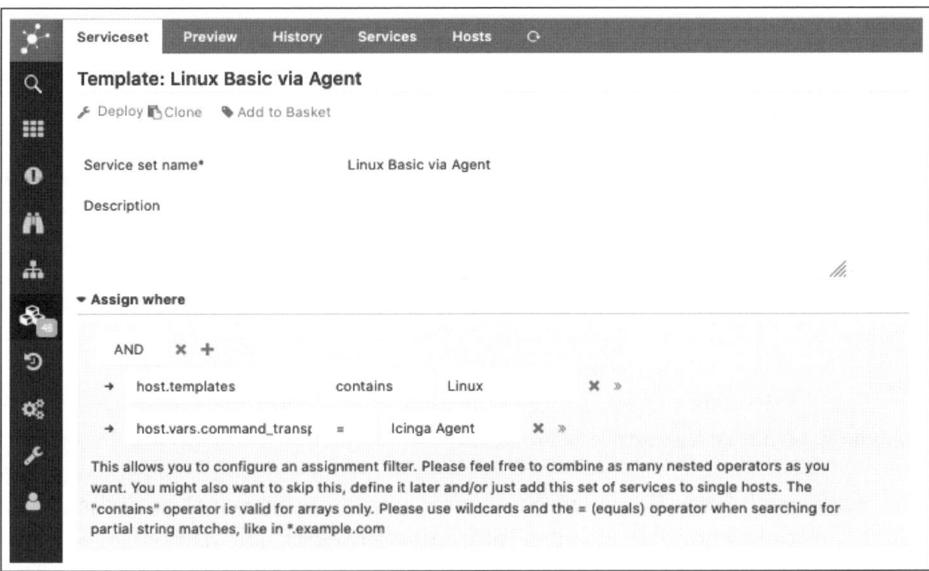

Abbildung 11-31: Serviceset mit *apply*-Regel

Bevor nun auf *Services* gewechselt wird oder sonstige Aktionen erfolgen, sollte **unbedingt mittels *Store* die bisherige Arbeit gesichert** werden!

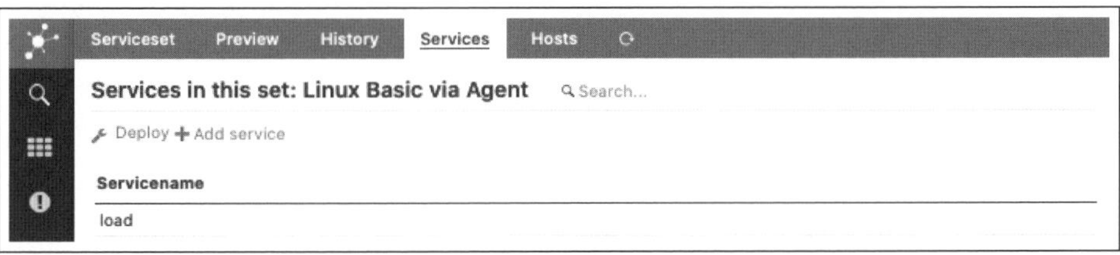

Abbildung 11-32: Service eines Servicesets

Services werden mit *Add service* hinzugefügt. Zunächst muss das zugrunde liegende Template ausgewählt werden. Etwas verwirrend ist, dass nun der zu vergebende Name oberhalb des eben gewählten Templates eingeblendet wird und standardmäßig auf den Namen des Templates gesetzt wird. In diesem Fall, wie auch in nahezu allen anderen, muss der Name abgeändert werden. Da es sich bei diesem Service um *disk /* handeln soll, ist nicht nur der Name anzupassen, sondern auch das Datenfeld *Filessystem* zu befüllen. Das Datenfeld muss hierfür im Check Command *disk* oder im Service-Template *ux-disk* gesetzt und der Custom Variable *disk_partitions* zugeordnet sein.

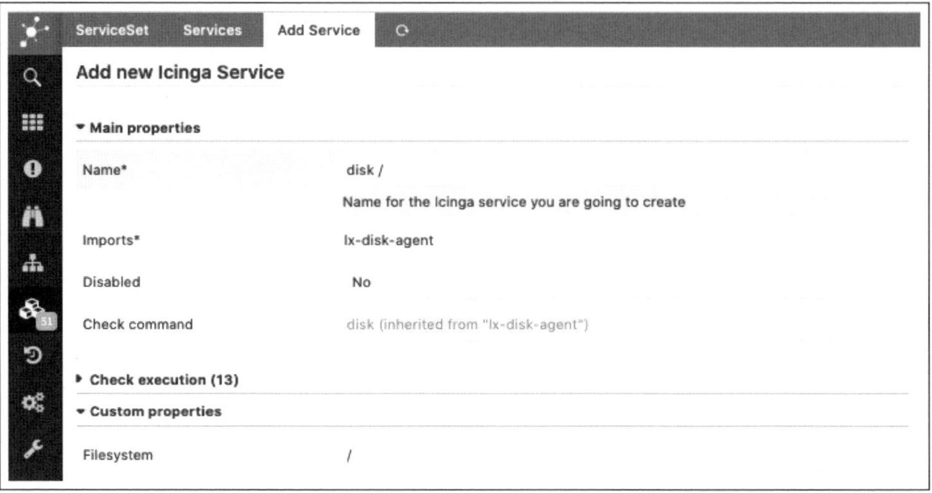

Abbildung 11-33: Anlegen eines Servicesets

Das Serviceset *Unix Basic via SSH* wird analog aufgebaut, natürlich aber mit den entsprechenden Service-Templates für SSH. Die *apply*-Regel ist so abzufassen, dass die Linux-Hosts mit Agenten nicht berücksichtigt werden. Erreichen lässt sich das, indem der Host das Template *Unix* verwenden muss und *host.command_transport* ungleich *Icinga Agent* zu sein hat.

Servicesets lassen sich, wie einzelne Services auch, direkt einem Host-Template oder Host zuweisen. Kommen jedoch noch weitere Eigenschaften hinzu, die sich bei Hosts mit ein und demselben Template unterscheiden können, bleibt nur der hier beschriebene Weg über ein Apply.

11.8 Konfigurationsdateien mittels Fileshipper

Manchmal ist es wünschenswert oder sogar nötig, auf die flexible Konfigurationssprache von Icinga 2 zurückzugreifen, da sich etwas nicht im Director abbilden lässt. Insbesondere gilt dies bei Objekten, die nicht vom Typ *CheckCommand* sind und sich damit nicht via Kickstart einbinden lassen. Dies betrifft vor allem Notification- und Dependency-Objekte. Im Bereich Benachrichtigungen lassen sich Notification Commands wie auch Notifications selbst leicht via *apply* auch außerhalb des Directors nutzen, da sie einfach über Benutzer und Benutzergruppen gesteuert werden können, die sich wiederum sehr leicht mit dem Director verwalten lassen.

Ein Modul, das sich um externe Dateien und deren Einbindung in den Deploy-Mechanismus des Directors kümmert, ist das Modul Fileshipper. Wurde der Installer verwendet, ist dieses Modul bereits eingerichtet. Andernfalls erfolgt die Installation wie üblich bei Modulen für Icinga Web 2 in ein Modulverzeichnis, z. B. in das in Abschnitt 8.6 ab Seite 165 zusätzlich hinzugefügte Verzeichnis.

```
$ cd /usr/local/share/icingaweb2-modules
$ install -m755 -d fileshipper
$ wget -qO - \
    https://github.com/Icinga/icingaweb2-module-fileshipper \
    /archive/v1.2.0.tar.gz|tar xfz - -C fileshipper \
    --strip-components 1
$ icingacli module enable fileshipper
$ install -m755 -d /etc/icingaweb2/modules/fileshipper
```

Das Modul besitzt keine grafische Unterstützung der Konfiguration und so muss das Konfigurationsverzeichnis per Hand angelegt werden. Da keine Integration in Icinga Web 2 existiert, muss auch noch bei der Berechtigung darauf geachtet werden, dass der Webserver die Dateien lesen kann.

```
[global-rules]
source = /usr/local/src/custom-rules.git/director-global
target = zones.d/director-global/custom-rules
extensions = .conf

[main-rules]
source = /usr/local/src/custom-rules.git/main
target = zones.d/main/custom-rules
extensions = .conf .md
```

Codebeispiel 11.6: */etc/icingaweb2/modules/fileshipper/directories.ini*

In der Datei *directories.ini* im Konfigurationsverzeichnis lassen sich in unterschiedlichen Sektionen jeweils Quell- und Zielverzeichnis aufführen, wobei das Ziel immer nur relativ zu *zones.d* angegeben wird. Optional kann mit *extensions* eine Liste von Dateiendungen eingetragen werden, die ausschließlich zu berücksichtigen sind.

Die Motivation, externe Dateien mittels dieses Moduls einzubinden, ist unzweifelhaft die Versionierung über den Director. Legte man die Dateien direkt in die Zonenverzeichnisse des Konfigurationservers ab, würden diese auch nicht beim Zurücksetzen der Konfigurationsversion im Director berücksichtigt.

Die zweite mächtige Eigenschaft dieses Moduls ist die Erweiterung der Automatisierung um dateibasierte Importquellen, wie sie im nächsten Abschnitt besprochen werden.

11.9 Automatisierung und Synchronisation

Eine sehr mächtige Eigenschaft des Directors ist das Anzapfen unterschiedlicher Quellen, um von dort Informationen über zu überwachende Systeme zu erhalten und diese automatisch in seine Icinga-Konfiguration zu integrieren.

Im vorhergehenden Abschnitt wurde das Modul Fileshipper vorgestellt, um mit ihm externe Dateien in die Versionskontrolle des Directors mit einzubeziehen. Das Modul stellt darüber hinaus auch Schnittstellen zum Auslesen von CSV-, JSON-, YAML- und XML-Dateien bereit. Informationen aus solchen Dateien ermöglichen gemeinsam mit der Synchronisation das automatische Erstellen von Icinga-Objekten. Der häufigste Einsatzzweck ist mit Sicherheit das Anlegen von Hosts. Im Nachgang werden dann die üblichen Mechanismen wie Templates und Servicesets genutzt, um Services zu generieren.

Weit verbreitet sind CMDBs auf SQL-Basis. Ist das entsprechende PHP-Modul installiert, wird das dazugehörige DBMS auch unterstützt. Mittlerweile existieren neben SQL einige weitere Module, die z. B. das Abgreifen von Daten via API von einem vSphere-vCenter (siehe Abschnitt 18.1.1) erlauben und für AWS[3] bei der Amazon-Cloud oder einer PuppetDB[4].

Da das Verfahren jedoch gleich bleibt, liegt hier der Fokus auf einem Beispiel mit einer CSV-Datei, um sich diesem Thema zu nähern.

```
[Import]
basedir = /var/cache/fileshipper/import
```

Codebeispiel 11.7: /etc/icingaweb2/modules/fileshipper/imports.ini

Bevor man eine Datei mit Informationen zu einzelnen Hosts erzeugen kann, muss dem Modul in der Datei *imports.ini* zumindest ein Pfad bekannt gemacht werden, aus dem Dateien als Quelle ausgewählt werden dürfen. Eine Datei *hosts.csv* im CSV-Format könnte z. B. wie folgt aussehen:

```
"hostname","ipaddress","operatingsystem"
"fornax.gwc-jonas.local","172.16.1.11","Centos"
"draco.gwc-jonas.local","172.16.1.254","Debian"
"sculptor.gwc-jonas.net","172.16.2.11","RHEL"
"antlia.gwc-jonas.net","172.16.2.12","Debian"
"phoenix.gwc-jonas.local","172.16.1.15","Solaris"
```

Codebeispiel 11.8: CSV-Datei *hosts.csv* mit Informationen zu Hosts

Die erste Spalte enthält den Namen des Hosts als FQDN, in der zweiten steht die primäre IP-Adresse, gefolgt vom installierten Betriebssystem.

[3]https://github.com/Icinga/icingaweb2-module-aws

[4]https://github.com/Icinga/icingaweb2-module-puppetdb

Diese Datei wird nun mit einer neuen Importquelle verknüpft. Die Eingabemaske wird über *Director* → *Automation* → *Import Source* → *Add* erreicht.

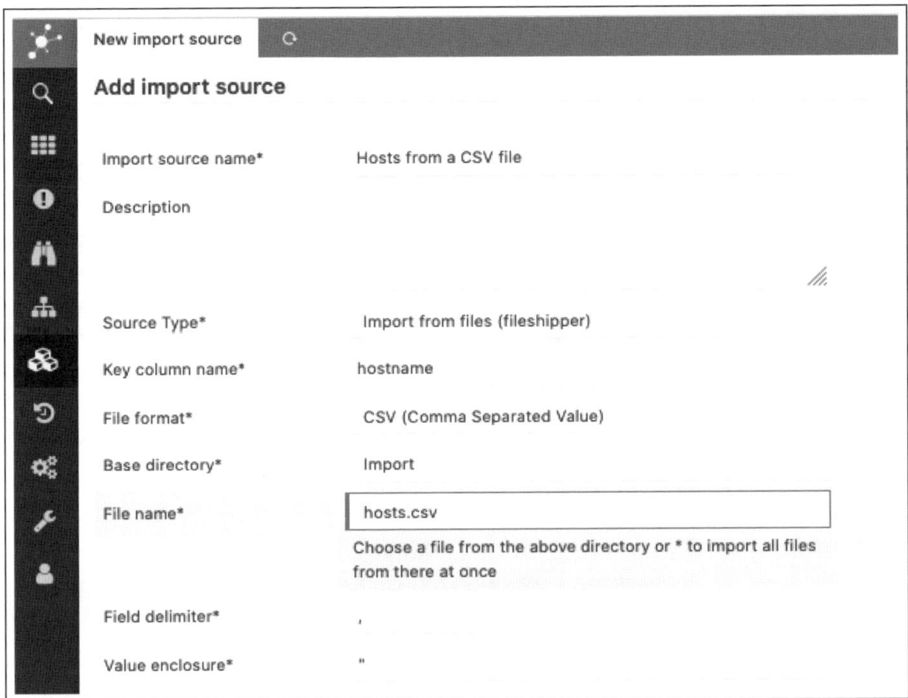

Abbildung 11-34: Eine Quelle zum Import von Daten anlegen

Als Erstes benötigt die Quelle einen Namen, unter dem der Import später eindeutig angesprochen wird. Weiterhin ist es erforderlich, den Typ der Quelle einzustellen, hier für Dateien mittels Fileshipper. Andere Typen richten sich nach installierten PHP-Modulen. So steht LDAP erst als Quelltyp zur Verfügung, wenn auch das Modul installiert ist. Übliche Quellen sind Datenbanken. So kann z. B. auch die IDO-Datenbank einer anderen Icinga-Umgebung angezapft und zur Migration benutzt werden.

Der Wert für die Einstellung *Key column name* gibt den Spaltennamen an, der eindeutige Werte enthalten muss und später dem **Objektnamen zu entsprechen hat**. Da hier eine Entscheidung für Fileshipper erfolgte, muss noch das Dateiformat angegeben werden. Das zur Auswahl stehende Format richtet sich ebenfalls nach den installierten PHP-Modulen. YAML Ain't Markup Language (YAML) taucht so lange nicht in der Liste auf, bis das Modul installiert ist und der Webserver bzw. der FastCGI Process Manager (FPM) neu gestartet wurde.

Dann wählt man das Verzeichnis, in dem sich die Datei zum Import befindet, und die Datei selbst aus. Die Bezeichnung entspricht dem Namen der Sektion aus der Konfiguration in `imports.ini`.

Die letzten beiden Felder werden standardmäßig mit den in Abbildung 11-34 zu sehenden Werten ausgefüllt. Sollte das Trennzeichen für Spalten von einem Komma abweichen, muss das entsprechende Zeichen gesetzt werden. Gleiches gilt bei einschließenden Zeichen für die Werte der Spalten.

> Der Automatisierungsprozess läuft immer in zwei Schritten ab:
>
> 1. Der Import aus einer oder mehreren Quellen und ggf. die Anreicherung oder Modifikation von importierten Daten
> 2. Die Synchronisation zum Erzeugen von Icinga-Objekten aus den importierten und angereicherten Daten

Der Import kann erst durchgeführt werden, nachdem die neue Quelle mit *Add* gespeichert ist. Hierzu wird die entsprechende Quelle erneut ausgewählt und durch Drücken von *Trigger Import Run* unterhalb des Menüpunkts *Import source* eingelesen.

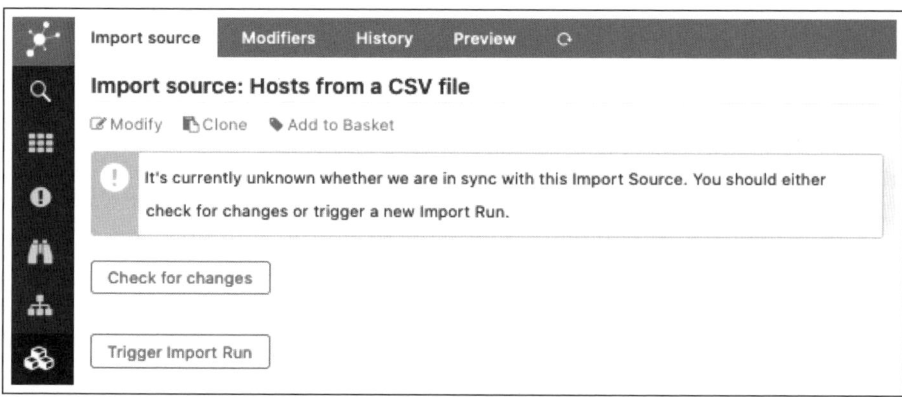

Abbildung 11-35: Den Import einer Quelle im Director anstoßen

Ob ein erneuter Import überhaupt nötig ist, erfährt man durch Betätigen von *Check for changes*. Eine Voransicht der Daten erhält man mittels *Preview*.

Nun soll noch mit einem einfachen Beispiel demonstriert werden, wie sich importierte Werte modifizieren lassen. Die Werte der Spalte *hostname*, die als FQDN in der Quelle vorliegen, sollen verkürzt als Hostnamen ohne Domain in einer eigenen Spalte »display_name« abgelegt werden.

Hat man eine Quelle ausgewählt, erreicht man die darauf definierten *Modifiers* über den Menüpunkt selbigen Namens. Wie üblich wird mit *Add* ein neuer Modifier angelegt. Unter *Property* wird die Spalte spezifiziert, die zu modifizieren ist. Das *Target property* entspricht dem Namen der neu zu erzeugenden Spalte mit den abgeänderten Werten.

Es kann aus einer Vielzahl Modifier ausgewählt werden. Die Bandbreite reicht von unterschiedlichen Konvertierungen über Decodieren von JSON, DNS-Abfragen, String-Manipulationen bis zu Substitutionen anhand von regulären Ausdrücken. Letzteres findet auch im Folgenden Anwendung, um die Domäne inklusive Punkt durch den Leerstring zu ersetzen.

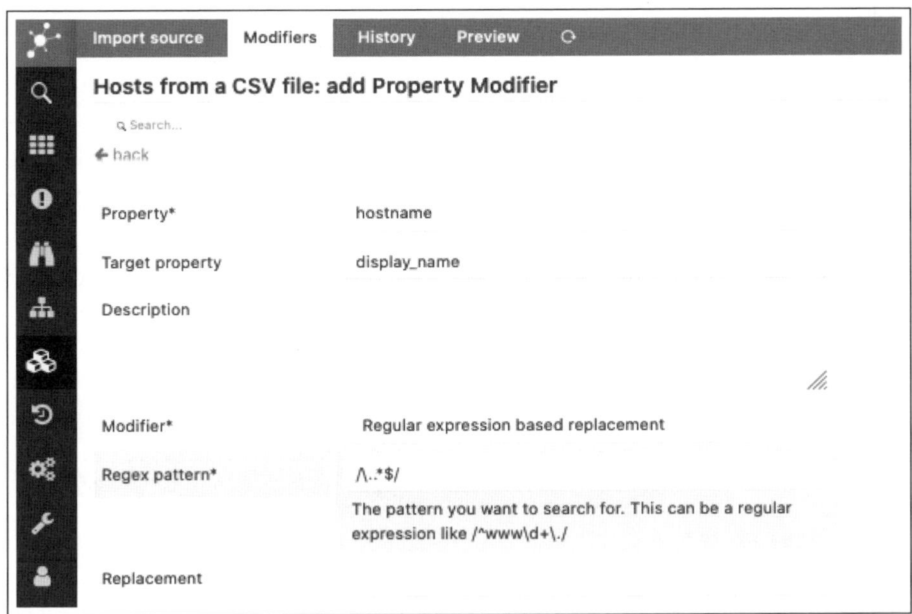

Abbildung 11-36: Ein Modifier zum Entfernen der Domain in einem FQDN

Nun sollte damit die Vorschau wie in Abbildung 11-37 auf Seite 248 aussehen, wobei die Quelle noch um eine weitere Spalte für auf dem System laufende Applikationen erweitert wurde.

Auch das erneute Modifizieren einer angepassten Spalte ist möglich, damit lassen sich mehrere Operationen in Reihe ausführen. Die in diesem Zuge erzeugten »Hilfsspalten« existieren zwar auch, wenn sie nicht weiter benötigt werden, müssen aber in den nachfolgend besprochenen Synchronisationsregeln nicht berücksichtigt werden.

Synchronisationsregeln

Der Import ist erfolgt. Damit kann man nun daran gehen, Icinga-Objekte auf Basis dieser Daten zu erstellen. Dies wird im Director durch sogenannte *Sync rules* bewerkstelligt.

Import source | Modifiers | History | Preview

Import source preview: Hosts from a CSV file

Download JSON [..]

hostname	display_name	ipaddress	operatingsystem
fornax.gwc-jonas.local	fornax	172.16.1.11	Centos
draco.gwc-jonas.local	draco	172.16.1.254	Debian
sculptor.gwc-jonas.net	sculptor	172.16.2.11	RHEL
antlia.gwc-jonas.net	antlia	172.16.2.12	Debian
phoenix.gwc-jonas.local	phoenix	172.16.1.15	Solaris

Abbildung 11-37: Vorschau einer Importquelle mit Modifier

Jede Regel generiert aus den Daten einer Quelle Objekte eines Typs. Im Allgemeinen möchte man wahrscheinlich Hostobjekte erstellen, aber auch jegliche andere Typen sind möglich. Jeder Regel müssen noch sogenannte *Properties* zugeordnet werden, die sich darum kümmern, aus den Importdaten Attribute und Custom-Attribute zu machen. Eine solche Regel wird angelegt über *Director* → *Automation* → *Sync rule* → *Add*.

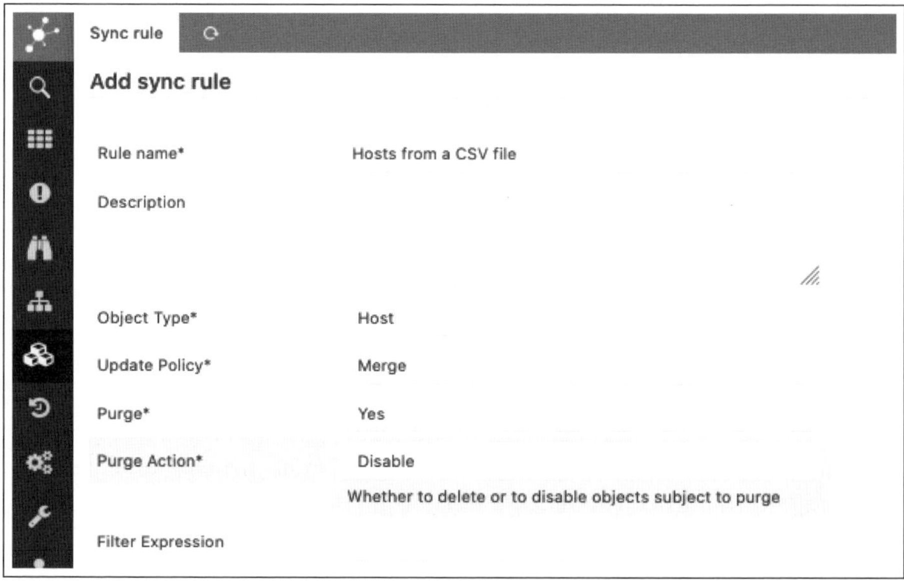

Abbildung 11-38: Eine Sync-Regel zu einer Importquelle anlegen

Neben einer eindeutigen Bezeichnung für die Regel ist der Typ der zu erzeugenden Objekte festzulegen. Bei *Update Policy* kann zwischen *Merge*, *Replace*, *Ignore* und *Update only* gewählt werden. Damit beeinflusst man, wie zu verfahren ist, falls das Objekt schon vorhanden sein sollte. Existiert bei *Replace* das Objekt bereits und unterscheidet es sich in seinen Attributen von den Werten aus der Importquelle, wird es mit den Werten aus der Quelle ersetzt. Alle Attribute, die nicht über den Sync-Prozess gepflegt werden, werden aus dem Objekt entfernt. Bei *Merge* werden hingegen nur die gepflegten Attribute ersetzt, bestehende zusätzliche bleiben erhalten. *Ignore* behält das Objekt, sollte es sich von der Quelle unterscheiden, so bei, wie es ist. *Update only* nimmt nur Änderungen vor, falls das Objekt schon existiert, andernfalls wird kein neues Objekt angelegt.

Wird *Purge* auf *Yes* gesetzt, werden alle Objekte, die keine Entsprechung im Sync aus der Quelle haben, gelöscht (*Delete*) oder lediglich abgeschaltet (*Disable*). Es **betrifft allerdings nur Objekte, die zuvor durch einen Sync angelegt wurden**. Andernfalls werden sie mit *No* unverändert beibehalten. So ist es möglich, automatisiert erzeugte Objekte zu verwalten, aber auch per Hand welche anzulegen und zu pflegen.

In *Filter Expressions* kann optional das Erstellen von Objekten auf diejenigen eingeschränkt werden, die die Filterregeln erfüllen. Die Syntax ist einfach gehalten und bezieht sich auf die Spaltennamen der Importquelle, Wildcards sind zulässig.

```
(display_name=fornax|display_name=sculptor)&ipaddress=172.*
```

Das Beispiel beschränkt das Erstellen auf Hostobjekte, die als *display_name* dem einen oder dem anderen angegebenen Namen entsprechen und deren *ipaddress* mit *172* beginnt.

Nachdem man die Regel mit *Add* hinzugefügt hat, erscheint der Hinweis, dass man noch *Sync Properties* zu erstellen hat.

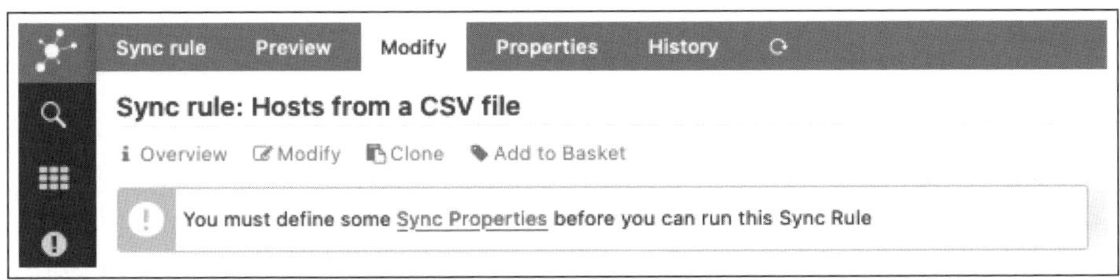

Abbildung 11-39: Hinweis über fehlende Sync Properties zu einer Sync-Regel

Momentan sind gar keine Attribute der jeweiligen Hostobjekte bekannt. Diese Informationen fügt man unterhalb von *Properties* → *Add sync property rule* hinzu.

Als Objektnamen werden automatisch die Einträge aus der Spalte *Key column name* der Importquelle gewählt, hier demnach *hostname*. Die Quelle ist auch als Erstes auszuwählen. In *Destination Field* wird das Attribut des Icinga-Objekts angegeben, das aus der Spalte der Quelle (*Source Column*) befüllt werden soll.

> Wie man vielleicht entdeckt hat, gibt es auch die Möglichkeit, als *Destination Field* den Objektnamen zu wählen. Dieser muss trotzdem dem *Key column name* einer verwendeten Importquelle dieser Sync-Regel entsprechen.

Es ist also möglich, seine **Objekteigenschaften aus mehreren Quellen** zusammenzufügen. Verknüpft sind diese unterschiedlichen Quellen über ihre jeweiligen Einträge in der Spalte *Key column name*.

Als Erstes soll die IP-Adresse für die Hosts dem Attribut *address* zugeordnet werden. Dazu wählt man die Quelle mit dieser Information aus. In *Destination Field* muss das Attribut stehen, dem die Elemente aus der Tabellenspalte in *ipaddress* zugeordnet werden sollen.

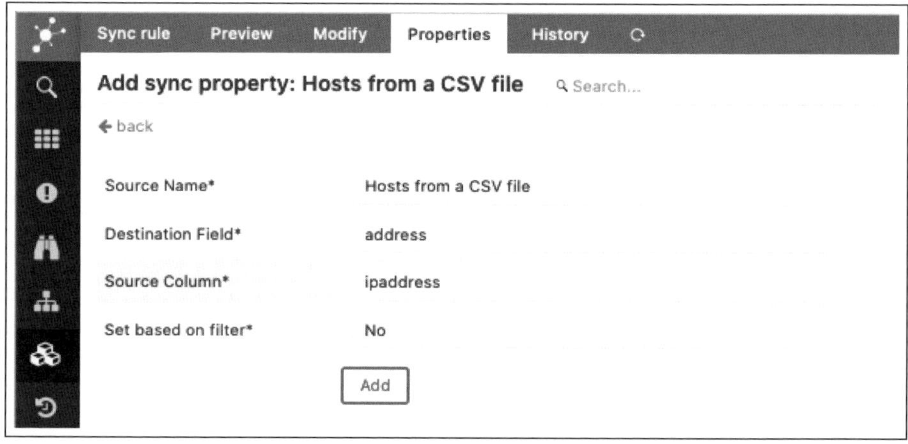

Abbildung 11-40: Ein Sync Property für ein Attribut erstellen

Auf gleiche Weise verfährt man mit dem verkürzten Anzeigenamen *display_name*. Neben Attributen lassen sich so auch Custom Variables setzen. Diese werden allerdings erst mit einem passenden Datenfeld am Objekt im Director angezeigt, stehen andernfalls Icinga dennoch zur Verfügung.

Was nun noch fehlt, sind die Zuordnungen der betriebssystembezogenen Templates. Dazu wählt man als *Destination Field* den Wert *Inheritance (import)* und als Quelle das gewünschte Template aus. Hier kommt nun auch der Filter zum Einsatz, da z. B. RHEL und Centos zu *Red Hat* zusammengefasst werden müssen. Selbiges gilt natürlich auch für Ubuntu und Debian. Die Filterausdrücke werden auch hier als einfache logische Verknüpfungen mit der optionalen Benutzung von Wildcards gesetzt.

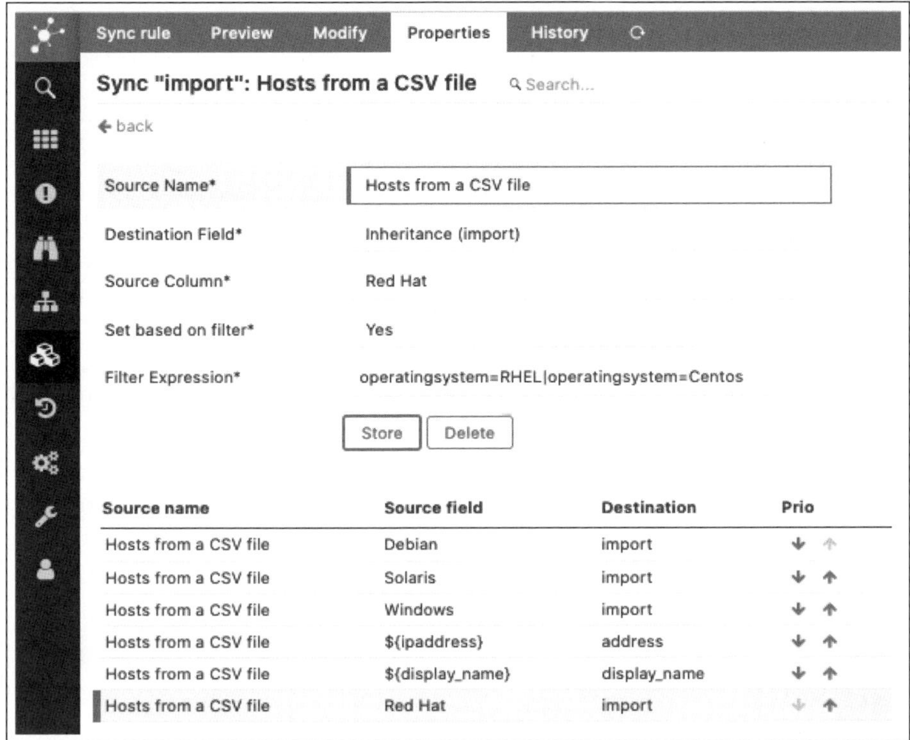

Abbildung 11-41: Sync Property für den Import eines Templates

Mit den Pfeilen in der Spalte *Prio* lassen sich die Templates und Attribute in die gewünschte Reihenfolge bringen. So sollten im Objekt zuerst die Templates, die ein Betriebssystem repräsentieren, ganz oben stehen.

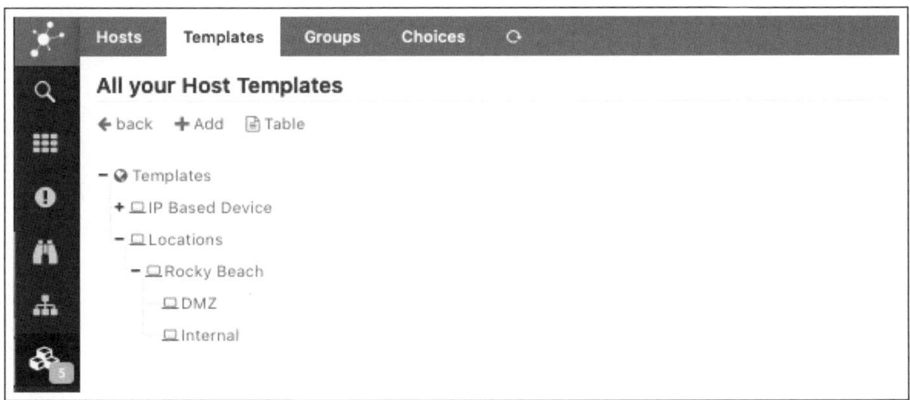

Abbildung 11-42: Weitere Host-Templates für Netzwerksegmente

Weitere Templates, die die Netzstruktur abbilden, lassen sich mit den Informationen über die IP-Adressen auch leicht hinzufügen. Dafür müssen zuerst einmal weitere Host-Templates erstellt werden.

Location dient hier als »zusammenhaltende Klammer«, kann aber auch Datenfelder zugewiesen bekommen, in denen z. B. Koordinaten für das Map-Modul aus Abschnitt 8.6 ab Seite 165 hinterlegt werden können. Aber auch Informationen über Name- oder Zeitserver zu Standorten oder einzelnen Netzsegmenten lassen sich hinterlegen. Im Template *DMZ* wird zusätzlich noch *Cluster Zone* auf *dmz* gestellt, damit werden die entsprechenden Hosts automatisch in die Zone des Satelliten für diese Zone gesetzt.

Weil die Plugins zum Prüfen der Serverzeit sich auf Unix mit dem Monitoring-Plugin `check_ntp_time` und auf Windows unterscheiden, sind auch die benötigten Custom Variables unterschiedlich in ihren Namen. Als Lösung solcher Probleme erstellt man sich ein Datenfeld mit eigens gewählter Custom Variable, für den Zeitserver vielleicht *time_server*. Im zum Plugin passenden Datenfeld *ntp_address* am Service-Template, wird dann einfach das Makro *$time_server$* eingetragen.

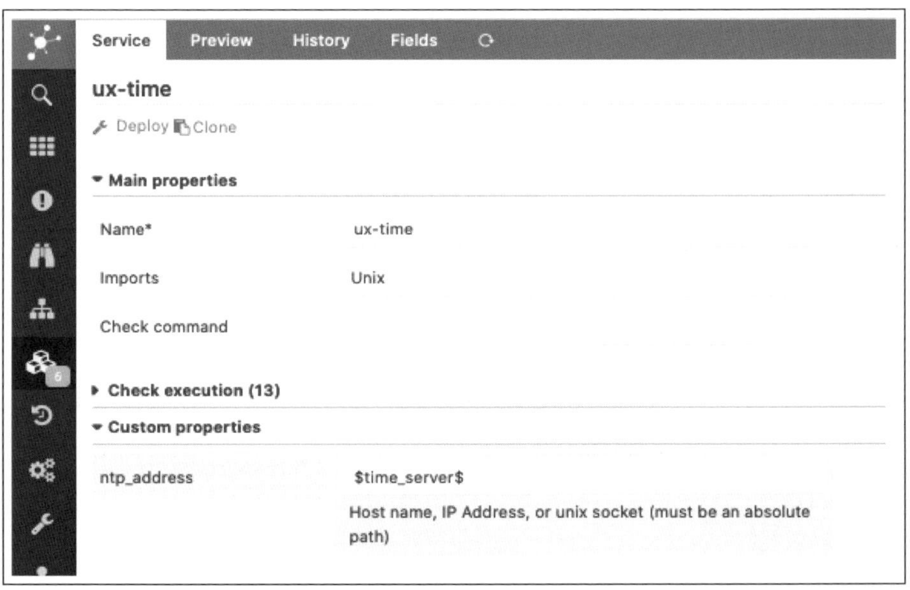

Abbildung 11-43: Datenfeld mit Makro zur Substitution

Wie schon bei der Importquelle **müssen auch die Sync-Regeln getriggert werden**. Zu beachten ist immer: Ändert sich etwas an der Quelle, muss diese immer vor den Sync-Regeln neu importiert werden, sonst werden die Sync-Regeln auf den alten Datenbestand angewandt. Dieser Vorgang lässt sich mit Jobs (*Director* → *Automation* → *Jobs*) automatisieren.

11.10 Benachrichtigungen

Die Konfiguration von Benachrichtigungen ist im Director ebenfalls möglich. Hierzu sind als Empfänger Benutzer und Benutzergruppen zu definieren, die auch als zu verwaltende Objekte zur Verfügung stehen. Diese lassen sich mittels einer Ressource, siehe Abschnitt 8.3, in Icinga Web 2 auch im Zusammenhang mit der Synchronisierung aus dem vorausgegangenen Abschnitt z. B. mit einem Active Directory synchronisieren.

»Bei der Macht von Grayskull, ich habe die Kraft!«
He-Man, 1983

Benutzer und Benutzergruppen

Die direkte Verwaltung von Benutzern und Benutzergruppen erfolgt im Director sehr intuitiv. Hierfür gibt es unter *Director → Users / Contacts* die obligatorische Möglichkeit, *User* mit oder ohne zugehöriges *Template* anzulegen und in *User Groups* zu Gruppen zusammenzuführen.

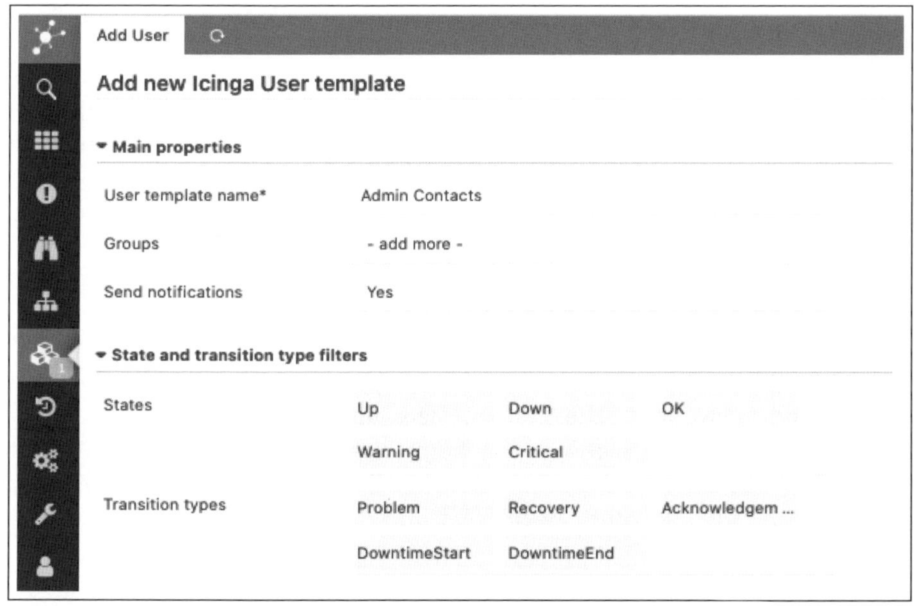

Abbildung 11-44: Importquelle für Benutzer im Director

Gruppen und einzelne Kontakte werden dann als Benachrichtigungsempfänger herangezogen.

Notification Command

Die notwendigen Kommandos zur Benachrichtigung lassen sich wie für Check-Plugins über den Kickstart des Directors importieren oder ebenfalls in der Oberfläche in *Director* → *Commands* → *Commands* explizit als *Notification PluginCommand* »zusammenklicken«.

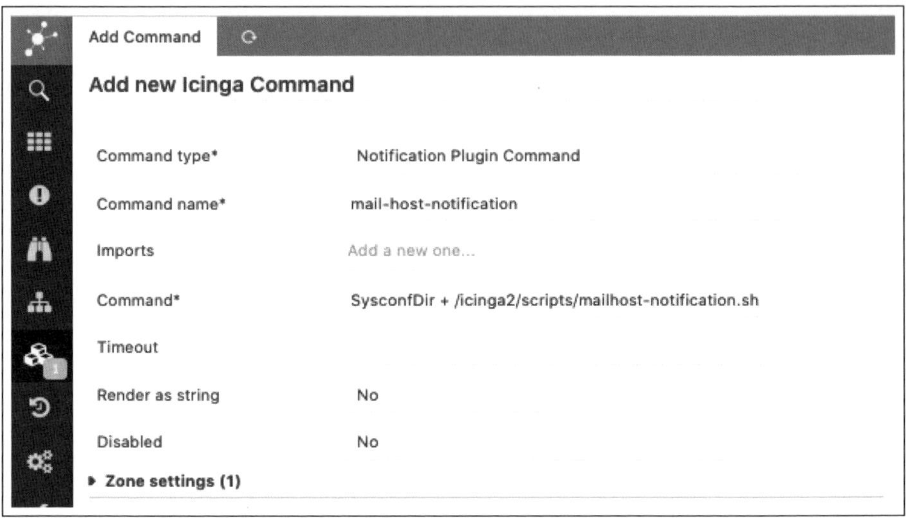

Abbildung 11-45: Anlegen eines Notification Command für Host-Benachrichtigungen

Notification

Zunächst legt man mindestens je ein Template für die Benachrichtigung bzgl. Hosts und Services an, zu erreichen über *Director* → *Notifications* → *Notification templates*. Und entscheidet dort, über was zu benachrichtigen ist. Hier wird im Folgenden als Beispiel *mail-host-notification* für Hosts und Mailversand verwendet. Die Felder *Users* und *User groups* müssen hierbei leer bleiben, diese werden erst beim eigentlichen Notification-Objekt gefüllt. Für das *Notification Command* ist das eben angelegte Kommando auszuwählen, auch getrennt nach Host und Service.

> Im Objekt wie auch im Template sind, wie zu erkennen ist, die *Users* und *User Groups* aus einer vorgegebenen Liste auszuwählen. Es besteht demnach keine Möglichkeit, sich auf eine Custom Variable am Host zu beziehen, die z. B. die Empfänger enthält. Im Nachfolgenden **wird auf einen Trick zurückgegriffen**, dies dennoch umzusetzen.

Die benötigten Objekte werden durch eine *apply*-Regel erzeugt. Das Objekt und die Regel erreicht man über *Director → Notifications → Notifications*. Neben dem eindeutigen Namen *mail-icinga*, dem Import des Templates und der Angabe, dass es sich hier um Hosts (*Apply to*) handelt, ist bei *Assign where* noch die Regel anzugeben.

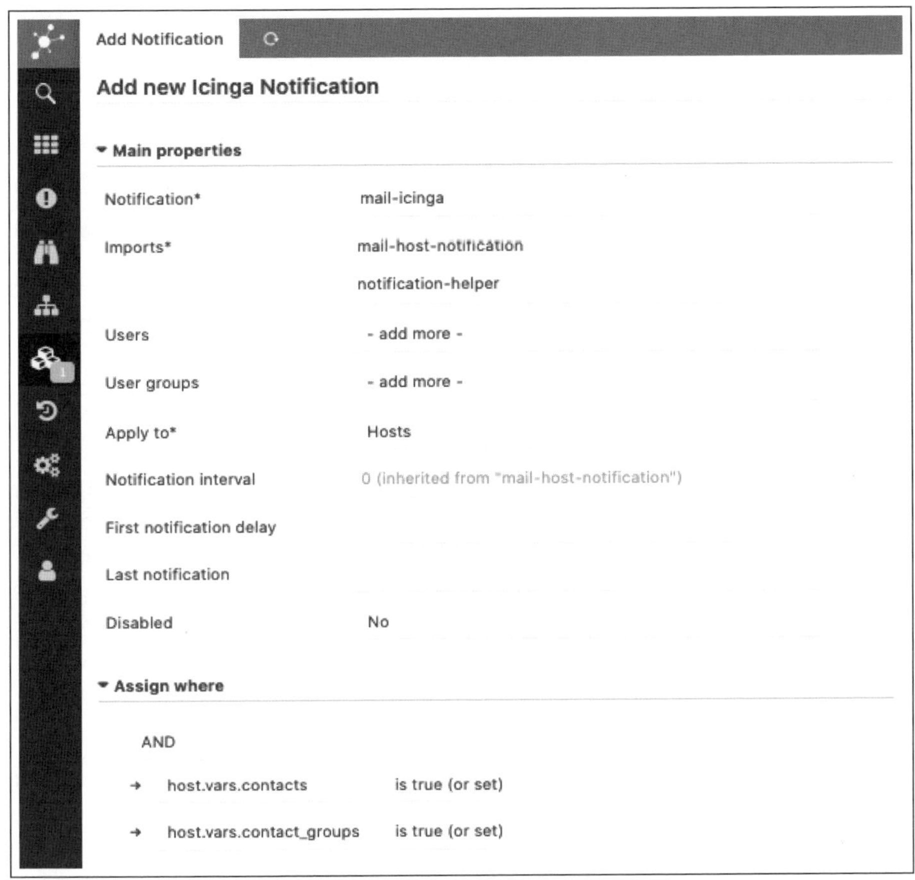

Abbildung 11-46: Erstellen eines Notification-Objekts für Host-Benachrichtigungen

Um zu vermeiden, für jede Kombination von Empfängern eigene Notifications mit komplizierten *apply*-Regeln zu erstellen, wird davon ausgegangen, dass die Benutzer im Datenfeld *contacts* und die Gruppen in *contact_groups*, die den Custom Variables entsprechen, am Host abgelegt sind. Wie man sieht, wird hier lediglich auf Existenz geprüft, da ja der Inhalt vom Host übernommen werden soll.

Hierfür wird auf einen Kunstgriff mithilfe des Fileshipper zurückgegriffen. Dort ist für den folgenden Code in der Konfigurationsdatei `directories.ini` ein Verzeichnis als Ablage- und Zielort zu definieren. Alternativ geht es auch ohne Fileshipper, wenn die Ablage direkt in den Bereich von Icinga-DSL-Dateien erfolgt. Auch dann steht das Template nach einem Reload in Icinga zur weiteren Anwendung zur Verfügung.

```
template Notification "notification-helper" {
  if (host.vars.contacts) {
    users = host.vars.contacts
  }
  if (host.vars.contact_groups) {
    user_groups = host.vars.contact_groups
  }
}
```

Der benötigte Code wird mittels des Templates *notification-helper* in *mail-icinga* eingeschleust. Dieses Template ist jeweils in der Notification als Zweites nach *mail-host-notification* zu importieren.

Damit es trotzdem im Director ausgewählt werden kann, muss das Template als inaktiv existieren, wenn es als »normale« Icinga-Konfiguration hinzugefügt wird.

```
$ icingacli director notification create notification-helper \
        --object_type template --disabled
```

Die noch erforderlichen Datenfelder für *contacts* und *contact_groups* werden am besten als »reine« Felder mit dem *Data type* = *DirectoryObject* und *Object* = *Users* bzw. *UserGroups* vom Type *Array* angelegt und einem weit oben im Template-Baum liegenden Host-Template zugeordnet.

Data Field Category	- please choose -
Data type*	DirectorObject
Object*	Users
Target data type*	Array
	Add

Abbildung 11-47: Datenfeld mit Director-Objekt als Quelle

Benutzer und Benutzergruppen importieren

Aufbauend auf die bisher geleistete Arbeit, lassen sich die zu benachrichtigenden Benutzer auch aus einer Quelle am Director importieren, z. B. aus einem Active Directory.

Dabei ergibt sich allerdings ein Problem. In Icinga ist es nicht möglich, einer *UserGroup* einzelne Benutzer zuzuordnen. Benutzerobjekten muss gesagt werden, zu welchen Gruppen sie gehören. Diese Information liegt im

LDAP des Active Directory über das Attribut *memberOf* bei jedem Benutzer ebenfalls vor, allerdings als Distinguished Name (DN) und nicht lesbar als *sAMAccountName*.

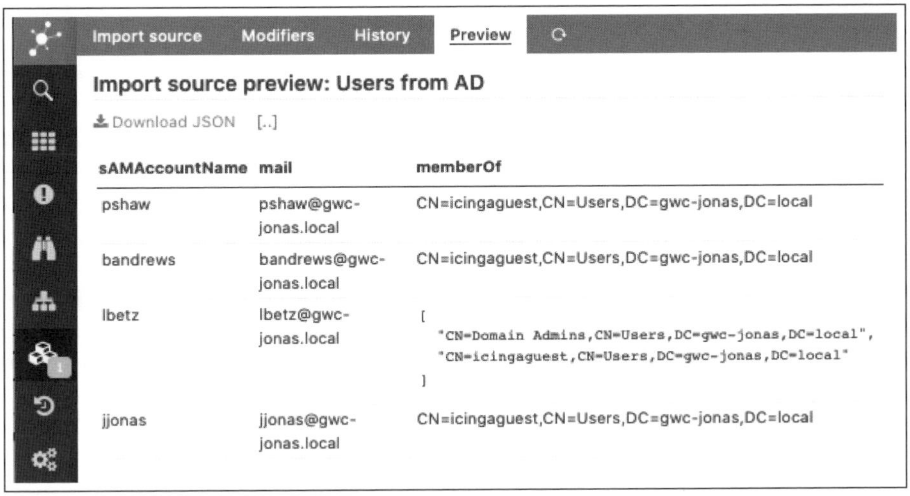

Abbildung 11-48: Voransicht des Imports von Benutzern aus einem Active Directory

Zur Umsetzung dieses Beispiels werden zunächst zwei weitere Importquellen benötigt. Als für beide zugrunde liegende Ressource dient *ad-ldap* aus Abschnitt 8.3.

Die erste neue Quelle soll den Namen *Groups from AD* tragen und als *Key column name* den *sAMAccountName* gesetzt bekommen. Die interessanten *Properties* sind lediglich *dn,sAMAccountName*. Die LDAP-Abfrage wird auf *group* als *Object class* begrenzt und mittels eines Filters weiter auf eine Gruppenmitgliedschaft eingeschränkt:

```
memberOf:1.2.840.113556.1.4.1941:= \
        CN=icinga,CN=Users,DC=gwc-jonas,DC=local
```

Dies setzt voraus, dass alle weiteren relevanten Gruppen direkt oder indirekt Mitglied dieser Gruppe sind. Ist das nicht der Fall, muss der Filter mittels Oder-Verknüpfung, um weitere Gruppen ergänzt werden.

Der Import aus dieser Quelle wird benötigt, um den DN dem zugehörigen *sAMAccountName* zuzuordnen. Hierfür wird mittels der Sync-Regel *Groups datalist mapper* eine Datenliste *Groups Mapper* befüllt. Beide sind zunächst zu erstellen. Die Datenliste ist leer, bekommt also keine Einträge, da sie ja über den Sync-Prozess erfolgen sollen. Dieser muss vom Typ *Data List Entry* sein und die Properties aus Abbildung 11-49 konfiguriert haben.

Das *Source field* der *list_id* wird vom Director ermittelt, es ist beim Anlegen des Properties lediglich die gewünschte Datenliste auszuwählen.

Sync rule | Preview | Modify | Properties | History

Sync properties: Groups datalist mapper

Search...

+ Add sync property rule

Source name	Source field	Destination	Prio
Groups from AD	3	list_id	
Groups from AD	${dn}	entry_name	
Groups from AD	${sAMAccountName}	entry_value	

Abbildung 11-49: Sync-Regel zum Befüllen einer Datenliste

Bevor mit der Importquelle für die Benutzer fortgefahren werden kann, müssen der eben angelegte Import und die Sync-Regel ausgeführt werden. Erst dann kann der erforderliche Modifier vom Typ *map* im Import der Benutzer angewandt werden.

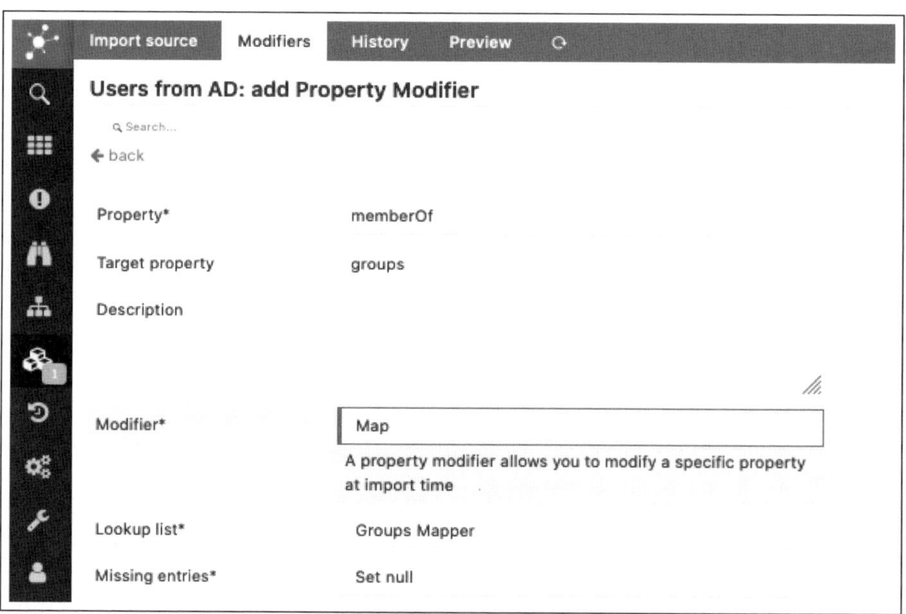

Abbildung 11-50: Sync-Regel zum Befüllen einer Datenliste

Die Importquelle *Users from AD* liest folgende Properties aus *sAMAccountName,mail,memberOf* aus der bekannten Ressource *ad-ldap* aus. Die Filterung erfolgt nach *user* für *Object class* und diesem Filter:

```
&(mail=*)(memberOf:1.2.840.113556.1.4.1941:= \
        CN=icinga,CN=Users,DC=gwc-jonas,DC=local)
```

Die Umwandlung der Gruppenzugehörigkeit von DN nach *sAMAccountName* bewerkstelligt ein Modifier vom Typ *map* aus Abbildung 11-50.

Jetzt fehlen noch die zwei Sync-Regeln, die die eigentlichen Objekte vom Typ *User* und *UserGroup* erzeugen. *User Groups from AD* bekommt nur ein Property: Der *sAMAccountName* wird dem Attribut *display_name* zugewiesen. Beim *Users from AD* ist die Mailadresse zu setzen sowie die modifizierte Spalte *groups* dem Objektattribut selben Namens zuzuweisen.

11.11 Integration der Agenten-Installation mit Powershell

Das in Abschnitt 5.5 vorgestellte Powershell-Skript bzw. Modul kann auch mit der Director-eigenen Rest-API kommunizieren und darüber das notwendige Zertifikat beziehen. Zusätzlich wird ein Hostobjekt im Director erstellt.

Als Vorarbeit muss im Director ein »Self Service API key« zur Authentifizierung erzeugt werden. Dies kann an einem Hostobjekt oder besser an einem Template erfolgen. Dort muss jedoch das Attribut *Icinga2 Agent* gesetzt sein. Ist das Objekt kein Agent, beschwert sich das Powershell-Modul und gibt eine Warnung aus.

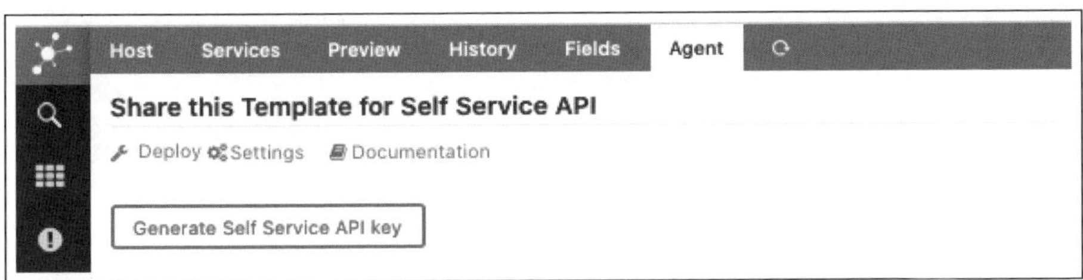

Abbildung 11-51: »Self Service API key« erzeugen

Bezüglich der Richtung des Verbindungsaufbaus gilt, wird *Establish Connection* im Host-Template mit dem Self-Service auf *No* gesetzt, konfiguriert das Powershell-Modul den Agenten dahingehend, dass von dort die Verbindung initiiert wird. Damit im entsprechenden Endpoint-Objekt auf dem Agenten jedoch die IP-Adresse für den Partner eingetragen werden kann, muss dem Director diese bekannt sein. Das heißt, sie muss innerhalb des Directors im Endpoint-Objekt des entsprechenden Servers oder Workers hinterlegt sein, siehe *Director → Infrastructure → Endpoints*.

Damit nun die richtigen Informationen an den Agenten für dessen Konfiguration übertragen werden, ist bei einer Umgebung mit mehreren Zonen die gewünschte Zone zu setzen, mit der Kontakt hergestellt werden soll. Belässt man *Cluster Zone* im Host-Template auf dem voreingestellten Wert

> Es ist darauf zu achten, dass die IP-Adresse für die Endpoint-Objekte der Server und Worker nicht nur im Director hinterlegt sind, sondern auch in der Konfigurationsdatei. Wird dies nicht beherzigt, werden nach einem erneuten Kickstart-Run diese Informationen im Director überschrieben oder ggf. gelöscht.

please choose, wird der Agent so konfiguriert, dass er sich mit der Main-Zone verbindet. In einer Umgebung mit mehreren Worker-Zonen sind demzufolge entsprechend viele Host-Templates mit eingeschaltetem »Self Service API key« erforderlich.

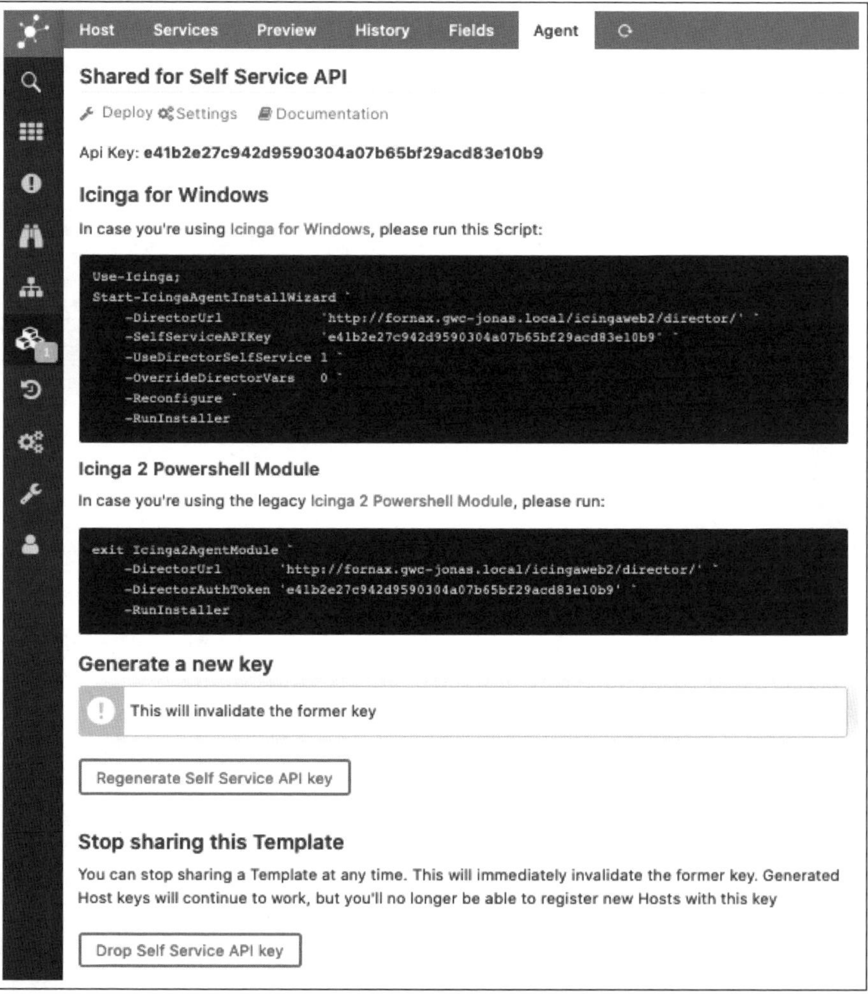

Abbildung 11-52: Der »Self Service API key«

Der umgekehrte Weg des Verbindungsaufbaus ist ungleich leichter zu konfigurieren. Hier ist lediglich *Establish Connection* auf *Yes* zu setzen. Eine Vorauswahl der *Cluster Zone* ist nicht nötig.

Der »Self Service API key« wird im Host oder Template unterhalb des Menüpunkts *Agent* erzeugt. Der im ersten schwarzen Abschnitt angezeigte Powershell-Code, der den Install-Wizard aus dem Projekt »Icinga for Windows« aufruft, verbindet sich mit dem hier konfigurierten Self-Service.

Im zweiten schwarz hinterlegten Codeschnipsel steht, wie mit dem »reinen« Powershell-Modul eine Verbindung mit dem Self-Service aufgenommen wird und die Installation – wie hinterlegt – durchgeführt wird.

> Das Powershell-Modul verwendet die Director-URL, um mit der API zu sprechen. Diese Verbindung sollte im produktiven Einsatz unbedingt über TLS betrieben werden.

Sollte der Schlüssel kompromittiert werden oder ist er laut Vorgabe in regelmäßigen Zeitabständen auszutauschen, kann er mit *Regenerate Self Service API key* erneuert werden. Der bisherige Schlüssel verliert damit seine Gültigkeit.

Mittels *Drop* wird der aktuelle Schlüssel gelöscht. Soll ein Agent erneut via Powershell installiert werden, ist dieser Schlüssel ebenfalls zu entfernen. Achtung: in diesem Fall nicht am Template, sondern am entsprechenden Host im Director.

Bevor nun der Self-Service verwendet werden kann, müssen zusätzliche Einstellungen in *Settings* getätigt werden.

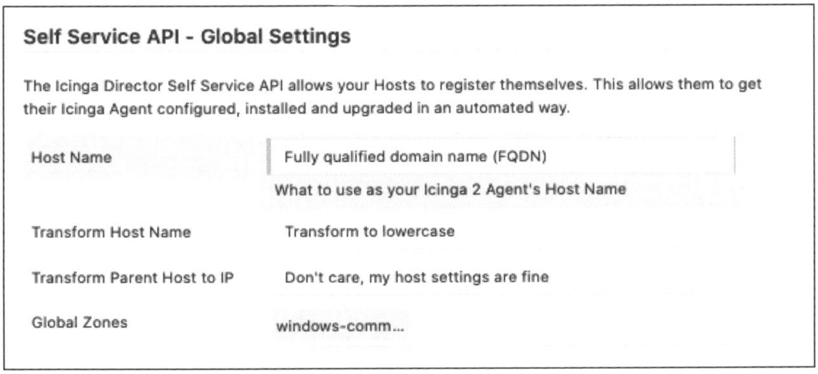

Abbildung 11-53: Die globalen Einstellungen für den »Self Service«

Da Windows-Umgebungen dazu neigen, Hostnamen ausschließlich in Großbuchstaben »zu schreiben«, sollte im Feld *Transform Host Name* von dem

Feature Gebrauch gemacht werden, den Hostnamen komplett in Kleinbuchstaben umzuwandeln. Dies bezieht sich natürlich auf den FQDN oder lediglich auf den Hostnamen, je nachdem was in *Host Name* ausgewählt ist.

Als zum Agenten zu transferierende globale Zonen sollten diejenigen gewählt werden, die sich auf Objekte beschränken, die wirklich nur auf dem Windows-System benötigt werden.

Installation Source	Download from packages.icinga.com
Source Path	https://packages.icinga.com/windows/
Agent Version*	2.13.2
Installer Hashes	Add a new one...
Service User	

Abbildung 11-54: Die Einstellungen für Agenten im »Self Service«

Als *Installation Source* kann zwischen der offiziellen Projektquelle, der URL auf einem anderen Webserver oder einem lokalen Pfad gewählt werden. Optional lässt sich die Prüfsumme des Pakets als Hash zur Verifizierung in *Installer Hashes* eintragen. In *Agent Version* ist die für die Installation zu verwendende Version von Icinga einzutragen.

Wird in *Service User* nichts eingegeben, wird Icinga auf dem Windows-System unter dem Standardbenutzer *Network Services* ausgeführt. Alternativ kann ein anderer Benutzer bestimmt werden, z. B. *Local System*, wenn Windows auf Updates überwacht werden soll, oder auf Prozesse, auf die der Standardbenutzer keinen Zugriff hat.

Allow Updates*	Yes
Install NSClient++*	No
Flush API directory*	Yes

Abbildung 11-55: Die abschließenden Einstellungen für den »Self Service«

Abschließend lässt sich einstellen, ob mit dem Install-Wizard oder dem reinen Modulaufruf auch Updates ausgeführt werden dürfen bzw. sollen. Historisch bedingt, enthält das Icinga-Installationspaket für Windows den in die Jahre gekommenen NSClient[5]. Da bisher nur auf die Powershell-basierten Plugins aus »Icinga for Windows« eingegangen wurde, unterbindet *No* die Installation des NSClient. *Flush API directory* bestimmt, ob der

[5]https://www.nsclient.org

Inhalt des API-Verzeichnisses nach einem Update gelöscht werden soll. Probleme in der Vergangenheit bei Updates von Icinga 2 führten zu dieser Option, die entsprechend hier auf *Yes* steht.

Sind alle diese Vorarbeiten erfolgt, kann das Powershell-Modul wie in Abschnitt 5.5 ab Seite 97 beschrieben verwendet bzw. installiert werden und mit einem in Abbildung 11-52 zu sehenden Aufruf durchgeführt werden.

11.12 Monitoring des Directors

Der Director bringt selbst eine Erweiterung für die `icingacli` mit, die es erlaubt, zu prüfen, ob z. B. geplante Jobs gelaufen sind oder die Konfiguration aktuell valide ist.

```
$ icingacli director health check
```

Dabei bietet dieser Check auch die Möglichkeit, Abfragen einzuschränken, was vor allem hilfreich ist, wenn man diese Überprüfungen von Icinga 2 ausführen lassen möchte und so verschiedene Services erstellen kann.

Das erforderliche Objekt vom Typ *CheckCommand* befindet sich bereits in der ITL und kann bei eigenem Service verwendet werden. Wie bei allen Checks, die durch die `icingacli` ausgeführt werden, gilt auch hier, dass der Prozess `icinga2` auf das Verzeichnis `/etc/icingaweb2` lesend zugreifen dürfen muss. Das erreicht man am einfachsten mit folgendem Befehl, um den Benutzer `icinga` der Gruppe `icingaweb2` hinzuzufügen:

- RedHat

  ```
  $ usermod -a -G icingaweb2 icinga
  ```

- Debian

  ```
  $ usermod -a -G icingaweb2 nagios
  ```

Nach dem Hinzufügen des Benutzers zur Gruppe muss Icinga 2 neu gestartet werden. Ein Reload reicht dafür nicht aus, da Benutzerberechtigungen geändert wurden.

12 Icinga-DSL

Die DSL von Icinga 2 ist eine mächtige Konfigurationssprache und damit leider auch anfällig gegenüber Fehlern, die einem beim Schreiben unterlaufen. In diesem Kapitel wird auf erweiterte Möglichkeiten für Tests und Debugging eingegangen – die Console.

Ebenfalls wird gezeigt, wie eigene Funktionen geschrieben und getestet werden können. Eine Erweiterung der DSL bieten Schleifen, die es ermöglichen, Iterationen abzubilden. Wichtig im Zusammenhang mit Funktionen, Objekten und Schleifen sind die Gültigkeitsräume von Variablen, auf die in diesem Kapitel ebenfalls eingegangen wird.

»Das Leben bewegt sich sehr, sehr schnell.
Wenn du nicht gelegentlich anhältst und dich umschaust, könntest du es verpassen.«

Ferris Bueller, 1986

12.1 Console

Der CLI-Befehl *console* kann zum Debuggen der Icinga-Konfiguration eingesetzt werden. Er lässt sich aber auch zum Testen und Auswerten von z. B. Funktionen in einer lokalen Sandbox verwenden.

Möchte man etwas testen, was nichts mit einer laufenden Konfiguration zu tun hat, reicht ein einfacher Aufruf:

```
$ icinga2 console
Icinga 2 (version: 2.13.2-1)
Type $help to view available commands.
<1> =>
```

Die Console meldet sich mit der aktuellen Version von Icinga 2, einem Hinweis, wie zum Einstieg Hilfestellungen in Anspruch genommen werden können, und abschließend mit einem Prompt.

```
<1> => h=4m
null
<2> => h
240.000000
```

Eine Variablenzuweisung kann selbstverständlich mit allen bekannten Datentypen geschehen. Die erfolgreiche Zuweisung wird mit der Ausgabe von *null* quittiert, andernfalls wird eine Fehlermeldung angezeigt. Die Ausgabe des Inhalts einer Variablen erfolgt durch Aufruf der Variablen. Das obige Beispiel zeigt, dass Icinga intern bei Zeitintervallen immer mit Sekunden arbeitet.

Icinga kennt Referenzen. So wird eine Änderung des Inhalts an das referenzierte Objekt weitergegeben bzw. natürlich dessen Speicherinhalt angepasst:

```
<3> => r=&h
null
<4> => *r=2h
null
<5> => h
7200.000000
```

Zum Verlassen der Console reicht ein altbekanntes CTRL-C, ein Kommando wie *exit* oder *quit* existiert nicht.

Über die API kann sich die Console auch mit einer laufenden Icinga-Instanz verbinden und damit auf alle deren Informationen zugreifen. Hierfür ist ein API-User erforderlich. Da auch hier keine Manipulationen an der laufenden Konfiguration vorgenommen werden können, kann ohne Weiteres auf einen Benutzer zurückgegriffen werden, der weitreichende Berechtigungen hat. In diesem Kapitel wird deswegen mit dem Api-User *root* gearbeitet.

```
object ApiUser "root" {
  password = "XXX"
  permissions = [ "*", ]
}
```

Codebeispiel 12.1: */etc/icinga2/zones.d/api-users.conf*

Nach einem Reload von Icinga 2 erfolgt mit einem Connection-String *https://user:password@host:port/* eine Verbindung mit der entsprechenden Instanz über die API. Alternativ lassen sich Benutzername und Passwort als Umgebungsvariable in der aktuellen Shell setzen. Beide werden dann automatisch zur Anmeldung verwendet und es reicht, Host und Port im Connection-String anzugeben.

```
$ export ICINGA2_API_USER=root
$ export ICINGA2_API_PASSWORD=XXX
$ icinga2 console --connect 'https://fornax.gwc-jonas.local:5665/'
```

Ist man korrekt authentifiziert, kann nun auf alle Variablen, Konstanten und Objekte und deren Eigenschaften zugegriffen werden.

```
<1> => NodeName
"fornax.gwc-jonas.local"
<2> => get_host(NodeName).zone
"main"
<3> => if (get_host(NodeName).zone == ZoneName) {"belongs to zone"}
"belongs to zone"
```

Aber nicht nur auf die schon aus den Konfigurationsdateien bekannten Eigenschaften eines Objekts wie einen Host kann zugegriffen werden, sondern insbesondere auch auf seine sich zur Laufzeit ändernden Eigenschaften, wie z. B. den Zeitpunkt des letzten Checks oder dessen ermittelten Status.

```
<4> => DateTime(get_host(NodeName).last_check).to_string()
"2021-11-14 14:37:42 +0100"
<5> => get_service(NodeName, "ping4").state
0.000000
```

In diesem Zusammenhang sei hier nochmals auf die Onlinedokumentation[1] verwiesen. Unterhalb von »Library Reference« sind alle diese nützlichen Funktionen ausführlich beschrieben, so auch die Funktion *DateTime*, die einen Unix-Zeitstempel in ein für Menschen lesbares Format umwandelt.

[1] https://icinga.com/docs/icinga-2

Selbstverständlich lassen sich solche Ergebnisse in Variablen speichern, um zu einem späteren Zeitpunkt wieder darauf zuzugreifen:

```
<6> => h=get_service(NodeName, "ping4")
<7> => h.last_check_result.performance_data
[ "rta=0.084000ms;100.000000;200.000000;0.000000", "pl=0%;5;15;0"
<8> => h.last_check_result.state
"0.000000"
<9> => h.last_check_result.state=2
null
<10> => h.last_check_result.state
"2.000000"
```

Obwohl die Dokumentation besagt, bei der Rückgabe der Zugriffsfunktionen auf Objekte handele es sich um eine Referenz können auch mit der Notation für Variablen und Referenzen keine Attribute des Objekts in der aktuell laufenden Konfiguration geändert werden. Es wird demnach auch weiterhin in einer Sandbox gearbeitet.

12.2 Schleifen und Iterationen

Schleifen über Objekte mittels *apply* im Zusammenspiel mit *for* sind uns schon bekannt. Die gleiche Notation wird auch außerhalb von Objektdefinitionen verwendet.

for loops

Die »for«-Schleife wird verwendet, um durch die Elemente eines Arrays zu iterieren. Die Icinga-eigene Funktion *log* schreibt den übergebenen String als Eintrag in die Logdatei von Icinga 2.

```
var list = [ "a", "b", "c" ]

for (item in list) {
  log("Item: " + item)
}
```

Der Block wird für jedes Element im Array einmal ausgewertet. Die Variable *item* wird als lokale Variable für die Schleifendurchläufe deklariert.

Ein Dictionary kann ebenfalls mit der bekannten Notation einer »foreach«-Schleife iterativ durchlaufen werden:

```
var dict = { a = 3, b = 7 }

for (key => value in dict) {
  log("Key: " + key + ", Value: " + value)
}
```

Mit *continue* und *break* lässt sich steuern, wie die Schleife ausgeführt wird. Mit *continue* werden alle restlichen Ausdrücke und Anweisungen im Block der Schleife übersprungen und es beginnt die nächste Auswertung, *break* hingegen bricht die Schleife komplett ab und es erfolgen keine weiteren Durchläufe.

while loop

Der »while«-Schleife wird ein boolescher Ausdruck mitgegeben. Die Schleife wird so lange durchlaufen, wie dieser Ausdruck wahr ist – das folgende Beispiel also genau fünfmal.

```
var num = 5

while (num > 0) {
  log("Number: " + num)
  num -= 1
}
```

Die beiden Anweisungen *continue* und *break* erfüllen dieselben Zwecke wie bei den »for«-Schleifen: *continue* überspringt die dahinter stehenden Anweisungen im Block und der nächste Durchlauf beginnt unmittelbar, *break* verlässt die Schleife und es erfolgen keine weiteren Iterationen.

12.3 Funktionen

Für das Verständnis und den Einsatz von Funktionen hilft die Kenntnis von anderen Programmier- und Skriptsprachen, die vergleichbare Konstrukte verwenden. Da Funktionen teilweise sehr komplex sind und oft auch nur für Spezialfälle genutzt werden, soll hier nicht allzu sehr in die Tiefe gegangen werden. Im Gegensatz zu den bisher beschriebenen Möglichkeiten können Funktionen nicht anhand einiger Beispiele erlernt werden, sondern erfordern meist ein tieferes Verständnis, als sich im Rahmen eines Buchs über ein Monitoring-System vermitteln lässt.

12.3.1 Definition eigener Funktionen

Eigene Funktionen werden mit *function* definiert, gefolgt von einem eindeutig zu vergebenen Namen und optional einer Parameterliste. So definiert

```
function percent(a, b) {
  return b * a / 100
}
```

die Funktion *percent*, die den prozentualen Anteil von *a* an *b* zurückliefert. Enthält eine Funktion kein explizites *return*, wird das Resultat des letzten Ausdrucks zurückgeliefert.

Ist obige Funktion in der laufenden Konfiguration definiert, lässt sie sich in der Console auf Korrektheit testen:

```
<1> => percent(10, 200)
20.000000
```

Um eine Funktion auch sicher aus einem Objekt heraus aufrufen zu können, sollte sie unbedingt als globale Funktion definiert werden. Hierbei muss eine alternative Syntax verwendet werden, die selbstverständlich auch für nicht globale Funktionen angewandt werden darf.

```
globals.percent = function(a, b) {
  b * a / 100
}
```

Codebeispiel 12.2: */etc/icinga2/zones.d/global-templates/functions.conf*

Das dem Namen vorangestellte »Schlüsselwort« *globals* spezifiziert den Gültigkeitsraum dieser Funktion als global. Ab nun ist gesichert, dass *percent* aus Objekten aufgerufen werden kann und sich Attributen oder Custom Variables zuweisen lässt. Ist der Rückgabewert ein Boolean kann die Funktion auch mittels *set_if* eingesetzt werden.

Ein Beispiel für den Einsatz der Funktion *percent* wäre das Setzen einer Obergenze (*vars.max_procs*) von gleichzeitig laufenden Prozessen am Host, z. B. in einem Template. An den Hosts oder in der Servicedefinition sähe der Aufruf dann so aus:

```
vars.procs_warning = percent(80, host.vars.max_procs)
vars.procs_critical = percent(90, host.vars.max_procs)
```

Damit gilt nach einem Reload, dass von jetzt an die Schwellenwerte prozentual zur angegebenen Obergrenze berechnet und gesetzt werden.

12.3.2 Lambda-Funktionen

Besonders kurze Definitionen von Funktionen können in der sogenannten Lambda-Syntax vorgenommen werden. Da sie sehr kurz gehalten sind, sind sie oft sehr schwer nachzuvollziehen. Als generelle Empfehlung zu Funktionen in der Lambda-Form kann gelten: Wer solche Konstrukte aus anderen Sprachen kennt und auf Anhieb anzuwenden weiß, kann sie verwenden. Icinga ist aber der falsche Ort, um deren Anwendung zu lernen. Die bisher besprochene Definition und die folgende verkürzte Lambda-Schreibweise ermöglichen alles, was die Lambda-Form bietet, nur in anderer Schreibweise, die leichter verständlich ist.

Die Notation der Lambda-Form legt erst Variablen für die zu übergebenen Werte fest und dann die eigentliche Funktion. Ein Beispiel zur Berechnung einer Quadratzahl in der Console sieht dabei wie folgt aus:

```
<1> => f=(x)=>x*x
null
<2> => f(2)
4.000000
```

Dabei wird der Funktion *f* ein Wert übergeben und das errechnete Quadrat dieser Zahl zurückgegeben. Anstelle von *f* und *x* können natürlich auch sprechende Namen wie *sqr* als Namen gewählt werden.

Genau wie bei »normalen« Funktionen müssen auch Lambda-Funktionen global definiert werden, damit sie in allen Objekten verwendet werden können. Die Funktion *percent* aus Codebeispiel 12.2 sieht in Lambda-Schreibweise wie folgt aus:

```
globals.percent = (a, b) => b * a / 100
```

Der Aufruf und auch die Zuweisung unterscheiden sich zu den anderen Funktionen.

Richtig interessant ist die Lambda-Form jedoch erst im Zusammenspiel mit anderen Funktionen. Im folgenden Beispiel wird jede Zahl einer Liste durch deren Quadrat ersetzt. Die Ersetzung geschieht hierbei mit der eingebauten Funktion *map*, ihr wird die Funktion als Argument übergeben. In der Console sieht das dann so aus:

```
<1> => var a = [ 1,2,3,4 ]
null
<2> => a.map(x => x * x)
[ 1.000000, 4.000000, 9.000000, 16.000000 ]
```

12.3.3 Verkürzte Schreibweise von Lambda-Funktion

Sollen keine Werte als Parameter übergeben werden, kann auch die verkürzte Schreibweise der Lambda-Funktion genutzt werden. Dabei wird die Funktion nicht deklariert, sondern direkt zugewiesen:

```
vars.quadr = {{ 2 * 2 }}
```

Da dieser Form von Funktionen keine Werte übergeben werden, ist hier umso wichtiger, dass sie auf Konstanten, Attribute und andere Funktionen Zugriff hat.

```
vars.rand = {{ random() + 2 }}
```

Eine Beispielfunktion, die mehrere integrierte Funktionen nutzt, ist die folgende:

```
vars.host_state = {{ get_host(macro("$host.name$")).state }}
```

In diesem Zusammenhang spielt die Funktion *macro* ein gesonderte Rolle, da sie es nicht nur gestattet, auf andere Attribute oder Custom Variables zuzugreifen, sondern auch eine Makrosubstitution über den entsprechenden Kontext vorzunehmen.

Wird sie in einem Service verwendet, setzt diese Funktion in verkürzter Lambda-Form die Custom Variable *host_state* auf den Status des dem Service zugehörigen Hosts. Erst wird *macro* benutzt, um das Makro *host.name* auszuwerten. Davon wird mit *get_host* das Hostobjekt ermittelt, von dem wiederum mit *state* der aktuelle Status ausgelesen wird.

Das folgende Beispiel zeigt auch sehr schön, dass die verkürzte Lambda-Funktion zur Laufzeit ausgewertet wird. Es ist dem Abschnitt *Advance Topics*[2] der Onlinedokumentation entlehnt.

Sei *backup* eine definierte Zeitspanne für die Uhrzeiten zwischen zwei und drei Uhr nachts am Wochenende:

```
object TimePeriod "backup" {
  ranges = {
    saturday = "02:00-03:00"
    sunday = "02:00-03:00"
  }
}
```

Codebeispiel 12.3: Timeperiod für Backups

Dann werden im folgenden Beispiel die Schwellenwerte für den gemittelten Wert über eine Minute bei *load* auf 20 und 40 gesetzt, sofern der Check innerhalb dieser Zeitspanne ausgeführt wird, andernfalls auf 5 und 10.

```
template Host "linux-host" {
  ...
  vars.load_wload1 = {{
    if (get_time_period("backup").is_inside) {
      return 20
    } else { return 5 }
  }}

  vars.load_cload1 = {{
    if (get_time_period("backup").is_inside) {
      return 40
    } else { return 10 }
  }}
}
```

Codebeispiel 12.4: Dynamisch anpassbare Schwellenwerte

[2]https://icinga.com/docs/icinga-2/latest/doc/08-advanced-topics

In diesem Beispiel wurden demnach zeitabhängige Schwellenwerte realisiert. Da die Auswertung zur Laufzeit erfolgt, ist zur Änderung der Schwellenwerte kein Neustart oder Reload erforderlich!

Custom Variables

load_cload1	Object of type 'Function'
load_wload1	Object of type 'Function'

Abbildung 12-1: Anzeige von Custom Variables vom Type *function*

Einen so ermittelten Wert erkennt man immer daran, dass in Icinga Web 2 kein absoluter Wert angezeigt wird. Stattdessen erscheint der Hinweis, dass es sich um ein Objekt vom Typ *function* handelt.

Gleiches gilt für die Anzeige für solche Attribute oder Custom Variables in der Console oder in der Ausgabe von `icinga2 object list`.

12.4 Gültigkeitsbereiche

Icinga kennt für Variablen drei Gültigkeitsbereiche (engl. Scope), in aufsteigender Reihenfolge sind das die folgenden:

- lokaler Scope
- this Scope
- globaler Scope

Das bedeutet, zuerst wird im lokalen Scope gesucht, wird dort die Variable nicht gefunden, wird zunächst in this geschaut, abschließend im globalen Scope.

Lokale Variablen werden mit dem Schlüsselwort *var* deklariert. Sie gelten ausschließlich in der zugehörigen Funktion, im Objekt oder in der *apply*-Regel.

```
function sqr(x) {
  var res = x * x
  return res
}
```

Erfolgt die Deklaration in einem Ojekt oder einer *apply*-Regel ohne *var*, ist die Variable dem Scope *this* zugeordnet. Sie wird also in einem Icinga-Objekt als dessen Attribut interpretiert.

```
object Host NodeName {
  import "generic-host"
  this.check_interval = 5m
}
```

Variablen lassen sich auch explizit in einem Bereich ansprechen. Dabei wird der Variablen gemäß dem Bereich ein *locals*, *globals* oder *this* mit einem Punkt abgetrennt vorangestellt.

Anders ist der *this*-Bereich für eine Funktion auf das Objekt beschränkt, das zum Aufruf der Funktion verwendet wurde. Dabei ist hier zu beachten, dass es sich nicht notwendigerweise um ein Icinga-Objekt wie Host oder Service handeln muss.

```
obj = {
  function init(word) {
    h_word = word
  }
}
```

Initialisiert man nun das Objekt *obj*, gehört *h_word* zu *obj*:

```
<1> => obj.init("Moin!")
<2> => obj.h_word
"Moin!"
```

Standardmäßig haben Funktionen, Objekte und *apply*-Regeln keinen Zugriff auf Variablen (mit Ausnahme globaler), die außerhalb ihres Bereichs deklariert sind. Mit einer »Übergabe« mittels *use* kann dies explizit erlaubt werden.

```
template CheckCommand "by_ssh_base" {
  import "by_ssh"
  vars.by_ssh_plugindir = PluginDir
}

var cmdlist = [ "load", "procs", "disk", "ntp_time" ]

for (cmd in cmdlist) {
  object CheckCommand "by_ssh_" + cmd use(cmd) {
    import cmd
    vars.by_ssh_arguments = arguments
    arguments = null
    vars.by_ssh_command = "$by_ssh_plugindir$/check_" + cmd
    vars.by_ssh_plugindir = PluginDir
    import "by_ssh_base"
  }
}
```

Codebeispiel 12.5: Iterative Definition von Check Commands

Damit ist es möglich, iterativ mit einer »for«-Schleife Objekte zu erzeugen, hier einige Check Commands, die ein bestimmtes Plugin via SSH auf einem entfernten Host ausführen. Dabei wird jeweils auf einem bereits existierenden Check Command *cmd* aufgebaut und dessen Parametrisierung übernommen.

Es ist zwar nicht offensichtlich, aber es ist möglich, Funktionen zu definieren, die eine Funktion zurückgeben und damit ebenfalls erst zur Laufzeit ausgewertet werden. Damit ist die verkürzte Lambda-Funktion ersetzbar und unser Code wird übersichtlicher. Das Codebeispiel 12.4 auf Seite 272 verkürzt sich durch den Aufruf einer Funktion wie folgt:

```
template Host "linux-host" {
  ...
  vars.load_wload1 = dynamic_threshold("backup", 20, 5)
  vars.load_cload1 = dynamic_threshold("backup", 40, 10)
}
```

Codebeispiel 12.6: Dynamische Schwellenwerte mittels Funktion berechnet

Die nun noch benötigte Funktion *dynamic_threshold* gibt somit selbst eine Funktion zurück, die wiederum erst zur Laufzeit ausgewertet wird:

```
globals.dynamic_threshold = function(timeperiod, ivalue, ovalue) {
  return function() use (timeperiod, ivalue, ovalue) {
    if (get_time_period(timeperiod).is_inside) {
     return ivalue
    } else {
     return ovalue
    }
  }
}
```

Codebeispiel 12.7: Funktion zur Berechnung dynamischer Schwellenwerte

Abschließend seien hier noch Namensräume (engl. Namespaces) vorgestellt. Mit unterschiedlichen Namensräumen ist es möglich, Variablen, Objekte und Funktionen gegeneinander abzuschotten. Somit ist die Vergabe ein und desselben Namens möglich.

```
namespace utils {
  counter = 5
  function sqr(x) {
    return x * x
  }
}
```

Der Aufruf wird mittels des entsprechenden Namensraums als Präfix realisiert.

```
<1> => utils.counter
5.000000
<2> => utils.sqr(2)
4.000000
```

Im Konfigurationscode selbst kann auch der gesamte Namensraum geladen werden oder, anders ausgedrückt, dem globalen hinzugefügt werden, dann darf natürlich wiederum keine doppelte Vergabe von Namen stattgefunden haben:

```
using utils
var qr = sqr(3)
```

IV Plugins für weitere Dienste

13 Allgemeines zu Plugins

Um die Überwachung der IT-Systeme des Gebrauchtwarencenters auszubauen, werden weitere Plugins benötigt. Für den initialen Aufbau können die Plugins, die in diesem Buchteil beschrieben sind, je nach Wichtigkeit auch vor der durch Agenten gestützten Überwachung des vorherigen Teils ins Monitoring implementiert werden. Gute Anlaufstellen für die Suche geeigneter Plugins sind Icinga Exchange[1] oder Nagios Exchange[2].

RC	Bedeutung	Erläuterung
0	OK	Alles in Ordnung
1	WARNING	Die Warnschwelle ist überschritten, die kritische ist jedoch noch nicht erreicht
2	CRITICAL	Die kritische Schwelle ist überschritten
3	UNKNOWN	Es ist ein interner Fehler aufgetreten, z. B. Parameter wurden falsch verwendet

Tabelle 13-1: Plugin-Rückgabewerte und deren Bedeutung

Alle Plugins, egal ob sie bei Host- oder Servicechecks eingesetzt werden, sind eigenständige Programme und lassen sich auch ohne Icinga benutzen. Hingegen müssen Plugins zum Einsatz mit Icinga einige Anforderungen erfüllen. Als wichtigste Anforderung ist der Return Code zu nennen, anhand dessen Icinga den Status übermittelt bekommt.

Schwellenwerte müssen sich nicht nur nach einem Messwert richten, sie können sehr viel differenzierter ausfallen. Beispielsweise kann bei `check_ping` nicht nur die Antwortzeit, sondern auch die Paketverluste für den jeweiligen Schwellenwert angegeben werden.

Jedes Plugin besitzt zusätzlich einen »Timeout«, der in den meisten Fällen 10 Sekunden beträgt. Er verhindert, dass das Programm ewig läuft und auf dem Server nicht unendlich viele Plugin-Prozesse gestartet sind.

[1] https://exchange.icinga.com

[2] https://exchange.nagios.org

13.1 Schwellenwerte

In Schwellenwerten können neben absoluten Zahlen auch Gültigkeitsbereiche angegeben werden. So bedeutet ein Wert von 10 z. B., dass der Schwellenwert seinen Status auslöst, wenn 10 überschritten ist oder die 0 unterschritten. Der Bereich 0 bis 10 löst also keinen Alarm aus.

Schwellenwert	Löst Alarm aus bei	
10	< 0 oder > 10	außerhalb von [0..10]
10:	< 10	außerhalb von [10..∞]
~:10	> 10	außerhalb von [-∞..10]
10:20	< 10 oder > 20	außerhalb von [10..20]
@10:20	≥ 10 und ≤ 20	innerhalb von [10..20]

Tabelle 13-2: Mögliche Angabe von Schwellenwerten bei Plugins

»Ich hab' es genau beobachtet: Rot: stehen bleiben, Grün: fahren und Gelb: schneller fahren.«

Starman, 1984

Weil es zwei Schwellenwerte gibt, heißt es aber auch weiterhin, ein Plugin meldet ein WARNING, wenn es nicht CRITICAL ist und der Schwellenwert für WARNING erreicht ist. Ein CRITICAL wird zurückgegeben, wenn dessen Schwellenwert erreicht wurde.

```
$ check_procs -C httpd -w 10:20 -c 5:25
PROCS WARNING: 6 processes with command name 'httpd'
```

Das Beispiel, das die Anzahl von Apache Webserverprozessen auf einem RedHat-System prüft, gibt demnach ein CRITICAL zurück, wenn weniger als 5 oder mehr als 25 Prozesse ermittelt wurden. Für ein WARNING müssten weniger als 10, aber mehr als 4 laufen oder mehr als 20, aber weniger als 26.

Folgendes Beispiel ist sinnlos, da WARNING niemals als Return Code zurückgeliefert würde:

```
$ check_procs -C httpd -w 10:20 -c 12:18
PROCS CRITICAL: 6 processes with command name 'httpd'
```

Liegt die Anzahl außerhalb des WARNING-Bereichs, liegt sie auch immer schon außerhalb von CRITICAL.

13.2 Performance-Daten

Eine weitere Eigenschaft aller Plugins, neben der Statusermittlung, ist die Textausgabe. Diese wird in den verschiedenen Benutzeroberflächen angezeigt und dient der Information für die Administratoren, ist also für Menschen lesbar. Zusätzlich können in der Textausgabe Performance-Daten enthalten sein.

```
./check_ping -H 172.16.1.99 -w 200,40% -c 500,80%
PING OK - Packet loss = 0%, RTA = 0.59 ms \
|rta=0.588000ms;200.000000;500.000000;0.000000 pl=0%;40;80;0
```

Performance-Daten können aus unterschiedlichen Sätzen bestehen, hier *rta* und *pl*. Diese bestehen jeweils aus den vom Plugin gemessenen Werten, mittels Semikolon abgetrennt kommen an zweiter und dritter Position die Schwellenwerte. Abschließend können optional noch Minimal- und Maximalwerte ausgegeben werden.

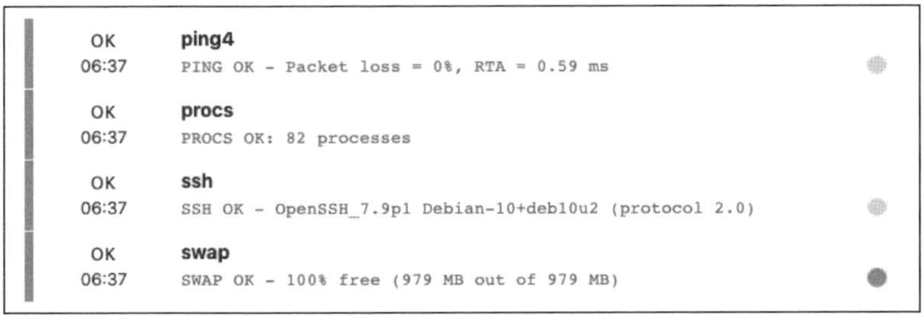

OK 06:37	**ping4** PING OK - Packet loss = 0%, RTA = 0.59 ms	
OK 06:37	**procs** PROCS OK: 82 processes	
OK 06:37	**ssh** SSH OK - OpenSSH_7.9p1 Debian-10+deb10u2 (protocol 2.0)	
OK 06:37	**swap** SWAP OK - 100% free (979 MB out of 979 MB)	

Abbildung 13-1: Tortendiagramm in der Serviceliste

Wie zu erkennen ist, werden diese durch ein | von der eigentlichen Textausgabe abgetrennt. Standardmäßig werden die Daten in Icinga Web 2 als kleines Tortendiagramm rechts neben dem zugehörigen Service und in Textform in der Detailansicht angezeigt.

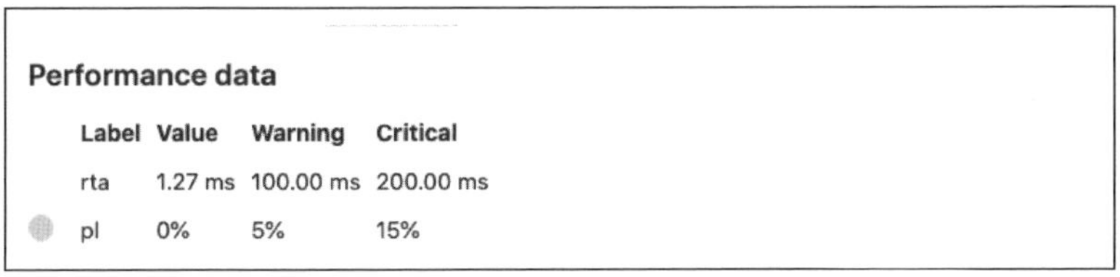

Performance data

Label	Value	Warning	Critical
rta	1.27 ms	100.00 ms	200.00 ms
pl	0%	5%	15%

Abbildung 13-2: Textform in der Detailansicht

Die Performance-Daten können optional von Icinga über verschiedene Features an andere Programme zur weiteren Verarbeitung und Visualisierung übergeben werden.

13.3 Plugin-Aufruf und erweiterte Berechtigungen

Einige Plugins speichern temporäre Informationen im Dateisystem. Werden diese Plugins testweise von der Kommandozeile ausgeführt, werden diese Dateien mit den Berechtigungen des aufrufenden Benutzers angelegt. Im Regelbetrieb erfolgt die Ausführung als Benutzer *icinga* auf RedHat oder *nagios* unter Debian, die dann nicht mehr auf die schon existierenden Dateien zugreifen dürfen. Darum gilt:

> Plugins sollten von der Kommandozeile immer als der Benutzer aufgerufen werden, unter dem auch Icinga selbst läuft.

Der Übersichtlichkeit und Lesbarkeit geschuldet wird im Folgenden jedoch hier darauf verzichtet und dem **Leser selbst überlassen, den Aufruf mit dem korrekten Benutzer via sudo durchzuführen** ...

- RedHat

```
$ sudo -u icinga /usr/lib64/nagios/plugins/check_procs
PROCS OK: 137 processes | procs=137;;;0;
```

- Debian

```
$ sudo -u nagios /usr/lib/nagios/plugins/check_procs
PROCS OK: 102 processes | procs=102;;;0;
```

Einige Plugins erfordern Berechtigungen, die über die des aufrufenden Benutzers hinausgehen. So ist es auf Unix-Systemen nur im Ring 0 erlaubt, ICMP-Pakete zu erzeugen.

Jedem »normalen« Benutzer ist es jedoch gestattet, das Kommandozeilentool `ping` erfolgreich auszuführen. Damit das erlaubt ist, existieren grundsätzlich zwei unterschiedliche Methoden, die je nach Linux-Distribution und Version zur Anwendung kommen.

Die althergebrachte, aber auch überholte Methode besteht darin, das SUID-Bit zu setzen.

```
$ ls -l $(which ping)
-rwsr-xr-x 1 root root 61240 Nov 10  2016 /bin/ping
```

Hierbei wird der Aufruf im Kontext des Datei-Owners *root* ausgeführt und dieser darf die entsprechenden IP-Pakete zusammenbauen.

Auf aktuellen Distributionen werden hingegen die Posix-File-Capabilities[3] eingesetzt, um ausführbaren Dateien fein granuliert die von ihnen

[3] https://man7.org/linux/man-pages/man7/capabilities.7.html

benötigten Berechtigungen zu erteilen. Für `ping` ist z. B. das Capability *cap_net_raw+ep* erforderlich.

```
$ getcap /bin/ping
/bin/ping = cap_net_raw+ep
```

Die Capabilities einer Datei können mit `getcap` eingesehen werden. Mit `setcap` werden sie gesetzt.

In Bezug auf Plugins ist der Umgang mit dieser Problematik je nach Distribution und Package-Maintainer unterschiedlich.

- RedHat
  So verwenden die Nagios-Plugins aus dem EPEL-Repository auf RHEL 8 noch die Methode mit dem SUID-Bit, um z.B. `check_icmp` wie benötigt zu berechtigen.

  ```
  $ ls -l /usr/lib64/nagios/plugins/check_icmp
  -rwsr-x---. 1 root nagios 75776 Jun 30  2020 .../check_icmp
  ```

  Um Updatesicherheit zu gewährleisten, wird der Benutzer *icinga* der Gruppe *nagios* hinzugefügt. Damit die Plugins dann von Icinga auch mit den neuen Berechtigungen aufgerufen werden können, muss Icinga **neu gestartet** werden. Dies hat auf allen Instanzen zu erfolgen, die das Plugin aufrufen, in der Regel auf dem Icinga-Server.

  ```
  $ usermod -a -G nagios icinga
  $ systemctl restart icinga2
  ```

- Debian
  Die Monitoring-Plugins auf einem Debian Bullseye hingegen kommen nach der Installation mit korrekt gesetzten Capabilities und sind damit sofort einsetzbar.

  ```
  $ getcap /usr/lib/nagios/plugins/check_icmp
  /usr/lib/nagios/plugins/check_icmp = cap_net_raw+ep
  ```

13.4 Repository

Viele der in diesem Teil vorgestellten Plugins sind nicht Bestandteil des Projekts Monitoring-Plugins und müssen zusätzlich installiert werden. Das wäre mit Downloads aus vielen unterschiedlichen Quellen verbunden, zusätzlicher Installation von abhängiger Software und Übersetzung der eigentlichen Plugins.

All dieses wird an den jeweiligen Stellen im Text sowohl für RHEL 8 als auch Debian Bullseye beschrieben. Für die Mehrheit dieser Plugins gilt aber auch, dass sie aus einem zusätzlichen Repository[4] installiert werden können. Dort können ebenfalls Pakete für die Distributionen RHEL 7, Debian Buster und Ubuntu Focal Fossa sowie Bionic Beaver bezogen werden.

- RedHat

```
$ dnf install https://packages.netways.de/plugins \
      /epel/8/noarch/netways-plugins-release \
      /netways-plugins-release-8-1.el8.netways.noarch.rpm
```

- Debian

```
$ wget -O - https://packages.netways.de/netways-repo.asc \
    | sudo apt-key add -
$ echo "deb https://packages.netways.de/plugins \
    /debian bullseye main" \
    > /etc/apt/sources.list.d/netways-plugins-release.list
$ apt update
```

Pakete in diesem Repository werden ständig aktualisiert und auch neue kommen hinzu. Daher lohnt sich immer erst einmal ein Blick, ob das Plugin dort nicht als Paket vorliegt.

Alle Pakete tragen als Präfix *netways-plugins* im Namen. Das wird dann mit dem Namen des Plugins vervollständigt. Das obligatorische *check* wird jedoch weggelassen. So befindet sich das Plugin `check_mem.pl` demnach im Paket `netways-plugins-mem`.

[4]https://packages.netways.de/plugins

13.5 Plugins bewerten, selbst entwickeln und veröffentlichen

Dieser Abschnitt beschäftigt sich mit Plugins, die nicht aus einer der etablierten Quellen kommen. Er soll einen kleinen Anstoß geben, sich bei Bedarf eigene Plugins zu schreiben, aber vor allem helfen, Plugins, die aus unbekannten Quellen stammen, zu bewerten.

»Du wurdest gewogen, du wurdest gemessen ... und du wurdest für nicht gut genug befunden.«
Adhemar von Anjou, 2001

Prinzipiell kann jede ausführbare Datei auf einem System, auf dem Icinga 2 läuft und die sich an ein paar grundlegende Vorgaben hält, als Monitoring-Plugin verwendet werden. Da das Plugin als eigenständiges Programm gestartet wird, ist es völlig unerheblich, in welcher Programmiersprache das Plugin erstellt wurde oder ob es sich dabei um ein kompiliertes Programm oder ein Skript handelt.

Icinga 2 erwartet jedoch ein bestimmtes Verhalten von Plugins, die in den »Monitoring Plugins Development Guidelines«[5] niedergeschrieben sind. Die folgende Übersicht fasst die wichtigsten Punkte der Richtlinien zusammen. Nur drei Eigenschaften sind für die Verwendung durch Icinga 2 notwendig:

- Das Plugin gibt einen Exit Code gemäß Tabelle 13-1 zurück.
- Über die Standardausgabe wird ein von Menschen lesbarer Text ausgegeben.
- Das Plugin beendet sich nach einem definierten Timeout selbst.

Optional sind noch weitere Eigenschaften möglich und wichtig:

- Besitzt das Plugin Parameter zur Angabe von Schwellenwerten, sind die Richtlinien aus Abschnitt 13.1 auf Seite 280 einzuhalten.
- Performance-Daten dürfen ebenfalls über die Standardausgabe ausgegeben werden, siehe Abschnitt 13.2 auf Seite 281.
- Da die wenigsten Plugins eigene Manpages mitbringen, hat es sich eingebürgert, dass sie mit dem Aufruf der Optionen `-h` bzw. `--help` eine Kurzbeschreibung ausgeben.

[5]https://www.monitoring-plugins.org/doc/guidelines.html

```
$ ./check_swap --help
check_swap v2.0.3 (nagios-plugins 2.0.3)
Copyright (c) 2000-2014 Nagios Plug\-in Development Team
        <devel@nagios-plugins.org>
Check swap space on local machine.
Usage:
 check_swap [-av] -w <percent_free>% -c <percent_free>%
  -w <bytes_free> -c <bytes_free> [-n <state>}
Options:
 -h, --help
    Print detailed help screen
 -V, --version
    Print version information
 --extra-opts=[subsection][@file]
    Read options from an ini file. See
    https://www.nagios-plugins.org/doc/extra-opts.html
    for usage and examples.
 -w, --warning=INTEGER
    Exit with WARNING status if less than INTEGER bytes
        of swap space are free
 -w, --warning=PERCENT%%
    Exit with WARNING status if less than PERCENT of
        swap space is free
 -c, --critical=INTEGER
    Exit with CRITICAL status if less than INTEGER
        bytes of swap space are free
 -c, --critical=PERCENT%%
    Exit with CRITICAL status if less than PERCENT of
        swap space is free
 -a, --allswaps
    Conduct comparisons for all swap partitions, one
        by one
 -v, --verbose
    Show details for command-line debugging (Nagios
        may truncate output)
Notes:
 Both INTEGER and PERCENT thresholds can be specified,
    they are all checked.
 On AIX, if -a is specified, uses lsps -a, otherwise
    uses lsps -s.

Send email to help@nagios-plugins.org if you have
    questions regarding use
of this software. To submit patches or suggest improvements,
    send email to
devel@nagios-plugins.org
```

Wer sein eigenes Monitoring-Plugin geschrieben hat, sollte es auch der Community zur Verfügung stellen. Dafür hat sich GitHub bewährt. Es bietet dazu auch Möglichkeiten zur Kommunikation mit den Anwendern des eigenen Projekts, z. B. einen Issue Tracker. Da sich auf GitHub jedoch Unmengen an Open-Source-Projekten befinden, empfiehlt es sich, es zusätzlich auch in der Monitoring-Community bekannt zu machen. Ein komfortabler Weg dafür ist die Icinga-Exchange, eine Community-Plattform speziell für Icinga 2, die eine automatische Synchronisation mit GitHub ermöglicht. Der Code kann somit weiter auf GitHub gepflegt werden, während die Community-Arbeit zum eigenen Plugin über Icinga-Exchange erfolgt.

»Aber ich bin doch auf der Bühne.«

Stacee Jaxx, 2012

Eine andere bekannte Seite, Nagios-Exchange, birgt leider immer wieder die Gefahr, dass das hochgeladene Plugin einfach gelöscht oder von jemand anderem übernommen wird, sollten die Betreiber der Meinung sein, das Plugin sei nicht nur für die Verwendung in Nagios sondern auch in den verwandten Derivaten gedacht.

Technisch sind Plugins für Icinga 2, Icinga, Nagios, Shinken, Naemon etc. identisch, weshalb sich auch mehr und mehr der Begriff Monitoring-Plugin durchsetzt. Es sind leider oft Befindlichkeiten der Projektbetreuer, die immer wieder zum Bruch zwischen den Projekten führen.

14 Netzwerkdienste

In diesem Kapitel starten wir mit der Überwachung von Diensten über das Netzwerk. Dabei handelt es sich um für die eigene Infrastruktur wichtige Dienste wie die Zeitserver, DNS und DHCP, aber es wird auch darauf eingegangen, wie Webserver, Mailrelay- und Mailgroupware-Server überwacht werden können.

Microsoft Windows-basierte Dienste wie Exchange oder Fileserver werden gesondert in Kapitel 16 ab Seite 341 behandelt.

»Straßen? Wo wir hinfahren brauchen wir keine Straßen!«
Dr. E. Brown, 1985

14.1 Erreichbarkeit

Die Erreichbarkeit eines Hosts wird in der Regel mit *hostalive* sichergestellt, das in der Beispielkonfiguration auf dem Plugin `check_ping` beruht. Bei der Hostverfügbarkeit geht es allerdings nicht um ernsthafte Messungen der Latenz oder Verlustrate von Paketen, sondern es soll lediglich die grundsätzliche Erreichbarkeit sichergestellt sein. Aus diesem Grund werden hierfür sehr hohe Schwellenwerte gesetzt, z. B. für die Laufzeit 5000 ms und eine Verlustrate an Paketen von 80 oder gar 100 Prozent.

»Nur einen Ping.«

Capt. M. Ramius, 1990

Das Plugin `check_ping` hat auch eine jüngere Schwester, `check_icmp`. Der ältere Bruder benutzt das Kommandozeilentool `ping`, seine Schwester hingegen ist direkt gegen die `libicmp` gelinkt. So sendet `check_ping` die ICMP-Pakete in einem Zeitintervall von einer Sekunde, `check_icmp` hingegen standardmäßig mit maximal 80 ms, also »nahezu zeitgleich«.

Wie die Laufzeiten der beiden Plugins zeigen, sollte in großen Netzwerken von mehr als tausend Hosts `check_icmp` zum Einsatz kommen, um unnötig lange Laufzeiten und damit verbunden viele gleichzeitig laufende Plugins auf einem Server zu vermeiden.

```
$ time ./check_ping -H 172.16.1.254 -w 250,40% -c 500,80% -p 5
PING OK - Packet loss = 0%, RTA = 2.11 ms

real  0m4.019s
user  0m0.006s
sys 0m0.014s

$ time ./check_icmp -H 172.16.1.254 -w 250,40% -c 500,80% -n 5
OK - 172.16.1.254: rta 2,001ms, lost 0%

real  0m0.057s
user  0m0.004s
sys 0m0.007s
```

Bei der Hostverfügbarkeit gestaltet sich eine Umstellung auf *icmp* etwas schwierig. Zunächst schauen wir uns einmal das Check Command *hostalive4* aus der ITL an. Es handelt sich um eine Spezialisierung auf IPv4 von *hostalive* und liegt in ähnlicher Form auch als *hostalive6* für IPv6 vor.

```
template CheckCommand "hostalive-common" {
  vars.ping_wrta = 3000.0
  vars.ping_wpl = 80

  vars.ping_crta = 5000.0
  vars.ping_cpl = 100
}

object CheckCommand "hostalive4" {
  import "ping4"
  import "hostalive-common"
}
```

Codebeispiel 14.1: Check Command *hostalive4* in `command-plugins.conf` der ITL

Hier sieht man in *hostalive-common*, wie hoch die Schwellenwerte gesetzt sind. Diese gelten bekanntlich als Defaults für das Check Command und damit auch für den Plugin-Aufruf. Mit dem Import von *ping* wird bei *hostalive4* dasselbe Check Command *ping* verwendet wie auch beim Service *ping4*. Beide basieren damit auf *ping4*. Was hat das für Auswirkungen und warum sprechen wir darüber?

Solange Schwellenwerte wie in *hostalive4* im Check Command definiert sind, ist alles in Ordnung, da zwei getrennte für den Hostcheck und den Servicecheck *ping4* verwendet werden. Aus Abschnitt 4.5 ab Seite 70 über Makrosubstitution ist allerdings bekannt, dass am Hostobjekt die Werte überschrieben werden können.

Wird genau das getan, um Einfluss auf die Schwellenwerte des Services *ping4* zu nehmen, gelten dieselben Werte auch beim Hostcheck mit *hostalive4*. Für die Überwachung der Hostverfügbarkeit ist dies auf keinen Fall gewünscht, da damit die Gewissheit verloren geht, dass ein Host wirklich nicht mehr zu erreichen ist.

Umgehen kann man dieses Problem, indem bei den Services *ping4* und *ping6* auf `check_icmp` umgestellt wird. Das Plugin wird anders parametrisiert und damit benutzt das Check Command *icmp* komplett andere Custom Variables als *ping*.

```
apply Service "ping4" {
  import "generic-service"

  check_command = "my/icmp4"

  assign where host.address
}
```

Codebeispiel 14.2: Servicedefinition *ping4* mit *icmp4* in `zones.d/main/network.conf`

Allerdings bietet die ITL bis einschließlich der momentan aktuellen Version 2.13.2 von Icinga 2 weder ein vordefiniertes Check Command *icmp4* noch *icmp6*. Das liegt daran, dass das Plugin `check_icmp` die Protokollversion 6 noch nicht allzu lange unterstützt und damit noch ältere Versionen des Plugins im Umlaufe sein könnten.

> Soll `check_icmp` eingesetzt werden, ist darauf zu achten, ob die eingesetzte Version IPv6 unterstützt. Das Plugin muss die beiden Optionen `-4` und `-6` anbieten.
> Es richtet sich nur nach dem Support von IPv6, wie die Check Commands zu modellieren sind.

Eigene Check Commands sind schnell geschrieben und orientieren sich am Vorbild von *ping4* und *ping6* aus der ITL. Das Präfix »my/« verhindert doppelte Namen, falls bei einem Update diese fehlenden Definitionen hinzukämen.

```
object CheckCommand "my/icmp4" {
  import "icmp"

  command += [ "-4" ]

  vars.icmp_address = "$address$"
}

object CheckCommand "my/icmp6" {
  import "icmp"

  command += [ "-6" ]

  vars.icmp_address = "$address6$"
}
```

Codebeispiel 14.3: Check Commands *icmp4*, *icmp6* in *zones.d/main/network.conf*

Ein eigenes Check Command, das von der Protokollversion »unabhängig« ist bzw. erkennt, welche von beiden anzuwenden wäre, ist ebenfalls schnell hinzugefügt:

```
object CheckCommand "my/icmp" {
  import "icmp"
  import "ipv4-or-ipv6"
  vars.icmp_address = "$check_address$"
}
```

Codebeispiel 14.4: Check Command *icmp* in *zones.d/main/network.conf*

Das hier eingesetzte Template *ipv4-or-ipv6* ermittelt, ob hostseitig die Attribute *address* und *address6* gesetzt wurden. Ist nur *address* angegeben, wird im Template der Custom Variable *check_address* die IPv4-Adresse zugewiesen. Analog ist das Verhalten bei lediglich gesetzter IPv6-Adresse, nur wird hier natürlich *address6* in *check_address* zurückgeliefert. Sind beide Adressen im Host hinterlegt, entscheidet sich das Template immer für IPv4.

Neben *icmp* ist auch das Template *ipv4-or-ipv6* in der ITL enthalten und befindet sich sogar in derselben Datei *command-plugins.conf*.

Soll dennoch dasselbe Plugin, egal ob `check_ping` oder `check_icmp`, für den Hostcheck und bei einem Servicecheck *ping* eingesetzt werden, empfiehlt es sich, ein eigenes Check Command mit eigenen Custom Variables für die Makroauswertung zu schreiben.

```
object CheckCommand "my/hostalive" {
  import "ipv4-or-ipv6"

  command = [ PluginDir + "/check_ping" ]

  arguments = {
    "-H" = "$hostalive_address$"
    "-w" = "$hostalive_wrta$,$hostalive_wpl$%"
    "-c" = "$hostalive_crta$,$hostalive_cpl$%"
    "-p" = "$hostalive_packets$"
    "-t" = "$hostalive_timeout$"
  }

  vars.hostalive_address = "$check_address$"
  vars.hostalive_wrta = 3000
  vars.hostalive_wpl = 80
  vars.hostalive_crta = 5000
  vars.hostalive_cpl = 100
}
```

Codebeispiel 14.5: Check Command *hostalive* in *zones.d/main/network.conf*

Das Check Command *my/hostalive* ist im Prinzip eine Kopie von *ping*, mit dem Unterschied, dass alle Makros das Präfix *hostalive_* anstatt *ping_* verwenden. Damit haben beide jeweils ihren eigenen Namensbereich und kommen sich nicht mehr gegenseitig bei der Auswertung in die Quere. Außerdem findet hier das oben beschriebene Template *ipv4-or-ipv6* Anwendung.

Analog wird verfahren, wenn der Hostcheck auf `check_icmp` basieren soll. Dort dient dann das Check Command *icmp* als Vorlage.

14.2 Zeitserver

Die Qualität eines Zeitservers wird mit dem Plugin `check_ntp_peer` geprüft. Möchte man auf einem Host lediglich die Abweichung der lokalen Zeit zu der seines Zeitservers überwachen, ist das plattformabhängig und wird für Linux in Abschnitt 6.5 auf Seite 117 und für Windows-Systeme in Abschnitt 7.4 auf Seite 130 ausführlich beschrieben.

»Marty, du musst lernen, 4-dimensional zu denken!«
Dr. E. Brown, 1989

Die Güte des Zeitservers wird an drei Messwerten festgemacht. Der Offset ist die Zeitdifferenz zu den Referenzservern, von denen der NTP-Server selbst die aktuelle Zeit bezieht. Der Jitter ist das Maß für Schwankungen in der Paketlaufzeit und das Stratum gibt die topologische Entfernung zur nächsten Atomuhr an. Ein Stratum von »1« bedeutet, der NTP-Server bekommt seine Zeit direkt von einer Atomuhr, ein Wert von »2« bedeutet, er bezieht die Zeit von einem Server, der an eine Atomuhr angeschlossen ist, und so weiter.

Das Kommandozeilentool `ntpq` ermittelt mit `-p` diese Werte von dem als Parameter angegebenen Zeitserver.

```
$ ntpq -np 172.16.1.254
remote           refid            st ...   offset  jitter
==========================================================
-46.165.212.205  192.53.103.103   2  ...   -8.994   1.811
+144.76.117.245  192.53.103.108   2  ...   -5.213   2.501
*5.9.122.148     192.53.103.108   2  ...   -6.096   2.011
+78.111.224.11   192.53.103.104   2  ...   -1.681   1.945
```

Die erste Spalte enthält den jeweiligen Referenzserver, mit der Option `-n` wird die Namensauflösung unterdrückt. Die dritte Spalte gibt das Stratum an und in den letzten beiden Spalten befinden sich die ermittelten Werte für den Offset und den Jitter.

```
apply Service "ntp peers" {
  import "generic-service"

  check_command = "ntp_peer"

  assign where host.vars.os == "Linux" \
    && (host.vars.ntp_address == host.address \
    || host.vars.ntp_address == host.address6)
}
```

Codebeispiel 14.6: Überwachung eines NTP-Servers

Die Anwendung des Services *ntp peers* zur Überwachung eines NTP-Servers auf einem Linux-Host wird davon abhängig gemacht, ob die eigene Hostadresse der des Zeitservers entspricht. Das Check Command *ntp_peer* ist in der ITL enthalten und das zugehörige Plugin `check_ntp_peer` gehört zu den Monitoring-Plugins.

Beim Gebrauchtwarencenter sind die Zeitserver bereits in den Templates *lan-net* und *dmz-net* hinterlegt, sodass die obige Servicedefinition nur noch der Konfiguration hinzuzufügen ist. Da es sich um ein Netzwerkservice handelt, ist es in der Datei *zones.d/main/network.conf* gut aufgehoben.

14.3 Domain Name Service

Auch für die Prüfung des DNS stehen auf Linux-Plattformen zwei Plugins aus dem Monitoring-Plugins-Projekt zur Verfügung, `check_dns` und `check_dig`. Während `check_dns` mithilfe des externen Programms `nslookup` prüft, ob sich ein Hostname auflösen lässt, erlaubt `check_dig` Abfragen beliebiger Records.

Beide Plugins decken teilweise die gleichen Aufgaben ab. So lässt sich auch mit `check_dns` ein expliziter DNS-Server abfragen, obwohl dieses Plugin eher kontrolliert, ob der Name Service generell funktioniert.

Das Plugin `check_dns` prüft, ob sich ein angegebener Hostname in eine IP-Adresse auflösen lässt. Lokal eingesetzt überprüft das Plugin die DNS-Konfiguration des Rechners, auf dem es ausgeführt wird. Zur Namensauflösung nutzt es die im System konfigurierten Nameserver. Auf allen mit Agenten überwachten Linux-Servern soll die DNS-Konfiguration überprüft werden, indem der eigene Hostname aufgelöst wird.

```
apply Service "dns" {
  import "generic-service"

  check_command = "dns"
  command_endpoint = host.name

  assign where get_object("Endpoint", host.name) \
      && host.vars.os in ["Linux", "Solaris"]
}
```

Codebeispiel 14.7: Service *dns* in *zones.d/main/linux.conf*

Für Windows stehen mit `check_dns.ps1` und `check_win8_2012r2.ps1`[1] zwei Powershell-Skripte zur Verfügung, die jedoch im Unterschied zum

[1]https://github.com/riskersen/Monitoring/tree/master/Windows_DNS

Linux-Pendant immer die Angabe des abzufragenden Nameservers erfordern. Das erste Skript `check_dns.ps1` findet bei älteren Windows-Versionen Verwendung, das andere ab Windows 2008 R2. Das Check Command *ps-local-dns* ist im Anhang in F.2 beschrieben.

```
apply Service "dns" {
  import "generic-service"

  check_command = "ps-local-dns"
  command_endpoint = host.name

  assign where get_object("Endpoint", host.name) \
      && host.vars.os == "Windows"
}
```

Codebeispiel 14.8: Service *dns* in *zones.d/main/windows.conf*

Da der abzufragende Nameserver angegeben werden muss und abhängig vom jeweiligen Netzsegment ist, werden den in Abschnitt 6.8 auf Seite 117 eingeführten Host-Templates die jeweiligen Server hinzugefügt.

Zu beachten ist, dass nicht nur die beiden Powershell-Skripte die Custom Variable *dns_server* verwenden, sondern auch das Plugin `check_dns` für Linux. Damit verliert man den impliziten Test der lokalen DNS-Konfiguration. Ist dies nicht gewünscht, muss dem Parameter hier und im Check Command ein anderer Name gegeben werden.

```
template Host "lan-net" {
  ...
  vars.dns_server = "172.16.1.254"
}
template Host "dmz-net" {
  ...
  vars.dns_server = "172.16.2.254"
}
```

Mit `check_dig` wird die Funktionalität des DNS-Servers auf *draco* geprüft. Zu diesem Zweck bietet es sich an, *www.google.de* anzufragen, bei einer Antwort funktioniert der DNS-Forwarder korrekt.

```
object Service "dns forwarder" {
  import "generic-service"

  host_name = "draco.gwc-jonas.local"
  check_command = "dig"

  vars.dig_lookup = "www.google.de"
}
```

Codebeispiel 14.9: Prüfen der Funktionalität eines DNS-Forwarders

Das Gebrauchtwarencenter besitzt nur einen Forwarder auf dem Host *draco*. Der einzelne Service muss damit nicht über eine *apply*-Regel an den Host gebunden werden, sondern kann direkt mit dem Attribut *host_name* zugewiesen werden. Die Objektdefinition legt man dann einfach in dieselbe Datei *zones.d/main/hosts/draco.conf* wie das Hostobjekt.

Auch andere Records lassen sich mit `check_dig` überprüfen, so z. B. ob ein DNS-Server eine bestimmte Zone hostet.

```
$ ./check_dig -H 172.16.1.254 \
    -l gwc-jonas.local -T NS -a draco.gwc-jonas.local
DNS OK - 0,042 seconds response time \
    (draco.gwc-jonas.local. 10800 IN A 172.16.1.254)
```

Ist ein autoritativer Nameserver zu überwachen, der eine Vielzahl von Zonen hostet, bietet es sich an, hierfür einen Service mit einer *apply for*-Schleife zu verwenden.

```
apply Service for (zone in host.vars.dns_zones) {
  import "generic-service"

  display_name = "zone " + zone
  check_command = "dig"

  vars.dig_lookup = zone
  vars.dig_record_type = "NS"
  vars.dig_expected_address = host.address
}
```

Codebeispiel 14.10: Service zu `check_dig` in *zones.d/main/network.conf*

Mit diesem Service lassen sich jetzt beliebig viele Zonen überprüfen, indem sie als Array-Elemente in *vars.dns_zones* geschrieben werden.

```
object Host "draco.gwc-jonas.local" {
  ...
  vars.dns_zones = [ "gwc-jonas.net", "gwc-jonas.local" ]
}
```

Ein Nachteil dieser Methode ist, dass die Flexibilität verloren geht. Die Attribute im Service können so nicht mehr aus dem Hostobjekt heraus manipuliert werden, da nun für das Check Command die Custom Variables *vars* aus dem Service diejenigen aus dem Host überlagern. Diese Möglichkeit bekommt man nur, wenn man den Service auf die Art definiert, wie schon mehrfach durchgeführt, z. B. für Dateisysteme.

14.4 DHCP

Zum Überprüfen von DHCP-Diensten bieten die Monitoring-Plugins das Plugin check_dhcp. Es sendet per UDP-Broadcast an Port 67 ein DHCP-DISCOVER und wartet auf ein DHCPOFFER mit dem Angebot einer IP-Adresse und weiterer Konfigurationsinformationen eines DHCP-Servers. Da das Plugin daraufhin keinen DHCPREQUEST sendet, muss der DHCP-Server weder Ressourcen reservieren noch mit DHCPACK bestätigen oder mit DHCPNACK ablehnen.

Das Plugin besitzt wie schon check_icmp die Einschränkung, dass es erweiterte Berechtigung benötigt. Entweder ist das SUID-Bit zu setzen oder das Plugin benötigt die Capabilities *cap_net_bind_service* und *cap_net_raw+ep*, siehe Abschnitt 13.3 für nähere Informationen.

In beiden Netzsegmenten der Firma Jonas stellt der Router *draco* den DHCP-Service zur Verfügung. Beide Service, *dhcp lan* und *dhcp dmz*, sind direkt dem Host *draco* zugeordnet und lassen sich damit in die Datei *zones.d/main/hosts/draco.conf* direkt beim Hostobjekt ablegen.

Kommt für die DMZ ein eigener Worker zum Einsatz, biete Codebeispiel 10.11 auf Seite 211 eine angepasste und bessere Lösung.

```
object Service "dhcp lan" {
  import "generic-service"
  host_name = "draco.gwc-jonas.local"
  check_command = "dhcp"
  vars.dhcp_interface = "eth1"
  vars.dhcp_serverip = "172.16.1.254"
}
```

Codebeispiel 14.11: Überprüfung von DHCP im LAN

Das Plugin benötigt als Parameter (*dhcp_interface*) das Interface, von dem der Request gesendet werden soll. Mit *dhcp_serverip* wird explizit ein bestimmter DHCP-Server angesprochen. Der DHCPDISCOVER muss jedoch für die DMZ aus genau diesem Netz gesendet werden, deshalb ist *command_endpoint* für den Service *dhcp dmz* entsprechend gesetzt. Damit wird das Plugin auf einem Host mit Icinga-Agenten in der DMZ ausgeführt.

```
object Service "dhcp dmz" {
  import "generic-service"
  host_name = "draco.gwc-jonas.local"
  check_command = "dhcp"
  command_endpoint = "antlia.gwc-jonas.net"
  vars.dhcp_interface = "eth1"
  vars.dhcp_serverip = "172.16.2.254"
}
```

Codebeispiel 14.12: Überprüfung von DHCP in der DMZ

14.5 Webserver

Für die vielfältige Überwachung von Seiten auf einem Webserver ist das Plugin `check_http` zuständig. Es ist in den Monitoring-Plugins enthalten und beherrscht die Protokolle HTTP und HTTPS.

> *»Es tut mir Leid, Dave, aber das kann ich nicht tun.«*
>
> *HAL 9000, 1968*

Auf dem Icinga-Server *fornax* betreibt das Gebrauchtwarencenter die Benutzeroberfläche Icinga Web 2. Die im Folgenden verwendete Servicedefinition ist bereits in Abschnitt 4.3 ab Seite 64 besprochen worden. Sie bildet ein *apply for* über das Dictionary *vars.http_vhosts*.

Zur Überwachung von Icinga Web 2 wird lediglich überprüft, ob ein HTTP-Request auf die URI */icingaweb2* ein OK (hier durch ein HTTP-Response 301) zurückliefert. Sollte die Antwort länger als eine Sekunde auf sich warten lassen, liefert der Check ein WARNING zurück, bei mehr als zwei Sekunden sogar ein CRITICAL.

```
object Host NodeName {
  import "linux-host"
  import "lan-net"
  import "apache-webserver"

  check_command = "my/hostalive"
  address = "127.0.0.1"

  vars.http_vhosts["Icinga Web 2"] = {
    http_uri = "/icingaweb2"
    http_warn_time = 1
    http_crit_time = 2
  }
}
```

Codebeispiel 14.13: Überwachung von Icinga Web 2 auf dem Icinga-Master

Auf dem firmeneigenen Webserver *antlia* werden der Webauftritt sowie das Shop- und Bezahlsystem gehostet. Alle drei laufen jeweils als eigenständige virtuelle Webserver. Die Option *http_vhost* veranlasst das Plugin im HTTP-Request-Header, den angegebenen Host zu setzen. Der Onlineauftritt wird standardmäßig in englischer Sprache ausgeliefert. Der Service *Website* testet den ausgelieferten Seiteninhalt auf Vorhandensein des Strings »Icinga Book«, nur dann ist der Check OK. Ist die Sprache des Browsers im Request-Header allerdings auf Deutsch gesetzt, wird auf »Icinga-Buch« getestet und das Ergebnis im Service *Website german* angezeigt.

```
object Host "antlia.gwc-jonas.net" {
  import "linux-host"
  import "dmz-net"

  display_name = "antlia"
  address = "172.16.2.12"

  vars.osfamily = "Debian"

  vars.http_vhosts["Website"] = {
    http_uri = "/"
    http_vhost = "www.gwc-jonas.net"
    http_string = "Icinga Book"
  }
  vars.http_vhosts["Website german"] = {
    http_uri = "/"
    http_vhost = "www.gwc-jonas.net"
    http_string = "Icinga-Buch"
    http_header = "Accept-Language: de-DE"
  }
  ...
}
```

Codebeispiel 14.14: Beispiel der Überprüfung eines mehrsprachigen Webauftritts

Die Webseiten *cash* und *shop* liefern ihre Inhalte nur mit SSL verschlüsselt aus. Das ist dem Plugin durch *http_ssl* mitzuteilen. Die Option *http_sni* bewirkt, dass die Anfrage nach dem Zertifikat unverschlüsselt erfolgt, wie es in der entsprechenden Erweiterung von TLS festgelegt ist.

```
object Host "antlia.gwc-jonas.net" {
  ...
  vars.http_vhosts["cash"] = {
    http_uri = "/"
    http_vhost = "cash.gwc-jonas.net"
    http_ssl = true
    http_sni = true
  }

  vars.http_vhosts["cash cert"] = {
    http_uri = "/"
    http_vhost = "cash.gwc-jonas.net"
    http_certificate = 10
  }
}
```

Codebeispiel 14.15: Eine gesicherte Website inklusive Zertifikat testen

Für ihre Zertifikate wird mit den Services *cash cert* und *Online Shop cert* die verbleibende Zeit geprüft, bis die Zertifikate ihre Gültigkeit verlieren. Mit der Option *http_certificate* wird die Anzahl von Tagen festgelegt, bei deren Unterschreitung der noch gültigen Laufzeit ein WARNING erfolgen soll.

Die Webseite beherbergt einen Onlineshop. Der Warenkorb ist unter der URI */cart/* zu erreichen. Mittels POST wird eine virtuelle Bestellung von zwei Büchern getätigt. In der Antwortseite wird mit einem regulären Ausdruck nach der berechneten Gesamtsumme der Bestellung gesucht. Die Summe muss eine Zahl sein, die zwei Nachkommastellen beinhaltet. Der Rechnungsbetrag wird je nach Auswahl in Euro oder US-Dollar ausgewiesen.

Wie der Tabelle 4-2 auf Seite 57 entnommen werden kann, sind Backslashes in Icinga mittels »\« zu quotieren und Dollarzeichen mit einem »$«.

```
object Host "antlia.gwc-jonas.net" {
  ...
  vars.http_vhosts["Online Shop"] = {
    http_uri = "/cart/"
    http_vhost = "shop.gwc-jonas.net"
    http_ssl = true
    http_sni = true
    http_post = "name1=IcingaBook&name2=2"
    http_expect_body_regex = "(Gesamtsumme|total amount): \
        \\s[0-9]+(\\.|,)[0-9]{2}\\s(\\$$|EUR)"
  }

  vars.http_vhosts["Online Shop cert"] = {
    http_uri = "/"
    http_vhost = "shop.gwc-jonas.net"
    http_certificate = 10
  }
}
```

Codebeispiel 14.16: Prüfen einer HTTP-Response nach gesendetem POST

Apache Webserver

Kommt für die Auslieferung der Webseiten ein Apache Webserver zum Einsatz, können über die Auswertung der Statusseite vom Modul *status* weitere Informationen gewonnen werden. Es existieren eine Vielzahl von Plugins, die genau dies tun sollen, leider funktionierte keines mit einem aktuellen Apache Webserver der Version 2.2 oder 2.4. Also war es an der Zeit, ein weiteres Plugin zu schreiben.

Mit `check_apache_status.pl`[2] steht ein Plugin zur Verfügung, das die freien Slots, die Workers im Leerlauf bzw. die beschäftigten Workers und darüber hinaus Metriken zum Datendurchsatz ermittelt.

- RedHat

```
$ dnf install -y perl-Monitoring-Plugin perl-libwww-perl \
      perl-LWP-Protocol-https
$ chmod +x /usr/lib64/nagios/plugins/check_apache_status.pl
```

- Debian

```
$ apt-get install -y libmonitoring-plugin-perl \
      liblwp-protocol-https-perl
$ chmod +x /usr/lib/nagios/plugins/check_apache_status.pl
```

Dieses Plugin dient auch zur Demonstration, wie leicht es ist, mithilfe des Monitoring-Perl-Moduls[3] selbst Plugins zu schreiben. Schwellenwerte können für freie Slots, unbeschäftigte (idle) und in Verwendung befindliche Workers (busy) gesetzt werden. Im nachfolgenden Template sind lediglich Schwellenwerte für freie Slots angegeben. Sinkt der Wert unter 20, gibt es ein WARNING, bei unter 10 erfolgt ein CRITICAL. Schwellenwerte für die beiden anderen Werte werden durch Komma getrennt angegeben.

```
template Host "apache-webserver" {
  vars.apache_status_warning = "20:,,"
  vars.apache_status_critical = "10:,,"
}
```

Codebeispiel 14.17: Template für den Apache in *zones.d/main/webserver.conf*

An allen Hosts, auf denen ein Apache läuft, wird zusätzlich das Template *apache-webserver* eingebunden. An genau diesem Umstand orientiert sich der Filter für den Service *apache status*.

```
apply Service "apache status" {
  import "generic-service"

  check_command = "apache-status"

  assign where "apache-webserver" in host.templates
}
```

Codebeispiel 14.18: Service *apache status* in *zones.d/main/webserver.conf*

[2]https://github.com/lbetz/check_apache_status

[3]https://metacpan.org/pod/Monitoring::Plugin

Nginx Webserver

Das Gleiche wie für den Apache gilt für den Webserver Nginx. Die Statusseite wird hier mit dem Plugin `check_ngnix_status.pl`[4] abgefragt.

- RedHat

```
$ dnf install perl-libwww-perl perl-LWP-Protocol-https
$ chmod +x /usr/lib64/nagios/plugins/check_nginx_status.pl
```

- Debian

```
$ apt-get install liblwp-protocol-https-perl
$ chmod +x /usr/lib/nagios/plugins/check_nginx_status.pl
```

Ermittelt werden die aktiven Sessions sowie die Anfragen und die Verbindungen pro Sekunde. Schwellenwerte können hier für alle drei Werte angegeben werden, und zwar kommasepariert in genau der beschriebenen Reihenfolge.

```
template Host "nginx-webserver" {
  vars.nginx_status_warning = "10,5,5"
  vars.nginx_status_critical = "20,10,10"
}
```

Codebeispiel 14.19: Template für den Nginx in *zones.d/main/webserver.conf*

Analog zum Apache wird zusätzlich das Template *nginx-webserver* an den entsprechenden Host importiert und der Service *nginx status* nur an Hosts mit diesem Template gebunden.

```
apply Service "nginx status" {
  import "generic-service"

  check_command = "nginx-status"

  assign where "nginx-webserver" in host.templates
}
```

Codebeispiel 14.20: Service *nginx status* in *zones.d/main/webserver.conf*

[4] https://github.com/regilero/check_nginx_status

14.6 Proxyserver

Ein Webproxy kann ebenfalls mit `check_http` grundlegend auf Funktionalität überprüft werden. Hierfür ist jedoch ein tiefer gehendes Wissen über die Kommunikation zwischen Browser und Proxy erforderlich. Der Browser nimmt die Verbindung zum Proxy auf und manipuliert den HTTP-Header so, dass der GET-Request eine komplette URL mit verwendetem Protokoll enthält und im Feld Host den eigentlich zu erreichenden Server.

```
GET http://www.google.de/ HTTP/1.1
Host: www.google.de
User-Agent: Mozilla/5.0 (Windows NT 6.3; WOW64; rv:40.0)
Gecko/20100101 Firefox/40.0
Accept: text/xml,application/xml,application/xhtml+xml,...
Accept-Language: de,en-us;q=0.7,en;q=0.3
Accept-Encoding: gzip,deflate
```

Dieses Verhalten kann mit folgendem `check_http`-Aufruf nachgebildet werden. Mit der Option `-I` wird der anzusprechende Proxyserver angegeben.

```
$ ./check_http -H www.google.de \
    -I 172.16.1.14 -p 3128 -u http://www.google.de
HTTP OK: HTTP/1.1 200 OK - 19590 bytes in 0,086 second resp...
```

Damit kann die jeweilige Proxykette getestet werden. Im Gebrauchtwarencenter besteht diese aus dem Host *sagittarius* im internen LAN, der die Anfragen wiederum über den Proxy auf *kmw* in der DMZ ins Internet leitet.

Bei diesem Servicecheck werden zwar schon beide Proxies der Kette getestet, *kmw* jedoch nur indirekt. Um auch diesen Proxy direkt zu prüfen, da er der Proxy für alle Server in der DMZ ist, muss *sagittarius* analog ein solcher Service hinzugefügt werden.

```
object Host "sagittarius.gwc-jonas.local" {
  ...
  vars.http_vhosts["webproxy"] = {
    http_vhost = "www.google.de"
    http_address = "172.16.1.14"
    http_port = 3128
    http_uri = "http://www.google.de"
  }
}
```

Codebeispiel 14.21: Service *webproxy*

Sollte es sich bei einem oder gar bei beiden Webproxies um einen Squid handeln, kann zusätzlich mit dem Plugin `check_squid`[5] der Cache Ma-

[5] https://exchange.icinga.com/exchange/check_squid

nager abgefragt werden. Das Plugin verwendet intern das Kommando `squidclient`, das im Squid-Paket enthalten ist. Da es sich um ein Perl-Skript handelt, wird außerdem das Nagios-Perl-Plugin benötigt. Ein lokaler Aufruf auf einem Squid-Proxy liefert Informationen über die aktuellen Verbindungen, die benutzte CPU-Zeit, die Speicherbenutzung durch Squid, die Webcache-Benutzung oder die maximal zur Verfügung stehenden und die momentan verwendeten Dateideskriptoren.

```
$ squidclient -h 172.16.1.14 mgr:info
HTTP/1.1 200 OK
Server: squid/3.3.8
Mime-Version: 1.0
...
File descriptor usage for squid:
  Maximum number of file descriptors:   16384
  Largest file desc currently in use:     12
  Number of file desc currently in use:    7
  Files queued for open:                   0
  Available number of file descriptors: 16377
  Reserved number of file descriptors:   100
  Store Disk files open:                   0
```

Standardmäßig ist der Squid so konfiguriert, dass diese Informationen nur vom *localhost* aus abgefragt werden dürfen. Mit einer Anpassung der Access Control List (ACL) kann dem Icinga-Server jedoch der Zugriff gewährt werden. Die letzte Zeile schränkt die Abfrage ohne Passwort auf Informationen ein.

```
acl icinga src 172.16.1.11/32
...
http_access allow localhost manager
http_access allow icinga manager
http_access deny manager
cachemgr_passwd none info
```

Codebeispiel 14.22: Anpassung der `squid.conf` auf dem internen Proxy *sagittarius*

Das Plugin unterstützt mit der Option `-d` das Abfragen von Informationen zu Verbindungen (Connections), der Benutzung des Webcaches (Cache), der benutzten CPU (Resources), verbrauchtem Hauptspeicher (Memory) und den Dateideskriptoren (FileDescriptors).

```
$ ./check_squid -s /usr/bin/squidclient -H 172.16.1.14 \
       -d FileDescriptors
SQUID OK - Squid work fine. | 'Max FD'=16384;; 'Cur FD'=7;;
```

Der zugehörige Service kann wie folgt modelliert werden. Ein entsprechendes Check Command *squid* befindet sich in der ITL.

```
apply Service for (data => config in host.vars.squid) {
  import "generic-service"

  check_command = "squid"

  vars += config
}
```

Codebeispiel 14.23: Services für den Squid

Soll lediglich die Funktionalität geprüft werden, bietet es sich an, die in Benutzung befindlichen Dateideskriptoren abzufragen. Je mehr Benutzer gleichzeitig den Proxy benutzen, umso mehr Dateideskriptoren befinden sich in Verwendung. Bei kleinen Netzen mit bis zu hundert Benutzern sollten die hier angegebenen Schwellenwerte ausreichend sein. In neuen Versionen vom Squid ist der einkompilierte Maximalwert mit 16348 auch für größere Netze ausreichend groß gewählt.

```
object Host "sagittarius.gwc-jonas.local" {
  ...
  vars.squid["squid filedescriptors"] = {
    squid_data = "FileDescriptors"
    squid_warning = "1024"
    squid_critical = "1536"
  }
}
```

Codebeispiel 14.24: Beispiel für den Service *filedescriptors* des Squid

Fragt man die Proxies mittels `check_squid` ab, kann auf einen zusätzlichen Servicecheck mit `check_http` verzichtet werden, da die Funktionalität aus dem Netz schon ausreichend abgeprüft ist.

14.7 Kerberos

In den Monitoring-Plugins ist zurzeit kein Plugin zur Überprüfung von Kerberos enthalten, aber auf Nagios Exchange findet man recht schnell das Plugin `check_kdc`[6]. Es ist ein Shell-Skript, das das Kommandozeilentool `kinit` benutzt. Das Plugin versucht jeweils ein Ticket vom Key Distribution Center (KDC) zu erhalten und benötigt hierfür einen Principal inklusive Schlüssel in einer eigenen Schlüsseltabelle (Keytab).

[6]https://exchange.nagios.org/directory/Plugins/Security/check_kdc/details

Hat man das Plugin heruntergeladen, benötigt man zusätzlich noch die Kerberos-Tools.

- RedHat

```
$ dnf install krb5-workstation
$ chmod +x /usr/lib64/nagios/plugins/check_kdc
```

- Debian

```
$ apt-get install krb5-user
$ chmod +x /usr/lib/nagios/plugins/check_kdc
```

Zusammen mit dem Check Command *kdc* aus ITL und unten stehender Servicedefinition wird der KDC auf Port TCP/88 des Windows Domain Controller auf dem Host *andromeda* überwacht.

```
object Service "kerberos" {
  import "generic-service"

  host_name = "andromeda.gwc-jonas.local"
  check_command = "kdc"

  vars.kdc_principal = \
      "KDC/monitoring.gwc-jonas.local@GWC-JONAS.LOCAL"
  vars.kdc_keytab = "/etc/icinga2/key.tab"
}
```

Codebeispiel 14.25: Service *kerberos* für KDC eines Domain Controller

14.8 Mailverkehr

Die Überwachung auf Korrektheit aller beteiligten Komponenten, die den Mailverkehr in einem Unternehmen regeln, ist ähnlich komplex wie deren Konfiguration. Alle in diesem Abschnitt beschriebenen Services werden diesmal nicht mittels *apply*-Regel an die Hosts gebunden, sondern direkt dem entsprechenden Host zugewiesen. Da die Services nur eingeschränkt auf zwei Hosts zu überwachen sind, reicht eine direkte Zuordnung aus. Der Übersichtlichkeit halber legt man diese Servicedefinition in die jeweilige Datei des zugehörigen Hostobjekts.

> *»Das Beste am Seemannsleben war, dass man nicht erreichbar war.«*
> *Capt. J.-L. Picard, 1994*

Mail über einen MTA senden und empfangen

Im Gebrauchtwarencenter kommt ein Mailrelay auf dem Server *kmw* zur Filterung nach Mailware und Viren zum Einsatz, d. h., das Relay muss per SMTP erreichbar sein sowie seinen zugehörigen Groupware-Server *gmw* mittels SMTP erreichen. Die Viren- und Spamfilterung wird mittels Amavis und clamd durchgeführt und gehört demzufolge ebenfalls überwacht.

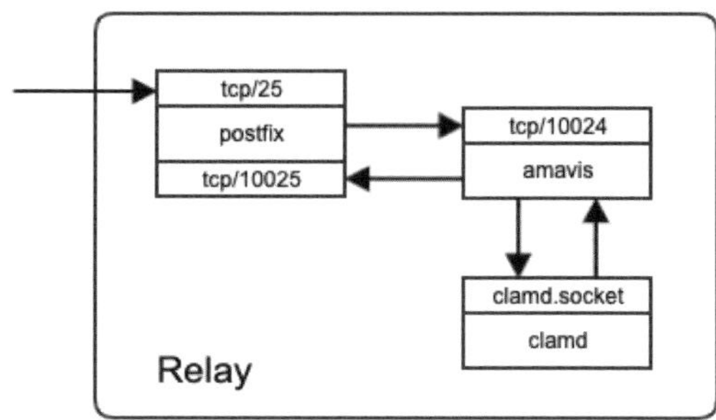

Abbildung 14-1: Kommunikationsfluss im Mailrelay

Auch ist es wichtig, zu überprüfen, dass die Mailqueue schnell genug abgearbeitet wird. Um Mails in alle Welt erfolgreich zustellen zu können, muss die Namensauflösung funktionieren. Das Beispiel zum DNS-Forwarder aus Abschnitt 14.3 auf Seite 295 lässt sich für das Mailrelay adaptieren.

```
object Endpoint "kmw.gwc-jonas.net" {
  host = "172.16.2.13"
}

object Zone "kmw.gwc-jonas.net" {
  endpoints = [ "kmw.gwc-jonas.net" ]
  parent = "main"
}

object Host "kmw.gwc-jonas.net" {
  import "linux-host"
  import "dmz-net"

  display_name = "kmw"
  address = "172.16.2.13"

  vars.clamd_address = "/var/run/clamd.amavisd/clamd.sock"
}
```

Codebeispiel 14.26: Hostdefinition Mailrelay *kmw*

Über die Custom Variable *clamd_address* wird dem Plugin aus dem Monitoring-Plugin-Projekt `check_clamd` mitgeteilt, den Unix-Socket zu überwachen und nicht standardmäßig den TCP-Socket auf der Hostadresse. Der Socket kann damit natürlich nur durch das lokale Ausführen des Plugins abgefragt werden und wird via *command_endpoint* durch den Agenten aufgerufen. Hierbei ist das verwendete Plugin lediglich ein symbolischer Link auf `check_tcp`, siehe hierzu auch Abschnitt 14.9 auf Seite 315. Zusätzlich gilt hier das schon in Abschnitt 13.3 auf Seite 282 beschriebene Szenario, dass das Plugin erweiterte Berechtigungen benötigt, um die Socketdatei abfragen zu dürfen.

```
object Service "clamd" {
  import "generic-service"
  host_name = "kmw.gwc-jonas.net"

  check_command = "clamd"
  command_endpoint = "kmw.gwc-jonas.net"
}
```

Codebeispiel 14.27: Überwachung des clamd-Sockets

Der SMTP-Port nimmt die Einlieferungen entgegen und leitet sie an Amavis auf Port 10024 weiter.

```
object Service "smtp" {
  import "generic-service"
  host_name = "kmw.gwc-jonas.net"

  check_command = "smtp"
}
```

Codebeispiel 14.28: SMTP-Einlieferung an das Mailrelay

Nach erfolgtem Scan via `clamd` reicht Amavis die Mail zur endgültigen Auslieferung an Postfix auf Port 10025 zurück.

```
object Service "amavis" {
  import "generic-service"
  host_name = "kmw.gwc-jonas.net"

  check_command = "smtp"
  command_endpoint = "kmw.gwc-jonas.net"

  vars.smtp_address = "127.0.0.1"
  vars.smtp_port = 10024
}
```

Codebeispiel 14.29: Überwachung von Amavis am Mailrelay

Mit Ausnahme vom `clamd` wir der komplette beschriebene Mailverkehr mittels SMTP durchgeführt.

```
object Service "smtp tcp/10025" {
  import "generic-service"
  host_name = "kmw.gwc-jonas.net"

  check_command = "smtp"
  command_endpoint = "kmw.gwc-jonas.net"

  vars.smtp_address = "127.0.0.1"
  vars.smtp_port = 10025
}
```

Codebeispiel 14.30: Zielport für von Amavis gescannte Mails

Für den Fall, dass die Mailqueue nicht schnell genug abgearbeitet werden kann, bietet das Plugin `check_mailq` die Überwachung der Queue. Das Plugin muss lokal auf dem entsprechenden Mailserver ausgeführt werden und kann zurzeit Queues von folgenden Servertypen auswerten: *sendmail*, *qmail*, *postfix* oder *exim*. Allen Typen ist gemein, dass sie ein `sendmail`-Kommando zur Verfügung stellen, jedoch mit unterschiedlichen Ausgaben. `check_mailq` ruft dieses auf und interpretiert, passend zum Servertyp, die Ausgaben von `sendmail`. Neben der Möglichkeit, alle Mails in der Queue als Schwellenwerte zu berücksichtigen, kann dies mit *mailq_domain_warning* und *mailq_domain_critical* auch auf Mails mit der jeweils selben Empfängerdomain eingeschränkt werden.

```
object Service "mail queue" {
  import "generic-service"
  host_name = "kmw.gwc-jonas.net"

  check_command = "mailq"
  command_endpoint = "kmw.gwc-jonas.net"

  vars.mailq_warning = 40
  vars.mailq_critical = 75
  vars.mailq_servertype = "postfix"
}
```

Codebeispiel 14.31: Überprüfung der Mailqueue

Das Plugin `check_mailq` berücksichtigt nur die Anzahl der Mails, nicht deren Größe. Die Dateisysteme mit den Mailqueues müssen gesondert überwacht werden, wenn diese sich auf einem eigenen Dateisystem befinden.

Eingehende Mails, die an Empfänger des eigenen Unternehmens adressiert sind, werden nach erfolgter Prüfung mittels SMTP an den Groupware-

Server *gmw* geschickt. Vom Mailrelay aus muss hierfür der SMTP-Port auf dem Groupware-Server überwacht werden.

```
object Service "smtp groupware" {
  import "generic-service"
  host_name = "kmw.gwc-jonas.net"

  check_command = "smtp"
  command_endpoint = "kmw.gwc-jonas.net"

  vars.smtp_address = "172.16.1.13"
}
```

Codebeispiel 14.32: Verbindungstest vom Relay zum Groupware-Server

Damit das Mailrelay zu versendende Mails an die entsprechenden Mailserver der Empfänger zustellen kann, muss es eine funktionierende Namensauflösung geben. Diese ist auch erforderlich, wenn eingehende Verbindungen zuerst gegen eine Realtime-Blacklist (RBL) geprüft werden. Ein Plugin, das mehrere RBLs abfragt, ist `check_rbl`[7]. Zwei der erforderlichen Perl-Module finden sich bei RedHat nicht in den Repositories und werden über CPAN (Comprehensive Perl Archive Network) installiert.

```
$ wget -qO - https://github.com/matteocorti/check_rbl \
    /archive/v1.6.3.tar.gz|tar xfz -
$ cd check_rbl-1.6.3
```

- RedHat

```
$ dnf install perl-Module-Install perl-Nagios-Plugin \
    perl-Net-DNS perl-Net-IP perl-Readonly perl-NetAddr-IP
$ cpan Data::Validate::Domain Data::Validate::IP
$ perl Makefile.PL INSTALLSITESCRIPT=/usr/lib64/nagios/plugins
```

- Debian

```
$ apt-get install libmodule-install-perl \
    libdata-validate-domain-perl libdata-validate-ip-perl \
    libnet-dns-perl libreadonly-perl libmonitoring-plugin-perl
$ perl Makefile.PL INSTALLSITESCRIPT=/usr/lib/nagios/plugins
```

Somit ist die Datei `Makefile` erzeugt und der eigentlich Compile-Vorgang kann gestartet werden:

```
$ make
$ make install
```

[7] https://github.com/matteocorti/check_rbl

Dem Service wird in *rpl_hostname* der Host oder die Domain übergeben, die getestet werden soll. Die zu fragenden RBL-Server müssen in *rbl_server* spezifiziert sein. Das zugehörige Check Command ist in der ITL enthalten.

```
object Service "dns rbl" {
  import "generic-service"
  host_name = "kmw.gwc-jonas.net"

  check_command = "rbl"

  vars.rpl_hostname = "gwc-jonas.net"
  vars.rbl_server = ["ix.dnsbl.manitu.net", "zen.spamhaus.org"]
}
```

Codebeispiel 14.33: Service zum Testen, ob man selbst auf einer RBL gelistet ist

Damit überhaupt erst einmal Mails eingehen können, muss für die Domäne des Empfängers ein MX-Record im DNS eingetragen sein. Betreibt man den Resolver für die Domäne selbst, wird in *dig_server* der eigene DNS-Server angegeben. Andernfalls sollte dort der DNS-Server des Providers stehen.

```
object Service "mx icinga-jonas.net" {
  import "generic-service"
  host_name = "kmw.gwc-jonas.net"

  check_command = "dig"

  vars.dig_server = "172.16.2.254"
  vars.dig_lookup = "gwc-jonas.net"
  vars.dig_record_type = "mx"
  vars.dig_expected_address = "kmw.gwc-jonas.net"
}
```

Codebeispiel 14.34: Service, um MX-Record im DNS zu prüfen

Mails mit einem Client abholen und abliefern

Die Mails werden vom Groupware-Server *gmw* mit einem Client mittels Internet Message Access Protocol (IMAP) gelesen. Aus Sicherheitsgründen gestattet der Kunde seinen Mitarbeitern nur die mit SSL verschlüsselte Variante dieses Protokolls. Die Einlieferung durch Mailclients erfolgt ebenfalls verschlüsselt, hier jedoch mit StartTLS via SMTP. Sollte es sich beim Groupware-Server wie beim Gebrauchtwarencenter um einen Microsoft Exchange-Server handeln, wird in Abschnitt 16.4 ab Seite 344 die mögliche Überwachung beschrieben. Im folgenden Beispiel gehen wir abweichend davon aus, dass ein Linux-basierter Server eingesetzt wird.

```
object Endpoint "gmw.gwc-jonas.local" {
  host = "172.16.1.13"
}

object Zone "gmw.gwc-jonas.local" {
  endpoints = [ "gmw.gwc-jonas.local" ]
  parent = "main"
}

object Host "gmw.gwc-jonas.local" {
  import "linux-host"
  import "lan net"

  display_name = "gmw"
  address = "172.16.1.13"
}
```

Codebeispiel 14.35: Hostdefinition des Groupware-Servers *gmw*

Der SMTP-Port wird analog zum Mailrelay überwacht. Gleiches gilt für das Überprüfen der SMTP-Verbindung hin zum Mailrelay und die Mailqueue. Die Einlieferung erfolgt ausschließlich mit TLS, hierfür wird ein dedizierter Port 587 benutzt. Das Zertifikat wird ebenfalls auf sein Verfallsdatum getestet.

```
object Service "smtp tcp/587" {
  import "generic-service"
  host_name = "gmw.gwc-jonas.local"

  check_command = "smtp"

  vars.smtp_port = "587"
  vars.smtp_starttls = true
}

object Service "smtp tcp/587 cert" {
  import "generic-service"
  host_name = "gmw.gwc-jonas.local"

  check_command = "smtp"

  vars.smtp_port = "587"
  vars.smtp_starttls = true
  vars.smtp_certificate_age = 10
}
```

Codebeispiel 14.36: Tests des SMTP-Ports zur Maileinlieferung vom Client

Der IMAP wird mit `check_simap` geprüft. Dieses Plugin ist, wie schon `check_clamd`, ein symbolischer Link auf das generische TCP-Plugin. Der Plugin-Aufruf ist jedoch mit Optionen vorbelegt und genau dieses Beispiel mit IMAP wird im entsprechenden Abschnitt über die beiden generischen Plugins für TCP und UDP beschrieben.

Verwendet man zur Absicherung dasselbe Zertifikat für SMTP und IMAP und prüft dieses schon mit `check_smtp`, dann kann der hier folgende zweite Service entfallen.

```
object Service "imaps" {
  import "generic-service"
  host_name = "gmw.gwc-jonas.local"

  check_command = "simap"

  vars.simap_port = "993"
}

object Service "imaps cert" {
  import "generic-service"
  host_name = "gmw.gwc-jonas.local"

  check_command = "simap"

  vars.simap_certificate_age = 10
  vars.simap_port = "993"
}
```

Codebeispiel 14.37: Überwachung des IMAP-Ports

Natürlich kann IMAP auch unverschlüsselt genutzt werden, das entsprechende Check Command lautet *imap*. Kommt zusätzlich oder anstatt IMAP das ältere POP3 zum Einsatz, gibt es auch hierzu ein Plugin. `check_pop` bzw. `check_spop` sind ebenfalls nur symbolisch auf das generische TCP-Plugin gelinkt. In der ITL sind die jeweiligen Check Commands *pop* und *spop* hinterlegt.

Zusätzlich ist auf Mailservern mit Postfachablage der Plattenplatz eben dieser Ablage zu überwachen, das entsprechende Dateisystem ist der Überwachung hinzuzufügen.

14.9 Generische Portüberwachung

Manchmal findet sich kein auf einen Dienst zugeschnittenes Plugin, um diesen zu prüfen. Für genau solche Dienste gibt es zwei generische Plugins, `check_tcp` und `check_udp`. Beide prüfen die Erreichbarkeit eines Ports des jeweiligen Protokolls. Dies stellt zwar noch nicht die korrekte Arbeitsweise sicher, was sich jedoch für einen Administrator, der die Dienste auch konfiguriert hat, leicht auf einem erweiterten Weg erreichen lässt.

Beide Plugins können Strings senden und die Antworten auswerten. Am einfachsten geht das bei textbasierten Protokollen wie zum Beispiel FTP, POP oder IMAP. Entsprechend handelt es sich bei den Plugins für diese Dienste jeweils um einen Link auf `check_tcp`, bei denen die gesendete Anfrage und die erwartete Antwort schon vorbelegt sind.

Kennt man das zugrunde liegende Protokoll, kann so ein angepasster Service konfiguriert werden, der über einen einfachen »TCP SYN«-Check hinausgeht. Was bei textbasierten Protokollen relativ einfach zu implementieren ist, kann bei binären Protokollen zu erheblichen Schwierigkeiten führen.

Transmission Control Protocol (TCP)

Das Plugin `check_tcp` konzentriert sich auf TCP-basierte Dienste. Seiner generischen Natur entsprechend besitzt es viele Optionen, um die empfangene Antwort zu analysieren. Nachfolgend ist ein Beispiel, wie z. B. `check_imap` generisch umgesetzt wird.

```
$ ./check_tcp -H 172.16.1.13 -p 143 \
    -e "* OK" -q "a1 LOGOUT\r\n"
TCP OK - 0,026 second response time on 172.16.1.13 port 143...
```

Auf Port 143 wird auf den erfolgten Verbindungsaufbau die Antwort »* OK« erwartet. Der Verbindungsabbau wird mit dem String der Option `-q` initiiert. Auch komplizierte Anfragen in XML lassen sich formulieren, um beispielsweise einen Jabber-Server zu testen.

```
$ ./check_tcp -H jabberserver -p 5222 -j \
    -s "<stream:stream to=\'host\' xmlns=\'jabber:client\' \
        xmlns:stream=\'http://etherx.jabber.org/streams\'>\n" \
    -e "<?xml version=\'1.0\'" -q "</stream:stream>\n"
```

Mit der Option `-s` wird der entsprechende String beim Aufbau der Verbindung auf Port 5222 an den Server gesendet. Die Option `-j` unterdrückt die TCP-Ausgabe.

Eine Servicedefinition für beliebig viele TCP-Ports an einem Host könnte wie folgt ausschauen:

```
apply Service for (desc => config in host.vars.tcp_ports) {
  import "generic-service"

  check_command = "tcp"

  vars += config
}
```

Codebeispiel 14.38: Servicedefinition für TCP-Ports

Wie schon für das IMAP existiert mit `check_jabber` ein eigenes Plugin, das aber ebenfalls nur ein Link auf `check_tcp` ist und im Groben wie folgt umgesetzt ist:

```
object Host "jabber.icinga-book.local" {
  ...
  vars.tcp_ports["Jabber"] = {
    tcp_port = 5222
    tcp_jail = true
    tcp_send = "<stream:stream to='host' xmlns='jabber:client' \
        xmlns:stream='http://etherx.jabber.org/streams'>\\n"
    tcp_expect = "<?xml version='1.0'"
    tcp_quit = "</stream:stream>\\n"
  }
}
```

Das Check Command *tcp* befindet sich in *command-plugins.conf* der ITL. Dort oder aus der Onlinedokumentation entnimmt man, dass, sofern mit *tcp_address* keine IP-Adresse angegeben ist, der entsprechende Port auf der Hostadresse geprüft wird.

User Datagram Protocol (UDP)

Die Überwachung von UDP-basierten Diensten ist hingegen nicht so einfach, da kein regulärer Verbindungsaufbau wie der »Three-Way-Handshake« bei TCP existiert. Bei einem zustandslosen Protokoll wie UDP gibt es keine geregelte Reihenfolge des Kommunikationsablaufs, d. h., ein Server kann auf eine Anfrage antworten, muss es aber nicht.

Wird eine Anfrage an einen nicht besetzten Port gesendet, antwortet der Server normalerweise mit einem ICMP unreachable. Bleibt diese Meldung aus, gibt es zwei Möglichkeiten: Entweder antwortet der Dienst nicht auf die Anfrage oder eine Firewall blockt die ICMP-Meldung bzw. die UDP-Kommunikation. Somit kann man sich nie sicher sein, ob ein Server auf einem Port auch wirklich seinen Dienst erfüllt.

Diesem Umstand entsprechend muss mit `-s` eine Anfrage gesendet werden, um eine gemäß dem Protokoll positiv zu bewertende Antwort zu erzwingen. Auf leere oder nicht korrekt formulierte Anfragen antworten die meisten Dienste erst gar nicht. Es ist demnach wichtig, das Protokoll zu kennen, denn andernfalls ist man nicht in der Lage, eine korrekte Antwort zu erhalten.

15 Datenbanken

Datenbanken halten oft besonders wertvolle Daten vor, weshalb ihre Überwachung häufig einen sehr hohen Stellenwert hat. Datenbankverwaltungssysteme sind auch meist sehr komplexe Systeme, die nicht selten ihren eigenen Regeln und Nomenklaturen folgen, weshalb eine Zusammenarbeit zwischen Datenbankadministratoren und Monitoring-Verantwortlichen besonders wichtig ist, um auch die richtigen Parameter zu prüfen.

Die Erfahrung zeigt, dass ein Datenbankadministrator (DBA) meistens sehr genau weiß, was er überwacht haben will, und auch sehr genau darauf achtet, welches Tool welche Anfragen an sein System richtet.

Die hier vorgestellten Überwachungen sollten demzufolge nur als Vorschläge betrachtet werden und als Diskussionsgrundlage mit dem DBA dienen.

»Du stehst zu weit unten in der Nahrungskette, um so frech zu sein!«
Diego, 2002

15.1 MySQL und MariaDB

Auch MySQL, respektive sein Fork MariaDB, führt Statistiken in eigens dafür angelegten Tabellen, diese befinden sich alle in der Datenbank *INFORMATION_SCHEMA*. Das Statement `SHOW STATUS` ermöglicht direkten Zugriff auf Kennzahlen des DBMS. Die momentan verbundenen Threads lassen sich damit einfach abfragen:

```
MariaDB [(none)]> SHOW STATUS LIKE 'Threads_connected';
+-------------------+-------+
| Variable_name     | Value |
+-------------------+-------+
| Threads_connected | 2     |
+-------------------+-------+
1 row in set (0.00 sec)
```

Die beiden im Folgenden beschriebenen Plugins benötigen einen Zugang zum DBMS. Auf dem zu überwachenden Datenbankserver muss hierfür ein Account angelegt werden, der vom abfragenden Icinga-Server Zugang zu den Datenbanken bekommen muss.

```
MariaDB [(none)]> GRANT usage ON *.* TO \
    'monitor'@'fornax.gwc-jonas.local' IDENTIFIED BY 'XXX';
```

Sollen SQL-Queries mit den Plugins formuliert werden, muss zusätzlich der GRANT `select` hinzugefügt werden. Zum Testen der Replikation zwischen Instanzen, falls verwendet, wird dann noch `replication client` benötigt.

check_mysql

Wie für PostgreSQL liefern die Monitoring-Plugins ein einfaches Plugin `check_mysql`, mit dem man sich mit einer Datenbank verbinden kann. Im Gegensatz zu seinem PostgreSQL-Pendant kann keine SQL-Abfrage übergeben werden.

```
$ ./check_mysql -H 172.16.1.11 \
    -d mysql -u monitor -p monitor
Uptime: 8138255  Threads: 2  Questions: 118454221
Slow queries: 0  Opens: 208  Flush tables: 2
Open tables: 206  Queries per second avg: 14.555
```

Das Plugin reicht aber aus, um nur eine Verbindung zu prüfen, z. B. ob vom Host *aquarius* aus für ein dort laufendes Reporting-Tool mit dem Benutzer *reporting* und zugehörigem Passwort auf die IDO-Datenbank *icinga2* auf dem Icinga-Server zugegriffen werden kann.

```
object Host "aquarius.gwc-jonas.local" {
  ...
  vars.mysql["db icinga"] = {
    mysql_hostname = "172.16.1.11"
    mysql_username = "reporting"
    mysql_password = "XXX"
    mysql_database = "icinga2"
  }
}
```

Codebeispiel 15.1: Testen einer MySQL-Datenbankverbindung

Für diesen Einsatzzweck ist das Plugin gut geeignet, da es in den Monitoring-Plugins enthalten ist und so leicht auf verschiedenen Hosts installiert werden kann. Ein aufwendiges Übersetzen und zusätzliche Installationen sonstiger benötigter Software entfallen. Die erforderliche Servicedefinition hierzu sieht wie folgt aus:

```
apply Service for (db => config in host.vars.mysql) {
  import "generic-service"

  check_command = "mysql"
  command_endpoint = host.name

  vars += config

  ignore where typeof(config) != Dictionary
}
```

Codebeispiel 15.2: Services für MySQL-DBs in *zones.d/main/database.conf*

check_mysql_health

Für die Überwachung ganzer MySQL- oder MariaDB-DBMS hat sich besonders das Plugin `check_mysql_health`[1] als geeignet erwiesen. Es kann direkt beim Entwickler als Tarball bezogen werden.

```
$ tar xzvf check_mysql_health-2.2.2.tar.gz
$ cd check_mysql_health-2.2.2/
```

- RedHat

  ```
  $ yum install -y perl-Data-Dumper perl-DBD-MySQL
  $ ./configure --libexecdir=/usr/lib64/nagios/plugins \
      --with-statefiles-dir=/var/cache/icinga2
  ```

[1] https://labs.consol.de/nagios/check_mysql_health

- Debian

```
$ apt-get install -y libdbd-mysql-perl
$ ./configure --libexecdir=/usr/lib/nagios/plugins \
    --with-statefiles-dir=/var/cache/icinga2
```

Der Übersetzungsvorgang ist auf beiden Plattformen wieder identisch:

```
$ make
$ make install
```

Ab sofort kann dann das Plugin wie gewohnt auf der Kommandozeile getestet werden.

```
./check_mysql_health --hostname 172.16.1.11 \
    --username=monitor --password=XXX --mode=connection-time
```

Das Plugin bietet mehrere »modes«, die jeweils andere Parameter des Datenbankservers abfragen. Welche im konkreten Fall sinnvoll sind, ist mit dem zuständigen Datenbankadministrator zu klären. Folgende Checks haben sich jedoch bewährt:

- `connection-time` zeigt die Dauer für den Aufbau einer Verbindung zum Datenbankserver an und damit auch implizit, ob eine Verbindung überhaupt möglich ist. Dies ist oft der Standardcheck, um zu sehen, ob es Probleme gibt. Worin diese im Speziellen bestehen, zeigen dann andere Checks oder eine manuelle Analyse. Auch wenn sonst kein MySQL-Check verwendet wird, dieser sollte auf keinen Fall ausgelassen werden. Er bietet sich auch an, um andere MySQL-Checks von ihm abhängig zu machen. Hat die Datenbank ein Problem mit langen Antwortzeiten, möchte man normalerweise verhindern, dass weitere Checks das System noch mehr belasten. Andererseits können speziellere Checks beim Finden des Fehlers helfen. Was wichtiger ist, kann nur der zuständige Admin beantworten.
- `uptime` prüft schlicht, wie lange der Datenbankserver bereits läuft. Mit `--warning` und `--critical` können die Schwellenwerte in Minuten angegeben werden. Das ist insbesondere hilfreich, falls der Prozess immer wieder zusammenbricht, aber automatisch wieder gestartet wird.
- `threads-connected` zeigt, wie viele Verbindungen zur Datenbank aktuell aktiv sind. Das ist nicht nur wichtig für das Tuning, sondern auch, um die Einstellung mit dem tatsächlichen Bedarf abzugleichen. Gerade bei Datenbanken, die als Backend für Websites dienen, ist einer der häufigsten Gründe für einen Ausfall der Website, dass zu viele User zu viele Datenbankverbindungen generiert haben und neue User deshalb abgelehnt werden.

- `connects-aborted` und `clients-aborted` zeigen, wie viele Verbindungsabbrüche tatsächlich passiert sind. Weshalb der Abbruch zustande gekommen ist, muss dann durch manuelle Analyse ermittelt werden.
- `slave-lag` und weitere »slave modes« weisen auf Probleme in der Replikation des Datenbankservers auf eine andere Instanz hin.
- `slow-queries` alarmiert, wenn zu viele Abfragen einen in MySQL definierten Schwellenwert für die Ausführungszeit überschreiten.

Besondere Beachtung verdient der `sql`-Modus, mit dem man beliebige SQL-Queries absetzen kann. Hat die Query ein numerisches Ergebnis, kann man es genauso wie in anderen Modi gegen Schwellenwerte prüfen. So kann man diesen Modus verwenden, um Informationen über Applikationen mit dem MariaDB-Datenbank-Backend zu sammeln, die die Applikation selbst vielleicht nicht hergeben würde.

Aber auch noch detailliertere Informationen über den Zustand der MySQL-Datenbank selbst lassen sich so abfragen. Die folgenden beiden SQL-Queries prüfen den benutzten und den noch zur Verfügung stehenden Speicherplatz einer einzelnen MySQL-Datenbank, in diesem Fall der IDO-Datenbank:

```
SELECT sum(data_length + index_length)/1024/1024 FROM \
    information_schema.TABLES where table_schema='icinga2';
SELECT sum(data_free)/1024/1024 FROM \
    information_schema.TABLES where table_schema='icinga2';
```

Durch Angabe einzelner Datenbanken in der Hostdefinition mit weiteren Attributen wie Schwellenwerten kann mit *apply*-Regeln gearbeitet werden, um diese selbst gebauten Abfragen bequem zuzuweisen. Dabei werden im folgenden Beispiel Schwellenwerte sowohl für die Größe der Datenbank als auch für den noch freien Platz gesetzt.

```
object Host NodeName {
  ...
  vars.mysql_database["icinga2"] = {
    mysql_health_warning = 40
    mysql_health_critical = 60
    mysql_health_wfree = "100:"
    mysql_health_cfree = "50:"
  }

  vars.mysql_database["icingaweb2"] = {
    mysql_health_warning = 4
    mysql_health_critical = 6
  }
}
```

Die Servicedefinitionen erstellen mit *display_name* und der Variablen *db* einen sprechenden Namen für jeden so zugewiesenen Service. Die eigentliche Query wird ebenfalls aus Text und der Variablen *db* erstellt. So ist es einfach möglich, verschiedene Datenbanken mit einer Definition abzufragen.

```
apply Service for (db => config in host.vars.mysql_database) {
  import "generic-service"

  name = "MySQL database size " + db
  check_command = "mysql_health"

  vars += config

  vars.mysql_health_mode = "sql"
  vars.mysql_health_name = \
      "SELECT sum(data_length + index_length)/1024/1024 FROM \
      information_schema.TABLES where table_schema='" + db + "';"
  vars.mysql_health_name2 = db
  vars.mysql_health_units = "MB"
}
```

Codebeispiel 15.3: Services für Datenbankgrößen in *zones.d/main/database.conf*

Der Service, der den freien Speicherplatz prüft, macht Gebrauch von der Möglichkeit, *if* in Definitionen zu verwenden.

```
apply Service for (db => config in host.vars.mysql_database) {
  import "generic-service"

  name = "MySQL database free " + db
  check_command = "mysql_health"

  vars += config

  vars.mysql_health_mode = "sql"
  vars.mysql_health_name = \
      "SELECT sum(data_free)/1024/1024 FROM \
      information_schema.TABLES where table_schema='" + db + "';"
  vars.mysql_health_name2 = db
  vars.mysql_health_units = "MB"

  if (config.mysql_health_wfree) {
    vars.mysql_health_warning = config.mysql_health_wfree
  } else {
    vars.mysql_health_warning = "10:"
  }
```

```
  if (config.mysql_health_cfree) {
    vars.mysql_health_critical = config.mysql_health_cfree
  } else {
    vars.mysql_health_critical = "5:"
  }
}
```

Codebeispiel 15.4: Services für freien Speicherplatz in *zones.d/main/database.conf*

Sind die Werte *wfree* und *cfree* gesetzt, werden sie den eigentlich erwarteten Variablen zugewiesen. Sind sie nicht gesetzt, werden Defaults verwendet. Zwar könnte man Defaultwerte auch einfach definieren, indem man den Wert der Variablen in der Definition des Services festlegt und ihn nur bei Bedarf auch in der Hostdefinition überschreibt. Dann könnte man aber nicht unterscheiden, ob die Variable *mysql_health_critical* den Schwellenwert für belegten oder freien Speicherplatz angibt. Mit diesem Kunstgriff kann man in der Hostdefinition sämtliche Schwellenwerte setzen und weist sie erst in der Servicedefinition der richtigen Variablen zu.

Einige der restlichen Modi fragen vor allem Werte ab, die für das Datenbank-Tuning wichtig sind. Je nach Aufwand, der in die regelmäßige Administration des Datenbankservers gesteckt wird, kann es hilfreich sein, darauf hingewiesen zu werden, wenn gewisse Zustände (niedrige Cache-Hitrate, zu kleiner Cache etc.) erreicht werden. Bei intensiv betreuten Systemen werden diese Werte aber ohnedies regelmäßig überwacht und der Zeitrahmen für eine Reaktion ist hier meist auch höher als bei kritischeren Ereignissen.

Die Check-Command-Definition zum Plugin ist bereits in der ITL enthalten. Der Service wird via *apply*-Regel erstellt.

```
apply Service for (mode => config in host.vars.mysql_health) {
  import "generic-service"

  check_command = "mysql_health"

  vars += config

  ignore where typeof(config) != Dictionary
}
```

Codebeispiel 15.5: Definition für Services mit Plugin check_mysql_health

Am Host werden dann die weiteren Parameter festgelegt:

```
object Host NodeName {
  ...
  vars.mysql_health["MySQL connection time"] = {
    mysql_health_username = "monitor"
    mysql_health_password = "XXX"
    mysql_health_mode = "connection-time"
  }
}
```

Codebeispiel 15.6: Beispiel zur Überprüfung der Connection Time

Alternativ können die Attribute auch einmalig am Hostobjekt gesetzt und für jeden MySQL-Check genutzt werden. Das spart einiges an Tipparbeit. Zusätzlich wird beim folgenden Beispiel noch der Hostname auf *localhost* gesetzt, wodurch Icinga sich über den MySQL-Socket statt über TCP 3306 verbindet. Dann ist allerdings auch für den oben genannten Host `grant 'monitor'@'localhost'` statt `'monitor'@'fornax.gwc-jonas.local'` anzugeben. Hier prüft dann nicht der Icinga-Host über eine Netzwerkverbindung, sondern der Icinga-Agent selbst. Die üblichen MySQL-Checks können dabei in ein Host-Template ausgelagert und bei Bedarf erweitert werden.

```
template Host "mysql-dbms" {
  vars.mysql_health["connection-time"] = {}
  vars.mysql_health["threads-connected"] = {}
  vars.mysql_health["connects-aborted"] = {}
  vars.mysql_health["log-waits"] = {}
  vars.mysql_health["slow-queries"] = {}
  vars.mysql_health["long-running-procs"] = {}
}
```

Codebeispiel 15.7: Template für MySQL-DBMS-Hosts

Bei Bedarf kann dann noch ein weiteres Template für MySQL-Slaves in einer Replikation geschaffen werden, die zusätzlich importiert wird.

Da im Beispielnetzwerk nur auf *fornax* eine MySQL-Datenbank läuft, ähneln sich die beiden Beispiele allerdings stark.

```
object Host NodeName {
  import "linux-host"
  import "lan-net"
  import "mysql-dbms"
  ...
  vars.mysql_health_username = "monitor"
  vars.mysql_health_password = "XXX"
  vars.mysql_health_hostname = "localhost"
  vars.mysql_health["threadcache-hitrate"] = {}
```

```
  vars.mysql_health["threads-cached"] = {}
  vars.mysql_health["qcache-hitrate"] = {}
  vars.mysql_health["qcache-lowmem-prunes"] = {}
  vars.mysql_health["keycache-hitrate"] = {}
  vars.mysql_health["bufferpool-hitrate"] = {}
  vars.mysql_health["bufferpool-wait-free"] = {}
  vars.mysql_health["tablecache-hitrate"] = {}
  vars.mysql_health["table-fragmentation"] = {}
}
```

Codebeispiel 15.8: Ein MySQL-DBMS am Host *fornax* überwachen

Die hier erweiterte Servicedefinition erstellt mit dem Attribut *display_name* automatisch sprechende Namen aus dem verwendeten Modus und dem Präfix *MySQL*.

```
apply Service for (mode => config in host.vars.mysql_health) {
  import "generic-service"

  display_name = "MySQL " + mode.replace("-", " ")
  check_command = "mysql_health"

  vars.mysql_health_mode = mode
  vars += config
}
```

Codebeispiel 15.9: Definition erweitern in `zones.d/main/database.conf`

MySQL als Backend für den IDO

Kommt MySQL als Datenbank für den IDO zum Einsatz, sollte unbedingt auch die Performance der Schnittstelle überwacht werden. Nähere Informationen befinden sich im Abschnitt A.2 ab Seite 617 zum Thema Tuning.

Icinga bringt zur Überwachung von Hause aus das Plugin *ido* mit. Ein Service wird dem Icinga-Server direkt mittels des Attributs *host_name* zugewiesen.

```
object Service "ido" {
  import "generic-service"
  host_name = NodeName

  check_command = "ido"

  vars.ido_type = "IdoMysqlConnection"
  vars.ido_name = "ido-mysql"
}
```

Codebeispiel 15.10: Service *ido* in `zones.d/main/hosts/fornax.conf`

Mit der Custom Variable *ido_type* muss dem Plugin der im Einsatz befindliche Typ des IDOs mitgeteilt werden. Der entspricht genau dem Objekttyp, der in der Feature-Konfigurationsdatei verwendet wird. Beim zu übergebenden Namen handelt es sich um den zugehörigen Objektnamen.

15.2 PostgreSQL

Das PostgreSQL-DBMS schreibt seine Performance- und Auslastungsdaten in dafür eigens angelegte Tabellen, die im PostgreSQL-Jargon Catalogs heißen. Dabei sind vor allem die *statistic catalogs*[2] zu nennen. So lassen sich die aktuell bestehenden Verbindungen aus dem Katalog *pg_stat_activity* wie folgt ermitteln:

```
SELECT COUNT(*) FROM pg_stat_activity;
```

Eine Statistik über die Anzahl der durchgeführten Commits und Rollbacks je Datenbank kann *pg_stat_database* entnommen werden:

```
SELECT datname, xact_commit, xact_rollback
FROM pg_stat_database;
```

Möchte man die erfolgten `INSERT`-, `UPDATE`- und `DELETE`-Operationen wissen, steht diese Information in *pg_stat_all_tables*:

```
SELECT SUM(n_tup_ins), SUM(n_tup_upd), SUM(n_tup_del)
FROM pg_stat_all_tables;
```

Alle Kataloge und deren Werte sind in der Onlinedokumentation des PostgreSQL-Projekts[3] ausführlich beschrieben.

check_pgsql

In der Sammlung des Monitoring-Plugin-Projekts ist mit `check_pgsql` ein rudimentäres Plugin zur Überwachung von PostgreSQL vorhanden, das z. B. die Verbindung zu einer Datenbank überprüft. Mit der Option `--query` kann auch eine beliebige Abfrage formuliert werden. Das Plugin wertet jedoch nur die erste Spalte der ersten Zeile des Ergebnisses aus. Dieses muss darüber hinaus ein ganzzahliger Wert sein.

Das Überprüfen von Verbindungen von einem Host zu unterschiedlichen Datenbanken kann durch den folgenden Service abgebildet werden. Durch Verwendung von *command_endpoint* handelt es sich hierbei um einen Service, der eine End-zu-End-Verbindung testet, z. B. ob für den Internetauftritt *www.gwc-jonas.net* die zum CMS gehörende Datenbank vom Webserver aus erreichbar ist.

[2] http://www.postgresql.org/docs/11/static/monitoring-stats.html
[3] http://www.postgresql.org

```
apply Service for (db => config in host.vars.pgsql) {
  import "generic-service"

  check_command = "pgsql"
  command_endpoint = host.name

  vars += config

  assign where get_object("Endpoint", host.name) \
      && host.vars.os == "Linux"
}
```

Codebeispiel 15.11: Services zu `check_pgsql`

Für den Webserver *antlia* wird mit der Custom Variable *pgsql_hostname* der abzufragende Datenbankserver *aquarius* gesetzt. Auch für alle zu testenden Verbindungen werden Schwellenwerte vordefiniert. Analog zu *db cms* lassen sich weitere Datenbanken überwachen. Abweichende Schwellenwerte, ebenso wie auch der Host mit der Datenbank, können dann zusätzlich angegeben werden und damit die Standardwerte überschreiben.

```
object Host "antlia.gwc-jonas.net" {
  ...
  vars.pgsql_hostname = "172.16.1.16"

  vars.pgsql_warning = 1
  vars.pgsql_critical = 2

  vars.pgsql["db cms"] = {
    pgsql_database = "drupal"
    pgsql_username = "drupal"
    pgsql_password = "drupal"
  }
}
```

Codebeispiel 15.12: Überprüfen der Verbindung zu einer PostgreSQL-Datenbank

check_postgres

Ein weitaus mächtigeres Plugin stellt `check_postgres.pl`[4] dar. Hier muss man die Abfragen nicht selbst formulieren, sondern kann auf sogenannte »actions« zurückgreifen, die entsprechende SQL-Queries ausführen. Das Plugin ist in Perl implementiert und benutzt das PostgreSQL-Client-Programm `psql`.

[4] https://bucardo.org/check_postgres

Ein Account fürs Anmelden an dem zu überwachenden PostgreSQL-DBMS wird als Rolle angelegt. Um zu verhindern, dass der Benutzer *monitor* zu viele Verbindungen hält, wird die Anzahl auf zwölf gleichzeitige eingeschränkt. Als Berechtigung wird nur `SELECT` auf das Schema *public* benötigt.

```
$ sudo -i -u postgres psql -c \
    "CREATE ROLE monitor WITH LOGIN ENCRYPTED PASSWORD 'XXX'"
$ sudo -i -u postgres psql -c \
    "ALTER role monitor CONNECTION LIMIT 12"
$ sudo -i -u postgres psql -c \
    "GRANT SELECT ON ALL SEQUENCES IN SCHEMA public TO monitor"
```

Damit der Login vom Icinga-Server aus erlaubt ist, muss dies in der Datei *pg_hba.conf* eingetragen sein. Diese befindet sich bei RedHat im Verzeichnis */var/lib/pgsql/data* und auf Debian in */etc/postgresql/11/main*.

```
host    all        monitor        172.16.1.11/32       md5
```

Für Services dient wieder eine einfache *apply for*-Definition.

```
apply Service for (db => config in host.vars.postgres) {
  import "generic-service"

  check_command = "postgres"
  vars += config

  ignore where typeof(config) != Dictionary
}
```

Codebeispiel 15.13: Services zu *check_postgres*

Mit dieser Definition lassen sich die wichtigsten Parameter des DBMS überwachen:

```
template Host "postgres-dbms" {
  vars.postgres_dbuser = "monitor"
  vars.postgres_dbpass = "XXX"

  vars.postgres["pgsql backends"] = {
    postgres_action = "backends"
    postgres_warning = 60
    postgres_critical = 80
  }

  vars.postgres["pgsql config"] = {
    postgres_action = "settings_checksum"
  }
```

```
  vars.postgres["pgsql locks"] = {
    postgres_action = "locks"
    postgres_warning = 2
    postgres_critical = 3
  }

  vars.postgres["pgsql bloat"] = {
    postgres_action = "bloat"
    postgres_warning = "3M"
    postgres_critical = "9M"
  }
}
```

Codebeispiel 15.14: Host-Template für PostgreSQL-DBMS

Überwacht wird in diesem Beispiel die Anzahl der bestehenden Verbindungen, ob die Konfiguration noch der hinterlegten Prüfsumme entspricht, wie viele Locks das Arbeiten blockieren oder die Zeitverschwendung durch sich aufblähende Tabellen bzw. Indizies.

Alle diese Daten lassen sich nur abfragen, wenn PostgreSQL überhaupt erst einmal erreichbar ist. Um später sinnvoll eine Abhängigkeit definieren zu können, benötigt man einen eigenen Service, der die Erreichbarkeit sicherstellt.

```
apply Service "pgsql connection" {
  import "generic-service"

  max_check_attempts = 3
  check_command = "postgres"
  vars.postgres_action = "connection"

  assign where "postgres-dbms" in host.templates
}
```

Codebeispiel 15.15: Service für Erreichbarkeit

Informationen zu einzelnen Datenbanken können zusätzlich überwacht werden, so z. B. die Größe der entsprechenden Datenbank. Auch muss noch die Prüfsumme der Konfiguration für den entsprechenden Servicecheck gesetzt werden.

```
object Host "aquarius.gwc-jonas.local" {
  import "linux-host"
  import "lan-net"
  import "postgres-dbms"
  ...
  vars.postgres["pgsql config"] += {
    postgres_warning = "1832be994cb93f5dbf824d30e6671009"
  }
```

```
  vars.postgres["db shop"] = {
    postgres_action = "database_size"
    postgres_include = "shop"
    postgres_warning = "50M"
    postgres_critical = "80M"
  }
}
```

Codebeispiel 15.16: Größe einer PostgreSQL-Datenbank überwachen

check_pgactivity

Ein etwas neueres Plugin ist `check_pgactivity`[5]. Es ist wie `check_postgres.pl` in Perl geschrieben und setzt ebenfalls auf `psql`, dem Kommandozeilen-Client von PostgreSQL, auf.

Der erhebliche Vorteil dieses Plugins ist, dass auch Werte zu Replikationen überwacht werden können. Es ersetzt die anderen Plugins nicht, bietet sich aber als sinnvolle Erweiterung an, wenn replizierte Datenbanken zum Einsatz kommen.

Ein fertiges Check Command *my/pgactivity* ist in Anhang F.3 abgedruckt.

PostgreSQL als Backend für den IDO

Kommt PostgreSQL als Datenbank für den IDO zum Einsatz, sollte unbedingt auch die Performance der Schnittstelle überwacht werden. Nähere Information befinden sich in Abschnitt A.2 ab Seite 617 zum Thema Tuning.

Icinga bringt zur Überwachung von Hause aus das Plugin *ido* mit. Ein Service wird dem Icinga-Server direkt mittels des Attributs *host_name* zugewiesen.

```
object Service "ido" {
  import "generic-service"
  host_name = NodeName

  check_command = "ido"

  vars.ido_type = "IdoPgsqlConnection"
  vars.ido_name = "ido-pgsql"
}
```

Codebeispiel 15.17: Service *ido* in *zones.d/main/hosts/fornax.conf*

[5]https://github.com/OPMDG/check_pgactivity

Mit der Custom Variable *ido_type* muss dem Plugin der im Einsatz befindliche Typ des IDOs mitgeteilt werden. Der entspricht genau dem Objekttyp, der in der Feature-Konfigurationsdatei verwendet wird. Beim zu übergebenden Namen handelt es sich um den zugehörigen Objektnamen.

15.3 Oracle

Ein etabliertes Plugin zum Überwachen von Oracle-Datenbanken von der Firma ConSol[6] ist `check_oracle_health`. Dieses Plugin kann sich nicht selbstständig mit einer Oracle-Datenbank verbinden, sondern benötigt dazu den »Oracle Instant Client«, der kostenfrei von der Oracle-Website zu beziehen ist.

check_oracle_health

Der für dieses Plugin benötigte »Oracle Instant Client« kann vom Oracle-Server[7] heruntergeladen werden. Unbedingt benötigt werden von dort das `basic`- und das *devel*-Paket. Empfohlen wird zusätzlich das `sqlplus`-Paket, da es einige Automatismen mitbringt, die die weiteren Schritte erleichtern.

Oracle stellt leider nur RPM-Pakete oder ein Zip-Archiv zum Download bereit. Da jedoch keine Abhängigkeiten im RPM definiert sind, kann man auf Debian-Systemen die RPM-Pakete mittels `alien` ebenfalls installieren.

- RedHat

```
$ dnf install gcc perl-DBI perl-ExtUtils-MakeMaker
$ dnf install https://yum.oracle.com/repo/OracleLinux/OL8 \
      /oracle/instantclient21/x86_64/getPackage \
      /oracle-instantclient-{basic,devel}-21.1.0.0.0-1.x86_64.rpm
```

- Debian

```
$ apt-get install alien gcc libdbi-perl
$ wget https://yum.oracle.com/repo/OracleLinux/OL8 \
      /oracle/instantclient21/x86_64/getPackage \
      /oracle-instantclient-{basic,devel}-21.1.0.0.0-1.x86_64.rpm
$ alien -i oracle-instantclient-* --scripts
```

Als weitere Abhängigkeit wird das Perl-Modul *DBD::Oracle*[8] benötigt, das leider nur über CPAN bezogen werden kann.

[6] https://labs.consol.de/de/nagios/check_oracle_health
[7] https://www.oracle.com/de/database/technologies/instant-client/downloads.html
[8] https://metacpan.org/pod/DBD::Oracle

Hat man es erst einmal heruntergeladen und entpackt, muss danach das Makefile erzeugt werden:

```
$ tar xfvz DBD-Oracle-1.80.tar.gz
$ cd DBD-Oracle-1.80
$ export ORACLE_HOME=/usr/lib/oracle/21/client64
$ perl Makefile.PL -V 21.1.0.0
$ make
$ make install
```

Damit sind alle Voraussetzungen erfüllt und es kann mit der Installation des eigentlichen Plugins fortgefahren werden.

```
$ tar xvfz check_oracle_health-3.2.1.4tar.gz
$ cd check_oracle_health-3.2.1.4
```

- RedHat

  ```
  $ ./configure --libexecdir=/usr/lib64/nagios/plugins \
          --with-statefiles-dir=/var/cache/icinga2
  ```

- Debian

  ```
  $ ./configure --libexecdir=/usr/lib/nagios/plugins \
          --with-statefiles-dir=/var/cache/icinga2
  ```

Wie üblich wird die Übersetzung auf beiden Plattformen gleich durchgeführt.

```
$ make
$ make install
```

Das passende Check Command *oracle_health* wird in `plugins-contrib` der ITL mitgeliefert und lässt sich in einer Servicedefinition mittels *apply for* an eine Host-Custom-Variable binden.

```
apply Service for (mode => config in host.vars.oracle_health) {
  import "generic-service"

  check_command = "oracle_health"
  display_name = mode.replace("-", " ")

  vars.oracle_health_mode = mode
  vars += config

  ignore where typeof(config) != Dictionary
}
```

Codebeispiel 15.18: Definition der Oracle-Services

Der angezeigte Servicename entspricht dem gewählten Modus, die »-« werden jedoch durch Leerzeichen ersetzt. Der Modus wird somit durch den eigentlichen Namen des Services bestimmt. Bis auf den Check *sga-data-buffer-hit-ratio* finden die vorgegebenen Schwellenwerte des Plugins Verwendung. Alle Modi sowie auch die Default-Schwellenwerte sind in der Projektdokumentation beschrieben.

```
template Host "oracle-instance" {
  import "generic-host"

  check_command = "tnsping"

  vars.oracle_tns_admin = "/etc/icinga2"
  vars.oracle_health_connect = {{
    return macro("$host.name$").upper()
  }}

  vars.oracle_health["connected-users"] = {}
  vars.oracle_health["session-usage"] = {}
  vars.oracle_health["process-usage"] = {}
  vars.oracle_health["rman-backup-problems"] = {}
  vars.oracle_health["sga-data-buffer-hit-ratio"] = {
    oracle_health_warning = "96:"
    oracle_health_critical = "92:"
  }
  vars.oracle_health["sga-shared-pool-free"] = {}
  vars.oracle_health["tablespace-free"] = {}
  vars.oracle_health["datafile-io-traffic"] = {}
}
```

Codebeispiel 15.19: Template für Oracle-Instanz in `zones.d/main/database.conf`

Beim Oracle-DBMS werden Datenbanken im Allgemeinen als eigene Instanzen betrieben. Somit sind mehrere Instanzen auf einem Server üblich. Jede Instanz wird über ihren eigenen Listener angesprochen, der in der Datei `tnsnames.ora` definiert ist. Damit der Icinga-Prozess diese Datei lesen kann, legt man sie am besten nach `/etc/icinga2`. Dem Plugin wird der Ablageort in *oracle_tns_admin* mitgeteilt. Das Check Command setzt so beim Aufruf des Plugins die Umgebungsvariable `TNS_ADMIN`.

Da mehrere Instanzen auf einem Host laufen dürfen, bildet man jede Instanz als eigenes Hostobjekt in Icinga ab. Die Verfügbarkeit des Hosts wird hierbei mit einem *tnsping* sichergestellt. Das benötigte Check Command wird von *oracle_health* abgeleitet. Die Schwellenwerte sind bei Bedarf mit *tnsping_warning* bzw. *tnsping_critical* im Hostobjekt anzugeben, die Standardwerte sind 1 Sekunde für WARNING und 5 Sekunden für CRITICAL.

```
object CheckCommand "tnsping" {
  import "oracle_health"

  vars.oracle_tns_admin = "/etc/icinga2"

  vars.oracle_health_connect = {{
    return macro("$host.name$").upper()
  }}
  vars.oracle_health_mode = "tnsping"
  vars.oracle_health_warning = "$tnsping_warning$"
  vars.oracle_health_critical = "$tnsping_critical$"

  vars.tnsping_warning = 1
  vars.tnsping_critical = 5
}
```

Codebeispiel 15.20: Definition des Check Command *tnsping*

Der Connection-String aus *tnsnames.ora* soll dem Hostnamen entsprechen. Dieser soll jedoch in Kleinbuchstaben in der Icinga-Konfiguration stehen und muss dann in Großbuchstaben umgewandelt werden, da dies die übliche Schreibweise in Oracle ist. Im Host sind dann nur noch die Zugangsdaten zu hinterlegen.

```
object Host "ora-instance01.gwc-jonas.local" {
  import "oracle-instance"

  display_name = "ora-instance01"

  vars.oracle_health_username = "ora-monitor"
  vars.oracle_health_password = "XXX"
}
```

Codebeispiel 15.21: Beispiel einer Oracle-Instanz

15.4 Microsoft SQL

Auch für die Überwachung von Microsofts SQL-Server bietet die Firma ConSol ein Plugin `check_mssql_health`[9] an. Es ist auch in Perl geschrieben und benötigt daher ebenfalls Treiber. Microsoft bietet diese selbst nicht an. Doch durch die gemeinsamen Wurzeln mit SQL für OS/2, an der auch die Firma Sybase beteiligt war, existiert eine freie Implementierung[10]. Diese setzt wiederum auf die Bibliotheken von FreeTDS auf.

[9] https://labs.consol.de/nagios/check_mssql_health

[10] https://metacpan.org/pod/DBD::Sybase

Auf RedHat-Systemen muss dieses Perl-Modul selbst gebaut werden, Debian liefert ein Paket mit.

- RedHat

  ```
  $ dnf install perl-DBI freetds freetds-devel
  $ tar xvfz DBD-Sybase-1.17.tar.gz
  $ cd DBD-Sybase-1.17
  $ export SYBASE=/usr
  ```

  Die DBD-Perl-Module von Sybase können via CPAN installiert oder wie hier direkt aus den Quellen übersetzt werden. Wichtig ist das Setzen der Umgebungsvariablen `SYBASE` auf das Verzeichnis, in dem sich unterhalb von `lib` bzw. `lib64` die TDS-Bibliotheken befinden.

  ```
  $ perl Makefile.PL
  $ make
  $ make install
  ```

- Debian

  ```
  $ apt-get install libdbd-sybase-perl
  ```

Der dann folgende Build-Vorgang unterscheidet sich nicht von den anderen Datenbank-Plugins. Nach erfolgter Installation liegt `check_mssql_health` im Verzeichnis bei den anderen Plugins.

```
$ tar xfvz check_mssql_health-2.7.2.2.tar.gz
$ cd check_mssql_health-2.7.2.2
```

- RedHat

  ```
  $ ./configure --libexecdir=/usr/lib64/nagios/plugins \
          --with-statefiles-dir=/var/cache/icinga2
  ```

- Debian

  ```
  $ ./configure --libexecdir=/usr/lib/nagios/plugins \
          --with-statefiles-dir=/var/cache/icinga2
  ```

Die Durchführung der Übersetzung unterscheidet sich nicht.

```
$ make all
$ make install
```

In der Konfigurationsdatei *freetds.conf* kann jeder zu überwachende DB-Server eingetragen werden. Die Version des TDS-Protokolls variiert je nach MS-SQL-Server-Version, eine Liste findet sich auf den Seiten[11] des Projekts TDS.

[11] http://www.freetds.org/userguide/ChoosingTdsProtocol.html

```
[global]
  tds version = 8.0

[db1-sql2016]
  host = 172.16.1.23
  port = 1433
  tds version = 7.4
```

Codebeispiel 15.22: */etc/freetds.conf*

Alternativ kann der Plugin-Aufruf auch mit den Optionen `--server db1-sql2016` und `--host 172.16.1.23 --port 1433` erfolgen. Damit umgeht man die Pflege von `freetds.conf` und verlagert die gesamte Konfiguration zum Monitoring.

Eine Definition des Check Command *mssql_health* für das Plugin ist bereits in der ITL vorhanden.

15.5 LDAP

Verzeichnisdienste bilden eine wichtige Komponente einer Unternehmensinfrastruktur. Neben der Informationsquelle zu Unternehmensdaten wird LDAP zur Authentifizierung und Autorisierung eingesetzt. Die Überwachung eines so bedeutsamen Dienstes ist damit ebenfalls sehr wichtig. Das Plugin `check_ldap` ist gegen die OpenLDAP Libraries gelinkt und verwendet damit die Datei *ldap.conf* zur Konfiguration. So ist z. B. der Umgang mit Zertifikaten dort einzustellen. Am einfachsten ist es, das Zertifikat des LDAP-Servers nicht zu verifizieren.

```
TLS_REQCERT     never
```

Soll genau dies aber doch passieren, ist das CA-Zertifikat erforderlich. Die Konfiguration aufseiten des Clients sähe dann zum Beispiel so aus:

```
TLS_REQCERT     demand
TLS_CACERT      /etc/ssl/certs/my-ca.pem
```

Damit mehrere unterschiedliche Serviceobjekte flexibel an einen Host gebunden werden können, bietet sich eine Definition mit *apply for* an.

```
apply Service for (ldap => config in host.vars.ldap) {
  import "generic-service"

  check_command = "ldap"
  vars += config

  ignore where typeof(config) != Dictionary
}
```

Codebeispiel 15.23: Definition für Services zum LDAP-Plugin

Das Gebrauchtwarencenter betreibt auf dem Server *andromeda* ein Microsoft AD, was immer auch einen LDAP-Server beinhaltet. Der Zugriff für alle Checks auf den LDAP-Server erfolgt mit einem Account *monitor* und über TLS. Der erste Service *ldap* testet nur den Verbindungsaufbau.

```
object Host "andromeda.gwc-jonas.local" {
  ...
  vars.ldap_bind = "monitor@gwc-jonas.local"
  vars.ldap_pass = "XXX"
  vars.ldap_starttls = true

  vars.ldap["ldap"] = {
    ldap_base = "dc=gwc-jonas,dc=local"
  }
  vars.ldap["ldap mail"] = {
    ldap_base = "dc=gwc-jonas,dc=local"
    ldap_attr = "(&(objectClass=user)(|(uid=*)(mail=*)))"
  }
}
```

Codebeispiel 15.24: Windows Domain Controller *andromeda*

Mit *ldap mail* werden direkt die Namen der Benutzer von Mailkonten abgefragt und damit deren Erreichbarkeit sichergestellt. Mailkonten müssen in diesem Beispiel im AD gesetzt sein oder es existiert ein Unix Posix Account mit *uid*.

```
object Service "ldap mail" {
  import "generic-service"
  host_name = "kmw.gwc-jonas.net"

  check_command = "ldap"
  command_endpoint = "kmw.gwc-jonas.net"

  vars.ldap_address = "172.16.1.20"
  vars.ldap_bind = "monitor@gwc-jonas.local"
  vars.ldap_pass = "XXX"
  vars.ldap_base = "dc=gwc-jonas,dc=local"
  vars.ldap_starttls = true
  vars.ldap_attr = "(&(objectClass=user)(|(uid=*)(mail=*)))"
}
```

Codebeispiel 15.25: Service *ldap mail* zum Prüfen auf Mailadressen

Auf dem Mailrelay, das dem Groupware-Server vorgelagert ist, wird eine LDAP-Abfrage benutzt, um bei empfangenen Mails die Existenz des Empfängers abzuklären. Existiert kein Benutzer, wird die Mail vom Relay abgewiesen. Ein Service überprüft, ob sich vom Relay *kmw* die aktiven Mailkonten ermitteln lassen.

16 Microsoft-Infrastrukturdienste

Auch die Firma Microsoft bietet mit ihren Produkten viele Dienste, die über das Netzwerk abgeprüft werden sollten. Darüber hinaus schreibt Microsoft Kennwerte des Betriebssystems und von Applikationen in eine eigene Datenbank. Diese Performance Counter sind standardisiert abfragbar.

Welche Zähler das jeweilige System bereitstellt, wird an der Kommondozeile mit `typeperf.exe -q` ermittelt und ist in Abschnitt 7.8 auf Seite 133 ausführlicher beschrieben.

»Gemütlich hast du's hier nicht gerade, Stanley ... ich bin keine fünf Minuten hier und schon bekomm ich Depressionen.«
Ginger Knowles, 2001

16.1 Common Internet Filesystem

Der Begriff Common Internet File System (CIFS) wurde 1996 von Microsoft eingeführt und beschreibt eine erweiterte Version von Server Message Block (SMB), das erstmals 1983 bei IBM vorgestellt wurde. Seit damals wurde das Protokoll von vielen Firmen und Gruppen erweitert, unter anderem von SCO, Thursby, IBM und den Samba-Entwicklern. Einen Großteil steuerte jedoch Microsoft bei, es veröffentlicht seine Anpassungen aber erst seit 2007.

Als Netzwerkprotokoll liegt es in der Natur der Sache, dass auf CIFS-Freigaben über das Netz zugegriffen wird. So kann also damit direkt von Icinga aus getestet werden. Hierzu bieten die Monitoring-Plugins das Plugin `check_disk_smb`. Voraussetzung ist ein Benutzer, der auf die zu prüfende Freigabe Zugriff hat.

```
object Host "andromeda.icinga-book.local" {
  ...
  vars.cifs_disks["CIFS Users"] = {
    disk_smb_hostname = "ANDROMEDA"
    disk_smb_share = "Users"
    disk_smb_username = "monitoring"
    disk_smb_password = "XXX"
    disk_smb_wused = 96
    disk_smb_cused = 98
  }
}
```

Codebeispiel 16.1: Überwachung eines CIFS-Laufwerks

Der Host *andromeda* bietet als Fileserver unter anderem die Freigabe `Users` an. Eine Alarmierung soll, da das unter der Freigabe liegende Laufwerk sehr groß ist, erst bei 96 bzw. 98 Prozent Platzbelegung erfolgen.

```
apply Service for (disk => config in host.vars.cifs_disks) {
  import "generic-service"

  check_command = "disk_smb"
  vars += config

  ignore where typeof(config) != Dictionary
}
```

Codebeispiel 16.2: Servicedefinition für CIFS-Laufwerke

16.2 Terminal Service

Der Microsoft Terminal Service stellt mehrere Performance Counter zur Verfügung. Die drei interessantesten sind:

- Terminal Services\Active Sessions
- Terminal Services\Inactive Sessions
- Terminal Services\Total Sessions

Mit diesen Zählern ist auslesbar, wie viele Verbindungen zum Terminalserver bestehen und wie viele davon aktiv bzw. inaktiv sind.

Der Host *andromeda* stellt einen Terminal Service bereit. Überwacht werden die Gesamtanzahl der Verbindungen – eine erste Benachrichtigung erfolgt bei 35 gleichzeitigen – und die inaktiven Sitzungen. Überschreiten die nicht aktiven Sitzungen den Schwellenwert von 10, bekommen die Administratoren eine Nachricht und können die Sitzungen entfernen.

```
object Host "andromeda.gwc-jonas.local" {
  ...
  vars.counter["Total Terminal Sessions"] = {
    IcingaCheckPerfcounter_Array_PerfCounter \
        = [ "\\Terminal Services\\Total Sessions" ]
    IcingaCheckPerfcounter_Object_Warning = 35
    IcingaCheckPerfcounter_Object_Critical = 40
  }
  vars.counter["Inactive Terminal Sessions"] = {
    IcingaCheckPerfcounter_Array_PerfCounter \
        = [ "\\Terminal Services\\Inactive Sessions" ]
    IcingaCheckPerfcounter_Object_Warning = 10
  }
}
```

Codebeispiel 16.3: Überprüfung der Terminal Sessions

Die Schwellenwerte dienen hier eher zur rechtzeitigen Warnung, dass die Leistung des Systems nicht mehr ausreicht und man Maßnahmen zur Skalierung ergreifen sollte.

16.3 Domain Controller und Active Directory

Das Microsoft Active Directory läuft auf einem oder in der Regel auf mehreren Domain Controller. Mit dem Kommandozeilentool `dcdiag` stellt Microsoft selbst ein Diagnosetool zur Verfügung. Das Plugin `check_ad.vbs`[1]

[1]https://exchange.nagios.org/directory/Plugins/Operating-Systems/Windows/Active-Directory-(AD)-Check/details

ist ein in Visual Basic geschriebener Wrapper für dieses Tool, es akzeptiert damit für die Option `/test:` alle Parameter, die auch in `dcdiag` benutzt werden. Das hier verwendete Check Command *my/vbs-local-ad* ist im Codebeispiel F.4 im Anhang beschrieben.

Welche Tests standardmäßig, also ohne die Angabe von Optionen, ausgeführt werden, ist abhängig von der verwendeten Version von `dcdiag`. Mit der Custom Variable *ad_test* kann eine eigene Auswahl auszuführender Tests bestimmt werden.

```
apply Service "Active Directory" {
    import "generic-service"

    check_command = "my/vbs-local-ad"
    command_endpoint = host.name

    assign where "domain-controller" in host.templates
}
```

Codebeispiel 16.4: Service *Active Directory*

Jeder Domain Controller stellt diverse Netzwerkdienste bereit, die gemeinsam das Active Directory bilden, wovon Kerberos, RPC, LDAP bzw. der Global Catalog und SMB die wichtigsten sind. Optional kommen noch DNS und DHCP hinzu. Es wird sowohl LDAP als auch LDAPS benutzt. Der Global Catalog ist auch »nur« ein LDAP und lauscht auf Port TCP/3268 bzw. verschlüsselt auf TCP/3269. Bis auf RPC sind mit LDAP in Abschnitt 15.5 ab Seite 338 und SMB in diesem Kapitel alle anderen Protokolle behandelt worden und lassen sich im Host-Template *domain-controller* zusammenfügen.

16.4 Exchange

Mit jeder neuen Version seines Exchange-Servers ändert Microsoft das ein oder andere an der Struktur. So wurde mit Exchange 2007 der Server in fünf unterschiedliche Rollen aufgeteilt, um die Last zu verteilen und auch verschiedene Aufgaben wahrzunehmen. So war es das erste Mal möglich, ein Mailrelay für die DMZ zu konfigurieren. In der 2013er-Version wurde dieses Rollenkonzept auf drei zusammengestrichen, es ermöglichte aber immer noch eine Trennung in Transport-, Mailbox- und Client-Access-Server. Bei Exchange 2016 sind es nur noch zwei Rollen gewesen, um im aktuellen 2019er wieder die fünf Rollen der 2010er-Version zu unterscheiden. Die Unterschiede der verschiedenen Versionen zeigt Tabelle 16-1.

Die einzelnen Rollen teilen ihre Funktionalität auf unterschiedliche Windows-Dienste auf. Diese lassen sich mithilfe des Agenten überwachen.

Alle Dienste werden auf Templates verteilt. Der Host *gmw* ist ein kompletter Exchange 2013 Server, vereinigt also alle drei Rollen auf sich. Die Rollen »Mailbox« und »Client Access« beinhalten jedoch immer auch die »Edge Transport«-Rolle, darum reichen hier die beiden Templates *exchange-mailbox* und *exchange-cas*.

```
object Host "gmw.gwc-jonas.local" {
  import "windows-host"
  import "lan-net"
  import "exchange-mailbox"
  import "exchange-cas"

  display_name = "gmw"
  address = "172.16.1.13"

  vars.disks["disk D"] = {
    IcingaCheckUsedPartitionSpace_Array_Include = [ "D" ]
  }
}
```

Codebeispiel 16.5: Hostobjekt *gmw* als Microsoft Exchange Server

Der Server speichert die Postfächer der Benutzer auf Laufwerk D gesondert ab, die Dateisystemauslastung ist damit ebenfalls regelmäßig zu prüfen.

Exchange 2010/2019	Exchange 2013	Exchange 2016
Mailbox Server	Mailbox Server	Mailbox Server
Client Access Server	Client Access Server	Im Mailbox Server integriert
Hub Transport Server	Funktionalität ist auf Client Access und Mailbox aufgeteilt	
Unified Messaging Server	Funktionalität ist auf Client Access und Mailbox aufgeteilt	
Edge Transport Server	Mit Exchange 2013 SP1 wieder eingeführt	Edge Transport Server

Tabelle 16-1: Rollenkonzept von Microsoft Exchange Server

Die beiden folgenden Templates *exchange-common* und *exchange-um* sind nicht für die Verwendung in einem Hostobjekt gedacht, sondern lediglich zur internen Benutzung durch die anderen Exchange-Templates. Die Dienste werden je Template alle zu einem Service zusammengefasst, denn sollte nur einer der Dienste nicht laufen, funktioniert die ganze Rolle nicht.

```
template Host "exchange-common" {
  vars.services["Exchange Common Services"] = {
    IcingaCheckService_Array_Service = [
        "IISAdmin",
        "MSExchangeADTopology",
        "MSExchangeServiceHost",
        "W3Svc",
        "WinRM" ]
  }
}

template Host "exchange-um" {
  vars.services["Exchange UM Services"] = {
    IcingaCheckService_Array_Service = [
        "MSExchangeUM",
        "MSExchangeUMCR" ]
  }
}
```

Codebeispiel 16.6: »Private« Templates der Exchange-Server-Rollen

Die »Edge Transport«-Rolle wird von Mailbox und CAS benötigt, es reicht demnach, *exchange-common* nur genau dort zu importieren.

```
template Host "exchange-transport" {
  import "exchange-common"
  ...
}
```

Codebeispiel 16.7: Template der Exchange-Server-Rolle »Edge-Transport«

Das Template *exchange-um* für die »Unified Messaging Server«-Rolle wird ebenfalls von den beiden anderen Rollen benötigt. Die vollständigen Templates befinden sich in Anhang F.5.

```
template Host "exchange-mailbox" {
  import "exchange-transport"
  import "exchange-um"
  ...
}

template Host "exchange-cas" {
  import "exchange-transport"
  import "exchange-um"
  ...
}
```

Codebeispiel 16.8: Templates der Exchange-Server-Rollen »CAS« und »Mailbox«

Die Überwachung dieser einzelnen Dienste ist wahrscheinlich eher etwas für Perfektionisten, die regelmäßigen Tests der offenen Ports der Kommunikation sind jedoch auf jeden Fall sinnvoll. Im Microsoft TechNet findet man z. B. für Exchange 2013 im Artikel »Netzwerkports für Clients und Nachrichtenfluss in Exchange 2013«[2] Hilfe für die Kommunikation zwischen den einzelnen Komponenten.

Auch für Exchange stehen Hunderte von Performance Counter zur Verfügung. Als Beispiel sind hier lediglich zwei Services zur Prüfung auf die Anzahl der Mails in den Transportwarteschlangen für vom Endanwender eingelieferte Mails bzw. die Warteschlange für infizierte Mails aufgeführt.

```
template Host "exchange-transport" {
  ...
  vars.counter["Total Submission Queue"] = {
    IcingaCheckPerfcounter_Array_PerfCounter = \
[ "\\MSExchangeTransport Queues(_total)\\Submission Queue Length" ]
    IcingaCheckPerfcounter_Object_Critical = 100
  }
  vars.counter["Total Poison Queue"] = {
    IcingaCheckPerfcounter_Array_PerfCounter = \
[ "\\MSExchangeTransport Queues(_total)\\Poison Queue Length" ]
    IcingaCheckPerfcounter_Object_Critical = 1
  }
}
```

Codebeispiel 16.9: Counter zu einer Transportwarteschlange

Nahezu vollständig bzgl. sinnvoller Überwachung mit Performance Counter für Exchange 2013 sind die Templates in Anhang F.5.

Abschließend zu Exchange sei noch die seit der 2013er-Version bestehende Möglichkeit erwähnt, dass jede Komponente der CAS-Rolle den eigenen Status über eine virtuelle Website zum Abruf bereitstellt. Der Inhalt ist ein »200 OK
« gefolgt vom FQDN des Servers, falls die Komponente korrekt arbeitet.

```
template Host "exchange-cas" {
  ...
  vars.http_vhosts["Outlook Web App"] = {
    http_uri = "/owa/healthcheck.htm"
    http_ssl = true
    http_string = "200 OK<br/>"
  }
}
```

Codebeispiel 16.10: Health-Checks für die Exchange-Server-Rolle CAS

[2]https://technet.microsoft.com/de-de/library/bb331973(v=exchg.150).aspx

Dieser Mechanismus wird auch vom Load Balancer verwendet, um einen nicht voll funktionsfähigen Knoten aus dem CAS-Verbund auszuschließen. Um das »Exchange Control Panel«, den »Exchange Web Service«, den »Exchange RPC«, das »Offline Address Book« oder den »Exchange ActiveSync« zu testen, verfährt man analog zum Beispiel für die »Outlook Web App« aus Codebeispiel 16.10. Alle vollständigen URLs sind im Template der CAS-Rolle in Codebeispiel F.34 auf Seite 708 zu finden.

16.5 Microsoft Cluster

Beim Cluster der Firma Microsoft handelt es sich um ein Stück Software, das Ressourcen auf einer Anzahl von Servern verwaltet. Das bedeutet, dass Dienste von der Clustersoftware auf einem Knoten gestartet und diese auf einen anderen verschoben oder beendet werden. Handelt es sich hierbei um Dienste, die über das Netzwerk geprüft werden können und keine Überwachung durch lokal ausführbare Plugins erfordern, ist es ausreichend, eine IP-Adresse zu dieser Ressource hinzuzunehmen und als Service im Icinga 2 anzulegen.

Sollten zu diesem Ressourcen-Pool mehrere zusammenhängende Icinga-Services erforderlich sein, bleibt nur, ein Hostobjekt an der erforderlichen IP-Adresse zu modellieren und die Services diesem Host zuzuordnen.

Sind auch lokal auszuführende Plugins erforderlich, wie zum Beispiel Dateisysteme, können diese leider nicht mit dem Icinga-Agenten und den bisher bekannten Plugins überwacht werden. Da sie von einem Knoten auf einen anderen Knoten im Cluster verschoben werden können, würde sich bei einer mitwandernden IP auch das zugrunde liegende Zertifikat für die Icinga-Kommunikation ändern. Damit müsste sich auch in der Icinga-Konfiguration der Endpunktname ändern, da er dem Zertifikatsnamen entsprechen muss.

Die Lösung ist ein spezialisiertes Plugin. Innerhalb des Projekts »Icinga for Windows« stellt das Icinga-Team mit *icinga-powershell-cluster*[3] eine Plugin-Sammlung zur Verfügung, die Shared Volumes, einen Cluster mit allen Netzwerkschnittstellen oder den Gesamtzustand des Clusters überwachen kann.

Die Plugins müssen als Modul wie in Abschnitt 5.5 ab Seite 97 beschrieben entweder manuell, mittels Gallery oder unter Zuhilfenahme eines schon installierten Icinga-Powershell-Frameworks als Komponente hinzugefügt werden.

```
Powershell> Use-Icinga
Powershell> Install-IcingaFrameworkComponent -Name cluster -Release
```

[3]https://github.com/Icinga/icinga-powershell-cluster

Ist keine Verbindung ins Internet erlaubt, kann anstelle des Releases mit `-Url` der Pfad zu einem Zip-File angegeben werden. Anstatt einer URI ist auch ein lokaler oder Netzwerkpfad erlaubt.

Passende Check Commands befinden sich im GitHub-Repositorys unterhalb vom Verzeichnis *config/icinga* in der Datei *Cluster_Bundle.conf*. Achtung, es müsste schon eine Datei mit diesem Namen in der Zone *windows-commands* vorhanden sein.

17 Hardware

Der Überwachung von Hardware durch Monitoring-Systeme wie Icinga kommt ein besonderer Stellenwert zu. Während Probleme mit der Software meist sofort in Angriff genommen werden können, sei es durch Personal vor Ort, Remote-Support oder extra angeforderte Spezialisten, muss Hardware bei einem Fehler oft getauscht werden, da eine andere Lösung nicht wirtschaftlich oder schlicht unmöglich ist. Viele Hardwarechecks, insbesondere bei redundant ausgelegten Komponenten, erlauben ein frühzeitiges Erkennen von Problemen, sodass oft genug Zeit bleibt, um Ersatzteile anzufordern und bei Gelegenheit einen Tausch vorzunehmen.

Professionelle Hardware beinhaltet Sensoren, die erkennen können, wenn sich ein Problem abzeichnet. Dies geschieht je nach Modell über die Anfrage an Serviceprozessoren mit eigener Netzwerkschnittstelle oder durch spezielle Software im Betriebssystem, die mit den Sensoren kommunizieren kann.

Oft können für Kennzahlen wie Temperatur, Spannung oder Lüfterdrehzahl Schwellenwerte gesetzt werden, an deren Über- oder Unterschreiten ein sich anbahnendes Problem ablesbar ist. Dabei liefern manche Systeme nur den aktuellen Stand der Kennzahl zurück und die Schwellenwerte werden in Icinga gesetzt. Andere Systeme erlauben es, Schwellenwerte direkt zu setzen, und Icinga fragt dann lediglich am System direkt ab, ob diese unter- bzw. überschritten wurden.

»Die Computer der 9000-Serie sind die zuverlässigsten, die je konstruiert wurden. Kein Computer der Serie 9000 hat jemals einen Fehler gemacht oder unklare Informationen gegeben.«

HAL 9000, 1968

Dieses Kapitel kann natürlich nur einen kleinen Einblick in die Vielzahl existierender Plugins geben. Befindet sich ein gesuchtes nicht unter den hier vorgestellten, empfiehlt sich wie immer ein Blick auf die beiden Portale Icinga[1]- und Nagios Exchange[2].

[1] https://exchange.icinga.com

[2] https://exchange.nagios.org

17.1 Informationsabfrage mit SNMP

SNMP steht für »Simple Network Management Protocol« und wurde implementiert, um vor allem Netzwerkgeräte zu überwachen bzw. zu verwalten. Das bedeutet, dass nicht nur lesend, sondern auch schreibend auf die entsprechenden Geräte zugegriffen werden kann, um damit zum Beispiel einen Port an einem Switch zu konfigurieren.

Nahezu alle Netzwerkgeräte wie Switches und Router beherrschen SNMP, aber auch für Unix- und Windows-Systeme gibt es Daemons, die für diese Systeme SNMP-Anfragen beantworten, und auch unterbrechungsfreie Stromversorgungen (USV) oder Messfühler sind SNMP-fähig.

Wenn man nun solche netzwerkfähigen Geräte überwachen möchte, kommt man auch bei Icinga nicht um SNMP herum. Für Unix oder Windows gibt es bessere Methoden, wie z. B. den Icinga-Agenten. Um SNMP mit Icinga einzusetzen, ist es notwendig, sich mit der Struktur des Protokolls zu beschäftigen.

»Ich bin zu alt für den Scheiß!«
Sgt. Roger Murtaugh, 1987

17.1.1 Internet Standard Management Framework

Das »P« in SNMP steht zwar für Protokoll, meint aber eigentlich eine Implementierung des »Internet Standard Management Framework«, das aus folgenden Komponenten besteht:

- Ein Agent, ob als Software oder Hardware implementiert, der auf Netzwerkknoten mittels SNMP gesteuert wird.
- Mindestens ein Manager, der über Anwendungen den Agenten verwaltet.
- Ein Protokoll, mit dem Agent und Manager kommunizieren, SNMP.
- Eine wohldefinierte Informationsstruktur, damit Agent und Manager sich verstehen, die »Management Information Base« (MIB).

Damit ist der Agent die passive Komponente, die lediglich auf eintreffende Kommandos vom Manager wartet. Entgegen dieser Feststellung erweitern die sogenannten Traps die Möglichkeiten von SNMP. Hierbei werden Nachrichten auch aktiv vom Agenten an einen einzelnen oder eine Gruppe von Managern versendet. Diese Nachrichten beinhalten in der Regel Informationen, dass ein Schwellenwert einer Komponente überschritten oder diese auch komplett ausgefallen ist.

Bei Hardwaregeräten kommen vom Hersteller entwickelte Agenten zum Einsatz. Für Linux oder andere Unix-Derivate existiert die freie Implementierung NET-SNMP[3]. Microsoft bietet als zusätzlich zu installierende Software eine eigene Entwicklung an, die von Microsoft mit dem Erscheinen von Windows Server 2012 jedoch schon als abgekündigt[4] markiert wurde.

Entscheidend für den Einsatz von SNMP im Icinga-Umfeld ist ein tieferes Verständnis der »Management Information Base«. Wer sich darüber hinaus näher mit SNMP auseinandersetzen will, dem seien die zahlreichen Requests for Comments (RFC) empfohlen, die sich mit diesem Themenkomplex beschäftigen. Einen ersten Einstieg findet man in RFC 3410, der das »Internet Standard Management Framework« beschreibt, oder RFC 3411, der sich mit der SNMP-Implementierung dieses Frameworks beschäftigt.

17.1.2 Die Management Information Base

Die Struktur der Management Information Base (MIB) besteht aus einem hierarchischen, auf Zahlenwerten basierenden Namensraum. In Abbildung 17-1 ist ein beispielhafter Auszug zu sehen. Die Baumstruktur ähnelt dabei anderen Verzeichnisdiensten.

Die Wurzel 1 *iso* steht für »International Standard Organization«. Auf der nächsten Ebene folgt 3 *org* und bietet Raum für allgemeine, nationale oder internationale Organisationen. Darunter steht 6 *dod* für »Department of Defense«, das amerikanische Verteidigungsministerium. Als dessen Unterpunkt 1 *internet* findet sich das als militärisch gestartete IP-basierte Internet.

Werden die Zahlen als *1.3.6.1* zusammengefügt, spricht man von diesem Knoten als einem Object Identifier (OID). Weil dies für den Menschen schwer lesbar ist, wird auch die Notation *iso(1).dod(3).org(6).internet(1)* als Schreibweise verwendet. Da nun solche Bezeichnungen ab einer gewissen Baumtiefe sehr lang werden können, hat sich eine verkürzte Schreibweise eingebürgert. Solange die Bezeichnung eindeutig bleibt, kann z. B. für *1.3.6.1* kurz auch *internet* geschrieben werden.

Die Kommunikation läuft nur numerisch ab, ob allerdings der Manager ebenfalls die menschenlesbare Notation unterstützt, hängt von seiner Implementierung ab. Die Informationen stellen die Hersteller des jeweiligen Agenten in Dateiform als MIB zur Verfügung. In diesen Dateien finden sich Informationen, wer das Gerät entworfen hat, die Definition der einzelnen Unterknoten und deren Attribute. Zusätzlich kann der Hersteller beschrei-

[3]http://www.net-snmp.org

[4]https://docs.microsoft.com/en-us/previous-versions/windows/it-pro/windows-server-2012-R2-and-2012/hh831568(v=ws.11)

bende Zusatzinformationen zu den Knoten und Attributen in dieser Datei ablegen, sodass zum Beispiel die jeweilige Funktion beschrieben wird.

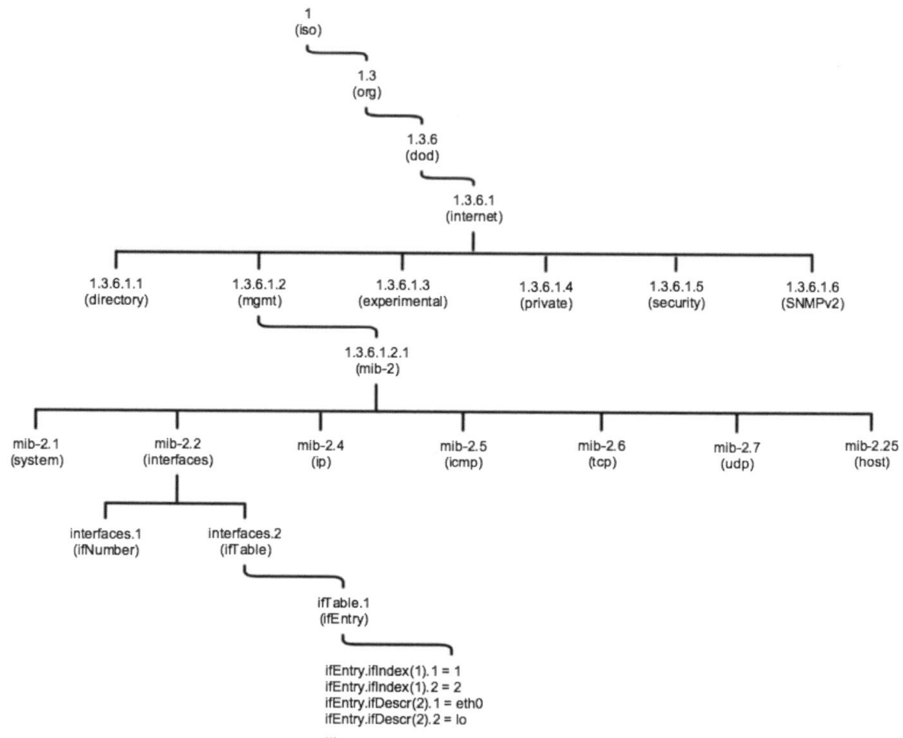

Abbildung 17-1: SNMP-Namensraum

Damit der Manager weiß, wie der Agent seine Daten strukturiert, und ihn damit auch richtig versteht, existiert mit *1.3.6.1.2.1* oder in langer Schreibweise *internet.mgmt(2).mib-2(1)* ein eindeutig definierter Namensraum, in dem diese Struktur abgelegt ist. SNMP fordert die Implementierung dieser »Management Information Base Version 2«, damit die Kommunikation wohldefiniert erfolgen kann. Die verkürzte Schreibweise ist *MIB-II* oder *mib-2*.

Nahezu alle Gerätehersteller haben in der MIB ihren eigenen Namensraum *internet.private.enterprise*, in dem sie gerätespezifische Informationen ablegen. Diese MIBs werden von den Herstellern dem Anwender als Dateien zur Verfügung gestellt. Diese unterscheiden sich nicht nur von Produkt zu Produkt bei ein und demselben Hersteller, sondern tun dies auch mitunter bei unterschiedlichen Revisionen oder gar bei verschiedenen Firmware-Versionen.

MIB-II

Da der Namensraum *mib-2* bei jedem Agenten vorhanden zu sein hat, lohnt sich ein etwas näherer Blick auf diese MIB-II. Die wichtigsten Informationsgruppen listet die Tabelle 17-1 auf. Wie mit den Informationen gearbeitet werden kann, wird hier am Beispiel *interfaces* erklärt. In Abbildung 17-1 auf Seite 354 ist zu sehen, wie sich die Ebene darunter in die OIDs *interfaces.ifNumber* und *interfaces.ifTable* unterteilt. Da ein Netzwerkknoten eine unbestimmte Anzahl von Netzwerkschnittstellen haben kann, ist deren Gesamtanzahl in *ifNumber* hinterlegt. Bei einer Abfrage holt sich der Manager also zunächst diesen Wert. *ifTable* enthält die eigentlichen Informationen zu der Schnittstelle.

Gruppe	OID	Beschreibung
system	mib-2.1	Informationen zum Gerät wie Standort, Ansprechpartner und Uptime
interfaces	mib-2.2	Angaben zu den Netzwerkschnittstellen (Name, Typ, Status, Durchsatz, ...)
at	mib-2.3	Zuordnung physikalischer Adressen, z. B. MAC- zu IP-Adressen
ip	mib-2.4	Routing-Tabellen und IP-Statistiken
icmp	mib-2.5	Statistiken zu einzelnen ICMP-Pakettypen
tcp	mib-2.6	Offene Ports und bestehende TCP-Verbindungen
udp	mib-2.7	Offene UDP-Ports
host	mib-2.25	Informationen zu Speichermedien, Devices, laufenden Prozessen und deren Ressourcenverbrauch

Tabelle 17-1: Auswahl aus MIB-II

Für die Informationen zu einem Interface fragt der Manager aus *ifTable* alle Einträge ab, bei denen sich die letzte Zahl gleicht, hier z. B. die zweite Netzwerkschnittstelle:

```
IF-MIB::ifIndex.2 = INTEGER: 2
IF-MIB::ifDescr.2 = STRING: eth0
IF-MIB::ifType.2 = INTEGER: ethernetCsmacd(6)
IF-MIB::ifMtu.2 = INTEGER: 1500
IF-MIB::ifSpeed.2 = Gauge32: 100000000
IF-MIB::ifPhysAddress.2 = STRING: 0:1c:42:e7:d6:e6
IF-MIB::ifAdminStatus.2 = INTEGER: up(1)
IF-MIB::ifOperStatus.2 = INTEGER: up(1)
...
```

Der Wert von *ifIndex* gibt den internen Index des Interface an. Bei dem Datentyp zum Index handelt es sich um einen Integer. *ifDescr* hingegen ist ein String und enthält den Namen der Schnittstelle. Die folgenden drei Einträge geben Aufschluss darüber, dass es sich um ein 100-MBit-Ethernet-Interface handelt. Ebenso auch die Maximum Transmission Unit (MTU), die bei lokalen Ethernet-Interfaces standardmäßig 1500 beträgt. Der Datentyp Gauge32 bei *ifSpeed* ist ein nicht negativer Integer mit 32 Bit Länge und bezeichnet hier die maximale Geschwindigkeit von 100 Mbit. Es folgen die MAC-Adresse (Media Access Control) und Informationen über den Status. In *ifAdminStatus* steht, ob der Administrator das Interface in der Konfiguration an- oder abgeschaltet hat. *ifOperStatus* hingegen gibt den tatsächlichen Zustand an, auch administrativ aktivierte Geräte müssen nicht zwangsläufig mit einem anderen Gerät verbunden sein.

Die Tabelle enthält noch viele weitere Informationen, die besonders für die Überwachung von Interesse sind. Neben dem Durchsatz der gesendeten und empfangenen Daten sind dies vor allem die Anzahl der fehlerhaften Pakete in *ifOutErrors* und *ifInErrors* oder der verworfenen Pakete in *ifOutDiscards* bzw. *ifInDiscards*.

Auf Index 1 ist das Loopback-Interface einsortiert und es sieht in den ersten Einträgen wie folgt aus:

```
IF-MIB::ifIndex.1 = INTEGER: 1
IF-MIB::ifDescr.1 = STRING: lo
IF-MIB::ifType.1 = INTEGER: softwareLoopback(24)
IF-MIB::ifMtu.1 = INTEGER: 65536
IF-MIB::ifSpeed.1 = Gauge32: 100000000
IF-MIB::ifPhysAddress.1 = STRING:
IF-MIB::ifAdminStatus.1 = INTEGER: up(1)
IF-MIB::ifOperStatus.1 = INTEGER: up(1)
...
```

17.1.3 SNMP-Versionen

Über die Zeit gab es schon einige Entwürfe, wie SNMP zu erweitern und vor allem sicherer zu machen ist. Das Hauptproblem mit der ersten Version SNMPv1 ist, dass der Community-String als Passwortersatz unverschlüsselt übertragen wird. Diese erste Version ist in den RFCs 1155 bis 1157 beschrieben.

Dem gestiegenen Sicherheitsbedürfnis wurde in den RFCs 1351 bis 1353 mit Secure SNMP Folge geleistet. Dieser Entwurf wurde jedoch nie umgesetzt, sondern später durch SNMPv2 ersetzt.

Zwei heute nicht mehr eingesetzte Versionen waren das 1993 eingeführte SNMPv2p (Party-Based SNMP Version 2), das eine Verschlüsselung des

Community-Strings vorsah und eine Kommunikation zwischen mehreren Managern erlaubte, sowie SNMPv2u (User-Based SNMP Version 2) mit dem Versuch, durch einen Benutzernamen die Sicherheit zu erhöhen.

Das auch heute noch am weitesten verbreitete SNMPv2c (Community-Based SNMP Version 2) ist bezüglich Sicherheit auf dem gleichen Stand wie SNMPv1. Es hat lediglich einige zusätzliche Funktionen, die es auch schon in SNMPv2p gab: einen effizienteren Zugriff auf Tabellen, die nicht mehr mit GetNext durchlaufen werden müssen, und die Kommunikation zwischen verschiedenen Managern. Wenn heute von SNMPv2 gesprochen wird, ist diese in RFC 1901, 1905 und 1906 beschriebene Version des Protokolls gemeint.

Da weder SNMPv2c noch SNMPv1 eine Absicherung der Kommunikation bieten, hat SNMP als Akronym eine scherzhafte Umdeutung zu »Security is Not My Problem« erfahren. So wurde 2002 mit den RFCs 3410 bis 3418 mit SNMPv3 eine neue Version spezifiziert. Durch die gestiegene Komplexität bei der Schlüsselverwaltung hat SNMPv3 auch bis zum heutigen Tage keine hohe Verbreitung gefunden.

17.1.4 Tools zu SNMP-Abfragen

Die wohl bekannteste Implementation von SNMP auf Unix und damit Linux ist NET-SNMP[5]. Es entstand an der Carnegie Mellon University und wurde von Wes Hardecker, einem Administrator der University of California, weiterentwickelt und als UCD-SNMP in der Version 3.0 veröffentlicht. Mit Version 5 erfolgte die Umbenennung des Projekts in seinen heutigen Namen NET-SNMP.

NET-SNMP besteht aus verschiedenen Kommandozeilentools, einem grafischen Browser `tkmib`, einem Agenten und einer Bibliothek, die heute als Basis für eine Vielzahl von SNMP-Implementierungen im Open-Source-Umfeld dient.

An dieser Stelle wird auf einige Kommandozeilentools zur Abfrage eingegangen und auf Plugins für Icinga verwiesen, die SNMP zur Überwachung benutzen. Die angesprochenen Werkzeuge müssen zuerst noch installiert werden.

- RedHat

```
$ dnf install -y net-snmp-utils
```

- Debian

```
$ apt install -y snmp
```

[5] http://www.net-snmp.org

Für eine lesende Abfrage stehen die Programme `snmpget`, `snmpgetnext` und `snmpwalk` zur Verfügung. `snmpget` fragt dabei gezielt eine OID ab und liefert deren Wert zurück. `snmpgetnext` gibt hingegen den Wert der nächstfolgenden OID zurück.

```
$ snmpget -v2c -c public localhost ifDescr.2
IF-MIB::ifDescr.2 = STRING: eth0

$ snmpgetnext -v2c -c public localhost ifDescr.2
IF-MIB::ifDescr.3 = STRING: eth1

$ snmpgetnext -v2c -c public localhost ifDescr.3
IF-MIB::ifType.1 = INTEGER: softwareLoopback(24)
```

Die Option `-v2c` weist an, die Protokollversion SNMPv2c für die Abfrage zu benutzen. Mit `-c` wird der Community-String zur Authentifizierung angegeben. Standardmäßig ist mit »public« ein nur lesender Zugriff möglich. Danach folgt der abzufragende Server und die OID, deren Wert man wissen möchte.

Die NET-SNMP-Tools kommen offensichtlich hervorragend mit der verkürzten Schreibweise zurecht. Sie gehen hierbei immer davon aus, dass sich die entsprechende OID innerhalb der MIB-II befindet. Hierfür muss die erfragte OID allerdings eindeutig sein.

Bei den vielen unterschiedlichen Icinga-Plugins hängt die Eindeutigkeit der OID sehr stark von deren korrekter Implementierung ab. Um sicherzugehen, sollte man immer die vollständige numerische Schreibweise verwenden. Diese erhält man mit der Option `-On`.

```
$ snmpget -v2c -On -c public localhost ifDescr.2
.1.3.6.1.2.1.2.2.1.2.2 = STRING: eth0
```

Um an die vollständigen Informationen der MIB-II zu gelangen, verwendet man besser `snmpwalk`. Wie der Name schon sagt, unternimmt das Programm einen Spaziergang durch die gesamte MIB oder durch den angegebenen Teilbaum.

```
$ snmpwalk -v2c -c public localhost mib-2.interfaces
IF-MIB::ifNumber.0 = INTEGER: 3
IF-MIB::ifIndex.1 = INTEGER: 1
IF-MIB::ifIndex.2 = INTEGER: 2
IF-MIB::ifIndex.3 = INTEGER: 3
IF-MIB::ifDescr.1 = STRING: lo
IF-MIB::ifDescr.2 = STRING: eth0
IF-MIB::ifDescr.3 = STRING: eth1
...
```

Es fällt auf, dass `snmpwalk` hier die genaue Struktur unterschlägt, es fehlen Informationen zur Struktur von *ifTable* und *ifEntry*. Mit der Option `-Of` kann dieser Umstand behoben werden.

```
$ snmpwalk -v2c -Of -c public localhost mib-2.interfaces
...mib-2.interfaces.ifNumber.0 = INTEGER: 3
...mib-2.interfaces.ifTable.ifEntry.ifIndex.1 = INTEGER: 1
...mib-2.interfaces.ifTable.ifEntry.ifIndex.2 = INTEGER: 2
...mib-2.interfaces.ifTable.ifEntry.ifIndex.3 = INTEGER: 3
...mib-2.interfaces.ifTable.ifEntry.ifDescr.1 = STRING: lo
...mib-2.interfaces.ifTable.ifEntry.ifDescr.2 = STRING: eth0
...mib-2.interfaces.ifTable.ifEntry.ifDescr.3 = STRING: eth1
[...]
```

Bei vielen Herstellern ist die Community »public« voreingestellt und man kommt mit diesem lesenden Zugriff schon recht weit. Ob man diesen String beibehalten sollte, richtet sich stark nach den Informationen, die über ihn abfragbar sind. Der NET-SNMP-Agent reglementiert den Zugriff mittels »public« zum Beispiel auf die MIBs *mib-2.system* und *mib-2.host*.

Einige Hersteller liefern ihre Geräte auch mit einem Default-String wie »private« für den schreibenden Zugriff aus. Dieser sollte natürlich umgehend geändert werden, da man diesen Default auch den öffentlich zugänglichen Dokumentationen im Internet entnehmen kann.

Plugins für Icinga 2

Die Monitoring-Plugins bieten mit `check_snmp` ein generisches Programm, um einzelne OIDs abzufragen und den Output ansprechend aufzubereiten. Näher beschrieben wird dieses Plugin weiter hinten in Abschnitt 17.1.5 auf Seite 361.

Viele später noch vorgestellte Plugins im Bereich Netzwerkgeräte wie `check_nwc_health` oder `check_interfaces` in Abschnitt 17.2 ab Seite 362, aber auch HP-Serverhardware mit `check_hpasm` aus Abschnitt 17.4.4 ermitteln ihren Status ebenfalls mit SNMP. Sie bündeln hierzu meist mehrere Abfragen, um ein umfassendes Ergebnis zu präsentieren.

Traps

Manche Appliances haben keine Schnittstelle, über die Icinga 2 abfragen könnte, wie es dem System geht. Solche meist alten Geräte bieten aber oft die Möglichkeit, SNMP-Traps zu verschicken. Dabei handelt es sich um sehr einfach gehaltene Nachrichten, die Zustandsinformationen über das versendende System beinhalten.

Diese Traps haben aus Monitoring-Sicht einige Nachteile:

- Versand erfolgt nur über UDP. Deshalb kann das sendende System nicht wissen, ob die Meldung überhaupt angekommen ist.
- Je nach Version sind sie sehr unsicher oder unnötig kompliziert und auch nicht sonderlich sicher.
- Es gibt nur wenig Standardisierung, weshalb Regeln oft sehr herstellerspezifisch und teilweise sogar spezifisch für Firmware-Versionen von Geräten sind.

Trotz all ihrer Nachteile trifft man SNMP-Traps immer wieder im Monitoring an, hauptsächlich weil sie manchmal der einzige Weg sind, überhaupt Informationen von zu überwachenden Systemen zu erhalten.

Genauso wie aktive Abfragen über SNMP werden Werte auch hier über ihre OID identifiziert, die in einer MIB genauer beschrieben wird. Bei Weitem nicht alle Hersteller stellen MIBs für alle ihre Geräte zur Verfügung oder halten diese aktuell.

Um SNMP-Traps zu empfangen und an Icinga 2 zu übergeben, existieren mehrere Lösungen, wobei einige davon, wenn überhaupt, nur mehr stiefmütterlich gepflegt werden. Deshalb soll hier nur diejenige vorgestellt werden, die auf einem aktiv weiterentwickelten Tool basiert: auf Logstash, siehe hierzu Abschnitt 23.2.3 auf Seite 567.

Logstash bringt einen eigenen `snmptrap`-Input, der einen Port öffnet und dort auf eintreffende Traps hört. Die Traps werden dabei behandelt wie Logevents, also z. B. Zeilen in einer Syslog-Datei.

Dieser Input ist im Vergleich zu anderen Lösungen zum Trap-Empfang sehr einfach zu konfigurieren, hat aber ein paar Einschränkungen, die eventuell in kommenden Versionen wegfallen:

- Spricht kein SNMPv3.
- Beinhaltet zwar die Standard-MIBs, versteht zusätzliche MIBs aber nur im »YAML«-Format, in das beinahe alle MIBs von Herstellern erst umgewandelt werden müssen.

Die Traps werden also empfangen und ihre OIDs werden mithilfe der MIBs von reinen Zahlenkolonnen in menschenlesbare Form gebracht. Diese MIBs im YAML-Format beinhalten zwar deutlich weniger Information als Standard-MIBs, aber sie sind auch deutlich einfacher zu schreiben. Benötigt man nur einige wenige OIDs, kann es sich durchaus lohnen, die fehlenden MIBs von Hand zu schreiben.

Sind die Traps erst mal in Logstash angekommen, werden sie so behandelt wie jedes andere Logevent auch. Mithilfe der Logstash-Konfiguration kann dann festgelegt werden, welches Trap an Icinga 2 weitergeleitet wird, wobei hier keine weitere Konfiguration für die Weiterleitung nötig ist. Die Traps können den gleichen Weg wie Logevents nehmen.

Da zwar manche Traps eine Entsprechung zur »Severity« von Logevents enthalten, hier aber keine Standardisierung besteht, muss oft der Inhalt der Traps im Einzelnen genau untersucht werden, um Regeln für eine Alarmierung zu schaffen. Viele Geräte bieten die Möglichkeit, Test-Traps zu senden, echte Alarm-Traps sieht man aber oft leider erst, wenn das Problem schon aufgetreten ist, und Teststellungen, die ganze Appliances enthalten, sind sehr selten. Um dennoch die nötigen Beispiele zu erhalten, damit Regeln geschrieben werden können, kann oft ein Wartungsfenster genutzt werden, in dem Ausfälle simuliert oder provoziert werden.

17.1.5 SNMP mit Icinga

Ein generisch gehaltenes Plugin `check_snmp` ist in den Monitoring-Plugins enthalten. Es fragt Werte einzelner OIDs ab und vergleicht diese mit den dem Plugin übergebenen Schwellenwerten.

check_snmp

Das schon früher erwähnte Plugin `check_snmp` aus den Monitoring-Plugins stellt eine sehr generische Funktion zur Verfügung, um SNMP-Abfragen zu formulieren. Es ist nur möglich, einzelne OIDs abzufragen, das Ergebnis kann dann aber einigermaßen ansprechend optisch aufbereitet werden.

Außerdem kann ein String oder sogar ein regulärer Ausdruck angegeben werden, der im Ergebnis enthalten sein muss, damit das Plugin ein OK zurückgibt.

```
$ ./check_snmp -H localhost -C public \
        -o system.sysName -r fornax -l Hostname
Hostname OK - "fornax.gwc-jonas.local"
```

So lässt sich der Systemname auf einen regulären Ausdruck (`-r`) prüfen und die Ausgabe (`-l`) von standardmäßig SNMP auf »Hostname« ändern. Fragt man einen Zahlenwert ab, kann mit `-u` auch eine Einheit angegeben, die dem Wert bei der Ausgabe angehängt wird.

Für eine Vielzahl von SNMP-fähigen Geräten existieren spezialisierte Plugins, so z. B. für Netzwerkinterface (siehe Abschnitt 17.2 ab Seite 362). Allerdings gibt es auch viele Geräte, für die kein spezialisiertes Plugin existiert, wie ein Temperatur- und Feuchtigkeitssensor oder eine exotische unterbrechungsfreie Stromversorgung. Hier kommt `check_snmp` zum Einsatz, wenn es sich nicht lohnt, ein eigenes Plugin zu schreiben.

Da `check_snmp` generisch ist und auch mehrere OIDs pro Gerät bzw. in Icinga pro Hostobjekt überwacht werden sollen, bietet es sich an, mit einem *apply for* über ein Dictionary als Servicedefinition zu arbeiten.

```
apply Service for (oid => config in host.vars.snmp_oids) {
  import "generic-service"

  check_command = "snmp"

  vars += config
}
```

Codebeispiel 17.1: OIDs-Abfragen in *zones.d/global-templates/network.conf*

Damit sieht das obige Beispiel an einem Hostobjekt wie folgt aus:

```
object Host "fornax.gwc-jonas.local" {
  import "linux-host"
  ...
  vars.snmp_community = "public"
  vars.snmp_oids["hostname"] = {
    snmp_ereg = "fornax"
    snmp_label = "Hostname"
  }
}
```

Codebeispiel 17.2: *zones.d/main/hosts/fornax.conf*

Das Setzen der Community mit der Custom Variable *snmp_community* ist für den Fall *public* optional, da dies der definierte Default aus dem Check Command ist. Weicht die Community ab, muss sie explizit gesetzt werden.

17.2 Netzwerk

Die wenigsten Netzwerkgeräte bieten die Möglichkeit, einen Agenten darauf zu installieren, über den Icinga mit dem jeweiligen Gerät kommunizieren könnte. Damit bleibt meistens nur SNMP, um den Zustand von Netzwerkgeräten zu überwachen.

Das Schreiben eigener SNMP-Checks ist jedoch langwierig und umständlich, weshalb Plugins geschaffen wurden, die übliche SNMP-Abfragen hart codiert im Quelltext haben und mit denen verhältnismäßig komfortabel der Status von Netzwerkhardware abgefragt werden kann.

check_nwc_health

Ein sehr beliebtes und bewährtes Plugin dieser Art ist `check_nwc_health`[6] von Consol Labs. Es ist das Schweizer Taschenmesser unter den Plugins zur Überwachung von Netzwerkgeräten. Leider ist es auch genauso groß und

[6] https://labs.consol.de/nagios/check_nwc_health

schwerfällig und verbraucht viel CPU-Zeit sowie einiges an IO. Wodurch es in großen Netzwerkumgebungen schnell zum Performance-Fresser wird.

Nach der Installation kann es auf eine Vielzahl von Netzwerkgeräten »losgelassen« werden und gleich ein sehr breites Spektrum an Checks auf diesen Geräten durchführen, je nachdem, welche Abfragen die Hardware zulässt.

Dieses Plugin ist ein gutes Beispiel dafür, dass die zu überwachenden Systeme oft selbst die Überwachung einschränken und so Wünsche des zuständigen Administrators nicht erfüllt werden können. Leider ist es in der Praxis manchmal schwer zu vermitteln, dass dies keine Einschränkung des Monitoring-Systems ist, sondern dass das Zielsystem selbst einfach nicht mehr hergibt.

```
$ tar xzvf check_nwc_health-8.3.3.3.tar.gz
$ cd check_nwc_health-8.3.3.3/
```

- RedHat

  ```
  $ dnf install -y perl-Net-SNMP \
      perl-Data-Dumper perl-Module-Load
  $ ./configure --libexecdir=/usr/lib64/nagios/plugins
  ```

- Debian

  ```
  $ apt-get install -y libnet-snmp-perl
  $ ./configure --libexecdir=/usr/lib/nagios/plugins
  ```

Auch hier ist die Plattform zum Übersetzen und Installieren des Plugins unerheblich.

```
$ make
$ make install
```

Danach kann auf der Kommandozeile der Aufruf getestet werden.

```
$ ./check_nwc_health --hostname wormhole01 \
    --community public \
    --mode hardware-health
OK - no sensors, environmental hardware working fine
```

Einige Abhängigkeiten, wie das Perl-Modul *Net::SNMP*, zeigt das Plugin erst, wenn das Modul auch wirklich benötigt wird. Das ist einerseits vielleicht richtig, da man das Plugin theoretisch installieren könnte, nur um es mit `--help` aufzurufen, andererseits wieder lästig, weil man so wieder nachbessern muss.

Um das Plugin zu testen, wenn kein entsprechendes Netzwerkgerät zur Verfügung steht, kann statt `--hostname` und `--community` auch `--snmpwalk` angegeben werden, mit dem Pfad zu einer Datei, in der die Ausgabe eines `snmpwalk`-Aufrufs gegen ein solches Gerät abgespeichert ist.

```
$ ./check_nwc_health --hostname wormhole01 \
    --community kesselrun \
    --mode interface-status \
    --name 'Port: 1 Gigabit - Level'
OK - Port: 1 Gigabit - Level is up/up

$ ./plugins/check_nwc_health --hostname wormhole01 \
    --community kesselrun \
    --mode interface-status \
    --name 'Port: 7 Gigabit - Level'
CRITICAL - fault condition is presumed to exist on Port: 7 \
    Gigabit - Level, Port: 7 Gigabit - Level is down/up
```

Bei Netzwerkgeräten gilt, ebenso wie bei Fibre-Channel-Switches, dass Statuschecks nur prüfen, ob der Status eines Interface auch dem konfigurierten Status entspricht. Ist also das Interface aktiv, hat aber keinen Link, zeigt das Plugin den Status CRITICAL. Damit das Plugin einen Port ohne Link als OK anzeigt, muss dieser, sofern möglich, auch deaktiviert werden[7]. Andere Modi, wie *interface-usage*, lassen sich auch auf so falsch konfigurierte Ports anwenden, da richtigerweise nur die Auslastung des Ports geprüft wird, aber nicht, ob er auch tatsächlich einen Link hat. Dafür sind andere Modi zuständig. In Icinga kann der Check folgendermaßen eingebaut werden:

```
apply Service "Health" {
  import "generic-service"
  check_command = "nwc_health"

  vars.nwc_health_community = host.vars.nwc_health_community

  assign where host.vars.os == "Switch"
}
```

Codebeispiel 17.3: *zones.d/global-templates/network.conf*

Welche Werte für `--mode` erlaubt sind, hängt von den Möglichkeiten der überwachten Hardware ab. Dafür ist eine genauere Angabe des Hardwaretyps nicht nötig. Das Plugin verwendet, wo möglich, Standard-OIDs für die SNMP-Abfragen und versucht ansonsten zu ermitteln, um welches Gerät es sich handelt, um speziellere OIDs abzufragen.

Schwellenwerte sind mit üblichen Defaultwerten vorbelegt. Leider liefern manche Einstellungen für `--mode` auch den Status OK zurück, wenn

[7] Das ist einerseits ein guter Weg, sich beim zuständigen Administrator unbeliebt zu machen, andererseits aber auch eine wertvolle erzieherische Maßnahme.

der Zustand nicht abgefragt werden kann. Ein Test vor dem Einbinden eines neuen Modus oder Gerätetyps ist deshalb auf jeden Fall zu empfehlen.

Viele Werte für `--mode` sind auch nur für bestimmte Geräte sinnvoll. Das ist dem Umstand geschuldet, dass immer mehr Netzwerkgeräte von dem Plugin unterstützt werden. Längst sind es nicht nur diverse Switches großer Hersteller, sondern auch Firewalls, Router und sogar »intelligente« Steckdosen.

Spezielle Werte für `--mode` bieten Unterstützung beim Einrichten aller möglichen Checks. Der Modus *list-interfaces* zeigt so beispielsweise, welche Interfaces ein Switch überhaupt verbaut hat.

Diese Form der Netzwerküberwachung ist auch ein gutes Beispiel dafür, dass es nicht immer sinnvoll ist, alles zu überwachen, was sich überwachen lässt, sondern vielmehr lieber das zu überwachen, wo eine Überwachung auch wirklich einen Mehrwert bringt, der den Mehraufwand rechtfertigt.

Das Plugin bietet einen schnellen und ziemlich umfassenden Ausgangspunkt für eine Basisüberwachung von Netzwerkgeräten. Allerdings ist es dafür auch so umfangreich geworden, dass das Überwachen großer Netzwerke nur mehr schwer zu realisieren ist.

check_interfaces

Eine schnelle, aber im Featureset deutlich weniger umfangreiche Lösung ist das Plugin `check_interfaces`[8]. Es wird hauptsächlich genutzt, um den Status von Switch-Interfaces und deren Auslastung zu überwachen. Das Plugin fragt entsprechend nur die relevanten OIDs der MIB-II ab.

Im Gegensatz zu `check_nwc_health` schreibt dieses Plugin auch die übertragenen Pakete als wachsenden Zähler in seine Performance-Daten, womit nicht nur eine Momentaufnahme zur Zeit des Checks, sondern eine Überwachung der Auslastung über den gesamten Zeitraum zwischen zwei Checks möglich ist.

```
$ tar xzvf v1.4.tar.gz
$ cd check_interfaces-v1.4
```

Je nach benutzter Plattform werden Pakete mit unterschiedlichen Namen benötigt und die Konfiguration ist wie üblich in Bezug auf das Installationsverzeichnis abweichend.

- RedHat

  ```
  $ dnf install -y net-snmp-devel
  $ ./configure --libexecdir=/usr/lib64/nagios/plugins
  ```

[8]https://github.com/NETWAYS/check_interfaces

- Debian

  ```
  $ apt install -y libsnmp-dev
  $ ./configure --libexecdir=/usr/lib/nagios/plugins
  ```

Übersetzt wird wieder unabhängig von der Plattform:

```
$ make
$ make install
```

Mit dem Plugin kann mit `-r` nach regulären Ausdrücken gefiltert werden. Mit `-A` wird die Suche auf die Interface-Beschreibung ausgedehnt. Ist eins der abgefragten Interfaces »down«, aber nicht »administrative down«, meldet das Plugin den Service als kritisch.

```
$ ./check_interfaces -h 172.16.1.2 -c public -A -r ^Up
OK: 13 interfaces found ...
[OK] eth0 (UpC Internet) is up
[OK] eth1 (UpW DMZ1) is up
[OK] eth2 (UpW DMZ2) is up
[OK] eth3 (UpC LAN) is up
[OK] bond0 (UpC DMZ) is up
[OK] eth4 is up
[OK] eth5 is up
[OK] eth6 is administrative down
```

Das Interface *bond0* ist aus *eth1* und *eth2* zusammengeschaltet. Wenn eines von beiden ausfällt, schadet das dem eigentlichen Traffic über den Uplink *bond0* nicht. Das Präfix »UpW« in der Beschreibung soll dies verdeutlichen.

Nun wird ein Service *Uplink Ports* definiert, der nach dem Präfix »UpC« filtert und bei einem Problem den Status CRITICAL annimmt. Bei *Ports* hingegen wird bei einem Problem eines oder mehrerer Interfaces lediglich ein WARNING erzeugt.

```
template Host "generic-switch" {
  import "generic-host"

  vars.interfaces_community = "public"
  vars.interfaces["Ports"] = {
    interfaces_negate = "WARNING"
    interfaces_match_aliases = true
    interfaces_regex = "^UpW"
  }
  vars.interfaces["Uplink Ports"] = {
    interfaces_match_aliases = true
    interfaces_regex = "^UpC"
  }
}
```

Codebeispiel 17.4: *zones.d/global-templates/network.conf*

Hier wird also über die Konfiguration der Switches das Benachrichtigungsverhalten des Monitorings gesteuert. Netzwerkadministratoren entscheiden damit gleich bei der Konfiguration, wie sie informiert werden wollen, z. B. bei einem CRITICAL mit einer SMS, bei einem WARNING reicht eine Mail.

```
apply Service for (int => config in host.vars.interfaces) {
  import "generic-service"
  import "pnp-service"

  if (config.interfaces_negate) {
    check_command = "interfaces-negate"
    vars.negate_critical = config.interfaces_negate
  } else {
    check_command = "interfaces"
  }

  vars += config
}
```

Codebeispiel 17.5: *zones.d/global-templates/network.conf*

Die Umsetzung des Services erfordert ein zusätzliches Check Command *interfaces-negate*, das aus einem Rückgabewert CRITICAL ein WARNING macht. Dafür ist dem Plugin-Aufruf von `check_interfaces` das Plugin `negate` voranzustellen.

```
$ ./negate -c WARNING \
    ./check_interfaces -h 172.16.1.2 -c public -A -r ^UpW
OK: 2 interfaces found ...
[OK] eth1 (UpW DMZ1) is up
[OK] eth2 (UpW DMZ2) is down
```

Die Check Commands *interfaces* und *negate* aus der ITL werden miteinander kombiniert, sodass mit dem Attribut *interfaces_negate* der Status des Services manipulierbar ist.

```
object CheckCommand "interfaces-negate" {
  import "interfaces"

  vars.negate_arguments = arguments
  arguments = null
  vars.negate_command = PluginContribDir + "/check_interfaces"

  import "negate"
}
```

Codebeispiel 17.6: *zones.d/global-templates/network.conf*

check_cisco_health

Bei `check_cisco_health`[9] handelt es sich um ein Plugin, das nur auf Cisco-Netzwerkhardware spezialisiert ist und dort den Gesamtstatus abfragt.

```
$ wget https://github.com/NETWAYS/check_cisco_health \
    /archive/refs/tags/v1.0.tar.gz
$ tar xzvf v1.0.tar.gz
$ cd check_cisco_health-1.0
```

- RedHat

  ```
  $ dnf install -y net-snmp-devel
  $ make
  $ install -m755 check_cisco_health /usr/lib64/nagios/plugins/
  ```

- Debian

  ```
  $ apt install -y libsnmp-dev
  $ make
  $ install -m755 check_cisco_health /usr/lib/nagios/plugins/
  ```

Ein vordefiniertes Check Command ist in der ITL nicht vorhanden, es befindet sich in Anhang F.4.1 auf Seite 688.

Der passende Service könnte wie folgt ausschauen. Er erfordert am Host entsprechend gesetzte Custom Variables *os* und *vendor*:

```
apply Service "health" {
  import "generic-service"

  check_command = "cisco_health"
  vars.cisco_health_community = "$snmp_community$"

  apply where host.vars.os == "Switch" \
    && host.vars.vendor == "Cisco"
}
```

Codebeispiel 17.7: *zones.d/global-templates/network.conf*

Thola

Bei Thola[10] handelt es sich um ein in Go geschriebenes Tool zur Überwachung von Netzwerkgeräten. Es verfügt über einen Check-Plugin-Modus, der eine direkte Integration mit Icinga ermöglicht. Die verfügba-

[9] https://github.com/NETWAYS/check_cisco_health
[10] https://github.com/inexio/thola

ren Checks umfassen das Prüfen von Netzwerkschnittstellen, den allgemeinen Hardwarezustand, CPU-Auslastung, Speichernutzung, unterbrechungsfreie Stromversorgungen und vieles mehr.

```
$ cd /usr/local/src
$ wget https://github.com/inexio/thola \
    /archive/refs/tags/v0.3.4.tar.gz
$ cd thola-0.3.4
$ wget https://github.com/inexio/thola/releases \
    /download/v0.3.4/thola_0.3.4_linux_64-bit.tar.gz
$ tar xfz thola_0.3.4_linux_64-bit.tar.gz
$ install -m755 thola /usr/local/bin/
```

- RedHat

  ```
  $ install -m755 thola-client /usr/lib64/nagios/plugins/
  $ ln -s /usr/local/bin/thola /usr/lib64/nagios/plugins/
  ```

- Debian

  ```
  $ install -m755 thola-client /usr/lib/nagios/plugins/
  $ ln -s /usr/local/bin/thola /usr/lib/nagios/plugins/
  ```

Thola kann auch in einen API-Modus betrieben werden, der es ermöglicht, zu skalieren, und damit die Leistung noch weiter verbessert. Dabei wird ein zentraler Dienst gestartet, der eine REST-API bereitstellt und die eigentliche Abfrage der zu überwachenden Komponenten übernimmt. Um diese Funktion mit Icinga zu nutzen, gibt es einen spezielle `thola-client`, der verwendet wird, um Anfragen an eine laufende Thola-API zu senden.

Diesem Service ist es geschuldet, dass wir auch den Quellcode heruntergeladen und entpackt haben, denn hier befindet sich eine Systemd-Unit-Datei für den Thola-API-Service.

```
$ install -m644 scripts/thola.service /etc/systemd/system/
$ systemctl daemon-reload
```

Der Service wird unter dem Benutzer *thola* ausgeführt. Das Datenverzeichnis für den Service ist zugleich sein Homeverzeichnis und enthält die Konfigurationsdatei `config.yaml`:

```
$ install -m755 -d -o thola -g thola /var/lib/thola
$ install -o thola -g thola -m755 -d /var/lib/thola
$ install -m644 config/config.yaml /var/lib/thola
```

Sie können beispielsweise eigene Thola-Instanzen auf jedem Icinga-Worker (aka Satelliten) betreiben. So kann auf jedem Worker mittels localhost darauf zugegriffen werden. Ein offizielles Docker Image wird vom Projekt ebenfalls bereitgestellt.

Mit `thola` selbst kann sogleich losgelegt werden:

```
$ /usr/local/bin/thola identify 172.16.1.253
Device:
  Class: procurve
  Properties:
    Vendor: HP ProCurve
    Model: 1810-24G
```

Hat man den Thola-API-Dienst gestartet, ist auch `thola-client` einsetzbar. Der äquivalente Aufruf muss um die Zieladresse der API erweitert werden:

```
$ ./thola-client identify 172.16.1.253 \
    --target-api http://127.0.0.1:8237
```

Beide Tools stellen mit dem Command `check` einen Modus zur Verfügung, dessen Ausgabe der Plugin-API von Icinga entspricht, `thola help check` verrät, welche Checks implementiert sind. Zumindest `interface-metrics` sollte bei allen Geräten mit Netzwerkschnittstellen funktionieren, da hier die MIB-II ausgelesen wird.

Sollten darüber hinaus keine weiteren Checks unterstützt werden oder das ganze Gerät unbekannt sein, lässt sich die Konfiguration relativ einfach über Dateien[11] im YAML-Format erweitern. Als Voraussetzung muss die MIB des Herstellers bzw. des Produkts bekannt sein, da sonst kein entsprechendes Mapping konfigurierbar ist.

In Anhang F.4.3 auf Seite 689 befinden sich Definitionen für Check Commands basierend auf `thola-client`. Sie lassen sich schnell und einfach für den Einsatz ohne API umfunktionieren. Hierfür muss lediglich das *command* entsprechend angepasst und das Argument *–target-api* aus dem Basistemplate *my/generic-thola-check-command* entfernt werden.

Ein praktisches Beispiel folgt hier. Zunächst wird ein Host-Template für alle Switches angelegt. Dieses ist dann jedem Hostobjekt zuzuweisen, das einen Switch repräsentiert. Der Server mit der Icinga-Instanz, der den Check ausführt, erfordert eine laufende Thola-API. Als Default-Community ist *public* gesetzt, die selbstverständlich an jedem einzelnen Hostobjekt überschrieben werden kann.

```
template Host "generic-switch" {
    import "generic-host"
    vars.os = "Switch"
    vars.snmp_community = "public"
    vars.thola_api_target = "http://127.0.0.1:8237"
}
```

Codebeispiel 17.8: *zones.d/global-templates/network.conf*

[11] https://docs.thola.io/adding-device/writing-device-classes

Der Service *snmp* steht hier für alle weiteren mit Thola realisierbaren Checks:

```
apply Service "snmp" {
  import "generic-service"

  check_command = "my/thola-snmp"

  assign where host.vars.os == "Switch" \
      && host.vars.snmp_community
}
```

Codebeispiel 17.9: `zones.d/global-templates/network.conf`

Der Check testet alle in `config.yaml` eingestellten Credentials und Versionen für das SNMP-Gerät und gibt im Plugin-Output diejenigen, die zur Verfügung stehen, aus.

Ein weiterer Service, der mittels *my/thola-interface-metrics* die Netzwerkschnittstellen prüft, lässt sich nicht auf einzelne Ports einschränken. Das ist ein erheblicher Nachteil gegenüber den beiden anderen vorgestellten Plugins. Auch können keine Schwellenwerte auf die Portmetriken angewandt werden. Für den generellen Health-Status, die CPU- oder Speicherauslastung ist es allerdings geeignet und macht `check_nwc_health` durchaus Konkurrenz, zumal es in der Performance und nicht zuletzt durch die Erweiterbarkeit punktet.

17.3 Server

Dieser Abschnitt widmet sich der Überwachung von Serverhardware oder anders gesagt von »PC-Hardware«. Den Anfang machen zwei Plugins, die nicht an eine Plattform eines bestimmten Herstellers gebunden sind, gefolgt von der Vorstellung von Plugins für HP- und Sun-Solaris-Server. Ähnliche spezialisierte Plugins gibt es für Serverhardware von IBM oder Fujitsu[12].

17.3.1 IPMI

Das Intelligent Platform Management Interface (IPMI) ist eine standardisierte Schnittstelle in Computerhardware und -firmware, über die Hardwarekomponenten aus der Ferne überwacht werden können. Die Herstellerunabhängigkeit ermöglicht es, mit dem Plugin `check_ipmi_sensor`[13] Plattformen von verschiedenen Herstellern zu überwachen.

[12] https://github.com/NETWAYS/check_fujitsu_primergy

[13] https://www.thomas-krenn.com/de/wiki/IPMI_Sensor_Monitoring_Plugin

Das Plugin in der aktuellen Version 3 ist in Perl geschrieben und setzt auf die CLI-Tools des FreeIPMI-Projekts[14] auf.

```
$ cd /usr/local/src
$ wget -qO - https://github.com/thomas-krenn \
    /check_ipmi_sensor_v3/archive/v3.13.tar.gz|tar xfz -
$ cd check_ipmi_sensor_v3-3.13
```

- RedHat

  ```
  $ dnf install -y perl-IPC-Run freeipmi
  $ install -m755 check_ipmi_sensor /usr/lib64/nagios/plugins/
  ```

- Debian

  ```
  $ apt install -y libipc-run-perl freeipmi
  $ install -m755 check_ipmi_sensor /usr/lib/nagios/plugins/
  ```

Schwellenwerte werden vom Hersteller vorgegeben und sind damit fest im Baseboard Management Controller (BMC) integriert. Damit werden nur Sensoren abgefragt. Welche zur Verfügung stehen, verrät einem das Tool `ipmi-sensors` auf einem Rechner mit installiertem FreeIPMI.

```
$ ipmi-sensors -L
Temperature
Voltage
Current
Fan
Power Supply
Drive Slot
...
```

Ein Check Command ist in der ITL vorhanden, allerdings als Contrib-Plugin. Dieser Teil muss explizit noch in der *icinga2.conf* eingebunden werden.

```
include <plugins-contrib>
```

Da außer den Zugangsdaten und dem Sensor keine weiteren Optionen an das Plugin übergeben werden müssen, wählt man zur Konfiguration z. B. ein Dictionary, in dem der Schlüssel den Servicenamen angibt und der zugeordnete Wert den abzufragenden Sensor spezifiziert.

```
object Host "fornax.gwc-jonas.local" {
  ...
  vars.ipmi_address = "10.0.100.1"
  vars.ipmi_username = "Administrator"
  vars.ipmi_password = "XXX"
```

[14]http://www.gnu.org/software/freeipmi

```
  vars.ipmi_privilege_level = "user"
  vars.ipmi_sensors = {
    "Temperature" = "Temperature"
    "Fan" = "Fan"
    "Power Supply" = "Power_Supply"
    "Drive Slot" = "Drive_Slot"
  }
```

Codebeispiel 17.10: IPMI-Abfragen bei einem physikalischen Host

Die zugehörigen Services sind dann über eine einfache *apply*-Regel angelegt.

```
apply Service for (sensor => type in host.vars.ipmi_sensors) {
  import "generic-service"
  check_command = "ipmi-sensor"
  vars.ipmi_sensor_type = type
}
```

Codebeispiel 17.11: Service für Plugin `check_ipmi_sensor`

17.3.2 Redfish

Mit Redfish wurde der designierte Nachfolger von IPMI spezifiziert. Es bietet eine bessere Skalierbarkeit, bessere Client-Integration, besonders für browserbasierte, eine schemabasierte, menschenlesbare Ausgabe und die Möglichkeit der nachträglichen Installation in die Firmware.

Das Plugin `check_redfish` erfordert Python 3.6 oder neuer sowie die Python-Bibliotheken für Redfish. Beide müssen aus den Quellen gebaut werden oder wie hier mittels PIP Installs Packages (PIP) installiert werden.

- RedHat

  ```
  $ dnf install python3-pip python3-jsonpath-rw \
      python3-jsonpatch python3-jsonpointer
  $ pip3 install redfish
  ```

- Debian

  ```
  $ apt install python3-pip python3-jsonpath-rw \
      python3-jsonpatch
  $ pip3 install redfish
  ```

Sonstige erforderliche Libraries werden vorweg aus Paketen installiert, das sichert zumindest deren Versionspflege über den Paketmanager. Das eigentliche Plugin wird als Release von GitHub[15] heruntergeladen, entpackt und installiert.

```
$ cd /usr/local/src
$ wget https://github.com/bb-Ricardo/check_redfish \
    /archive/refs/tags/v1.3.0.tar.gz
$ tar xfz v1.3.0.tar.gz
$ cd check_redfish-1.3.0
```

- RedHat

```
$ cp -r cr_module /usr/lib64/nagios/plugins/
$ install -m755 check_redfish.py /usr/lib64/nagios/plugins/
```

- Debian

```
$ cp -r cr_module /usr/lib/nagios/plugins/
$ install -m755 check_redfish.py /usr/lib/nagios/plugins/
```

Im Verzeichnis *contrib* des Quellverzeichnisses befinden sich Dateien mit einer Check-Command-Definition, Servicebeispielen, einem Dashboard für Grafana sowie Graphen für das Icinga-Web-Modul Grafana.

17.3.3 HP

Viele Hersteller von Hardware bieten über Serviceprozessoren, die meist über eigene Netzwerkschnittstellen verfügen, Statusinformationen ihrer Hardware über Simple Network Management Protocol (SNMP) an. Einige OIDs entsprechen dabei etablierten Standards, aber die meisten Hersteller haben auch ihre eigenen OIDs, die sie teilweise immer wieder ändern. Zwar kann man mit einer Liste der verwendeten OIDs und dem check_snmp-Plugin Überwachungen für alle Hardware, die dieses Feature bietet, erstellen, weit komfortabler ist es jedoch, ein fertiges Plugin zu verwenden. Das macht zwar meist nichts anderes, als eben diese OIDs über SNMP abzufragen, aber hier wird die Liste der abzufragenden Werte schon fertig bereitgestellt, meist auch aktualisiert und die ausgegebenen Werte werden interpretiert.

Als Beispiel ist hier Hardware des Herstellers Hewlett Packard (HP) aufgeführt. Für andere Hersteller existieren ähnliche Plugins.

check_hpasm

HP liefert zu seiner Hardware die Software »Insight Manager« aus. Der zugehörige Agent ist auf dem Betriebssystem des Hosts zu installieren und

[15] https://github.com/bb-Ricardo/check_redfish

liefert per SNMP Werte zu Lüftern, Temperatursensoren oder Festplatten. Ein Plugin zum Abfragen des Insight-Agenten ist `check_hpasm`[16].

```
$ cd /usr/local/src
$ tar xvfz check_hpasm-4.8.0.2.tar.gz
$ cd check_hpasm-4.8.0.2
```

- RedHat

```
$ yum install -y perl-Net-SNMP perl-Data-Dumper
$ ./configure --libexec=/usr/lib64/nagios/plugins \
      --with-degrees=celsius --enable-perfdata
```

- Debian

```
$ apt install -y libsnmp-perl libdata-dumper-simple-perl
$ ./configure --libexec=/usr/lib/nagios/plugins \
      --with-degrees=celsius --enable-perfdata
```

Kompiliert und installiert wird unabhängig von der verwendeten Plattform:

```
$ make
$ make install
```

check_hp_bladechassis

Für HP Bladecenter existiert ein eigenes Plugin, das komfortabel und ohne viel Umstände eine Überwachung dieser Hardwarekomponenten erlaubt. Das Plugin kann von der Nagios Exchange[17] bezogen werden. Als Abhängigkeit benötigt das Plugin das Perl-Modul *Net::SNMP*.

- RedHat

```
$ yum install -y perl-Net-SNMP
$ install -m755 \
     ./check_hp_bladechassis /usr/lib64/nagios/plugins
```

- Debian

```
$ apt-get install -y libnet-snmp-perl
$ install -m755 \
     ./check_hp_bladechassis /usr/lib/nagios/plugins
```

[16] https://labs.consol.de/de/nagios/check_hpasm

[17] https://exchange.nagios.org/directory/Plugins/Hardware/Server-Hardware/HP-(Compaq)/check_hp_bladechassis/details

Da der Einsatzzweck klar definiert ist, ist der Aufruf des Plugins sehr einfach gehalten. Dabei verbirgt sich hinter *blc1* der Hostname des iLO-Ports des Bladecenter und hinter dem String *community* die SNMP-Community. Die Optionen `-p` und `-e` aktivieren die Ausgabe von Performance-Daten und ausführlichere Informationen über das Bladecenter.

```
$ ./check_hp_bladechassis -H blc1 -C community -p -e
```

Mit der Option `-v` (verbose) kann auch angezeigt werden, welche Sensoren dieses Plugin abfragt.

check_hp

Für HP (Blade) Server existiert ebenfalls ein spezialisiertes Plugin. Es kann direkt von seinem Entwickler[18] bezogen werden.

- RedHat

```
$ yum install -y perl-Net-SNMP
$ install -m755 ./check_hp /usr/lib64/nagios/plugins
```

- Debian

```
$ apt-get install -y libnet-snmp-perl
$ install -m755 ./check_hp /usr/lib/nagios/plugins
```

Der Aufruf ist ähnlich einfach wie bei `check_hp_bladechassis`. Dabei ist *ilo1* die Adresse des zu prüfenden iLO-Ports und *community* die SNMP-Community.

```
$ ./check_hp -H ilo1 -C community
```

Auch hier kann wieder mit `-d` angezeigt werden, welche Sensoren abgefragt werden.

17.3.4 Sun/Oracle mit Solaris

Auch wenn Solaris deutlich in die Jahre gekommen ist und von Oracle nicht wirklich weiterentwickelt wird, trifft man es auch heutzutage immer noch vereinzelt an.

Hardware von Sun/Oracle kann direkt von Solaris aus überwacht werden, ohne einen Serviceprozessor über das Netzwerk ansprechen zu müssen. Um Plugins auf Solaris auszuführen, kann SSH verwendet werden. Das zugehörige Check Command ist *by_ssh*.

[18]http://www.crowdedplace.com/category/check_hp

```
template CheckCommand "by_ssh_base" {
  import "by_ssh"
  vars.by_ssh_plugindir = PluginDir
}
```

Codebeispiel 17.12: *zones.d/global-templates/unix.conf*

check_prtdiag

Grundlegend lässt sich die Hardware mit einem Plugin `check_prtdiag`[19] überwachen. Es hält zwar einige der Richtlinien für Monitoring-Plugins nicht ein, kann aber durchaus für den geplanten Zweck verwendet werden.

Da das Plugin nur mithilfe von Perl die Textausgabe des Solaris-Tools `prtdiag` parst, kann es bei Bedarf einfach um neuere Hardware erweitert werden, die es eventuell noch nicht abdeckt.

```
$ prtdiag
System Configuration: Sun Microsystems Ultra 24
BIOS Configuration: American Megatrends Inc. 1.20    03/14/2008

==== Processor Sockets ====================================
Version                          Location Tag
-------------------------------- --------------------------
Intel(R) Core(TM)2 Quad  CPU   Q9300  @ 2.50GHz CPU 1

==== Memory Device Sockets ================================
Type        Status Set Device Locator      Bank Locator
----------- ------ --- ------------------- ----------------
DDR2        in use 0   DIMM0               BANK0
DDR2        in use 0   DIMM1               BANK1
DDR2        in use 0   DIMM2               BANK2
DDR2        in use 0   DIMM3               BANK3

==== On-Board Devices =====================================

==== Upgradeable Slots ====================================
ID  Status    Type             Description
--- --------- ---------------- ----------------------------
0   in use    PCI Express      PCIE0
1   available PCI Express      PCIE1
2   available PCI              PCI1
3   available PCI              PCI2
```

[19] https://exchange.nagios.org/directory/Plugins/Operating-Systems/Solaris/check_prtdiag/details

Das Beispiel zeigt, dass sogar Opteron-Workstations diesen Befehl beherrschen. Bei Serversystemen ist die Ausgabe deutlich länger und aussagekräftiger, aber immer stark vom Maschinentyp abhängig.

Wie alle anderen Plugins hat auch dieses den Nachteil, dass es nur prüfen kann, was das überwachte System an Informationen zur Verfügung stellt. So ist die Ausgabe von `prtdiag` bei »kleineren« Hosts, insbesondere bei Workstations, oft recht dürftig.

Das Plugin `check_prtdiag` kommt mit einer eigenen Konfigurationsdatei, in der der Pfad zu `prtdiag` angepasst werden muss. Außerdem enthält sie auch die Pattern, nach denen in der Ausgabe des Tools gesucht wird.

Aufgerufen wird das Plugin nur unter Angabe der Konfigurationsdatei.

```
$ /opt/csw/libexec/nagios-plugins/check_prtdiag \
    -c /opt/csw/libexec/nagios-plugins/check_prtdiag.conf
OK - Successfully checked 4 components|Module DIMM1 is in use, \
    Module DIMM3 is in use, Module DIMM0 is in use, ...
```

In der Konfigurationsdatei ist dann enthalten, wonach in der Ausgabe gesucht wird, welche Ausgabe welche Bedeutung hat und wie die Detailantwort des Plugins aussehen soll.

Das Check Command *my/prtdiag* und auch ein Host-Template für Solaris-Server befinden sich in Anhang F.4.2 ab Seite 688. Das gekapselte Check Command für den Aufruf via SSH folgt hier:

```
object CheckCommand "by_ssh_prtdiag" {
  import "my/prtdiag"

  vars.by_ssh_arguments = arguments
  arguments = null
  vars.by_ssh_command = "$by_ssh_plugindir$/check_prtdiag"

  import "by_ssh_base"
}
```

Codebeispiel 17.13: *zones.d/global-templates/solaris.conf*

17.3.5 VMware ESXi

Wer explizit die Hardware eines ESXi-Hosts überwachen möchte, kann dafür ein anderes Plugin mit weniger Abhängigkeiten verwenden. Das von Claudio Kuenzler[20] erstellte Plugin in Python benötigt kein Perl-SDK, kann dafür aber auch nur den Zustand des ESXi-Hosts abfragen.

[20]http://www.claudiokuenzler.com/nagios-plugins/check_esxi_hardware.php

- RedHat

  ```
  $ yum install -y python3 python3-pywbem
  ```

  Hat man das Plugin heruntergeladen, ist noch die erste Zeile zu ersetzen, damit der Python3-Interpreter gefunden wird:

  ```
  $ sed -i '1 s|^.*$|#!/usr/bin/env\ python3|' \
      ./check_esxi_hardware.py
  ```

- Debian

  ```
  $ apt-get install -y python python-pywbem
  ```

Im Vergleich zu `check_vmware_esx` hat dieses Plugin nur sehr wenige Optionen. Es erfordert aber auch einen Zugang mit Benutzername und Passwort auf dem ESXi-Host.

```
$ ./check_esxi_hardware.py -H 172.16.1.8 -U root -P 'XXX'
OK - Server: Dell Inc. PowerEdge 2970 s/n: FRVYD3J System ...
```

Beim Aufruf des Plugins wird, wie meist, der Hostname mit `-H`, der Benutzername mit `-U` und das Passwort mit `-P` angegeben. Der Hardwarelieferant kann mit optionalem `-V` ausgewählt werden, andernfalls ermittelt das Plugin automatisch den Hersteller. Ein Check Command *esxi_hardware* ist in *contrib-plugins* der ITL bereits enthalten.

17.4 Storage

Dieser Abschnitt beschäftigt sich damit, wie große Storage-Systeme wie die von NetApp oder HP überwacht werden können, aber auch wie sich der Zustand einzelner Festplatten ermitteln lässt.

17.4.1 Festplatten

Manche Hardwarezustände werden auch ohne Umweg an das Betriebssystem weitergereicht und können von dort aus überwacht werden. Ein Beispiel dafür ist der SMART-Zustand von Festplatten, in den einige Eckdaten einfließen und der Auskunft über die noch zu erwartende Lebensdauer gibt.

check_ide_smart

Auch wenn der Name etwas anderes vermuten lässt, so kann dieses Plugin den SMART-Zustand auch von anderen als IDE-Festplatten prüfen. Beim Aufruf muss nur das zu prüfende Gerät mit angegeben werden:

```
$ ./check_ide_smart -d /dev/sda
OK - Operational (14/14 tests passed)
```

Ein einfaches Check Command, um dieses Plugin in Icinga 2 einzubauen, sieht wie folgt aus:

```
object CheckCommand "disk_smart" {
  import "plugin-check-command"
  command = [ PluginDir + "/check_ide_smart", "-n" ]
  arguments = {
    "-d" = "$disk_devices$"
  }
}
```

Codebeispiel 17.14: Check Command zum Plugin `check_ide_smart`

Dabei ist die Verwendung von `-n` für eine Ausgabe kompatibel zu den Monitoring Plugin Development Guidelines bei neueren Versionen des Checks optional, da dies hier der vorausgewählte Modus ist.

check_smart_attributes

Das zuvor genannte Plugin prüft ein Gesamtergebnis, das aus vielen verschiedenen SMART-Tests entstanden ist. In manchen Fällen ist es jedoch sinnvoll, auch einzelne SMART-Attribute abzufragen, die teilweise mehr Gewicht haben, als ihnen im Überblick zukommt. Ein Beispiel dafür ist das Attribut *endurance*, also die Haltbarkeit, die insbesondere für SSDs wichtig zu wissen ist.

Ein Plugin, mit dem einzelne Attribute gezielt abgefragt werden können, ist `check_smart_attributes`[21] von Thomas-Krenn. Leider benötigt das Plugin unter RedHat einige Perl-Abhängigkeiten, die via CPAN zu installieren sind. Damit nicht alle abhängigen Module ebenfalls gezogen und übersetzt werden müssen, werden die in den Repositories enthaltenen vorweg mittels Paketmanager installiert.

- RedHat

```
$ dnf install -y cpan smartmontools perl-JSON \
    perl-Class-Method-Modifiers perl-Devel-GlobalDestruction \
    perl-Module-Build perl-Test-Simple perl-Test-Deep
$ cpan Moo
$ cpan Config::JSON
$ install -m755 \
    ./check_smart_attributes /usr/lib64/nagios/plugins
$ install -o icinga -g icinga -m750 -d \
    /etc/icinga2/plugins-config
$ install -o icinga -g icinga -m640 \
    ./check_smartdb.json /etc/icinga2/plugins-config/
```

[21] https://github.com/thomas-krenn/check_smart_attributes

- Debian

```
$ apt install -y libconfig-json-perl smartmontools
$ install -m755 \
    ./check_smart_attributes /usr/lib/nagios/plugins
$ install -o nagios -g nagios -m750 -d \
    /etc/icinga2/plugins-config
$ install -o nagios -g nagios -m640 \
    ./check_smartdb.json /etc/icinga2/plugins-config/
```

Das Plugin nutzt eine Datenbank `check_smartdb.json` mit den unterstützten Festplatten im JSON-Format. Verwendet man das zum Plugin gehörende Check Command aus der ITL, ist diese Datei standardmäßig im Verzeichnis `/etc/icinga2/plugins-config` zu hinterlegen.

```
$ ./check_smart_attributes -d /dev/sda -d /dev/sdc \
    -dbj /etc/icinga2/plugins-config/check_smartdb.json
```

check_iostat

Neben dem Zustand der Festplatten ist es vor allem zum Erkennen von Performance-Problemen wichtig, die IO-Auslastung von Festplatten zu überwachen. Das gilt insbesondere auch für Hosts, die Grapher wie Graphite oder PNP4Nagios beherbergen.

Diese Überwachung wird vom Plugin `check_iostat` ermöglicht. Es existiert in vielen Varianten im Internet und ist deshalb schwer zu finden. Eine stark gepatchte Version ist in diesem GitHub-Repository[22] enthalten.

- RedHat

```
$ dnf install -y sysstat bc
```

- Debian

```
$ apt install -y sysstat bc
```

Beim Aufruf müssen Schwellenwerte für IOPS und jeweils geschriebene und gelesene KB/s mitgegeben werden.

```
$ ./check_iostat -d vda -w 100,100,100 -c 200,200,200
OK - I/O stats tps=5.00 MB_read/s=0.00 MB_written/s=0.09
```

Da die wenigsten Administratoren genau über das IO-Verhalten ihrer Applikationen Bescheid wissen, ist hier die Anwendung des in Kapitel 21 auf Seite 447 beschriebenen Baselinings besonders wichtig.

[22] https://github.com/lbetz/icinga-book/tree/main/plugins

Ein Check Command zum Einbau des Plugins in Icinga ist in der ITL bereits vorhanden.

```
apply Service "iostat " for (dev => config in host.vars.ddevs) {
  import "generic-service"

  check_command = "iostat"
  vars.iostat_disk = dev
  vars += config

  ignore where typeof(config) != Dictionary
}
```

Codebeispiel 17.15: Servicedefinition für einzelne Geräte zu `check_iostat`

Dazu der passende Auszug aus einer Hostdefinition:

```
object Host "fornax.gwc-jonas.local" {
  ...
  vars.ddevs["sda"] = {}
  vars.ddevs["sdb"] = {}
  vars.ddevs["Data Disk"] = {
    iostat_disk = "sdc"
  }
}
```

Codebeispiel 17.16: Setzen der Hostattribute, um einzelne Platten zu überwachen

17.4.2 NetApp

Neuere Generationen von NetApp Filer unterstützen das Abfragen von Kenn- und Messwerten mittels einer eigenen API, von NetApp ZAPI oder auch Data ONTAP genannt. Ältere Filer (7-Mode-Systems) hingegen bieten womöglich nur eine Abfrage per SNMP. Hierfür enthält dieser Abschnitt keine Beispiele, aber die nötigen Check Commands sind der Vollständigkeit halber in Anhang F.4.5 ab Seite 699 enthalten.

In der Zwischenzeit sind einige Plugins im Internet zu finden, die die von NetApp entwickelte Schnittstelle Data ONTAP benutzen. Bemüht man eine Suchmaschine, entdeckt man mit dem höchsten Ranking jedoch immer noch Plugins, die von ihren Entwicklern lediglich kostenpflichtig angeboten werden. Dieser Abschnitt beschränkt sich deshalb auf eine aktuelle und gepflegte Plugin-Sammlung[23] von Alexander Krogloth.

Die Plugins in dieser Sammlung sind in Perl geschrieben und setzen auf das von NetApp kostenlos zur Verfügung gestellte Manageability SDK

[23] https://github.com/aleex42/netapp-cdot-nagios

auf. Dieses muss nach einer Registrierung von der NetApp-Supportseite[24] heruntergeladen und installiert werden. Die Plugins erwarten das SDK im Pfad */usr/lib/netapp-manageability-sdk*. Soll nicht das ganze SDK installiert werden, da nur die Perl-Libraries erforderlich sind, kann man sich auch auf das Unterverzeichnis *lib/perl* mit der Installation beschränken.

```
$ unzip netapp-manageability-sdk-5.x.zip
$ mv ./netapp-manageability-sdk-5.x \
     /usr/lib/netapp-manageability-sdk
```

Danach können die Plugins heruntergeladen, entpackt oder aus dem Repository geklont und installiert werden.

```
$ cd /usr/local/src
$ tar xvfz netapp-cdot-nagios-7.57.tar.gz
$ cd netapp-cdot-nagios-7.57
```

- RedHat

  ```
  $ yum install -y perl-Data-Dumper
  $ install -m755 netapp-cdot-nagios/check_cdot*.pl \
       /usr/lib64/nagios/plugins/
  ```

- Debian

  ```
  $ install -m755 netapp-cdot-nagios/check_cdot*.pl \
       /usr/lib/nagios/plugins/
  ```

Für die Benutzung in Icinga wird ein Host-Template verwendet. Mit der Custom Variable *os* werden im Folgenden die Services an den Host gebunden. Standardmäßig werden alle Volumes, das Alter der Snapshots und der Status der Hardwaresensoren für Temperatur, Netzteil, NVRam, Lüfter sowie der Gesamtstatus abgefragt.

```
template Host "netapp-host" {
  import "generic-host"

  vars.os = "NetApp"

  vars.cdot_plugins = [
    "health", "temp",
    "power", "nvram", "fan"
  ]
  vars.cdot_snapshots["snapshots age"] = {
    cdot_snapshots_age = 23328000
  }
```

[24] http://support.netapp.com/NOW/cgi-bin/software

```
  vars.cdot_volumes["volume size"] = {
    cdot_volume_size_warning = 95
    cdot_volume_size_critical = 97
    cdot_volume_perfdata = false
    cdot_volume_ignore_snap = true
  }

  vars.cdot_snapmirrors["snapshot mirror"] = {}
}
```

Codebeispiel 17.17: Host-Template für NetApp Filer

Das Host-Template findet nun Verwendung in einem Hostobjekt eines NetApp Filer. Neben den üblichen Parametern, wie *address*, müssen die Zugangsdaten zur API der NetApp angegeben werden. Außerdem wird mit dem Flag *netapp_cluster* deutlich gemacht, dass es sich bei diesem Filer um einen Knoten eines Clusters handelt.

```
object Host "netapp1.gwc-jonas.local" {
  import "netapp-host"

  address = "172.16.1.31"

  vars.cdot_username = "monitor"
  vars.cdot_password = "XXX"
  vars.netapp_cluster = true
}
```

Codebeispiel 17.18: Hostobjekt-Beispiel einer NetApp

Im Folgenden sind die Services beschrieben. Die benutzten Check Commands sind in Anhang F.4.4 ab Seite 696 beschrieben. Wenn zusätzlich auch ältere NetApp-Modelle noch im Einsatz sind, wird mit einer *ignore*-Regel unterbunden, dass diese Services an die Hosts gebunden werden, bei denen die Custom Variable *netapp_snmp* gesetzt ist.

Zur Überwachung des Cluster-Status muss im Hostobjekt zusätzlich die Custom Variable *netapp_cluster* wahr sein.

```
apply Service "netapp cluster" {
  import "generic-service"

  check_command = "my/cdot-clusterlinks"

  assign where host.vars.netapp_cluster
  ignore where host.vars.netapp_community
}
```

Codebeispiel 17.19: Cluster-Status eines NetApp Filer

Das Abfragen einzelner Hardwaresensoren erfordert keine Schwellenwerte oder sonstige Parameter. All dieses wird von der NetApp selbst gesetzt, sodass lediglich ein Status anhand dieser internen Werte zurückgegeben wird. Im Hostobjekt wird lediglich mit einem Array für *vars.cdot_plugins* gesteuert, welche Sensoren abgefragt werden. NetApp Filer bieten Sensoren für Temperatur *temp*, Lüfter *fan*, das NVRam *nvram*, die Netzteile *power* und den Gesamtzustand *glqq health* des Filer.

```
apply Service for (mode in host.vars.cdot_plugins) {
  import "generic-service"

  check_command = "my/cdot-global"
  vars.cdot_global_plugin = mode

  ignore where host.vars.netapp_community
}
```

Codebeispiel 17.20: Hardware-Health einer NetApp

Für Volumes einer NetApp wird hingegen wieder ein Dictionary verwendet, da einzelne Volumes über *cdot_volume* auch mit unterschiedlichen Schwellenwerten überwacht werden können. Im Hostobjekt *netapp1* werden jedoch alle Volumes gegen dieselben Schwellenwerte von *95* und *97* Prozent geprüft. Dasselbe Verfahren wird für die Snapshot-Spiegel angewandt.

```
apply Service for (vol => config in host.vars.cdot_volumes) {
  import "generic-service"

  check_command = "my/cdot-volume"

  vars += config

  ignore where host.vars.netapp_community
  ignore where typeof(config) != Dictionary
}

apply Service for (mir => config in host.vars.cdot_snapmirrors) {
  import "generic-service"

  check_command = "my/cdot-snapmirror"

  vars += config

  ignore where host.vars.netapp_community
  ignore where typeof(config) != Dictionary
}
```

Codebeispiel 17.21: Volumes und Snapshot-Spiegel einer NetApp

Der komplette Status aller Disks wird wieder als einfache Servicedefinition realisiert.

```
apply Service "disk status" {
  import "generic-service"

  check_command = "my/cdot-disk"

  assign where host.vars.os == "NetApp"
  ignore where host.vars.netapp_community
}
```

Codebeispiel 17.22: Disk-Status einer NetApp

17.4.3 Qnap

Auch für Network Attached Storage (NAS) Systems von Qnap existieren mehrere Plugins, die wieder im Wesentlichen eine Ansammlung von via SNMP abgefragten OIDs mit einer übergeordneten Auswertung sind.

Auf der Suche nach einem geeigneten Plugin findet man viele Versuche einer Implementierung. Jedoch funktioniert keine zuverlässig oder entspricht den Monitoring-Plugin-Richtlinien. Das liegt sicherlich auch daran, dass die MIB von Qnap einige gravierende Abweichungen vom Standard enthielt und der Hersteller nun einen zusätzlichen OID-Baum hinzugefügt hat, der besser abgefragt werden kann.

check_qnap

Ein Plugin, das brauchbare Ergebnisse liefert, ist `check_qnap`[25]. Anders als bei vielen Plugins müssen die Optionen in einer bestimmten Reihenfolge angegeben werden, damit das Plugin sie auch erkennt. Hostname oder IP-Adresse des zu prüfenden Systems, SNMP-Community, zu prüfende Eigenschaft, Schwellenwerte für WARNING und für CRITICAL müssen exakt so angegeben werden, auch wenn ein Check keine Schwellenwerte benötigt.

```
$ ./check_qnap 172.16.1.9 public cpu 80 90
WARNING: CPU load=87%|CPU load=87%;80;90;0;100
```

An auszuführenden Checks stehen die folgenden zur Verfügung:

- `cpu`: CPU-Auslastung
- `freeram`: freier RAM

[25] https://exchange.nagios.org/directory/Plugins/Hardware/Storage-Systems/Others/check_qnap/details

- `temp`: Systemtemperatur
- `tmphd1 - tmphd4`: Temperatur der einzelnen Festplatten, falls das System diese Sensoren besitzt
- `hd1status - hd4status`: SMART-Zustand der einzelnen Festplatten
- `volstatus`: entspricht RAID-Status

17.4.4 HP

check_3par

Die HP-3PAR-Architektur kann mit dem Shell-basiert arbeitenden Plugin `chek_3par`[26] abgefragt werden. Es meldet sich beim 3PAR-Server mittels SSH an und parst die Ausgabe der abgesetzten Kommandos. Das Plugin benötigt lediglich den OpenSSH-Client und kann dann nach dem Download sogleich die Arbeit aufnehmen. Ein Check Command für Icinga kann der README entnommen werden.

check_eva.py

Auch für die SAN-Systeme der HP-EVA-Reihe existieren spezialisierte Checks, wie `check_eva.py`[27]. Dieses Plugin benötigt das `sssu`-Tool von HP, das leider nur noch in einer sehr alten Version von HP angeboten wird und auch nur von dort bezogen werden kann. Das Tool muss dazu möglichst in einem Verzeichnis, das in der `PATH`-Variable des *icinga-* bzw. *nagios-*Benutzers genannt wird, abgelegt werden.

Der Aufruf gestaltet sich entsprechend einfach:

```
$ ./check_eva.py --username '[domain]\[username]' \
    --password [password] --host [controllerip] \
    --mode [mode]
```

Das Plugin fragt alle im Commandview auf dem Controller registrierten EVA-Systeme ab. Die Option `--mode` kann einen der folgenden Werte annehmen:

- check_systems
- check_controllers
- check_diskgroups
- check_disks
- check_diskshelfs

[26] https://github.com/qaxi/nagios-check_3par

[27] https://github.com/opinkerfi/nagios-plugins/tree/master/check_eva

Als Ergänzung zu `check_eva.py` können auch auf den Controllern, die ja selbst wiederum nur Windows-Server darstellen, einige spezielle Performance Counter zu EVA abgefragt werden.

Beliebte abgefragte Zahlenwerte sind übertragene KB/s oder Requests/s. Diese folgen der unten angegebenen Form und werden, wie bei Performance Counter üblich, am besten direkt vom Windows-Host übernommen, da sich die exakte Schreibweise von Version zu Version leider immer wieder ändert.

```
\\HP EVA Storage Array([WWN der EVA])\\Total host KB/s
\\HP EVA Storage Array([WWN der EVA])\\Total host Req/s
```

18 Virtuelle Umgebungen

Nicht mehr wegzudenken sind Umgebungen, die uns virtuelle Maschinen zur Verfügung stellen und managen. Im On-Premises-Bereich, also den selbst gehosteten Setups, ist im kommerziellen Sektor VMware sicherlich der Platzhirsch und nimmt damit einen großen Teil dieses Kapitels ein.

Im Gegensatz zu dessen ausführlicher Betrachtung findet Hyper-V lediglich eine kurze Erwähnung mit dem Verweis auf in Powershell implementierten Plugins. Proxmox ist eine Virtualisierungsplattform mit Wurzeln in Open Source und hat sich eine treue Fangemeinde erarbeitet, sodass sie ebenfalls eine intensivere Betrachtung in diesem Kapitel bekommt.

Neuer sind die Cloud-Anbieter, dortige VMs lassen sich meist mit den kostenpflichtigen Monitoring-Tools des jeweiligen Anbieters überwachen. Abschließend werden Plugins vorgestellt, die das Monitoring des Status von VMs übernehmen und somit ebenfalls von Icinga überwacht werden können.

»Lauf Forrest! Lauf!«

Jenny Curran, 1994

Für alle gilt, eine VM sollte auf jeden Fall entsprechend dem auf ihr laufenden Betriebssystem überwacht werden, also mit dem Icinga-Agenten oder ähnlichen Werkzeugen und den aufs Betriebssystem abgestimmten Plugins. Nur in Notfällen sollte die Überwachung auf die Möglichkeiten der Plattform zum intensiven Monitoring von VMs zurückgreifen, da dies meist sehr belastend für die Virtualisierungsumgebung selbst ist.

18.1 VMware VSphere

Zur Überwachung von VMware existieren diverse Plugins: das vollkommen veraltete `check_esx`, `check_vmware_api` und dessen neuerer Fork `check_vmware_esx` von Martin Fürstenau. Allen drei ist gemeinsam, dass sie in Perl geschrieben sind und auf das VMware Perl SDK aufsetzen, das damit zwangsläufig als installiert vorausgesetzt wird.

Noch relativ neu und damit noch sehr eingeschränkt ist die Möglichkeit, ein VCenter mittels eines Moduls für Icinga Web 2 abzufragen. Damit ist klar, die »Checks« werden vom Icinga-Server bzw. dem Host, auf dem Icinga Web 2 installiert ist, ausgeführt. Ein Verteilen auf Worker (aka Satelliten) ist damit nicht möglich. Abfragen lassen sich beim momentanen Entwicklungsstand vom VCenter »auch nur«, ob eine VM läuft, der allgemeine Status der ESXi-Server und ob einzelne oder alle Storage-Pools in Ordnung sind.

18.1.1 Monitoring mit Icinga-Web-2-Modul VSphereDB

Ein zum Modul gehörender Service fragt regelmäßig alle Informationen bei einem oder mehreren VCentern ab und speichert sie in eine Datenbank. Als DBMS wird in der hier eingesetzten Version 1.1.0 ausschließlich MySQL/MariaDB verwendet.

Zunächst ist zu beachten, dass einige weitere Module vorausgesetzt sind. Dies gilt für die hier aktuelle Version des Moduls auch nach wie vor für Icinga Web 2 in der Version 2.9.0 und neuer, obwohl dort viele der in diesen Modulen enthaltenen Funktionen bereits mit installiert werden.

```
$ cd /usr/local/share/icingaweb2-modules
$ mkdir ./{ipl,reactbundle,incubator,vspheredb}
$ wget -qO - https://github.com/Icinga/icingaweb2-module-ipl \
    /archive/refs/tags/v0.5.0.tar.gz
    |tar xfz - -C ipl --strip-components 1
$ icingacli module enable ipl
$ wget -qO - https://github.com/Icinga \
    /icingaweb2-module-reactbundle/archive/refs/tags/v0.9.0.tar.gz
    |tar xfz - -C reactbundle --strip-components 1
$ icingacli module enable reactbundle
$ wget -qO - https://github.com/Icinga \
    /icingaweb2-module-incubator/archive/refs/tags/v0.6.0.tar.gz \
    |tar xfz - -C incubator --strip-components 1
$ icingacli module enable incubator
$ wget -qO - https://github.com/Icinga \
    /icingaweb2-module-vspheredb/archive/refs/tags/v1.1.0.tar.gz \
    |tar xfz - -C vspheredb --strip-components 1
$ icingacli module enable vspheredb
```

Die Voraussetzung dieser Module wird sich erst in neueren Versionen des VSphereDB-Moduls ändern. Dann sind unbedingt die Installationshinweise im Verzeichnis `doc` zu beachten.

Das VSphereDB-Modul benötigt darüber hinaus weitere PHP-Libraries. Nach deren Installation ist der FPM neu zu starten. Läuft PHP hingegen im Apache-Modul muss anstelle des FPM natürlich der Apache einem Neustart unterzogen werden.

- RedHat

  ```
  $ dnf install -y php-process php-soap
  ```

- Debian

  ```
  $ apt install php-soap
  ```

Als Datenbank-Backend wird in der aktuellen Version nur MySQL unterstützt. Eine Datenbank *vspheredb* sowie ein Benutzer mit Zugriff auf die neue Datenbank sind anzulegen. Das folgende Beispiel zeigt eine Datenbank auf dem Server mit Icinga Web 2 selbst:

```
$ mysql
MariaDB [(none)]> CREATE DATABASE vspheredb \
    CHARACTER SET 'utf8mb4' COLLATE utf8mb4_bin;
MariaDB [(none)]> GRANT ALL ON vspheredb.* TO \
    'vspheredb'@'localhost' IDENTIFIED BY 'XXX';
```

Ab hier kann auf zwei Arten fortgefahren werden: Die Konfiguration lässt sich rein von der Konsole aus fortsetzen oder mittels grafischer Benutzeroberfläche des Icinga Web 2.

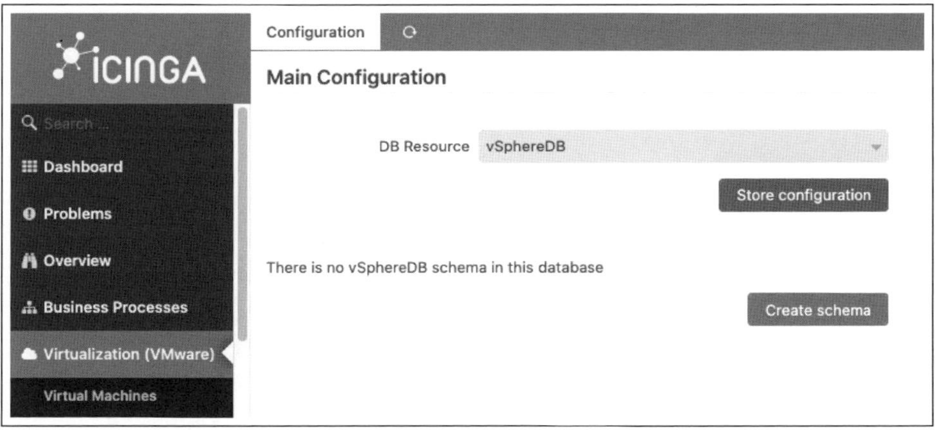

Abbildung 18-1: Konfiguration des Moduls VSphereDB

Für die Fortführung mit Icinga Web 2 ist zuerst unter Zuhilfenahme der Ressourcenverwaltung (siehe Codebeispiel 8.3 auf Seite 148) eine neue datenbankgestützte Ressource mit den eben festgelegten Credentials anzulegen.

Um die Grundkonfiguration abzuschließen, wird in *Virtualization → Configuration*, wie in Abbildung 18-1 zu sehen, das Modul mit der neuen Ressource verknüpft. Dazu ist die korrekte Ressource auszuwählen und mit *Store configuration* abzuspeichern. Optional kann hier gleich auch noch das erforderliche Datenbankschema importiert werden. Wird das hier nicht ausgeführt, muss dies wie im Folgenden beschrieben per Hand von der Kommandozeile aus erfolgen.

Anstatt die Konfiguration im Icinga Web 2 vorzunehmen, kann alles ebenfalls über die Kommandozeile und Konfigurationsdaten durchgeführt werden. Die Ressource mit den Datenbank-Credentials ist hierfür in `resources.ini` zu hinterlegen:

```
[vSphereDB]
type = "db"
db = "mysql"
host = "localhost"
port = 3306
dbname = "vspheredb"
username = "vspheredb"
password = "XXX"
charset = "utf8mb4"
```

Codebeispiel 18.1: `/etc/icingaweb2/resources.ini`

Bleibt noch das Datenbankschema anzulegen und das Modul mit der neuen Ressource in der Modulkonfiguration zu verknüpfen.

```
$ mysql -u vspherdb -p vspheredb < vspheredb/schema/mysql.sql
$ cat <<EOF >/etc/icingaweb2/modules/vspheredb/config.ini
> [db]
> resource = "vSphereDB"
> EOF
```

Damit ist die Grundkonfiguration auch von der Kommandozeile aus abgeschlossen. Die folgenden Schritte sind demnach wieder auszuführen, egal ob der Weg über die Kommandozeile oder Icinga Web 2 gewählt wurde.

Der erforderliche Service soll unter einem eigenen Systembenutzer *icingavspheredb* laufen, mit dessen Berechtigungen er ausgeführt wird.

```
$ useradd -c "icinga vspheredb" -s /sbin/nologin -r -d \
    /var/lib/icingavspheredb -G icingaweb2 icingavspheredb
$ install -o icingavspheredb -g icingaweb2 -m750 \
    -d /var/lib/icingavspheredb
```

Eine Service-Unit ist dem Modulcode beigefügt, nur der Benutzer muss noch ausgetauscht werden.

```
$ install -m644 contrib/systemd/icinga-vspheredb.service \
    /etc/systemd/system/
$ sed -i 's|^User=.*$|User=icingavspheredb|g' \
    /etc/systemd/system/icinga-vspheredb.service
$ systemctl daemon-reload
$ systemctl start icinga-vspheredb.service
$ systemctl enable icinga-vspheredb.service
```

Mit dem Start des Daemons ist der allgemeine Teil der Konfiguration beendet und mit der Anbindung eines vCenters kann begonnen werden. Unterhalb *Virtualization* → *Servers* lassen sich mit *Add* ein oder auch mehrere Verbindungen zu Servern mit jeweils einem vCenter anlegen.

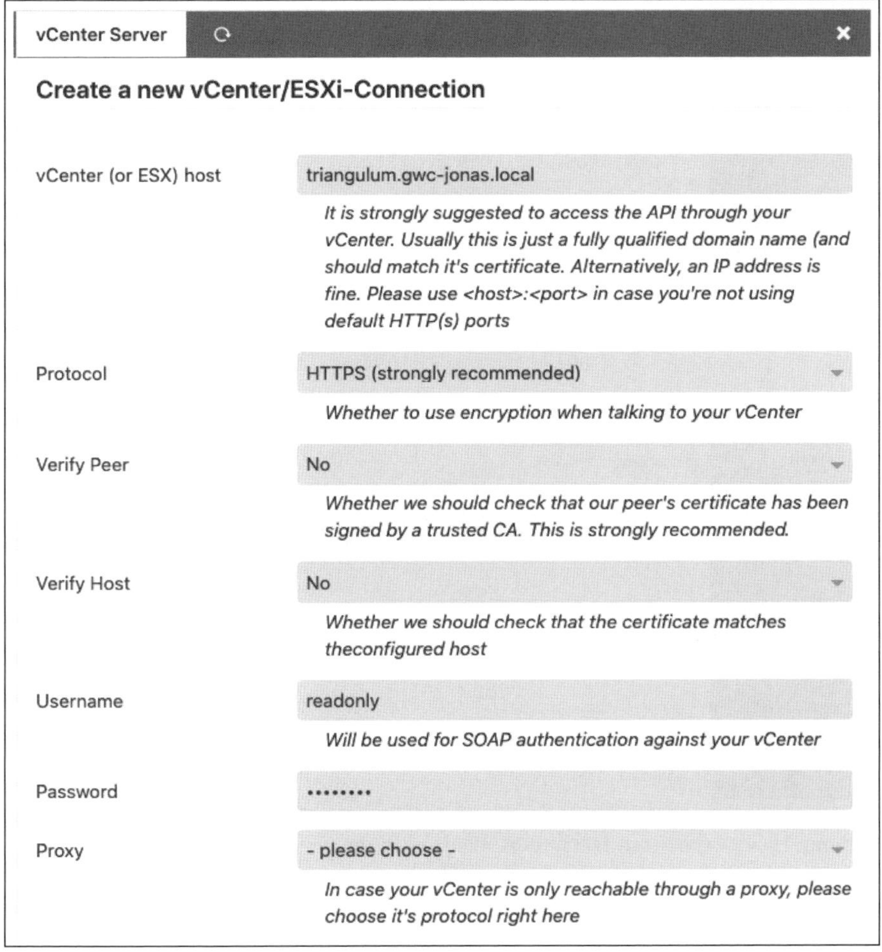

Abbildung 18-2: Hinzufügen eines vCenter-Servers

Das Modul verbindet sich über Benutzername und -passwort zum vCenter. Der verwendete Account benötigt »nur« lesenden Zugriff. Soll das Zertifikat, mit dem sich das vCenter ausweist, verifiziert werden, ist das zugehörige CA-Zertifikat in der PKI des Systems zu hinterlegen. Mit *Verify Host* wird zusätzlich sichergestellt, dass der unter *vCenter* angegebene Hostname auch dem Namen im Zertifikat des vCenter-Servers entspricht.

Läuft der Daemon `icinga-vspheredb`, beginnt dieser unmittelbar das vCenter auszulesen und die Ergebnisse in der Datenbank *vspheredb* abzulegen. Damit lassen sich Informationen zu den verwalteten ESXi-Servern, virtuellen Maschinen und Datastores in Icinga Web 2 anschauen.

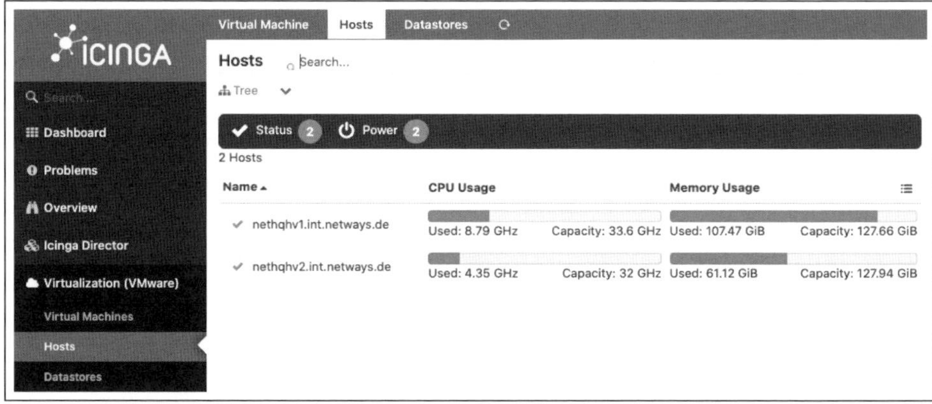

Abbildung 18-3: Verwaltete ESXi-Server der konfigurierten vCenter

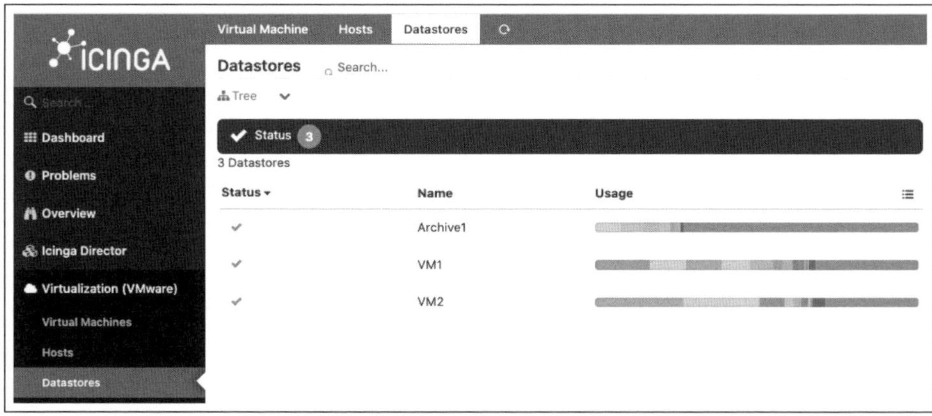

Abbildung 18-4: Verwaltete Datastores aller angebundenen vCenter

Alle einzelnen Datastores, ESXi-Server und virtuellen Maschinen lassen sich einzeln anwählen und zeigen detaillierte Informationen zu sich selbst an.

So wird zu einem Datastore nicht nur angezeigt, welche Kapazität er besitzt und wie viel Platz bereits verbraucht ist, sondern auch wie viel Platz welcher virtuellen Maschine zugeteilt ist sowie wie viel davon bereits belegt ist.

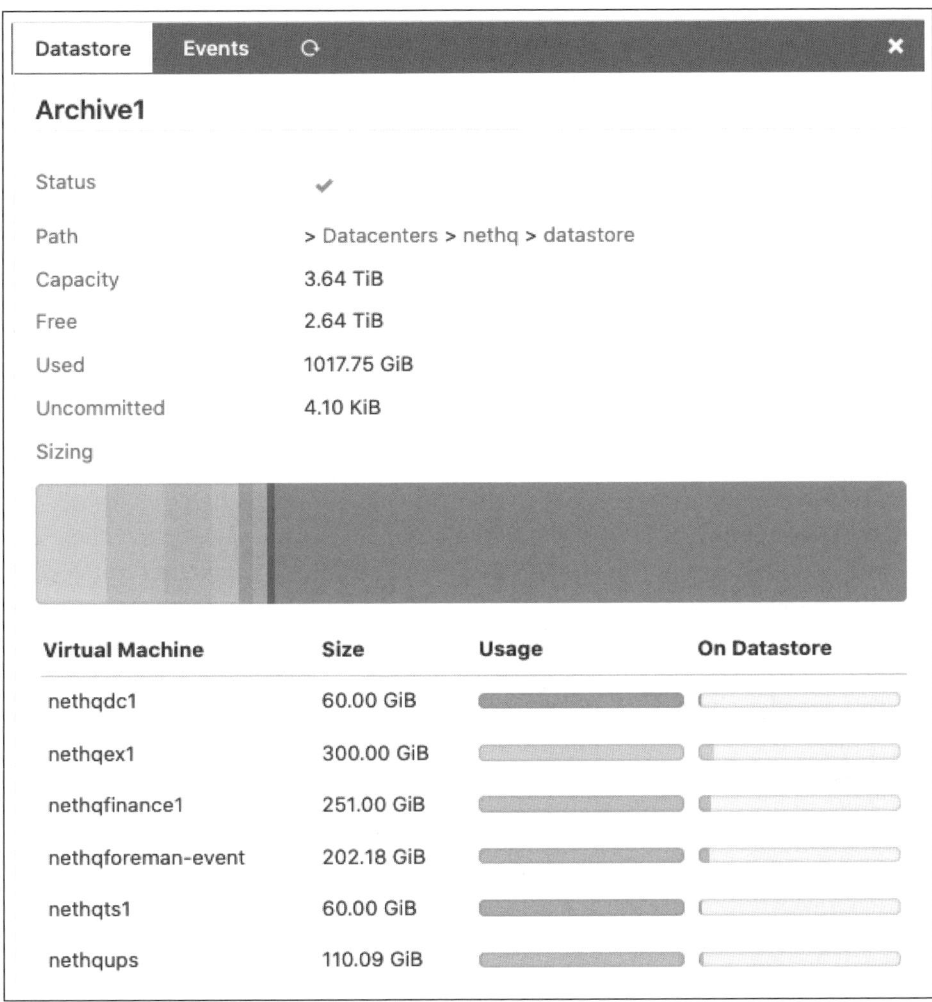

Abbildung 18-5: Detailansicht eines Datastores

Zu den physikalischen ESXi-Servern gibt es detaillierte Informationen zur Hardware und welche VMware-Version installiert ist. Bei virtuellen Maschinen müssen die Guest-Tools installiert sein, damit Informationen zum installierten Betriebssystem, der vergebenen IP und vieles Weitere angezeigt werden können.

Neben der hübschen und sehr gefälligen Ansicht auf die eigene VMware-Landschaft kann mithilfe des Moduls auch eine Überwachung implementiert werden, die bei Ausfällen eine Benachrichtigung in die Wege leitet. Hierfür sind einzelne Services zu definieren, die auf das CLI-Tool `icingacli` von Icinga Web 2 als Plugin zurückgreifen.

```
$ icingacli vspheredb check datastores
Everything is fine
$ icingacli vspheredb check datastore -name Archive1
Everything is fine
```

Wie zu sehen ist, ist in der hier installierten Version 1.1.0 des VSphere-Moduls die Überwachung leider nur sehr rudimentär möglich. Wie für alle Datastores ist auch für genau einen nur ein allgemeiner Health-Status zu ermitteln. Gleiches gilt für `hosts` (ESXi-Server) und `vms` (virtuelle Maschinen). Das ist vielleicht auch ein Grund, warum keine vordefinierten Check Commands in der ITL hinterlegt sind und man diese selbst schreiben muss, wenn man den einen oder anderen Health-Status in seine Überwachung integrieren möchte.

18.1.2 Auf VMware Perl SDK basierendes Plugin

Das Software Development Kit (SDK) muss von den VMware-Seiten[1] heruntergeladen werden, leider ist hierfür ein Account erforderlich. Das Archiv enthält mit `vmware-install.pl` ein Installationsskript. Bei Aufruf lädt dieses wahlweise alle benötigten Module via CPAN aus dem Internet und übersetzt und installiert sie oder es lassen sich im Archiv enthaltene, vorkompilierte Versionen benutzen.

Wir werden hier aber einen anderen Weg einschlagen und zuvor alle benötigten Perl-Module per Hand ohne Zuhilfenahme des eben genannten Skripts bauen. Dazu wird auch hier wieder auf möglichst viele Pakete aus den einschlägigen Repositories zurückgegriffen, um alle erforderlichen Abhängigkeiten zu anderen Perl-Modulen zu erfüllen.

- RedHat
  Hier ist neben dem EPEL- auch wieder das Codeready- bzw. auf CentoOS das PowerTools-Repository erforderlich!

  ```
  $dnf install -y perl-Class-MethodMaker perl-ExtUtils-MakeMaker \
      perl-SOAP-Lite perl-XML-LibXML perl-LWP-Protocol-https \
      perl-Archive-Zip perl-Data-Dumper
  ```

- Debian

  ```
  $ apt install -y libclass-methodmaker-perl libuuid-perl \
      libsoap-lite-perl libcrypt-ssleay-perl libarchive-zip-perl \
      libxml-libxml-perl liblwp-protocol-https-perl patch
  ```

[1] https://customerconnect.vmware.com/downloads

Wegen fehlender Alternativen zu dem in Perl geschriebenen Plugin `check_vmware_esx` wird es jedoch weiterhin eingesetzt.

> VMware hat am 25. August 2020 bekannt gegeben[a], den Support für das SDK zum September 2021 einzustellen.
>
> [a] https://kb.vmware.com/s/article/80144

Aber auch schon die Jahre vorher schien VMware kein wirkliches Interesse an ihrem Produkt zu haben, wie man an der fehlenden Implementierung zur Validierung von Zertifikaten sieht. Ein ernsthafter Patch existiert nicht, aber die Überprüfung kann mit Einspielen von `vmware-perl-sdk-ssl-verify.patch`[2] abgeschaltet werden, was leider erforderlich für die Verwendung mit dem Plugin ist.

```
$ cd /usr/local/src
$ tar xfz ~/Downloads \
    /VMware-vSphere-Perl-SDK-6.5.0-4566394.x86_64.tar.gz
$ cd vmware-vsphere-cli-distrib
$ patch -p1 < ./vmware-perl-sdk-ssl-verify.patch
```

Das nun folgende Erzeugen eines Makefiles weist auf **RHEL-basierten Systemen** darauf hin, dass mit *Crypt::SSLeay*[3] und *UUID*[4] zwei erforderliche Perl-Module fehlen. Beide müssen im Anschluss gesondert installiert werden.

```
$ perl Makefile.PL INSTALLDIRS=vendor
$ make; make install
```

- RedHat

  ```
  $ dnf install -y gcc perl-Test-Simple perl-Devel-CheckLib \
      perl-ExtUtils-MakeMaker libwww-devel
  $ cd /usr/local/src
  $ cd UUID-0.28
  $ perl Makefile.PL INSTALLDIRS=vendor
  $ make; make install
  ```

  Für *Crypt::SSLeay* wird hier eine Entwicklungsversion genommen, die sich aber schon über Monate im stabilen Einsatz bewährt hat und den kleinstmöglichen Aufwand bietet, das Modul erfolgreich zu bauen.

[2] https://github.com/lbetz/icinga-book/blob/main/patches/vmware-perl-sdk-ssl-verify.patch

[3] https://metacpan.org/pod/Crypt::SSLeay

[4] https://metacpan.org/dist/UUID

Hierfür ist das Makefile um *»push @INC, '.';«* als Zeile 11 vor *unless* zu erweitern. Möchte man dies nicht per Hand in der Datei selbst durchführen, kann die Datei inc.patch[5] als Patch eingespielt werden.

```
--- Crypt-SSLeay-0.73_06/Makefile.PL 2021-08-15 11:09:53 -0700
+++ Crypt-SSLeay-0.73_06/Makefile.PL 2017-04-18 11:36:02 -0700
@@ -8,6 +8,7 @@
 use File::Spec::Functions qw( catfile rel2abs );
 use Getopt::Long qw( GetOptionsFromArray );

+push @INC, '.';
 unless( require( catfile qw(inc IO Interactive Tiny.pm) ) ) {
```

Codebeispiel 18.2: Patch *inc.patch* für *Makefile.PL*

Der Quellcode ist somit vorbereitet und nach der Installation aller Abhängigkeiten kann das Modul kompiliert und installiert werden.

```
$ dnf install -y gcc perl-Test-Simple perl-ExtUtils-CBuilder \
    perl-Path-Class openssl-devel perl-Bytes-Random-Secure \
    perl-Devel-CheckLib perl-MIME-Base64
$ cd /usr/local/src
$ cd Crypt-SSLeay-0.73_06
$ patch -p1 < inc.patch
$ perl Makefile.PL INSTALLDIRS=vendor
$ make; make install
```

Damit sind alle Vorbereitungen abgeschlossen und das eigentliche Plugin kann installiert werden.

check_vmware_esx

Den Quellcode des Plugins check_vmware_esx erhält man in der aktuellsten Version[6] auf der GitHub-Seite des Autors.

```
$ cd /usr/local/src
$ tar xfz ~/Downloads/v1.2.3.tar.gz
$ cd check_vmware_esx-1.2.3
$ make
```

■ RedHat

```
$ dnf install -y perl-Nagios-Plugin perl-HTTP-Date \
    perl-Text-Template perl-interpreter perl-Getopt-Long \
    perl-LWP-Protocol-https perl-Time-HiRes perl-Time-Duration
$ install -m755 check_vmware_esx /usr/lib64/nagios/plugins/
```

[5] https://github.com/lbetz/icinga-book/blob/main/patches/inc.patch
[6] https://github.com/BaldMansMojo/check_vmware_esx

- Debian

```
$ apt install -y libnagios-plugins-perl libhttp-date-perl \
    libtext-template-perl libtime-duration-perl
$ install -m755 check_vmware_esx /usr/lib/nagios/plugins/
```

Im Contrib-Bereich der ITL sind bereits Definitionen für diverse Check Commands enthalten. Bei einem Blick in *plugins-contrib.d/vmware.conf* erkennt man, dass für unterschiedliche Check Commands immer wieder die Makros *vmware_warn* und *vmware_crit* verwendet werden, d. h., damit ist keine Flexibilität gegeben. Es ist z. B. nicht ohne Weiteres möglich, für zwei verschiedene Services unterschiedliche Schwellenwerte anzugeben. Deshalb sollte man hier wieder die Definition über eine »for« Schleife wählen.

```
apply Service for (service => config in host.vars.vmware) {
  import "generic-service"

  check_command = config.check_command

  vars += config
}
```

Codebeispiel 18.3: *apply* für generische Servicechecks bei ESXi-Hosts

Damit ist eine für jeden Check gesonderte Parametrisierung und damit Schwellenwertvergabe am Hostobjekt oder -Tempate möglich:

```
template Host "esx-host" {
  import "generic-host"

  vars.os = "esx"
  vars.vmware["vSphere SOAP"] = {
    check_command = "vmware-esx-soap-host-check"
  }

  vars.vmware["ESXi health"] = {
    check_command = "vmware-esx-soap-host-runtime-health"
    vmware_ignoreunknown = true
  }

  vars.vmware["CPU usage"] = {
    check_command = "vmware-esx-soap-host-cpu-usage"
  }

  vars.vmware["Memory usage"] = {
    check_command = "vmware-esx-soap-host-mem-usage"
  }
```

```
  vars.vmware["Volumes"] = {
    check_command = "vmware-esx-soap-host-volumes"
    vmware_ignoreunknown = true
    vmware_multiline = true
    vmware_gigabyte = true
    vmware_usedspace = true
  }

  vars.vmware["interfaces"] = {
    check_command = "vmware-esx-soap-host-net"
  }

  vars.vmware["vSphere NIC"] = {
    check_command = "vmware-esx-soap-host-net-nic"
  }

  vars.vmware["Storage LUN"] = {
    check_command = "vmware-esx-soap-host-storage-lun"
    vmware_alertonly = true
  }

  vars.vmware["Storage Multipath"] = {
    check_command = "vmware-esx-soap-host-storage-path"
    vmware_alertonly = true
  }

  vars.vmware["Mounted Media"] = {
    check_command = "vmware-esx-soap-host-media"
    vmware_multiline = true
  }
}
```

Codebeispiel 18.4: Template für ESXi-Hosts

Mit dieser Definition wird mittels der SOAP-Schnittstelle der ESXi-Host direkt abgefragt. Die Überprüfung wird damit nicht über ein vCenter durchgeführt, da keine entsprechenden Custom Variables gesetzt wurden und so als Ziel standardmäßig die IP-Adresse des Hosts angesprochen wird. Nach Möglichkeit sollte das auch der bevorzugte Weg sein, da sonst eine unnötige Last auf dem vCenter erzeugt wird.

Bei einem ESXi-Host, der das Host-Template einbindet, können Schwellenwerte additiv dem entsprechenden Dictionary hinzugefügt werden. Die Zugangsdaten für die SOAP-Schnittstelle werden vom Host via Makro an das Check Command weitergereicht und können damit einmalig im Host angegeben werden.

```
object Host "esx3" {
  import "esx-host"

  address = "172.16.1.9"

  vars.vmware_username = "root"
  vars.vmware_password = "***"

  vars.vmware["Memory usage"] += {
    vmware_warn = 90
    vmware_crit = 95
  }
}
```

Codebeispiel 18.5: Beispiel für ESXi-Host *esx3*

Damit sind die ESXi-Server in die Überwachung integriert. Virtuelle Maschinen laufen auf einem ESXi, und zwar kann dies jeder ESXi eines Clusters sein. Somit bleiben nur noch zusätzliche Services einer VM über das vCenter zu überwachen. Die Zugangsdaten werden in eigene Templates ausgelagert.

```
template Host "vcenter-access" {
  vars.vmware_datacenter = "172.16.1.98"
  vars.vmware_username = "administrator@gwc-jonas.local"
  vars.vmware_password = "XXX"
}
```

Codebeispiel 18.6: Template mit Zugangsdaten zum VMware vCenter

Für beide Netzwerke wird jeweils ein ESXi-Cluster betrieben. Beide werden über dasselbe vCenter verwaltet. Die beiden Templates *lan-vm* und *dmz-vm* werden nun mit dem Template der Zugangsdaten zum vCenter und der Bezeichnung des jeweiligen Clusters erweitert.

```
template Host "lan-vm" {
  import "lan-host"
  import "vcenter-access"
  vars.vmware_cluster = "gwc-jonas.local"
}

template Host "dmz-vm" {
  import "dmz-host"
  import "vcenter-access"
  vars.vmware_cluster = "gwc-jonas.net"
}
```

Codebeispiel 18.7: Templates für virtuelle Maschinen

Damit sind die beiden neuen Templates für virtuelle Maschinen zu verwenden und die älteren *lan-host* und *dmz-host* ausschließlich für physikalische.

Ein nützlicher Service ist die Überwachung, ob die VMware-Tools in der VM installiert sind. Da das vCenter im internen LAN steht und es sinnvollerweise nicht gestattet ist, auf dieses vom Satelliten in der DMZ aus zuzugreifen, muss der Service in der Zone *main* ausgeführt werden. Ein Check jede Minute ist hierfür aber nicht erforderlich und die steuernden Attribute werden entsprechend gesetzt.

Auf Linux-Hosts installiert der Kunde ausschließlich die Open-VMware-Tools, für die das Flag *vmware_openvmtools* zu setzen ist.

```
apply Service "VMware tools" {
  import "generic-service"

  check_interval = 10m
  retry_interval = 5m
  max_check_attempts = 2

  check_command = "vmware-esx-soap-vm-runtime-tools"
  zone = "master"

  if (host.vars.os == "Linux") {
    vars.vmware_openvmtools = true
  }

  assign where "lan-vm" in host.templates
  assign where "dmz-vm" in host.templates
}
```

Codebeispiel 18.8: Service zur Überprüfung installierter VMware-Tools

Damit die VMware-Tools erfolgreich geprüft werden können, muss das vCenter auf *triangulum* erreichbar sein. Dieser Test erfolgt als einfache SOAP-Anfrage mittels des Plugins `check_vmware_esx`.

```
object Host "triangulum.gwc-jonas.local" {
  import "generic-host"
  ...
  vars.vmware["vSphere SOAP"] = {
    check_command = "vmware-esx-soap-host-check"
  }
}
```

Codebeispiel 18.9: Prüfung auf Erreichbarkeit von VMware vCenter

Damit lässt sich nun eine Abhängigkeit von Service zu Service definieren, damit eine unnötige Benachrichtigung bzgl. der VMware-Tools unterdrückt wird.

```
apply Dependency "disable-vmware-vcenter-checks" to Service {
  parent_host_name = "triangulum.gwc-jonas.local"
  parent_service_name = "vSphere SOAP"

  states = [ OK, Warning ]
  disable_checks = true
  disable_notifications = true

  assign where service.check_command == \
      "vmware-esx-soap-vm-runtime-tools"
}
```

Codebeispiel 18.10: Service-zu-Service-Abhängigkeit bzgl. des VMware vCenter

In einem Hostobjekt sind zwei Templates zu importieren, eins, das sich auf das installierte Betriebssystem bezieht, und das zweite, das das Netzsegment betrifft, und zwar abhängig davon, ob es sich um eine virtuelle oder physikalische Maschine handelt.

```
object Host "antlia.gwc-jonas.net" {
  import "linux-host"
  import "dmz-vm"

  display_name = "antlia"
  address = "172.16.2.12"
}
```

Codebeispiel 18.11: Host *antlia*

18.2 Microsoft Hyper-V

Um Hypervisor von Microsoft (Hyper-V) zu überwachen, gibt es einige auf dem Powershell-Framework[7] basierende Plugins[8] vom Icinga-Team.

Die Installation solcher Powershell-Plugins ist in Abschnitt 5.5.3 ab Seite 106 und deren Verwendung in Kapitel 7 ausführlich beschrieben worden. Um nun diese zusätzlichen Plugins zur Überwachung des generellen Health-Status oder des Health-Status einzelner virtueller Maschinen, Snapshots, virtueller Switches und des Overcommitments von CPU, Hauptspeicher oder allgemein von Storage zum Framework hinzuzufügen, kann das Framework selbst benutzt werden.

Hierzu ist zuerst das Framework zu laden und im Anschluss die optionale Komponente *hyperv* zu installieren.

[7] https://github.com/Icinga/icinga-powershell-framework
[8] https://icinga.com/docs/icinga-for-windows/latest/hyperv

```
Powershell> Use-Icinga
Powershell> Install-IcingaComponent -Name 'hyperv'
```

Die benötigten Definitionen der einzelnen Check Commands zu den oben genannten Plugins stehen im Projekt[9] auf GitHub zum Download bereit.

18.3 Proxmox VE

Proxmox Virtual Environment (PVE) hat sich in den letzten Jahren als ernst zu nehmende Alternative zu VMware in kleinen und mittleren Unternehmen hervorgetan. Es basiert auf Open Source, genauer gesagt auf Kernel-based Virtual Machine (KVM), Quick Emulator (QEMU) und Linux Containers (LXC). PVE bietet demnach nicht nur eine Verwaltung von virtuellen Maschinen, sondern auch ein Management von Containern.

Nicolai Buchwitz stellt auf GitHub[10] mit `check_pve` ein Plugin zur Verfügung, das die API des PVE-Clusters bis auf die einzelnen Knoten und Speichersysteme abfragen kann. Als Debian-basierte Virtualisierungslösung ließe sich zusätzlich auch der Icinga-Agent auf den einzelnen Knoten installieren. Hier beschränken wir uns jedoch auf das Plugin `check_pve`, da die API alle Informationen bereitstellt und damit keine Wünsche offenlässt.

```
$ cd /usr/local/src
$ tar xfz ~/Downloads/check_pve-1.2.0.tar.gz
$ cd check_pve-1.2.0
```

Das Plugin ist für Python 3 geschrieben und in Bezug auf seine Abhängigkeiten angenehm schlank. Um die Installation abzuschließen, wird das Plugin einfach in den Plugin-Pfad von Icinga kopiert. Dabei ist lediglich darauf zu achten, die richtigen Berechtigungen zu vergeben.

- RedHat

  ```
  $ dnf install -y python3 python3-requests
  $ install -o root -g root -m755 \
      ./check_pve.py /usr/lib64/nagios/plugins
  ```

- Debian

  ```
  $ apt install -y python3 python3-requests
  $ install -o root -g root -m755 \
      ./check_pve.py /usr/lib/nagios/plugins
  ```

[9] https://github.com/Icinga/icinga-powershell-hyperv/tree/master/config/icinga
[10] https://github.com/nbuchwitz/check_pve

Die vorbereitenden Arbeiten aufseiten PVE sind in der README des Plugins beschrieben. Es wird empfohlen, im Cluster auf einem Knoten eine Rolle *Monitoring* mit den erforderlichen Zugriffsrechten einzurichten und im Anschluss dieser Rolle einen anzulegenden Benutzer *monitoring@pve* zuzuweisen. Hierzu ist mit einem Root-Zugang mittels SSH auf der Kommandozeile eines Knotens einzuloggen.

```
$ pveum roleadd Monitoring
$ pveum rolemod Monitoring --privs Sys.Modify, \
    VM.Monitor,Sys.Audit,Datastore.Audit,VM.Audit
$ pveum useradd monitoring@pve --comment "The monitoring user"
$ pveum passwd monitoring@pve
```

Im Quellverzeichnis des Plugins befindet sich in `icinga2/command.conf` bereits eine Definition für ein Check Command. Diese muss nun nur noch in die eigene Konfiguration eingebunden werden, z. B. durch Anfügen an die Datei `zones.d/global-templates/virtualization.conf`.

Im selben Verzeichnis in der Datei `service` befinden sich zusätzliche Vorschläge, wie Services umzusetzen wären. Damit aber alles besser in unser bisheriges Namensschema passt, folgt hier eine eigene Umsetzung in Host- und Service-Templates bzw. Objekte.

```
template Host "proxmox-host" {
  import "generic-host"

  vars.os = "pve"
  vars.pve_cluster = true

  vars.pve_host = name
  vars.pve_node = name.split(".")[0]
  vars.pve_user = "monitor@pve"
  vars.pve_password = "XXX"
}
```

Codebeispiel 18.12: `zones.d/global-templates/virtualization.conf`

Die ersten beiden Custom Variables werden im Folgenden herangezogen, um Services über Regeln für diesen Host-Typ zu erzeugen. Alle anderen setzen Defaultwerte für die Plugin-Aufrufe, wie Benutzername, zugehöriges Passwort, aber auch mit *pve_host*, dass standardmäßig versucht wird, die Verbindung zur API von PVE zu einem Host aufzubauen, dessen Name dem Hostobjektnamen entspricht. Dieser ist bei uns mit dem FQDN identisch. Da es in der PVE-Console üblich ist, mit verkürzten Namen zu arbeiten, wird *pve_node* auf den Hostanteil reduziert.

Der erste Service für den generellen Status der angeschlossenen Festplatten bildet auch die Vorlage für weitere Health-Checks wie *ceph-health*, *zfs-health* oder *replication*, die wir jedem PVE-Host zuweisen:

```
apply Service "cluster" {
  import "generic-service"
  check_command = "pve"
  vars.pve_mode = "disk-health"

  assign where host.vars.os
}
```

Codebeispiel 18.13: *zones.d/global-templates/virtualization.conf*

Der Status des gesamten Clusters ist als Service ähnlich modelliert, mit dem einzigen Unterschied, dass am Host die Custom Variable *pve_cluster* auf den Wert *true* gesetzt sein muss. Standardmäßig ist das durch das Host-Template gegeben, da wir annehmen, dass der Cluster der Normalfall ist. An einem Standalone-Host muss dementsprechend der Wert mit *false* überschrieben werden.

```
apply Service "cluster" {
  import "generic-service"
  check_command = "pve"
  vars.pve_mode = "cluster"

  assign where host.vars.os = "pve" && host.vars.pve_cluster
}
```

Codebeispiel 18.14: *zones.d/global-templates/virtualization.conf*

Ein regelmäßiger Check auf neu zur Verfügung stehende Updates wird wiederum nicht nur auf Clusterknoten beschränkt, bekommt aber ein deutlich größeres Check-Intervall, sodass nur einmal am Tag nach Updates geschaut wird. Entsprechend wird bei einem Fehlschlag erst nach weiteren 10 Minuten erneut geprüft und bereits beim zweiten Fehlschlag ein Alarm ausgelöst.

```
apply Service "updates" {
  import "generic-service"
  check_command = "pve"
  check_interval = 24h
  retry_interval = 10m
  max_check_attempts = 2
  vars.pve_mode = "updates"

  assign where host.vars.os = "pve"
}
```

Codebeispiel 18.15: *zones.d/global-templates/virtualization.conf*

Das nachfolgende Beispiel für die Prozessorauslastung dient als Vorlage für weitere Services, die die Checks für *io_wait* und *memory* (zu setzen in *pve_mode*) abdecken. Um hier jeweils für jeden dieser Checks unterschiedliche Schwellenwerte angeben zu können, müssen diese »umgeschrieben« werden. Für die Schwellenwerte der beiden anderen Services sind andere Namen wie z. B. *pve_memory_** und *pve_io_** zu wählen. Defaults sollten dann für alle im Host-Template zugewiesen werden.

```
apply Service "cpu usage" {
  import "generic-service"

  check_command = "pve"

  vars.pve_mode = "cpu"
  vars.pve_warning = vars.pve_cpu_warning
  vars.pve_critical = vars.pve_cpu_critical
}
```

Codebeispiel 18.16: *zones.d/global-templates/virtualization.conf*

Abschließend folgt hier die Definition für Storages in bekannter Weise über eine »for«-Schleife, da mehrere an einem Host bzw. im Cluster üblich sind:

```
apply Service "storage " for (storage => \
    config in host.vars.pve_storages) {
  import "generic-service"

  check_command = "pve"

  vars.pve_resource_name = storage
  vars.pve_warning = 80
  vars.pve_critical = 90
  vars += config
  vars.pve_mode = "storage"

  ignore where typeof(config) != Dictionary
}
```

Codebeispiel 18.17: *zones.d/global-templates/virtualization.conf*

Diese sind gesondert an Hosts oder Host-Templates zur Überwachung zu hinterlegen, wie im nachfolgenden Beispiel zu sehen ist.

```
object Host "pve1.gwc-jonas.local" {
  import "proxmox-host"

  display_name = "pve1"
  address = "172.16.1.77"
```

```
  vars.pve_cluster = false
  vars.pve_storages["local"] = {
    pve_warning = 85
    pve_critical = 95
  }
}
```

Codebeispiel 18.18: `zones.d/main/hosts/pve1.conf`

Obwohl das Plugin auch einen Modus bietet, der den Status (stopped, running, pending) von virtuellen Maschinen ermittelt, lassen wir dies hier »unter den Tisch fallen«. In der Regel werden VMs vonseiten des Betriebssystems mit dem Icinga-Agenten überwacht und deren Verfügbarkeit mit *hostalive*, was hier eine doppelte Überwachung und im Fehlerfall Alarmierung zur Folge hätte.

Im Gegensatz zu virtuellen Maschinen ist die Überwachung vom Status der Container wieder interessant und ließe sich auch als deren Hostcheck implementieren.

18.4 Virtuelle Maschinen in der Cloud

Um virtuelle Maschinen bei den drei großen Cloud-Anbietern Google, Amazon und Microsoft zu überwachen, gibt es jeweils Projekte, die sich allerdings noch in einem sehr frühen Stadium befinden und zurzeit »nur« den Status einer bestimmten VM oder von Gruppen von VMs abfragen.

- `check_cloud_azure`[11] (Microsoft)
- `check_cloud_gcp`[12] (Google)
- `check_cloud_aws`[13] (Amazon)

Die Plugins sind in Go geschrieben und Binärpakete bzw. ausführbare Versionen liegen auf GitHub im jeweiligen Projekt im Release-Bereich zum Download bereit.

Sind sie erst einmal installiert, muss man sich allerdings noch um Check Commands kümmern. Definitionen befinden sich in den GitHub-Repositories jeweils in den Verzeichnissen `contrib`.

[11]https://github.com/NETWAYS/check_cloud_azure
[12]https://github.com/NETWAYS/check_cloud_gcp
[13]https://github.com/NETWAYS/check_cloud_aws

19 Applikationen

19.1 AppServer

Java-Anwendungen lassen sich über die Java Management Extensions (JMX) abfragen. Application Server wie RedHat JBoss, Websphere von IBM oder Oracles Weblogic, aber auch der Apache Tomcat Servlet Container können somit überwacht werden. Mit Jolokia[1] gibt es einen Agenten, der eine Schnittstelle von JMX zu JSON over HTTP implementiert. Das Plugin `check_jmx4perl`[2] wiederum nutzt diese, um Informationen über das Laufzeitverhalten der Java-Applikationen zu erhalten.

Das Plugin ist im Perl-Modul *JMX::Jmx4Perl* enthalten und benötigt eine Vielzahl anderer Perl-Module. Weder für RedHat noch für Debian liegen für *Crypt::Blowfish_PP*[3] Installationspakete vor. Die Einschränkungen bei Weglassen dieses Moduls sind jedoch minimal: keine Verwendung der Blowfish-Verschlüsselung.

Für beide Distributionen wird auf dieselbe Weise vorgegangen. Nachdem die Quellen heruntergeladen und entpackt wurden, wird zuerst ein Makefile erzeugt und im Anschluss zum Bau und zur Installation genutzt.

```
$ cd /usr/local/src
$ tar xfz ~/Downloads/Crypt-Blowfish_PP-1.12.tar.gz
$ cd Crypt-Blowfish_PP-1.12
$ perl Makefile.PL INSTALLDIRS=vendor
$ make; make install
```

- RedHat
  Um alle weiteren Perl-Module zu installieren, wird neben dem EPEL- auch das Code-Ready-Repository benötigt.

  ```
  $ dnf install -y perl-Module-Find perl-Test-Simple \
      perl-JSON perl-Monitoring-Plugin perl-ExtUtils-Manifest \
      perl-LWP-Protocol-https perl-IO-Socket-Multicast \
      perl-Config-General
  ```

[1] https://jolokia.org
[2] https://metacpan.org/pod/JMX::Jmx4Perl
[3] https://metacpan.org/dist/Crypt-Blowfish_PP

- Debian

```
$ apt install -y libmonitoring-plugin-perl \
    libsys-sigaction-perl liblwp-protocol-https-perl \
    libmodule-find-perl libconfig-general-perl \
    libio-socket-multicast-perl libjson-perl
```

Zusätzlich bringt das Modul *jmx4perl* außer einem Plugin für Cacti[4] eine nützliche Remote-Shell `j4psh` zur Abfrage mit. Möchte man auch diese installieren, kommen weitere Perl-Module hinzu, die zu installieren sind. Auch eine Download-Hilfe für die Jolokia-Agenten wird mitgeliefert. Die Agenten kann man aber auch einfach als Web Application Archive (WAR) aus dem Downloadbereich[5] des Projekts herunterladen.

```
$ cd /usr/local/src
$ tar xfz ~/Downloads/jmx4perl-1.13.tar.gz
$ cd jmx4perl-1.13
$ perl Build.PL
```

Der Aufruf von *Build.PL* startet zunächst ein interaktives Skript, in dem die Fragen nach der Installation der im Modul enthaltenen Komponenten beantwortet werden müssen. Für das Plugin sind nur das Modul *jmx4perl* und das Plugin `check_jmx4perl` selbst erforderlich.

Im Vorfeld sind auch nur die hierfür benötigten Perl-Module von uns installiert worden. Danach geht es mit dem Build und der Installation weiter.

```
$ perl Build
$ perl Build install
```

Da das Plugin nach der Installation an einem für Icinga ungünstigen Ort liegt, wird es von uns kurzerhand ins Plugin-Verzeichnis kopiert.

- RedHat

```
$ install -o root -g root -m755 \
    /usr/local/bin/check_jmx4perl /usr/lib64/nagios/plugins/
```

- Debian

```
$ install -o root -g root -m755 \
    /usr/local/bin/check_jmx4perl /usr/lib/nagios/plugins/
```

[4]http://www.cacti.net
[5]https://jolokia.org/download.html

Unter Umständen ist die Remote-JMX-Fähigkeit noch zu aktivieren. Bei Tomcat auf RedHat werden die `JAVA_OPTS` in der Konfigurationsdatei */etc/sysconfig/tomcat* und bei Debian in */etc/default/tomcat8* erweitert:

```
JAVA_OPTS="... -Dcom.sun.management.jmxremote"
```

Der Jolokia-Agent kann z. B. für den Apache Tomcat mit dessen Manager leicht importiert werden. Andere Application Server bieten ähnliche Mechanismen. Aber auch das Kopieren der WAR-Datei ins Applikationsverzeichnis und ein abschließender Neustart führen zum Erfolg.

Mit dem Kommando `jmx4perl` können Informationen der zur Verfügung stehenden Counter erfragt werden.

```
$ /usr/local/bin/jmx4perl \
    http://aquarius:8080/jolokia list java.lang
```

Mithilfe dieser Informationen lassen sich Abfragen formulieren, die mit dem Plugin dann Werte ermitteln. Im folgenden Beispiel wird der Status einer Anwendung *shop* ermittelt, also ob sie gestartet ist oder zurzeit nicht läuft. Die hierbei wichtigen Optionen sind `--mbean` und `--attribute`, die den abzufragenden Wert ansteuern. Mit `--name` hingegen wird lediglich die Bezeichnung im Plugin-Output gesetzt.

```
$ ./check_jmx4perl \
    --url http://aquarius:8080/jolokia \
    --product tomcat --name shop \
    --mbean Catalina:context=/shop,host=localhost,type=Loader \
    --attribute stateName
```

Ein global wichtiger Wert bei Application Server ist die Heap Size. Ein komplexeres Beispiel fragt den Wert *used* des Attributs *HeapMemoryUsage* aus dem Bean *java.lang:type=Memory* ab und setzt diesen in Relation zur maximal zur Verfügung stehenden Heapgröße `--base`.

```
$ ./check_jmx4perl \
    --url http://aquarius:8080/jolokia \
    --product tomcat --name memory_used \
    --mbean java.lang:type=Memory  \
    --attribute HeapMemoryUsage --path used \
    --base java.lang:type=Memory/HeapMemoryUsage/max
```

Die Hilfe des Plugins ist eher dürftig und beschränkt sich auf eine kurze Erläuterung der Optionen. Die Informationen aus der integrierten Manpage sind jedoch sehr hilfreich.

```
$ ./check_jmx4perl --doc
```

Zur Vereinfachung kann man Aliases heranziehen. Welche es gibt und wie sie heißen, erfährt man mit dem folgenden Aufruf:

```
$ /usr/local/bin/jmx4perl aliases
```

Derselbe Aufruf ist nachfolgend mit einem angepassten Label der Plugin-Ausgabe und gesetzten Schwellenwerten erweitert. Die Schwellenwerte werden immer als Prozentwerte interpretiert.

```
$ ./check_jmx4perl \
    --url http://aquarius:8080/jolokia \
    --alias MEMORY_HEAP_USED --base MEMORY_HEAP_MAX \
    --name "HeapMemory" --unit B \
    --label "Heap-Memory: %.2r% used (%.2v %u / %.2b %u)" \
    --warning 80 --critical 90
```

Mit der Definition über die übliche »for«-Schleife lassen sich alle benötigten Plugin-Aufrufe modellieren:

```
apply Service for (msq => config in host.vars.jmx) {
  import "generic-service"

  check_command = "jmx4perl"
  vars += config

  ignore where typeof(config) != Dictionary
}
```

Codebeispiel 19.1: *zones.d/global-templates/apps.conf*

Die Überwachung der Heapgröße und der Anwendung *shop* in Icinga am Host *aquarius* sieht dann wie folgt aus:

```
object Host "aquarius.gwc-jonas.local" {
  ...
  vars.jmx4perl_url = "http://" + address + ":8080/jolokia"
  vars.jmx4perl_product = "tomcat"

  vars.jmx["AS Heap usage"] = {
    jmx4perl_alias = "MEMORY_HEAP_USED"
    jmx4perl_base = "MEMORY_HEAP_MAX"
    jmx4perl_name = "HeapMemory"
    jmx4perl_label = " \
        Heap-Memory: %.2r% used (%.2v %u / %.2b %u)"
    jmx4perl_unit = "B"
    jmx4perl_warning = 80
    jmx4perl_critical = 90
  }
```

```
  vars.jmx["AS shop app"] = {
    jmx4perl_mbean = \
        "Catalina:context=/jolokia,host=localhost,type=Loader"
    jmx4perl_attribute = "stateName"
    jmx4perl_name = "shop"
  }
}
```

Codebeispiel 19.2: *zones.d/main/hosts/aquarius.conf*

19.2 SAP

Die Überwachung von SAP-Metriken mittels Icinga ist zurzeit nur über das Computer Center Management System (CCMS) möglich. SAP hat das CCMS jedoch schon abgekündigt und stellt in Zukunft keine Patches mehr zur Verfügung.

Option	Wert
S_RFC - Authorization check for RFC access	
Activity	*
Name of RFC to be protected	SALX,SXHC,SXMI,SYST
Type of RFC object to be protected	FUGR
S_XMI_LOG - Internal access authorization for XMI log	
Access method for XMI log	*
S_XMI_PROD - Auth. for external management interfaces (XMI)	
XMI logging: company name	NETWAYS
Product	CHECK_CCMS
Interface ID	*

Tabelle 19-1: Fürs Monitoring erforderliche Berechtigungen im SAP

Das relativ junge Plugin `check_sap_health` liefert, im Gegensatz zu `check_sap`, bereits Ansätze, das Business Application Programming Interface (BAPI) von SAP abzufragen. Es ist in Perl implementiert und lässt sich damit leicht erweitern.

Der Benutzer, der Zugriff auf das CCMS erhalten soll, muss zum Lesen der Metriken die in Tabelle 19-1 aufgeführten Berechtigungen zugewiesen bekommen.

Beide Plugins setzen die Libraries vom NetWeaver RFC (NWRFC) voraus. Diese müssen mit einem Account vom SAP Marketplace heruntergeladen werden. Dort ist auch das notwendige SAP-eigene Tool `sapcar` zu bekommen.

```
$ mkdir /usr/sap
$ ./sapcar_linux_x64 -xf NWRFC_35-20004565.SAR
$ echo "/usr/sap/nwrfcsdk/lib" > /etc/ld.so.conf.d/sap.conf
$ ldconfig
```

check_sap_health

Da `check_sap_health`[6] der Firma Consol in Perl geschrieben ist, wird zusätzlich das zum NetWeaver gehörende Perl-Modul[7] benötigt. Das Modul ist öffentlich auf *cpan.org* zugänglich.

- RedHat

  ```
  $ dnf install -y perl-ExtUtils-MakeMaker perl-YAML
  ```

- Debian

  ```
  $ apt install -y libyaml-perl
  ```

Weiter geht es unabhängig von der Plattform:

```
$ tar xfz sapnwrfc-0.37.tar.gz
$ cd sapnwrfc-0.37
$ perl Makefile.PL
$ make; make install
```

- RedHat

  ```
  $ yum install -y perl-Digest-MD5 perl-Time-HiRes \
      perl-Data-Dumper perl-Date-Manip
  ```

- Debian

  ```
  $ apt-get install -y libdigest-perl-md5-perl \
      libdate-manip-perl
  ```

Das eigentliche Plugin wird von der Website heruntergeladen, entpackt und konfiguriert:

```
$ cd /usr/local/src
$ tar xfz ~/Downloads/check_sap_health-2.1.0.2.tar.gz
$ cd check_sap_health-2.1.0.2
```

[6] https://labs.consol.de/de/nagios/check_sap_health/index.html
[7] https://metacpan.org/pod/sapnwrfc

- RedHat

```
$ ./configure --libexecdir=/usr/lib64/nagios/plugins
```

- Debian

```
$ ./configure --libexecdir=/usr/lib/nagios/plugins
```

Und anschließend übersetzt und installiert:

```
$ make
$ make install
```

Ein erster Test des Plugins überprüft die Verbindung zu der SAP-Instanz »123« auf dem Host »host«. Mit der Option `--mode` lassen sich unterschiedliche Abfragen formulieren.

```
./check_sap_health --ashost <host> --sysnr <123> \
    --client <456> --username icinga --password *** \
    --mode connection-time
OK - 0.08 seconds to connect as icinga@<sys> | 'connection...
```

Folgendes Beispiel listet alle CCMS-Monitorsets auf:

```
./check_sap_health ... --mode list-ccms-monitor-sets
DFPS Template
FlowLogicAccess
My Business Communication
Operatives Monitoring
SAP (CEN) B2B Procurement - Monitors
...
SAP Business Communication
SAP Business Workflow
SAP CCMS Admin Workplace
SAP CCMS Monitor Templates
...
```

Um sich von einem bestimmten Set nähere Informationen über dessen Metriken anzeigen zu lassen, ist das gewünschte Set mit der Option `--name` anzugeben.

```
./check_sap_health ... --mode list-ccms-monitors \
    --name 'SAP CCMS Monitor Templates'
SAP CCMS Monitor Templates
 Availability and Performance Overview
 ...
 Communications
 Data Archiving
 Database
 Dialog Overview
 ...
OK - have fun
```

Den hierarchischen Baum steigt man mit der Option `--name2` weiter hinab und bekommt alle Monitoring Tree Elements (MTEs) zu einem Monitorset angezeigt.

```
$ ./check_sap_health ... --mode list-ccms-mtes --name \
  'SAP \ac{CCMS} Monitor Templates' --name2 'Dialog Overview'
...
\Dialog Overview 199
\Dialog Response Time 199
\Network Time 199
\Standardized Response Time 199
\Users Logged On 199
OK
```

Ein spezifisches MTE lässt sich dann mit `--name3` abfragen. *CUSTOM* steht hier für den Namen der SAP-Instanz.

```
$ ./check_sap_health ... --mode ccms-mte-check \
    --name 'SAP \ac{CCMS} Monitor Templates' \
    --name2 'Performance Overview' \
    --name3 'CUSTOM\System\Dialog\ResponseTime'
OK - Dialog ResponseTime = 168msec
```

Eine weitere nützliche Option ist `--regexp`, bei der die Werte für `--name2` und `--name3` als reguläre Ausdrücke interpretiert werden. In diesem Zusammenhang ist auch die Option `--separator` zu erwähnen, die richtig gesetzt Probleme mit regulären Ausdrücken umgeht, da dort »\« ein vorbelegtes Sonderzeichen ist.

Die vollständige Liste aller Optionen gibt nicht nur die Option `--help` aus, man findet diese ebenfalls mit weiteren Beispielen auf der Projektseite.

check_sap

Bei diesem Plugin handelt es sich nicht um ein altes, nicht mehr gepflegtes Plugin mit demselben Namen, sondern um eine Neuentwicklung der Firma NETWAYS. Auf der zugehörigen Projektseite[8] steht der Quellcode zum Herunterladen bereit.

```
$ tar xfz check_sap_v1.5.tar.gz
$ cd check_sap
$ autoconf
$ ./configure --with-rfc-headers=/usr/sap/nwrfcsdk/include \
    --with-rfc-libs=/usr/sap/nwrfcsdk/lib
$ make
```

[8]https://github.com/NETWAYS/check_sap

Die Optionen sind klarer gegliedert, bieten aber nicht die Flexibilität von `check_sap_health`. So ist z. B. die Verwendung von regulären Ausdrücken leider nicht möglich.

- RedHat

```
$ install -o root -g root -m755 ./check_sap \
    /usr/lib64/nagios/plugins
```

- Debian

```
$ install -o root -g root -m755 ./check_sap \
    /usr/lib/nagios/plugins
```

Nach erfolgter Installation kann gleich die Verbindung getestet werden, der entscheidende Wert für die Option `--mode` lautet hier *sapinfo*.

```
$ ./check_sap --host saphost --sysnr 00 --client 000 \
    --dest SID --user NAGIOS --pass nagios --mode sapinfo
Connected to SAP release 701
```

Die entsprechenden Modi zum Auflisten der Monitorsets, MTEs oder eines gesamten Baums bzw. Unterbaums sind *listsets*, *listmonitors* und *listtree*. Die Hierarchie wird hier nicht als einzelner String angegeben, sondern als Liste.

```
$ ./check_sap --host saphost --sysnr 00 --client 000 \
    --dest SID --user NAGIOS --pass nagios \
    'SAP \ac{CCMS} Monitor Templates' 'Entire System' ...
[OK] 8 matching lines found | ResponseTime=...
[OK] SID/ResponseTime: 193 msec
[OK] SID/FrontendResponseTime: 445 msec
[OK] SID/ResponseTime(StandardTran.): 9 msec
[OK] SID/ResponseTime: 943 msec
[OK] SID/ResponseTime: 175 msec
[OK] SID/ResponseTime: 193 msec
[OK] SID/FrontendResponseTime: 445 msec
[OK] SID/ResponseTime(StandardTran.): 9 msec
```

19.3 Elastic

Die Logmanagementlösung »Elastic« besteht aus mehreren Komponenten, die alle auch unabhängig voneinander eingesetzt werden können. Durch diese Aufteilung ist es auch nötig, dass jedes Element für sich überwacht wird.

Wie Elastic gemeinsam mit Icinga eingesetzt wird, um Systeme anhand von Logs und SNMP-Traps zu überwachen und ggf. Alarme daraus zu generieren, wird in Kapitel 23 ab Seite 557 beschrieben. Im folgenden Abschnitt geht es dagegen darum, wie überwacht werden kann, dass die einzelnen Komponenten auch tun, was sie sollen.

19.3.1 Logstash

Durch seine Flexibilität kann Logstash sowohl als lokales Tool als auch als Netzwerkdienst eingesetzt werden. Welche Checks mit Logstash durchgeführt werden, hängt deshalb davon ab, wie es konfiguriert wurde.

Unabhängig davon, wie Logstash eingesetzt wird, ist es sinnvoll, zu prüfen, ob der Logstash-Prozess läuft. Im Fall von Logstash ist das ein Java-Prozess, der den Logstash-Code ausführt.

Logstash wird häufig gemeinsam mit einem Puffer wie Redis eingesetzt. Dabei laufen oft der Puffer und zwei Logstash-Instanzen auf einem Host. Einer der Logstashs nimmt Logs entgegen und legt sie im Puffer ab. Üblicherweise wird diese Instanz »Shipper« genannt. Der andere holt sie aus dem Puffer, verarbeitet sie mit seinen Filtern und reicht sie an nachfolgende Tools wie Elasticsearch weiter. Diese Instanz wird als »Indexer« oder »Central« bezeichnet. Auch wenn mit Version 6 von Logstash eine Möglichkeit geboten wird, die einzelnen Instanzen durch »Pipelines« innerhalb einer Instanz zu ersetzen, so haben noch viele User den Aufbau aus Shipper und Indexer im Einsatz, weshalb dieses Beispiel hier noch nützlich sein kann.

Ein einfacher Check, ob beide Instanzen laufen, könnte ein Service sein, der überprüft, ob es zwei Java-Prozesse gibt, die Logstash ausführen.

```
apply Service "logstash" {
  import "generic-service"
  check_command = "procs"

  vars.procs_argument = "logstash"
  vars.procs_critical = "1:2"

  assign where "logstash" in host.templates
}
```

Codebeispiel 19.3: *zones.d/global-templates/apps/elastic.conf*

Genauere Ergebnisse liefern zwei Services, die jeweils den gleichen Check wie zuvor ausführen. Zusätzlich prüfen sie noch, ob der Prozess läuft und ob er jeweils das richtige Konfigurationsverzeichnis verwendet.

```
apply Service "Logstash Indexer" {
  import "generic-service"
  check_command = "procs"

  vars.procs_user = "logstash"
  vars.procs_argument = "logstash/conf.d"
  vars.procs_critical = "1:1"

  assign where "logstash" in host.templates
}

apply Service "Logstash Shipper" {
  import "generic-service"
  check_command = "procs"

  vars.procs_user = "logstash"
  vars.procs_argument = "logstash/shipper-conf.d"
  vars.procs_critical = "1:1"

  assign where "logstash" in host.templates
}
```

Codebeispiel 19.4: *zones.d/global-templates/elastic.conf*

Dabei ist die Angabe einer Obergrenze für die Anzahl der Prozesse durchaus sinnvoll. Können Events aufgrund von Fehlern in der Konfiguration nicht weiterverarbeitet werden, wartet das Init-Skript von Logstash beim Stoppen des Dienstes einige Zeit und bricht dann mit einer Meldung ab, die leicht übersehen werden kann. Der Prozess läuft dann einfach weiter.

Öffnet die Logstash-Instanz keinen eigenen Port, was bei Indexern durchaus üblich ist, kann eine neue Instanz gestartet werden und parallel zu der bisherigen laufen. Durch ein `service logstash restart` kann so durch eine leichte Unachtsamkeit eine dritte Logstash-Instanz starten, wobei zwei davon aus der gleichen Quelle Daten entnehmen und an die gleichen Ziele weiterschicken. Dabei kann aber die nicht beendete Instanz durchaus mit einer veralteten Version der Konfiguration weiterlaufen[9].

Deutlich mehr Informationen liefert Logstash mit aktivierter »Node-Stats-API« und dem Plugin `check_logstash`, das auch bereits in der ITL enthalten ist.

[9]Einer der Autoren spricht aus Erfahrung, wenn er sagt, dass dies eine echte Qual beim Debuggen sein kann, falls man nicht daran denkt, nach überzähligen Prozessen zu suchen.

Um die API von Logstash zu aktivieren, reicht es, folgende Zeile in der Konfigurationsdatei */etc/logstash/logstash.yml* einzutragen:

```
http.host: "127.0.0.1"
```

Nach einem Neustart bietet Logstash an Port 9600 (oder dem ersten freien ab da aufwärts, wenn diese Ports belegt sind) sehr viele Informationen über den laufenden Prozess. Die Ausgabe profitiert deutlich vom Setzen von »id«-Optionen in den einzelnen Logstash-Plugins innerhalb der Konfiguration. Die verwendeten Logstash-Plugins werden gelistet und ggf. über diese IDs identifizierbar gemacht. Dabei erfährt man von jedem Plugin, wie viel Rechenzeit es verbraucht hat, wie viele Events es verarbeitet hat etc.

Diese API kann auch vom Monitoring-Plugin `check_logstash`[10] abgefragt werden. Zum Zeitpunkt, als dieses Buch geschrieben wurde, befand sich das Plugin noch in einem frühen Stadium. Es funktioniert ausreichend gut für eine Überwachung von Logstash-Instanzen, hat aber aktuell noch wenig Möglichkeiten, Schwellenwerte zu setzen. Dennoch ist es eine gute Möglichkeit, deutlich mehr Informationen zu erhalten als nur die, ob der Dienst läuft oder nicht.

19.3.2 Elasticsearch

Zum Überwachen der NoSQL-Datenbank »Elasticsearch« existieren einige Plugins, die sich in ihrem Funktionsumfang ähneln. Das hier vorgestellte `check_elasticsearch` wird aktuell nicht paketiert angeboten, kann aber über `pip` bezogen werden. Das zugehörige GitHub-Projekt ist unter https://github.com/anchor/nagios-plugin-elasticsearch zu finden.

Leider installiert `pip` das Plugin als `check_elasticsearch` nach */usr/bin/*, von wo es erst verschoben oder verlinkt werden muss, will man diesen Pfad nicht extra als Plugin-Pfad in der Icinga-Konfiguration hinterlegen.

- RedHat

```
$ yum -y install python-pip
$ pip install nagios-plugin-elasticsearch
$ ln -s /usr/bin/check_elasticsearch \
    /usr/lib64/nagios/plugins/check_elasticsearch
```

- Debian

```
$ apt-get install -y python-pip
$ pip install nagios-plugin-elasticsearch
$ ln -s /usr/bin/check_elasticsearch \
    /usr/lib/nagios/plugins/check_elasticsearch
```

[10] https://github.com/widhalmt/check_logstash

Beim Aufruf ohne Optionen geht das Plugin davon aus, dass ein Elasticsearch-Knoten über die Adresse *localhost* erreichbar ist, und prüft diesen nach seinem eigenen Statuscode.

Elasticsearch überwacht einige Parameter selbst und verwendet ein ähnliches »Ampelsystem« wie Icinga 2. Die Farbcodes haben folgende Bedeutung:

- `Green`: Alle Shards aller Indizes sind vorhanden und alle dazugehörigen Repliken sind auf je einem anderen Host als ihr Shard, den sie replizieren. Der Cluster ist voll funktionsfähig und so redundant, wie er sein soll.
- `Yellow`: Alle Shards aller Indizes sind vorhanden, aber nicht alle konfigurierten Repliken sind online. Alle Daten sind vorhanden, aber die Redundanz und die Suchgeschwindigkeit sind eingeschränkt (der Normalzustand bei nur einem Elasticsearch-Knoten, wenn man nicht extra alle Repliken deaktiviert). Sind genug Hosts vorhanden, wird der Cluster versuchen, mehr Repliken online zu bringen und so in den Zustand `Green` zu kommen.
- `Red`: Shards fehlen. Daten sind nicht vorhanden und können entsprechend auch nicht abgerufen werden. Oft können diese Daten wieder in den Cluster eingefügt werden, sollte es gelingen, ausgefallene Knoten wieder online zu bringen.

Dabei fragt das Plugin auch etliche weitere Parameter des Elasticsearch-Clusters ab, die allerdings nur als Performance-Daten ausgegeben werden. Diese Werte beziehen sich auf den gesamten Cluster, weshalb es ausreicht, das Plugin einen einzigen Knoten eines Clusters prüfen zu lassen. Damit ist es unerheblich, wie viele Knoten aktuell laufen. Solange der Cluster im Status `Green` ist, zeigt auch das Plugin `Ok` als Status an. Um zu prüfen, ob der Elasticsearch-Dienst auch auf allen Knoten läuft, auf denen er laufen soll, ist es dennoch sinnvoll, jeden Knoten einzeln zu befragen. So kann auch unter Umständen eine »Split Brain[11]«-Situation leichter erkannt werden.

```
$ ./check_elasticsearch
One or more indexes are missing replica shards. \
Use -vv to list them. | cluster_nodes=1;;;;; ...
```

Das Plugin bietet nur wenige Optionen. Neben `-H` und `-p`, um Host und Port des zu befragenden Knotens anzugeben, sind vor allem die folgenden nützlich:

[11] https://de.wikipedia.org/wiki/Split_Brain_(Informatik)

- `-f FAILURE_DOMAIN`: Hierbei ist `FAILURE_DOMAIN` eine kommaseparierte Liste von Attributen, mit denen die Elasticsearch Failure Domain angegeben wird. Ist diese Option gesetzt, prüft das Plugin, ob Shards und deren Repliken auch wie gewünscht auf die verschiedenen Failure Domains verteilt sind. Failure Domains können dabei Brandabschnitte, Rechenzentren oder Kontinente sein – je nachdem, wie stark der Elasticsearch-Cluster verteilt ist und wie die Repliken der Daten aufgeteilt sein sollen.
- `-m MASTER_NODES`: Die Zahl `MASTER_NODES` gibt an, wie viele potenzielle Masterknoten im geprüften Cluster vorhanden sein müssen. Die Angabe, wie viele Knoten Master werden dürfen, bevor einer dieser Knoten sich selbst zum Master ernennt, ist ein üblicher Weg, um »Split Brain«-Szenarien zu verhindern. In der Konfiguration von Elasticsearch kann festgelegt werden, welche Knoten potenzielle Master sind und wie viele potenzielle Master erreichbar sein müssen, bevor ein potenzieller Master sich selbst zum tatsächlichen Master macht.

Der Check befindet sich bereits in der ITL, weshalb er sehr einfach in Icinga eingebunden werden kann.

```
object Service "elasticsearch" {
  import "generic-service"
  host_name = "canis.gwc-jonas.local"

  check_command = "elasticsearch"
}
```

Codebeispiel 19.5: *zones.d/main/hosts/canis.conf*

Alternativ können sehr viele Kennzahlen von Elasticsearch auch über die REST-API als JSON-formatierte Datensammlung abgefragt werden. Welche Daten genau zu prüfen sind, hängt sehr stark vom Einsatzzweck von Elasticsearch ab – ebenso wie deren Schwellenwerte.

Wird der Dienst entsprechend seiner ursprünglichen Verwendung als interne Suchmaschine einer Website eingesetzt, ist der Datenbestand verhältnismäßig überschaubar, die Schreiblast gering und Abfragen müssen besonders schnell beantwortet werden. Wird Elasticsearch jedoch im Rahmen von Elastic als Sammelstelle für Logs verwendet, werden wahrscheinlich deutlich mehr Daten gespeichert, die laufend in großer Menge geschrieben werden, wohingegen Abfragen auch mal etwas länger mit der Antwort brauchen dürfen.

19.3.3 Kibana

Das Webinterface von Elastic, das zum Durchsuchen von gespeicherten Logs und zur Darstellung von Dashboards zur grafischen Aufbereitung der Logdaten dient, hält selbst keine Daten vor, sondern speichert Einstellungen in Elasticsearch in einem eigenen Index.

Um festzustellen, ob Kibana korrekt arbeitet, reicht es aus, zu prüfen, ob der Kibana-Prozess läuft oder, noch besser, ob der in Kibana integrierte Webserver erreichbar ist.

Das folgende Beispiel prüft mittels des in der ITL definierten Check Command *http*, ob Kibana läuft. Weitere Checks gegen Kibana sind im Allgemeinen nicht sinnvoll.

```
object Host "canis.gwc-jonas.local" {
  ...
  vars.http_vhosts["kibana"] {
    http_vhost = "canis.gwc-jonas.local"
    http_port = 5601
  }
}
```

Codebeispiel 19.6: *zones.d/main/hosts/canis.conf*

19.3.4 Beats

Für Beats gibt es momentan keine Plugins, die deren Funktionsweise prüfen können. Es reicht aus, mit `check_procs` zu überwachen, ob der jeweilige Prozess läuft.

Dazu sei gesagt, dass Beats ab Version 6 die Möglichkeit haben, regelmäßig einen Heartbeat zu schicken, der Statistiken über das System, auf dem der Prozess läuft, enthält. Bleibt dieser Heartbeat aus, kann das als Hinweis auf Probleme im Beat oder in der Kommunikation gedeutet werden. Für eine automatisierte Abfrage existiert zum jetzigen Zeitpunkt noch kein Plugin. Da bisher noch nicht mehr als eine Idee dafür vorhanden ist, kann auch kein Link zu einem entsprechenden Projekt angegeben werden.

19.4 Puppet

In einer Puppet-Umgebung gibt es in der Regel mehrere Komponenten, die überwacht werden können. Neben einem oder mehreren Puppetmastern wird auch meistens die PuppetDB eingesetzt. Wird die kommerziell vermarktete Enterprise[12]-Variante verwendet, kommen in den aktuellen Versionen diverse Managementtools wie die webbasierte Console oder der Node-Manager hinzu.

19.4.1 Puppet Agent Run

Das sicherlich Interessanteste ist, ob die Puppet-Läufe der Agenten rechtzeitig und erfolgreich durchgeführt wurden. Diese Informationen kann man auf mehreren Wegen in Erfahrung bringen. Einer besteht darin, auf dem Agenten die Daten aus der Protokolldatei *last_run_summary.yaml* zu ziehen und den dort hinterlegten Zeitstempel abzugleichen. Alternativ kann beim Einsatz einer PuppetDB deren API abgefragt werden.

Ein Plugin, das Ersteres erledigt und damit auf dem zu überwachenden Host laufen muss, ist check_puppet.rb[13]. Es setzt ein installiertes Ruby voraus, was vermeintlich erledigt ist, da Puppet in Ruby implementiert ist. Das Plugin erwartet jedoch ein systemseitig installiertes Ruby mit /usr/bin/ruby. Ist allerdings ein Puppet »All in One« auf den Systemen installiert, was ab Puppet 4 nicht unüblich ist, befindet sich das von Puppet verwendete Ruby unter */opt/puppetlabs/puppet/bin*.

```
$ head -n2 check_puppetdb.rb
#!/opt/puppetlabs/puppet/bin/ruby
```

Die Installation des Plugins erfolgt nach Download und ggf. erforderlicher Anpassung wie üblich in die bekannten Pfade:

- RedHat

```
$ sudo install -m755 \
     ./check_puppet.rb /usr/lib64/nagios/plugins/
```

- Debian

```
$ sudo install -m755 \
     ./check_puppet.rb /usr/lib/nagios/plugins/
```

Zur Ausführung des Plugins sind lesende Berechtigungen auf diverse Dateien nötig, die allerdings standardmäßig nur *root* besitzt. Dieser Zugriff kann erreicht werden, wenn das Plugin via sudo aufgerufen wird. In der

[12]https://puppet.com
[13]https://github.com/ripienaar/monitoring-scripts/tree/master/puppet

Definition des Check Command *puppet* in Anhang F.7 auf Seite 686 ist das mit berücksichtigt.

- RedHat

  ```
  icinga ALL=(ALL) NOPASSWD: \
       /usr/lib64/nagios/plugins/check_puppet.rb
  ```

  Codebeispiel 19.7: */etc/sudoers.d/icinga*

- Debian

  ```
  nagios ALL=(ALL) NOPASSWD: \
       /usr/lib/nagios/plugins/check_puppet.rb
  ```

  Codebeispiel 19.8: */etc/sudoers.d/icinga*

Damit lässt sich nun ein Service bzw. eine *apply*-Regel definieren, die z. B. mittels *command_endpoint* das Plugin auf den entsprechenden Servern überwacht. Da Schwellenwerte gesetzt werden müssen, kann dies in einem Host-Template geschehen, das jedem Host mit einem Puppet-Agenten hinzuzufügen ist. Die Schwellenwerte sind in Sekunden anzugeben. Standardmäßig sollten die Puppet-Läufe alle 30-35 Minuten durchgeführt werden.

```
template Host "puppet-agent" {
  vars.puppet_warning = 2200
  vars.puppet_critical = 4400
}

apply Service "puppet" {
  import "generic-service"

  check_command = "my/puppet"
  command_endpoint = host.name

  assign where "puppet-agent" in host.templates
  ignore where host.vars.os != "Linux"
  ignore where host.vars.noagent
}
```

Codebeispiel 19.9: *zones.d/global-templates/puppet.conf*

Ein akzeptables Plugin, das eine aktuelle API-Version beherrscht und die PuppetDB nach diesen Informationen abfragen kann, ist den Autoren leider nicht bekannt.

19.4.2 PuppetDB

Bei der sogenannten PuppetDB handelt es sich um einen Application Server mit angegliederter PostgreSQL-Datenbank. Schaltet man Remote JMX für die Java-VM an, kann die Überwachung wie in Abschnitt 19.1 ab Seite 409 durchgeführt werden. Die Datenbank und das DBMS lassen sich wie in Abschnitt 15.2 beschrieben abprüfen.

Die wesentlich wichtigeren Metriken erhält man erst, wenn die API der PuppetDB abgefragt wird. Ein Plugin, das gepflegt wird und auch die aktuellen Versionen der API unterstützt, ist `check_puppetdb.rb`[14].

```
$ PATH=/opt/puppetlabs/puppet/bin \
       ./check_puppetdb.rb -H carina.gwc-jonas.local
Catalog duplication: 0.0%
0.0 cmds/s 0.0 ms/cmd
JVM 80MB used of 92MB (87.13%)
nodes: 5
Read pool - active DB connections: 1 max DB connections: 25
Write pool - active DB connections: 0 max DB connections: 25
processed: 0
Queue size: 0
Resource duplication: 0.0%
resources: 0
retried: 0
thread count: 31 peak thread count: 35 daemon thread count: 13
```

Schwellenwerte können bzgl. der »Queue size« und der ausgeführten Kommandos, die pro Sekunde abgearbeitet werden, gesetzt werden. Die Abfrage erfolgt standardmäßig unverschlüsselt auf Port 8080 der PuppetDB, der aus Sicherheitsgründen nur lokal erreichbar ist. Um die zertifikatsbasierte Authentifizierung zu umgehen, kann das Plugin mit dem Check Command aus Anhang F.8 auf Seite 687 lokal auf dem Server ausgeführt werden.

```
object Service "puppetdb" {
  import "generic-service"
  host_name = "carina.gwc-jonas.local"

  check_command = "my/puppetdb"
  command_endpoint = "carina.gwc-jonas.local"

  vars.puppetdb_cmd_warning = 30
  vars.puppetdb_cmd_critical = 50
}
```

Codebeispiel 19.10: *zones.d/main/hosts/carina.conf*

[14] https://github.com/xorpaul/check_puppetd

V Integration

20 Businessprozesse

Die Überwachung von Geschäftsprozessen gehört mit zu den wichtigsten Aufgaben eines Monitoring-Systems. Als »Business Process« wird dabei eine logische Verknüpfung zwischen Teilprozessen bzw. einzelner Icinga-Services verstanden. Die Teilprozesse gliedern sich wieder in Unterprozesse auf oder bestehen aus Beziehungen zwischen Services.

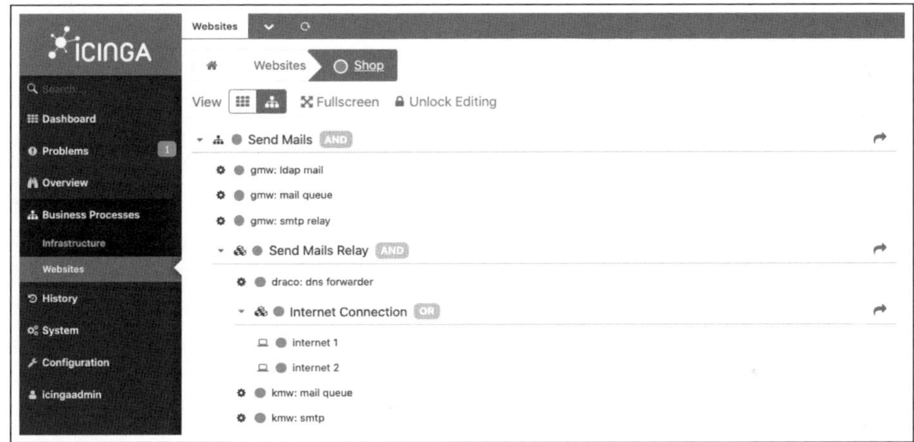

Abbildung 20-1: Beispielprozess im Businessprozess-Modul

Businessprozesse werden demnach dazu benutzt, komplexe Zusammenhänge zwischen einzelnen überwachten Diensten herzustellen und daraus einen Gesamtstatus des Prozesses abzuleiten bzw. zu berechnen.

»Mein Baby gehört zu mir!«
Johnny Castle, 1987

Ein klassisches Beispiel eines Businessprozesses ist der Mailversand. Die Einlieferung von Mails am Server, die eine Authentifizierung erfordert, muss gewährleistet sein. Kommt ein Relay zum Einsatz, muss die Verbindung zu diesem funktionieren. Das Relay benötigt die Möglichkeit, festzustellen, wohin es die Mail weiterzuleiten hat. Das bedeutet, die Namensauflösung muss erfolgreich arbeiten. Dabei kann die DNS-Auflösung ein eigener Businessprozess sein, wenn mehrere redundante Server zur Verfügung stehen. Der Mailversand selbst kann auch wieder ein Teilprozess sein und zusammen mit dem Mailempfang einen weiteren Geschäftsprozess *Mail* bilden.

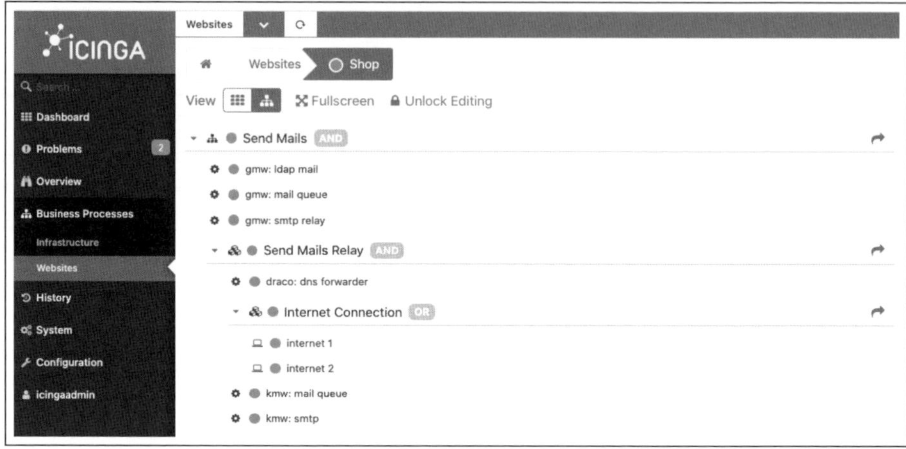

Abbildung 20-2: Beispielprozess mit Fehler im Businessprozess-Modul

Fällt nun eine der beschriebenen Komponenten aus, ist damit der gesamte Businessprozess nicht mehr funktionsfähig und es muss ein Alarm, möglichst nicht per Mail, ausgelöst werden. Sind Komponenten redundant ausgelegt, beeinträchtigt der Ausfall den Gesamtprozess nicht. Im vorherigen Beispiel arbeitet *Send Mails* immer noch korrekt, wenn z. B. eine von beiden redundant ausgelegten Internetanbindungen ausfällt. Daraus abgeleitet sind Probleme an Geschäftsprozessen höher einzustufen als an einzelnen Services.

»So rot kann der Alarm gar nicht sein.«
Cmdr. Spock, 1967

Mit einem zusätzlichen Modul[1] für Icinga Web 2 wird mit *Business Process* offiziell ein solches Addon angeboten. Es bietet einen grafischen Editor, in dem die Prozesse modelliert werden, ein Erstellen ist alternativ auch in textbasierten Konfigurationsdateien durchführbar.

[1] https://github.com/Icinga/icingaweb2-module-businessprocess

Solange das Icinga-Team keine Installationspakete für ihre Module bereitstellt, muss der Quellcode aus dem Internet geladen, entpackt und an die richtige Stelle im Verzeichnisbaum abgelegt werden.

```
$ VERSION="2.3.1"
$ cd /usr/share/icingaweb2/modules/
$ install -m755 -d businessprocess
$ wget -qO - https://github.com \
    /Icinga/icingaweb2-module-businessprocess/archive/refs/tags \
    /v${VERSION}.tar.gz |tar xfz - -C businessprocess \
    --strip-components 1
$ icingacli module enable businessprocess
```

In Version 2.3.1 setzt das Modul *Business Process* ein weiteres generisches Modul voraus:

```
$ VERSION="0.5.0"
$ install -m755 -d ipl
$ wget -qO - https://github.com \
    /Icinga/icingaweb2-module-ipl/archive/refs/tags \
    /v${VERSION}.tar.gz |tar xfz - -C ipl \
    --strip-components 1
$ icingacli module enable ipl
```

Alternativ werden Installationspakete auf *https://packages.netways.de/extras* zur Verfügung gestellt.

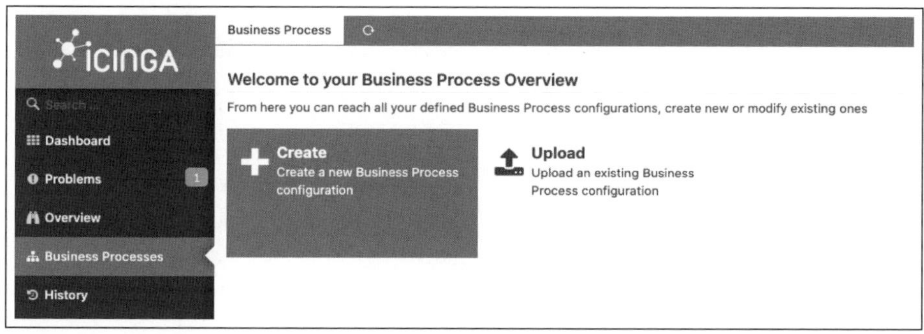

Abbildung 20-3: Anlegen einer Konfigurationsdatei

Sollte die Darstellung nicht korrekt wiedergegeben werden, handelt es sich um einen Bug, der beim Erstaufruf nach der Installation auftritt. Ein »harter« Reload der Seite behebt das Problem.

20.1 Einen ersten Businessprozess anlegen

Ein erster einfacher Businessprozess soll die Internetanbindung sein. Diese wird redundant von zwei verschiedenen Anbietern bereitgestellt. Getestet wird sie jeweils mit »ping« zum Gateway des entsprechenden Providers. In diesem Beispiel heißen die beiden Hostobjekte *internet 1* und *internet 2*.

```
# Title              : Infrastructure
# Owner              : icingaadmin
# AddToMenu          : yes
# Statetype          : soft

internet-connection = internet 1;Hoststatus | internet 2;Hoststatus
display 1;internet-connection;Internet Connection
```

Codebeispiel 20.1: *businessprocess/processes/infrastructure.conf*

Prozesse werden in Dateien unterhalb des Verzeichnisses *processes* im Konfigurationsverzeichnis *businessprocess* des Moduls im üblichen Verzeichnis */etc/icingaweb2/modules* gespeichert.

Im Kopf der Datei sind diverse notwendige Informationen als Kommentarzeilen zu hinterlegen. Der Titel ist hierbei der Anzeigename in Icinga Web 2. Dieser wird dem Hauptmenü als Unterpunkt unterhalb von *Business Processes* hinzugefügt, wenn für *AddToMenu* der Wert *yes* angegeben ist.

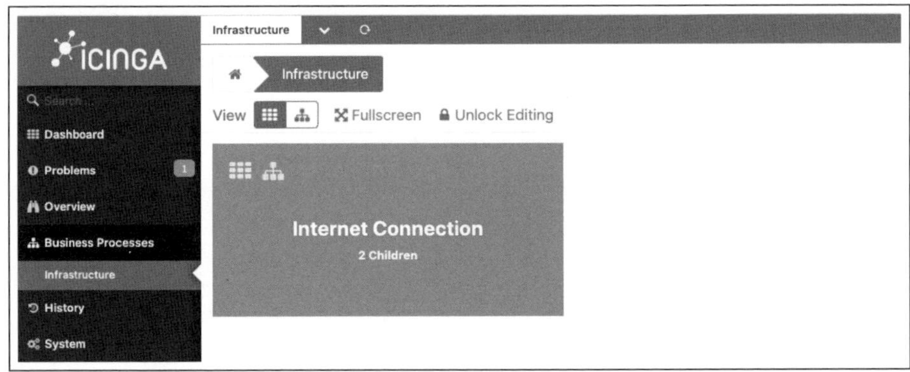

Abbildung 20-4: Der Businessprozess Internet Connection

Besonders wichtig ist *Statetype*. Dort wird festgelegt, wann der Businessprozess seinen Status wechseln soll. Erlaubte Werte sind *hard* oder *soft*. Mit *hard* reagiert der Prozess erst, wenn die beteiligten Komponenten ihren Hard State erreicht haben. Hingegen wechselt bei *soft* der Prozess auch schon bei einem Soft State seinen Status.

Sollen die Prozesse in `infrastructure.conf` über den Editor des Moduls bearbeitet werden können, muss mittels *owner* angegeben werden, welcher Benutzer in Icinga Web 2 dazu berechtigt ist.

Der Prozess *internet-connection* setzt sich aus dem Zustand der beiden Hostobjekte zusammen. Diese beiden stehen in einer Oder-Beziehung zueinander, d. h., einer von beiden muss den Status OK haben, damit auch der Businessprozess im Status OK ist.

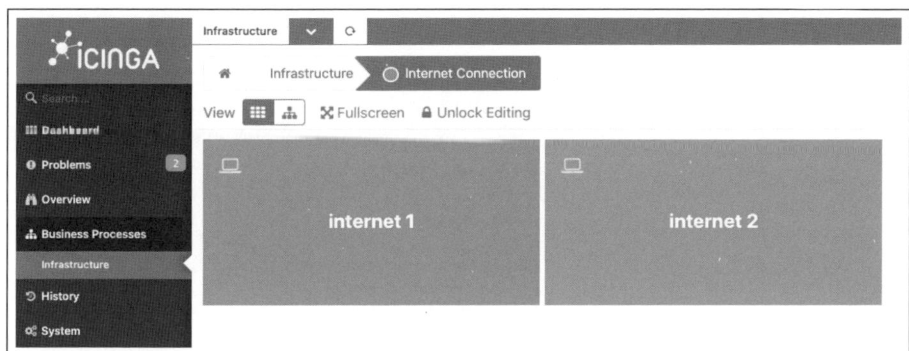

Abbildung 20-5: Bestandteile des Prozesses Internet Connection

Weitere Beziehungen sind der Operator »&« für ein »und« sowie die Mindestanzahl aus einer Menge, wenn z. B. zwei von drei Hosts erreichbar sein müssen, damit der Prozess nicht seinen Status wechselt:

```
internet-connection = 2 of: host1;Hoststatus \
        + host2;Hoststatus + host3;Hoststatus
```

Die letzte Zeile aus Codebeispiel 20.1 auf Seite 432 besagt mit *display 1*, dass der Prozess »Toplevel Process« ist und unter dem Menüpunkt *Infrastructure* angezeigt wird. Ist hingegen eine *0* angegeben, geschieht genau dies nicht und der Prozess kann lediglich als Unterprozess (Sublevel Process) einem weiteren Prozess hinzugefügt werden.

Die beiden anderen mit »;« abgetrennten Werte sind die Bezeichnung des Prozesses. Der zweite wird als Anzeigename verwendet, der erste dient der internen Identifizierung und kann zur Referenzierung in einem anderen Prozess verwendet werden.

Derselbe Businessprozess lässt sich ebenfalls mithilfe des grafischen Editors erstellen. Hierzu wird zuerst die Datei `infrastructure.conf` erstellt. Sobald man *Create* im *Business Processes*-Menü betätigt hat, gelangt man in eine Maske, in der die oben beschriebenen Einstellungen für die Datei `infrastructure` vorgenommen werden müssen.

Das Feld *ID* enthält den Dateinamen. Die Dateiendung auf `.conf` wird automatisch ergänzt.

Create a new Business Process

ID*	infrastructure
Display Name	Infrastructure
Description	
Backend	Use the configured default backend
State Type*	Use SOFT states Whether this process should be based on Icinga hard or soft states
Add to menu*	Yes

Add

Abbildung 20-6: Die Konfigurationsdatei *infrastructure.conf* anlegen

Nach Betätigen von *Add* wird das Anlegen eines Businessprozesses fortgesetzt. Man befindet sich automatisch im Editiermodus und fügt einen Prozess durch die Anwahl des kaum zu übersehenden *Add*-Felds hinzu.

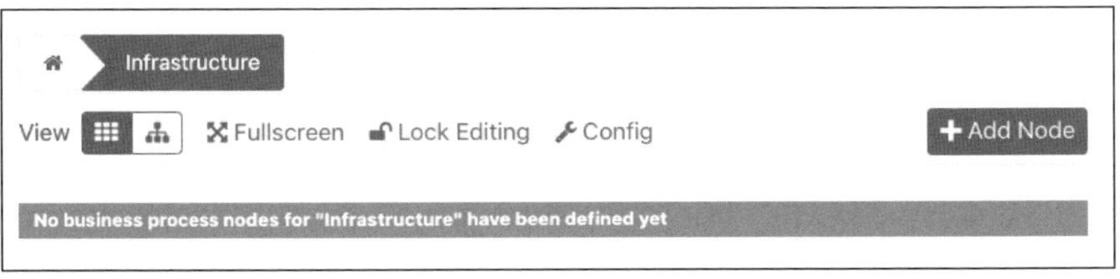

Abbildung 20-7: Einen Prozess anlegen

In der nun erscheinenden Maske *Add a new root node* werden der Name, der Anzeigename, der gewünschte Operator und die Angabe, ob es sich um einen *Toplevel*- oder einen *Sublevel*-Prozess handeln soll, eingetragen. Optional kann eine URL zu weiteren extern erreichbaren Informationen hinterlegt werden.

Mit *Submit* wird der Prozess *Internet Connection* zur weiteren Bearbeitung initialisiert. Um nun die beiden Hostobjekte zuzuordnen, muss der Prozess erneut ausgewählt werden und erst danach kann mit der Auswahl des *Node type* fortgefahren werden.

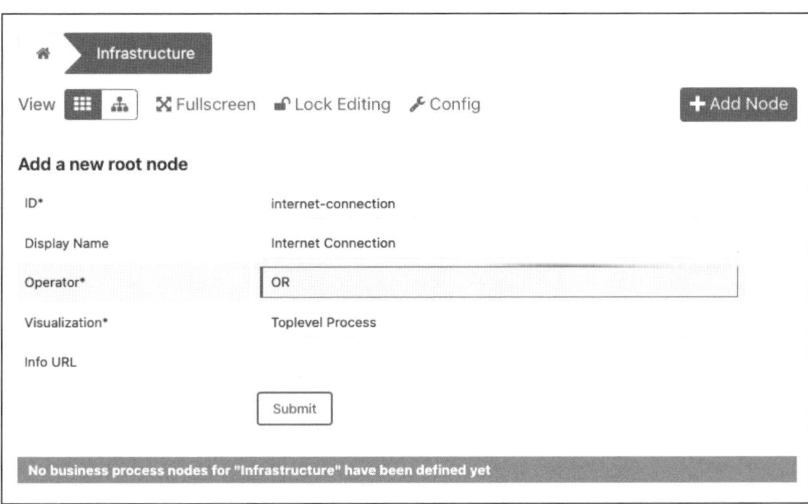

Abbildung 20-8: Einen Prozess konfigurieren

Da es zwei Hostzustände sein sollen, die mit »oder« verknüpft werden sollen, ist als *Node type* auch *Host* auszuwählen.

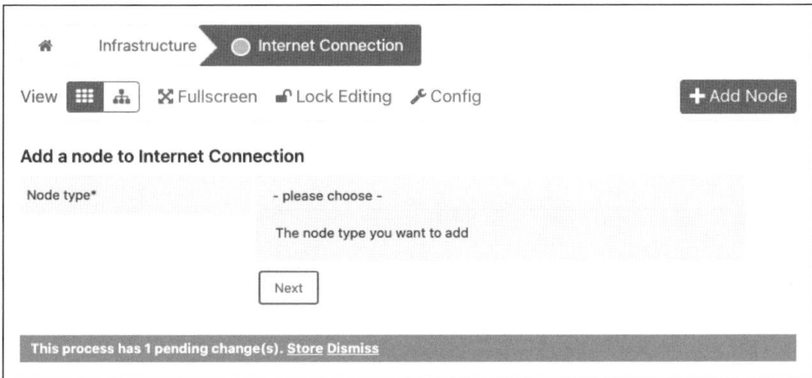

Abbildung 20-9: Bestandteile eines Prozesses auswählen

Danach öffnet sich eine Auswahlbox, in der ein oder mehrere Hosts gewählt werden dürfen.

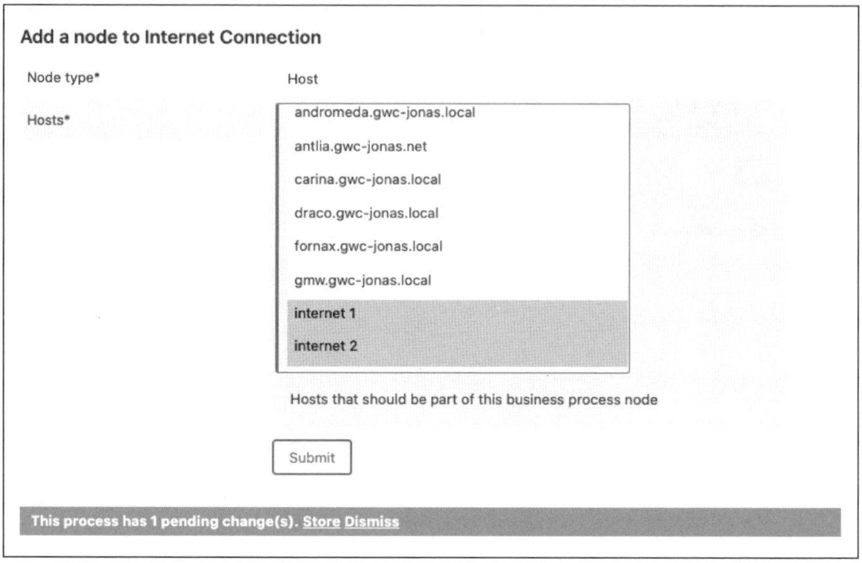

Add a node to Internet Connection

Node type* Host

Hosts*
andromeda.gwc-jonas.local
antlia.gwc-jonas.net
carina.gwc-jonas.local
draco.gwc-jonas.local
fornax.gwc-jonas.local
gmw.gwc-jonas.local
internet 1
internet 2

Hosts that should be part of this business process node

Submit

This process has 1 pending change(s). Store Dismiss

Abbildung 20-10: Hinzufügen von Hosts zu einem Prozess

Mittels *Submit* werden die gewählten Einstellungen übernommen, aber noch nicht in der zugehörigen Datei gespeichert. Hierfür muss im nachfolgenden Bildschirm unbedingt *Store* gedrückt werden.

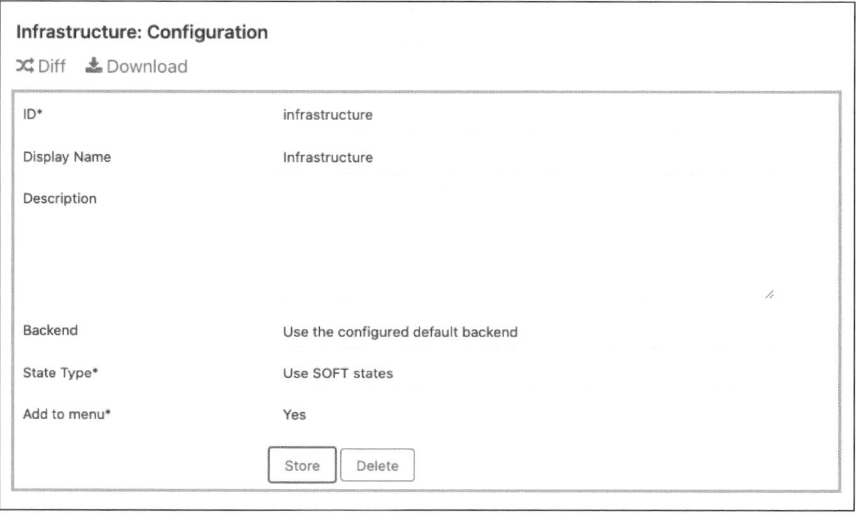

Abbildung 20-11: Einen Prozess speichern

20.2 Benachrichtigungen einrichten

Das Benachrichtigungssystem ist in Icinga 2 implementiert und kann auch nur Benachrichtigungen auf Hosts oder Services definieren. Die Businessprozesse sind aber in einem Modul zu Icinga Web 2 definiert. Was ist also zu tun, wenn die so wichtigen Prozesse überwacht werden sollen und bei Problemen auch eine Benachrichtigung erfolgen soll?

Der Status eines Prozesses kann von der Kommandozeile mit `icingacli` abgefragt werden. Die erste Zeile des Aufrufs ist feststehend. Mit der Option `--config` ist die Datei ohne Endung und Pfad anzugeben, in der der folgende Prozess, hier *internet-connection*, definiert ist.

```
$ icingacli businessprocess process check \
        --config infrastructure internet-connection
Business Process OK: Internet Connection
```

Dieses Kommando genügt den Plugin-Spezifikationen und kann demnach als solches behandelt werden. Mit dem in der ITL hinterlegten Check Command *icingacli-businessprocess* lassen sich Hosts oder Services definieren.

```
object Host "internet-connection" {
  import "generic-host"
  display_name = "Internet Connection"
  check_command = "icingacli-businessprocess"

  vars.icingacli_businessprocess_config = "infrastructure"
  vars.icingacli_businessprocess_process = name
}
```

Codebeispiel 20.2: Ein Buisnessprozess als Hostobjekt

Auf diese Objekte werden dann die normalen in Kapitel 9 ab Seite 181 erläuterten Verfahren zur Erzeugung von Notification-Objekten angewandt.

Bevor die um Businessprozesse erweiterte Konfiguration von Icinga 2 geladen werden sollte, muss dafür Sorge getragen werden, dass der Icinga-Prozess die Dateien mit den konfigurierten Prozessen lesen darf. Hierzu ist der entsprechende Benutzer der Gruppe *icingaweb2* hinzuzufügen.

- RedHat

```
$ usermod -a -G icingaweb2 icinga
```

- Debian

```
$ usermod -a -G icingaweb2 nagios
```

Bei Änderungen am Benutzerkontext, unter dem Icinga 2 ausgeführt wird, reicht kein einfacher `reload`, sondern der Prozess muss mit `restart` neu gestartet werden.

Alternativ lassen sich Businessprozesse auch als Services anlegen, sie müssen aber dann dennoch einem Hostobjekt zugeordnet werden. Dieser Host sollte nur ein Dummy-Objekt sein, da andernfalls keine Benachrichtigungen über die Prozesse angestoßen werden, wenn der Host DOWN ist.

> Das Kommando `icingacli` als Plugin muss auf dem Host aufgerufen werden, auf dem Icinga Web 2 läuft und die Konfigurationsdateien mit den definierten Prozessen liegen. Gegebenenfalls ist mit dem Attribut *command_endpoint* zu arbeiten.

Zu empfehlen ist das Check Command *dummy* für den Hostcheck. Darüber hinaus benötigt der Host dann auch keine IP-Adresse und zieht keine weiteren Services wie z. B. *ping* an. Zusätzlich lässt sich das Check-Intervall auf Stunden oder gar Tage setzen. Die Benachrichtigungen sind dann natürlich auf die Serviceebene zu verlagern.

20.3 Bearbeiten von Prozessen

Ausgangssituation ist ein weiterer Prozess unterhalb der Infrastruktur. Dieser modelliert den Webproxy, der von Hosts aus der DMZ verwendet wird, um die Protokolle HTTP und HTTPS ins Internet zu benutzen.

Zum jetzigen Zeitpunkt besteht *webproxy-extern* aus dem Service *webproxy* auf dem Host mit dem externen Squid und dem Businessprozess *internet-connection* aus dem vorherigen Abschnitt.

Der Service *webproxy* bedingt zwar durch das Aufrufen von *www.google.de* implizit, dass bei Erfolg eine Verbindung ins Internet besteht, ist aber zusätzlich zur Information um die Internetverbindung erweitert. So ist bei Ausfall der Verbindung ins Internet gleich im Businessprozess ersichtlich, dass der Prozess deswegen ein CRITICAL meldet.

```
webproxy-extern = internet-connection \
        & kmv.gwc-jonas.net;webproxy
display 1;webproxy-extern;Webproxy extern
```

Codebeispiel 20.3: *businessprocess/processes/infrastructure.conf*

Mit derselben Begründung soll der Prozess auch um den Service *dns forwarder* vom Nameserver *draco* erweitert werden. Um sich weiter mit dem integrierten Editor des Moduls vertraut zu machen, erfolgt die Bearbeitung nicht direkt in der Konfigurationsdatei, sondern im Webinterface.

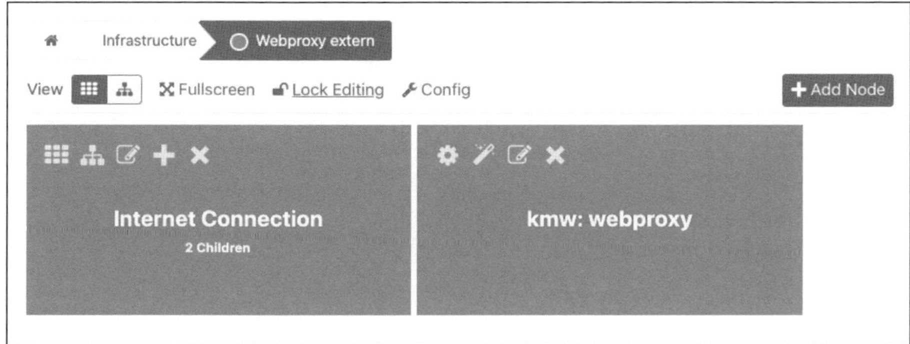

Abbildung 20-12: Der Prozess *Webproxy extern* in der Kachelansicht

Hierzu bewegt man sich unter *Business Processes* nach *Infrastructure* → *Webproxy extern* und klickt auf *Unlock Editing*. Das vormals geschlossen dargestellte Schloss muss jetzt geöffnet sein, dann befindet man sich im Editiermodus und es erscheint das bekannte *Add*-Feld rechts oben. Der Modus kann ohne Sicherung der Änderungen wieder mit einem Klick, diesmal auf *Unlock Editing*, verlassen werden.

Add a node to Webproxy extern

Node type* Service

Host* draco.gwc-jonas.local

Services*
cluster zone
dhcp dmz
dhcp lan
disk /
dns forwarder
icinga
load
memory

Services that should be part of this business process node

Submit

Abbildung 20-13: Einen Service zu einem Prozess hinzufügen

Den weiteren Service fügt man mittels *Add* hinzu. Als *Node type* muss diesmal *Service* ausgewählt werden. Ein Service setzt sich bekanntlich immer aus dem Servicenamen und dem Host, dem er zugehörig ist, zusammen. Ist der Host gesetzt, erscheint ein Auswahlfeld mit allen Services zum Host. Dort wird nun *dns forwarder* markiert.

Nach Betätigen von *Submit* gelangt man wieder zur Gesamtübersicht des Prozesses und muss *Store* im roten Balken betätigen, um im Nachgang auch noch in *Infrastructure* mit *Store* endgültig die vorgenommenen Änderungen zu übernehmen.

Abbildung 20-14: Der Prozess *Webproxy extern* in der Baumansicht

Eine alternative Ansicht zu der mit Kacheln erreicht man mittels *Tree* in derselben Zeile wie schon *Unlock Editing*. So wird auf eine Ansicht mit Baumstruktur umgeschaltet, die besonders bei umfangreichen Prozessen sehr zur Übersichtlichkeit beiträgt. Ganze Prozesse oder Teilprozesse lassen sich dort durch einen Klick auf den stilisierten Pfeil links neben ihrem Namen platzsparend auf- oder zusammenfalten.

Was jetzt noch als wünschenswert zu erledigen wäre, ist, einen Prozess *webproxy*, bestehend aus dem Service *webproxy* vom internen Squid *sagittarius* und dem Prozess *webproxy-extern*, anzulegen. Dieser modelliert die gesamte Proxykette.

Das Anlegen wie auch die Auswahl des Services erfolgt wie oben beschrieben und sei dem Leser hier als eigenständig durchzuführende Übung überlassen. Um einen Prozess einem anderen hinzuzufügen, muss bei *Node type* der Wert *Existing Process* ausgewählt werden und danach im Feld *Process nodes* der gewünschte neue Teilprozess.

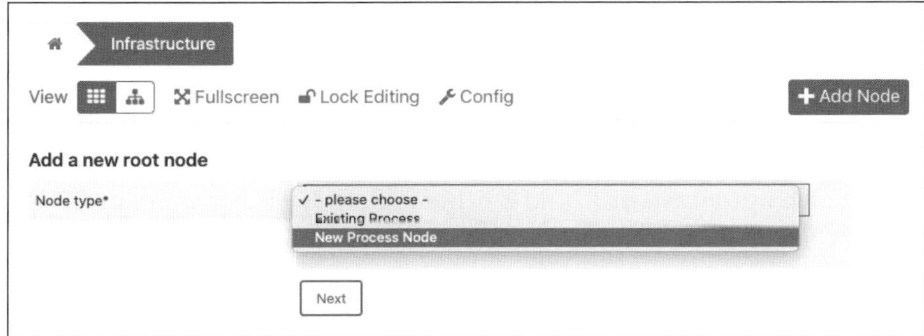

Abbildung 20-15: Einen Prozess einem anderen hinzufügen

Nicht vergessen: Alles muss mit *Submit* und mehrmaligem *Store* bestätigt und gesichert werden. Abschließend soll der Prozess *webproxy-extern* noch zu einem Teilprozess herabgestuft und damit aus dem Toplevel von *Infrastructure* entfernt werden.

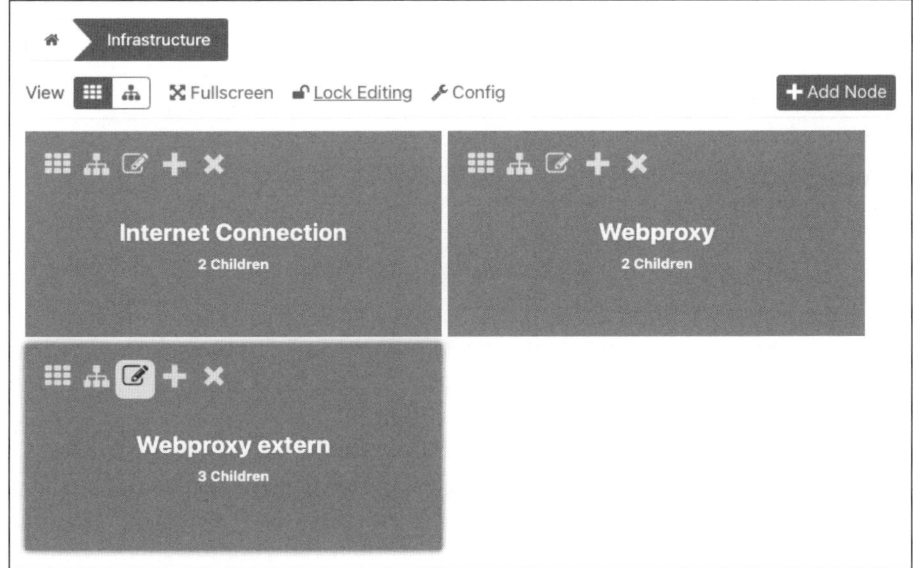

Abbildung 20-16: Einen Prozess bearbeiten

Ein bereits existierender Prozess kann ebenfalls im Nachgang bearbeitet werden. Man wechselt in die darüber liegende Struktur, für *webproxy-extern* ist das momentan noch *infrastructure*. Dort wechselt man in den Editiermodus. Außer dem *Add*-Button werden nun zu jedem Prozess zusätzliche Symbole eingeblendet.

Das erste Symbol in Abbildung 20-16 öffnet den Prozess in einem neuen Kontext und zeigt seine Elemente als Kacheln an. Das zweite erledigt das Gleiche nur in der Baumansicht. Mit dem *X* ganz rechts wird das Löschen des kompletten Prozesses eingeleitet, dies muss jedoch zur Sicherheit nochmals gesondert bestätigt werden. Das Plus ermöglicht bei einem Prozess, das direkte Hinzufügen weiterer Knoten. Zwischen Plus und Baumansicht befindet sich mit einem Stift und Zeichentablett der Button, um in die Einstellungen zu gelangen.

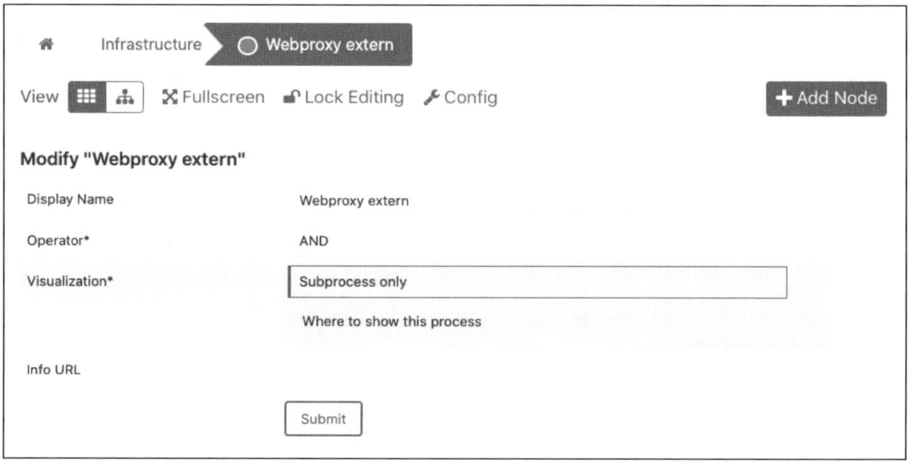

Abbildung 20-17: Den Anzeige-Level eines Prozesses ändern

Dort kann der Anzeigename oder der Operator nachträglich geändert werden und auch angegeben werden, ob es sich um einen Toplevel- oder einen Sublevel-Prozess handelt.

Momentan wird *webproxy-extern* direkt unterhalb von *Infrastructure* angezeigt, er ist damit ein Toplevel-Prozess. Damit genau das nicht mehr der Fall ist und der Prozess nur noch über den neuen Prozess *webproxy* erreichbar ist, muss *Visualization* auf *Subprocess only* gesetzt werden.

Die eine oder der andere fragt sich vermutlich, warum der Service z. B. *squid filedescriptors* aus Abschnitt 14.24 nicht in dieses Beispiel mit berücksichtigt wurde. Der Grund ist, dass gewöhnlich bei Businessprozessen die Funktionalität überwacht wird. Diese Aussage muss jedoch erweitert werden, sofern SLAs vereinbart sind, dann müssen wahrscheinlich auch Antwortzeiten mit berücksichtigt werden. Die Anzahl der benutzten Dateide-

skriptoren ist für diesen Fall jedoch mehr als eine Vorwarnstufe zu sehen, die dem Administrator Hilfestellung leistet.
Natürlich können auch solche Prozesse anders definiert und angewandt werden.

> Wichtig ist immer, sich die Frage zu stellen, was möchte man mit so einem Prozess erreichen und wen, wie und wann benachrichtigen. So ist es meistens weniger gewünscht, dass ein Businessprozess, der eine Datenbank überwacht, die entsprechende Dateisystemauslastung mit einbezieht und bei Erreichen eines Schwellenwerts alarmiert. Sehr ärgerlich ist es natürlich, wenn dies nachts per SMS oder Voicecall geschieht, weil »nur noch« 2 Gigabyte auf dem Laufwerk für die Datenbankdateien frei sind.

Möchte man solche Beispiele dennoch in seinem Prozess modellieren, sind andere Schwellenwerte angebracht. Ein Prozess, der wirklich einen Geschäftsprozess beschreibt, sollte auch tatsächlich erst dann ein CRITICAL melden, wenn der angebotene Dienst gar nicht oder nicht mehr in den definierten Parametern einer SLA funktioniert.

20.4 Simulation von Ausfällen

Das Businessprozess-Modul bietet zusätzlich die Möglichkeit, den Zustand eines Prozesses bei einem Statuswechsel einer Komponente zu berechnen. Hierfür wählt man einen Prozess aus und wechselt in den Editiermodus.

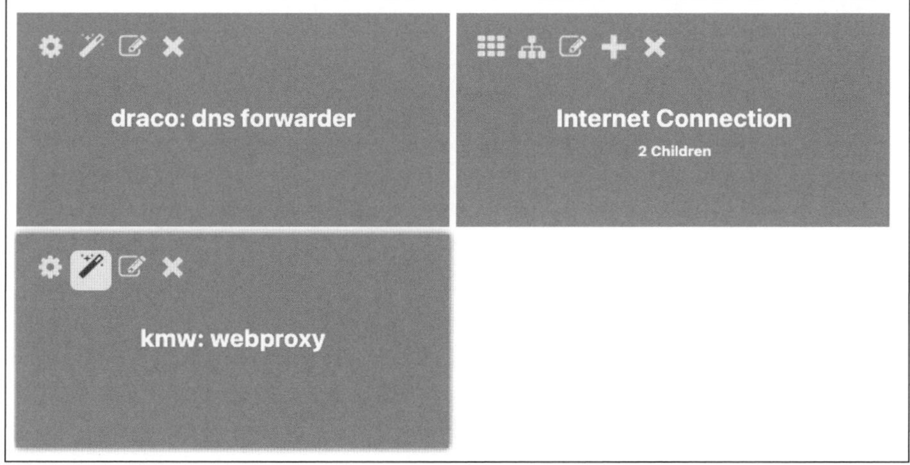

Abbildung 20-18: Wechsel in den Simulationsmodus

Geht man auf den Teil eines Prozesses, der einem Host oder Service entspricht, entdeckt man links neben dem Bearbeitungssymbol eine Art Zauberstab. Mit der Auswahl dieses Symbols gelangt man in den Simulationsmodus, siehe Abbildung 20-18.

In der dortigen Eingabemaske ist der zu simulierende Status einzustellen. Zusätzlich lässt sich angeben, ob dieser Status bestätigt wurde oder sich der zugehörige Host bzw. Service in einer Downtime befinden soll.

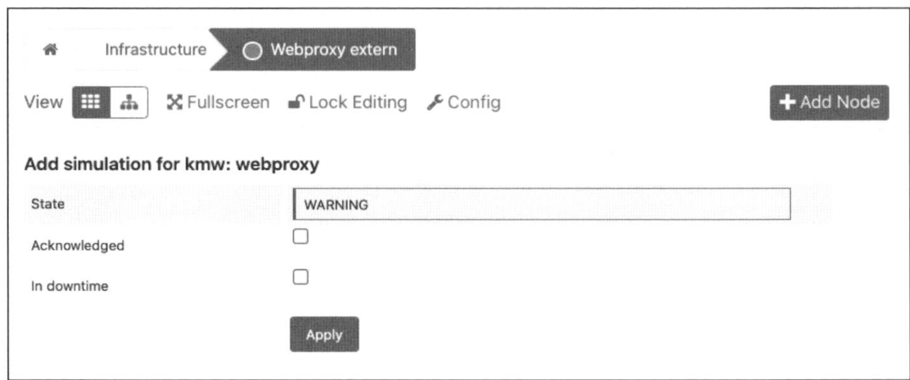

Abbildung 20-19: Auswahl eines Status zur Simulation

Die Auswirkungen können dann neben der Kachelansicht auch in der hierfür übersichtlicheren Baumstruktur betrachtet werden. Das Zauberstabsymbol befindet sich in dieser Ansicht immer rechts in derselben Zeile wie der Host oder Service.

Abbildung 20-20: Das Simulationsergebnis in der Baumansicht

Der Simulationsmodus wird verlassen, indem die jeweilige Simulation mittels Bestätigen von *Dismiss* im Balken oberhalb der Darstellung entfernt wird.

20.5 Ein etwas komplexeres Beispiel

Das in Kapitel 4 ab Seite 52 beschriebene Shop-System setzt sich aus einer Applikation mit PostgreSQL-Datenbank zusammen. Ausgeliefert werden die Seiten vom Apache Webserver.

Abgeschlossene Bestellungen erfordern den Versand von Mails. Der Versand erfolgt aus der im Webserver laufenden Anwendung heraus und benötigt damit die Verbindung zum Mailrelay. Dieser Prozess wird der Datei `infrastructure.conf` aus den vorherigen Beispielen hinzugefügt.

```
send-mails-relay = internet-connection \
    & draco.gwc-jonas.local;dns forwarder \
    & kmw.gwc-jonas.net;mail queue \
    & kmw.gwc-jonas.net;smtp
display 0;send-mails-relay;Send Mails Relay
```

Codebeispiel 20.4: Businessprozess *send-mails-releay* zum Mailversand übers Relay

Neben dem Versenden von Mails werden noch die Teilprozesse *shop-website* und *cash-website* modelliert. Alle drei lassen sich dann zum Toplevel-Prozess *shop* verknüpfen.

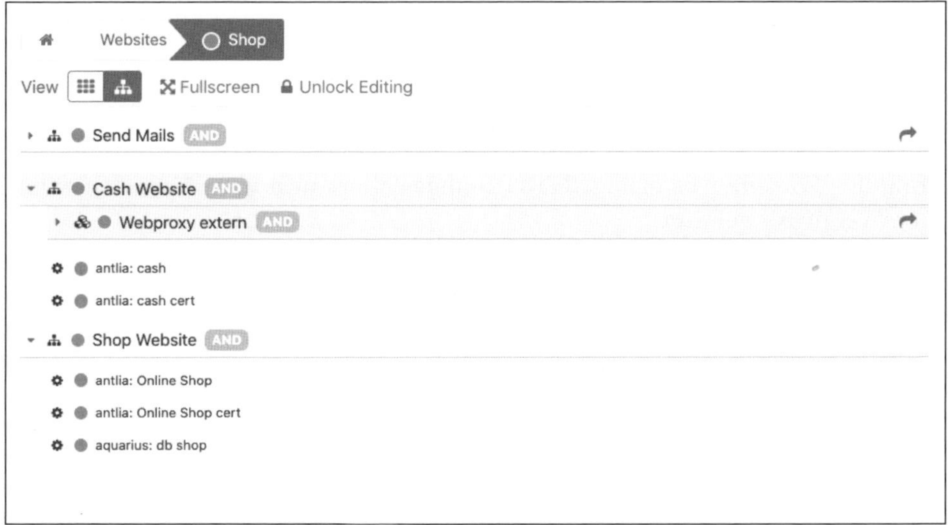

Abbildung 20-21: Baumansicht des Prozesses *Shop*

Dieser Prozess wie auch die zwei noch erforderlichen Teilprozesse können in einer getrennten Konfigurationsdatei *websites.conf* gespeichert werden.

```
# Title          : Websites
# AddToMenu      : yes
# Statetype      : soft

shop = shop-website & cash-website \
    & @infrastructure:send-mails
display 1;shop;Shop
```

Codebeispiel 20.5: Der Prozess *shop* mit seinen Teilprozessen

Ist ein benötigter Prozess in einer anderen Datei definiert, kann mittels »@«, erweitert um den Namen der anderen Datei ohne deren Suffix *.conf* und gefolgt von einem Doppelpunkt und dem internen Prozessnamen, auf diesen referenziert werden.

Die textbasierte Konfiguration in der Datei *websites.conf* der beiden Teilprozesse sieht wie folgt aus:

```
shop-website = aquarius.gwc-jonas.local;db shop \
    & antlia.gwc-jonas.net;Online Shop \
    & antlia.gwc-jonas.net;Online Shop cert
display 0;shop-website;Shop Website

cash-website = antlia.gwc-jonas.net;cash \
    & antlia.gwc-jonas.net;cash cert \
    & @infrastructure:webproxy-extern
display 0;cash-website; Cash Website
```

Codebeispiel 20.6: Businessprozesse für den Onlineshop

Auch hier wird wieder auf einen Prozess aus der anderen Konfigurationsdatei verwiesen. Die Kommunikation mit den Geldinstituten zur Bezahlung des Warenkorbs erfolgt HTTPS-abgesichert und wird über den externen Webproxy geleitet.

21 Graphing

Der Fokus von Icinga liegt zwar ganz klar auf dem Monitoring der Verfügbarkeit, die dabei gewonnenen Informationen können jedoch auch für diverse Auswertungen genutzt werden. Die wahrscheinlich gängigste Methode, Mehrwert aus den gesammelten Daten zu ziehen, ist das Erstellen von Graphen anhand von Performance-Daten, die die eingesetzten Plugins zurückliefern.

Graphen können dabei nicht nur erzeugt werden, um sich einen schnellen Überblick zu verschaffen, der mehr aussagt als »Schwellenwert überschritten«, sondern auch um die Historie der überwachten Systeme zu verfolgen. Das kann einerseits durch einen Blick auf die erstellten Graphen geschehen, andererseits bieten manche Grapher aber auch die Möglichkeit, die Steigung von Graphen zu überwachen und so ein ungewöhnlich starkes Ansteigen automatisch zu bemerken und als Folge davon einen Alarm in Icinga 2 auszulösen.

Graphen bieten auch eine gute Möglichkeit, um wiederkehrende Spitzen zu erkennen. Das hilft nicht nur beim Planen zeitabhängiger Schwellenwerte oder wiederkehrender Downtimes in Icinga, sondern auch bei der Ressourcenplanung der überwachten Systeme.

»Schreiben Sie es auf, ich beschäftige mich später damit.«
H. Immer, 1984

Baselining

Oft ist den Verantwortlichen nicht bekannt, wie sinnvolle Schwellenwerte für Checks zu wählen sind. In diesem Fall hilft »Baselining«. Dabei werden Schwellenwerte so hoch gesetzt, dass sie wahrscheinlich nie erreicht werden, oder sogar ganz deaktiviert, falls das Plugin dies unterstützt. Der Check schreibt aber dennoch Performance-Daten und nach einiger Zeit kann kontrolliert werden, was überhaupt ein üblicher Wert ist. Um Schwellenwerte zu finden, können ein paar Prozent zum ermittelten durchschnittlichen Wert hinzugefügt werden. Diese werden dann als Schwellenwert für WARNING bzw. für CRITICAL gesetzt.

Dabei muss natürlich bedacht werden, dass damit nur bei Abweichungen von der Norm Alarm ausgelöst wird, völlig ungeachtet dessen, ob vielleicht betroffene Systeme schon vorher Probleme bekommen. In der Praxis ist es aber leider nicht immer möglich, sinnvolle Schwellenwerte zu ermitteln, ohne erst zu wissen, wie das System üblicherweise arbeitet.

Performance-Daten

Plugins liefern bekanntlich eine lesbare Ausgabe und einen Status zurück: OK, WARNING, CRITICAL oder UNKNOWN.

Um dennoch mehr Informationen als den aktuellen Zustand weiterreichen zu können, wurden »Performance-Daten« eingeführt. Dabei liefert das Plugin den aktuellen Wert einer oder mehrerer überprüfter Kennzahlen eines Systems und, falls vorhanden, auch die Schwellenwerte für WARNING und CRITICAL sowie optional ein mögliches Minimum und Maximum.

```
PING OK - Packet loss = 0%, RTA = 28.17 ms | \
rta=28.174999ms;100.000000;200.000000;0.000000 pl=0%;10;20;0
```

Im obigen Beispiel einer Ausgabe des Plugins `check_ping` ist zuerst die Ausgabe des Plugins so zu sehen, wie sie auch Icinga im Webinterface und in Benachrichtigungen anzeigt. Nach dem »|« folgen zwei Sets von Performance-Daten. Das erste Set `rta` zeigt, dass die durchschnittliche Roundtrip-Zeit des Checks aktuell `28.174999ms` beträgt. Das gibt, aufgerundet, auch schon die reguläre Ausgabe des Plugins an. Danach folgen durch »;« getrennt die Angabe des Schwellenwerts für WARNING und CRITICAL sowie das mögliche Minimum. (Weniger als `0.000000` ms Roundtrip schafft auch das schnellste Netzwerk nicht.) Die Ausgabe in diesem Beispiel enthält kein Maximum, dieses könnte als weiterer Wert folgen. Ein Beispiel für ein Plugin, das ein Minimum und ein Maximum liefert, ist `check_disk`. Das Maximum ist dabei die Größe des Dateisystems.

```
DISK OK - free space: /boot 875 MB (86% inode=99%);| \
/boot=138MB;912;963;0;1014
```

Die Syntax der Performance-Daten ist sehr genau definiert. Allerdings halten sich nicht alle Tools aus dem Icinga-Umfeld an diese Definition und akzeptieren auch solche Daten, die eigentlich nicht korrekt angegeben sind. Auch kann es passieren, dass der Entwickler eines gewählten Plugins sich nicht an die Definition gehalten hat. Icinga 2 ist hier wesentlich penibler und verwirft falsch eingelieferte Daten, nicht aber ohne einen Logeintrag zu erzeugen. Die korrekte Syntax ist in den Monitoring-Guidelines[1] beschrieben.

[1]https://www.monitoring-plugins.org/doc/guidelines.html

Zeitreihen

Eine Zeitreihe ist eine zeitabhängige Folge von Datenpunkten, also keine eigentliche Reihe im mathematischen Sinn. Der Begriff Zeitreihe setzt voraus, dass Daten nicht kontinuierlich, sondern diskret, aber in endlichen zeitlichen Abständen anfallen.

Plugins liefern mit den Performance-Daten diskrete Werte, d. h., das Plugin wird in regelmäßigen Abständen aufgerufen und ermittelt Werte zu genau diesem Zeitpunkt. Es existieren demnach in der Regel keine Daten von innerhalb dieses Intervalls. Keine Regel ohne Ausnahmen, so liefert `check_load` jeweils eine gemittelte Auslastung über die letzten 15m, 5m und 1m oder `check_interfaces` wachsende Counter für den Datendurchsatz, verworfene oder fehlerhafte Pakete. Es ist also interessant und wichtig zu wissen, wie die Daten erhoben werden. In den beiden genannten Fällen geschieht das durch das Auslesen von Werten, die das zu überwachende System selbst aus kontinuierlich gesammelten Daten berechnet hat.

Um Performance-Daten dauerhaft abzuspeichern und auf sie später zur Darstellung als Graph wieder zugreifen zu können, wird eine Time Series Database (TSDB) benötigt. Solche Datenbanken speichern Datenpunkte in strukturierter Form und zeitindiziert ab. Bei Datenpunkten aus einer Quelle wird auch von Metrik gesprochen, so liefert das oben angeführte Beispiel für den Unix-Load drei unterschiedliche Metriken. Zusätzlich sind auch Zeitreihenanalysen durchführbar, um Prognosen über zukünftige Ereignisse zu erstellen.

Eine besondere Herausforderung ist, dass pro Icinga-Service oft mehrere Sätze an Datenpunkten geliefert werden, was in einer Unmenge sehr kleiner Datensätze resultiert, die geschrieben werden müssen. Außerdem kann die schiere Anzahl auch den Speicherplatzbedarf sehr rasch ansteigen lassen.

*»Wir haben überhaupt keine Zeit, um über die Zeit zu sprechen.
So viel Zeit haben wir nicht.«*
Counselor Deanna Troi, 1994

Grapher und Renderer

Standardmäßig zeigt Icinga Web 2 nur die beim letzten Plugin-Aufruf zurückgelieferten Performance-Daten in Form von Tortendiagrammen bei jedem Service an. Das liefert einen schnellen Überblick über den aktuellen Zustand, hilft aber nicht beim Vergleich historischer Daten. Optional bietet Icinga Web 2 die Möglichkeit, zu jedem Host oder Service einen zeitlichen Verlauf als Graph darzustellen. Dieses Feature ist mit einem Modul für Icinga Web 2 nachzurüsten und setzt in allen Fällen ein Backend zur Speicherung der Daten als Zeitreihe voraus.

Um einen Graphen darzustellen, bedarf es mehr als einer TSDB. Es werden Tools benötigt, die Daten aus der TSDB auslesen und grafisch darstellen. Die Berechnung dieser Darstellung, also über welchen Zeitraum, mit welcher Achsenskalierung, Linienstärke und Farbe, Hintergrund und einiges mehr, wird als Render-Engine bezeichnet.

Das Gespann aus TSDB und Render-Engine wird im Monitoring-Umfeld gerne Grapher genannt. Im Folgenden wird zuerst auf verschiedene Implementationen von Zeitreihendatenbanken eingegangen, bevor dann in den nachfolgenden Abschnitten dieses Kapitels Grapher-Lösungen näher vorgestellt werden.

»Hört nur, ich glaube ich rieche was!«
Dr. Raymond Stantz, 1984

21.1 Datenbanken für Zeitreihen

Die später vorgestellten Render-Engines setzen jeweils auf unterschiedliche TSDB-Systeme auf, daher lohnt es sich, sich näher mit dem Verfahren der Speicherung von Daten in diesen Datenbanken zu beschäftigen. Begonnen wird mit dem Methusalem der TSDBs, der Round Robin Database (RRD), danach folgt eine sehr ähnliche Implementation mit dem Namen Whisper und abschließend wird ein kurzer Blick auf das jüngste Küken in dieser Reihe geworfen, auf InfluxDB.

Icinga 2 bietet darüber hinaus auch Unterstützung für OpenTSDB und Elasticsearch. Beide werden hier jedoch nicht näher betrachtet, da keine Grapher zur Integration als Module in Icinga Web 2 existieren. Für InfluxDB existiert keine direkte Implementierung in Icinga Web 2, sondern es muss der Umweg über Grafana gewählt werden.

21.1.1 Round Robin Database

Eine Round Robin Database ist eine Datei im gleichnamigen Format. Sie besteht aus einem Header, der Datenquelle und aus dem Round Robin Archive (RRA), in dem die Metriken in einem Ringspeicher abgelegt werden. Dieser besitzt eine schon zu Beginn fest definierte Größe.

Es wird beim Anlegen bestimmt, wie viele Metriken gespeichert werden sollen. Definiert wird die Größe über den Aufbewahrungszeitraum und die Anzahl der Datenpunkte, d. h., der Speicherplatz von Daten, die aus dem Aufbewahrungszeitraum herausfallen, wird durch neue Daten überschrieben. Realisiert wird das mit einem Zeiger, der im Header der RRD-Datei zu finden ist und immer auf die nächste zu verwendende Speicherzelle zeigt, auch Slot genannt. Ist der letzte Slot in der Reihe im RRA beschrieben, verweist der Zeiger wieder auf den ersten Slot, da dieser als Nächstes zu überschreiben ist.

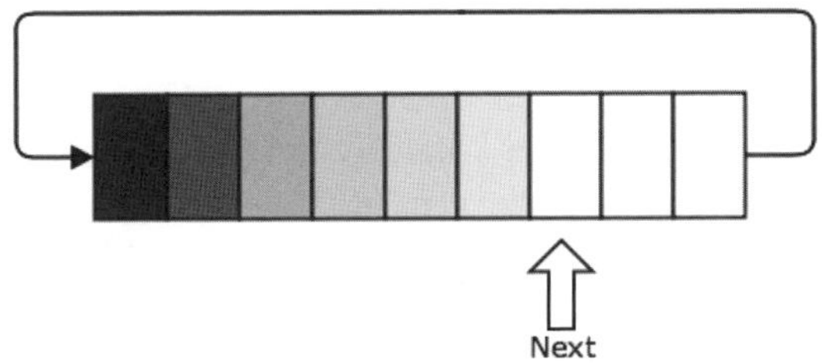

Abbildung 21-1: Round Robin Archive als Ringspeicher

Slots können einen oder auch mehrere Datenpunkte aus verschiedenen Datenquellen aufnehmen, so z. B. Kennzahlen zur Auslastung eines Unix-

Systems in Form von Load-Werten für eine, fünf und fünfzehn Minuten oder auch zusätzlich die Werte von Schwellenwerten, wie sie von den Performance-Daten von Icinga zur Verfügung gestellt werden. Es wird jedoch nur ein Wert je Datenquelle und Slot abgelegt. Dazu wird ein Zeitintervall definiert, für das der jeweilige Slot zuständig ist. Hierbei werden Datenpunkte gewichtet erfasst. Als Faktor für die Gewichtung dient das Verhältnis der verstrichenen Zeit seit dem letzten Datenpunkt bzw. dem Anfang des Slots zur Länge des Gesamtintervalls.

Fällt ein Datenpunkt nicht auf das Ende eines Intervalls, wird auch der Wert des nächsten im Verhältnis zum Ende des Intervalls hinzuaddiert. Im folgenden Beispiel dient ein Intervall von 10s zur Verdeutlichung. Die Zeilen mit »*« symbolisieren das Ende der Intervalle und die fällige Berechnung der abzuspeichernden Werte.

```
  Time          Value   Time        Weight   Adjusted    Recorded
                        since last           value       value
  1500827130    30      N/A
* 1500827140            10s         1        30*1=30     30
  1500827143    60      3s          0.3      60*.3=18
  1500827148    10      5s          0.5      10*.5=2
* 1500827150            2s          0.2      20*0.2=4
                                                         18+2+4=24
  1500827152    20      2s          0.2      20*0.2=4
* 1500827160            8s          0.8      5*.8=4
                                                         4+4=8
  1500827164    5
```

Die Zeitintervalle sind für alle Slots aus einem RRA gleich. Eine RRD-Datei kann jedoch mehrere Round Robin Archives mit unterschiedlicher Aggregation enthalten. Damit ist es möglich, für unterschiedliche Zeiträume unterschiedlich genau aufgelöste Daten zu halten, z. B. für die letzten zwei Tage fünf Minuten, für zwei Wochen zehn Minuten und für ein Jahr dreißig Minuten genaue Werte. Hierbei dienen, wie eben beschrieben, die erfassten Daten als Grundlage.

Die Werte zu einem weiteren RRA werden aus diesen Daten mit einer vorher festgelegten Funktion konsolidiert. Diese Konsolidierungsfunktion entscheidet, was für ein Wert in den Slot des weiteren RRA abgelegt wird. So stehen eine Mittelwert-, Minimal- und Maximal-Funktion zur Verfügung. Zusätzlich besteht mit *LATEST* die Möglichkeit, nur den letzten eingetroffenen Wert zu speichern. *MIN* und *MAX* legen nur den minimalen bzw. maximalen Wert aller Werte ab. Mit *AVERAGE* wird der arithmetische Mittelwert (Durchschnitt) berechnet und gespeichert. Man sollte sich aber bewusst sein, dass hier eine Datenreduktion bzw. Verdichtung vorgenommen wird. So werden Datenpunkte zusammengelegt und Spitzen werden ggf. geglättet.

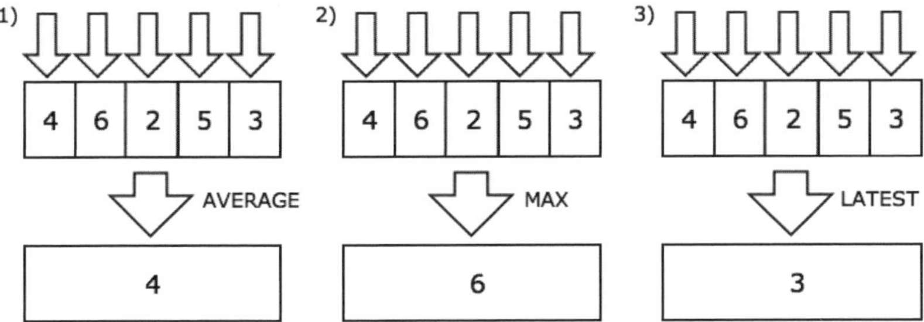

Abbildung 21-2: Beispiele (3) zur Datenverdichtung bei je zwei RRA

Damit ergeben sich als Zusammenfassung und Folgerung für den Einsatz die nachstehenden Punkte:

- Die Datenbankdatei wird beim ersten Schreiben von Daten erstellt und ändert sich nicht mehr in der Größe. Damit lässt sich deutlich leichter der zu erwartende Platzbedarf planen, als wenn die Datenbank beständig mitwächst.
- Nach einem zuvor festgelegten Schema werden ältere Daten verdichtet, z. B. der arithmetische Mittelwert aus den zusammenzufassenden Punkten. So kann sehr effizient ein großer Zeitraum abgedeckt werden, ohne einen entsprechenden Platz vorhalten zu müssen. Dafür ist es nicht möglich, ältere Zeiträume so detailliert zu betrachten wie neuere. Da dies aber selten benötigt wird, ist das meist vertretbar.
- Üblicherweise wird kein DBMS für diese Art von Datenbank benötigt. Es handelt sich um eine Datei, die nur bei Bedarf mit den dazugehörigen Tools beschrieben oder abgefragt wird.
- Ein Nachteil ist die starre Struktur. Zu Beginn muss entschieden werden, welchen Zeitraum man wie verdichtet aufbewahren möchte. Diese Entscheidung ist im Nachhinein nur sehr schwer oder gar nicht änderbar.
- Es können immer nur kontinuierlich Daten geschrieben werden. Wird versucht, einen Datenpunkt mit einem älteren Zeitstempel als vom letzten geschriebenen Datenpunkt der RRD hinzuzufügen, wird der ältere verworfen und damit nicht gespeichert.

RRD-Dateien werden mit dem RRDtool[2] verwaltet. Es steht unter GPLv2-Lizenz und ist die älteste von Icinga unterstützte TSDB-Graphing-Lösung, wobei keine direkte Unterstützung besteht, sondern als Add-on der `npcd`

[2] http://oss.oetiker.ch/rrdtool

(Nagios Perfdata C Daemon) aus dem Projekt PNP4Nagios[3] eingesetzt werden muss, um Icinga-basierte Performance-Daten in eine RRD zu speichern. Weiterhin existieren Bibliotheken für C, Perl, Ruby und Python, die Funktionen zum Zugriff auf RRD-Dateien und deren Inhalt bereitstellen.

21.1.2 Whisper

Eine stark an RRD angelehnte und unter Apache-2-Lizenz veröffentlichte Entwicklung ist Whisper aus dem Software-Stack um »Graphite«[4]. Hierbei übernimmt Whisper einige Entwicklungen aus RRD, umgeht jedoch auch einige Unflexibilitäten, die aber mit Performance-Einbußen und Ungenauigkeiten erkauft werden. Im Folgenden sollen deshalb die Unterschiede zu RRD herausgestellt werden:

- Treffen in einem Intervall mehrere Datenpunkte ein, wird in Whisper lediglich der letzte Wert in einem Bucket (entspricht einem Slot bei RRD) erfasst, was insbesondere zu Ungenauigkeiten bei alternierenden Datenfolgen führt. Gibt es solche springenden Werte jedoch selten bis gar nicht oder werden die Werte nur zur groben Visualisierung herangezogen, ist dieses Argument obsolet.
- Historische Daten können in Whisper-Dateien eingetragen werden, selbst wenn Daten von einem späteren Zeitpunkt bereits geschrieben wurden.
- Die Anzahl der unterschiedlichen Datenquellen kann im Nachhinein verändert werden, da jede Metrik in eine eigene Whisper-Datei geschrieben wird. Erfasst man also sämtliche Füllstände der Volumes eines Hosts und fügt später ein weiteres hinzu, so sind keine zusätzlichen Schritte auszuführen.
- Mehrere Datenpunkte können gleichzeitig in eine Whisper-Datei geschrieben werden. Festplatten und andere Speichersysteme sind in ihren IOPS beschränkt, egal wie viele Daten auf einmal geschrieben werden. Deshalb gelangen viele TSDBs oft deutlich früher an die Grenzen der IOPS der Speichersysteme als an die Grenzen des Durchsatzes an Bytes/Sekunde. Whisper kann also mehrere Datenpunkte, die üblicherweise nur sehr wenige Daten beinhalten, in einer IO-Operation zusammenfassen und so bei gleicher Anzahl an IO-Operationen mehr Metriken ablegen.[5]

---

[3] https://docs.pnp4nagios.org

[4] https://github.com/graphite-project

[5] Inzwischen kann auch RRD mehrere Datenpunkte gleichzeitig schreiben.

- Im Gegensatz zu RRDtool skaliert der Carbon-Cache aus dem Graphite-Stack. Durch den zusätzlichen Einsatz eines Relays ist es möglich, auf mehrere Carbon-Caches zuzugreifen. Werden diese Caches auf unterschiedlichen Servern betrieben, kommen demnach auch mehrere unterschiedliche Ablageorte für Whisper-Dateien zum Tragen.

Der Zugriff auf Daten in Whisper-Dateien erfolgt schreibend mit dem Carbon-Cache und lesend durch Graphite-Web direkt oder mittels seiner API. Beide sind Teil des Graphite-Stacks, in dem auch Whisper entwickelt wird. In den später folgenden Abschnitten werden jedoch auch jeweils alternative Implementierungen vorgestellt.

21.1.3 InfluxDB

Die Storage-Engine von InfluxDB hat bis zur Version 1.0 eine bewegte Entwicklung hinter sich und wurde mehrmals komplett umgeschrieben. Letztendlich wird seitdem als Datenstruktur ein Time-Structured Merge Tree (TSM)[6] verwendet. Dessen Konzept lehnt sich sehr stark an die Datenstrukturen von Log-Structured Merge Tree (LSM)[7] in Kombination mit Sorted String Tables (SSTables)[8] an. Beides verleiht InfluxDB eine sehr gute Performance auch bei großen Datenmengen.

Ein entscheidender Unterschied zu RRD und Whisper besteht darin, dass die Daten **nicht automatisch verdichtet** werden. Mit zunehmendem Alter der Metriken wird also keine Datenreduktion vorgenommen und man hat über den gesamten Zeitraum Zugriff auf die Originaldaten. Die Daten werden dabei in einen sogenannten Bucket geschrieben, den kann man sich als eine Datenbank vorstellen wie es sie bei einem relationalen DBMS gibt. Jeder Bucket bekommt eine Retention-Policy zugeordnet, mit dieser wird die Aufbewahrungsfrist der Daten festgelegt.

Datenpunkte werden in einem Bucket in Shards unterteilt. Jeder Shard ist für einen fest definierten Zeitraum (Intervall) zuständig und entspricht einer TSM-Datei. Shards sind in Gruppen organisiert, jeder gehört genau zu einer Shard-Group. Bei der Open-Source-Variante von InfluxDB ist eine Gruppe auf genau ein Shard limitiert, damit entspricht eine Gruppe hier dem Shard selbst und es gibt keinen Unterschied zwischen diesen beiden Strukturen. Bei der Enterprise-Version wird z. B. die Replikation der Daten auf mehrere Knoten über mehrere Shards realisiert.

Die Länge des Intervalls, für das ein Shard zuständig ist, entspricht der Retention seiner Gruppe. Sind Daten zu entfernen, da sie aus der Retention

---

[6] https://docs.influxdata.com/influxdb/v2.2/reference/internals/storage-engine

[7] https://en.wikipedia.org/wiki/Log-structured_merge-tree

[8] https://www.igvita.com/2012/02/06/sstable-and-log-structured-storage-leveldb

des Buckets »hinauslaufen«, werden diese nicht punktweise gelöscht, sondern die gesamte Shard-Group wird entfernt. Dies geschieht natürlich erst, wenn alle ihre Daten veraltet sind und damit nicht mehr von der Retetion-Policy des Buckets abgedeckt werden.

Eine Verdichtung oder ein Downsampling der Daten wird bei InfluxDB nicht automatisch vorgenommen, sondern muss selbst über Tasks implementiert werden. Das Downsampling erfolgt dabei immer von einem Bucket in einen anderen Bucket. Eine vernünftige Visualisierung dieser Daten ist mit dem eigenen Influx UI durchaus möglich, aber nicht Gegenstand dieses Buchs. Wir beschränken uns auch hier auf eine Integration von Graphen in Icinga Web 2, die zurzeit ausschließlich über den Einsatz von Grafana herbeigeführt wird.

Aktuell liegt InfluxDB in der im November 2020 erschienenen Version 2 vor und wird unter zwei Lizenzen angeboten: die Open-Source-Variante mit MIT-Lizenz und die Enterprise-Version (Clustering und Chronograph Commercial, aktuell noch mit Version 1.8), die zusätzlich eine Skalierung- bzw. Clustering-Implementierung enthält.

21.2 PNP4Nagios

Der wahrscheinlich bekannteste Grapher ist PNP4Nagios. Dabei handelt es sich im Wesentlichen um das RRDtool mit einem PHP-basierten Frontend zur Darstellung von Graphen.

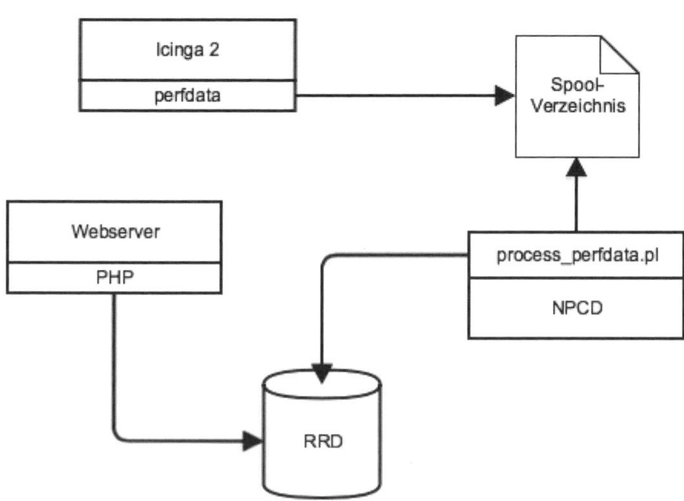

Abbildung 21-3: Komponenten und Kommunikation bei PNP4Nagios

Die von Icinga 2 gelieferten Metriken bzw. Performance-Daten werden in definierten Zeitabständen als Textdateien in einem Spool-Verzeichnis zwischengespeichert. Von dort liest der zu PNP4Nagios gehörende `npcd` die Spool-Dateien ein, um sie dann mit dem Perl-Skript `process_perfdata.pl` umzurechnen und in RRD-Dateien zu schreiben.

21.2.1 Installation

Das letzte Release ist die Version 0.6.26 aus dem Jahr 2017. Dieser Umstand führte dazu, dass es weder Pakete für aktuelle RedHat-basierte Distributionen gibt noch für Debian 9 (Stretch) und neuer. Damit bleibt nur die Installation aus den Quellen.

Außerdem steht man vor der Wahl, das Frontend mittels FPM zu betreiben oder zusätzlich das PHP-Modul für den Apache zu konfigurieren. Wurde der Icinga-Installer zur Installation benutzt, findet auf RedHat und Debian bereits der FPM Verwendung. Erfolgte die Installation per Hand aus den Paketen, trifft dies nur auf RedHat zu und bei Debian kommt das

PHP-Apache-Modul zum Einsatz. Es bietet sich an, sich an diesen Gegebenheiten zu orientieren.

Zuerst sind alle für den Bau und den Betrieb notwendigen Pakete zu installieren und schon mal für Konfiguration die Information zu setzen, unter welchem Benutzer der `npcd` arbeiten soll:

- RedHat

  ```
  $ dnf install -y gcc rrdtool rrdtool-perl
  $ ICINGA_USER="icinga"; ICINGA_GROUP="icinga"
  ```

- Debian

  ```
  $ apt install -y gcc rrdtool librrds-perl
  $ ICINGA_USER="nagios"; ICINGA_GROUP="nagios"
  ```

PNP4Nagios selbst muss z. B. von GitHub[9] heruntergeladen, entpackt, konfiguriert und installiert werden.

```
$ cd pnp4nagios-0.6.26
$ ./configure \
      --with-nagios-user=$ICINGA_USER \
      --with-nagios-group=$ICINGA_GROUP \
      --with-perfdata-dir=/var/lib/pnp4nagios \
      --with-perfdata-spool-dir=/var/spool/icinga2/perfdata
$ make all
$ make fullinstall
$ systemctl daemon-reload
```

Danach liegen alle Dateien unterhalb von */usr/local/pnp4nagios*. Entsprechend befinden sich dort die Binaries in *bin*, die Perl-Skripte unter *libexec* und die Konfigurationsdateien in *etc*.

Das Spool-Verzeichnis ist nun bereits korrekt zum Einsatz mit Icinga 2 konfiguriert und der finale Ablageort für die Dateien der RRD wurde auf */var/lib/pnp4nagios* festgelegt.

Außerdem wurde mit Angabe des Benutzers und der Gruppe dafür gesorgt, dass alle Dateien und Verzeichnisse automatisch die richtige Berechtigung bei der Installation erhielten.

Mit dem Aufruf `systemctl daemon-reload` wird eine Wrapper-Unit für den `systemd` erzeugt, die auf dem eben installierten SysV-Startskript `/etc/init.d/npcd` beruht.

[9] https://github.com/lingej/pnp4nagios/tags

21.2.2 Feature perfdata in Icinga 2

Damit Icinga 2 die von den Plugins gelieferten Performance-Daten in ein Verzeichnis schreibt, von wo `npcd` sie abholen kann, reicht es, das Feature *perfdata* zu aktivieren.

```
$ icinga2 feature enable perfdata
$ systemctl rload icinga2
```

Das Feature wird mit dem Objekt *PerfdataWriter* konfiguriert. Standardmäßig geschieht das in der Datei `perfdata.conf` im üblichen Verzeichnis für Feature-Konfigurationen.

```
object PerfdataWriter "pnp" {}
```

Die gesetzten Attribute in Codebeispiel 21.1 geben die Standardeinstellungen wieder. Es werden Host- und Servicedaten getrennt in Intervallen von 30 Sekunden rotiert nach *host_perfdata_path* bzw. *service_perfdata_path* geschrieben.

```
object PerfdataWriter "pnp" {
  host_perfdata_path = \
        "/var/spool/icinga2/perfdata/host-perfdata"
  service_perfdata_path = \
        "/var/spool/icinga2/perfdata/service-perfdata"

  rotation_interval = 30s
}
```

Codebeispiel 21.1: `/etc/icinga2/features-available/perfdata`

Hierzu werden die beiden zu speichernden Dateien jeweils mit dem aktuellen Unix-Zeitstempel als Suffix versehen.

```
$ ls -l /var/spool/icinga2/perfdata/
insgesamt 4
-rw-r--r--. 1 icinga ...  14:44 host-perfdata.1500835509
-rw-r--r--. 1 icinga ...  14:45 host-perfdata.1500835539
-rw-r--r--. 1 icinga ...  14:44 service-perfdata.1500835509
-rw-r--r--. 1 icinga ...  14:45 service-perfdata.1500835539
```

Zwei Attribute sind nicht explizit mit aufgeführt, *host_format_template* und *service_format_template*. In beiden wird das Format der zeilenweise abzulegenden Performance-Daten definiert. Eine Zeile entspricht der gelieferten Metrik eines Plugin-Aufrufs. Die Defaultwerte für diese beiden Attribute entsprechen der von PNP4Nagios geforderten Form und können der Dokumentation[10] für den Bulk-Modus entnommen werden.

[10] https://docs.pnp4nagios.org/de/pnp-0.6/config

21.2.3 NPCD-Konfiguration

Der npcd (Nagios Perfdata C Daemon) ist der Prozess, der sich um das Einsammeln der Spool-Dateien kümmert und diese an das Perl-Skript *process_perfdata.pl* weiterreicht, wie in Abbildung 21-3 auf Seite 457 dargestellt.

Dieses Skript transformiert und speichert dann die Performance-Daten in RRD-Dateien und löscht die nun abgearbeiteten Spool-Dateien aus */var/spool/icinga2/perfdata*. Diese Methode der Übergabe von Daten an PNP4Nagios wird »bulk mode« genannt. Es ist der bevorzugte Weg von PNP4Nagios und der einzige, den Icinga 2 unterstützt. Die zum Daemon gehörige Konfigurationsdatei ist *npcd.cfg* und befindet sich entsprechend im Verzeichnis */usr/local/pnp4nagios/etc*.

Soll die Aggregation, also die Information, für welche Zeitabstände wie viele Datenpunkte wie zu verdichten sind, abweichend von der Standardeinstellung angepasst werden, muss dies vor dem ersten Start des npcd geschehen. Zu konfigurieren ist dies in *rra.cfg*.

```
$ systemctl start npcd.service
$ systemctl enable npcd.service
```

Der npcd ist nun fertig konfiguriert und kann gestartet werden. Nach einiger Zeit, der ersten Umwandlung der Performance-Daten, befinden sich die RRD-Dateien im Verzeichnis */var/lib/pnp4nagios* auf RedHat bzw. auf Debian im selben Verzeichnis. Alle Datenpunkte der Services eines Hosts sind jeweils in einer eigenen RRD-Datei in einem Unterverzeichnis mit dem Namen dieses Hosts zu finden.

```
$ tree /var/lib/pnp4nagios
`-- fornax.gwc-jonas.local
    |-- disk__.rrd
    |-- disk__.xml
    |-- _HOST_.rrd
    |-- _HOST_.xml
    |-- icinga.rrd
    |-- icinga.xml
    |-- load.rrd
    |-- load.xml
    |-- ping4.rrd
    |-- ping4.xml
    ...
```

Das Zielverzeichnis ist in *process_perfdata.cfg* konfiguriert wie auch zusätzliche Parameter zum Laufzeitverhalten des Perl-Skripts *process_perfdata.pl*.

21.2.4 Render-Engine

Ausgelesen und gerendert werden die in RRD gespeicherten Datenpunkte mit PHP, ein Webserver wird dann zur Anzeige verwendet. Standardmäßig handelt es sich hierbei um einen Apache, da vom PNP4Nagios-Projekt hierfür eine Beispielkonfiguration mitgeliefert wird. Diese liegt noch im Quellverzeichnis unterhalb des Verzeichnisses *sample-config* und ist wie folgt abzuändern, um die Authentifizierung abzuschalten und ggf. alle PHP-Seiten über den FPM anzuzeigen.

```
Alias /pnp4nagios "/usr/local/pnp4nagios/share"

<Directory "/usr/local/pnp4nagios/share">
  <IfModule mod_authz_core.c>
    # Apache 2.4
    <RequireAll>
      Require all granted
    </RequireAll>
  </IfModule>

  <IfModule !mod_authz_core.c>
    # Apache 2.2
    Order allow,deny
    Allow from all
  </IfModule>

  AllowOverride None

  <IfModule mod_rewrite.c>
    ...
  </IfModule>

  <IfModule !mod_rewrite.c>
    DirectoryIndex error_norewrite.html
    ErrorDocument 404 /icingaweb2/error_norewrite.html
  </IfModule>

  <IfModule mod_proxy_fcgi.c>
    <FilesMatch "\.php$">
      SetHandler "proxy:fcgi://127.0.0.1:9000"
      ErrorDocument 503 /icingaweb2/error_unavailable.html
    </FilesMatch>
  </IfModule>
</Directory>
```

Codebeispiel 21.2: *pnp4nagios-0.6.26/sample-config/httpd.conf*

- RedHat

```
$ install -m644 ./sample-config/httpd.conf \
      /etc/httpd/conf.d/pnp4nagios.conf
$ systemctl restart httpd
```

- Debian

```
$ install -m644 ./sample-config/httpd.conf \
      /etc/apache2/conf.d/pnp4nagios.conf
$ systemctl restart apache2
```

Nach einem Neustart des Apache ist die PNP4Nagios-GUI auf dem Host via HTTP über den URI */pnp4nagios* zu erreichen. Standardmäßig ist eine Basis-Authentifizierung an die Nagios-GUI konfiguriert. Zur Integration in Icinga Web 2 ist die Authentifizierung bereits abgeschaltet, damit entfällt eine gesonderte Anmeldung.

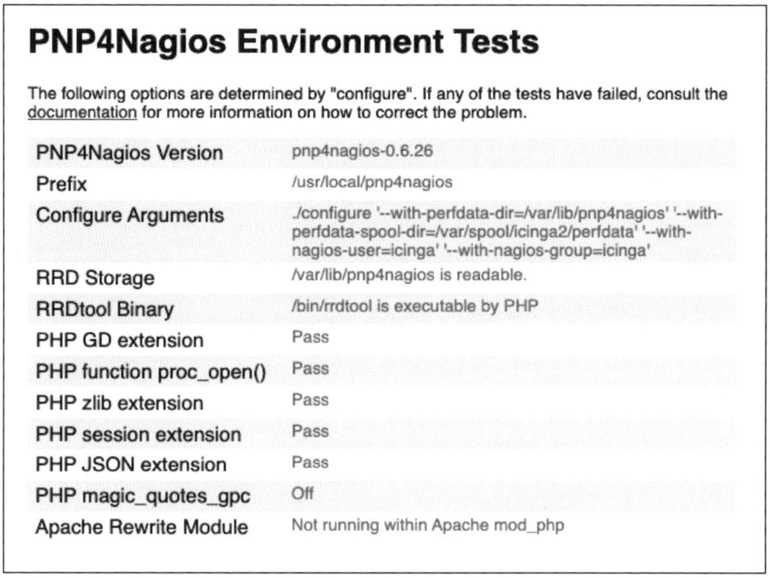

PNP4Nagios Environment Tests

The following options are determined by "configure". If any of the tests have failed, consult the documentation for more information on how to correct the problem.

PNP4Nagios Version	pnp4nagios-0.6.26
Prefix	/usr/local/pnp4nagios
Configure Arguments	./configure '--with-perfdata-dir=/var/lib/pnp4nagios' '--with-perfdata-spool-dir=/var/spool/icinga2/perfdata' '--with-nagios-user=icinga' '--with-nagios-group=icinga'
RRD Storage	/var/lib/pnp4nagios is readable.
RRDtool Binary	/bin/rrdtool is executable by PHP
PHP GD extension	Pass
PHP function proc_open()	Pass
PHP zlib extension	Pass
PHP session extension	Pass
PHP JSON extension	Pass
PHP magic_quotes_gpc	Off
Apache Rewrite Module	Not running within Apache mod_php

Abbildung 21-4: PNP4Nagios nach erfolgreicher Installation

Zum jetzigen Zeitpunkt gibt die Seite noch den aktuellen Status zur Installation und Konfiguration aus. Ist hier alles in Ordnung, muss wie auf der Seite beschrieben die Datei *install.php* aus dem DocumentRoot des PNP4Nagios entfernt werden.

```
$ rm -f /usr/local/pnp4nagios/share/install.php
```

Jegliche andere Konfiguration, die den Renderer betrifft, wird in der Datei *config.php* oder als dedizierte Datei in *config.d* vorgenommen. Beide befinden sich unterhalb des Konfigurationsverzeichnisses des PNP4Nagios in */usr/local/pnp4nagios/etc*.

21.2.5 Integration in Icinga Web 2

Um Graphen nicht nur über das eigenständige Webinterface von PNP4Nagios anzeigen zu können, sondern sie gleich komfortabel als Vorschau in Icinga Web 2 zu haben, kann das PNP4Nagios-Modul[11] für Icinga Web 2 benutzt werden.

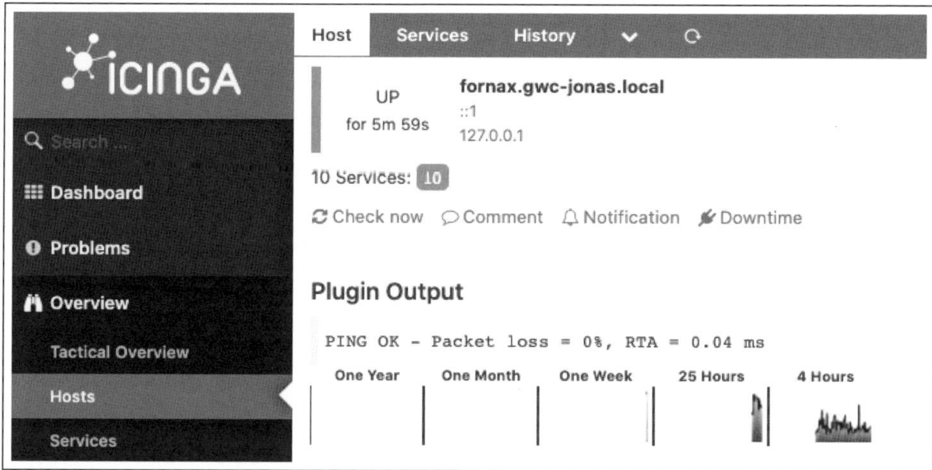

Abbildung 21-5: PNP4Nagios-Integration in Icinga Web 2

Dafür reicht es, das aktuelle Release des Plugins von GitHub zu beziehen, im Verzeichnis *modules* von Icinga Web 2 abzulegen und mit `icingacli` zu aktivieren. Alternativ lässt sich Icinga 2 auch wie in Abschnitt 8.6 auf Seite 165 konfigurieren und das Modul kann an einem Ort abgelegt werden.

```
$ cd /usr/local/share/icingaweb2-modules
$ install -m755 -d pnp
$ wget -qO - https://github.com/Icinga/icingaweb2-module-pnp \
    /archive/v1.1.0.tar.gz|tar xfz - -C pnp --stip-components 1
$ icingacli module enable pnp
```

Ab diesem Zeitpunkt ist das Modul unmittelbar in Icinga Web 2 aktiv und eine kleine Voransicht, wie in Abbildung 21-5, wird zu jedem Host- und Serviceobjekt im jeweiligen Kontext angezeigt. Durch einen Klick in die eingebetteten Graphen wird man direkt zur Detailansicht von PNP4Nagios weitergeleitet.

Erscheinen im Icinga Web 2 mehr als die fünf verkleinerten Vorschauen von 25 Stunden bis zu einem Jahr und sind diese zusätzlich auch noch defekt, so liegt dies an der zu neuen Version von PNP4Nagios. Das pnp-Modul liest die Zeitintervalle aus den PNP4Nagios-Konfigurationsdateien

[11] https://github.com/Icinga/icingaweb2-module-pnp

config.php. Da diese doppelt vorhanden sind, müssen die entsprechenden Zeilen entfernt werden.

```
#$views[] = array('title' => 'One Hour', ...
#$views[] = array('title' => '4 Hours', ...
#$views[] = array('title' => '25 Hours', ...
#$views[] = array('title' => 'One Week', ...
#$views[] = array('title' => 'One Month', ...
#$views[] = array('title' => 'One Year', ...
```

Codebeispiel 21.3: */usr/local/pnp4nagios/etc/config.php*

Auch nach einem Klick auf einen Zeitabschnitt der Voransicht offenbart sich ein weiterer Fehler, der wie folgt zu beheben ist:

```
--- a/share/application/models/data.php 2021-07-06 23:00:58 -0700
+++ b/share/application/models/data.php 2021-07-06 23:01:10 -0700
@@ -976,7 +976,7 @@
      */
     public function getFirstPage(){
         $pages = $this->getPages();
-        if(sizeof($pages) > 0 ){
+        if($pages and sizeof($pages) > 0 ){
             return urldecode($pages[0]);
         }else{
             return FALSE;
```

Codebeispiel 21.4: Patch *pnp-renderer.patch*

Der Patch liegt zum Download[12] auf der GitHub-Seite zum Buch bereit und kann nach dem Download ins eigene Homeverzeichnis mit dem Tool `patch` eingespielt werden.

```
$ cd /usr/local/pnp4nagios
$ sudo patch -p1 < ~/pnp-renderer.patch
```

Alternativ lässt sich die Zeile 979 der Datei *data.php* auch einfach per Hand durch folgende ersetzen:

```
if($pages and sizeof($pages) > 0 ){
```

Codebeispiel 21.5: */usr/local/pnp4nagios/share/application/models/data.p*

21.2.6 Anpassung der Templates

Zur Darstellung der Graphen verwendet RRDtool eine Template-Datei, die in PHP abgefasst ist. Welches Template verwendet wird, entscheidet

[12] https://github.com/lbetz/icinga-book/blob/main/vol2/pnp-renderer.patch

PNP4Nagios anhand des Namens des Check Command, das in der Icinga-2-Konfiguration des Services hinterlegt ist, der die Performance-Daten geliefert hat. Wird das verwendete Check Command in keinem Template gefunden, wird ein Default-Template benutzt.

Das Template gibt an, wie Graphen eingefärbt werden, ob sie als Linie oder Fläche gezeichnet werden, definiert die Legende, zieht Hilfslinien ein und einige andere Dinge.

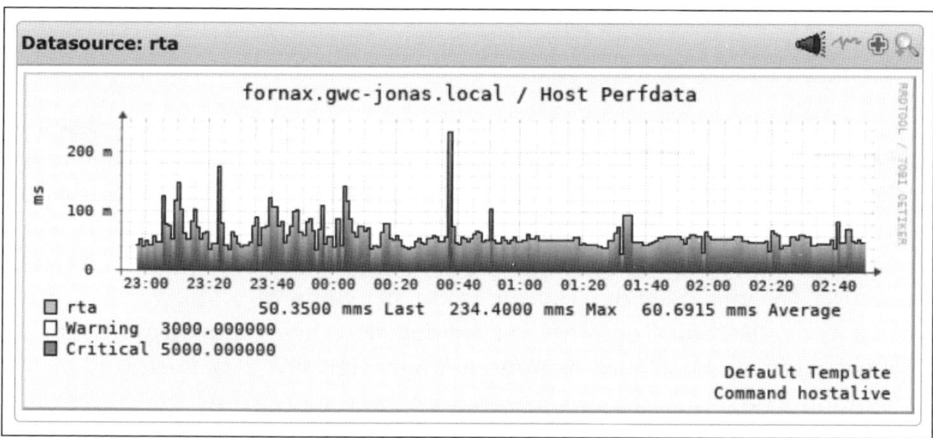

Abbildung 21-6: PNP4Nagios-Default-Template bei einem Hostalive-Check

Das Erstellen eines eigenen Templates würde den Rahmen des Buchs sprengen. Was jedoch, insbesondere im Zusammenhang mit Icinga 2, regelmäßig benötigt wird, ist die Möglichkeit, den Namen des Check Command anzupassen, für das ein bestimmtes Template verwendet wird.

Die in PNP4Nagios mitgelieferten oder online zur Verfügung gestellten Templates erwarten die von Nagios und Icinga (1) verwendeten Standardnamen für Commands, die laut Konvention mit »check_« beginnen, wie z. B. `check_load`.

In der Icinga-2-Syntax sind die Namen vereinfacht worden. Sie heißen jetzt laut Konvention z. B. nur noch *load*. Somit stellt PNP4Nagios jeden Graphen mit dem Default-Template dar, das zwar in den meisten Fällen einen guten Überblick erlaubt, andererseits aber in Ausnahmefällen völlig unübersichtlich sein kann. Trotzdem liefert PNP4Nagios aber viele brauchbare Templates mit, die durch einfaches Umbenennen auch in Icinga 2 genutzt werden können.

Um ein bestehendes Template für einen anders benannten Check zu verwenden, gilt es zuerst, den Namen des ausgeführten Checks zu ermitteln. Das kann in einer überschaubaren Icinga-2-Konfiguration noch einfach sein, wird aber mit einer zunehmend komplexeren Konfiguration immer anspruchsvoller. Drei Wege haben sich dafür bewährt:

- Icinga 2 liefert selbst das Check Command zu einem Service.

```
$ icinga2 object list --type=Service \
        --name=*load |grep check_command
  * check_command = "load"
```

- Alternativ kann man jedoch auch in der von PNP4Nagios erstellten XML-Datei zu einem Graphen nachsehen.

```
$ grep TEMPLATE \
        /var/lib/pnp4nagios/fornax.gwc-jonas.local/load.xml
  <TEMPLATE>load</TEMPLATE>
  <TEMPLATE>load</TEMPLATE>
  <TEMPLATE>load</TEMPLATE>
```

  Dabei ist *fornax.gwc-jonas.local* die Bezeichnung des Hosts, von dem die Performance-Daten kommen, und *load* der Name des untersuchten Services.

- Der sicherlich leichteste Weg ist jedoch, einen Blick auf den Graphen in PNP4Nagios oder der Detailansicht in Icinga Web 2 zu werfen. Wird bisher das Default-Template verwendet, wird bei jedem Graphen unten rechts immer das Check Command angezeigt, wie z. B. *hostalive* in Abbildung 21-6.

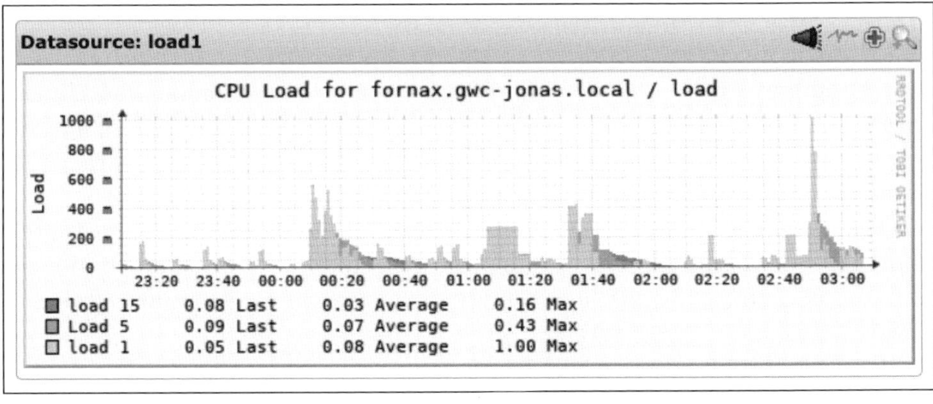

Abbildung 21-7: PNP4Nagios-Template für Load-Checks

Die Auswahl der Templates erfolgt dann ausschließlich anhand des Namens der Template-Datei. Mitgelieferte Templates befinden sich im System unter */usr/local/pnp4nagios/share/templates.dist*, selbst erstellte Templates sollten hingegen unter *templates* abgelegt werden. Um die Template-Datei für `check_load` auch für Checks mit dem Command *load* anzuwenden, wird die Datei einfach verlinkt.

```
$ cd /usr/local/pnp4nagios/share/templates
$ ln -s ../templates.dist/check_load.php ./load.php
```

21.2.7 Multiple-Format

PNP4Nagios bringt ein Hilfsmittel mit, das eine der Einschränkungen im zugrunde liegenden RRDtool zu umgehen hilft. Wie eingangs erwähnt, muss bei der Erstellung einer RRD-Datei angegeben werden, wie viele verschiedene Metriken darin abgelegt werden, was bei einem Check aller Volumes eines Hosts der Anzahl der Volumes entspricht.

Ändert sich nun die Anzahl der Metriken, werden die Daten entweder falsch zugewiesen oder RRDtool verweigert die Annahme komplett. Als Workaround bietet PNP4Nagios die Möglichkeit, jede Metrik eines Checks in eine eigene RRD-Datei zu schreiben und sie erst bei der Erstellung des Graphen wieder zusammenzuführen. Zum Überführen aller RRD-Dateien, die zu einem bestimmten Check Command passen, in das »Multiple«-Format bringt PNP4Nagios ein Skript mit. Diese Änderung sollte jedoch nicht pauschal mit jedem Check durchgeführt werden, da so die IO-Last am Host, auf dem PNP4Nagios läuft, explodieren würde.

Das Skript muss unter demjenigen Benutzer ausgeführt werden, unter dem auch der `npcd` läuft, da die aufgespaltenen RRD-Dateien vom ausführenden Benutzer angelegt werden und deshalb nicht mehr von `npcd` beschrieben werden können. Dabei müssen dem Skript nur das PNP4Nagios-Konfigurationsverzeichnis und der Name des Kommandos, für das die aufgespaltenen RRD-Dateien erstellt wurden, genannt werden. Der Name kann, wie oben beim Umbau der Templates angegeben, ermittelt werden.

Die Option `--no_structure_check` erlaubt das Ausführen auch auf RRD-Dateien, in die bereits eine falsche Anzahl von Datenpunkten geschrieben wurde, wodurch die beschreibende XML-Datei nicht mehr zur RRD-Datei passt.

```
$ su icinga -c "/usr/local/pnp4nagios/libexec/rrd_convert.pl \
        --cfg_dir=/usr/local/pnp4nagios/etc \
        --check_command=disk \
        --no_structure_check"
```

Der Beispielaufruf ist für RedHat-Systeme ausgelegt, bei Debian ist zu beachten, dass das Perl-Skript *convert.pl* mit dem Benutzer *nagios* aufzurufen ist.

```
Search pattern                          disk
XML Files analyzed                      63
XML Files found                         3
XML Files without RRD                   0
Old XML Files ignored                   12
Number of unique check_commands         12
Start Converter [n|y]?:y
File 1/3
```

```
RRDtool dump to /tmp/rrd_convert/fornax.gwc-jonas.local-disk.dump
Manipulating /tmp/rrd_convert/fornax.gwc-jonas.local-disk.dump
............ done 48084 lines
Restoring File
/var/lib/pnp4nagios/fornax.gwc-jonas.local/disk__.rrd
/var/lib/pnp4nagios/fornax.gwc-jonas.local/disk__boot.rrd
... done
File 3/3
RRDtool dump to /tmp/rrd_convert/fornax.gwc-jonas.local-disk___.dump
Manipulating /tmp/rrd_convert/fornax.gwc-jonas.local-disk___.dump
............ done 47999 lines
Restoring File
/var/lib/pnp4nagios/fornax.gwc-jonas.local/disk_____.rrd
... done

DONE
 \Statistics:
 |- rrd_out         3
 |- rrd_in          2
 |- old_xml         12
 |- runtime         1.868456
 |- xml_without_rrd 0
```

21.2.8 RRD-Cache-Daemon

Leider verursacht PNP4Nagios eine sehr hohe IO-Last, da jeder Datenpunkt eine eigene IO-Operation benötigt. Da mit einem Icinga-Check oft mehrere Metriken ermittelt werden, kann die Zahl der Operationen bei häufigen Checks schnell explodieren. Um diese Last etwas auszugleichen, wurde das Tool `rrdcache` geschaffen. Es sammelt Datenpunkte in seinem Memory-basierten Cache und schreibt mehrere Punkte zugleich in die RRD-Dateien, um so IO-Operationen einzusparen.

Bei RedHat-Systemen beinhaltet das Paket `rrdtool` schon die Binärdatei `rrdcached`, den RRD-Cache-Daemon, jedoch leider keine Konfiguration, um ihn gemeinsam mit PNP4Nagios einzusetzen. Bei Debian muss zwar ein zusätzliches Paket installiert werden, es bedarf hingegen aber keiner weiteren Anpassungen bzgl. des `rrdcached`.

- RedHat
  Seit RHEL 8 existiert zwar nun eine Service-Unit für den `systemd`, da diese aber nicht die Anforderungen erfüllt, kann auch gleich eine komplett neue erstellt werden:

```
[Unit]
Description=RRDtool cache
daemonAfter=network.target
[Service]
Type=forking
PIDFile=/run/rrdcached.pid
ExecStart=/usr/bin/rrdcached  -B -s icinga -m664 \
    -p /var/run/rrdcached.pid -G icinga -U icinga \
    -l unix:/var/run/rrdcached.sock -j /var/tmp/
[Install]
WantedBy=multi-user.target
```

Codebeispiel 21.6: */etc/systemd/system/rrdcached.service*

Damit `systemd` den neuen Dienst auch erkennt und verwalten kann, muss erst noch der Befehl zum Neueinlesen der `systemd`-Konfiguration abgesetzt werden. Im Folgenden wird der `rrdcached` auch gleich noch gestartet:

```
$ systemctl daemon-reload
$ systemctl start rrdcached.service
$ systemctl enable rrdcached.service
```

- Debian
  Hier muss nach der Installation der RRD-Cache noch konfiguriert werden.

```
$ apt install -y rrdcached
```

Alle benötigten Einstellungen werden in */etc/default/rrdcached* getätigt. Die folgenden sind mit den jeweiligen Werten zu setzen bzw. entsprechend abzuändern:

```
SOCKFILE=/var/run/rrdcached.sock
SOCKGROUP=nagios
SOCKMODE=0664
DAEMON_GROUP=nagios
DAEMON_USER=nagios
```

Codebeispiel 21.7: */etc/default/rrdcached*

Abschließend muss nur noch der Daemon neu gestartet werden!

```
$ systemctl restart rrdcached.service
```

Damit PNP4Nagios den `rrdcached` auch zum Auslesen von Daten verwendet, muss der Socket des Daemons in die Konfigurationsdatei *config.php* eingetragen werden. Ein entsprechender Beispieleintrag ohne Pfad ist bereits vorhanden, der einkommentiert bzw. angepasst werden muss.

```
$conf['RRD_DAEMON_OPTS'] = 'unix:/var/run/rrdcached.sock';
```

Um die Daten nicht mehr direkt in die RRD-Dateien zu schreiben, sondern an den `rrdcached` zu übergeben, muss eine ähnliche Zeile auch in die Konfigurationsdatei *process_perfdata.cfg* eingefügt werden. Auch hier ist bereits ein Beispieleintrag ohne Pfad vorhanden, der geändert bzw. einkommentiert werden muss.

```
RRD_DAEMON_OPTS = unix:/var/run/rrdcached.sock
```

Wird die IO-Last am System überwacht, sollte nach der Änderung ein signifikanter Rückgang der IOPS zu sehen sein. Da ein laufender Prozess `npcd` den `rrdcached` jedoch nur verwendet, falls er verfügbar ist, und ansonsten auch selbstständig arbeiten kann, sollte mit Icinga 2 überwacht werden, ob der `rrdcached` auch wirklich gestartet ist. Ist das Tool `socat` installiert, kann auch mit folgendem Befehl manuell überprüft werden, ob der `rrdcached` wie gewünscht seine Arbeit tut:

```
$ while true; do clear ; echo STATS | \
      socat - /var/run/rrdcached.sock; sleep 1; done

9 Statistics follow
QueueLength: 0
UpdatesReceived: 223
FlushesReceived: 190
UpdatesWritten: 51
DataSetsWritten: 138
TreeNodesNumber: 22
TreeDepth: 5
JournalBytes: 16729
JournalRotate: 0
```

> Bevor hier allerdings geschriebene *DataSets* oder *Updates* zu bemerken sind, muss etwas Geduld aufgebracht werden, da die Metriken ja nun gepuffert auf Platte geschrieben werden.

21.2.9 Überwachung von PNP4Nagios

Zur Überwachung von PNP4Nagios sind jeweils die einzelnen Komponenten zu berücksichtigen. Zuerst ist hier der Ablageort der RRD-Dateien zu nennen. Das entsprechende Dateisystem sollte auf freien Speicherplatz wie auch auf dessen IO-Werte geprüft werden. Letzteres kann mit dem Plugin `check_iostat` aus Abschnitt 17.4.1 ab Seite 381 umgesetzt werden.

Der Prozess `npcd` muss laufen, damit die RRDs erzeugt und aktualisiert werden. Kommt der `rrdcached` zum Einsatz, muss auch dieser Prozess überwacht werden.

Alternativ kann `rrdcached` auch dahingehend überwacht werden, ob der von ihm geöffnete Socket erreichbar ist. Dies lässt sich mit `check_tcp` aus den Monitoring-Plugins durchführen. Um einen Unix-Socket zu überwachen, wird bei diesem Plugin anstatt einer IP-Adresse ein absoluter Pfad wie */var/run/rrdcached.sock* angegeben.

Des Weiteren muss auch das Spool-Verzeichnis, in dem Icinga 2 die rotierten Performance-Daten ablegt, auf freien Speicher überwacht werden. Das betrifft natürlich das Dateisystem, auf dem das Verzeichnis liegt. Zusätzlich sollte aber auch auf die Gesamtanzahl der Dateien in */var/spool/icinga2/perfdata* geprüft werden. Steigt hier die Anzahl, läuft der `npcd` womöglich nicht korrekt bzw. er kann die Masse an Daten nicht mehr schnell genug verarbeiten. Für Letzteres bietet sich das Plugin `check_files.pl`[13] an. Hierfür gibt es leider keine Definition in der ITL und man muss selbst ein Check Command schreiben.

[13] https://github.com/willixix/WL-NagiosPlugins

21.3 Graphite

Graphite ist ein Software-Stack, bestehend aus Carbon-Cache, Whisper-TSDB, Graphite-Web (Graphite-API) und optional Carbon-Relay und dem Carbon-Aggregator. Letzterer findet, der Komplexität geschuldet, in diesem Buch jedoch keine Betrachtung. Er dient dazu, Metriken anhand von Funktionen, z. B. der Summenfunktion, zusammenzufassen oder den Metrikpfad zu manipulieren.

Daten werden über einen TCP-Port an den Carbon-Cache gesendet und erst von diesem in die Whisper-Datenbank geschrieben. Dabei sammelt der Cache mehrere Datenpunkte, bevor er sie in die Whisper-Dateien schreibt, was zusätzlich IO-Vorgänge spart. Das bringt in der Zusammenarbeit mit Icinga auch den großen Vorteil, dass keine weiteren Anpassungen wie Berechtigungen oder angepasste Benutzer vorgenommen werden müssen.

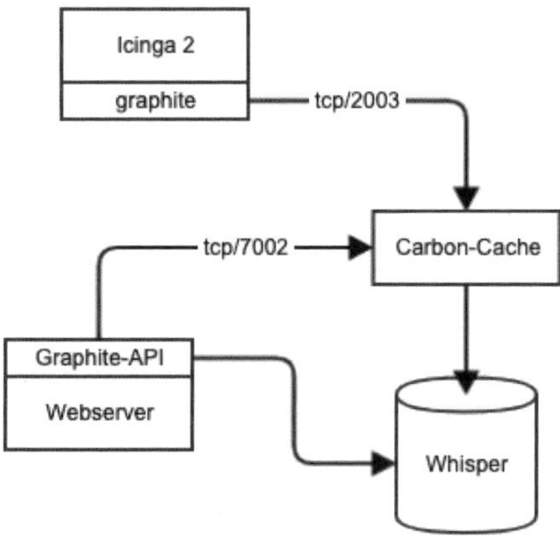

Abbildung 21-8: Komponenten und Kommunikation bei Graphite

Ausgelesen werden die Daten über die API, die Bestandteil von Graphite-Web ist, aber alternativ auch in abgespeckter Form einer reinen API ohne Benutzeroberfläche als Graphite-API zur Verfügung steht. Eine von beiden liest die in den Whisper-Dateien gespeicherten Daten aus und fragt gleichzeitig beim Carbon-Cache an, ob zur fraglichen Zeit noch Daten vorhanden sind, die noch nicht in die Whisper-Datei geschrieben wurden. Dadurch wird immer ein aktueller Stand über die API ausgelesen, auch wenn noch nicht alle Datenpunkte auf Platte geschrieben wurden. Abfragen sind so auch schneller, da nur ein Teil der Daten von der Festplatte gelesen werden muss und neuere Daten noch im Random Access Memory (RAM) verbleiben.

Da der Flaschenhals bei Graphing-Tools üblicherweise das Speichersystem ist, auf dem die Daten abgelegt werden, bietet Graphite auch »Federated Storage« an. Dabei werden die zu speichernden Daten nicht mehr direkt an den Carbon-Cache, sondern an ein Carbon-Relay übergeben, das mit einem Regelsatz konfiguriert wird, mit dem die Daten auf mehrere Caches verteilt werden.

Damit ist es, im Gegensatz zu PNP4Nagios, verhältnismäßig einfach, verteilte Umgebungen zur Lastverteilung oder Hochverfügbarkeit aufzubauen. Dabei kann die ganze Graphite-Installation, sowohl das Frontend als auch das Backend, auf mehrere Hosts aufgeteilt werden. Eine Aufsplittung auf unterschiedliche Hosts wird zwar unterstützt, aber das Auslesen der Daten mit nur einer Graphite-API ist dann leider nicht möglich. Lösen ließe sich dieses Problem nur mit ausschließlichem Einsatz von Graphite-Web, so wie es Abbildung 21-9 darstellt.

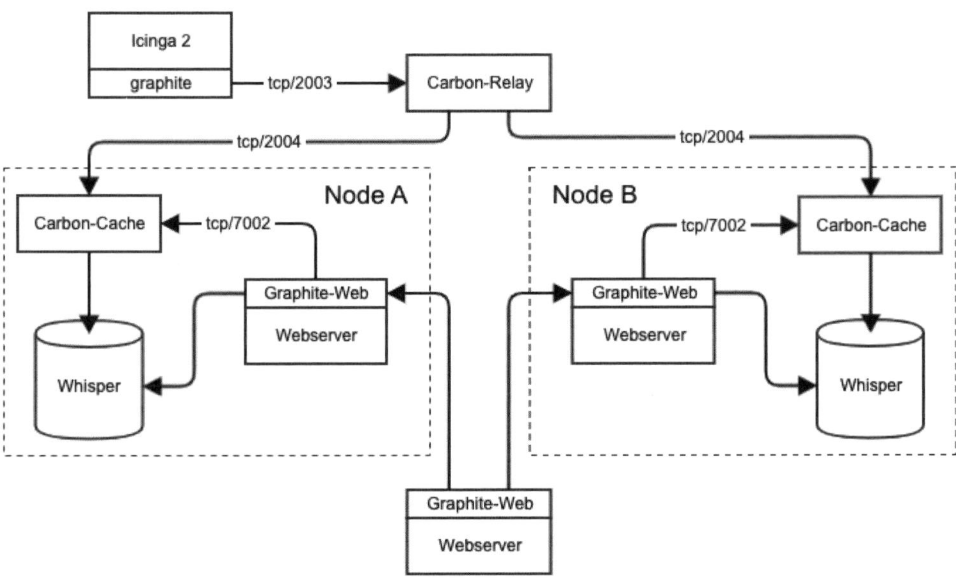

Abbildung 21-9: Graphite mit Carbon-Relay und zwei Carbon-Servern

Das Auslesen erfolgt dann so, als wären alle Daten auf allen Carbon-Servern verfügbar, da alle Anfragen weitergereicht werden. Liegen die Caches auf unterschiedlichen Servern und es wird vom Relay eine Aufteilung der Metriken vorgenommen, müssen die Abfragen hier unbedingt über ein weiteres vorgeschaltetes Graphite-Web erfolgen. Nur das Graphite-Web bietet dieses Feature. Dupliziert das Relay zur Erhöhung der Verfügbarkeit lediglich die Daten auf die Caches, kann dieses vorgeschaltete Graphite-Web entfallen, da an jedem der beiden APIs alle Daten abgegriffen werden können. In diesem Fall lässt sich auch wieder die leichtgewichtigere Graphite-API einsetzen.

Die Aggregation historischer Daten entspricht dem von RRDtool, was auch hier das Speichern von lange zurückliegenden historischen Daten mit einem relativ geringen Speicherplatzverbrauch erlaubt.

21.3.1 Carbon-Cache

Neben der Referenzimplementation `carbon-cache` des Graphite-Projekts in Python wird in diesem Abschnitt mit `go-carbon` eine Implementierung in Go vorgestellt. Letztere nutzt im Gegensatz zu `carbon-cache` mehrere Prozessoren und erfordert damit keine zusätzlichen Instanzen ihrer selbst, um auf einem Host zu skalieren.

Carbon verwendet Pfade, deren Elemente durch ».« getrennt sind, um Daten zu sortieren. Der Pfad zu den einzelnen Metriken wird folgerichtig als Metrikpfad bezeichnet. Dabei werden Punkte in Teilpfaden, die z. B. aus einem FQDN eines Hosts herrühren, generell durch Unterstriche ersetzt. Verwendet man die Referenzimplementierung `carbon-cache`, wird noch der Zusatz *-a* ans Ende des Hostnamens gehängt, da auf dem System zur Lastverteilung durchaus mehrere Instanzen des Caches betrieben werden könnten.

```
carbon.agents.fornax_icinga-book_local.cache.queries
```

Im Dateisystem wird ein Element durch ein Verzeichnis abgebildet, weshalb sich der ganze Baum aus Graphen auch im Dateisystem wiederfindet. Der Ablageort der Whisper-Dateien ist in der Konfigurationsdatei der jeweiligen Implementierung hinterlegt.

```
./
|-- lists
|-- rrd
`-- whisper
    `-- carbon
        `-- agents
            `-- fornax_gwc-jonas_local
                |-- avgUpdateTime.wsp
                |-- cache
                |   |-- overflow.wsp
                |   |-- queries.wsp
                |   |-- queues.wsp
                |   `-- size.wsp
                |-- committedPoints.wsp
                |-- cpuUsage.wsp
                |-- creates.wsp
                |-- ...
                |-- metricsReceived.wsp
                |-- pointsPerUpdate.wsp
                `-- updateOperations.wsp
```

Nach dem Start legt der Cache automatisch eine Wurzel namens *carbon* an, um dort schon einmal zu sich selbst erfasste Daten abzuspeichern.

Die Konfigurationsdatei der beiden Implementierungen befindet sich im selben Verzeichnis `/etc/carbon`. Die im Folgenden vorgestellten Dateien `storage-schemas.conf` und `storage-aggregation.conf` haben nicht nur den Namen gemeinsam, sondern sie unterscheiden sich auch nicht in der Syntax.

Wie viele Datenpunkte in welchem Zeitintervall zu speichern sind, wird in der Konfigurationsdatei `storage-schemas.conf` festgelegt.

```
[carbon]
pattern = ^carbon\.
retentions = 60:90d

[default_1min_for_1day]
pattern = .*
retentions = 60s:1d
```

Codebeispiel 21.8: /etc/carbon/storage-schemas.conf

Es werden Sektionen definiert, die auf Matches mit unterschiedlichen Pattern reagieren. Die Pattern werden als reguläre Ausdrücke angegeben. So gilt für die Metriken des Baums *carbon*, dass für 60-Sekunden-Intervalle ein Datenpunkt zu speichern ist und für 90 Tage aufbewahrt wird. Da kein zusätzliches per Komma abgetrenntes Wertepaar für einen längeren Zeitraum (Bucket genannt) angegeben ist, stehen nie Daten älter als 90 Tage für diesen Baum zur Verfügung. Erlaubte Zeiteinheiten sind s (Sekunden), m (Minuten), h (Stunden), d (Tage) und y für Jahre.

Trifft mehr als ein Pattern zu, gilt immer das erste Match vom Anfang der Datei `storage-schemas.conf` gesehen. Damit ist im angegebenen Beispiel der letzte Eintrag der Default, da er aufgrund seines Pattern immer ein Match erzielt.

Sobald für einen der definierten Buckets mehr als ein Datenpunkt zur Verfügung steht, stellt sich die Frage, wie diese zu aggregieren sind. Das wird in `storage-aggregation.conf` festgelegt.

```
[min]
pattern = \.min$
xFilesFactor = 0.1
aggregationMethod = min

[max]
pattern = \.max$
xFilesFactor = 0.1
aggregationMethod = max
```

```
[sum]
pattern = \.count$
xFilesFactor = 0
aggregationMethod = sum

[default_average]
pattern = .*
xFilesFactor = 0.5
aggregationMethod = average
```

Codebeispiel 21.9: Behandlung von Summen- und Durchschnittsmetriken

Auch hier wird über Pattern bestimmt, was für eine Methode zur Verdichtung der Datenpunkte gewählt wird. Endet eine Metrik weder auf *min*, *max* noch *count*, wird der Mittelwert (arithmetisches Mittel) gebildet.

Im Besonderen beim Übertritt von einem Bucket in einen anderen wird mit *xFilesFactor* bestimmt, wie viele der Datenpunkte, die zu verdichten sind, vorhanden sein müssen. Ein Wert von *0.5* bedeutet, dass mindestens 50 Prozent der Datenpunkte aus dem vorherigen Bucket vorhanden sein müssen. Ansonsten entfällt der neu zu aggregierende Datenpunkt.

carbon-cache

Seit RHEL 8 befindet sich das Paket zum in Python geschriebenen `carbon-cache` nicht mehr im EPEL-Repository und muss daher aus den Quellen installiert werden. Bei Debian gibt es Pakete, es sind keine zusätzlichen Repositories erforderlich.

- RedHat
  Zunächst sollten alle Abhängigkeiten, denen man habhaft werden kann, als Pakete installiert werden. Damit ist zumindest sichergestellt, dass diese mittels Paketmanager gepflegt werden.

  ```
  $ dnf install -y python3-pip3 python3-werkzeug \
      python3-protobuf python3-psutil python3-requests \
      python3-jmespath
  ```

  Die erforderlichen Pakete *whisper* und *carbon-cache* lassen sich mittels PIP installieren, die noch benötigten Python-basierten Abhängigkeiten werden ebenfalls heruntergeladen und automatisch installiert.

  ```
  $ pip3 install whisper
  $ pip3 install carbon
  ```

  Die Reihenfolge ist unbedingt einzuhalten, sonst findet Carbon das Plugin zu Whisper nicht.
  Soll nun nach einem Systemstart der Daemon nicht immer per Hand gestartet werden, benötigt man eine entsprechende Sytemd-Unit:

```
[Unit]
Description=Graphite Carbon Cache
After=network.target
Documentation=https://graphite.readthedocs.io

[Service]
Type=forking
StandardOutput=syslog
StandardError=syslog
EnvironmentFile=/etc/sysconfig/carbon-cache
ExecStart=/opt/graphite/bin/carbon-cache.py start \
    --config=/etc/carbon/carbon.conf \
    --pidfile=/var/run/carbon-cache.pid \
    --logdir=/var/log/carbon
PIDFile=/var/run/carbon-cache.pid

[Install]
WantedBy=multi-user.target
```

Codebeispiel 21.10: */etc/systemd/system/carbon-cache.service*

Um die Konfiguration *carbon.conf* so weit wie möglich in der Standardeinstellung zu verwenden, wird eine Datei benötigt, in der Umgebungsvariablen gesetzt werden, die der Daemon von sich aus automatisch auswertet.

```
GRAPHITE_STORAGE_DIR="/var/lib/graphite"
GRAPHITE_STORAGE_CONF="/etc/carbon"
```

Codebeispiel 21.11: */etc/sysconfig/carbon-cache*

Der Daemon soll natürlich nicht mit Root-Rechten laufen, sondern seinen eigene Benutzer *_graphite* bekommen. Im Anschluss wird dann das Basisverzeichnis mit den erforderlichen Berechtigungen erzeugt, in dem später die gesammelten Metriken abgelegt werden, sowie das Verzeichnis für die Konfigurationsdateien.

```
$ useradd -r -s /sbin/nologin _graphite
$ install -o _graphite -g _graphite -d -m755 /var/lib/graphite
$ install -m755 -d /etc/carbon
```

In das auch sogleich die beiden vorausgesetzten Dateien kopiert werden:

```
$ cp /opt/graphite/conf/carbon.conf.example \
    /etc/carbon/carbon.conf
$ cp /opt/graphite/conf/storage-schemas.conf.example \
    /etc/carbon/storage-schemas.conf
```

Abschließend ist noch die Systemd-Konfiguration neu zu laden und in der Konfigurationsdateien muss der Benutzer gesetzt, werden unter dem der Daemon ausgeführt werden soll. In der Datei `carbon.conf` ist hierzu der Option *USER* der Wert *_graphite* zuzuweisen.

```
$ systemctl daemon-reload
$ sed -i "s|^USER\s*=.*$|USER = _graphite|g" \
    /etc/carbon/carbon.conf
```

- Debian
  Eine Installation aus Paketen ist einfacher sowie schneller und damit sehr viel angenehmer:

```
$ apt install -y graphite-carbon
```

Die Konfigurationsdatei `carbon.conf` ist wie eine INI-Datei in mehrere Sektionen aufgeteilt. Die Sektion *cache* ist für die Konfiguration des `carbon-cache`, die anderen, *relay* und *aggregator*, jeweils für das Carbon-Relay bzw. den Aggregator.

Pfadangaben zu Verzeichnissen im Dateisystem lassen sich optional setzen, Benutzer, Laufzeitverhalten und Sockets werden ebenfalls in dieser Datei eingestellt. So lauscht der Cache per Default auf den TCP-Ports 2003, 2004 und 7002 auf allen vorhandenen IP-Adressen.

Einstellungen von Verzeichnispfaden, die sich nach dem Filesystem Hierarchy Standard (FHS) richten, sähen wie folgt aus:

```
[cache]
STORAGE_DIR     = /var/lib/graphite/
LOCAL_DATA_DIR = /var/lib/graphite/whisper/
WHITELISTS_DIR = /var/lib/graphite/lists/
CONF_DIR        = /etc/carbon/
LOG_DIR         = /var/log/carbon/
PID_DIR         = /var/run/
```

Codebeispiel 21.12: Pfadangaben nach FHS in /etc/carbon/carbon.conf

Standardkonfiguration mit einem `carbon-cache`

Zunächst soll eine Umgebung entsprechend der Abbildung 21-8 auf Seite 472 aufgebaut werden. Ist man mit diesem Ergebnis zufrieden, ist der nächste Abschnitt wie auch der darauffolgende zum Thema Carbon-Relay zu überspringen. Sollte jedoch das Betreiben von mehreren Carbon-Caches auf einem Server von Interesse sein, schließt sich vorweg noch diese Beschreibung der zu erledigenden Konfigurationsarbeiten an.
Mit 2003 und 2004 werden zwei Ports mit unterschiedlichen Protokollen für den Empfang von Daten bereitgestellt: Port 2003 im sogenannten Line-Format und Port 2004 für das effizientere Pickle-Format[14]. Bei letzterem

[14]https://www.metricfire.com/docs/python-pickle

werden Metriken zusammengefasst und in Blöcken übertragen. Port 7002 dient hingegen zur Abfrage des Cache für vor Kurzem geschriebene Datenpunkte oder solche, die noch nicht auf Platte geschrieben worden sind. Er wird demzufolge von der Graphite-API bzw. dem Graphite-Web verwendet.

```
[cache]
...
LINE_RECEIVER_INTERFACE = 127.0.0.1
LINE_RECEIVER_PORT = 2003
...
PICKLE_RECEIVER_PORT = 0
...
CACHE_QUERY_INTERFACE = 127.0.0.1
CACHE_QUERY_PORT = 7002
...
```

Codebeispiel 21.13: `/etc/carbon/carbon.conf`

Da Icinga 2 das Protokoll Pickle nicht unterstützt, kann dieses durch Setzen des zu verwendenden Ports auf *0* deaktiviert werden. Läuft der `carbon-cache` auf demselben Host wie auch Icinga 2, sollte das lauschende Interface *LINE_RECEIVER_INTERFACE* aus Sicherheitsgründen für die einzuliefernden Daten auf eine Localhost-IP-Adresse gesetzt werden. Der `carbon-cache` bietet weder eine Konfigurationsmöglichkeit zur Absicherung mittels einer Authentifizierung noch eine Verschlüsselung der Datenübertragung.

Befindet sich der Cache jedoch auf einem dedizierten Host, empfiehlt sich der zusätzliche Einsatz eines Carbon-Relay zur Pufferung, um Icinga 2 zu entlasten. Das Relay wäre damit folgerichtig auf dem Icinga-Server zu installieren, siehe Abschnitt 21.3.2 ab Seite 486.

Wird auch die für die API erforderliche Graphite-API bzw. das Graphite-Web auf demselben Host zusammen mit dem Cache installiert, sollte auch das *CACHE_QUERY_INTERFACE* auf eine Localhost-IP beschränkt werden.

```
$ systemctl start carbon-cache.service
$ systemctl enable carbon-cache.service
```

Nun wird nach einer kurzen Zeitspanne im Whisper-Datenverzeichnis das Verzeichnis *carbon* angelegt, in dem Carbon-Cache, wie schon erwähnt, Daten zu seinem eigenen Ressourcenverbrauch hinterlegt.

Mehrere carbon–cache-Instanzen auf einem Host betreiben

Ein `carbon-cache` erzeugt ziemlich viel IO und belastet damit auch die CPU. Um eine bessere Auslastung[15] des Systems mit `carbon-cache` zu erreichen, können die Möglichkeiten eines Carbon-Relay auch genutzt werden, um mehrere Cache-Instanzen auf einem Host zu betreiben und damit eine bessere Auslastung und eine höhere Performance zu erreichen. Optional kann auch ein Cache eine alternative Whisper-Datenbank auf einem anderen Speichersystem verwenden.

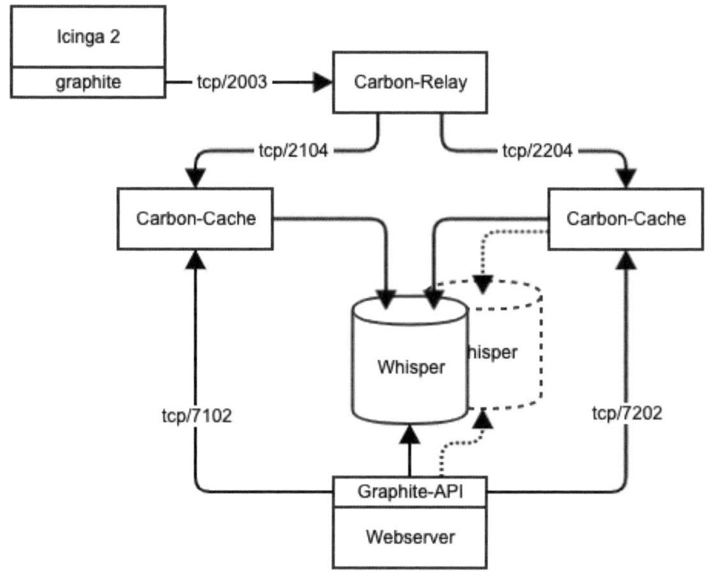

Abbildung 21-10: Graphite mit Carbon-Relay und zwei Carbon-Caches auf demselben Host

Zum Betrieb der hier im Folgenden beschriebenen Konfiguration entsprechend der Abbildung 21-10 ist zwingend ein Carbon-Relay erforderlich. Hierzu kann eines der in Abschnitt 21.3.2 ab Seite 486 vorgestellten Relays verwendet werden.

Da alle nur auf *localhost* zu horchen brauchen, wird dies in der globalen Konfigurationssektion *cache* hinterlegt und dort das Verwenden des Protokolls Line generell deaktiviert. Dies setzt aber voraus, dass ein Relay mit Unterstützung des Pickle-Protokolls verwendet wird. Ist das nicht der Fall und wird nur das Line-Protokoll unterstützt, ist entsprechend dieses zu aktivieren und Pickle kann abgeschaltet werden.

[15]https://github.com/graphite-project/carbon/issues/461

Die beiden Caches mit den Namen *a* und *b* bekommen jeweils ihre eigenen Sektionen *cache:a* bzw. *chache:b*. Dort können alle Parameter aus *cache* gesondert für den jeweiligen Cache überschrieben werden.

Jeder `carbon-cache` benötigt zwangsläufig einen eigenen Port für den Query-Port und einen für den Empfang der Daten via Pickle bzw. Line.

```
[cache]
...
LINE_RECEIVER_PORT = 0
...
[cache:a]
PICKLE_RECEIVER_PORT = 2104
CACHE_QUERY_PORT = 7102
[cache:b]
PICKLE_RECEIVER_PORT = 2204
CACHE_QUERY_PORT = 7202
```

Codebeispiel 21.14: Konfiguration zweier Caches in */etc/carbon/carbon.conf*

Die beiden nun konfigurierten Caches müssen getrennt mit der Option `--instance` gestartet werden. Am besten erstellt man hierfür eine gesonderte Systemd-Unit, die mehrere Services »betreuen« kann. Neben der Instanz sind selbstverständlich auch unterschiedliche Dateien für die jeweilige PID-Dateien zu verwenden.

- RedHat

```
[Unit]
Description=Graphite Carbon Cache
After=network.target
Documentation=https://graphite.readthedocs.io

[Service]
Type=forking
StandardOutput=syslog
StandardError=syslog
EnvironmentFile=/etc/sysconfig/carbon-cache
ExecStart=/opt/graphite/bin/carbon-cache.py start \
    --config=/etc/carbon/carbon.conf \
    --pidfile=/var/run/carbon-cache-%i.pid \
    --logdir=/var/log/carbon \
    --instance=%i
PIDFile=/var/run/carbon-cache-%i.pid

[Install]
WantedBy=multi-user.target
```

Codebeispiel 21.15: */etc/systemd/system/carbon-cache@.service*

- Debian

```
[Unit]
Description=Graphite Carbon Cache
After=network.target
Documentation=https://graphite.readthedocs.io

[Service]
Type=forking
StandardOutput=syslog
StandardError=syslog
EnvironmentFile=/etc/default/carbon-cache
ExecStart=/usr/bin/carbon-cache start \
    --config=/etc/carbon/carbon.conf \
    --pidfile=/var/run/carbon-cache-%i.pid \
    --logdir=/var/log/carbon \
    --instance=%i
PIDFile=/var/run/carbon-cache-%i.pid

[Install]
WantedBy=multi-user.target
```

Codebeispiel 21.16: */etc/systemd/system/carbon-cache@.service*

Kommen neben mehreren Cache-Instanzen auch mehrere Storage-Backends zum Einsatz, müssen mehrere Environment-Dateien mit unterschiedlichen Konfigurationen erstellt werden, die als Suffix *-a*, *-b* usw. erhalten. Entsprechend ist bei der Option *EnvironmentFile* der Wert mit *-%i* zu ergänzen.

Bei einen Debian-System, auf dem der `carbon-cache` aus den Paketen installiert wurde, ist noch einiges mehr zu tun, wenn weitere Storage-Backends verwendet werden sollen. Ein Blick in die Datei *carbon.conf* offenbart, dass dort Pfade für *STORAGE_DIR* und *LOCAL_DATA_DIR* hinterlegt sind. Um die Konfiguration dynamisch zu gestalten, sind beide Zeilen auszukommentieren und die Umgebungsvariable *GRAPHITE_STORAGE_DIR* für jede Instanz bei diesem Einsatzszenario gesondert zu setzen.

```
GRAPHITE_STORAGE_DIR="/var/lib/graphite-a"
```

Codebeispiel 21.17: Beispiel */etc/default/carbon-cache-a* auf Debian

```
GRAPHITE_STORAGE_DIR="/var/lib/graphite-b"
```

Codebeispiel 21.18: Beispiel */etc/default/carbon-cache-b* auf Debian

Gleiches gilt für RedHat-basierte Systeme. Hier ist der standardmäßige Ablageort jedoch */etc/sysconfig*.

Danach ist sicherzustellen, dass der womöglich bisher betriebene carbon-cache nicht mehr läuft und auch nicht mehr beim Systemstart hochgefahren wird. Dann können beide Caches gestartet werden.

```
$ systemctl daemon-reload
$ systemctl start carbon-cache@a
$ systemctl enable carbon-cache@a
$ systemctl start carbon-cache@b
$ systemctl enable carbon-cache@b
```

go-carbon

Die Go-Implementierung[16] bzw. Pakete für RedHat sowie Debian können nur via Download über den Release-Bereich von GitHub heruntergeladen werden.

- RedHat

```
$ dnf localinstall -y go-carbon-0.15.6-1.x86_64.rpm
```

- Debian

```
$ dpkg -i go-carbon_0.15.6_amd64.deb
```

Die Pakete kümmern sich zwar darum, dass der Benutzer *carbon* angelegt wird, jedoch nicht um das Storage-Verzeichnis.

```
$ install -o carbon -g carbon -m755 -d /var/lib/graphite
```

Die Konfigurationsdateien liegen bei RedHat und Debian jeweils unter */etc/go-carbon*.

Bei *storage-schemas.conf* und bei *storage-aggregation.conf* kommt dasselbe Format wie beim carbon-cache zum Einsatz, die Datei *go-carbon.conf* wird jedoch in einem eigenen Format verwendet.

Der go-carbon bietet über die Protokolle Line und Pickle noch eine Vielzahl von Protokollen zum Empfang von Daten, aber weder Kafka noch HTTP sind im Icinga-Umfeld von Interesse.

Alle Protokolle werden in einer eigenen Sektion konfiguriert und können mittels Setzen der Option *enable = false* abgeschaltet werden. Hierzu zählen auch das Line-Protokoll via UDP in der Sektion *udp* und *grpc* in seiner eigenen Sektion. Damit muss man sich nur noch zwischen Line via TCP und dem Pickle-Protokoll entscheiden.

Soll Icinga 2 direkt zum Cache senden, erübrigt sich auch dies und man benötigt lediglich das Line-Protokoll im Abschnitt *tcp*.

[16]https://github.com/go-graphite/go-carbon

Um besser zu skalieren, werden sogenannte »worker« in eigenen Threads gestartet, die die eigentliche Arbeit verrichten. Die maximal verwendete Anzahl wird mit der gleichnamigen Option im Abschnitt *whisper* festgelegt. Unter *common* lässt sich mit *max-cpu* zusätzlich die maximale Anzahl der für die *workers* zu benutzenden CPU-Kerne festlegen.

```
[common]
# Run as user. Works only in daemon mode
user = "carbon"
...
max-cpu = 1

[whisper]
data-dir = "/var/lib/graphite/whisper"
...
workers = 1
...

[udp]
listen = ":2003"
enabled = false
...
[tcp]
listen = ":2003"
enabled = true
# Optional internal queue between receiver and cache
buffer-size = 0

[pickle]
listen = ":2004"
# Limit message size for prevent memory overflow
max-message-size = 67108864
enabled = true
buffer-size = 0

[carbonlink]
listen = "127.0.0.1:7002"
enabled = true
read-timeout = "30s"

[grpc]
listen = "127.0.0.1:7003"
enabled = false
```

Codebeispiel 21.19: `/etc/go-carbon/go-carbon.conf`

In einer produktiven Umgebung sollte **unbedingt das Loglevel** nicht auf dem voreingestellten *info* betrieben werden!

Bei einem Wechsel von `carbon-cache` auf `go-carbon` ist Folgendes unbedingt zu beachten:

> Der Benutzer, unter dem der Cache läuft, ist für den in Python implementierten `carbon-cache` der User *_graphite*, hier aber *carbon*. Es muss entweder der Benutzer angepasst werden oder die Dateiberechtigungen der bisherigen Whisper-Dateien sind zu ändern.

Nach erfolgter Konfiguration muss der Cache nur noch gestartet und dem Startvorgang des Systems hinzugefügt werden:

```
$ systemctl start go-carbon.service
$ systemctl enable go-carbon.service
```

Der `go-carbon` skaliert zwar im Gegensatz zum Python-basierten `carbon-cache` sehr gut über eine Vielzahl von CPUs, kann aber nur ein Storage-Backend bedienen.

Um ein Szenario wie in Abbildung 21-10 auf Seite 480 mit mehreren Whisper-Datenbanken zu betreiben, ist ebenfalls eine Systemd-Unit für mehrere Services zu schreiben und separate Dateien für die PID wie auch jeweils eigene Konfigurationsdateien.

```
[Unit]
Description=Golang implementation of Graphite/Carbon server.
Documentation=https://github.com/go-graphite/go-carbon
After=network.target

[Service]
Type=forking
ExecStart=/usr/bin/go-carbon daemon \
    -config /etc/go-carbon/go-carbon-%i.conf \
    -pidfile /var/run/go-carbon-%i.pid
ExecReload=/bin/kill -HUP $MAINPID
KillSignal=USR2
Restart=on-failure

TimeoutStopSec=600
LimitNOFILE=55555
LimitMEMLOCK=infinity

[Install]
WantedBy=multi-user.target
```

Codebeispiel 21.20: */etc/systemd/system/go-carbon@.service*

21.3.2 Carbon-Relay

Ein Carbon-Relay kommt immer dann zum Einsatz, um Daten auf mehrere Carbon-Caches zu verteilen oder sogar aufzuteilen.

Eine weitere wichtige Aufgabe im Icinga-Umfeld erfüllt das Relay zur Zwischenspeicherung der von Icinga 2 gesendeten Daten, wenn der Carbon-Cache nicht erreichbar oder gestört ist. Insbesondere wenn der Cache auf einem anderen Host läuft und die Verbindung unterbrochen ist.

Das Relay wird demnach vor den eigentlichen Cache gesetzt. Es benötigt einen eigenen offenen TCP-Port, um Daten entgegenzunehmen. Es wird in der Regel auf jedem Host betrieben, auf dem auch Icinga 2 mit aktiviertem Feature *graphite* läuft. Neben der in Python geschriebenen Implementierung des Graphite-Projekts existieren noch weitere, eine kompaktere und schnellere, die in C geschrieben ist.

carbon-relay

Das Carbon-Relay aus dem Graphite-Projekt trägt auch genau diesen Namen, ist ebenfalls wie der Cache in Python geschrieben und im selben Paket enthalten und somit auch bereits installiert. Wie oben bereits angedeutet, wird es in derselben Datei `carbon.conf` wie der Cache konfiguriert. Alle das Relay betreffenden Einstellungen sind in der Sektion *relay* durchzuführen.

Das in Abbildung 21-10 auf Seite 480 dargestellte Beispiel mit zwei Carbon-Caches auf ein und demselben Server wird in diesem Abschnitt beschrieben. Ein einfaches Szenario mit nur einem Cache auf einem dedizierten Host oder eine Verteilung auf mehrere Server ist hiervon leicht abzuleiten. Da zum Puffern oder Weiterleiten von Daten Icinga 2 auf demselben Host läuft, kann das *LINE_RECEIVER_INTERFACE* auf *localhost* betrieben werden.

```
[relay]
LINE_RECEIVER_INTERFACE = 127.0.0.1
LINE_RECEIVER_PORT = 2003
...
PICKLE_RECEIVER_PORT = 0
...
RELAY_METHOD = consistent-hashing
#RELAY_METHOD = rules
...
REPLICATION_FACTOR = 1
...
DESTINATIONS = 127.0.0.1:2104:a, 127.0.0.1:2204:b
```

Codebeispiel 21.21: Relay-Einstellung in /etc/carbon/carbon.conf

Icinga 2 unterstützt das Pickle-Protokoll bekanntlich nicht und damit wird dies durch Setzen von *PICKLE_RECEIVER_PORT* auf *0* deaktiviert.

Mit der Option *RELAY_METHOD* wird angegeben, wie die ankommenden Daten auf die Caches verteilt werden sollen. Mit dem Wert *consistent-hashing* wird das Relay veranlasst, dies anhand eines Hash, der aus dem Metrikpfad berechnet wird, durchzuführen. Alternativ wird mit *rules* eine regelbasierte Aufteilung auf die Caches erwirkt. Diese Regeln müssen in der Datei `/etc/carbon/relay-rules.conf` hinterlegt sein. Dort lässt sich eine Verteilung mittels Pattern aus regulären Ausdrücken, basierend auf Metrikpfaden, konfigurieren. Eine Beispieldatei befindet sich bei Debian im »Document«-Verzeichnis des installierten Pakets bzw. bei einer Installation mittels PIP als `relay-rules.conf.example` im Verzeichnis `/opt/graphite/conf`.

Um die Redundanz zu erhöhen, wird mit dem Parameter *REPLICATION_FACTOR* gearbeitet. Ein Wert von *1* bewirkt, dass ein Datenpunkt immer nur an genau einen Cache übermittelt wird. Ein Setzen auf *2* bewirkt bei zwei Caches also, dass hier beide jeweils alle Daten erhalten. Bei einer Anzahl von sechs Carbon-Caches und einem Wert von *3* für *REPLICATION_FACTOR* werden Daten immer auf drei Caches verteilt. Bei einem *REPLICATION_FACTOR* von zwei oder mehr wird empfohlen, die Option *DIVERSE_REPLICAS = True* zu setzen.

Dabei ist aber zu bedenken, dass jeder dieser drei Caches die Berechnung von Datenpunkten in Metriken vornehmen muss und damit mehr CPU-Zeit benötigt wird. Diese Methode bietet sich demnach eher für eine Verteilung auf mehrere Server an.

```
[Unit]
Description=Graphite Carbon Relay
After=network.target
Documentation=https://graphite.readthedocs.io

[Service]
Type=forking
StandardOutput=syslog
StandardError=syslog
ExecStart=/opt/graphite/bin/carbon-relay.py start \
    --config=/etc/carbon/carbon.conf \
    --pidfile=/var/run/carbon-relay.pid \
    --logdir=/var/log/carbon
PIDFile=/var/run/carbon-relay-%i.pid

[Install]
WantedBy=multi-user.target
```

Codebeispiel 21.22: `/etc/systemd/system/carbon-relay.service`

Bei einer Installation mit PIP fehlt eine Systemd-Unit für den Service, warum beim Debian-Paket aber lediglich mit *carbon-relay@.service* eine Unit für mehrere Instanzen mit geliefert wird ...

Obiges Listing lässt sich aber mit minimaler Anpassung auch auf Debian übertragen. Hierfür ist lediglich das Python-Skript *carbon-relay.py* inklusive Pfad auf */usr/bin/carbon-relay* abzuändern.

```
$ systemctl daemon-reload
$ systemctl start carbon-relay.service
$ systemctl enable carbon-relay.service
```

carbon-c-relay

Dieses in C implementierte Carbon-Relay[17] wird für RedHat als Paket im EPEL-Repository angeboten. Das Paket für Debian befindet sich hingegen wieder im Debian-Repository selbst. Der Name des eigenständigen Pakets lautet auf beiden Distributionen `carbon-c-relay`.

Das Relay bietet neben der Relay-eigenen Fähigkeit auch die Möglichkeit, Metrikpfade zu manipulieren und Daten zu aggregieren. Diese Implementation beherrscht nur das Line-Protokoll und so müssen alle anderen Komponenten entsprechend konfiguriert sein. Es ist jedoch performanter als `carbon-relay` und macht so diesen Umstand wieder wett. Die gesamte Konfiguration wird in der Datei */etc/carbon-c-relay.conf* vorgenommen.

```
cluster carbon_cluster
  forward
    172.16.1.99
  ;

match *
  send to carbon_cluster
  stop
  ;
```

Codebeispiel 21.23: Carbon-C-Relay-Basiskonfiguration in */etc/carbon-c-relay.conf*

Ein Carbon-Cluster wird mit dem Schlüsselwort *cluster* definiert. Danach folgt der selbst zu vergebende Name dieses Clusters. In der nächsten Zeile wird das Verhalten des Clusters konfiguriert. Ein *forward* leitet einfach alle Daten an alle nun in den kommenden Zeilen zu definierenden Carbon-Caches weiter, d. h., wird ein zweiter Cache angegeben, bekommen beide Knoten alle Daten. Das ist gleichbedeutend mit *any_of*.

[17] https://github.com/grobian/carbon-c-relay

Weiterhin bietet *failover* ein wirkliches Failover, mit dem bis zum Ausfall immer der erste Cache beschrieben wird, erst dann wird der zweite beschickt. Das bedeutet beim Auslesen keinen Verlust, solange Graphite-Web oder Graphite-API immer beide Caches nach Metriken abfragt und damit die Daten zusammenfügt.

```
cluster carbon_cluster
  carbon_ch replication 1
    127.0.0.1:2103=a
    127.0.0.1:2203=b
  ;
```

Codebeispiel 21.24: Relay-C-Relay für zwei Carbon-Caches

Replikationen von Daten werden mit *replication n* direkt hinter der Verteilmethode angegeben, wobei *n* die Anzahl der Replikationen ist. Eine Konfiguration passend zu Abbildung 21-10 auf Seite 480 ist in Codebeispiel 21.24 abgedruckt, wobei *replication 1* optional ist, da dies der Voreinstellung entspricht.

21.3.3 Feature graphite in Icinga 2

Da der Carbon-Cache einen Port zur Annahme von Performance-Daten anbietet und Icinga 2 einen Connector in Form des Features *graphite* mitbringt, reicht es, dieses zu konfigurieren, danach zu aktivieren und Icinga 2 zur Übernahme der neuen Einstellungen zu veranlassen.

```
object GraphiteWriter "graphite" {
  //host = "127.0.0.1"
  //port = 2003
  enable_send_thresholds = true
  enable_send_metadata = false
}
```

Codebeispiel 21.25: `/etc/icinga2/features-available/graphite.conf`

Die Einstellungen zur Konfiguration finden sich wie gewohnt in der entsprechenden Feature-Datei von Icinga. Läuft der Carbon-Cache oder ein Relay lokal am Standardport 2003, sind keine Änderungen nötig.

Sollen zu den Performance-Daten außerdem noch die Schwellenwerte als Metriken abgelegt werden, muss man *enable_send_thresholds* auf *true* setzen. Die Liste aller Optionen zum Objekt vom Typ *GraphiteWrite* kann der Onlinedokumentation entnommen werden. Darüber hinaus ließen sich mit *enable_send_metadata = true* zusätzliche Daten erheben, die sich z. B. auf die Ausführungszeit (*execution_time*) eines Checks beziehen.

Ohne Anpassung der Konfiguration des Carbon-Cache werden die Performance-Daten nur für einen Tag aufgehoben. In der Regel sollen Daten jedoch längere Zeiträume zur Verfügung stehen.

```
...
[icinga]
pattern = ^icinga2\.
retentions = 60s:7d,5m:28d,15m:1y

[default_1min_for_1day]
pattern = .*
retentions = 60s:1d
```

Codebeispiel 21.26: `storage-schemas.conf`

Es ist besonders zu beachten, dass eine Whisper-Datei nicht mehr in ihrer Größe verändert werden kann, wenn sie erst einmal für einen Service angelegt ist. Das heißt, eine Anpassung der Retention bzw. des Buckets ist nicht mehr ohne Weiteres möglich. Eine Änderung ist jedoch per Hand und damit aufwendiger auch nachträglich mit dem Commandline-Tool `whisper-resize` realisierbar.

Dazu ist eine Sektion **vor** *default_1min_for_1day* einzufügen, die im Pattern auf den Baum *icinga2* reagiert. Hier sollen Daten bis zu einem Jahr aufbewahrt werden, beginnend von einem Datenpunkt alle 60 Sekunden für einen Zeitraum von sieben Tagen. Mit Ablauf von sieben Tagen sollen für die nächsten drei Wochen, also bis zu vier Wochen, für 5-Minuten-Intervalle die schon ermittelten Daten verdichtet werden. Hierfür wird aus jeweils fünf Datenpunkten der Mittelwert berechnet.

Wichtig sind in diesem Zusammenhang die jeweils eingestellten Check-Intervalle der Icinga-Services. Existieren Services, die ein Intervall größer einer Minute haben, werden leere Buckets angelegt und bei der späteren Verdichtung wird ggf. nicht die erforderliche Anzahl von Datenpunkten (siehe Codebeispiel 21.9 auf Seite 476) erreicht und somit gehen nicht nur Daten verloren, sondern das Ergebnis wird zusätzlich noch verfälscht. Wenn z. B. ein Service bei obiger Aggregation ein Check-Intervall von 20 Minuten hat, wird bei der Verdichtung auf fünf Minuten niemals die erforderliche Anzahl von 50 Prozent dieser fünf zu verdichtenden Buckets erreicht. Damit bleiben alle fünf Minuten Buckets leer und damit auch die für 15 Minuten.

Als Lösung muss entweder speziell für diese Metriken über ein *pattern* auf die entsprechenden Metrikpfade eine eigene angepasste *retention* erstellt werden oder die Option *xFilesFactor* in `storage-aggregation.conf` des Carbon-Cache muss angepasst werden. Auch dies kann auf ein Pattern auf den Metrikpfad beschränkt werden. Eine radikale Lösung ist sicherlich die Änderung der Defaulteinstellung.

Nach diesen Einstellungen ist der Carbon-Cache einem Neustart zu unterziehen.

```
$ systemctl restart carbon-cache.service
```

oder

```
$ systemctl restart go-carbon.service
```

Auch Icinga 2 muss seine Konfiguration wegen der ebenfalls noch ausstehenden Aktivierung des Features *graphite* neu einlesen.

```
$ icinga2 feature enable graphite
$ systemctl reload icinga2.service
```

Sobald Daten zur Verfügung stehen, wird der Baum *icinga2* angelegt. Der Service *load* auf dem Host *fornax* ist z. B. dann unter *icinga2.fornax_gwc-jonas_local.load* zu finden.

Einzelne Performance-Daten von *load* sind lediglich weitere Unterpunkte dieses Eintrags. Im Dateisystem liegt die entsprechende Whisper-Datei auch unter `./icinga2/fornax_gwc-jonas_local` im zugehörigen Storage-Verzeichnis als `load5.wsp`. Icinga ersetzt dabei ».« durch »_«, damit Whisper nicht eine weitere Baumebene eröffnet.

```
./
|-- lists
|-- rrd
`-- whisper
    |-- carbon
    `-- icinga2
        `-- fornax_gwc-jonas_local
            |-- host
            `-- services
                |-- load
                |   `-- load
                |       `-- perfdata
                |           |-- load1
                |           |   `-- value.wsp
                |           |-- load15
                |           |   `-- value.wsp
                |           `-- load5
                |               `-- value.wsp
                |-- ping4
                |   `- ping4
                |      `- perfdata
                |         |- pl
                |         `- rta
                `-- ...
```

Beim Anlegen neuer Graphen verwendet der `carbon-cache` aus dem Graphite-Projekt eine Obergrenze der neu zu erstellenden Whisper-Dateien pro Zeiteinheit, um nicht zu viel IO auf einmal zu produzieren. Wer bei einem bestehenden Icinga mit vielen Hosts und Services Graphite einführt, wird bemerken, dass es ziemlich lange dauern kann, bis alle Graphen vorhanden sind. Vor allem, da pro Service mehrere Whisper-Dateien benötigt werden. Die folgende Einstellung in *carbon.conf* beeinflusst dieses Verhalten:

```
MAX_CREATES_PER_MINUTE = 50
```

Beim `co-garbon` existiert eine Einstellung mit denselben Auswirkungen, die aber in der Standardkonfiguration abgeschaltet ist. Hier mag es ggf. sinnvoll sein, die maximal pro Sekunde zu erstellenden Metriken zu beschränken:

```
max-creates-per-second = 0
```

21.3.4 Graphite-API

Das Projekt Graphite-API[18] stellt im Gegensatz zum Graphite-Web keine eigene Benutzeroberfläche bereit, sondern lediglich die API, über die wiederum andere Programme Metriken aus Whisper bzw. aus einem Carbon-Cache auslesen können. Eine solche Programmschnittstelle zu Icinga ist das Modul *icingaweb2-module-graphite*, das gerenderte Graphen direkt in Icinga Web 2 integriert. Grafana kann als eigenständiges Dashboard genutzt werden, das darüber hinaus viele weitere Schnittstellen zu anderen Datenquellen zur Verfügung stellt.

Leider wird das Projekt[19] anscheinend nicht mehr gepflegt und weiterentwickelt, aber es erfüllt zumindest im Icinga-Umfeld weiterhin klaglos seine Aufgabe. Das letzte Release ist vom Mai 2016, sicherlich ist das ein Grund, warum es weder für RHEL noch Debian als Paket über deren Repositories angeboten wird. Damit bleibt eigentlich nur noch die Installation aus den Quellen oder mittels PIP.

Bei einer gewünschten Installation aus Paketen ist auf externe Repositories zurückzugreifen, wie sie NETWAYS mit seinem Extras-Repository[20] mit Paketen rund um Icinga bereitstellt.

Graphite-API ist in Python implementiert und lässt sich damit im ebenfalls in Python geschriebenen Webserver *gunicorn*[21] ausführen, kann aller-

[18] https://graphite-api.readthedocs.io/en/latest/index.html
[19] https://github.com/brutasse/graphite-api
[20] https://packages.netways.de/extras
[21] https://gunicorn.org

dings alternativ z. B. auch im Apache mittels des Moduls zum Web Server Gateway Interface (WSGI) laufen.

Die angesprochenen Pakete liefern standardmäßig alle Abhängigkeiten und eine Systemd-Service-Unit zur Verwendung durch den Gunicorn mit. Im Folgenden wird jedoch die Installation mit PIP beschrieben, wobei jedoch bei Abhängigkeiten so weit wie möglich auf Pakete zurückgegriffen wird. Damit ist eine Pflege über die Paketmanager wenigstens für diese gewährleistet.

- RedHat
  Die Installation, wie sie hier beschrieben ist, setzt die Verwendung vom EPEL-Repository voraus.

```
$ dnf install -y python3-devel python3-pip \
    python3-pytz python3-flask python3-cairocffi \
    python3-pyparsing python3-mod_wsgi
$ pip3 install graphite-api
```

- Debian
  Hier ist kein weiteres Repository Voraussetzung und alle benötigten Abhängigkeiten können als Pakete installiert werden, sodass nur noch *graphite-api* selbst mit PIP zu laden und zu installieren ist.

```
$ apt install -y python3-dev python3-pip \
    python3-flask python3-cairocffi python3-pyparsing \
    python3-structlog python3-tzlocal python3-yaml \
    apache2 libapache2-mod-wsgi-py3
$ pip3 install graphite-api
```

Die Konfiguration wird in `/etc/graphite-api.yaml` erwartet. Eine Beispieldatei steht bei der Installation mittels PIP nicht zur Verfügung, die Datei muss demnach selbst angelegt werden. Sie ist, wie das Suffix vermuten lässt, im YAML-Format abzufassen.

Der Ablageort der Whisper-Datenbanken erfolgt als Array und richtet sich nach der Konfiguration des eingesetzten Carbon-Cache. Im folgenden Beispiel wird von der Standardablage eines *go-carbon* ausgegangen:

```
search_index: /var/lib/graphite-api/index
whisper:
  directories:
    - /var/lib/graphite/whisper
time_zone: Europe/Berlin
```

Codebeispiel 21.27: Minimalkonfiguration in `/etc/graphite-api.yaml`

Weitere Whisper-Datenbanken wären in den kommenden Zeilen mit Pfaden und führendem »-« anzufügen. Dabei ist penibel die Einrückung zu beachten.

Alle Whisper-Dateien müssen vom Graphite-API-Prozess gelesen werden können. Die konfigurierte Indexdatei hat sogar vom Prozess beschreibbar zu sein. Da dies im Folgenden der Apache sein wird, ist für das noch anzulegende Verzeichnis die Berechtigung entsprechend zu setzen.

- RedHat

  ```
  $ install -o apache -m750 -d /var/lib/graphite-api
  ```

- Debian

  ```
  $ install -o www-data -m750 -d /var/lib/graphite-api
  ```

Sind mehrere Carbon-Caches anzusprechen oder weicht der eine vom Standard-Socket ab, weil er auf einem anderen Port oder gar auf einem anderen Netzwerkinterface lauscht, sind diese Informationen zusätzlich in der Konfigurationsdatei zu hinterlegen.

```
carbon:
  hosts:
    - 127.0.0.1:7002
  timeout: 1
  retry_delay: 15
  carbon_prefix: carbon
  replication_factor: 1
```

Codebeispiel 21.28: */etc/graphite-api.yaml*

Bei einer Replikation, wie sie die diversen Carbon-Relay-Implementationen bieten, ist der *replication_factor* anzupassen. Kommen mehrere Caches zum Einsatz, ist der Name der Instanz mit einem Doppelpunkt am Ende anzufügen, z. B. *127.0.0.1:7102:a*.

Sind sämtliche Pakete wie oben beschrieben installiert worden, befindet sich der Apache auch schon auf dem System. Die Applikation Graphite-API wird aus dem Apache heraus unter Zuhilfenahme eines Skripts gestartet. Ablageort und Inhalt sind für RedHat und Debian identisch.

```
$ install -o root -g root -m755 -d /var/www/wsgi-scripts
$ echo -n 'from graphite_api.app import app as application' \
    >/var/www/wsgi-scripts/graphite-api.wsgi
```

Damit enthält das Skript `graphite-api.wsgi` jetzt den folgenden Inhalt:

```
from graphite_api.app import app as application
```

Codebeispiel 21.29: */var/www/wsgi-scripts/graphite-api.wsgi*

Die Konfigurationsdatei mit dem Skriptaufruf für den Apache ist ebenfalls identisch, liegt aber selbstverständlich bei RedHat und Debian in verschiedenen Verzeichnissen.

- RedHat */etc/httpd/conf.d/graphite-api.conf*
- Debian */etc/apache2/conf-available/graphite-api.conf*

```
Listen 127.0.0.1:8888 http
<VirtualHost *:8888>
  WSGIDaemonProcess graphite-api processes=1 threads=1 \
      display-name='%{GROUP}' inactivity-timeout=120

  WSGIProcessGroup graphite-api
  WSGIApplicationGroup %{GLOBAL}

  WSGIImportScript /var/www/wsgi-scripts/graphite-api.wsgi \
      process-group=graphite-api application-group=%{GLOBAL}

  WSGIScriptAlias / /var/www/wsgi-scripts/graphite-api.wsgi

  <Directory /var/www/wsgi-scripts/>
    Require all granted
  </Directory>
</VirtualHost>
```

Codebeispiel 21.30: Apache-Konfigurationsdatei zur Graphite-API

In diesem Beispiel hört der Graphite-API-Prozess auf Port 8888 auf *localhost*. Natürlich ist jeder andere Socket ebenfalls möglich, auch auf einem Socket, der von außerhalb des eigenen Hosts erreichbar ist. Für genau diesen Fall sollte die obige Konfiguration um eine Authentifizierung und TLS erweitert werden. Beides lässt sich mit den Standardkomponenten des Apache erreichen.

> Zur besseren Lastverteilung bzw. generell zur Skalierung sollten die Einstellungen *processes* und *threads* von ***WSGIDaemonProcess*** den Gegebenheiten des Servers, auf dem Graphite-API läuft, angepasst werden! Das heißt, wie viele Prozessoren zu benutzen sind und die Gesamtanzahl von Threads, die maximal zulässig sind.

Abschließend ist der Apache zu starten bzw. neu zu starten. Auf Debian ist die Konfiguration zuvor noch zu aktivieren:

```
$ a2enconf graphite-api
```

21.3.5 Graphite-Web

Die Software Graphite-Web ist die Referenzimplementierung der API und kommt zusätzlich mit einer eigenen GUI. Wie schon bei Graphite-API wird auch hier die Python-Applikation im Apache mittels WSGI-Modul ausgeführt. Die GUI erfordert für Daten betreffend der Authentifikation und weiterer Dinge ein Datenbank-Backend, unterstützt werden MySQL, PostgreSQL und standardmäßig SQLite.

Wird eine Render-Engine benötigt, die mit anderen APIs auf anderen Hosts kommuniziert, muss auf allen beteiligten Seiten Graphite-Web eingesetzt werden.

- RedHat
  Um möglichst viele Abhängigkeiten aus Paketen zu installieren, wird auch hier wieder das EPEL-Repository benötigt. Neben den Python-Libraries für Whisper ist auch eine aktuelle Version von *python3-pyparsing* erforderlich.

  ```
  $ dnf install -y python3-pip python3-django python3-pytz \
      python3-mod_wsgi python3-cairocffi python3-urllib3 cairo
  $ pip3 install whisper
  $ pip3 install graphite-web
  $ pip3 install pyparsing --upgrade
  ```

- Debian
  Um auch hier die benötigten Abhängigkeiten beim Download via PIP zu reduzieren, werden neben dem Apache auch Pakete für eine Vielzahl von Python-Libraries installiert. Es ist darauf zu achten, das WSGI-Apache-Modul in der Version für Python 3 zu installieren und zu aktivieren.

  ```
  $ apt install -y apache2 libapache2-mod-wsgi-py3 python3-pip \
      python3-django python3-cairocffi python3-urllib3 \
      python3-cairo python3-pyparsing python3-simplejson \
      python3-wheel python3-whisper
  $ a2enmod wsgi
  ```

  Die eigentliche Installation erfolgt mit `pip3`, und zwar nicht in die Standardpfade, sondern nach */opt/graphite*. Das, wie auch der gesetzte Link, ist der Harmonisierung der nachfolgend beschriebenen Konfiguration geschuldet.

  ```
  $ pip3 install graphite-web --prefix /opt/graphite
  $ cd /opt/graphite/webapp
  $ ln -s ../lib/python3.9/site-packages/opt/graphite \
      /webapp/graphite ./graphite
  ```

Die Installation von Graphite erfolgt sowohl bei RedHat wie auch auf Debian nach */opt/graphite*, dort sind nun alle Dateien zum Graphite-Web zu finden. Soll Graphite-Web wie vorgesehen unter einem eigenen Benutzer *_graphite* ausgeführt werden, ist ein solcher ebenfalls per Hand anzulegen, sofern er nicht schon vorhanden ist. Das ist der Fall, wenn Graphite-Web ohne einen Carbon-Cache auf diesem Server läuft oder es sich hierbei um die Go-Carbon-Implementierung handelt.

```
$ useradd -r -s /sbin/nologin -d /var/lib/graphite/web _graphite
$ mkdir -p /var/lib/graphite/web
$ chown _graphite. /var/lib/graphite/web
$ install -o _graphite -g _graphite -d -m755 /var/log/graphite
```

Die Konfiguration der eigentlichen Webapplikation sowie das aufrufende WSGI-Skript liegen »nur« als Beispiele bei, lassen sich jedoch einfach kopieren oder umbenennen:

```
$ cp /opt/graphite/conf/graphite.wsgi.example
    /opt/graphite/conf/graphite.wsgi
$ cp /opt/graphite/webapp/graphite/local_settings.py.example \
    /opt/graphite/webapp/graphite/local_settings.py
```

In der Konfigurationsdatei zur Applikation *local_settings.py* muss im Folgenden noch die ein oder andere Anpassung vorgenommen werden. So sind vor allem die folgenden Pfade unseren Anforderungen anzupassen:

```
LOG_DIR = '/var/log/graphite'
INDEX_FILE = '/var/lib/graphite/web/index'
WHISPER_DIR = '/var/lib/graphite/whisper'
```

Zum initialen Befüllen des Datenbank-Backends fehlt noch das notwendige Skript, das hierbei entscheidende Hilfe leistet. Es ist im Basisverzeichnis */opt/graphite/webapp* abzulegen **und ausführbar** zu machen.

```
#!/usr/bin/env python3
import os
import sys

if __name__ == "__main__":
  os.environ.setdefault( \
      'DJANGO_SETTINGS_MODULE', 'graphite.settings')
  os.environ.setdefault( \
      'GRAPHITE_SETTINGS_MODULE', 'graphite.local_settings')

  from django.core.management import execute_from_command_line
  execute_from_command_line(sys.argv)
```

Codebeispiel 21.31: */opt/graphite/webapp/manage.py*

Die nun folgende Konfiguration für den Apache ist eine angepasste Variante einer Vorlage von *example-graphite-vhost.conf* aus dem Verzeichnis */opt/graphite/examples*.

```
<VirtualHost *:80>
  WSGIDaemonProcess graphite processes=5 threads=5 \
      display-name='%{GROUP}' inactivity-timeout=120 \
      user=_graphite group=_graphite
  WSGIProcessGroup graphite
  WSGIApplicationGroup %{GLOBAL}
  WSGIImportScript /opt/graphite/conf/graphite.wsgi \
      process-group=graphite application-group=%{GLOBAL}
  WSGIScriptAlias / /opt/graphite/conf/graphite.wsgi

  Alias /static/ /opt/graphite/webapp/content/
  <Location "/static/">
    SetHandler None
    Require all granted
  </Location>

  <Directory /opt/graphite/conf/>
    Require all granted
  </Directory>
</VirtualHost>
```

Codebeispiel 21.32: */etc/httpd/conf.d/graphite-web.conf*

Das Beispiel ist für die Auslieferung als Defaultseite des Webservers konzipiert. Für einen *VirtualNamedHost* fehlt der Name, unter dem Graphite-Web ausgeliefert werden soll. Um unter z. B. dem Namen *graphite.gwc-jonas.local* erreichbar zu sein, ist dieser als Wert der Option *ServerName* zu setzen. Zusätzlich ist es zu empfehlen, der Applikation Graphite-Web eigene Logdateien zuzugestehen.

```
<VirtualHost *:80>
  ServerName graphite.gwc-jonas.local
  ...
  LogLevel warn
  CustomLog /var/log/httpd/graphite-web_access.log combined
  ErrorLog /var/log/httpd/graphite-web_error.log
</VirtualHost>
```

Wird Graphite-Web als Default-VirtualHost betrieben, muss ein bereits existierender ersetzt oder entfernt werden.

Vor dem Start bzw. dem Neustart des Webservers sind einige Einstellungen in der Konfigurationsdatei `local_settings.py` zu tätigen. Auf RedHat befindet sich die Datei im Verzeichnis `/opt/graphite/webapp/graphite` und bei Debian in `/etc/graphite`.

Es ist darauf zu achten, dass das korrekte *WHISPER_DIR* gesetzt ist, das sich je nach verwendeter Carbon-Cache-Implementierung unterscheiden kann, und Graphite-Web mit dem Benutzer *_graphite* lesend darauf zugreifen darf!

```
SECRET_KEY = 'BamwaysEasUldEedNikFafWo'
TIME_ZONE = 'Europe/Berlin'
```

Codebeispiel 21.33: Konfigurationen in `local_settings.py`

Der Secret Key sollte eine entsprechend lange, zufällige Zeichenkette sein. Lässt man ihn auf dem Defaultwert nach der Installation stehen, wird Graphite-Web sich regelmäßig in den Logs beschweren. Eine Zeitzone ist ebenfalls zu setzen.

Kommt mehr als ein einzelner Carbon-Cache zum Einsatz, muss noch mit der Option *CARBONLINK_HOSTS* auf diese mitsamt Namen (hier *a* und *b* des Caches) verwiesen werden, z. B. mit:

```
CARBONLINK_HOSTS = ["127.0.0.1:7102:a", "127.0.0.1:7202:b"]
```

Befinden sich diese Caches auf unterschiedlichen Servern, ist auf jedem dieser Hosts ein Graphite-Web zu installieren und in einer zusammenführenden Graphite-Web-Installation sind diese mit dem Parameter *CLUSTER_SERVERS* der eigenen Instanz bekannt zu machen:

```
CLUSTER_SERVERS = ["172.16.1.41:80", "172.16.1.42:80"]
```

Graphite-Web benötigt eine Datenbank, um Einstellungen zu speichern. Die eigentlichen Daten werden vom Carbon-Cache ja in die Whisper-Dateien geschrieben. Muss man nur ein Graphite-Web betreiben, reicht für den hier beschriebenen Einsatz mit Icinga auch eine SQLite-Datenbank.

Da man jedoch schon ein richtiges DBMS betreibt, spricht auch nichts dagegen, die Datenbank in MySQL oder PostgreSQL abzulegen. Werden wie in Abbildung 21-9 auf Seite 473 mehrere Instanzen eingesetzt, kann somit auf eine Datenbank zugegriffen werden. Dies ist mit SQLite nicht möglich.

SQLite Als Abhängigkeit ist SQLite bereits installiert und im Graphite-Web als Standard konfiguriert. Der obigen Anleitung zu Installation und Konfiguration folgend ist der Ablageort der Datenbankdatei bei RedHat und Debian unterschiedlich.

Bei SQLite muss nicht nur die Datei selbst beschreibbar sein, sondern auch das Verzeichnis, in dem sie abgelegt ist. Für die hier abgedruckten Beispiele ist dies bei RedHat und Debian jeweils der Benutzer *_graphite*.

Anpassungen, die den Ablageort wie auch den Dateinamen selbst betreffen, sind in `local_settings.py` im Konfigurations-Hash *DATABASES* vorzunehmen.

```
DATABASES = {
    'default': {
        'NAME': '/var/lib/graphite/web/graphite.db',
        'ENGINE': 'django.db.backends.sqlite3',
    }
}
```

Es bietet sich an `/var/lib/web/graphite` zu wählen, da dieses Verzeichnis schon die korrekten Berechtigungen besitzt.

MySQL Die Installation des entsprechenden Python-Moduls, eine Datenbank und die richtigen Einstellungen in der Konfiguration von Graphite-Web sind für MySQL noch erforderlich.

- RedHat

  ```
  $ yum install -y python3-mysqlclient
  ```

- Debian

  ```
  $ apt-get install -y python3-mysqldb
  ```

Eine Datenbank *graphite* mit Benutzer, ebenfalls *graphite*, wird auf der schon laufenden MySQL-Instanz angelegt.

```
$ mysql -e "CREATE DATABASE graphite; GRANT ALL ON graphite.* \
    TO 'graphite'@'localhost' IDENTIFIED BY 'XXX'";
```

Die Datenbank und die Zugangsdaten sind dann ebenfalls in `local_settings.py` abzulegen. Die zur Kommunikation mit MySQL gehörende »django«-Engine setzt das soeben installierte Paket voraus.

```
DATABASES = {
    'default': {
        'NAME': 'graphite',
        'ENGINE': 'django.db.backends.mysql',
        'USER': 'graphite',
        'PASSWORD': 'XXX',
        'HOST': '',
    }
}
```

Codebeispiel 21.34: Konfiguration der MySQL-DB in `local_settings.py`

Befindet sich die Datenbank auf einem anderen Host, ist dieser in *HOST* anzugeben und beim Anlegen der Datenbank ist zu beachten, dass der anfragende Host mit dem Graphite-Web für die Datenbank berechtigt ist. Mit dem hier nicht aufgeführten *PORT* lässt sich ein vom Standard abweichender Port als Ziel konfigurieren.

PostgreSQL Auch PostgreSQL benötigt noch das Python-Modul für den Datenbankzugriff, die Datenbank selbst und die korrekte Konfiguration mit Zugangsdaten vom Graphite-Web aus.

- RedHat

```
$ dnf install -y python3-psycopg2
```

- Debian

```
$ apt install -y python3 psycopg2
```

Es wird davon ausgegangen, dass das DBMS schon initialisiert ist und nur noch ein Benutzer *graphite* mit zugehöriger und gleichnamiger Datenbank angelegt werden muss.

```
$ sudo -u postgres psql -c "create role graphite \
       with login password 'XXX'"
$ sudo -u postgres createdb -O graphite -E UTF8 graphite
```

PostgreSQL erfordert zusätzlich noch für den Benutzer *graphite* den Zugriff über den Socket auf die Datenbank in der Datei *pg_hba.conf*, hier für den lokalen Unix-Socket. Im Anschluss ist das PostgreSQL-DBMS neu zu starten.

```
# TYPE  DATABASE    USER          ADDRESS       METHOD
local   graphite    graphite                    md5
```

Die Zugangsdaten zur Datenbank müssen auch in *local_settings.py* angegeben werden. Als Engine kommt das »django«-Backend zum Einsatz, das auf dem eben installierten Python-Paket für PostgreSQL aufsetzt.

```
DATABASES = {
    'default': {
        'NAME': 'graphite',
        'ENGINE': 'django.db.backends.postgresql_psycopg2',
        'USER': 'graphite',
        'PASSWORD': 'XXX',
        'HOST': '',
        'PORT': ''
    }
}
```

Codebeispiel 21.35: Konfiguration der PostgreSQL-DB in *local_settings.py*

Befindet sich die Datenbank auf einem anderen Host, ist dieser in *HOST* anzugeben und beim Anlegen der Datenbank ist zu beachten, dass der anfragende Host mit dem Graphite-Web in Kombination mit dem Benutzer für den Zugriff auf die Datenbank berechtigt ist. Mit *PORT* lässt sich ein vom Standard abweichender Port als Ziel konfigurieren.

Abschließende Arbeiten

Zunächst ist die Datenbank zu initialisieren. Der Aufruf mit `sudo` ist SQLite geschuldet, damit wird die Datenbankdatei gleich mit der erforderlichen Berechtigung erzeugt. Bei MySQL und PostgreSQL kann er entfallen.

```
$ sudo -u _graphite /opt/graphite/webapp/manage.py migrate
```

Nachdem zum Abschluss der **Apache gestartet bzw. neu gestartet** worden ist, kann auf Graphite-Web mithilfe eines Webbrowsers testweise zugegriffen werden.

Graphite-Web ist das Standardinterface und bietet sehr viele Möglichkeiten zur interaktiven Auswertung der gespeicherten Daten. Graphen aus verschiedenen Whisper- und RRD-Files, was im Icinga-Umfeld üblicherweise verschiedene Hosts und/oder Services bedeutet, können in dasselbe Koordinatensystem gezeichnet und somit direkt verglichen werden. Auch können mathematische und statistische Funktionen auf einzelne Graphen angewendet werden. In diesem Punkt ist es selbst mächtiger als das beliebte Grafana, das in Abschnitt 21.5 ab Seite 513 vorgestellt wird.

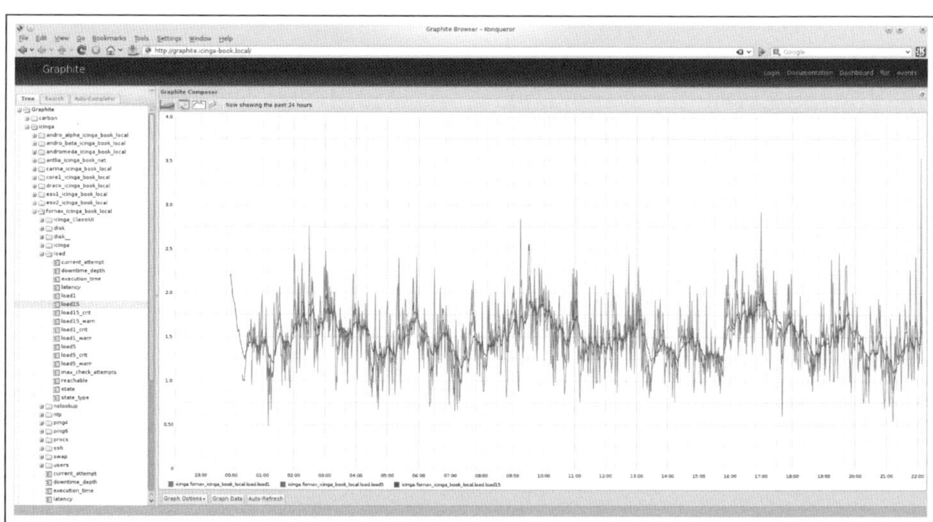

Abbildung 21-11: Graphite-Web

21.3.6 Integration in Icinga Web 2

Ein Modul für Icinga Web 2 zum direkten Zugriff auf die API, die von Graphite-API oder vom Graphite-Web zur Verfügung gestellt wird, steht auf der GitHub-Seite des Icinga-Projekts zum Download[22] bereit.

Das Rendern übernimmt Graphite-Web oder Graphite-API, die Integration von Graphen ins Icinga erfolgt dann mit statischen Bildern im Format Portable Network Graphics (PNG). Diese Tatsache ist mit der Grund, warum sich die dargestellten Graphen schnell und flüssig in die Weboberfläche einbinden.

Eine weitere Möglichkeit der Integration von Graphen bietet das in Abschnitt 21.5.5 vorgestellte Modul *icingaweb2-module-grafana*. Es setzt das in Abschnitt 21.5 ab Seite 513 behandelte Grafana voraus. Die gerenderten Graphen sind optisch ansprechender, aber der Seitenaufbau kann mitunter, vor allem bei größeren Datenmengen, sehr verlangsamt erfolgen.

Das Modul *icingaweb2-module-graphite* wird wie üblich installiert:

```
$ cd /usr/local/share/icingaweb2-modules
$ install -d ./graphite
$ wget -qO - https://github.com/Icinga/icingaweb2-module- \
    graphite/archive/v1.1.0.tar.gz|tar xfz - -C graphite \
    --strip-components 1
$ icingacli module enable graphite
```

Man lädt es als Tarball von der Projektseite auf GitHub und entpackt es ins Modulverzeichnis, oder alternativ, wie in Abschnitt 8.6 ab Seite 165 beschrieben, in den Bereich für nicht als Paket installierten Code nach */usr/local/share/icingaweb2-modules*.

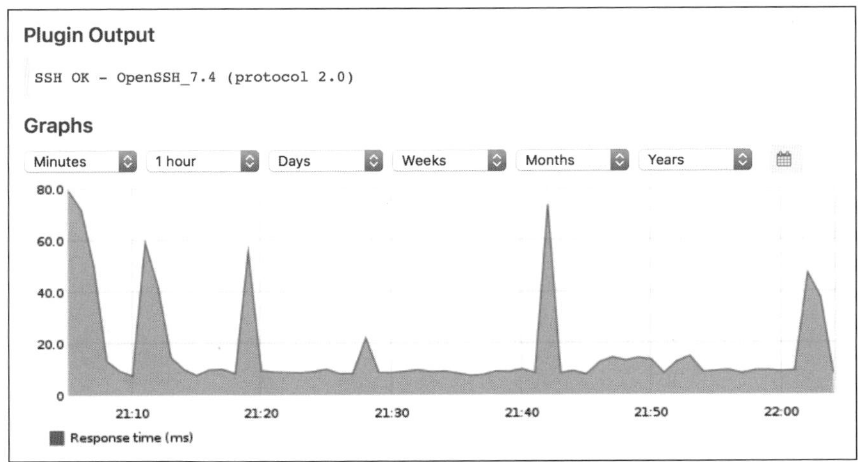

Abbildung 21-12: Standard für Check Commands ohne eigenes Template

[22] https://github.com/icinga/icingaweb2-module-graphite

Nach der Aktivierung und sobald Daten gesammelt wurden, wird der grafische Verlauf unterhalb von *Plugin Output* des entsprechenden Services bzw. Hosts in der Detailansicht wie in Abbildung 21-12 angezeigt.

Ist die Graphing-API nicht via *https://127.0.0.1* erreichbar, muss die URL in der Konfiguration `config.ini` des Graphite-Moduls angepasst werden. Die Datei befindet sich wie zu erwarten im Konfigurationsverzeichnis `/etc/icingaweb2/modules/graphite`. Alternativ kann diese Einstellung auch in der Weboberfläche erledigt werden. In *Configuration* → *Modules* → *graphite* → *Backend* kann neben der URL auch, falls für den Zugriff nötig, ein Benutzer mit Passwort hinterlegt werden.

Oberhalb des Graphen kann die Skalierung über die Zeit gewählt werden. Von einer einzelnen Minute bis zu mehreren Jahren lassen sich mittels der Auswahlfelder die Werte einstellen. Ganz rechts findet sich das Symbol, um eine benutzerdefinierte Zeitspanne anzugeben. Ein beliebiges Hereinzoomen ist laut Roadmap aktuell nicht geplant.

Voreingestellt ist für alle Graphen eine Stunde. Möchte man dies ändern, ist das in Icinga Web 2 in der Konfiguration zu diesem Modul möglich.

Die Gestaltung der Anzeige von Graphen richtet sich nach dem verwendeten Template. Definitionen solcher Templates liegen im Graphite-Modul-Verzeichnis unterhalb von `templates`. Die Zuordnung vom Check zum Template erfolgt über das im Check verwendete Check Command. Existiert eine solche Zuordnung nicht, wird wie in Abbildung 21-12 ein Standard-Template verwendet.

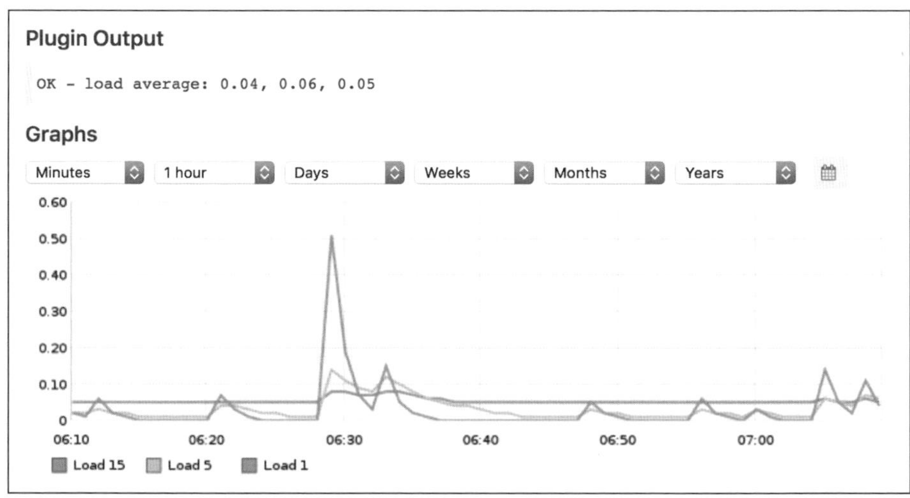

Abbildung 21-13: Angepasstes Template für das Check Command *load*

Gibt es eine Zuordnung, so werden z. B. für *load* auch drei Metriken zusammen in einem Koordinatensystem dargestellt, wie Abbildung 21-13 zeigt.

Wie man selbst Templates zusammenstellt, wird in der Dokumentation[23] zum Modul beschrieben.

Ein Problem besteht noch bei der Zuordnung zwischen Template und Check Command. Verwendet man Wrapper-Check-Commands, wie zur Überwachung mit SSH üblich ist, wo ein Check Command durch eine eigene Definition gekapselt wird, bräuchte man eigentlich auch unnötigerweise eine eigene Template-Definition für das neue Check Command.

```
apply Service "load" {
  import "generic-service"
  check_command = "by_ssh_load"

  vars.check_command = "load"
  ...
}
```

Codebeispiel 21.36: Beispielhafte Anpassung eines gekapselten Services

Diesem Umstand haben die Entwickler Rechnung getragen und man benötigt kein zusätzliches Template. Bei der Servicedefinition wird mittels Custom Variable *check_command* das fürs Graphite-Modul relevante Command angegeben und somit auch das zu verwendende Template.

21.3.7 Überwachen von Graphite

Da Graphite keine einzelne Applikation, sondern ein Verbund von mehreren Tools ist, sind für eine umfassende Überwachung auch mehrere Checks nötig.

Zuerst sollte geprüft werden, ob der Carbon-Cache verfügbar ist. Ist das Webinterface nicht erreichbar, merken Benutzer das oft relativ rasch und selbst wenn nicht, entstehen dadurch keine bleibenden Schäden. Nimmt der Carbon-Cache jedoch keine Daten an, sind sie, sobald die Puffer voll sind, unwiederbringlich verloren.

```
object Host "fornax.gwc-jonas.local" {
  ...

  vars.procs["carbon-cache"] = {
    procs_warning = "1:1"
    procs_critical = "1:1"
  }
}
```

Codebeispiel 21.37: Läuft der Prozess `carbon-cache`?

[23] https://github.com/Icinga/icingaweb2-module-graphite/blob/master/doc/04-Templates.md

Ein spezialisiertes Plugin zum Prüfen der einzelnen Komponenten ist den Autoren bisher nicht bekannt, es ist aber auch nicht notwendig, da der Carbon-Cache als Prozess überwacht werden kann. Die zugehörige Servicedefinition sollte aus Abschnitt 6.6 bekannt sein.

Hierbei ist natürlich darauf zu achten, welche Software als Carbon-Cache zum Einsatz kommt. Wird zusätzlich ein Relay verwendet, ist dieses ebenfalls zu überwachen.

Alternativ kann der Port geprüft werden. Ist der Port offen, läuft zwangsläufig der Prozess. Der Port kann aber auch zusätzlich überwacht werden, wenn beim Prozess nur auf laufende oder lauffähige Prozesse getestet wird. Dann kann erkannt werden, dass z. B. der Port nur noch von einem Zombi-Prozess offen gehalten wird.

```
object Service "carbon-cache tcp/2003" {
  import "generic-service"
  host_name = "fornax.gwc-jonas.local"

  check_command = "tcp"
  vars.tcp_port = 2003
}
```

Codebeispiel 21.38: Service zur Überwachung des Carbon-Cache

Gleiches gilt wieder für ein möglicherweise im Einsatz befindliches Carbon-Relay. Laufen die Dienste auf einem anderen Host als dem Icinga-Server und dort nur auf einem lokalen Port, muss auch für das Testen des Ports der Icinga-Agent mit *command_endpoint* verwendet werden oder per SSH geprüft werden. Letzteres Szenario ist denkbar, wenn ein dedizierter Host mit mehreren Carbon-Caches benutzt wird, da dort nur ein Relay übers Netzwerk erreichbar sein muss.

Whisper, die Komponente, die das verwendete Datenformat zur Verfügung stellt, muss nicht extra überwacht werden, da es sich dabei nur um Bibliotheken, aber keinen Dienst handelt. Allerdings sollte das Dateisystem mit den Whisper-Dateien auf freien Speicherplatz geprüft werden. Zusätzlich empfiehlt es sich, auf diesem Dateisystem den IO zu überwachen, wie in Abschnitt 17.4.1 ab Seite 381 beschrieben.

Die API, von der die Daten bezogen werden, stellt diese mittels HTTP zur Verfügung. Ein Service mit dem Check Command *http* auf den Port des Graphite-Web bzw. der Graphite-API ist ebenfalls schnell umgesetzt.

21.3.8 Überwachen und Benachrichtigen mit Graphite

Das Graphite-System kann auch anderweitig, außerhalb von Icinga, zur Speicherung von Metriken verwendet werden, es tut dies z. B. schon für sich selbst im Whisper-Teilbaum *carbon*. Gängig ist auch, Graphite als Langzeitspeicher für Tools wie collectd[24], telegraf[25] oder den Elastic-Stack zu verwenden. Um auch auf Basis dieser Daten bei Überschreitung von Schwellenwerten Benachrichtigungen anzustoßen, kann das Plugin `check_graphite`[26] eingesetzt werden. Es nutzt die API von Graphite, um nicht nur aktuelle bzw. die letzten Werte abzufragen, sondern auch z. B. zu prüfen, ob in einem zurückliegenden Zeitfenster der Schwellenwert überschritten wurde. So kann Icinga auch auf Counter alarmieren, die wesentlich mehr Daten liefern als im Check-Intervall eines Icinga-Checks.

Selbst im Zusammenhang mit Graphen, die von Icinga geschrieben werden, kann dieses Plugin nützlich sein. Ein Check ist immer eine Momentaufnahme, die den aktuellen Stand zeigt. Während in vielen Fällen, z. B. bei CPU-Load oder Auslastung von Netzwerkverbindungen, kurze Spitzen sehr hoch sein können, ohne Probleme zu verursachen, ist ein kontinuierlich erhöhter Wert oft ein Grund, zu reagieren. Hier bietet Icinga nicht die Möglichkeit, den Schwellenwert richtig zu setzen, falls nicht das verwendete Plugin selbst einen Mittelwert über längere Zeit hinweg errechnen kann.

Setzt man den Schwellenwert so hoch, dass bei kurzen hohen Spitzen kein falscher Alarm ausgelöst wird, wird aber auch nicht bei kontinuierlich etwas erhöhten Werten alarmiert. Genau hier kann ein Check von Graphite helfen. Das Plugin nimmt alle Werte eines anzugebenden Zeitintervalls, errechnet das arithmetische Mittel (Mittelwert bzw. Durchschnitt) oder die Summe und alarmiert erst dann, wenn dieser Mittelwert einen Schwellenwert übersteigt. Um eine umfassende Überwachung zu realisieren, kann man also zwei Checks anlegen: einen mit einem sehr hohen Schwellenwert, der den aktuellen Zustand prüft, und einen mit einem deutlich niedrigeren, der den Mittelwert über einen längeren Zeitraum prüft. Der erste ist zudem nötig, um die Graphen für den zweiten Check zu erzeugen.

Da keine Pakete für `check_graphite` bereitgestellt werden, wird das Plugin gemeinsam mit ein paar anderen vom selben Entwickler per `git` von GitHub heruntergeladen. Wer die Plugins selbst paketieren möchte, findet bei den Plugins auch ein passendes `spec`-File für `rpmbuild`.

```
$ git clone https://github.com/obfuscurity/nagios-scripts.git
$ cd nagios-scripts
```

[24]https://collectd.org

[25]https://www.influxdata.com/time-series-platform/telegraf

[26]https://github.com/obfuscurity/nagios-scripts

Das Plugin ist in Ruby geschrieben und benötigt neben einem installierten Ruby zusätzlich noch eine weitere Ruby-Bibliothek. Auf RedHat befindet sich ein entsprechendes Paket im EPEL Repository. Debian bietet das entsprechende Paket unter anderem Namen in seinem Standard-Repository an.

- RedHat

  ```
  $ yum install -y rubygem-rest-client
  ```

- Debian

  ```
  $ apt-get install -y ruby-rest-client
  ```

Ein Aufruf des Plugins kann wie folgt aussehen:

```
$ ./check_graphite -u fornax.gwc-jonas.local:8888 \
       -m icinga2.icinga2.services \
       .load.load.perfdata.load1.value -s load1 -w 1 -c 2
WARNING metric count: 1.01 threshold: 1  | load1=1.01
```

Die Optionen des Plugins haben dabei die folgenden Bedeutungen:

- `-u`: der Host, unter dem die API von Graphite erreichbar ist.
- `-m`: der Pfad zur Metrik, die geprüft werden soll, vergleiche dazu Abschnitt 21.3.1 ab Seite 474
- `-s`: der Name, der bei der Ausgabe von Performance-Daten angegeben werden soll. So kann auch dieser neue Wert wieder in Graphite geschrieben werden.
- `-U` (nicht im Beispiel): erlaubt das Angeben eines Einheitssymbols beim Schreiben von Performance-Daten für diesen Check.
- `-w`, `-c`: Schwellenwerte für den geprüften Wert.
- `-d` (nicht im Beispiel): für die Angabe des Zeitraums, über den gerechnet werden soll.
- `-f` (nicht im Beispiel): Angabe, ob die einzelnen Werte innerhalb des Zeitraums summiert oder der Mittelwert errechnet werden soll. Default ist der Mittelwert.

Der Check bietet noch weitere Optionen, die wie üblich beim Aufruf mit `--help` einsehbar sind.

Eine Definition für ein Check Command *graphite* existiert in der ITL und so lässt sich das Plugin unmittelbar in noch zu definierenden Services nutzen.

21.4 InfluxDB

Seit Version 2.5 von Icinga 2 wird als TSDB auch InfluxDB unterstützt. InfluxDB ist eine High-Performance-Datenbank für Zeitreihen. Der Prozess öffnet einen Port, standardmäßig 8086, und nimmt dort die Daten von Icinga entgegen. Dieses setzt das Feature *influxdb* voraus, um die Performance-Daten im richtigen Format weiterzuleiten.

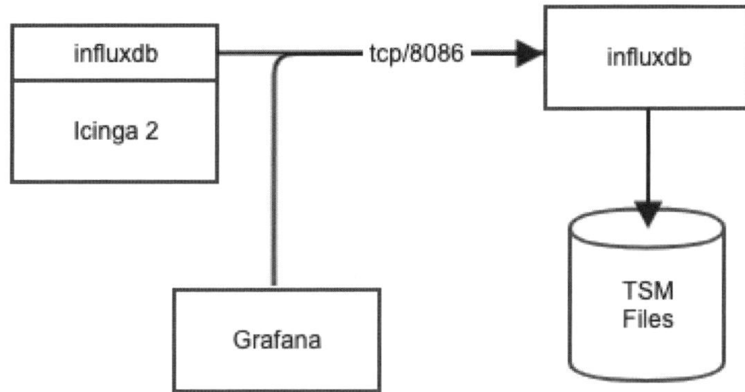

Abbildung 21-14: Komponenten und Kommunikation bei InfluxDB

InfluxDB speichert die Daten als TSM-Dateien im Dateisystem. Zum Rendering kann Grafana[27] benutzt werden, zumal ein Modul existiert, um gerenderte Graphen auch direkt in Icinga Web 2 zu integrieren. Grafana fragt die Metriken bei InfluxDB über denselben Port ab, den auch Icinga zum Schreiben der Daten verwendet.

Aktuell werden zwei Hauptversionen der InfluxDB gepflegt. Die im November 2020 veröffentlichte Version 2 bietet mit *v2* eine Version der API. Mit einem Endpunkt */v1* steht zudem weiterhin die volle Kompatibilität zur Anbindung an bisherige Tools und Bibliotheken zur Verfügung. Eine direkte Unterstützung von Icinga für Influx 2 ist mit Version 2.13.0 von Icinga 2 angekündigt.

Der Zugriff auf die gespeicherten Daten ist mittels einer sehr stark an SQL angelehnten Abfragesprache möglich. Diese wird auch von Version 2 weiterhin unterstützt, obwohl mit Flux[28] eine weitere hinzugekommen ist.

[27]https://grafana.com

[28]https://www.influxdata.com/products/flux

21.4.1 Storage-Engine

InfluxDB legt die Daten bezüglich der erfassten Metriken standardmäßig unter */var/lib/influxdb/engine* ab. Dort unterhalb in *wal* werden die Metriken zunächst in einem Write Ahead Log (WAL) erfasst, bevor sie endgültig als TSM nach *data* geschrieben werden. Unterhalb beider Verzeichnisse erfolgt die Ablage getrennt nach Buckets in Verzeichnisse, deren Name der Bucket-ID entsprechen.

```
/var/lib/influxdb/engine
|-- data
|    |-- c41256c7853697a3
|    `-- d84cbb91ec92748d
`-- wal
     |-- c41256c7853697a3
     `-- d84cbb91ec92748d
```

In einer Produktionsumgebung wird empfohlen, WAL und TSM auf getrennten Speichersystemen abzulegen. Hierzu eignen sich Solid State Drive (SSD)-Plattensysteme, auf diesen wird auch ausschließlich getestet. Je mehr Input/Output operations Per Second (IOPS), desto besser, bei Cloudanbietern ist darauf zu achten, kein System mit InfluxDB unterhalb von 2000 IOPS zu betreiben.

Datenbanknamen, Metriken (measurements), Tags und Keys werden nur einmal und immer als Strings gespeichert. Messwerte und Zeitstempel werden hingegen natürlich für jeden Punkt gespeichert.

21.4.2 Installation

Weder für RedHat noch Debian befinden sich Influx in einem distributionsnahen Repository, jedoch bietet die hinter Influx stehende Firma Pakete an. Auf deren Downloadseite[29] finden sich Anleitungen für die Installation auf einer Vielzahl von Plattformen bis zum Docker-Container.

Nur wenn man aus einem der jeweiligen Repositories installiert, zeigt sich, dass ab Version 2.1.0 das Commandline-Tool in ein eigenes Paket `influxdb2-cli` ausgelagert wurde.

- RedHat

  ```
  $ dnf install -y influxdb2
  ```

- Debian

  ```
  $ apt install -y influxdb2
  ```

[29] https://portal.influxdata.com/downloads

Ist die Software installiert, wird `influxdb` gestartet und in den Systemstart eingebunden.

```
$ systemctl start influxdb.service
$ systemctl enable influxdb.service
```

Während bei der alten Version 1 noch unautorisiert gearbeitet werden konnte, ist dies mit der neuen Version nicht mehr möglich und InfluxDB muss zuerst einem Setup unterzogen werden, in dessen Verlauf ein Benutzer angelegt wird.

```
$ influx setup
Welcome to InfluxDB 2.0!
Please type your primary username: root
Please type your password:
Please type your password again:
Please type your primary organization name: GWC-Jonas
Please type your primary bucket name: default
Please type your retention period in hours,
or 0 for infinite (0): 168
```

Ein Bucket ist die Bezeichnung einer Ablage, in der Zeitreihendaten gespeichert werden. Alle Buckets haben eine Aufbewahrungsfrist, nach ihrem Ablauf löscht InfluxDB alle Punkte, deren Zeitstempel älter als die gesetzte Dauer der Aufbewahrungsfrist des Buckets ist. Ein Bucket gehört zu einer Organisation.

Ein eigener Bucket mit zugeordneter Retention lässt sich über der Influx-UI anlegen, wir beschränken uns hier allerdings auf die Verwaltung mittels Command Line Interface (CLI). Mit `influx bucket list` werden alle Buckets aufgelistet und man kann vom eben erzeugten neuen Bucket *icinga2* die ID ablesen.

```
$ influx bucket create --name icinga2 \
    --org GWC-Jonas --retention 56w
$ bucketID=$(influx bucket list |grep icinga2 |grep -Po "^\S*")
```

Mit Version 2.13.0 von Icinga 2 ist ein Feature zur direkten Unterstützung von InfluxDB 2 erschienen. Solange dies noch nicht zur Verfügung stand oder bei älteren Versionen, muss auf den Kompatibilitäts-Layer zurückgegriffen werden und ein eigener Benutzer erstellt und ein Mapping des Buckets auf eine Datenbank für die API v1 vorgenommen werden:

```
$ influx v1 auth create --username icinga2 \
    --write-bucket $bucketID
$ influx v1 dbrp create --bucket-id $bucketID \
    --db icinga2 --rp icinga2-rp
```

Andernfalls ist ein Auth-Token erforderlich, mit dem sich Icinga 2 authentifiziert. Ein solcher Token wird wie folgt erzeugt:

```
$ influx auth create --write-bucket $bucketID
```

Der Token wird nach dem Erzeugen ausgegeben, kann aber auch immer mit `influx auth list` angezeigt werden.

21.4.3 Feature influxdb in Icinga 2

Wie und wohin Icinga Performance-Daten senden soll, ist im Feature *influxdb* zu konfigurieren. Der zugehörige Objekttyp *InfluxdbWriter* akzeptiert ausschließlich als Ziel ein InfluxDB-1-kompatibles Backend. Für Version 2.13.0 von Icinga 2 ist ein neuer Objekttyp *Influxdb2Writer* angeführt worden, der den neuen Authentifizierungs-Layer unterstützt und direkt in einen Bucket schreibt. Dieser ist in einem neuen Feature *influxdb2* untergebracht.

Für beide befinden sich Beispielkonfigurationen bereits seit der Installation von Icinga 2 im entsprechenden Verzeichnis *features-available*. Für das Feature *influxdb2* ist unbedingt neben dem Token auch der Bucket mit der besitzenden Organisation anzugeben.

```
object Influxdb2Writer "influxdb2" {
  organization = "GWC-Jonas"
  bucket = "icinga2"
  auth_token = "XXX"
}
```

Codebeispiel 21.39: /etc/icinga2/features-available/influxdb2.conf

Beim zur API v1 kompatiblen *influxdb* ist es die Datenbank und der Benutzer mit Passwort.

```
object InfluxdbWriter "influxdb" {
  database = "icinga2"
  username = "icinga2"
  password = "XXX"
}
```

Codebeispiel 21.40: /etc/icinga2/features-available/influxdb.conf

Befindet sich InfluxDB auf einem anderen Host oder lauscht es auf einem anderen Port, sind *port* bzw. *host* entsprechend gesetzt der jeweiligen Konfigurationsdatei hinzuzufügen. In diesem Fall ist auch eine Verschlüsselung mittels TLS zu empfehlen.

Bleibt abschließend noch, das jeweilige zu verwendende Feature zu aktivieren und Icinga 2 einem Reload zu unterziehen.

21.5 Grafana

Grafana[30] ist eine Render-Engine für Zeitreihen, die sich unter anderem darauf versteht, mit Daten aus einer Vielzahl von Quellen Dashboards zu gestalten und anzuzeigen. Wir legen hier aber den Fokus auf die Schnittstellen zu Graphite und InfluxDB.

Das Webinterface Grafana mit seinen Dashboards wird besonders dafür geschätzt, sich einen Überblick über verschiedene Graphen zu verschaffen, diese zu korrelieren und auf großen Displays oder auf solchen an Flurwänden darzustellen.

21.5.1 Installation

RedHat bietet zwar ein Softwarepaket über sein AppStream-Repository an, es handelt sich allerdings um die Version 7 von Grafana. Die aktuelle Version 8 wird von uns hier installiert und dient als Grundlage für das ganze Kapitel.

- RedHat

```
$ wget https://dl.grafana.com/oss \
    /release/grafana-8.0.6-1.x86_64.rpm
$ dnf localinstall grafana-8.0.6-1.x86_64.rpm
```

- Debian

```
$ wget https://dl.grafana.com/oss \
    /release/grafana_8.0.6_amd64.deb
$ dpkg -i grafana_8.0.6_amd64.deb
```

Das im Anschluss behandelte Grafana-Modul für Icinga Web 2 erwartet statische Bilder von der Render-Engine zur Verfügung gestellt zu bekommen. Seit Grafana-Version 7 wird der bis dahin integrierte PhantomJS nicht mehr mitgeliefert. Leider auch kein anderer, sodass auf den Chrome-Browser als Renderer zurückgegriffen werden muss.

Der Image-Renderer ist als Plugin ausgelegt und lässt sich mit dem Grafana-CLI automatisch herunterladen und installieren.

```
$ grafana-cli plugins install grafana-image-renderer
```

Alternativ kann das Plugin auch als Zip-Datei[31] geladen und offline installiert werden. Hierzu ist die Datei lediglich im Verzeichnis */var/lib/grafana/plugins* zu entpacken. Falls Grafana zu diesem Zeitpunkt schon gestartet ist, ist ein Neustart erforderlich.

[30] https://grafana.com

[31] https://grafana.com/grafana/plugins/grafana-image-renderer/?tab=installation

Der Chrome liegt nun als `chrome` im Plugin-Verzeichnis unterhalb von *grafana-image-renderer/chrome-linux*.

Ein Aufruf mit `ldd` offenbart, dass leider viele erforderliche Libraries nicht automatisch mit installiert wurden. Für die Version 3.0.1 des Image-Render-Plugins waren dies:

- RedHat

```
$ dnf install -y gtk3 atk pango libXScrnSaver libXcomposite \
    libdrm mesa-libgbm libX11-xcb alsa-lib
```

- Debian

```
$ apt install -y libgtk3.0-cil libx11-xcb1 libxcb-dri3-0 \
    libxss1 libdrm2 libgbm1 libnspr4 libnss3
```

Ob noch weitere **Libraries fehlen**, sollte zur Kontrolle selbst nochmals geprüft werden, insbesondere wenn es sich um eine andere Version als 3.0.1 des Plugins handelt, die installiert wurde.

```
$ ldd /var/lib/grafana/plugins/grafana-image-renderer \
    /chrome-linux/chrome |grep 'not found'
```

Nach Installation und Start oder Neustart ist der Server unter Port 3000 auf dem Host erreichbar. Der Defaultbenutzer lautet *admin* mit Passwort *admin*. Nach der ersten Anmeldung wird man sofort gezwungen, ein neues Passwort zu setzen.

```
$ systemctl enable grafana-server.service
$ systemctl restart grafana-server.service
```

21.5.2 Backends zur Dashboard-Ablage

Standardmäßig speichert Grafana seine Dashboards und sonstige Verwaltungsdaten wie Benutzer in einer SQLite-Datenbank. Soll diese verwendet werden, kann dieser Abschnitt übersprungen werden.

Da für Icinga bereits entweder MySQL oder PostgreSQL im Einsatz ist, folgt hier für beide Systeme die Beschreibung, wie Grafana zu konfigurieren ist, sodass Dashboards dort gespeichert werden. Nach erfolgten Anpassungen an der Konfiguration ist für Grafana jeweils ein Neustart auszuführen.

MySQL Eine Datenbank mit einem Benutzer, der über ausreichende Berechtigung verfügt, erfordert MySQL, da Grafana das Datenbankschema beim ersten Start automatisch selbst anlegt. Befindet sich die Datenbank auf einem anderen Server als Grafana selbst, ist diesem anstelle von *localhost* die Berechtigung zu erteilen.

```
MariaDB [(none)]> create database grafana;
Query OK, 1 row affected (0.01 sec)

MariaDB [(none)]> grant all on grafana.* to \
        'grafana'@'localhost' identified by 'XXX';
Query OK, 0 rows affected (0.01 sec)
```

Nun ist Grafana mitzuteilen, das MySQL als Backend zu verwenden und den erforderlichen Benutzerzugang auf die entsprechende Datenbank zu nutzen.

```
[database]
type = mysql
host = 127.0.0.1:3306
name = grafana
user = grafana
password = XXX
```

Codebeispiel 21.41: /etc/grafana/grafana.ini

PostgreSQL Für die Datenbank *grafana* erfordert PostgreSQL nicht nur eine Rolle mit Passwort, sondern auch für die Zugriffskontrolle Einträge in der Datei *pg_hba.conf*.

```
$ sudo -i -u postgres psql -c \
    "CREATE ROLE grafana WITH LOGIN 'XXX'"
$ sudo -i -u postgres createdb -O grafana -E UTF8 grafana
```

Diese befindet sich auf RedHat und Debian in unterschiedlichen Pfaden:

- RedHat */var/lib/pgsql/data/pg_hba.conf*
- Debian */etc/postgresql/11/main/pg_hba.conf*

Dort sind besonders die Zeilen für den Zugriff vom eigenen lokalen Rechner wichtig. Man darf sich hier dann mit dem eingetragenen Benutzer auf die angegebene Datenbank verbinden. Befinden sich Grafana und Datenbank auf getrennten Servern, ist anstatt *127.0.0.1* die Adresse des Grafana-Servers anzugeben.

```
# TYPE  DATABASE    USER         ADDRESS          METHOD
local   grafana     grafana                       md5
host    grafana     grafana      127.0.0.1/32     md5
host    grafana     grafana      ::1/128          md5
```

Codebeispiel 21.42: Zugriffskonfiguration in der Datei pg_hba.conf

Nach Änderungen an *pg_hba.conf* muss der PostgreSQL-Server neu gestartet werden.

Nun werden abschließend das Grafana-Backend auf *postgres* umgestellt und der Datenbankname, der Host mit dem DBMS und die Zugangsdaten hinterlegt.

```
[database]
type = postgres
host = 127.0.0.1:5432
name = grafana
user = grafana
password = XXX
```

Codebeispiel 21.43: /etc/grafana/grafana.ini

21.5.3 Anbinden von Datenquellen

Die Verbindung zu Graphite bzw. InfluxDB kann dann bereits im Webinterface konfiguriert werden. Unter *Configuration* → *Data Sources* bietet Grafana die Möglichkeit, mehrere Datenquellen anzulegen.

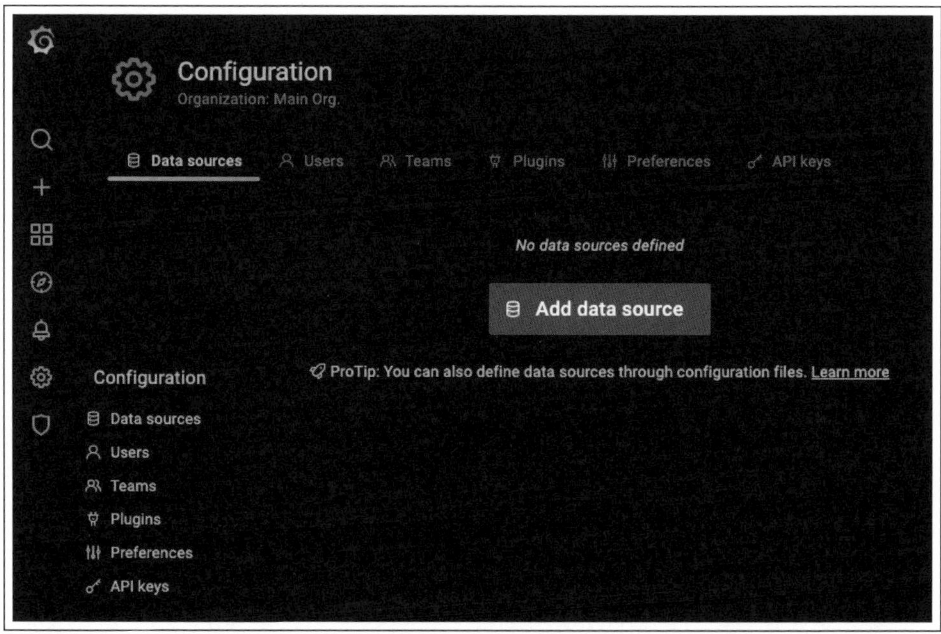

Abbildung 21-15: Anlegen einer neuen Datenquelle

Hat man dann die Art der Datenquelle ausgewählt, sind ein Name zu wählen und die Credentials anzugeben. Bei InfluxDB als Datenquelle muss man sich noch zwischen InfluxQL oder dem neuen Flux als Abfragesprache entscheiden. Soll von den vorgefertigten Dashboards im nächsten Abschnitt profitiert werden, muss hier zurzeit noch InfluxQL ausgewählt werden. Damit muss auch wieder auf die API-v1-basierte Authentifizierung zurückgegriffen werden. Für eine Datenquelle vom Typ Graphite stellt sich diese Frage nicht.

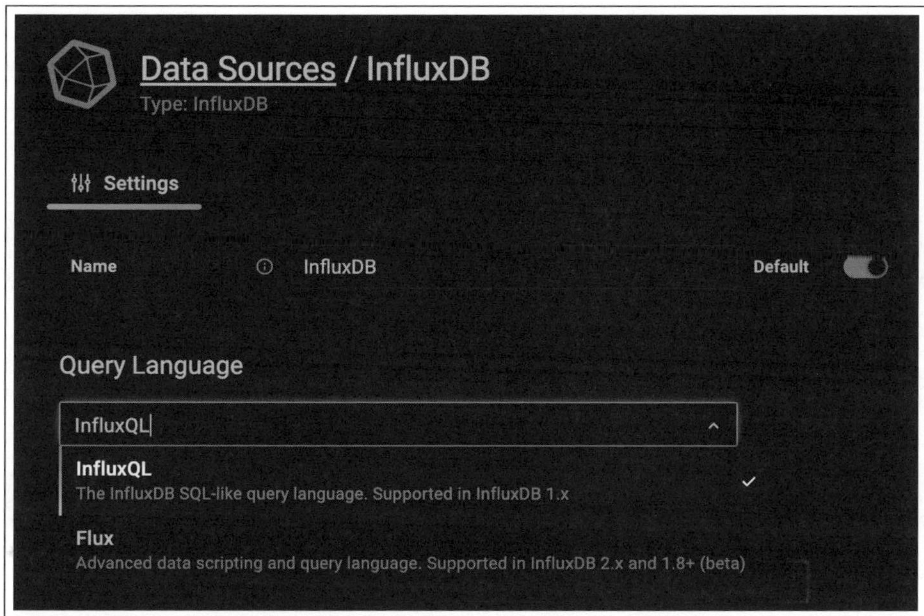

Abbildung 21-16: InfluxDB-Datenquelle

Bei InfluxDB und Graphite erfolgt der Zugriff mittels HTTP an die jeweilige API. Zurzeit kann man sich bei InfluxDB noch zwischen dem direkten Zugriff auf den Server und der abgekündigten Methode *Browser* entscheiden. Demnach ist *Server* auch für unsere Zwecke die bessere Wahl.

Ob InfluxDB oder Graphite, bei beiden ist die URL anzugeben, über die die API erreicht wird. Optional lassen sich Cookies einschränken oder der Timeout kann explizit gesetzt werden.

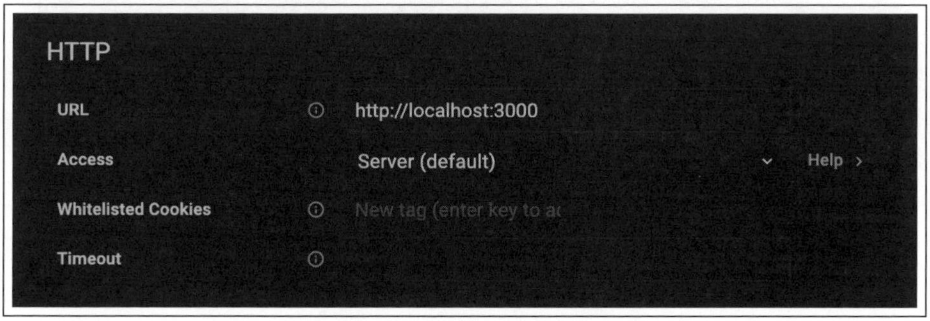

Abbildung 21-17: HTTP-Zugriff auf eine InfluxDB-Datenquelle

Die unter *Auth* zusammengefassten Felder sind relevant, wenn TLS zur Kommunikationsverschlüsselung zum Einsatz kommt oder auch für den Fall, dass bei Graphite eine Basis-Authentifizierung aktiv ist. Dann sind zusätzlich Benutzername und Passwort anzugeben.

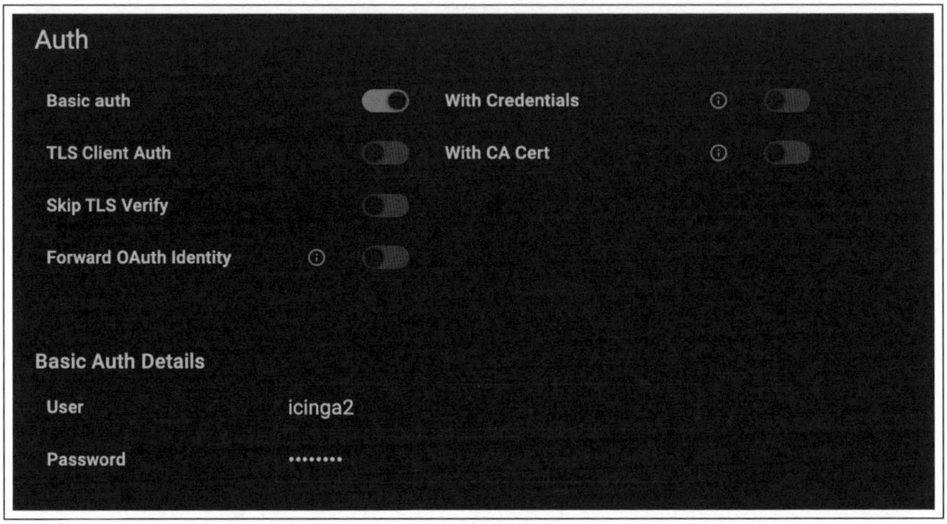

Abbildung 21-18: Auth-Einstellungen einer Datenquelle

Nur bei InfluxDB sind noch die folgenden Einstellungen zur Datenbank und zum Benutzer mit zugehörigem Passwort für den Zugriff auf diese Datenbank erforderlich:

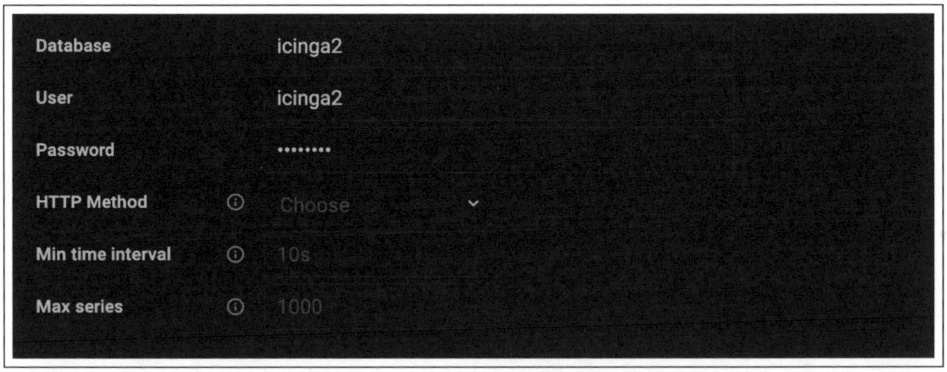

Abbildung 21-19: Credentials zu einer InfluxDB-Datenquelle

21.5.4 Dashboards

Sobald die Datenquelle eingebunden ist, kann der erste Graph angezeigt werden. Grafana ist dazu prädestiniert, in Dashboards Daten in jeglicher Form zu präsentieren. Eine Zeitreihe als Graph über einen zeitlichen Verlauf ist nur eine Form, weitere sind Balken- und Tortendiagramm.

Das Vorgehen unterscheidet sich anhand der jeweiligen API von Graphite und InfluxDB. Bei Graphite werden die zu rendernden Metriken über die bekannte Baumstruktur angegeben und bei InfluxDB durch Formulieren einer Abfrage in einer der beiden Abfragesprachen.

Eine Beschreibung aller Möglichkeiten würde den Rahmen hier sprengen, wir beschränken uns hier auf das Importieren bereits vorhandener Panels in ein Dashboard. Datenreihen werden jeweils in einem Panel angezeigt und mehrere solcher Panels bilden zusammen ein Dashboard.

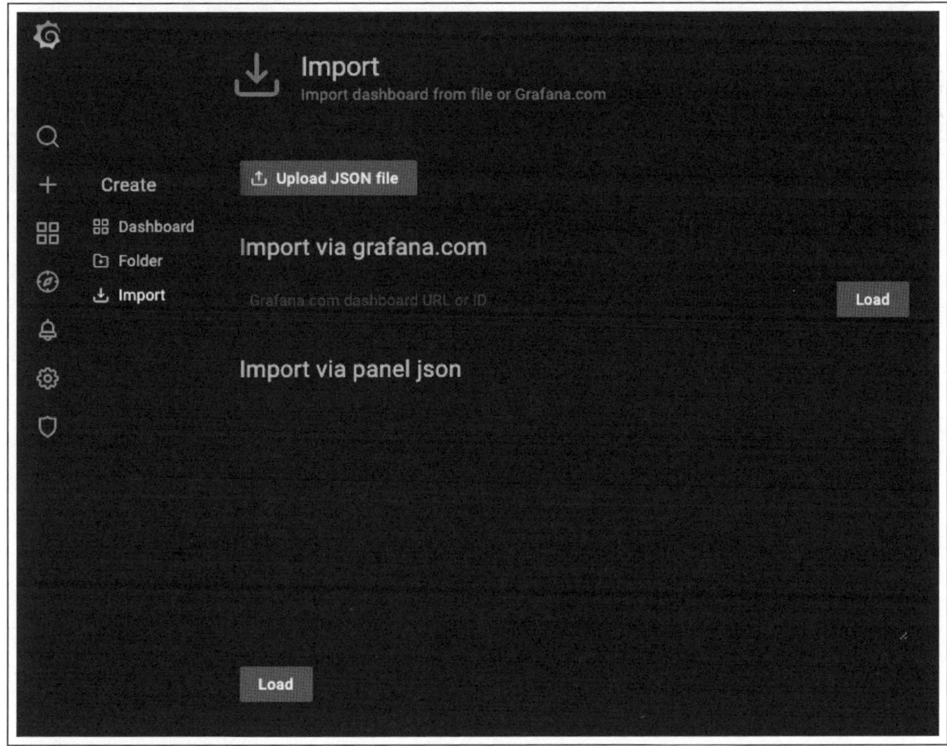

Abbildung 21-20: Import von Dashboards

Zum Import gelangt man über das Menü *Create* (das mit dem großen Plus) und dort über *Import*. Der Import erfolgt im JSON-Format, in dem Dashboards vorliegen müssen. Er kann auf drei unterschiedliche Arten vorgenommen werden. Die erste ist ein Datei-Upload vom lokalen Rechner, als zweite Methode kann die Zwischenablage benutzt werden. Dabei wird die

JSON-Datei per »Copy & Paste« in den dafür vorgesehenen Bereich unterhalb von *Import via panel* eingefügt.

Die letzte der drei Methoden ist der Upload über eine ID, die man vom Grafana-Portal[32] erfährt, eingibt und via *Load* von dort herunterlädt.

Vor dem eigentlich Import muss das Dashboard noch mit der richtigen Datenquelle verknüpft werden. Natürlich mit der, die zu der Abfrage passt!

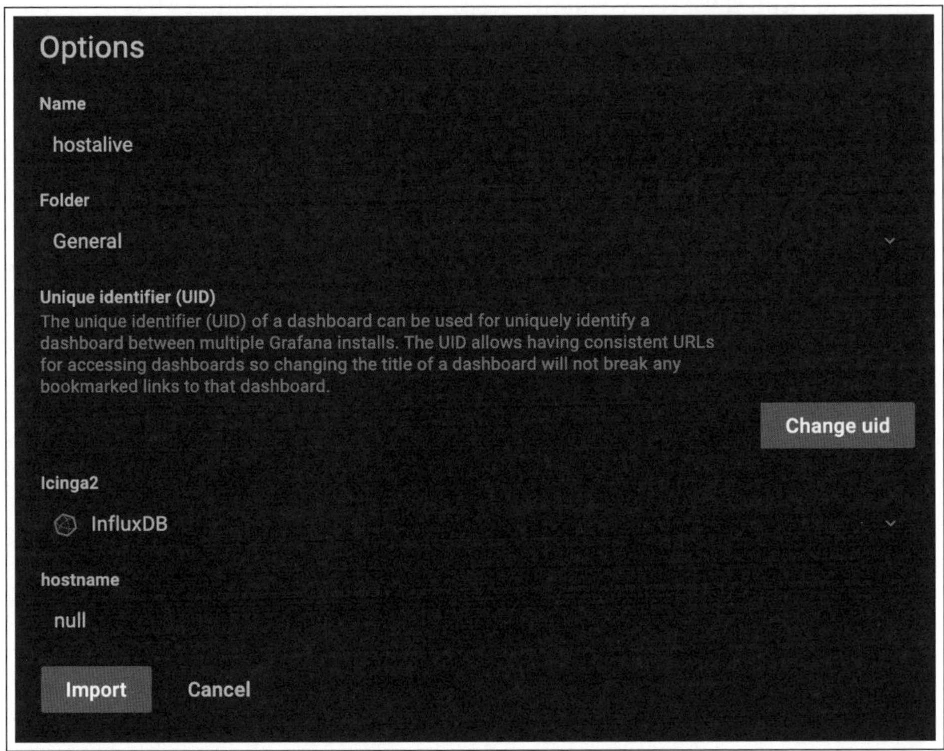

Abbildung 21-21: Import und Zuordnung eines InfluxDB-Dashboards

Für den nächsten Abschnitt, die Integration in Icinga Web 2, wird es wichtig sein, zu wissen, wie die UID eines Dashboards ermittelt wird. Nach dem Import wird das Dashboard auch sogleich angezeigt, in der URL ist die UID abzulesen.

- Dashboard UID
  http://fornax.gwc-jonas.local:3000/d/**a0dRYFM7k**/hostalive?orgId=1

Die UID ist hier fett gedruckt und kann einfach abgelesen werden. Sie wird in der URL auch angezeigt, wenn das Dashboard zu einem späteren Zeitpunkt gesondert aufgerufen wird.

[32]https://grafana.com/grafana/dashboards

Eine weitere, später wichtige Eigenschaft ist die Panel-ID. Diese kann erst in der URL abgelesen werden, wenn in den View-Modus eines Panels gewechselt wird. Zunächst wählt man das Dashboard mit dem gewünschten Panel aus (*Dashboards* → *Manage*). Mit einem Klick auf den Namen des gewünschten Panels öffnet sich ein Kontextmenü, in dem *View* zu wählen ist.

Abbildung 21-22: Panel View, um die Panel-ID zu ermitteln

Der Zugriff auf Grafana und damit auf einzelne Dashboards und Panels kann mittels eines Benutzers und des zugehörigen Passworts erfolgen oder einfacher über ein Token. Dieses wird im Dialog angelegt, den man über den schon bekannten Menüpunkt *Configuration* → *API keys* aus Abbildung 21-15 auf Seite 516 erreicht.

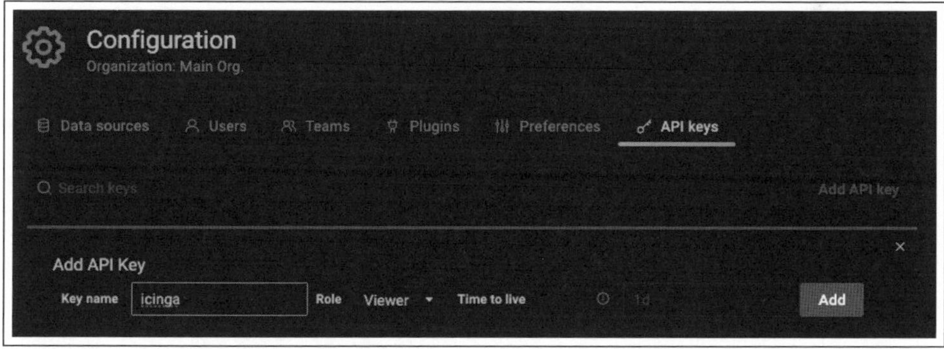

Abbildung 21-23: Anlegen eines Tokens

Dort muss lediglich ein beliebiger Name, z. B. *icinga*, eingetragen und die Rolle mit den Zugriffsberechtigungen bestimmt werden. Die Rolle *Viewer* ist für die Zwecke zur Einbindung von Graphen in Icinga Web 2 völlig ausreichend.

21.5.5 Integration in Icinga Web 2

Die Projektseite des hier benötigten Moduls von Carsten Köbke befindet sich auf GitHub[33]. Von dort holt man sich das letzte Release und entpackt den Tarball in einem Verzeichnis, das zum Modulpfad von Icinga Web 2 gehört. Hier das in Abschnitt 8.6 zusätzlich hinzugefügte Verzeichnis:

```
$ cd /usr/local/share/icingaweb2-modules
$ install -m755 -d grafana
$ wget -qO - https://github.com/Mikesch-mp \
    /icingaweb2-module-grafana/archive/refs/tags/v1.4.2.tar.gz \
    |tar xfz - -C grafana --strip-components 1
$ icingacli module enable grafana
```

Das Modul kann wie üblich grafisch in Icinga Web 2 unter *Configuration → Modules → Grafana → Configuration* konfiguriert werden. Aber auch die dateibasierte Konfiguration ist alternativ möglich. Das Verzeichnis *grafana* muss dann jedoch per Hand angelegt werden und sollte die korrekten Berechtigungen zugewiesen bekommen, um später auch von Icinga Web 2 aus angepasst zu werden.

- RedHat

```
$ install -o apache -g icingaweb2 -m2770 -d \
    /etc/icingaweb2/modules/grafana/
```

- Debian

```
$ install -o www-data -g icingaweb2 -m2770 -d \
    /etc/icingaweb2/modules/grafana/
```

Dazu muss dann auch die Datei *config.ini* mit den Einstellungen zur Modulkonfiguration dem Benutzer gehören, unter dem der Webserver läuft.

```
[grafana]
host = "localhost:3000"
protocol = "http"
timerangeAll = "1w/w"
defaultdashboard = "icinga2-default"
defaultdashboarduid = "rbsDsZG7k"
defaultdashboardpanelid = "1"
defaultorgid = "1"
shadows = "0"
theme = "light"
datasource = "influxdb"
accessmode = "indirectproxy"
authentication = "token"
```

[33]https://github.com/Mikesch-mp/icingaweb2-module-grafana

```
apitoken = "eyJrIjoiam1LQVVjNTZ3MDlLN1RURlVFUFFPcz..."
indirectproxyrefresh = "yes"
height = "280"
width = "640"
enableLink = "yes"
debug = "0"
timerange = "6h"
usepublic = "yes"
publichost = "fornax.gwc-jonas.local:3000"
publicprotocol = "http"
```

Codebeispiel 21.44: */etc/icingaweb2/module/grafana/config.ini*

Als Allererstes ist der Socket anzugeben, auf dem Grafana erreicht werden kann. Wird als Protokoll *https* gewählt, kann zusätzlich bestimmt werden, dass das Zertifikat verifiziert wird.

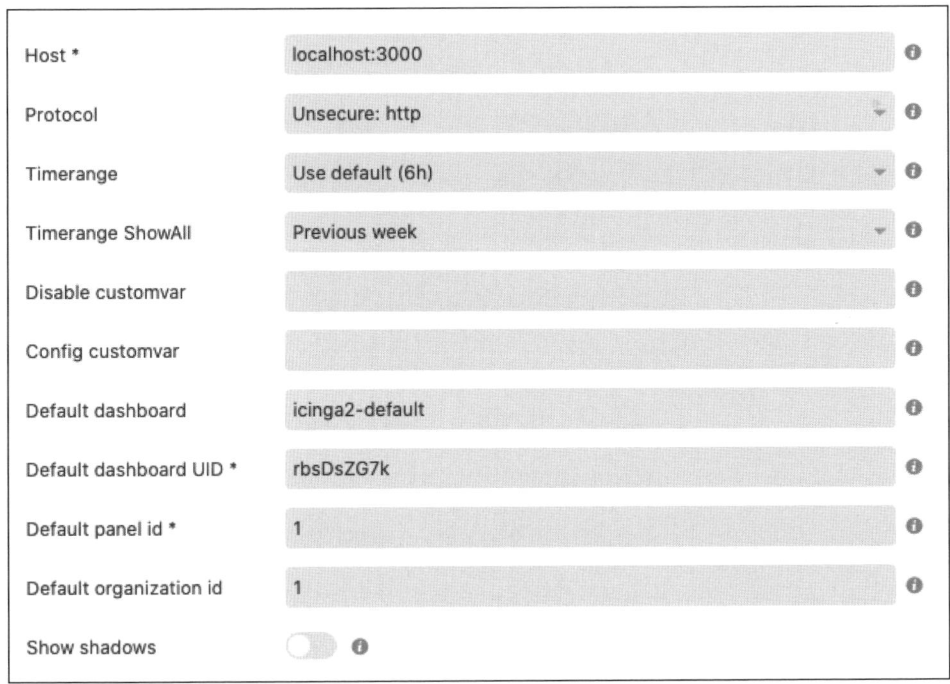

Abbildung 21-24: Konfiguration des Grafana-Moduls

Die nächsten beiden Einstellungen beziehen sich auf die Zeiträume, die angezeigt werden. *Timerange* bestimmt das standardmäßig anzuzeigende Intervall. Das ist die Zeitreihe, die immer zuerst angezeigt wird, wenn ein Host oder Service im Icinga Web 2 angewählt wurde.

Mit *Disable customvar* kann eine Custom Variable aus der Icinga-Konfiguration bestimmt werden, mit der das Zeichnen eines Graphen zu einem Host oder Service unterbunden werden kann. Dafür ist diese Custom Variable in der Konfiguration auf *true* zu setzen.

Default dashboard und die zugehörige *UID* bestimmen das noch anzulegende Dashboard in Grafana, aus dem das Panel in Icinga Web 2 eingebunden wird, wenn kein dediziertes Panel für ein Check Command konfiguriert ist. Das Dashlet selbst muss über *Default panel id* gesetzt werden.

Das hier behandelte Grafana-Modul bringt in seinem Verzeichnis unterhalb von `dashboards` vorgefertigte Dashboards für Graphite und InfluxDB mit. Für beide Graphing-Backends sind zunächst erst einmal die Dashboards `icinga2-default.json` und `itl/hostalive.json` zu importieren.

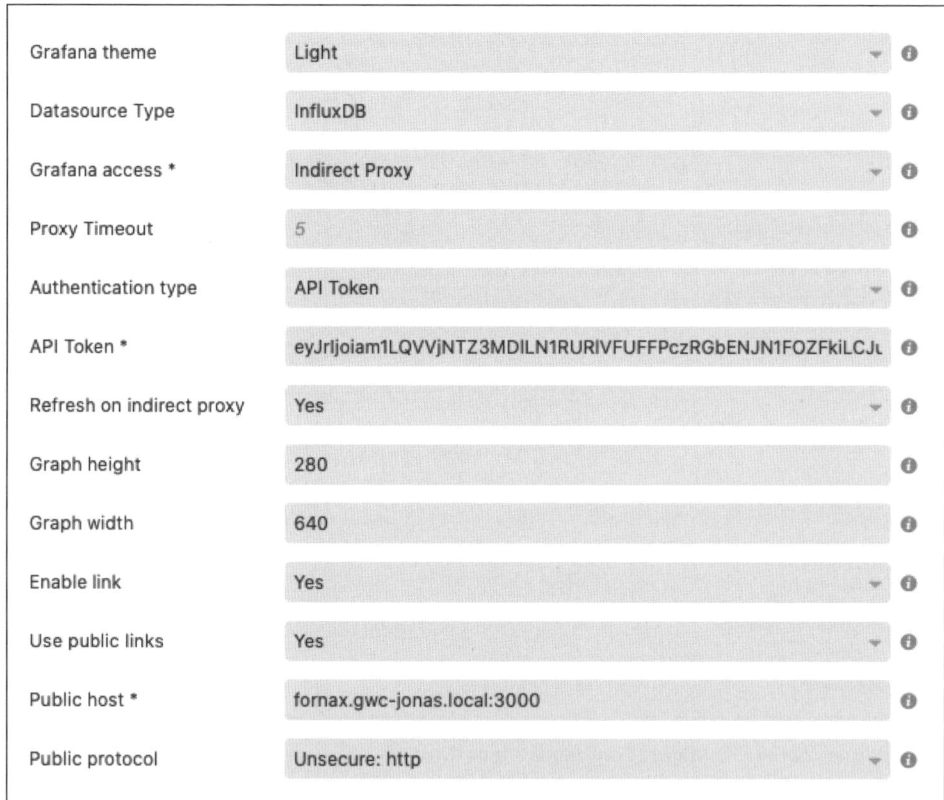

Abbildung 21-25: Konfiguration des Grafana-Moduls (Fortsetzung)

Der Zugriff auf die Graphen kann unter *Grafana access* mittels der Modi *Indirect Proxy* oder *iFrame* erfolgen. Bei Ersterem bezieht der Webserver via `curl` die Daten und liefert diese an den Browser des Benutzers. Hierfür muss das PHP-Modul für `curl` installiert sein.

Der direkte Zugriff via *iFrame* sendet die Graphen direkt an den Browser ohne den Umweg über den Webserver. Das heißt jedoch auch, dass bei *Host* eine Adresse einzutragen ist, die vom Browser des Benutzers erreichbar sein muss. Der Benutzer kommuniziert hierbei direkt mit Grafana, das erfordert zusätzlich Zugang zu Grafana, was nur über einen anonymen, nicht authentifizierten Zugriff erfolgen kann, wenn der Benutzer keinen eigenen Zugang zu Grafana besitzt.

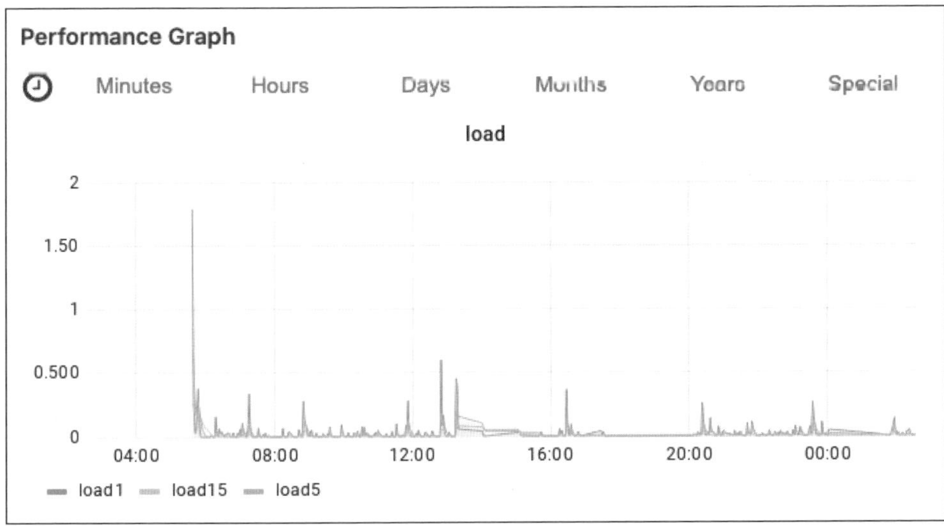

Abbildung 21-26: Die Metriken von Load im Grafana-Modul dargestellt

Die Option *Datasource Type* bestimmt, ob es sich um die Anbindung an Graphite oder InfluxDB handelt.

Mit *Enable link* wird ein Link auf dem eingebetteten Graphen in Icinga Web 2 aktiviert. Dieser führt dann direkt zum zugehörigen Dashboard in Grafana. Dabei wird die URL zum anfragenden Browser gesendet und dieser übernimmt auf direktem Wege die Anzeige. Dafür muss Grafana öffentlich erreichbar sein und in *Host* müsste ein erreichbarer Socket eingetragen sein. Möchte man dort jedoch weiterhin z. B. *localhost:3000* verwenden, kann mit Aktivieren von *Use public links* und einem FQDN oder einer erreichbaren IP in *Public host* dafür gesorgt werden, dass der Link entsprechend angepasst übermittelt wird. Zu guter Letzt bestimmt *Public protocol* darüber, ob HTTP oder HTTPS verwendet werden soll.

Alle weiteren Einstellungen beziehen sich auf das Erscheinungsbild von Graphen, wie Höhe, Breite oder Farbgebung.

Eigene Dashboards einbinden

Nach einiger Zeit wird man feststellen, dass die Services wunderbar angezeigt werden, aber zu allen Hosts nur *No data* erscheint. Das von uns als Default verwendete Dashboard *icinga2-default* ist lediglich für Services ausgelegt, da es immer einen Host und einen Service als Übergabeparameter erfordert, der Hostcheck aber keinen Servicenamen liefern kann.

Hier kann wie auch für jeden Service auf ein eigenes Panel zurückgegriffen werden. Genauer gesagt lassen sich jedem Check Command bestimmte Panels zuordnen. Das Grafana-Modul liefert schon eine Vielzahl von solchen Panels als JSON-Dateien mit. Das importierte *hostalive* ist ein solches und ist im Folgenden dem Check Command *hostalive* zugeordnet, damit auch zu den Hosts ein Graph gerendert wird.

In Icinga Web 2 erreicht man die Konfiguration mittels *Configuration* → *Grafana Graphs* oder über *Graphs* in der Modulkonfiguration des Grafana-Moduls.

Name *	hostalive
Dashboard name *	hostalive
Dashboard UID *	a0dRYFM7k
PanelId(s) *	1
OrganizationId	*example 1 ...*
Custom Variables	*&var-example=$my_variable$*
Timerange	Use default
Graph height	
Graph width	
Repeating Panel	No
Metrics per panel	

Abbildung 21-27: Ein Dashboard für Graphite importieren

Der zu vergebende Name muss in diesem Fall dem Check Command entsprechen, dem das Panel zuzuordnen ist. Das Panel wird eindeutig über seine ID und den zugehörigen Dashboard-Namen und dessen ID identifiziert. Diese drei Werte müssen in diesem Dialog angegeben werden, alle anderen sind optional und beziehen sich ausschließlich auf Anpassungen der Optik wie Höhe und Breite.

Gespeichert werden alle definierten Graphen in der Datei *grafana.ini* im Grafana-Modulkonfigurationsverzeichnis. Dabei entspricht jede Sektion dieser INI-Datei einem Graphen. Die Bezeichnung einer jeden Sektion stimmt mit dem vergebenen Namen überein.

```
[hostalive]
dashboard = "hostalive"
panelId = "1"
orgId = ""
repeatable = "no"
dashboarduid = "a0dRYFM7k"
```

Codebeispiel 21.45: */etc/icingaweb2/modules/grafana/graphs.ini*

Möchte man für einen Service einen eigenen Graphen definieren, kann der Name auch dem Servicenamen oder dem Objektnamen des Serviceobjekts entsprechen und die Zuordnung wird trotzdem gefunden. Es besteht demnach eine Suchreihenfolge. Am stärksten wiegt der Servicename, dann der des Objekts und erst dann das Check Command.

22 Icinga-2-REST-API

Seit Version 2.4 wird die API von Icinga 2 nicht nur zur Kommunikation zwischen Knoten benutzt, sondern sie steht auch für andere Zwecke zur Verfügung. So können auf diesem Weg nicht nur Details zu den überwachten Objekten ermittelt, sondern auch Objekte angelegt und verändert sowie Kennzahlen des Prozesses `icinga2` selbst abgefragt werden.

Viele Tools wie der Icinga Director oder der Icinga-Output von Logstash oder gar Icinga Web 2 zur Kommunikation mit Icinga 2 nutzen die API. Sie kann aber auch einfach für eigene Skripte und Tools verwendet werden, um Abläufe in Icinga 2 zu automatisieren. So könnte das Anlegen eines Hostobjekts per Skript Teil eines Deployment-Prozesses von Servern sein. In sehr großen Umgebungen werden oft CMDB- oder Ticketsysteme zur Verwaltung von Hosts und Services sowie zur Planung von Abläufen von Wartungen eingesetzt. Solche Systeme können oft externe Aktionen anstoßen, wofür die Icinga-2-API genutzt werden kann. Auf diese Weise lassen sich z. B. automatisiert Downtimes in Icinga 2 planen, wenn im zentralen Tool eine Downtime angelegt wird, oder Ticketsysteme, in denen Alarme protokolliert werden, können Alarme bestätigen.

Die API erfüllt die »REST«[1]-Kriterien, was ein Einbinden in andere Dienste relativ einfach gestaltet.

»Mach schon Platz, ich bin der Landvogt!«

Bambi, 1971

[1] https://de.wikipedia.org/wiki/Representational_State_Transfer

API-User-Account

Zum Zugriff auf die API ist ein Benutzer erforderlich, mit dem man sich authentifiziert. Dies kann klassisch per Passwort erfolgen, aber auch ein Ausweisen durch ein Zertifikat ist möglich.

Ein solcher Benutzer wird als Konfigurationsobjekt vom Typ *ApiUser* angelegt. Erfolgte die Installation des Icinga-Servers mit dem Icinga-Installer sind bereits mindestens zwei solche Objekte in der laufenden Konfiguration enthalten.

```
# This file is managed by Puppet. DO NOT EDIT.

object ApiUser "director" {
  password = "XXX"
  permissions = [ "*", ]
}

object ApiUser "icingaweb2" {
  password = "XXX"
  permissions = [
    "status/query", "actions/*",
    "objects/modify/*", "objects/query/*",
  ]
}
```

Codebeispiel 22.1: */etc/icinga2/zones.d/main/api-users.conf*

Hier ist zu erkennen, dass der Benutzer *director* alle Berechtigungen[2] besitzt, *icingaweb2* hingegen nur eingeschränkte Berechtigungen zugeteilt wurden. Letztere dient dazu, von der Weboberfläche Kommandos wie das Setzen einer Downtime an Icinga 2 zu übertragen. Für solche wohldefinierten Operationen ist aus Sicherheitsgründen nur die hierfür nötige Erlaubnis erteilt.

Für die in diesem Kapitel gezeigten Beispiele kann man es sich zunächst leicht machen und einen Benutzer mit »Root«-Rechten wählen. Dieser kann der womöglich schon vorhandene Benutzer *director* sein oder ein erst anzulegender Benutzer.

Da obige Datei komplett durch den Icinga-Installer verwaltet wird, bietet sich diese nicht für einen weiteren eigenen Eintrag an. Eine zusätzliche Datei im gleichen Verzeichnis erfüllt ergänzend diesen Zweck.

[2]https://icinga.com/docs/icinga-2/latest/doc/12-icinga2-api/#icinga2-api-permissions

curl

Das gängigste Tool, um mit Webservices zu kommunizieren, ist `curl`, weshalb es bei der Kommunikation mit der API meist ausgiebig zum Einsatz kommt. Damit lassen sich Abfragen an Webservices senden und man erhält die Antwort als Ausgabe zurück. Da `curl` für alle gängigen Betriebssysteme verfügbar ist, verwenden viele Anwender es zumindest für Tests zur Erreichbarkeit von Websites oder zum Download von Dateien.

Ein einfacher Aufruf, um eine Website abzufragen, kann ohne Optionen und nur mit der zu holenden URL erfolgen.

```
$ curl http://fornax.gwc-jonas.local
<!DOCTYPE HTML PUBLIC "-//IETF//DTD HTML 2.0//EN">
<html><head>
<title>301 Moved Permanently</title>
</head><body>
<h1>Moved Permanently</h1>
...
```

Wie üblich kann hinter dem Hostnamen in der URL der zu verwendende Port mit einem Doppelpunkt getrennt angegeben werden. Für die Kommunikation mit der Icinga-2-API werden allerdings einige weitere Optionen benötigt:

- `-s`: unterdrückt zusätzliche Ausgaben von `curl`, die sich mit der Antwort des Servers vermischen würden und so die Übersichtlichkeit mindern.
- `-u`: erlaubt die Angabe von Benutzername und Passwort zum Anmelden an einem Webservice in der Form `-u username:password`. Da nur authentifizierte User mit der API sprechen dürfen, ist das nötig.
- `--cacert`: ermöglicht die Angabe einer CA, mit der Serverzertifikate authentifiziert werden.
- `-E`: Wird statt User und Passwort ein von der CA ausgestelltes Client-Zertifikat für die Anmeldung an der API genutzt, kann es mit dieser Option angegeben werden.
- `-d`: ist die Option für die Übergabe von Daten an den Webservice. Bei komplexen Verbindungen wie Suchen mit vielen Filtern oder dem Anlegen von Objekten kann oder soll nicht die ganze Information in der URL enthalten sein, weshalb diese Option verwendet wird.
- `-K`: ist die Option zur Angabe einer Konfigurationsdatei, die die hier genannten Optionen und mehr enthalten kann. So müssen sie nicht immer bei jedem Aufruf wieder angegeben werden.
- `-X`: Angabe der »HTTP-Methode«. Siehe dazu weiter unten den Abschnitt »HTTP-Methoden«.

Eine Konfigurationsdatei für die Verwendung mit `-K` enthält in jeder Zeile die Optionen für `curl` bzw. die Daten, die für die jeweilige Option verwendet werden.

```
--cacert /var/lib/icinga2/certs/ca.crt
-u root:xxx
-s
```

Codebeispiel 22.2: Die Konfiguration *~/.curlrc*

Mit diesem Beispiel nutzt `curl` jedes Mal das Zertifikat der Icinga-2-CA zum Validieren des Zertifikats mit dem sich die API beim Verbindungsaufbau ausweist. Der oben angegebene Pfad setzt natürlich voraus, dass auf dem aufrufenden System Icinga 2 installiert ist. Andernfalls muss das CA-Zertifikat auf anderem Wege besorgt werden, und der Pfad ist im Aufruf entsprechend anzupassen.

Wird ein spezieller Account nur zur Verbindung mit Icinga 2, z. B. auf einem Testsystem, verwendet, kann diese Datei auch als *.curlrc* im Homeverzeichnis des Users abgelegt werden und wird dann bei jedem Aufruf von `curl` verwendet. So wird sogar `-K` überflüssig. Optionen in der Konfigurationsdatei und beim Aufruf lassen sich kombinieren. Für die weiteren Beispiele in diesem Buch wird angenommen, dass eine *.curlrc* verwendet wird, die die Anmeldung an der API erlaubt. Dadurch werden die Beispiele lesbarer und keine Information geht verloren.

HTTP-Methoden

`curl` verwendet wie jedes Tool, das HTTP spricht, sogenannte »Methoden«, um dem angesprochenen Server mitzuteilen, was er mit der Anfrage machen soll.

- `GET`: ruft eine Ressource vom Server ab. Im Kontext von Icinga 2 bedeutet das, dass eine Abfrage an die API übergeben und das Ergebnis zurückgegeben wird. Alle bisher gezeigten `curl`-Aufrufe waren solche `GET`s. Da es sich dabei um das Defaultverhalten von `curl` handelt, muss es nicht explizit gesetzt werden.
- `POST`: Damit werden Daten an den Server übertragen. Genauer werden bereits vorhandene Ressourcen, also z. B. Hostobjekte, überschrieben. So können bestehende Objekte verändert werden.
- `PUT`: überträgt Daten an den Server, um neue Ressourcen anzulegen. Damit können neue Objekte, z. B. Hostobjekte, in Icinga 2 angelegt werden, die danach mit Aufrufen mit `POST` wieder verändert werden können.

Beim Ausführen von `curl` kann die Methode mit `-X` übergeben werden, z. B. `-XPUT`. Wird `-X` gar nicht angegeben, gilt der Default `GET`.

JSON lesbar machen

Der Output der API erfolgt in JSON, was sich zwar gut durch Maschinen verarbeiten lässt, jedoch nur sehr umständlich für Menschen zu lesen ist. Um die verschalteten Elemente auf eigene Zeilen zu bringen und ggf. einzurücken, können Tools verwendet werden, an die der Output von `curl` mittels Pipe weitergeleitet wird.

Ein gängiger Weg dafür ist, Python zu verwenden, da es auf den meisten Betriebssystemen bereits mit installiert wird.

```
python -m json.tool
```

Ein anderes Tool, das jedoch meist nachinstalliert werden muss, ist `jq`. Sendet man den Output von `curl` ohne weitere Optionen via | durch eines der beiden Tools, sieht man keinen Unterschied. `jq` bietet jedoch deutlich mehr Möglichkeiten, die später im Text anhand von Beispielen noch erläutert werden.

In den Beispielen werden Python und `jq` abwechselnd genutzt. Python kommt immer dann zum Einsatz, wenn die zusätzlichen Möglichkeiten von `jq` nicht benötigt werden.

22.1 Einfache Abfragen

Neben ihrer Funktion als Schnittstelle für selbst geschriebene Tools, die mit Icinga 2 kommunizieren sollen, bietet die API auch eine mächtige Option zum Debuggen. Während `icinga2 object list` bereits viele Details über die konfigurierten Objekte enthält, bietet die API in ihrer Ausgabe auch Details über den aktuellen Zustand der überwachten Objekte.

Ein großer Unterschied zwischen der Anwendung von `icinga2 object list` und der API ist, dass der erste Befehl seine Informationen aus den Konfigurationsdateien aus dem Dateisystem holt, die API jedoch den Icinga-Kern (Icinga 2) fragt, welche Informationen er aktuell zur Verfügung hat. Ändert man die Konfiguration im Dateisystem und lädt Icinga 2 nicht neu, sondern validiert (`icinga2 daemon -C`) diese lediglich, gibt die Objektliste einen neuen noch nicht aktuell verwendeten Stand aus. Fragt man hingegen die API, erhält man immer den Stand der Konfiguration der laufenden Icinga-Instanz.

Für die Kommunikation mit der API wird meistens `curl` benutzt, das auf allen gängigen Linux-Distributionen verfügbar ist. Die Kommunikation kann nur über eine TLS-gesicherte Verbindung erfolgen und nützt die Zertifikate der API. Für den API-User kann ein eigenes Zertifikat erstellt werden, ansonsten erfolgt die Anmeldung wie zuvor gezeigt per Passwort. Auf jeden Fall sollte `curl` das Zertifikat prüfen.

Um nun zum Beispiel alle Hostobjekte auszugeben, wird folgender Befehl verwendet:

```
$ curl 'https://fornax.gwc-jonas.local:5665/v1/objects/hosts' |jq
```

Als Hostname muss hier der Name des Endpunkts angegeben werden, da an diesem das Zertifikat geprüft wird.

Um die Anzeige von Objekten zu beschränken, können einfache Filter benutzt werden. Ebenso wie in Icinga Web 2 oder den Berechtigungen vom *ApiUser*-Objekt wird der Objekttyp in Kleinbuchstaben angegeben, gefolgt von »=« und dem Namen des Objekts.

```
$ curl 'https://fornax.icinga-book.net:5665/v1/objects \
     /apiusers?apiuser=root' |python -m json.tool
{ "results": [
  {
    "attrs": {
      "__name": "root",
      "active": true,
      "ha_mode": 0.0,
      "name": "root",
      "original_attributes": null,
      "package": "_etc",
      "paused": false,
      "permissions": [
        "*"
      ],
      "source_location": {
        "first_column": 0.0,
        "first_line": 1.0,
        "last_column": 20.0,
        "last_line": 1.0,
        "path": "/etc/icinga2/zones.d/master/api-users.conf"
      },
      "templates": [
        "root"
      ],
      "type": "ApiUser",
      "version": 0.0,
      "zone": ""
    },
    "joins": {},
    "meta": {},
    "name": "root",
    "type": "ApiUser"
  }
] }
```

Anders als `icinga2 object list --type ApiUser --name root` gibt dieser Aufruf das Passwort des abgefragten *ApiUser*-Objekts nicht mit.

Sollen mehrere Objekte ausgegeben werden, können Filter kombiniert werden, wobei immer die Pluralform der Objekttypen verwendet wird.

```
$ curl 'https://fornax.icinga-book.net:5665/v1/objects \
    /hosts?hosts=fornax.icinga-book.net \
    &hosts=canis.icinga-book.net' |python -m json.tool
```

22.2 Komplexe Abfragen

Um Muster bei der Angabe von Objekten zu verwenden, wird die gleiche »Lambda-Syntax« wie in *apply*-Regeln mit Muster in der Konfiguration angegeben. Dazu wird dem Ausdruck das Schlüsselwort *filter* vorangestellt.

Die Filterregel muss »URL-encoded« sein. Hier empfiehlt sich ein Service wie *urlencoder.org*, beispielsweise sich nicht alle Entsprechungen der nötigen Sonderzeichen merken zu müssen.

Um so alle Hosts anzuzeigen, die aktuell DOWN sind, lässt sich der folgende Filter verwenden:

```
filter=host.state==1
```

URL codiert sieht die ganze Abfrage dann so aus:

```
$ curl 'https://fornax.gwc-jonas.local:5665/v1/objects/hosts \
       ?filter=host.state%3D%3D1' | python -m json.tool
```

Die Suchabfrage nach den Hosts *gmw* und *kmw* kann mit folgendem Filter formuliert werden:

```
filter=match("*mw*",host.name)
```

Dieselbe Abfrage URL codiert:

```
curl 'https://fornax.gwc-jonas.local:5665/v1/objects/hosts \
       ?filter=match%28%22%2Amw%2A%22%2Chost.name%29' \
       | python -m json.tool
```

Deutlich komplexere Abfragen sind möglich, wenn die Filter als Daten (`curl`-Option `-d`) übergeben werden. Dabei muss aber einem Aufruf mit der Methode `GET` ein *body* mitgegeben werden, was laut HTTP-Protokoll nicht erlaubt ist. Deshalb wird dafür die Methode `POST` verwendet und diese im Header wieder auf `GET` geändert. Mehr Informationen dazu finden sich in der Onlinedokumentation[3] zu Icinga 2.

[3] https://www.icinga.com/docs/icinga2/latest/doc/12-icinga2-api/#icinga2-api-requests-method-override

Ein großer Vorteil bei der Übergabe der Filter als Daten ist, dass sie nicht URL codiert werden müssen, sondern im Klartext geschrieben werden können.

Da diese Abfragen im Allgemeinen sehr umfangreiche Rückgaben haben, zahlt es sich aus, Tools zu verwenden, die die Ausgaben auf die tatsächlich benötigten Informationen reduziert.

```
{
  "results": [
    {
      "attrs": {
        "__name": "antlia",
        "acknowledgement": 0.0,
        "acknowledgement_expiry": 0.0,

      ...
    },
    "joins": {},
    "meta": {},
    "name": "antlia",
    "type": "Host"
  },
  ...
}
```

Interessant sind dabei aber oft nur sehr wenige Felder. Um mit `jq` aus *results* nur den Inhalt jedes einzelnen *name*-Unterfeldes zu extrahieren, wird die Ausgabe mittels Pipe in `jq` »umgeleitet«, wodurch folgendes Ergebnis ausgegeben wird:

```
$ curl ... |jq '{name: .results[].name}'
{
  "name": "antlia"
}
{
  "name": "draco"
}
{
  "name": "carina"
}
{
  "name": "fornax"
}
{
  "name": "kmw"
}
...
```

Möchte man mehr Details, kann man diese in `jq` kombinieren.

```
$ curl ... |jq \
    '{name: .results[].name, address: .results[].attrs.address}'
{
  "name": "antlia"
  "address": "172.16.2.12"
}
{
  "name": "draco"
  "address": "172.16.1.254"
}
...
{
  "name": "fornax"
  "address": "172.16.1.11"
}
...
```

Um nun Filter als Daten beim Aufruf zu übergeben, muss der `curl`-Befehl umgeformt werden. Zuerst wird hier die bisher bekannte Form gezeigt, dann zum Vergleich die Übergabe des Filters als Daten. Die mehrzeilige Eingabe ist hier übrigens tatsächlich auch auf der Shell so möglich.

```
$ curl 'https://fornax.gwc-jonas.local:5665/v1/objects/ \
    hosts?filter=host.state==1'

$ curl -H 'X-HTTP-Method-Override: GET' -XPOST \
    'https://fornax.gwc-jonas.local:5665/v1/objects/hosts' -d '
{
  "filter" : "host.state==1"
}'
```

Das ändert an der Ausgabe nichts, bereitet den Aufruf aber bereits auf komplexere Filter vor, die in der URL nicht so ohne Weiteres angegeben werden können.

Die Filter können dabei gleich aufgebaut werden wie in den *apply*-Regeln der Konfiguration von Icinga 2. Filterausdrücke müssen dann aber wieder in einer Zeile stehen.

```
$ curl -H 'X-HTTP-Method-Override: GET' -XPOST \
    'https://fornax.gwc-jonas.local:5665/v1/objects/hosts' -d '
{"filter" :
  "host.state==1 && \"linux-servers\" in host.groups"
}' |jq '{name: .results[].name}'
```

Damit werden alle Hosts ausgegeben, die momentan DOWN sind und die sich in der Hostgruppe *linux-servers* befinden.

Um die Aufrufe noch etwas wartbarer zu machen und komplexeres Escaping von Sonderzeichen in Werten zu vermeiden, können »Filtervariablen« eingesetzt werden, um die Werte erst nach dem eigentlichen Filter zu definieren.

```
$ curl -H 'X-HTTP-Method-Override: GET' -XPOST \
    'https://fornax.gwc-jonas.local:5665/v1/objects/hosts' -d '
{
 "filter" : "host.state==state && hostgroup in host.groups",
 "filter_vars":
   {
     "state": 1,
     "hostgroup":"linux-servers"
   }
 }' |jq '{name: .results[].name}'
```

22.3 Actions

Während es oft nützlich ist, Objekte abzufragen, bietet die API noch mehr Möglichkeiten, um z. B. automatisiert mittels Skript Downtimes an Host- oder Serviceobjekten zu setzen.

Für Kommandos dieser Art muss die HTTP-Methode `POST` verwendet werden, was auch ein Setzen einer Header-Variablen bedingt. Einige Setups verwenden dies im Zusammenspiel mit anderer Managementsoftware. Anwender müssen an einem zentralen System hinterlegen, dass eine Wartung durchgeführt wird, und dieses System setzt automatisch eine entsprechende Downtime via API in Icinga 2.

```
$ curl -XPOST 'https://fornax.gwc-jonas.local:5665/v1/actions/\
schedule-downtime?type=Host&filter=host.state=1' -H \
'Accept: application/json' -d '{
  "start_time": 1496428625,
  "end_time": 1496429625,
  "duration": 1000,
  "author": "icingaadmin",
  "comment": "Downtiming all failed"
}'
```

Ähnlich funktioniert das Setzen von flexiblen Downtimes. Das folgende Beispiel ist komplizierter zu lesen, da mehr Sonderzeichen »escaped« werden müssen, um den Befehl `date` zuzulassen.

```
$ curl -H 'Accept: application/json' -X POST 'https://fornax. \
   gwc-jonas.local:5665/v1/actions/schedule-downtime?service= \
   canis.gwc-jonas.local!backup_diskspace' -d "{ \"start_time\" \
   : $(date +%s), \"end_time\": \$(date -d '+2 hours' +%s) \
   , \"author\": \"icingaadmin\", \"comment\": \"Backup\" }"
```

Auch das Löschen von Downtimes ist über die API möglich, hier kombiniert mit den zuvor gezeigten Filtervariablen:

```
$ curl -H 'Accept: application/json' -X POST 'https://fornax \
        .gwc-jonas.local:5665/v1/actions/remove-downtime' -d '
{
  "filter": "host.name==HOST && service.name==SERVICE \
  && downtime.author==AUTHOR",
  "filter_vars": {
    "HOST": "canis.gwc-jonas.local",
    "SERVICE": "backup_diskspace",
    "AUTHOR": "icingaadmin"
  },
  "type": "Downtime"
}'
```

Eine der sehr häufig genutzten Actions ist das Senden passiver Check-Ergebnisse. Dabei wird Icinga ein Ergebnis übergeben, als hätte es selbst ein Plugin ausgeführt. Dies ist besonders hilfreich bei Systemen, die nicht aktiv durch ein Plugin abgefragt werden können, aber in der Lage sind, selbst Ergebnisse zu verschicken. Zum Beispiel nutzt der Logstash-Icinga-Output diese Methode.

```
$ curl -H 'Accept: application/json' -X POST 'https://fornax \
        .gwc-jonas.local:5665/v1/actions/process-check-result \
        ?service=fornax.gwc-jonas.local!backup_diskspace' -d '
{
  "exit_status": 0,
  "plugin_output": "Passiver Test"
}'
```

Da oft verschiedene Applikationen passive Check-Ergebnisse verschicken können, bietet es sich hier an, einen eigenen API-User anzulegen, der nur die entsprechende Berechtigung hat.

Für eine aktuelle Liste der möglichen Actions und deren genaue Optionen sei auf die Onlinedokumentation von Icinga 2 verwiesen. Eine bloße Wiedergabe der Dokumentation ist sicherlich nicht zielführend. In Tabelle 22-1 auf Seite 540 befindet sich eine kurze Übersicht, welche Actions zum Zeitpunkt der Niederschrift dieses Abschnitts verfügbar waren.

Action	Verwendung
process-check-result	Passives Check-Ergebnis verarbeiten
reschedule-check	Nächsten Check verschieben
send-custom-notification	Benachrichtigung mit beliebigem Text verschicken
delay-notification	Nächste Benachrichtigung für einen Host oder Service, der nicht im OK-Status ist, verschieben
acknowledge-problem	Problemzustand bestätigen
remove-acknowledgement	Bestätigung entfernen
add-comment	Kommentar zu Objekt hinzufügen
remove-comment	Kommentar von Objekt entfernen
schedule-downtime	Downtime planen
remove-downtime	Downtime entfernen
shutdown-process	Icinga 2 beenden
restart-process	Icinga 2 neu starten
generate-ticket	Ticket für Zertifikatssignatur erzeugen

Tabelle 22-1: Liste der verfügbaren Actions

Natürlich lassen sich auch diese Aufrufe mit den zuvor gezeigten komplexeren Abfragen kombinieren. Kann eine Action sowohl für Hosts als auch für Services gelten, muss der *type* mit angegeben werden.

```
$ curl -H 'Accept: application/json' -XPOST 'https://fornax \
        .gwc-jona.local:5665/v1/actions/reschedule-check' -d '
{
  "type": "Host",
  "filter" : "host.state==state && hostgroup in host.groups",
  "filter_vars": {
    "state": 1,
    "hostgroup":"linux-servers"
  }
}' | jq

{
  "results": [
    {
      "code": 200,
      "status": "Successfully rescheduled check for object."
    }
  ]
}
```

22.4 Verwalten von Objekten

Über die API können auch Objekte in Icinga angelegt werden. Diejenigen, die so erstellt wurden – und nur diese –, lassen sich über die API auch verändern oder entfernen. Zwar erstellt Icinga eine gemeinsame Konfiguration aus allen Objekten und Templates, die über verschiedene Arten angelegt wurden, erlaubt es aber nicht, dass eine Methode die Objekte einer anderen modifiziert. So kann zwar eine *apply*-Regel aus einer Konfigurationsdateien einen Service für einen Host, der über die API angelegt wurde, erstellen, aber ein Ändern dieses Hosts mittels API ist nicht möglich.

> Jedes Objekt kann nur auf die Art manipuliert werden, auf die es ursprünglich angelegt wurde. Es kann aber auf Templates aus anderen Bereichen zugreifen und Ziel von *apply*-Regeln sein.

Es mag seltsam scheinen, auch beim Anlegen von Objekten den Output von `curl`-Kommandos durch das `json.tool` von Python zu schicken, aber so lässt sich auch die Bestätigung oder Fehlermeldung leichter lesen.

```
$ curl -H 'Accept: application/json' -X PUT 'https://fornax \
   .gwc-jonas.local:5665/v1/objects/hosts/leo.gwc-jonas.local' \
   -d '{"templates":["generic-host"],"attrs":{"address": \
   "172.16.1.77","check_command":"hostalive","vars.os": \
   "Windows" }}' | python -m json.tool
```

Wie zuvor gibt die API http-Statuscodes[4] zurück. Wurde das Objekt erfolgreich angelegt, erhält man den Code `200`, sonst eine entsprechende andere Zahl.

```
{
  "results": [
    {
      "code": 200.0,
      "status": "Object was created"
    }
  ]
}
```

Ein Endpunkt muss beim Anlegen der Zone als Mitglied angegeben werden, kann aber nicht ohne bestehende Zone erstellt werden, wodurch keiner von beiden zuerst erstellt werden kann[5]. Ein Weg, beide Objekte dennoch

[4]https://www.w3.org/Protocols/rfc2616/rfc2616-sec10.html
[5]https://github.com/Icinga/icinga2/issues/3823

anzulegen, sind Konfigurationspakete, die direkt im Anschluss behandelt werden.

> Es ist nicht möglich, Objekte vom Typ *Zone* oder *Endpoint* über die API anzulegen, da die Validierung der Objekte verlangt, dass Zonen und Endpunkte simultan angelegt werden.

Eine Ausnahme von dieser Regel bilden die globalen Zonen, da hier keine Endpunkte erforderlich sind.

Beim Anlegen von Services ist zu bedenken, dass der Name des Serviceobjekts immer auch den Namen des Hostobjekts beinhaltet, an den es gebunden ist, getrennt durch »!«. Der Service *ping4* von Host *leo* heißt somit *leo.gwc-jonas.local!ping4*.

Ebenso können Objekte, die mit der API angelegt wurden, verändert werden. Statt eines `PUT` muss hier jedoch `POST` verwendet werden. Wichtig ist dabei vor allem das Dictionary *attrs*, in dem jedoch nur die Attribute enthalten sein müssen, die auch zu ändern sind.

```
$ curl -H 'Accept: application/json' -X POST 'https://fornax. \
   gwc-jonas.local:5665/v1/objects/hosts/leo.icinga-book.net' \
   -d '{"attrs":{"vars.os":"Linux"}}' | python -m json.tool
{
  "results": [
    {
      "code": 200.0,
      "name": "leo.gwc-jonas.local",
      "status": "Attributes updated.",
      "type": "Host"
    }
  ]
}
```

Zu beachten ist, dass nach Änderungen an Objekten *apply*-Regeln **nicht neu ausgewertet** werden. Sollen solche Änderungen jedoch schon zur Laufzeit geschehen, müssen Objekte, die auf solche Regeln reagieren sollen, gelöscht und neu angelegt werden.

Objekte, die über die API angelegt werden, lassen sich einer Zone zuweisen, indem das Attribute *zone* entsprechend gesetzt wird. Geschieht dies nicht, werden solche Objekte automatisch der Zone des Hosts zugewiesen, auf dem die API kontaktiert wurde. Üblicherweise werden diese neuen Objekte also in der Zone *main* erstellt.

Konfigurationspakete

Um die über die API verwalteten Objekte stärker zu trennen, damit sich verschiedene Tools, die auf dieselbe Icinga-2-Instanz zugreifen, nicht ins Gehege kommen, bietet Icinga sogenannte »Configuration Packages«. Dabei werden alle Objekte, die in einem solchen Package enthalten sind, getrennt von den anderen verwaltet und erhalten ein eigenes Unterverzeichnis in der Konfiguration.

Diese Packages sind in Dateien unterteilt, die bei der Übergabe angegeben werden können, und werden in »Stages« versioniert. Wird ein Objekt erstellt, muss ein Dateiname, unter dem es angelegt werden soll, angegeben werden. Dieser muss sich in einem der beiden Verzeichnisse *conf.d* oder *zones.d* befinden. Diese Verzeichnisse sind auch in der im Dateisystem erstellten Konfiguration sowie bei Konfigurationssynchronisation in der verschickten Konfiguration wiederzufinden. Alles unter *conf.d* wird dabei auf dem Host, der das Paket via API übergeben bekommt, lokal angewandt und *zones.d* wird mit den Zonenkonfigurationsverzeichnissen unter */etc/icinga2/zones.d* zusammengeführt.

Das gewünschte Paket muss zunächst vor dem ersten Erstellen der Konfiguration angelegt werden.

```
$ curl -H 'Accept: application/json' -X POST 'https:// \
   fornax.gwc-jonas.local:5665/v1/config/packages/book' |jq
{
  "results": [
    {
      "code": 200,
      "status": "Created package."
    }
  ]
}
```

Dadurch wird unter */var/lib/icinga2/api/packages/* das Verzeichnis *book*, entsprechend dem Namen des Package, angelegt. Dann kann ein erstes Objekt erstellt werden.

```
$ curl -H 'Accept: application/json' -X POST 'https:// \
    fornax.gwc-jonas.local:5665/v1/config/stages/book' -d '
{
  "files": {
  "conf.d/hercules.conf": "object Host \"hercules\" { address \
        = \"127.0.0.1\", check_command = \"hostalive\" }"
  }
}' |jq
```

Bei Erfolg schaut die Rückgabe dann wie folgt aus:

```
{
  "results": [
    {
      "code": 200,
      "package": "book",
      "stage": "2d258b32-1351-4935-923a-554f319e91ab",
      "status": "Created stage.  Icinga2 will reload."
    }
  ]
}
```

Nach diesem Befehl befindet sich ein Unterverzeichnis mit dem Namen der Stage (hier *2d258b32-1351-4935-923a-554f319e91ab*) unter dem oben angelegten *book*-Verzeichnis. Außerdem gibt es dort eine Datei namens *active-stage*, in der nur der Name der aktuellen Stage verzeichnet ist, sowie zwei Dateien mit der Endung *.conf*, die die Icinga-Konfiguration und alle Dateien aus der aktiven »Stage« enthalten. Neben einigen automatisch erstellten Dateien, die von Icinga 2 benötigt werden, befinden sich auch die im Aufruf angegebene Datei *hercules.conf* mit dem neu definierten Host dort. Mit der Stage gemeinsam ergibt sich somit der Pfad. Die Verwaltung dieser Verzeichnisse inklusive ihrer Verlinkung sollte man tunlichst Icinga 2 überlassen. Im Desasterfall oder zum Debuggen kann man aber durchaus auf diese Dateien zugreifen und man findet die Konfiguration, wie sie bisher in diesem Buch erklärt wurde.

Nach dem Reload von Icinga 2 mit der neuen Konfiguration, der per Default nach jedem Upload einer neuen Stage erfolgt, wird noch eine weitere Datei in diesem Unterverzeichnis angelegt. *startup.log* beinhaltet den gleichen Output, den auch `icinga2 daemon -C` liefert, und den numerischen Status als Exit Code des Reloads, wobei wie üblich »`0`« für Erfolg steht.

Wird eine neue Konfiguration in ein Package geladen, wird die bisherige Konfiguration komplett überschrieben. Um also ein Objekt hinzuzufügen, muss die gesamte bisherige Konfiguration erneut geschrieben werden. Da diese Art der Verwaltung für automatisierte Tools gedacht ist, stellt das aber normalerweise kein Problem dar. Auch der Director legt sich ein eigenes Package an und schreibt seine Konfiguration jedes Mal komplett hinein.

Alte Stages werden nicht automatisch gelöscht, was mit der Zeit für eine volle Festplatte sorgen kann. Man kann sich Stages aber anzeigen lassen und sie ebenfalls über die API löschen.

```
$ curl -H 'Accept: application/json' -X GET 'https:// \
    tornax.gwc-jonas.local:5665/v1/config/packages'|jq
```

Die Ausgabe könnte dann wie folgt aussehen:

```
{
  "results": [
    {
      "active-stage": "2d258b32-1351-4935-923a-554f319e91ab",
      "name": "book",
      "stages": [
        "03c4b585-33c3-4ce5-9c39-418ddecc56a5",
        "2d258b32-1351-4935-923a-554f319e91ab",
        "4773e372-4cdd-4a64-b002-afb646a27bca",
        "99aca810-daa8-4ada-8e5a-59bb84f81c3a",
        "f7210c2d-6eb1-4b33-8f9c-bb59624b94b9"
      ]
    }
  ]
}
```

Gelöscht wird dann natürlich anhand der ID.

```
$ curl -H 'Accept: application/json' -X DELETE 'https:// \
    fornax.gwc-jonas.local:5665/v1/config/stages/book \
    /03c4b585-33c3-4ce5-9c39-418ddecc56a5'|jq
{
  "results": [
    {
      "code": 200,
      "status": "Stage deleted."
    }
  ]
}
```

Daten aus den Packages lassen sich auch wieder abrufen und in Konfigurationscode zurück überführen. Dabei ist beim Aufruf das Package und die Stage mit anzugeben:

```
$ curl -X GET 'https://fornax.gwc-jonas.local:5665/v1/config \
    /files/book/2d258b32-.../conf.d/hercules.conf'

object Host "hercules" {
  address = "127.0.0.1", check_command = "hostalive"
}
```

Die bisher dargestellten Abrufe von Objekten, sowohl über die API als auch mit `icinga2 object list`, zeigen immer alle Objekte, egal ob sie in den Konfigurationsdateien liegen, per API direkt oder in einem Paket angelegt wurden.

Anders als bei den anderen Outputs wird hier kein JSON, sondern die Konfiguration zurückgeliefert. Dabei können nicht nur Konfigurationsdateien, sondern auch die zuvor erwähnten Statusdateien abgerufen werden.

```
$ curl -X GET 'https://fornax.gwc-jonas.local:5665/v1/config \
       /files/book/2d258b32-.../startup.log'

information/cli: Icinga application loader (version: ...
information/cli: Loading configuration file(s).
information/ConfigItem: Committing config item(s).
information/ApiListener: My API identity: fornax
....
```

Dass Objekte hier nur innerhalb eines Package gemeinsam verwaltet werden können, ergibt sich alleine schon aus der Art des Aufrufs.

Dennoch werden alle Objekte und Regeln in einer gemeinsamen Konfiguration zusammengefasst, was bedeutet, dass kein Objekt doppelt vorkommen darf und auch z. B. *apply*-Regeln für alle Objekte aus allen Paketen gelten.

22.5 Abonnieren von Event Streams

Die »Event Streams« der API von Icinga 2 sind fast ausschließlich für die Verwendung in Tools und nicht für interaktive Abfragen gedacht. Mit ihrer Hilfe kann sich eine Applikation dauerhaft mit der API verbinden und wird informiert, sobald innerhalb von Icinga 2 ein Event auftritt, auf das der angegebene Filter passt.

Beim initialen Aufruf werden die Event-Typen angeführt, die angezeigt werden sollen. Außerdem muss ein Queue-Name angegeben werden. Dieser kann frei erfunden werden und mehrere Clients können ihn nutzen, solange sie dieselben Parameter beim Aufruf verwenden.

Als Filter können die gleichen Einstellungen benutzt werden wie bei anderen API-Anfragen. Eine Möglichkeit, die Event Streams zu nutzen, besteht darin, alle Check-Ergebnisse vom Typ WARNING oder CRITICAL anzuzeigen. Tritt ein neuer solcher Fall auf, wird er sofort von der API ausgegeben. So könnte man minimalistische Anzeigen für Dashboards oder kleine Tray-Icon-Benachrichtigungstools realisieren.

```
curl -H 'Accept: application/json' -X POST 'https://fornax \
    .gwc-jonas.local:5665/v1/events?queue=not-ok-checks&types \
    =CheckResult&filter=event.check_result.state!=ServiceOK'
```

Die Verbindung bleibt offen und schreibt Statusmeldungen zurück. Das folgende Beispiel zeigt die verkürzte Ausgabe (durch jq aufbereitet) des obigen Befehls:


```
{
  "check_result": {
    "active": true,
    "check_source": "fornax.gwc-jonas.local",
    "command": [
      "/usr/lib64/nagios/plugins/check_http",
      "-I",
      "1.2.3.9",
      "-u",
      "/icingaweb2"
    ],
    "execution_end": 1518205884.089157,
    "execution_start": 1518205874.082581,
    "exit_status": 2,
    "output": "CRITICAL - Socket timeout",
    "performance_data": [],
    "schedule_end": 1518205884.089217,
    "schedule_start": 1518205874.081257,
    "state": 2,
    ...
}
```


Externe Applikationen können sich so verbinden und erhalten immer aktuelle Informationen darüber, was in Icinga vorgeht bzw. welche Erkenntnisse es erhalten hat.

22.6 Ausgabe über den Browser

Für reine Abfragen muss nicht curl bemüht werden, dafür reicht einer der üblichen Browser. Die meisten verfügen zudem über die Möglichkeit, JSON-formatierten Text leichter lesbar darzustellen.

Dazu müssen nur der Benutzername, hier z. B. *director*, und das Passwort mit in der URL angegeben werden.

```
https://director:xxx@fornax.gwc-jonas.local:5665/v1/objects/hosts
```

Der Output wird dann üblicherweise in einer Baumstruktur dargestellt, in dem Unterpunkte auf- und zugeklappt werden können. So ergibt sich eine sehr übersichtliche Anzeige.

Aufgrund der Art, wie Aufrufe in der Adresszeile eines Browsers angegeben werden, ist es nicht möglich, »Actions« auszuführen oder Objekte zu modifizieren.

Abbildung 22-1 zeigt, wie verschiedene Browser JSON darstellen, auch ohne spezielles Plugin. Hier wurde die JSON API von Elasticsearch verwendet, um eine übersichtlichere Ausgabe zu erhalten und in diesem Fall die unnötig strengen Einschränkungen von Firefox zu umgehen.

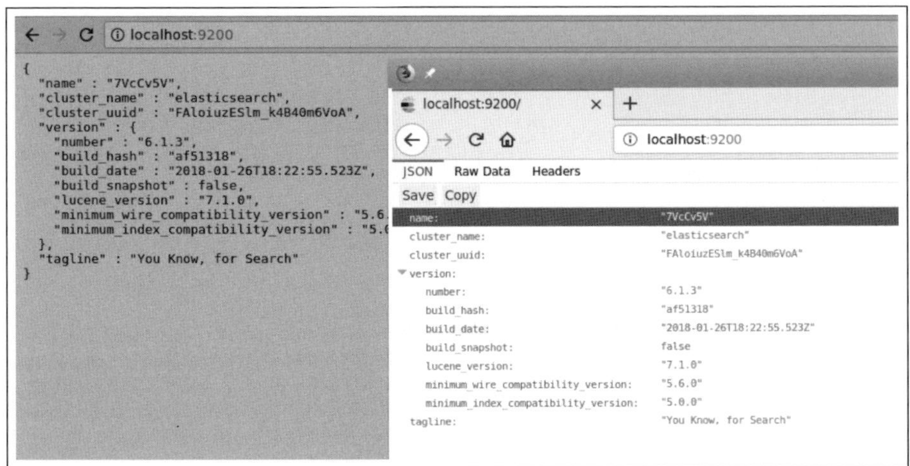

Abbildung 22-1: JSON im Browser

22.7 Eigene Dashboards mit Dashing

Dashing ist ein Framework für Dashboards, um Statistiken und Werte besser visualisieren zu können. Das Grundprinzip liegt in der Einfachheit – eine Zahl, eine Liste, einfach alles, was das Auge schnell erfassen kann. Eine rote Farbe bedeutet in der Monitoring-Welt meist »oh, da ist etwas kaputt«. Die Präsentation davon auf einem großen Flachbildschirm im Büro gibt den Kollegen einen einfachen Überblick, ob alle Systeme in Ordnung sind, ohne sich mit den Details wie Check-Outputs oder Zeitpunkt der letzten Prüfung aufzuhalten.

Die Dashboards können mit vielen verschiedenen Widgets ausgestattet werden. Die klassische Anzahl von Tickets und/oder Problemen, mit Farben animiert, um mehr Aufmerksamkeit zu erlangen, findet hier genauso Anwendung wie die Darstellung von Metriken über die Zeit. Ebenso können Statistiken und Listen in leicht lesbarer Form dargestellt werden.

Dashing bietet hier eine Webschnittstelle an, um Widgets zu aktualisieren. Alternativ können versierte Anwender eigene Job-Routinen entwickeln, die Daten von anderen Quellen abholen, aufbereiten und an das

Dashboard senden. Hierfür empfiehlt sich die Lektüre von Ruby, HTML, CSS und CoffeeScript.

Dashing läuft als Systemdienst, der mittels Events die Dashboards im Client-Browser aktualisiert. Eine Einschränkung hierbei ist die Inkompatibilität zu Windows-Clients. Es empfiehlt sich daher, die Dashboards auf einem Linux laufen zu lassen, z. B. auf einem Raspberry Pi mit einem angeschlossenen TFT-Fernseher.

22.7.1 Installation

Dashing ist eine Applikation, die in Ruby geschrieben ist und mit weiteren Ruby-Komponenten läuft.

Hierzu ist es notwendig, dass am Zielsystem Ruby und dessen Paketmanagement mit Gems und Bundler installiert werden. Damit ist es möglich, weitere definierte Paketabhängigkeiten aus Ruby-Gems zu installieren. Eine weitere Abhängigkeit von Dashing ist NodeJS.

Da das Ruby-Gem `eventmachine` als Abhängigkeit des Thin Servers kompiliert werden muss, sind neben Ruby ein Compiler und weitere Entwicklungstools zu installieren.

Auf RHEL-Systemen muss zusätzlich das EPEL-Repository eingebunden sein, siehe Anhang C auf Seite 641.

- RedHat

```
$ dnf install -y rubygems rubygem-bundler \
        ruby-devel openssl gcc-c++ make nodejs
```

- Debian

```
$ apt update
$ apt install -y ruby bundler nodejs
```

22.7.2 Das erste Projekt

Zunächst legt man ein neues Verzeichnis */usr/share/dashing-book* an, worin später eigene Dashboards und Widgets getestet werden.

```
$ mkdir -p /usr/share/dashing-icinga2-book
```

Für dieses Dashing-Projekt sollen alle Abhängigkeiten mit Bundler verwaltet werden. Dazu legt man die Datei *Gemfile* mit folgendem Inhalt an:

```
source 'https://rubygems.org'
gem 'dashing', '>= 1.3.7'
gem 'rack-test', '< 0.8.0'
```

Codebeispiel 22.3: */usr/share/dashing-icinga2-book/Gemfile*

Hinweis: Hier können auch bestimmte Gem-Versionen festgelegt werden. Beispielsweise muss das Gem `rack-test` auf eine ältere Version festgelegt werden, da man das Dashing-Gem sonst nicht installieren kann. Die Installation aller weiteren nötigen Abhängigkeiten wird nun mit Bundler durchgeführt.

```
$ cd /usr/share/dashing-icinga2-book
$ bundle install
```

Nun kann mit dem Dashing-Skript ein neues Projekt angelegt werden. Da hier kein neuer Unterordner erstellt werden soll, gibt man Dashing ».« als aktuellen Projektpfad an. Hinweis: Dashing würde die Datei *Gemfile* überschreiben. Hier wählt man »n«, um diese zu behalten.

```
$ dashing new .
```

Dashing hat nun eine vollständige Dateistruktur generiert, die Widgets, Jobs und Dashboards als Beispiele mitliefert. Da der Twitter-Job Abhängigkeitsprobleme auf CentOS hat, sollte man ihn auf dieser Distribution deaktivieren bzw. löschen, bevor man den Dashing-Dienst startet.

```
$ rm jobs/twitter.rb
```

Danach wird Dashing gestartet und im Browser mit der Serveradresse auf Port 3030 angesprochen.

```
$ dashing start
```

Manuelle Aktualisierung

Dashing verwendet seine eigene HTTP-API, womit sich Widgets aktualisieren lassen. Hierzu muss in der Konfigurationsdatei *config.ru* der Authorisierungstoken entsprechend angepasst werden.

```
configure do
  set :auth_token, 'icingabook'
```

Codebeispiel 22.4: */usr/share/dashing-icinga2-book/config.ru*

Danach muss Dashing gestoppt und neu gestartet werden:

```
CRTL+C
$ dashing start
```

Mithilfe von `curl` kann der Text des Widgets *welcome* angepasst werden. Hierzu sendet man als Request-Body das *auth_token* sowie einen Wert für das Attribut *text*.

```
$ curl -d '{ "auth_token": "icingabook", \
        "text": "Hello from the Icinga 2 Book" }' \
        http://fornax.gwc-jonas.local:3030/widgets/welcome
```

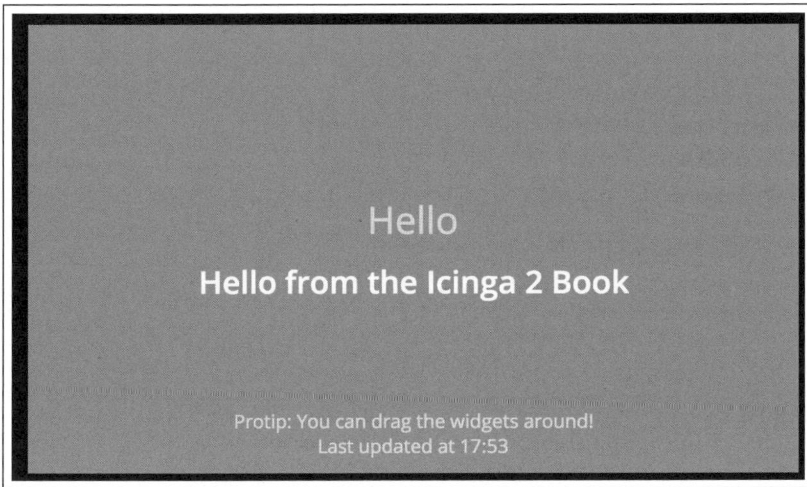

Abbildung 22-2: Welcomepage für ein neues Projekt

Darauf aufbauend kann man eigene Skripte entwickeln, die Informationen abholen und mithilfe der Dashing-API aktualisieren. Eine Alternative dazu sind eigene Jobs, die vom Dashing-Scheduler zyklisch ausgeführt werden.

Regelmäßige Jobs

Dashing und der darunterliegende Thin Server erlauben es, vordefinierte Jobs in regelmäßigen Intervallen auszuführen. Diese Jobs sammeln Daten und Statistiken von externen Quellen und schicken diese mittels der *send_event*-Funktion an das Dashboard.

Abbildung 22-3: Dashboard mit Job-Scheduler

Der *welcome*-Bereich im Dashboard verwendet das *text*-Widget. Hierfür sind keinerlei besondere Parameter notwendig. Wichtig ist, dass der gesendete Wert als *text* identifiziert wird.

Um einen zufälligen Status zu senden, wird ein zufälliger Wert zwischen 0 und 3 berechnet und an den Text angehängt. So sieht man eindeutig eine Veränderung am Dashboard. Danach muss Dashing neu gestartet werden.

```
SCHEDULER.every '2s' do
  ...
  send_event('welcome', { text: \
        "Hello from Icinga 2 Book. State: " + rand(3).to_s })
  ...
```

Codebeispiel 22.5: jobs/sample.erb

Es können bestehende Widgets erweitert, neue Jobs definiert und auch eigene Widgets und Dashboards erstellt werden. Der Fantasie sind hier keine Grenzen gesetzt. Grundvoraussetzung sind allerdings ein Verständnis von Dashing und ausreichende Kenntnisse in Ruby, JavaScript, CSS, HTML und CoffeeScript.

Im folgenden Abschnitt wird eine Lösung für Dashing mit Icinga 2 vorgestellt, die den Weg durch unzählige Widgets, Jobs und Codeoptimierungen bereits genommen hat.

22.7.3 Dashing mit Icinga 2

Es bietet sich an, die Informationen aus dem Monitoring-System direkt in Dashing anzuzeigen. Wichtig hierbei ist, dass Informationen schnell erfasst werden sollen. Im Vordergrund stehen die Anzeige von Nummern und Zahlen sowie Farben zur besseren Visualisierung.

Listen mit Problemen können ebenso angezeigt werden, sind allerdings mit Vorsicht zu genießen. Ein Dashboard auf einem Bildschirm im Büro bietet im Normalfall keine Interaktionsmöglichkeit, die in diesem Fall für eine weitere Analyse sehr hilfreich wäre.

Die Ansprüche an ein Dashboard können stark variieren. Zu empfehlen ist, dass man sich vorhandene Beispiele ansieht und daraus eigene Ideen entwickelt und umsetzt.

Das Icinga-Projekt bietet ein voll funktionsfähiges Beispiel-Dashboard *dashing-icinga2* mit den wichtigsten Metriken und Statistiken an. Die Entwickler laden aber auch dazu ein, Widgets, Jobs und Dashboards den eigenen Ansprüchen anzupassen.

Installation

Das Projekt steht als Release auf GitHub zur Verfügung. Um die neuesten Entwicklungsanpassungen zu erhalten, kann auch der Git-Branch »master« heruntergeladen werden.

```
$ cd /usr/share
$ install -m755 -d dashing-icinga2
$ wget -qO - https://github.com/mocdaniel/dashing-icinga2 \
    /archive/refs/tags/v3.2.0.tar.gz \
    |tar xfz - -C dashing-icinga2 --strip-components 1
$ cd dashing-icinga2
```

Danach müssen alle Abhängigkeiten mit Bundler installiert werden, die durch die Datei *Gemfile* festgelegt werden.

```
$ bundle install
```

Icinga-2-REST-API als Datenquelle

Der Dashing-Job verbindet sich mit der REST-API von Icinga 2 und holt periodisch die notwendigen Daten, die in den Widgets am Dashbord aktualisiert werden sollen. Hierzu ist es erforderlich, in Icinga 2 einen API-Benutzer mit entsprechenden Berechtigungen zu definieren.

Da das Dashboard nur lesend auf allgemeine Statistiken und den Objektstatus zugreifen muss, genügen die Berechtigungen *status / query* und *objects / query / **. Sollten später weitere Berechtigungen erforderlich sein, müssen diese angepasst werden.

Dazu legt man ein neues Objekt vom Typ *ApiUser* in der Icinga-Konfiguration an. Danach muss Icinga 2 seine Konfiguration mit einem Reload neu einlesen.

```
object ApiUser "dashing" {
  password = "XXX"
  permissions = [ "status/query", "objects/query/*" ]
}
```

Die Verbindung zur API kann mithilfe von `curl` getestet werden. Um sowohl den Benutzer-Login als auch die Berechtigungen zu testen, wählt man den API-Endpunkt */v1/status* oder */v1/objects/services*.

```
$ curl -k -s -u dashing:XXX 'https://localhost:5665/v1/status'
```

Wenn Berechtigungen fehlen, liefert Icinga 2 entsprechende `4xx`-Fehlercodes oder auch ein leeres Ergebnis. Hier sollte man dann die Konfiguration des *ApiUser*-Objekts erneut überprüfen.

Konfiguration der API in Dashing

Innerhalb des Pfads */usr/share/dashing-icinga2* befindet sich der Ordner *config*, worin man zusätzliche Einstellungen vornehmen kann. Hier müssen auch die Verbindungsdaten zur API von Icinga 2 hinterlegt werden.

In neueren Versionen des Dashboards ist es auch möglich, die URL von Icinga Web 2 für die IFrame-Widgets zu konfigurieren. Früher musste man hierzu noch *dashboards/icinga2.erb* editieren.

Die Beispielkonfiguration in *config/icinga2.json* sollte man für eigene Anpassungen in die Datei *config/icinga2.local.json* kopieren. So kann man unabhängig vom Original eigene Konfigurationen setzen und pflegen.

```
{
  "icinga2": {
    "api": {
      "host": "localhost",
      "port": 5665,
      "user": "dashing",
      "password": "XXX"
    }
  },
  "icingaweb2": {
    "url": "http://fornax.gwc-jonas.local/icingaweb2"
  }
}
```

Codebeispiel 22.6: */usr/share/dashing-icinga2/config/icinga2.local.json*

Dashing-Server starten

Bevor Dashing als Serverdienst gestartet wird, ist es empfehlenswert, den Server im Vordergrund auf der Kommandozeile zu starten. Hier sind auch sofort etwaige Verbindungsfehler und andere Probleme erkennbar. Man erhält zudem einen ersten Eindruck, welche Daten zyklisch vom Job abgefragt werden.

Der Port wird mittels Parameter `-p` festgelegt und kann frei gewählt werden. Die Icinga-Entwickler verwenden Dashing innerhalb von anderen Integrationen in Vagrant[6] VMs und geben den Port 8005 dadurch vor.

```
$ dashing start -p 8005
```

[6] https://www.vagrantup.com/

Der Dashing-Daemon kann mittels `-d` im Hintergrund als Dienst gestartet werden. Auf modernen Distributionen kann *dashing-icinga2* auch in Systemd integriert werden. Hierzu kopiert man die Datei zur Service-Unit aus dem Quellcode in das Konfigurationsverzeichnis von Systemd. Etwaige Pfade zur Binärdatei von Dashing müssen ggf. angepasst werden.

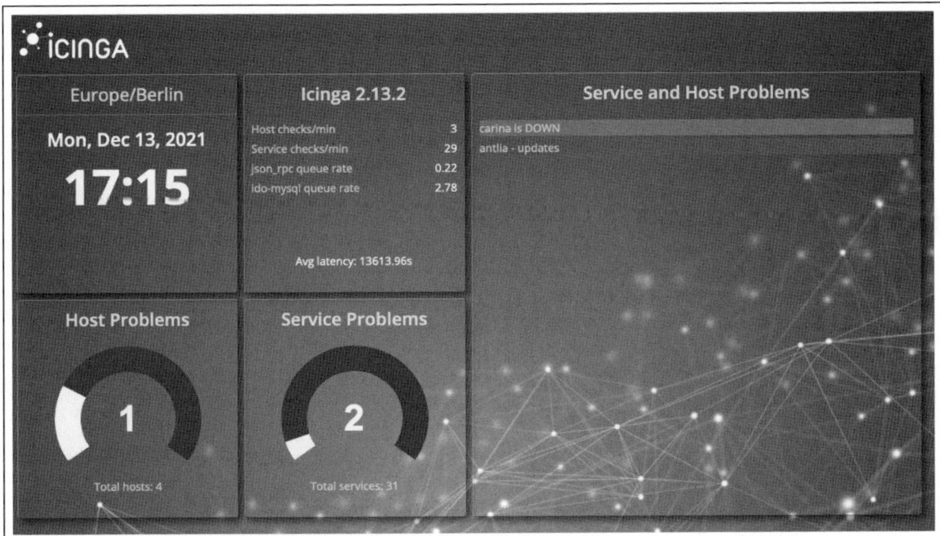

Abbildung 22-4: Das Icinga-Dashboard

Da eine neue Systemd-Konfiguration hinzugefügt wurde, muss Systemd selbst neu geladen werden. Danach kann der Service gestartet werden.

```
$ install  tools/systemd/dashing-icinga2.service \
        /usr/lib/systemd/system/dashing-icinga2.service
$ systemctl daemon-reload
$ systemctl start dashing-icinga2
$ systemctl enable dashing-icinga2
```

23 Logmanagement mit Elastic und Icinga

Manche Zustände von Hosts und Applikationen lassen sich nicht durch Monitoring-Plugins abfragen, sondern nur durch das regelmäßige Suchen in Logfiles erkennen. Dabei ergeben sich mehrere Probleme:

- Logfiles liegen lokal auf den zu überwachenden Hosts.
- Handhabung und Möglichkeiten zum Versand unterscheiden sich nicht nur zwischen Betriebssystemen, sondern teilweise schon zwischen Applikationen, selbst wenn sie auf demselben Host ausgeführt werden.
- Logformate sind nicht einheitlich.
- Viele Applikationen produzieren Unmengen an Logeinträgen.
- Oft ist nicht im Vorfeld bekannt, welche Logmeldungen tatsächlich kritisch und welche es Wert sind, eine Alarmierung auszulösen.
- Meist werden nur Probleme in Logdateien geschrieben, aber keine Meldungen über Erholungen. Treten einige Zeit keine Meldungen mehr auf, kann das also bedeuten, dass das Problem nicht mehr besteht oder aber dass das System solche massiven Probleme hat, dass es gar nichts mehr senden kann.

Mit Elastic ist ein Software-Stack geschaffen worden, der diese Probleme löst. Der Elastic-Stack besteht aus Elasticsearch, Logstash, Kibana und Beats.

Die »Beats«-Tools sind spezialisierte Agenten, die Logevents von Hosts und Services sammeln und diese an Logstash oder Elasticsearch senden. Sie sind auf dem sendenden Server zu installieren.

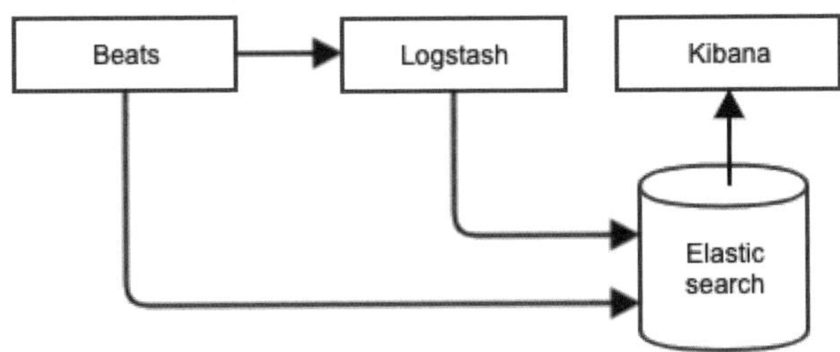

Abbildung 23-1: Datenfluss im Elastic-Stack

Elasticsearch ist der zentrale Speicher für aufbereitete Logevents. Diese lassen sich mit Kibana dort mittels Filter auffinden und grafisch auswerten. Eine vorherige Aufbereitung von Logevents ist höchstwahrscheinlich notwendig, da viele inkompatible Formate existieren und diese ohne Anpassungen nicht durchsuchbar sind. Logstash übernimmt diese Aufgabe und setzt dabei massiv auf reguläre Ausdrücke. Auch im Elasticsearch kann eine solche Aufarbeitung in Pipelines erfolgen, diese Methode findet zwangsweise Anwendung, wenn ein Beat seine Logs direkt an Elasticsearch sendet.

Logstash ist nicht auf eine Einlieferung von Events auf Beats beschränkt, auch ein direkter Weg über alternative Logshipper, wie z. B. via Syslog-Protokoll, ist möglich.

Um den Stack und Icinga zu verbinden, gibt es zwei Methoden. Die erste erfordert Logstash und den Icinga-Output als zusätzliche Softwarekomponente. Der Output gibt dabei sein aufbereitetes Ergebnis direkt an einen im Icinga definierten passiven Check weiter. Bei dieser Konfiguration sind die Komponenten Elasticsearch und Kibana »nur« optional. Sie sind jedoch während der Ausarbeitung von Regeln unverzichtbar, da sich nur an der Weboberfläche des Kibanas die Ergebnisse sinnvoll prüfen lassen.

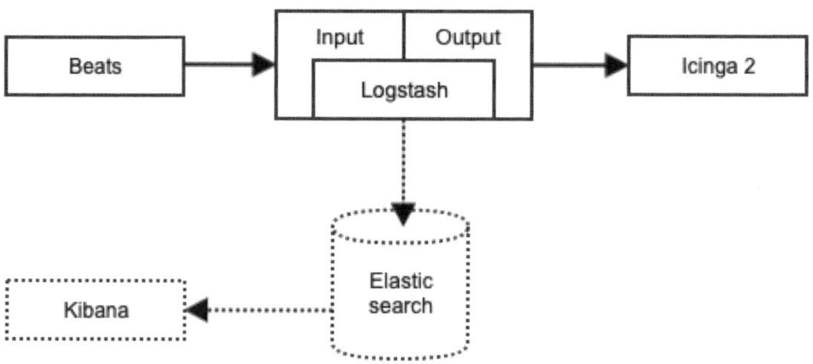

Abbildung 23-2: Elastic-Stack mit Icinga-Logstash-Output

Werden die Regeln für den Logstash in einem gesonderten System, einem Test- oder Entwicklungssystem, erstellt und erst im fertigen Zustand ins Produktionssystem übernommen, kann an diesem auf Kibana wie auch Elasticsearch verzichtet werden.

Bei der zweiten Methode ist Elasticsearch Voraussetzung. Dabei greift Icinga Web 2 mithilfe des zusätzlich zu installierenden Elasticsearch-Moduls direkt auf Elasticsearch zu. Dort werden Logs bewertet, dazu sind zuvor Filter zu modellieren. Zur Überwachung und Alarmierung wird in Icinga 2 jeweils ein aktiver Check angelegt, der dann eine Abfrage über Filter des Moduls im Elasticsearch anstößt.

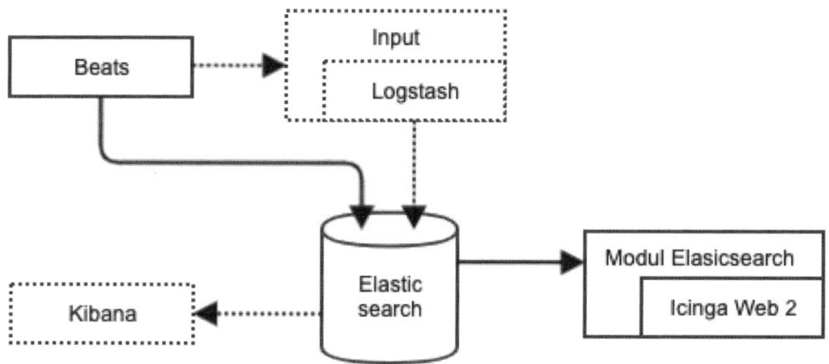

Abbildung 23-3: Elastic-Stack mit dem Elasticsearch-Modul für Icinga

In diesem Kapitel geht es hauptsächlich um die Version 7 von Logstash und Elasticsearch. Alle Beispiele gelten eingeschränkt jedoch auch für ältere Versionen.

Im September 2021 ist aber immer noch unklar, wie sich die im Elastic-Stack enthaltenen Produkte weiterentwickeln. Aufgrund von Lizenzstreitigkeiten bildeten sich inzwischen mehrere Forks, die sich teilweise sehr stark in ihrem Feature-Umfang unterscheiden. In den folgenden Abschnitten wurde Wert darauf gelegt, dass die Informationen möglichst universell gelten. Die Beispiele sollten, mit möglichst minimalen Modifikationen, mit jeder Variante funktionieren.

Wie bei Icinga gilt auch für den Elastic-Stack, dass man relativ einfach ein funktionierendes System erhält, aber sehr viele Möglichkeiten geboten bekommt, um die eigenen Anforderungen abzudecken. Diese Flexibilität hat insofern ihren Preis, als man sich entscheiden muss, welchen Weg man verfolgen möchte.

> *»Es ist eine gefährliche Sache, aus deiner Tür hinauszugehen. Du betrittst die Straße, und wenn du nicht auf deine Füße aufpasst, kann man nicht wissen, wohin sie dich tragen.«*
>
> *Bilbo Beutlin, 2001*

Eine vollständige Einführung in Elastic kann natürlich nicht gegeben werden, hier wird lediglich ein sehr schneller Überblick geboten. Wer nur ein paar Logevents sammeln möchte, findet hier bereits einen guten Ausgangspunkt. Deutlich mehr profitieren kann zugegebenermaßen derjenige, der den Elastic-Stack bereits einsetzt und »nur« an der Anbindung zu Icinga interessiert ist.

23.1 Repository

Elastic bietet Software-Repositories für RHEL und Debian an, die jeweils nur Versionen desselben Major Release enthalten. So kann es nicht passieren, dass man durch ein Update versehentlich von Logstash 5.3 auf Logstash 6.0 upgradet. Dabei legt Elastic Wert darauf, dass die Repositories auch auf verwandten Distributionen funktionieren – die RHEL-Pakete sollen demnach auch unter SUSE Linux Enterprise Server (SLES) funktionieren. Gleiches gilt für die Debian-Pakete und Ubuntu.

- RedHat
  Vor der eigentlichen Installation ist der GnuPG Key zu importieren, mit dem die Signaturen der Pakete validiert werden:

  ```
  $ rpm --import \
      https://artifacts.elastic.co/GPG-KEY-elasticsearch
  ```

  Die Konfiguration zum Repository wird in einem sogenannten Repofile in */etc/yum.repos.d/logstash.repo* abgelegt. Das Repository beinhaltet alle Teile des Elastic-Stack. Der Name ist hier frei wählbar, man sollte sich davon also nicht verwirren lassen. Exemplarisch für die verschiedenen Varianten und Forks wird hier die Standardversion von Elastic verwendet, die etliche zusätzliche Features in einem Closed-Source-Teil mitbringt, die für die Icinga-Anbindung jedoch nicht relevant sind.

  ```
  [elasticsearch-7.x]
  name=Elasticsearch repository for 7.x packages
  baseurl=https://artifacts.elastic.co/packages/7.x/yum
  gpgcheck=1
  gpgkey=https://artifacts.elastic.co/GPG-KEY-elasticsearch
  enabled=1
  autorefresh=1
  type=rpm-md
  ```

  Codebeispiel 23.1: */etc/yum.repos.d/logstash.repo*

- Debian
  Auf Debian erfolgt die Installation ganz ähnlich. Auch hier wird zuerst der Key eingebunden:

  ```
  $ wget -qO - https://artifacts.elastic.co/GPG-KEY-elasticsearch
      |apt-key add -
  ```

  Kommt in den Quellen HTTPS zum Einsatz, muss sichergestellt werden, dass folgendes Paket installiert ist:

  ```
  $ apt-get install apt-transport-https
  ```

  Für die Konfiguration des eigentlichen Repositories ist dann nur noch eine Zeile nötig.

```
$ echo "deb https://artifacts.elastic.co/packages/7.x/apt \
    stable main" > /etc/apt/sources.list.d/elastic-7.x.list
```

Wie üblich muss abschließend der Index neu aufgebaut werden.

```
$ apt update
```

23.2 Logstash

Logstash zeichnet sich dadurch aus, dass er über Plugins von sehr vielen Quellen Logeinträge entgegennehmen oder sogar abholen kann. Weiterhin existieren viele Plugins zur Manipulation von Daten oder solche, die aufbereitete Daten an sehr viele Ziele weiterleiten. Unter letzteren sortieren sich auch Elasticsearch und Icinga ein.

Darüber hinaus kann Logstash sehr viele Logeinträge innerhalb kurzer Zeit verarbeiten, wenn sie halbwegs kontinuierlich eintreffen. Er ist jedoch nicht darauf ausgelegt, große Schübe innerhalb extrem kurzer Zeit zu verarbeiten. Beispiele hierfür sind Applikationen, die aufgrund eines internen Fehlers viele Events produzieren, sowie (D)DoS-Angriffe auf extern erreichbare Komponenten wie z. B. Webserver, die Unmengen von Events innerhalb kürzester Zeit einliefern.

Kann Logstash oder auch einer der weiteren Dienste, an die er Daten weiterleitet, momentan keine neuen Daten mehr annehmen, signalisiert er allen liefernden Stellen, dass sie aktuell nichts mehr schicken sollen. Dieser Effekt wird »Backpressure« genannt. Beats, die z. B. Logdateien auf Servern auslesen und Richtung Logstash weiterleiten, hören auf zu senden, merken sich aber, wo im Logfile sie aufgehört haben zu lesen, und fahren dort fort, wenn Logstash wieder Ressourcen frei hat. So gehen keine Daten verloren, auch wenn Logstash oder nachfolgende Komponenten überlastet sind.

Soll Logstash Daten von Quellen entgegennehmen, die nicht mit Backpressure umgehen können, kann ein Puffer wie Redis[1] oder Kafka[2] genutzt werden, um Daten so lange zwischenzuspeichern, bis sie verarbeitet werden können. SNMP-Traps oder Logeinträge, die Systeme über das »Syslog«-Protokoll verschicken, sind Beispiele für Einlieferungen, die kein Backpressure beherrschen.

»In Hong Kong wärst du jetzt tot!«
Wah Sing Ku, 1998

[1] https://redis.io
[2] https://kafka.apache.org

23.2.1 Installation

Logstash wird in jRuby entwickelt, was bedeutet, dass für die Ausführung Java erforderlich ist. Aufgrund von Lizenzsorgen und um Probleme mit verschiedenen Java-Versionen zu vermeiden, bringt der Elastic-Stack sein eigenes Java mit.

- RedHat

```
$ dnf install -y logstash
```

- Debian

```
$ apt install logstash
```

23.2.2 Konfiguration

Im Gegensatz zu anderen Paketen enthält das Logstash-Paket keine vollständige Beispielkonfiguration und der mitgelieferte `logstash`-Service lässt sich nicht gleich nach der Installation starten.

Eine Konfiguration teilt sich immer in drei Teile: *input*, *filter* und *output*. Dabei ist darauf hinzuweisen, dass der Begriff Filter hier anders verwendet wird als bei vielen anderen Produkten. Es geht nicht nur darum, Nachrichten zu verwerfen, sondern ganz allgemein darum, sie zu manipulieren. Das kann natürlich bedeuten, sie zu verwerfen, aber auch: DNS-Namensauflösung, GeoIP-Auflösung, Formatänderung von Zeitstempeln und Aufsplitten der Nachricht in sogenannte Felder.

Ein Feld ist ein Stück Information, das durchsuchbar ist und vor allem als Graph für die Visualisierung gespeichert werden kann bzw. dessen Inhalt geprüft werden kann, um Aktionen auszulösen. Ein Beispiel für ein Feld ist die *Severity*, die Werte wie *Debug*, *Info*, *Warning* enthält, oder *[client][_ip]*, das die IP-Adresse eines Besuchers einer Website enthalten kann. Ohne diese Zerlegung sind Lognachrichten nur Zeichenketten, die man zwar ggf. durchsuchen, aber eben nicht weiter auswerten kann. Beispiele für Auswertungen wären Graphen für übertragene Bytes oder Top-10-Listen von Benutzername, die eine Website besuchen. Genauso können Felder auf ihren Inhalt geprüft (z. B.»größer als 200«) werden, um anhand des Ergebnisses Alarme in Icinga auszulösen.

Die folgende Logzeile kommt von einem Apache Webserver:

```
192.168.1.10 - guest [04/Dec/2013:08:54:23 +0100] "POST
/icinga-web/web/api/sonHTTP/1.1" 200 788
"https://legacy.icinga-book.local/icinga-web/modules/web/portal"
"Mozilla/5.0 (X11; Linux x86_64; rv:22.0)"
```

Das kann zwar ein Mensch mit dem nötigen Hintergrundwissen interpretieren, aber es ist in dieser Form relativ schwer maschinell auswertbar und noch schwerer lassen sich daran Bedingungen für Alarme knüpfen. Nach einer Aufbereitung durch Logstash könnte das Logevent folgendermaßen ausschauen:

```
"http_clientip"      : "192.168.1.10",
"http_ident"         : "-",
"http_auth"          : "guest",
"timestamp"          : "04/Dec/2013:08:54:23 +0100",
"http_verb"          : "POST",
"http_request"       : "/icinga-web/web/api/json",
"http_httpversion"   : "1.1",
"http_response"      : "200",
"http_bytes"         : "788",
"http_referrer"      : "https://legacy.gwc-jonas.local/...",
"http_agent"         : "Mozilla/5.0 (X11; Linux x86_64; rv:22.0)"
```

Das soll nur zur Verdeutlichung der angesprochenen Zerlegung dienen. Ein echtes, von Logstash verarbeitetes Logevent würde noch mehr Felder umfassen, die z. B. Metainformationen beinhalten, wie »wann wurde das Logevent angenommen« und »wer hat das Logevent geschickt«. Außerdem lässt man üblicherweise die ursprüngliche Nachricht zumindest in Teilen intakt, um ein Lesen durch erfahrene Administratoren, die das Logformat gewohnt sind, zu vereinfachen. Zu guter Letzt bietet Logstash noch spezielle Filter, mit denen sich auch das Feld *http_agent* weiter unterteilen ließe.

In dieser zerlegten Form lassen sich aus diesen Informationen mit Elastic und ggf. auch Icinga Graphen erzeugen oder Alarme generieren. So kann ein Graph den Verlauf des Inhalts von *http_bytes* zeigen oder ein Alarm geschickt werden, wenn der Wert in *http_response* von *200* abweicht.

Um Logevents an Icinga 2 weiterzuleiten, reicht eine sehr einfache Konfiguration aus, die nach */etc/logstash/conf.d/icinga.conf* gelegt wird. Diese nimmt Events von Beats entgegen und reicht sie über die API an Icinga 2 weiter.

```
input {
  beats {
    port => 5044
    type => "beats"
  }
}
output {
  icinga {
    host => 'localhost'
    user => 'root'
    password => 'XXX'
```

```
    ssl_verify => false
    action => 'process-check-result'
    action_config => {
      exit_status => 0
      plugin_output => "%{[message]}"
    }
    icinga_host => '%{[host][name]}'
    icinga_service => 'logevent'
  }
}
```

Codebeispiel 23.2: Plugin-Konfiguration in */etc/logstash/conf.d/icinga.conf*

Der Icinga-Output von Logstash bietet noch die Möglichkeit, »Actions« zu verwenden, wie das Anlegen von Downtimes oder das Erstellen neuer Hostobjekte durch Logevents. Mehr Informationen zum Versenden von Actions via API finden sich in Abschnitt 22.3 ab Seite 538. Die folgende Konfiguration ist nur zum Testen der Kommunikation geeignet, da jedes Logevent, das geschrieben wird, einen Alarm auslöst.

Der API-User muss dafür natürlich bereits existieren und dazu das Recht haben, passive Check-Ergebnisse zu schreiben. Im Beispiel wird auf eine Überprüfung des Zertifikats verzichtet, wobei Logstash dafür natürlich Optionen bereithält und ein CA-Zertifikat akzeptiert, um das Zertifikat der Icinga-2-API auf Gültigkeit zu überprüfen.

Der Inhalt des Felds *host.name* muss dabei exakt dem Namen des Hostobjekts in Icinga 2 entsprechen. Für erste Tests kann man ihn hart eincodieren. Das ist insbesondere hilfreich, weil verschiedene Linux-Distributionen mit Teilen des Elastic-Stack manchmal unterschiedliche Werte setzen. So schreiben manche den FQDN, andere nur den Hostnamen in das Feld. Weiter hinten am Ende von Abschnitt 23.4 wird erklärt, wie mithilfe von Kibana und Elasticsearch der Inhalt der Logevents sichtbar gemacht wird.

Um böse Überraschungen beim (Neu-)Start zu vermeiden, empfiehlt es sich, vorweg einen Test der Konfiguration durchzuführen!

```
$ sudo -u logstash /usr/share/logstash/bin/logstash \
    --path.settings=/etc/logstash/ \
    --config.test_and_exit \
    && systemctl restart logstash
```

Dabei ist es wichtig, Logstash immer als der Benutzer zu starten, unter dem auch der Dienst läuft. Neuere Versionen legen sonst Log- und temporäre Dateien mit den falschen Berechtigungen an, was bei einem regulären Start zu Problemen führt, da »plötzlich« nicht mehr in diese immer noch existierenden Dateien geschrieben werden kann. Leider ist hier Logstash nicht sehr gesprächig und gibt in einem solchen Fall keine hilfreiche Fehlermeldung aus.

Die obige Konfiguration veranlasst Logstash, Port 5044 zu öffnen und dort auf eingehende Nachrichten von Beats zu lauschen. Wie die meisten Logstash-Plugins bietet auch `beats` viele Optionen zur Konfiguration, aber auch sehr umfassende Defaultwerte, was einen schnellen Einstieg bei hoher Flexibilität erlaubt.

Die *message*, also der eigentliche Inhalt des Logevents, wird als Output verwendet und in Icinga Web 2 angezeigt.

Um nicht alle Nachrichten, die per Beat an den Icinga-Host geschickt werden, gleich als Alarm zu werten, sollte eine *if*-Abfrage eingebaut werden. Das folgende Beispiel leitet immer noch sehr viele Logevents weiter und dient ebenfalls nur der Veranschaulichung. Weiter unten wird erklärt, wie die Konfiguration für praktische Beispiele gestaltet werden kann.

```
output {
  if [severity_label] != "debug" {
    icinga {
      ...
    }
  }
}
```

Codebeispiel 23.3: Debug-Meldungen nicht mehr über den Output senden

23.2.3 Anbinden von Icinga

Damit Icinga 2 die Check-Ergebnisse auch annimmt, müssen der Host und der Service in der Icinga-Konfiguration hinterlegt sein. Als Vorbereitung auf eine Logstash-Konfiguration, die Events den Hosts zuordnet, auf denen sie auftreten, wird ein Service *log event* jedem Host zugewiesen.

```
apply Service "log event" {
  check_interval = 10m
  retry_interval = 1m
  max_check_attempts = 1
  check_command = "dummy"
  volatile = true
  enable_notifications = false

  assign where host.name
}
```

Codebeispiel 23.4: *zones.d/global-templates/elastic.conf*

Das Plugin `check_dummy` wird regelmäßig alle 10 Minuten ausgeführt und setzt den Status auf OK. Das hat so lange keine Auswirkungen, wie keine Logevents an Icinga gemeldet werden. Werden diesem Service an einem Host keine Logs geschickt, kann auch der Service nie einen anderen Status als OK annehmen.

Trifft nun ein Event in Logstash ein, das nicht die Severity *debug* aufweist, schickt Logstash ein passives Check-Ergebnis an Icinga, das den Inhalt des *message*-Felds als Plugin-Output und den Status CRITICAL enthält. Icinga 2 setzt den Service entsprechend auf CRITICAL und alarmiert anhand der Regeln zur Benachrichtigung. Alle zehn Minuten wird als aktiver Check *dummy* aufgerufen, der den Service wieder auf OK setzt. Durch `max_check_attempts = 1` wird sofort bei diesem einmaligen Ereignis alarmiert. Durch den Empfang von Logevents oder SNMP-Traps können so auch Geräte überwacht werden, auf die Icinga sonst keinen Zugriff hat.

Da es sich in diesem Szenario um einen Test handelt, ist die Benachrichtigung durch *enable_notification* deaktiviert.

In der ITL ist nicht nur das oben verwendete Check Command *dummy* enthalten, sondern auch *passive*, das den Service auf UNKNOWN setzt, falls im angegebenen Zeitraum keine Logevents eintreffen sollten. Es sollte verwendet werden, falls z. B. das Eintreffen von Events regelmäßig erwartet wird und ein Ausbleiben auf einen Fehlerfall hindeuten kann. Oder allgemeiner ausgedrückt es hängt davon ab, wie viele und welche Logevents weitergeleitet werden.

Da der Service in festen Intervallen auf OK gesetzt wird, ist die Anzeige des Services auf der Weboberfläche nicht zuverlässig und eine sichere Alarmierung kann nur über Benachrichtigungen erfolgen. Diese Einschränkung ist ein übliches Problem beim Überwachen von Logfiles, unabhängig davon, welche Methode und welche Software benutzt wird. Viele Applikationen schreiben Meldungen über kritische Ereignisse, die eine Alarmierung nach sich ziehen sollen, aber nur sehr wenige generieren auch eine OK-Meldung, wenn der kritische Zustand wieder beigelegt wurde. Das ist der Grund, weshalb nur ein Ablauf nach Zeit oder alternativ eine Interaktion vom Benutzer die Alarmierung aufheben kann. Ein Ablauf nach Zeit ist mit dem obigen Beispiel realisiert.

Da die Bewertung einer solchen Situation sehr schwerfällt, ist eine aktive Überwachung generell zu bevorzugen. Das Überwachen der Logs kann aber dennoch sehr wertvolle und oft tiefgreifende Erkenntnisse bringen, die eine ausschließliche Betrachtung von außen nicht leisten kann. Beide Ansätze ergänzen sich daher und sollten nach Möglichkeit gemeinsam eingesetzt werden.

Leider zeigt die Praxis, dass viele Applikationen nicht nur ein eigenes Logformat mitbringen, sondern auch mindestens eines der folgenden Probleme aufweisen:

- Viel zu viele Meldungen mit einer zu hohen Severity[3]. Beispielsweise sind Windows-Server, die nicht täglich mehrere kritische Meldungen produzieren, aller Wahrscheinlichkeit nach ausgeschaltet.
- Keine unterschiedliche Severity, auch wenn sie verfügbar wäre. So schreiben manche Applikationen prinzipiell jede Meldung als *info*.

Um genauer erkennen zu können, welche Meldungen eingehen, und über sie dann in der Logstash-Konfiguration mit *if* zu entscheiden, bietet sich die zusätzliche Installation von Elasticsearch und Kibana an.

23.3 Logshipper

Damit Nachrichten an Logstash geschickt werden können, muss ein Dienst auf den zu überwachenden Hosts die Events weiterleiten. Es gibt keinen Überbegriff für solche Dienste – im Elastic-Stack-Umfeld werden sie aber meist »Logshipper« genannt. Wenn möglich, werden dafür die spezialisierten Beats genutzt. Kann oder darf kein Beat installiert werden, kann oft auch auf vorhandene Tools zurückgegriffen werden. Auf Linux wird dazu meist `rsyslog` oder `syslog-ng` eingesetzt, die bereits in den meisten Standardinstallationen enthalten sind. Auf Windows-Hosts müssen auf jeden Fall zusätzliche Agenten installiert werden.

Beats unterteilen sich in solche, die von Elastic gepflegt werden, und sogenannte »Community-Beats«, die eben von der Community gepflegt werden. Von den offiziellen Beats sind besonders »Filebeat« und »Winlogbeat« sehr praktisch.

23.3.1 Filebeat-Konfiguration

Da Beats unabhängig vom Rest des Stacks auf sämtlichen zu überwachenden Hosts laufen sollen, können sie auch alleine installiert werden. Das Paket hat dabei sinnigerweise immer den Namen des Beats, also *filebeat* für Filebeat.

Die Konfiguration von Beats findet in einer einzigen Konfigurationsdatei statt, die neben den wichtigsten Defaultwerten vor allem viele Kommentare enthält, die die verschiedenen Optionen erklären. Entfernt man

[3] Andere Logformate als Syslog haben meist ein Pendant zur Severity, diese seien hier unter dem Begriff »Severity« zusammengefasst.

die Kommentare und passt sie schon mal zum Senden zu einem Logstash an, sehen sie wie folgt aus:

```
filebeat.inputs:
  - type: log
    enabled: true
    paths:
      - /var/log/messages
    fields:
      type: syslog
    fields_under_root: true
  - type: log
    enabled: true
    paths:
      - /var/log/kibana/kibana.log
    fields:
      type: kibana
    fields_under_root: true
output.logstash:
  hosts: ["localhost:5044"]
  loadbalance: true
```

Codebeispiel 23.5: */etc/filebeat/filebeat.yml*

Dabei wird nicht nur *messages*, sondern auch das Kibana-Log eingesammelt. Existiert diese Datei nicht, weil z. B. Kibana noch nicht installiert ist, wird sie einfach ignoriert. Das Kibana-Log könnte auch als zweiter Eintrag in *paths* erfolgen, da aber ein anderer Typ gesetzt wird, ist ein eigener weiterer Input zu verwenden. Der Name des Typs ist dabei frei wählbar, er wird nur zum Identifizieren der Logs verwendet und hat darüber hinaus keine weitere Auswirkung. Je nach Konfiguration von Kibana kann der zweite Input obsolet sein, wenn die Kibana-Logevents auch schon nach *messages* geschrieben werden.

```
$ systemctl start filebeat
$ systemctl enable filebeat
```

23.3.2 rsyslog

Ist die Installation von »Filebeat« nicht möglich, kann auf Unix-Systemen auch der lokale Syslog-Dienst dazu gebracht werden, seine Logevents über das Netzwerk zu senden. Nachfolgend ein Beispiel für `rsyslog`:

```
*.* @@localhost:514
```

Codebeispiel 23.6: */etc/rsyslog.d/elastic.conf*

Die Angabe *.* steht dabei für »jede Meldung jeder Facility mit jeder Severity« und die doppelten @@ führen dazu, dass rsyslog TCP statt UDP für die Verbindung verwendet.

Statt wie früher in Logstash kann inzwischen ein passender Input bereits in Filebeat konfiguriert werden. Das bietet die Möglichkeit, mit einem leichtgewichtigen Beat die Annahme von mehreren Hosts der eigenen Umgebung zu erlauben. Viel wichtiger ist jedoch, dass Filebeat, anders als Logstash, ohne zusätzliche Konfiguration den privilegierten Port *514* starten darf. Das ist wichtig, wenn wie auf einigen Appliances und Netzwerkgeräten der Empfängerport nicht frei eingestellt werden darf.

```
filebeat.inputs:
  - type: tcp
    enabled: true
    max_message_size: 10MiB
    host: "0.0.0.0:514"
  - type: udp
    enabled: true
    max_message_size: 10MiB
    host: "0.0.0.0:514"
...
```

Codebeispiel 23.7: */etc/filebeat/filebeat.yml*

Über Syslog verschickte Nachrichten erkennt man in diesem Beispielsetup daran, dass die *message* mit einer Zahl in »Spitzklammern« beginnt. Dabei handelt es sich um die sogenannte *priority*, in die die Werte für *severity* und *facility* einberechnet wurden. Der *syslog_pri*-Filter von Logstash kann daraus wieder die ursprünglichen Werte erstellen.

```
$ systemctl restart rsyslogd
```

Testnachrichten

Nach einem Neustart von `rsyslog` lassen sich mit dem Tool `logger` Testnachrichten verschicken.

```
$ logger -t "testmessage" hello world
```

In */var/log/messages* sieht diese Meldung dann folgendermaßen aus:

```
Mar 10 08:15:18 fenris testmessage: hello world
```

Logstash erweitert diese Meldung um eigene Metadaten und schickt sie an alle konfigurierten Outputs. Zum besseren Verständnis folgt hier die Nachricht nach der Verarbeitung durch Logstash in der Form, wie sie die Ausgabe auf STDOUT in Verbindung mit dem *rubydebug*-Codec zeigt:

```
{
           "message" => "hello world",
          "@version" => "1",
        "@timestamp" => "2015-03-10T07:15:18.737Z",
              "type" => "syslog",
              "host" => "127.0.0.1",
          "priority" => 13,
         "timestamp" => "Mar 10 08:15:18",
    "agent.hostname" => "fenris",
           "program" => "testmessage",
          "severity" => 5,
          "facility" => 1,
    "facility_label" => "user-level",
    "severity_label" => "Notice",
}
```

Die meisten Felder werden schon bei der Annahme durch Filebeat hinzugefügt. Das Feld *message* beinhaltet die eigentliche Logmeldung einer Applikation und kann bei Bedarf weiter zerlegt werden. Das Feld *host* zeigt an, welcher Host die Verbindung zum Syslog-Input von Logstash aufgenommen hat, und *agent.hostname* enthält den Hostnamen, wie ihn rsyslog auch in lokale Logfiles schreibt.

Da die Nachricht im Feld *syslog_severity* nicht den Inhalt *Debug* hat, wird der Inhalt des *if*-Blocks angewendet und die Nachricht an Icinga geschickt.

Ins Feld *agent.hostname* schreibt der Syslog-Input automatisch den Namen des Hosts, auf dem der Beat läuft, der das Event angenommen hat. Wird die Nachricht per *syslog* verschickt, kann es nötig sein, stattdessen *host.name* zu verwenden oder den Namen sogar aus dem Inhalt der Nachricht zu holen. Die unterschiedliche Schreibweise mit Punkt oder Klammern kommt daher, dass es sich um ein »nested field« also ein übergeordnetes Feld mit untergeordneten Feldern handelt. Die verschiedenen Tools im Stack benutzen dafür eine unterschiedliche Schreibweise. Damit die ganze Kette funktioniert, muss der Inhalt dieses Felds exakt der Schreibweise der Hosts in Icinga entsprechen.

Da unterschiedliche Syslog-Implementierungen auch unterschiedliche Informationen in Logs schreiben, ist es vermutlich einfacher, mit weiteren Filtern in Logstash erst den Inhalt dieses Felds auf einen gemeinsamen Stand zu bringen und an die Icinga-2-Konfiguration anzupassen, z. B. nur Hostname, nur FQDN oder nur IP-Adresse. Wie diese Filter aussehen sollen, hängt allerdings stark von den eingesetzten Logshippern ab und kann nicht pauschal angegeben werden.

23.3.3 Icingabeat

Das Icinga-Projekt hat auch einen eigenen Community-Beat erstellt, der Informationen aus Icinga-2-Instanzen holen und im Elastic-Stack ablegen kann: Icingabeat[4]. Die Konfiguration für den Versand Richtung Elastic-Stack geschieht wie bei allen Beats über die `libbeats`-Bibliothek, was bedeutet, dass die Konfiguration von anderen Beats übernommen werden kann. Auch hier gilt, dass der Beat entweder an Logstash oder an Elasticsearch direkt versenden kann, je nachdem, ob die Daten am Weg noch angereichert oder verändert werden sollen oder nicht.

Der Icingabeat ist nicht in den Repositories von Elastic enthalten, sondern in denen des Icinga-Projekts. Auf Hosts, auf denen Icinga 2 aus den Repositories installiert wurde, kann der Icingabeat also mit folgendem Befehl installiert werden:

```
$ yum install icingabeat
```

Das Paket heißt auf allen unterstützten Plattformen gleich. Eine einfache Konfiguration verbindet sich zum Icinga-Server *fornax* und schickt grundlegende Informationen Richtung Elastic-Stack.

```
icingabeat:
  host: "localhost"
  port: 5665
  user: "root"
  password: "***"
  ssl.verify: false
  eventstream.types:
    - CheckResult
    - StateChange
  eventstream.filter: ""
  eventstream.retry_interval: 10s
  statuspoller.interval: 60s
setup.kibana:
  host: "localhost:5601"
output.elasticsearch:
  hosts: ["localhost:9200"]
  loadbalance: true
```

Codebeispiel 23.8: `/etc/filebeat/filebeat.yml`

Der Beat liefert auch Beispiel-Dashboards, die über Kibana in Elasticsearch geladen werden können. Diese sind ein guter Startpunkt, um selbst Dashboards für die eigenen Bedürfnisse zu erstellen.

```
$ icingabeat setup
```

[4]https://github.com/Icinga/icingabeat

Nach der Installation kann der Beat wie jeder Dienst gestartet werden.

```
$ systemctl enable icingabeat
$ systemctl start icingabeat
```

23.4 Elasticsearch und Kibana

Während die bisher gezeigte Konfiguration ausreicht, um aus Logevents Alarme zu generieren, arbeitet man hier doch weitgehend im »Blindflug«, da man die auftretenden Ereignisse genau kennen muss, um die *if*-Bedingung im Vorfeld anzupassen. Um zu sehen, welche Events auftreten, kann man sie auch an Elasticsearch weiterleiten und von dort aus mit Kibana betrachten.

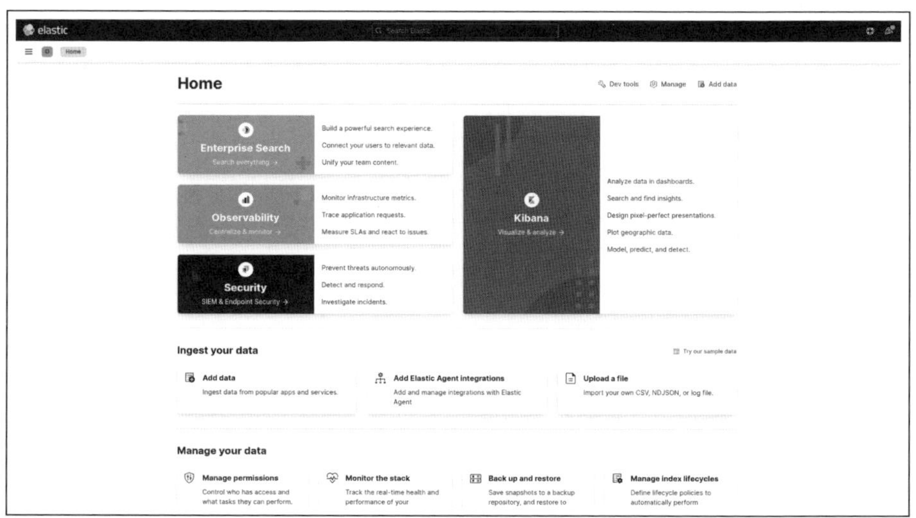

Abbildung 23-4: Der Kibana-Startseite auf Port 5601

Will man Elasticsearch und Kibana nur verwenden, um zu sehen, was an Logevents ankommt, reicht eine minimale Installation. Sollen die Daten dauerhaft sicher und schnell abrufbar gespeichert werden, sind zumindest für Elasticsearch weitere Schritte erforderlich. So sollte nicht ein Knoten alleine betrieben werden, sondern ein Cluster aus mindestens drei Knoten. Elasticsearch bringt dabei alles »von Hause aus« mit und benötigt keine zusätzliche Clustersoftware.

Die Installation gestaltet sich ähnlich einfach wie bei Logstash. Dabei gelten dieselben Voraussetzungen wie bei Logstash, wobei alle Komponenten auf derselben Maschine installiert werden können und deshalb einmal ausreichen.

- RedHat

  ```
  $ dnf install -y elasticsearch kibana
  ```

- Debian

  ```
  apt install -y elasticsearch kibana
  ```

Zunächst wird Elasticsearch gestartet wie jeder andere Dienst auch:

```
systemctl enable elasticsearch
systemctl start elasticsearch
```

Um Logevents dann auch nach Elasticsearch zu schreiben, ist ein entsprechender Output in Logstash zu konfigurieren. Dieser wird in eine neue Datei, z. B. *output_elasticsearch.conf*, im Konfigurationsverzeichnis abgelegt.

```
output {
  elasticsearch {
    hosts => localhost
  }
}
```

Codebeispiel 23.9: */etc/logstash/conf.d/output_elasticsearch.conf*

Wie die meisten Plugins für Logstash bringt auch `elasticsearch` sehr umfangreiche Defaults mit, weshalb man es ohne zusätzliche Konfiguration nutzen kann. Nach einem Neustart schreibt Logstash auch nach Elasticsearch.

Nach einiger Zeit (auf langsamen Systemen mehrere Minuten) kann abgefragt werden, ob bereits Daten in Elasticsearch gespeichert sind. Die Wartezeit bezieht sich nicht auf die Abarbeitung der Logevents, sondern auf den Start der Tools. Ein weiterer Grund dafür, den Stack hochverfügbar zu betreiben. Für die Kommunikation mit den REST-APIs des Elastic-Stack wird `curl` verwendet. Mehr zu *curl* findet sich in Kapitel 22 ab Seite 531.

```
$ curl localhost:9200/_cat/indices
yellow open logstash-2018.03.15-000001 fLtEkPDbQtO4L-XF79O_ZA \
    5 1 9 0 31kb 31kb
```

Wichtig an dieser Anzeige ist der Status *yellow*, der anzeigt, dass die Daten nicht so redundant abgespeichert wurden, wie es die Defaults verlangen. Dafür wäre mindestens ein weiterer Elasticsearch-Knoten notwendig. Danach kommt der Name des Index, `logstash-2018.03.15-000001`, in etwa vergleichbar mit einer Datenbank in einem relationalen DBMS. Der zweite Teil des Namens gibt dabei den Tag der Erstellung des Index an. Die laufende Nummer stammt von einer Änderung in der Defaultkonfiguration, die dafür sorgt, dass Indizes nicht mehr täglich neu erstellt werden. Das hilft, Overhead zu reduzieren. Auch das Namensschema ist bei Bedarf konfigurierbar. Diese längere Lebensdauer von Indizes ist eine spezielle Lösung im Closed-Source-Teil des Elastic-Stack. Andere Varianten haben weiterhin tägliche Indizes.

Sind Daten in Elasticsearch, kann Kibana gestartet werden. Dazu wird erst eine Option in `/etc/kibana/kibana.yml` gesetzt, da es sonst nur vom selben Host, auf dem es läuft, erreichbar wäre.

```
server.host: "0.0.0.0"
```

Danach wird Kibana gestartet.

```
systemctl enable kibana
systemctl start kibana
```

Ab sofort ist Kibana auf Port 5601 erreichbar. Über den Button rechts oben, *Set up index patterns*, kann die Konfiguration abgeschlossen werden.

Im folgenden Bildschirm wird Kibana darüber informiert, welches Pattern die Indizes mit Logdaten trifft. In der Defaulteinstellung ist das *logstash-**.

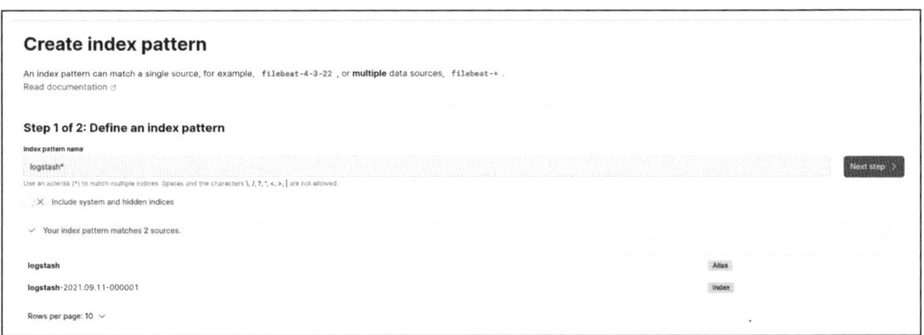

Abbildung 23-5: Index-Pattern für Kibana

Im nächsten Schritt kann ein Feld ausgewählt werden, das einen Zeitstempel enthält, nach dem die Logeinträge sortiert werden. Üblicherweise ist das *@timestamp*.

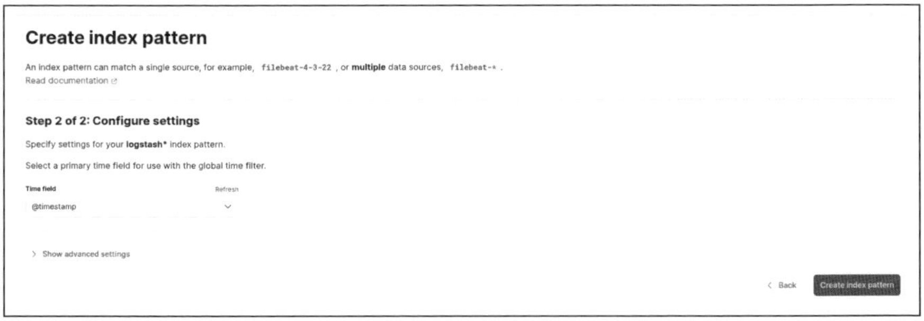

Abbildung 23-6: Feld für Zeitstempel in Kibana

Die folgende Übersicht zeigt die Felder, die der konfigurierte Index enthält. Für erste Schritte mit Kibana kann diese Ansicht ignoriert werden. In der Spalte links befindet sich die Schaltfläche *Discover*, die zu einer Übersicht der in Elasticsearch gespeicherten Daten führt.

Ändern sich die Felder, z. B. weil neue Logs oder Logstash-Regeln hinzugefügt werden, muss die Ansicht des Index-Pattern in Kibana nochmals aufgerufen werden. Ansonsten lädt Kibana keine Informationen über die neuen Felder und stellt sie mit einem *?* in Discover dar.

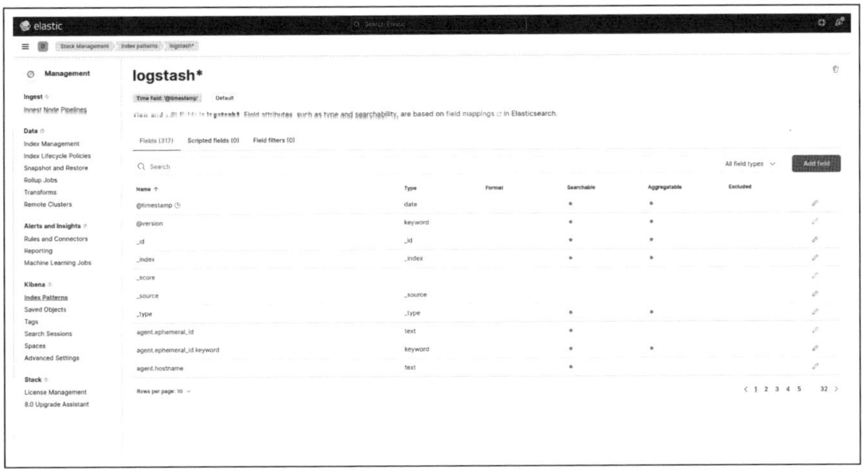

Abbildung 23-7: Kibana – Index Pattern konfiguriert

Hier werden die aufbereiteten Logs angezeigt, je ein Logevent pro Zeile. Mithilfe der schwarzen Dreiecke zu Beginn jeder Zeile kann das Event »aufgeklappt« und die enthaltenen Felder angezeigt werden.

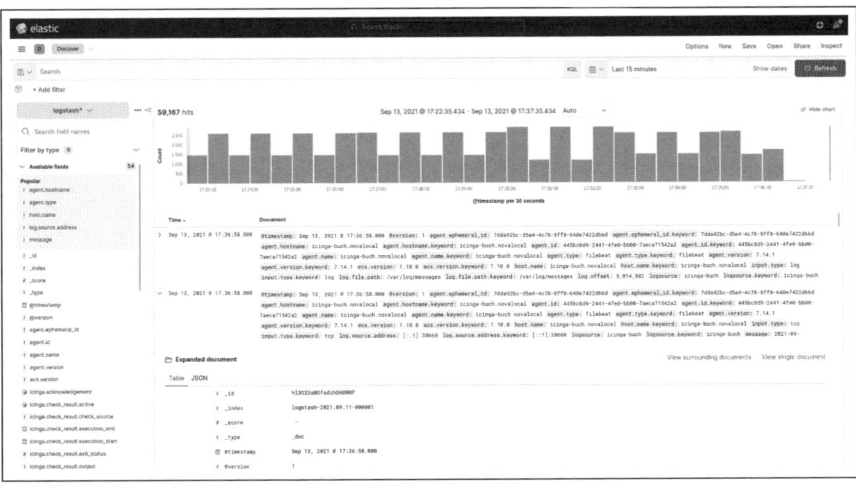

Abbildung 23-8: Kibana-Discover

23.5 Elasticsearch-Modul für Icinga Web 2

Der angesprochene alternative Ansatz zur Kommunikation zwischen Logstash und Icinga setzt Elasticsearch voraus. Dabei ist es unerheblich, wie die Daten dort hineinkommen.

Während beim anderen Vorschlag Events als passive Events nach Icinga 2 geschrieben und dort verarbeitet werden, wird hier nun ein Modul für Icinga Web 2 genutzt, das Abfragen gegen Elasticsearch schickt. Das führt zu einigen Unterschieden im generellen Verhalten und nicht nur im Kommunikationsablauf:

- Die Verarbeitung dauert insgesamt länger. Die Abfragen werden als aktiver Check ausgeführt und das gibt vor, wie schnell ein Problem erkannt wird.
- Die Ergebnisse werden nicht in Icinga vorgehalten, weshalb Elasticsearch ausfallsicher ausgelegt werden sollte!
- Die Abfragen gehen immer über den ganzen Datenbestand, auch wenn üblicherweise zeitliche Einschränkungen gesetzt werden. Das bedeutet einerseits etwas mehr Ressourcenverbrauch, andererseits aber auch die Möglichkeit, neue Abfragen auch auf historischen Daten auszuführen.
- Die ursprüngliche Idee hinter dem Modul war, neben der Möglichkeit zur Abfrage auch eine minimalistische Alternative zu Kibana zu schaffen. So kann das Modul bei jedem Objekt in Icinga Web 2 zugehörige Events anzeigen. Das erlaubt, Benutzern Zugriff auf Events von »ihren« Objekten zu gestatten, ohne ihnen gleich Zugriff auf Kibana gewähren zu müssen.

Das Modul kann genauso wie andere von GitHub[5] bezogen und installiert werden.

```
$ cd /usr/local/share/icingaweb2-modules
$ install -m755 -d elasticsearch
$ wget -qO - \
    https://github.com/Icinga/icingaweb2-module-elasticsearch \
    /archive/refs/tags/v0.9.0.tar.gz \
    | tar xfz - -C elasticsearch --strip-components 1
$ icingacli module enable elasticsearch
```

Die Konfiguration des Moduls ist denkbar einfach. Dabei wird eine Elasticsearch-Instanz angegeben. Außer bei Spezialfällen wie dedizierte Master-Hosts kann grundsätzlich jede Elasticsearch-Instanz im Cluster gesetzt werden, sie verteilt die Suchanfrage dann an die betreffenden Hosts. Ist in Elasticsearch eine Zugriffssteuerung und/oder TLS konfiguriert, können auch die dafür passenden Optionen in der Modulkonfiguration eine gesicherte Verbindung erzwingen. Wie immer kann dies sowohl über

[5] https://github.com/Icinga/icingaweb2-module-elasticsearch

das Webinterface als auch in den Konfigurationsdateien vorgenommen werden.

```
[elasticsearch]
uri = "http://localhost:9200"
user = ""
password = ""
ca = ""
client_certificate = ""
client_private_key = ""
```

Codebeispiel 23.10: `/etc/icingaweb2/modules/elasticseach/instances.ini`

Sobald der Zugriff auf Elasticsearch eingerichtet ist, werden Typen von Events definiert. Damit ist in der Nomenklatur dieses Moduls gemeint, dass ein Filter auf Felder sowie ein Matching angegeben werden, beides in der Syntax für Icinga-Web-Filter. Mit »Matching« ist hier gemeint, dass festgelegt wird, welche Eigenschaft des Objekts welchem Feld im Logevent entsprechen muss. Genau wie bei der Anbindung von Logstash kann auch hier die gleiche Zuweisung genutzt werden, wenn in *agent.hostname* der Name des Hosts zu finden ist. Es gilt wieder, dass die Strings identisch sein müssen, was bedeuten kann, dass Logevents beim Parsing entsprechend anzupassen sind. Im Folgenden wird ein Typ definiert, der *Syslog* genannt wird, wobei der Name beliebig gewählt werden darf. Der *filter* gibt an, dass im Feld *agent.hostname* (ein sogenanntes »nested Field«, bestehend aus dem Feld *agent* und dem Unterfeld *hostname*) derselbe String steht wie im *host.name* des Hostobjekts. Öffnet man nun die Log-Ansicht bei einem Host in Icinga Web 2, so startet das Modul eine Suche nach allen Events in allen Indizes, deren Namen ins Schema *logstash** passen, und gibt alle zugehörigen Logevents aus, bei denen der Hostname im Feld *agent.hostname* steht.

```
[Syslog]
instance = "elasticsearch"
index = "logstash*"
filter = "agent.hostname={host.name}"
fields = "message"
```

Codebeispiel 23.11: `/etc/icingaweb2/modules/elasticseach/eventtypes.ini`

Hier wird absichtlich *agent.hostname* statt wie sonst *host.name* verwendet, um zu zeigen, welcher Teil des Strings sich auf welche Komponente bezieht. Beim Einsatz von *rsyslog* sollte hier aber auch *host.name* stehen.

Einen Service erstellt man mit dem in der ITL enthaltenen Check Command *icingacli-elasticsearch*, der durch das Modul um eine Funktion erweitert wird. Dabei kann eine Suche in von Icinga Web 2 bekannten Syntax angegeben werden, die dann übersetzt und in Elasticsearch ausgeführt wird. Werden im angegebenen Zeitraum mehr als in den Schwellenwerten angegebene Logevents in der Suche gefunden, meldet der Check den entsprechenden Status zurück.

```
icingacli elasticsearch check --instance elasticsearch \
  --crit 5 --warn 3 --index logstash* \
  --filter "host.name=draco.gwc-jonas.local&severity=syslog_critica
  --from -1h
```

Die passende Konfiguration für Icinga 2 sähe nun so aus:

```
apply Service "critical log events" {
  import "generic-service"

  check_command = "icingacli-elasticsearch"

  vars.icingacli_elasticsearch_instance = "elasticsearch"
  vars.icingacli_elasticsearch_index = "logstash*"
  vars.icingacli_elasticsearch_warning = "3"
  vars.icingacli_elasticsearch_critical = "5"
  vars.icingacli_elasticsearch_filter = "host.name=" \
      + host.name + "&syslog_severity=critical"
  vars.icingacli_elasticsearch_from = "-1h"

  assign where host.name
}
```

Codebeispiel 23.12: */etc/icinga2/zones.d/global-templates/elastic.conf*

Der Service wird wieder jedem Hostobjekt zugewiesen. Grundsätzlich kann man sehr viele solcher Services erzeugen, sollte sich aber immer bewusst sein, dass jeder weitere Service regelmäßig Abfragen ausführt und damit zusätzliche Ressourcen verbraucht.

In laufenden Projekten hat sich bewährt, einen Service einzubauen, der möglichst generisch gehalten ist und so auch auf Logevents reagieren kann, die zuvor noch nie sichtbar waren. Bei Bedarf kann man ihn dann um weitere Services ergänzen, die auf spezielle Logevents filtern. Dabei ist es sinnvoll, beim generischen Service erst nach relativ vielen Treffern zu alarmieren und bei spezifischen schon nach wenigen. Genaue Werte hängen stark von den überwachten Diensten ab. Ein Blick in bestehende Logfiles kann aber schnell helfen, sich für gute Startwerte zu entscheiden.

Auch bei diesem Setup gilt, wenn einige Zeit keine passenden Logevents mehr auftreten, wird der Service wieder auf den Status OK zurückgesetzt. Kann der Absender also gar nicht mehr senden, kann es auch hier bedeuten, dass er sich entweder wieder erholt hat oder ganz verstummt ist.

24 Hochverfügbarkeit

Zuallererst sollte die Frage gestattet sein, brauche ich ein hochverfügbares Monitoring oder reicht mir ein gutes und schnelles Disaster Recovery? Bei einem schon als stand-alone aufwendigen System, das der Icinga-Stack aus Icinga, Apache und Datenbanken darstellt, entsteht mit der Schaffung von Redundanzen in allen Bereichen zwangsläufig ein hochkomplexes und damit fehleranfälliges System.

Definition: Das Institute of Electrical and Electronics Engineers (IEEE) definiert Hochverfügbarkeit als Verfügbarkeit der IT-Ressourcen im Falle eines Ausfalls von Systemkomponenten. Ein System gilt also dann als hochverfügbar, wenn eine Anwendung auch im Fehlerfall weiterhin verfügbar ist und ohne unmittelbaren menschlichen Eingriff weiter genutzt werden kann. In der Konsequenz heißt dies, dass der Anwender keine oder nur eine kurze Unterbrechung wahrnimmt. Hochverfügbarkeit bezeichnet die Fähigkeit eines Systems, bei Ausfall einer seiner Komponenten einen uneingeschränkten Betrieb zu gewährleisten.

Auf die einleitende Frage soll das vorliegende Kapitel helfen, Antworten zu finden. Dabei geht es nicht nur um ein komplett hochverfügbares Gesamtsystem, sondern auch, ob es nicht ausreicht, in gewissen Bereichen eine Hochverfügbarkeit zu erzielen. So kann eine höhere Verfügbarkeit für die Überwachung und die Benachrichtigung vielleicht genügen und für das GUI entfallen.

»Je komplizierter der Mechanismus, desto einfacher ist es,
etwas Verwirrung zu stiften.«
Cmdr. Scott, 1984

24.1 Grundlagen und Konzepte

Zunächst erfolgt eine kurze Einführung in den Sprachgebrauch, wie er in der Welt der High Availability (HA) Verwendung findet. Das beinhaltet auch erste Konzepte, um die Verfügbarkeit eines Dienstes zu erhöhen.

Single Point of Failure

Ein Beispiel aus der Welt der Hardware sei hier die Netzwerkanbindung eines Servers mit zwei Onboard-Schnittstellen. Softwareseitig ist die Anbindung vom Betriebssystem korrekt als Bonding konfiguriert und über zwei getrennte Switches geführt. Leider wurde nicht berücksichtigt, dass beide Schnittstellen von einem Controller gesteuert werden. Ist dieser defekt, fällt auch die Netzwerkanbindung des Servers aus. Eine solche Komponente, die unmittelbar durch den eigenen Ausfall auch das Gesamtsystem mit lahmlegt, wird als Single Point of Failure (SPOF) bezeichnet.

Eine weitere Netzwerkkarte mit eigenem Controller löst dieses Problem und selbst ein menschliches Eingreifen ist nicht unmittelbar erforderlich, denn die Erreichbarkeit des Servers ist immer noch sichergestellt. Bei einem solchen Verhalten wird auch von fehlertoleranten Komponenten gesprochen, da der Ausfall einer Komponente nicht zu einer Betriebsunterbrechung (hier der Erreichbarkeit) führt.

Nicht außer acht gelassen werden darf jedoch, dass zumindest indirekt ein Mensch über diesen Fehlerfall in Kenntnis gesetzt werden muss, da zum erneuten Erreichen von Hochverfügbarkeit die defekte Komponente zu tauschen ist. Gleiches gilt in den allermeisten Fällen auch für Softwarekomponenten, auch dort sind Nacharbeiten erforderlich, um die Hochverfügbarkeit wiederherzustellen und den nächsten Ausfall ohne Unterbrechung kompensieren zu können. Selbstheilende Lösungen gibt es auch im Bereich Software nur selten.

Es ist ggf. nicht damit getan, nur die technischen Komponenten in Bezug auf Verfügbarkeit zu prüfen! Fachpersonal muss zeitnah zur Verfügung stehen. Kann eine Hardwarekomponente womöglich noch durch eine Vielzahl von Kollegen oder auch Externen getauscht werden, ist es im Bereich komplexer Softwaresysteme ungleich schwieriger, Personal zu bekommen. Um die Hochverfügbarkeit wiederherzustellen, mögen einige Tage verkraftbar sein, ob es aber eine gute Idee ist, auf den Kollegen zu warten, der erst in drei Wochen aus seinem wohlverdienten Urlaub zurückkehrt, ist entsprechend in einer Risikoanalyse zu bewerten.

Verfügbarkeit

Wie dieses Beispiel aber auch schon zeigt, ist durch einen Ausfall einer Komponente mit Folgeausfällen zu rechnen, wenn der defekte Controller nicht im laufenden Betrieb des Servers getauscht werden kann. Dies kann auch im Bereich Software vorkommen, wenn z. B. die Konsistenz von Daten in einer verteilten Datenbank wiederhergestellt werden muss.

Die Verfügbarkeit *V* ist das Verhältnis der Uptime, die sich aus der gewünschten Onlinezeit *t* abzüglich der Ausfallzeit *d* (Downtime) zur geplanten Onlinezeit ergibt. Soll der ermittelte Wert als Pozentzahl angegeben werden, ist das Ergebnis mit *100* zu multiplizieren.

$$V(t) = \frac{t - d}{t} \cdot 100$$

Geplante Ausfallzeiten werden mitunter aus der Berechnung herausgehalten, in diesem Fall ist *t* um den Zeitraum dieser geplanten Downtime zu mindern.

Die Verfügbarkeit von Diensten wird in Unternehmen häufig im Rahmen von SLAs definiert und stellt ein wesentliches Bewertungskriterium für Services in der IT dar. Dabei müssen nicht alle Systeme zwingend »rund um die Uhr«, also 24 Stunden am Tag, 7 Tage die Woche, verfügbar sein. So muss ein Kassensystem aller Wahrscheinlichkeit nach nur zu den normalen Ladenöffnungszeiten online sein.

In der heutigen Zeit gilt erst eine Verfügbarkeit von mindestens *99,9* Prozent als hochverfügbar. Das entspricht einer maximalen Ausfallzeit von ca. *8,75* Stunden über ein Jahr gerechnet. Hochverfügbarkeit wird zudem noch weiter unterteilt, bis man von fehlertoleranten Systemen mit nur wenigen Sekunden Downtime spricht.

Erhöhung der Verfügbarkeit

Generell streben HA-Systeme danach, vorhandene SPOF zu eliminieren. Ein erstes einfaches Konzept besteht darin, neben dem laufenden System ein zweites ausgeschaltetes »baugleiches« danebenzustellen. Fällt das laufende System aus, wird das zweite eingeschaltet und übernimmt, wenn betriebsbereit, die Aufgaben. Da hier ein kaltes, nicht mit Strom versorgtes System als Redundanz vorgehalten wird, spricht man von **Cold Standby**. Die Bezeichnung findet auch bei gerade nicht laufenden Softwarekomponenten bzw. Applikationen Verwendung.

Probleme sind hierbei die Fehlererkennung und das daraufhin notwendige Einschalten des Cold-Standby-Systems. Muss dieses manuell erfolgen, kann so nur eine höhere Verfügbarkeit erreicht werden, sofern Personal vorhanden ist. Das hieße Rufbereitschaften oder eine erhöhte Verfügbarkeit nur zu gewöhnlichen Arbeitszeiten.

Ein weiteres Hindernis aus der Praxis ist, dass, sobald Software ins Spiel kommt, ein zweites System nur sehr schwer bis unmöglich konfigurationsgleich gehalten werden kann. Abhilfe schafft hier nur der Einsatz von automatisiertem Konfigurationsmanagement wie z. B. mit Ansible oder Puppet. Solche Tools gewährleisten, ein »neues« System gleich zu einem bereits existierenden zu konfigurieren. Sicherheit wird aber nur geschaffen, wenn dieselben Automatismen auch im laufenden Betrieb eingesetzt werden.

Geht man einen Schritt weiter und hält das zweite System schon betriebsbereit im laufenden Zustand vor, spricht man von **Hot Standby**. Diesem zweiten System wäre nun auch möglich, den Fehlerfall des ersten Systems zu erkennen und dessen Funktionalität zu übernehmen. Hierfür muss zusätzliche Software eingesetzt werden. Auf Linux-Systemen hat sich für die Kommunikation in einem Cluster (Verbund von Systemen, die dieselben Aufgaben wahrnehmen können) `corosync`[1] und für die Ressourcenverwaltung `pacemaker`[2] bewährt.

Ein weiterer Vorteil ist, dass Daten vom ersten auf das Standby-System repliziert werden können. Da wir uns in der IT mit der elektronischen Datenverarbeitung beschäftigen, gibt es kaum Systeme, die ohne das Sammeln, Transformieren und Abspeichern dieser Daten auskommen. Übernimmt das Standby-System, ist es von Vorteil, auch dort auf den aktuellen Datenbestand zugreifen zu können.

Split Brain

Der nächste logische Schritt ist, dass sich beide Systeme gegenseitig überwachen und entscheiden, welche Komponente oder Ressource auf welchem Knoten (ein Server im Cluster) läuft. Im einfachsten Fall werden die Ressourcen nicht auf unterschiedliche Systeme verteilt, sondern verbleiben auf einem Knoten.

Hier entstehen neue Probleme, wenn die Kommunikation zwischen den zwei Clusterknoten gestört ist bzw. komplett ausfällt. Sehen sich beide Knoten nicht mehr, müssen beide davon ausgehen, dass sie die geforderte Funktionalität übernehmen müssen. Das führt zu massiven Problemen, sobald Datenspeicherung ins Spiel kommt. Da beide Systeme korrekt arbeiten und zur selben Zeit unterschiedliche Daten verarbeiten und speichern, kommt es zwangsläufig zu Inkonsistenzen. Ein späteres Zusammenführen der Daten ist dann in fast allen Fällen nicht mehr möglich.

Ein probates Mittel, Dateninkonsistenz zu verhindern, ist **Shot The Other Node In The Head (STONITH)**. Dabei schaltet der Knoten, der den Kommunikationsabbruch zuerst entdeckt, den anderen Knoten hart ab.

[1] http://corosync.github.io/corosync

[2] http://clusterlabs.org/pacemaker

Eine abrupte Trennung vom Netzwerk oder von der Stromversorgung sind die effektivsten und schnellsten Methoden. Bei verteilten Standorten gestaltet es sich allerdings sehr schwierig, einen solchen Mechanismus umzusetzen, da es dann bei einem Kommunikationsabbruch wahrscheinlich auch nicht mehr möglich sein wird, eine per Netzwerk gesteuerte Steckdose am anderen Standort abzuschalten.

Quorum

Wenn zwei Knoten – wie jede gerade Anzahl – ein Problem darstellen, warum nicht einen mehr nehmen, um eine ungerade Anzahl zu erreichen? Wenn sie alle miteinander reden dürfen, könnte jeder ermitteln, mit wie vielen anderen Knoten er zurzeit verbunden ist. Sollte das die absolute Mehrheit sein, weiß der entsprechende Knoten, dass er noch online ist. Andernfalls kann er sich selbst beenden.

Genau dieses Verhalten wird als Quorum bezeichnet. Das Wort Quroum ist lateinisch und bezeichnet bei einer Wahl die Anzahl der Stimmen, die erforderlich sind, damit die Wahl gültig ist. Die Bestimmung des Quorums und STONITH sind Verfahren zur Ausgrenzung eines Teils des Clusters und werden als **Fencing** bezeichnet. Dabei wird zwischen Resource und Node Fencing unterschieden. Werden bei letzterem komplette Knoten ausgegrenzt, bezieht sich die Ausgrenzung bei ersterem auf einzelne Ressourcen. Wenn man beispielsweise über eine Platte verfügt, auf die über einen Fibre-Channel-Switch zugegriffen wird, kann man mit dem Fibre-Channel-Switch sprechen und ihm sagen, dass er dem fehlerhaften Knoten den Zugriff auf das Storage Area Network (SAN) verweigern soll.

Ein Quorum zu bestimmen ergibt allerdings nur Sinn, wenn sich alle Knoten an einem Standort befinden oder sich auf eine ungerade Anzahl aufteilen. Ginge man von einem Cluster mit drei Knoten aus und würde diese auf zwei Rechenzentren verteilen, wäre bei einem Kommunikationsabbruch zwischen den beiden Standorten immer klar, auf welcher Seite das Quorum liegt. Es gibt Fälle, wo das gewünscht und auch sinnvoll ist, aber im Allgemeinen sind drei Standorte Voraussetzung.

Load Balancing

Haben wir uns bisher damit beschäftigt, eine Ressource genau nur einmal online im Cluster laufen zu haben, diskutieren wir nun, wie eine bessere Ausnutzung der Systemressourcen zu erzielen ist. Beim Einsatz von mehreren Knoten lassen sich theoretisch Aufgaben aufteilen und getrennt auf unterschiedlichen Knoten bearbeiten. Das bekannteste Beispiel ist sicherlich, einen Webservice über einen solchen Cluster anzubieten. Hierbei werden Anfragen gleichmäßig oder auch gewichtet auf alle Knoten verteilt. Diese

Lastverteilung (engl. Load Balancing) ist durch gesonderte Hard- oder Software vorzunehmen. Zu beachten ist, dass dieser Load Balancer ein zusätzlicher Dienst ist und keinen weiteren SPOF darstellen darf. Andere Dienste sind schon vonseiten des Protokolls für Lastverteilung befähigt, z. B. Mail und DNS.

Shared Storage

Erschwerend kommt beim Load Balancing der gemeinsame Zugriff auf Daten hinzu. Handelt es sich um statische Inhalte, die sich nicht oft ändern, entsteht noch kein Problem, da sie jeweils auf die einzelnen Knoten kopiert werden können. Bei hochdynamischen Inhalten oder gar bei benötigtem Schreibzugriff muss auf einen gemeinsam genutzten Speicher (Shared Storage) zurückgegriffen werden.

Das kann ein dateibasierter Storage sein, auf den mit einem Protokoll wie CIFS oder Network File System (NFS) zugegriffen wird, oder ein verteiltes Dateisystem (Cluster File System) wie Global File System (GFS)[3], Oracle Cluster File System (OCFS2), GlusterFS[4] oder CephFS[5], bei dem alle Knoten direkt und ohne einen weiteren Server auf das Dateisystem zugreifen. Ein Cluster File System ist per se redundant. Beim übers Netz angebundenen Dateisystem ist wiederum dafür Sorge zu tragen, dass kein weiterer SPOF entsteht.

24.2 Die einzelnen Komponenten

Nun identifizieren wir die einzelnen Komponenten des Monitoring-Systems, wie sie miteinander interagieren und kommunizieren.

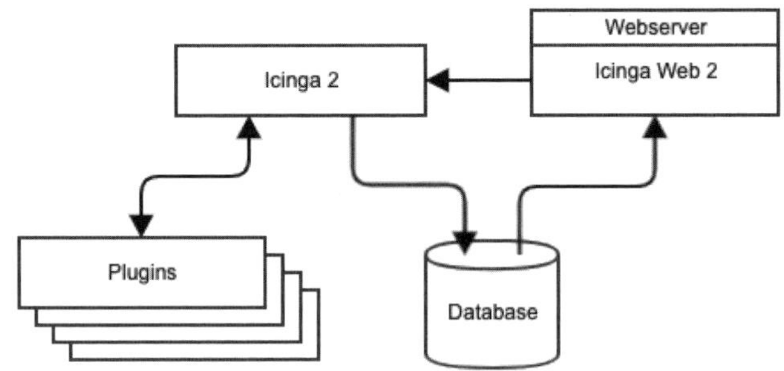

Abbildung 24-1: Grobe konzeptionelle Darstellung

[3] http://www.sourceware.org/cluster/gfs

[4] https://www.gluster.org

[5] https://ceph.com

24.2.1 Icinga 2

Natürlich ist als Erstes Icinga 2 als Kernkomponente zu nennen. Es kümmert sich nicht nur um das Scheduling, wann was zu tun ist, sondern bietet über seine Features zusätzliche Schnittstellen zur Kommunikation und somit zum Datenaustausch mit anderen Komponenten. Scheduling (Feature *checker*) kann Icinga 2 von Hause aus auf maximal zwei Instanzen/Knoten verteilen. Andere Features wie *notification* für die Benachrichtigung haben zumindest einen Failover-Mechanismus, der einen Einsatz für HA erlaubt.

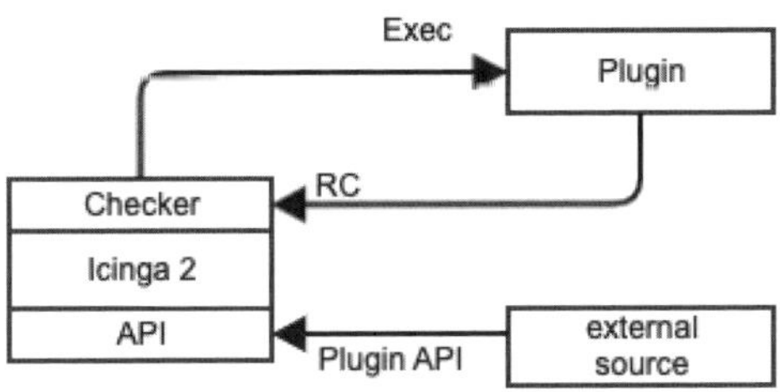

Abbildung 24-2: Icinga 2 – aktive und passive Checks

Die Icinga-2-API ermöglicht die Steuerung aus Icinga Web 2 heraus, aber auch das Entgegennehmen passiver Check-Ergebnisse ist ihre Aufgabe. Icinga 2 ist Bestandteil eines jeden zentralen Monitoring-Servers oder Workers (Satelliten). Beide Szenarien müssen gesondert betrachtet werden.

Dabei zeigt sich, dass sich bei einem redundanten Einsatz als zentrale Server weitere Rollenverteilungen auftun. So darf sich die Konfiguration, welche Objekte wie zu überwachen sind, nur auf einer Instanz, dem **Konfigurationsserver**, befinden. Die Verteilung an andere Server übernimmt Icinga 2 selbst. Dabei wird wie bei der Synchronisation zu Workern verfahren. Eine weitere Rolle ist die des **CA-Servers**, das ist der Server, auf dem die CA beheimatet ist. Anfragen nach Zertifikaten werden ebenfalls über die API entgegengenommen.

Bei den Daten für den Konfigurationsserver handelt es sich um Dateien, die Text in Form der Icinga-DSL beinhalten. Ebenso besteht die CA aus »einfachen« Dateien.

24.2.2 Icinga Web 2

Während sich Icinga 2 um die Ausführung von Plugins, die Auswertung deren Ergebnisse und die Benachrichtigung kümmert, ist Icinga Web 2 die grafische Benutzerschnittstelle. Auch Icinga Web 2 gliedert sich in mehrere Teilkomponenten, so wird die Applikation über einen **Webserver** ausgeliefert, läuft selbst als PHP beim Apache im gleichnamigen Apache-Modul oder auch wie beim Einsatz anderer Webserver in eigenen **FPM**-Prozessen.

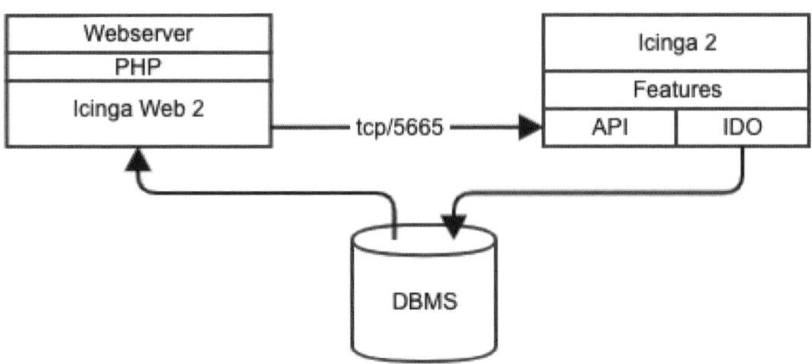

Abbildung 24-3: Icinga – IDO-Anbindung

Die Steuerung von Icinga 2 erfolgt dabei durch das Ansprechen dessen API. Anzuzeigende Informationen müssen hingegen aus einer MySQL- oder PostgreSQL-Datenbank bezogen werden. Die Daten werden dort vom entsprechenden Feature von Icinga 2 hineingeschrieben. Icinga Web 2 benötigt hier nur lesenden Zugriff.

Nahezu alle Konfigurationsdateien können aus der Weboberfläche selbst verwaltet und geändert werden. Neben diesen Dateien werden allerdings auch die vom Benutzer erstellten Dashboards als INI-Dateien im Dateisystem abgelegt.

24.2.3 Datenbanken

Und schon sind wir bei der nächsten Komponente, dem **DBMS**. Die redundante und damit hochverfügbar Auslegung dieser Komponente ist ein zu komplexes Thema für diese Buch und kann entsprechend nur angerissen werden. Neben IDO und Icinga Web 2 benötigen auch einige zusätzliche Module der Weboberfläche eigene Datenbanken, siehe Abschnitt 18.1.1 ab Seite 390 über das VSphere-Modul. Auch der Director aus Kapitel 11 setzt eine Datenbank voraus.

Des Weiteren gibt es noch die **TSDB**, die den zeitlichen Verlauf der ermittelten Metriken speichert. Für den Graphite-Stack wurde in Abschnitt 21.3 ab Seite 472 schon ausführlich auf die Duplizierung der Daten via Carbon-Cache eingegangen. InfluxDB bietet »nur« in der Enterprise-Version eine interne Replikation, PNP4Nagios nicht mal das. Bei beiden, wie auch bei Graphite, besteht aber auch die Möglichkeit, über das jeweilige Icinga-Feature Daten doppelt zu senden.

24.2.4 Grapher

Die zu den TSDBs gehörenden Werkzeuge zur Anzeige laufen alle im Webserver und sind damit Teil dessen Problems. Auch Grafana lässt sich über eine Reverse-Proxy-Konfiguration hochverfügbar zur Verfügung stellen.

24.2.5 Konfigurationsdateien

Allen Komponenten gemein sind die zur Konfiguration benötigten Dateien. Da sich diese nur selten ändern oder sogar von Knoten zu Knoten unterscheiden, können bzw. müssen diese per Hand gepflegt werden. Es gibt jedoch mit Icinga Web 2 eine Ausnahme. Dort lassen sich nahezu alle Einstellungen auch aus der GUI selbst konfigurieren. Diese könnte man natürlich auch doppelt von Hand auf den getrennten Knoten konfigurieren, aber spätestens bei den benutzereigenen Dashboards wird erwartet, diese nicht vom Anwender doppelt und dreifach anzulegen. Das heißt, für diese Dateien muss über einen Shared Storage oder eine Replikation nachgedacht werden.

Werden mehrere Webserver jeweils mit Icinga Web 2 betrieben und die Benutzeranfragen immer auf einen geleitet bzw. von ein und demselben Benutzer immer auf denselben, lassen sich die Dateien für die Dashboards asynchron replizieren. Mit `csync2`[6] kann selbst eine bidirektionale Replikation implementiert werden.

24.2.6 Hardware

Bei Icinga handelt es sich zwar nur um Softwarekomponenten, dennoch gibt es Szenarien, in denen das Monitoring oder Teile davon auf Serverhardware betrieben wird. Ist die zu überwachende Umgebung groß genug, dass der IDO zum Engpass wird, ist zumindest das DBMS auf Hardware zu betreiben. Auch können die eingesetzten Plugins oder deren gleichzeitig auszuführende Anzahl dies erforderlich machen. Ein weiterer Grund ist, die Virtualisierungsplattform selbst überwachen zu müssen, was von einem externen System aus sinnvoller ist.

Wie das Beispiel in der Einführung bereits gezeigt hat, besteht immer eine Chance, nicht alles bedacht zu haben. Wie auch bei der Software ist der Weg, den die Daten nehmen, genauer zu betrachten. Eine redundante Anbindung (über getrennte Controller) ans lokale Netzwerk und eine gespiegelte Festplatte sollten zum Standard gehören. Darüber hinaus sollte ein redundantes Netzteil für die Stromversorgung nicht infrage gestellt werden.

[6] https://github.com/LINBIT/csync2

Wird zusätzliche Hardware wie ein SMS-Gateway für die Benachrichtigung eingesetzt, muss auch diese doppelt vorhanden, angeschlossen und konfiguriert sein.

24.3 Icinga 2

Icinga 2 bringt schon einiges mit, um einen Server oder Worker höher verfügbar zu machen, ohne dass eine zusätzliche Clusterlösung benötigt wird. Das Zonen- und Endpoint-Konzept über das Feature API bietet die nötigen Eigenschaften, um redundante Knoten aufzusetzen. Automatische Lastverteilung beim Scheduler und der Ausführung von Checks kommt dabei gleich mit, ohne dass zusätzlich etwas konfiguriert werden müsste.

Kurz zusammengefasst werden zwei Instanzen über zwei Endpunkte in einer Zone zusammengeschaltet. Diese Zone wird deshalb auch, anders als bei Agenten, normalerweise nicht nach dem Namen eines Hosts benannt, sondern mit einer abstrakteren Bezeichnung wie *main* bei den zentralen Serverknoten.

```
object Endpoint "fornax.gwc-jonas.local" {
}
object Endpoint "virgo.gwc-jonas.local" {
  host = "172.16.1.10"
}

object Zone "main" {
  endpoints = [ "fornax.gwc-jonas.local", "virgo.gwc-jonas.local" ]
}
```

Codebeispiel 24.1: Zone mit zwei Endpunkten für den Knoten *fornax*

Wie bei verteilten Überwachungen mit Satelliten und Agenten üblich, müssen auf einer Icinga-Instanz alle Kommunikationspartner als Endpunkt- und Zonenobjekt definiert sein.

```
object Endpoint "virgo.gwc-jonas.local" {
}
object Endpoint "fornax.gwc-jonas.local" {
  host = "172.16.1.11"
}

object Zone "main" {
  endpoints = [ "fornax.gwc-jonas.local", "virgo.gwc-jonas.local" ]
}
```

Codebeispiel 24.2: Zone mit zwei Endpunkten für den Knoten *virgo*

Auf einem Worker- bzw. Satelliten-Pärchen kommt dann lediglich das Attribut *parent* zum Zonenobjekt hinzu. Wichtig ist, dass nun auch alle Agenten, die über ein solches Pärchen angebunden sind, dort beide Endpunkte konfiguriert haben müssen. Gleiches gilt natürlich auch für Satelliten, die mit zwei zentralen Serverinstanzen der Zone *main* kommunizieren sollen.

```
object Endpoint "antlia.gwc-jonas.local" {
}
object Zone "antlia.gwc-jonas.local" {
  endpoints = [ "antlia.gwc-jonas.local" ]
  parent = "main"
}

object Endpoint "virgo.gwc-jonas.local" {
  host = "172.16.1.10"
}
object Endpoint "fornax.gwc-jonas.local" {
  host = "172.16.1.11"
}
object Zone "main" {
  endpoints = [ "fornax.gwc-jonas.local", "virgo.gwc-jonas.local" ]
}
```

Codebeispiel 24.3: Agentkonfiguration mit Anbindung an zwei Knoten

Schon bei den ersten Versionen von Icinga 2 war geplant, mehrere Instanzen in einer Zone zu unterstützen. Leider verhindert bis heute ein Designfehler[7], dass mehr als zwei in einer Zone zusammengefasst werden können.

Die beiden Icinga-2-Knoten in ihrer Zone synchronisieren alle Daten untereinander, auch solche, die sie von Zuarbeitern wie Workern oder Satelliten erhalten. Das gilt sowohl für die zentralen Server als auch für die nachgelagerten Zonen selbst. So sind immer alle Endpunkte einer Zone auf demselben Stand an Informationen, allerdings – wie schon beschrieben – nur so lange, wie die Verbindung zwischen ihnen besteht.

24.3.1 Konfigurationsserver

Auch wenn nun zwei zentrale Server existieren, so sind nicht beide gleichberechtigt. Nur auf einem darf die Konfiguration gespeichert sein, wie alle Systeme zu überwachen sind. Auf diesem Konfigurationsserver wird also diese Konfiguration gepflegt. Der Synchronisationsmechanismus, der auch schon die Verteilung der Konfiguration auf Worker oder Agenten regelt, sorgt genauso dafür, dass der andere Server die Konfiguration eben-

[7]https://github.com/Icinga/icinga2/issues/3533

falls erhält. Zu finden sind die entsprechenden Dateien dann auch unter */var/lib/icinga2/api/zones*.

Bei einem Totalverlust des Konfigurationsservers ist es so sehr einfach möglich, den zweiten Server zum neuen Konfigurationsserver zu machen. Dazu lassen sich die Konfigurationsdateien, die der erste übertragen hat, nach */etc/icinga2/zones.d* kopieren. Noch einfacher ist natürlich das Einspielen einer Datensicherung auf dem zweiten Server. Dabei darf der erste Knoten aber nicht mehr mit den Konfigurationsdaten in den Cluster aufgenommen werden! Diese wären zuerst dort zu entfernen. Es sollte also wirklich eher versucht werden, den Konfigurationsserver wieder online zu nehmen, bevor man den zweiten Server umbaut.

24.3.2 CA-Server

Die CA wird immer nur benötigt, wenn eine Zertifikatsanfrage zu signieren ist. Sie ist also für den laufenden Überwachungsbetrieb nicht relevant und es stört nicht weiter, dass sie nur mittels eines Shared Storage redundant ausgelegt werden kann.

Bei der CA handelt es sich um Dateien, die im Dateisystem unterhalb von */var/lib/icinga2/ca* liegen. Signierungsanfragen speichert Icinga 2 parallel zu *ca* im selben Verzeichnis unterhalb von *certificate-requests*. In der Regel bekommen Zertifikate eine Seriennummer. Diese werden gerne einfach inkrementiert und der zuletzt verwendete Wert in einer Datei abgelegt.

Da es sich auch hier um wenige »bewegte« Daten handelt, ist eine Datensicherungs- und Wiederherstellungsstrategie eher angebracht.

24.3.3 Features

Die einzelnen Features haben ihr eigenes Verhalten in einer hochverfügbaren Umgebung. In Anbetracht, dass Icinga 2 nur auf zwei Knoten in einer Zone laufen kann, gilt das natürlich für alle eingesetzten Features genauso.

Checker

Als zentrales Feature zum Ausführen und Verteilen von Checks ist *checker* eine Voraussetzung für jeden Knoten in einem Cluster-Setup, egal ob Server- oder Satelliten-Pärchen.

Zwei Instanzen in einer Zone teilen sich die gleiche Konfiguration und damit die gleichen Checks. Die Knoten stehen in ständigem Kontakt und jeder Knoten errechnet für sich selbst, für welche Objekte er zuständig ist. Dabei verständigen sich beide darauf, wer Instanznummer null und wer eins ist. Von Objekten, z. B. einem Host, wird der Objektname gehasht und durch die Anzahl (im Normalbetrieb zwei) der verbundenen Instanzen geteilt und der berechnete Rest (Modulo) ergibt den zuständigen Clusterknoten. Können sich die beiden nicht mehr »sehen«, sinkt der Divisor (Teiler) auf eins und jeder der beiden Knoten ist Instanz null. Die Folge ist natürlich, dass jeder alles ausführt.

Deshalb gilt erst einmal »nur« für Icinga 2 eine Lastverteilung und noch keine Hochverfügbarkeit, da bei einem Split Brain jeder Knoten gleich alle Aufgaben übernimmt und nur bei bestehender Verbindung zwischen den Endpunkten dafür gesorgt ist, dass nicht beide dieselben Checks ausführen. Stehen beide in unterschiedlichen Rechenzentren und zwischen denen ist die Verbindung abgebrochen, erfassen die beiden Icinga-Instanzen natürlich auch unterschiedliche Ergebnisse! Jeder kann Host und Services am jeweils anderen Standort nicht mehr erreichen und erfasst diese dann als Unreachable, UNKNOWN oder CRITICAL. Sollen diese Daten später zusammengeführt werden, bekommt man zwangsweise Inkonsistenzen. Spätestens bei der benötigten Datenbank für den IDO kracht es hier ganz gewaltig. Verhindern lässt sich das nur mit Fencing, also zusätzlicher Software, und einem dritten Knoten (ohne Icinga) oder einem sicheren STONITH-Mechanismus.

Benachrichtigungen

Das Feature *notification* bzw. das zuständige Objekt *NotificationComponent* besitzt die Option *enable_ha*. Ist es wie per Default auf *true* gesetzt, übernimmt die Benachrichtigung der Knoten, der ein Check-Ergebnis ermittelt oder zuerst mitgeteilt bekommt.

> Die Child-Zone eines Satelliten übermittelt seine Ergebnisse immer nur an einen Endpunkt der Parent-Zone. Dieser gibt die Ergebnisse dann an den zweiten weiter, seinen Partner.

Das bedeutet, dass die Notification-Plugins auch auf beiden Knoten installiert sein müssen. Verwendet man also zusätzlich zu Mail weitere Benachrichtigungswege, z. B. SMS oder Telegram, ist darauf zu achten, diese Möglichkeit auf allen Knoten anzubieten.

Wird *enable_ha* auf *false* gesetzt, verschickt jeder Knoten Benachrichtigungen zu den Ergebnissen, die ihm bekannt sind. Im Normalfall also alle und damit hat man eine doppelte Benachrichtigung konfiguriert.

IDO

Auch die Features *ido-mysql* und *ido-pgsql* besitzen über ihre Objekte eine Option *enable_ha*. Bei aktiviertem HA schreibt nur einer der Knoten in die Datenbank, während der andere als Hot Standby agiert. Dies funktioniert, da beide Knoten sich kontinuierlich abgleichen und in der Regel über alle Daten verfügen.

Bei einem Split Brain bedingt dies aber leider eine Dateninkonsistenz in der Datenbank! Es ist also über Fencing Sorge zu tragen, dass nur ein Knoten in die Datenbank schreiben kann. Als Alternative sind für beide Knoten zwei getrennte Datenbanken (z. B. lokal) für den IDO zu verwenden, die Daten wären bei einem Split Brain unterschiedlich, aber die Datenbank konsistent. Eine solche Konfiguration erfordert auf beiden Knoten das Setzen von *enable_ha* auf *false*.

Eine solche Konfiguration unterliegt aber leider darüber hinaus noch einigen weiteren Einschränkungen. Ist z. B. der zweite Icinga 2 down und wird dann auf dem ersten eine Downtime eingestellt, die auch verstreicht, während der zweite Knoten immer noch offline ist, wird dieser niemals von dieser Downtime erfahren, auch wenn er wieder korrekt mit seinem Kollegen zusammenarbeitet. Aber genau nur für diesen Fall trifft der beschriebene Verlust zu. Geht der zweite Knoten offline, wenn die Downtime schon eingestellt ist, wird das Ende der Downtime auch nachträglich noch repliziert. Auch das Einstellen einer Downtime funktioniert, wenn das zweite Icinga heruntergefahren ist und es wieder verfügbar ist, wenn die Downtime abläuft.

Dieselben Einschränkungen gelten ebenfalls für Kommentare. Auch die Informationen über gesendete Benachrichtigungen gehen leider verloren. Ärgerlich oder nicht hinnehmbar ist all das, sobald man ein zuverlässiges SLA-Reporting benötigt, da dort in der Regel geplante Downtimes aus der Verfügbarkeit herausgerechnet werden.

Spielt all das keine Rolle oder kommt eine externe Software zum Einsatz, der die angesprochenen Dinge lediglich einmalig mitzuteilen sind, sind zwei getrennte Datenbanken ein probates Mittel, da die schon erwähnten und im Folgenden vertieft betrachteten Probleme mit einer zu replizierenden Datenbank entfallen.

Kommunikation

Die hier im Folgenden zusammengefassten Features haben keine Optionen für HA:

- `api`, `command`, `livestatus`

Sie dienen ausschließlich dazu, Daten in Icinga 2 hinein oder heraus zu bekommen, weshalb es sinnvoll ist, diese Möglichkeit auf allen Knoten einer Zone zur Verfügung zu stellen. Daten, die so an einen der Knoten übergeben werden, werden automatisch über die Clustersynchronisation an den anderen übermittelt.

Das Feature *api* ermöglicht erst überhaupt die Hochverfügbarkeit, weshalb es sowieso keinen Sinn ergibt, es auf Knoten zu deaktivieren.

Logging

Jeder Clusterknoten muss für sich selbst schreiben, was er an Logs festhalten möchte. Das gilt auch für Informationen, die er via Clusterprotokoll von anderen Knoten erhalten hat. Die folgenden Features haben demnach keine zusätzlichen HA-Eigenschaften und jeder Knoten wird immer so loggen, als wäre er alleine:

- `mainlog`, `debuglog`, `gelf`, `syslog`, `compatlog`, `statusdata`

Bei *statusdata* handelt es sich nicht um ein Logging-Feature. Es wird aber hier aufgelistet, da auch Informationen über den Zustand von Icinga 2 nach außen geschrieben werden, was auf jedem Knoten geschehen muss, wenn das Feature benötigt wird.

Bei sendenden Logging-Features wie *GELF* oder bei entsprechender Konfiguration des Dienstes `syslog` landen somit viele Einträge doppelt im zentralen System. Theoretisch muss sich deshalb dieses System um ein Deduplizieren der Nachrichten kümmern, was jedoch praktisch meist unmöglich ist.

Grapher

Diese Features haben alle eine Option *enable_ha* und verhalten sich gleich. Bei mit *false* deaktivierter Option werden alle bekannten Daten ans definierte Ziel übertragen, bei Aktivierung bestimmen beide Knoten einen, der die Daten sendet. Die aufgelisteten Features arbeiten demnach wie die beiden IDO-Features:

- `graphite`, `influxdb`, `opentsdb`, `elasticsearch`, `perfdata`

Features lassen sich generell mittels mehrfacher Definitionen der zugehörigen Objekte so konfigurieren, dass die Icinga-Instanz auch Daten an zwei verschiedene Empfänger sendet. Damit kann kompensiert werden, das z. B. eine TSDB keine eigenen Replikationsmechanismen hat bzw. nicht deren Enterprise-Version (InfluxDB) beschafft werden muss.

Graphite bietet eine solche Duplizierung auch schon mit dem Cache-Relay aus seinem Stack von Hause aus. Der Carbon-Cache verwirft darüber hinaus generell Metriken, die er doppelt empfangen hat, so lassen sich einige Szenarien implementieren, die die Verfügbarkeit deutlich erhöhen. Ein gängiges Szenario aus der Praxis ist z. B., auf beiden Icinga-Knoten ein Relay die Metriken duplizieren zu lassen, indem alle Daten an zwei Caches gesendet werden. Weil keine doppelten Daten in den Whisper-Datenbanken gespeichert werden, hat man seine Daten hochverfügbar angelegt.

Eine Sonderstellung nimmt hier natürlich *perfdata* ein, da die Kommunikation nicht über ein Netzwerk, sondern basierend auf zu schreibende Dateien erfolgt. Soll dieses Feature mit einer Option zur Hochverfügbarkeit zum Einsatz kommen, ist ein deutlich höherer Aufwand zu treiben. Denkbar sind etwa Skripte, die die geschriebenen Dateien beider Knoten abholen, mit Tools wie `sort` und `uniq` duplizieren und das Ergebnis dann an eine oder mehrere Instanzen von PNP4Nagios übergeben.

24.4 Icinga Web 2

Neben benutzerbezogenen Daten, die vorzugsweise in eine Datenbank geschrieben werden sollten, gibt es bei Icinga Web 2 jedoch auch Daten, die ausschließlich im »lokalen« Dateisystem abgelegt werden können. So werden die Dashboards der Benutzer als INI-Dateien gesichert und die gesamte Konfiguration zusätzlicher Ressourcen und der Module zur Erweiterung der Funktionalität liegen im Dateisystem.

Die Daten in der Datenbank sind ein Problem des verwendeten DBMS und werden im nächsten Abschnitt behandelt. Die Dashboards und die Konfiguration, die über die GUI vorgenommen werden kann, ist automatisch und zeitnah auf den beteiligten Knoten abzugleichen oder auf einem Shared Storage zu halten. Im Einzelnen geht es um die folgenden Dateien und Unterverzeichnisse von */etc/icingaweb2*:

- *resources.ini*: Datei mit allen verwendeten Ressourcen wie die IDO- oder Icinga-Web-2-Datenbank, die LDAP-Anbindung und weitere optionale Ressourcen für Erweiterungsmodule.
- *roles.ini*: Zuordnung der erteilten Berechtigungen zu einzelnen Benutzern oder ganzen Benutzergruppen.
- *modules*: Die Konfiguration der installierten Module.
- *enabledModules*: Module sind hier durch einen Link auf deren jeweiliges Codeverzeichnis als aktiviert kenntlich gemacht.
- *dashboards*: Verzeichnis mit von Anwendern angelegten Dashboards.

- *preferences*: Verzeichnis sonstiger benutzerbezogener Daten wie selbst erzeugte Menü- und Untereinträge. Wird keine Datenbank für die Benutzerauthentifizierung sowie Sprach- und Theme-Einstellungen eingesetzt, liegen diese Informationen ebenfalls in diesem Verzeichnis.

Ob wirklich ein Shared Storage hierfür einzusetzen ist, entscheidet sich daran, wie der Benutzer auf Icinga Web 2 zugreift. Damit ist nicht der Webserver als solches gemeint, sondern wie Anfragen an diesen »verteilt« werden.

Ein einfaches Verfahren besteht darin, seine Benutzer anzuweisen, eine Adresse zu benutzen, und nur falls diese nicht zur Verfügung steht, eine andere zu verwenden. In diesem Fall reicht für die angesprochenen Daten eine in gewissen Zeitabständen durchgeführte Replikation. Diese Methode gewährleistet natürlich kein unterbrechungsfreies Weiterarbeiten nach bzw. bei einem Ausfall. Auch besteht das Problem, dass entweder beim Arbeiten auf dem zweiten Knoten keine Konfigurationsanpassungen durchgeführt werden dürfen oder die Replikation auch in die andere Richtung auszuführen ist.

Csync2

Das bereits erwähnte Tool `csync2`[8] bietet eine solche Möglichkeit der Datenreplikation. Es führt auf jedem Knoten Protokoll, wann welche Datei geändert wurde, und entscheidet, welche Datei die aktuelle ist, falls mehrer Knoten Änderungen seit dem letzten Sync aufweisen sollten.

- RedHat
  Es liegt leider kein Paket in den bisher vorgestellten Repositories vor, ein Paket findet sich aber unter dieser Adresse[9] zum Download. Zusätzlich zu diesem Paket werden auch noch einige Pakete aus dem EPEL-Repository benötigt.

  ```
  $ dnf localinstall csync2-2.0-2.el8.x86_64.rpm
  $ dnf install xinetd
  ```

- Debian

  ```
  $ apt install xinetd csync2
  ```

Csync2 ist ein Dienst, der standardmäßig auf Port 30865 lauscht. Gestartet wird er über den `xinetd`, der ebenfalls zu installieren ist. Das Debian-Paket bringt allerdings auch eine Systemd-Unit zum Starten eines Daemons mit.

[8] https://github.com/LINBIT/csync2
[9] http://repo.okay.com.mx/?dir=centos/8/x86_64/release

```
service csync2
{
        ...
        disable         = no
        # only_from     = 192.168.199.3 192.168.199.4
}
```

Codebeispiel 24.4: */etc/xinetd.d/csync2*

Für den `xinetd` muss zuerst die Konfigurationsdatei *csync2* angepasst werden, danach kann der `xinetd` schon mal gestartet werden. Wird der Host nun auf dem Port 30865 angesprochen, wird automatisch der csync2-Daemon gestartet und läuft so lange, bis sich die eingehende Verbindung wieder beendet.

```
$ systemctl restart xinetd
$ systemctl enable xinetd
```

Die gegenseitige Authentifizierung erfolgt über einen gemeinsamen Schlüssel */etc/csync2.key_icinga*. Dieser ist auf einem Knoten zu erzeugen und auf den anderen zu kopieren. Dort ist darauf zu achten, dass er nur von *root* lesbar ist!

```
$ csync2 -k /etc/csync2.key_icinga
```

Da der Daemon als *root* gestartet wird, sollte die Verbindung unbedingt via TLS verschlüsselt werden, damit der Schlüssel nicht abgefangen werden kann. Da keine Zertifikatsüberprüfung vorgenommen wird, reicht auf den beteiligten Hosts ein selbst signiertes Zertifikat.

```
$ openssl genrsa -out /etc/csync2_ssl_key.pem 4096
$ openssl req -batch -new -key /etc/csync2_ssl_key.pem \
    -out /etc/csync2_ssl_cert.csr
$ openssl x509 -req -days 7350 -in /etc/csync2_ssl_cert.csr \
    -signkey /etc/csync2_ssl_key.pem -out /etc/csync2_ssl_cert.pem
$ chmod 600 /etc/csync2_ssl_key.pem
```

Liegen Schlüssel und Zertifikat mit den geforderten Namen am richtigen Ort, kann die eigentlich Konfigurationsdatei angelegt werden:

```
group icinga {
  host fornax.gwc-jonas.local virgo.gwc-jonas.local;
  key /etc/csync2.key_icinga;

  include /etc/csync2.cfg;

  include /etc/icingaweb2/modules;
  exclude /etc/icingaweb2/modules/director;
  exclude /etc/icingaweb2/modules/fileshipper;
  include /etc/icingaweb2/*.ini;
```

```
  include /etc/icingaweb2/enabledModules;
  exclude /etc/icingaweb2/enabledModules/director;
  exclude /etc/icingaweb2/enabledModules/fileshipper;
  include /etc/icingaweb2/dashboards;
  include /etc/icingaweb2/preferences;

  auto younger;
}
```

Codebeispiel 24.5: `/etc/csync2.cfg`

Mit *include* werden Dateien oder Verzeichnisse spezifiziert, die zu synchronisieren sind. Wie man sieht, ist auch die Konfigurationsdatei selbst eingetragen, so muss selbst initial nur ein Knoten angepasst werden. Die Datei wird dann auf alle anderen repliziert. Ein *exclude* nimmt wiederum einige Daten vom Synchronisationsprozess aus. So werden alle Modulkonfigurationen mit Ausnahme eines Moduls mit dem Namen *director* synchronisiert. Da dieses Modul anscheinend nur auf einem Knoten installiert wurde, sollte auch das Aktivieren bzw. Deaktivieren nicht synchronisiert werden. Deshalb wird der Link `director` im Verzeichnis `enabledModules` ebenfalls von der Synchronisation ausgeschlossen.

Ein Konflikt kann auftreten, wenn eine Datei seit dem letzten Abgleich auf mehreren Knoten abgeändert wurde. Hier wird mit der Einstellung *younger* der Option *auto* immer die Datei mit dem jüngsten Zeitstempel genommen.

Nun muss die Synchronisation nur noch regelmäßig via Cronjob von allen Knoten aus angestoßen werden. Die unten angegebene Datei erledigt dies jede Minute und sorgt zusätzlich dafür, dass nicht jede Minute Mails versendet werden. Wird keine Mailadresse angegeben, entspricht das der generellen Deaktivierung des Mailversands.

```
MAILTO=""
* * * * * root /usr/sbin/csync2 -x
```

Codebeispiel 24.6: `/etc/cron.d/csync2`

Selbstverständlich kann die Konfiguration um weitere Dateien ergänzt werden, die nichts mit Icinga Web 2 zu tun haben. Damit wird das Risiko reduziert, dass bei einer manuellen Anpassung ein Clusterknoten vergessen wird. Es ist aber darauf zu achten, dass natürlich nur solche Dateien synchronisiert werden dürfen, die auf den beteiligten Knoten denselben Inhalt haben.

Die Synchronisation kann sich »gelegentlich« verklemmen und sollte stets überwacht werden, das Plugin `check_sync2`[10] hilft dabei.

[10] https://github.com/lazyfrosch/icinga-plugins/blob/master/check_csync2

Module

Bei der Erweiterung von Funktionalität durch zusätzliche Module ist darauf zu achten, wie sich diese im Betrieb verhalten. So gibt es Module, die lediglich externe Quellen für weitere Informationen anzapfen wie *map*, *grafana* oder *graphite*, und solche, die Aktionen bereitstellen wie *pdfexport* oder *businessprocess*. Beide Typen lassen sich ohne Probleme auf zwei Systemen betreiben. Ihre Konfiguration kann auch ohne Gefahr synchronisiert werden.

Eine weitere Klasse von Modulen benötigt einen Daemon, um ihren Aufgaben nachkommen zu können. Hierzu zählen *vspheredb*, *reporting* und *director*. Während es sich beim Director lediglich um ein Tool zur Erzeugung von Konfigurationen handelt, sind die beiden anderen stärker in die übliche Überwachung eingebunden, speziell natürlich *vspheredb*. Der Director darf nur auf einem Knoten zur selben Zeit aktiv sein. Installiert man ihn nur auf genau einem Knoten, entfällt auch die Notwendigkeit, den erforderlichen Daemon im Fehlerfall umzuziehen. Bei den beiden anderen kommt man hingegen nicht darum herum. Für ein automatisches Failover wird ein Ressourcenmangager wie `pacemaker` benötigt.

Load Balancer

Mehrere Instanzen von Icinga Web 2 können mit einem Load Balancer über eine einzige Adresse verfügbar gemacht werden. Neben kommerziellen Produkten als Appliances gibt es im Bereich von Open Source mit HAProxy[11] eine ausgewachsene Implementierung. Aber auch mit »gewöhnlichen« Webservern wie dem Apache oder Nginx kann eine Lastverteilung erzielt werden. Während der Einblick in solche Konfigurationen den Rahmen dieses Buchs sprengen würde, sollen hier dennoch ein paar Fallstricke aufgezeigt werden.

Load Balancer lassen sich in ihrem Verhalten, wie sie Anfragen verteilen, unterschiedlich konfigurieren. Vom einfachen Failover von einer Instanz auf eine andere, weil die erste nicht mehr erreichbar ist, bis zur Verteilung jedes einzelnen HTTP-Requests ist alles möglich. Gemein ist jedem Wechsel allerdings, dass dem Benutzer seine Session wegbricht.

Die Sessions der angemeldeten Benutzer in Icinga Web 2 können jedoch von PHP über mehrere Knoten synchronisiert werden. Dazu ist ein externer Session-Cache wie Redis zu konfigurieren, der natürlich wiederum redundant betrieben werden muss.

Ob dieser Aufwand wirklich gerechtfertigt ist, hängt von der jeweiligen Umgebung und den Erwartungen an das Monitoring-Setup ab. Benutzen

[11] https://www.haproxy.org

Hunderte User Icinga Web 2, mag es schon wegen der Lastverteilung gerechtfertigt sein. Meistens ist es aber ausreichend, den Load Balancer so zu konfigurieren, dass er eine Session auf einem der Knoten hält. Bricht dann dieser Knoten weg, muss sich der Benutzer zwar neu anmelden, was aber in der Regel in Kauf genommen werden kann.

Ein weiterer Vorteil ist, dass hier ebenfalls `csync2` zur asynchronen Replikation eingesetzt werden kann, da der Benutzer nur im Fehlerfall auf einen anderen Knoten verwiesen wird.

Icinga 2

Alle anzuzeigenden Daten kommen über die Datenbank mit dem IDO. Um mit Icinga 2 zu interagieren, sendet Icinga Web 2 Kommandos an die API von Icinga 2. Ist es bei einem Stand-alone-Icinga auch nur eine Schnittstelle, sind es in einer HA-Umgebung mit zwei Knoten schon zwei Ziele, die beschickt werden können. Zwar ist Icinga auch mit einem konfigurierten Empfänger voll funktionsfähig, da der Knoten auch Kommandos an seinen Partner weiterleitet, aber man hätte hier einen SPOF und damit keine Hochverfügbarkeit.

Icinga Web 2 sendet immer zuerst an den ersten Eintrag, ist dieser nicht erreichbar, wird dasselbe Kommando an das zweite Ziel gesendet. Auch hier handelt es sich um einen eingebauten Failover-Mechanismus.

```
[fornax]
transport = "api"
host = "fornax.gwc-jonas.local"
port = "5665"
username = "icingaweb2"
password = "XXX"

[virgo]
transport = "api"
host = "virgo.gwc-jonas.local"
port = "5665"
username = "icingaweb2"
password = "XXX"
```

Codebeispiel 24.7: */etc/icingaweb2/modules/monitoring/commandtransports.ini*

In der Weboberfläche findet man einen grafischen Dialog unter *Configuration* → *Modules* → *monitoring* → *Backends* → *Command Transports*.

24.5 Datenbankmanagementsysteme

Der IDO verursacht mit Abstand die meisten Daten, die in eine Datenbank geschrieben werden, dagegen zeigt sich Icinga Web 2 auch mit seinen Modulen klein und bescheiden. Das heißt natürlich auch, dass die IDO-Datenbank die meiste Schreiblast hervorbringt. Deshalb richten wir unser Hauptaugenmerk auf diese Datenbank, alle anderen laufen sowieso »nur« nebenher.

Wie bereits bekannt, arbeitet in einem Cluster aus Icinga 2 das Feature *IDO* immer nur auf einem Knoten. Damit werden die Daten auch immer nur an ein Ziel gesendet. Dabei sollte man es auch tunlichst belassen, wenn man eine Replikation der Datenbank auf Ebene des DBMS in Erwägung zieht. Andernfalls steigt der Kommunikations-Overhead in einem Datenbank-Cluster unangenehm an, da die Datenbank über mehrere Knoten hinweg immer in einem konsistenten Zustand gehalten werden muss.

Es wird also auch eine weitere Komponente benötigt, die eindeutig eine Datenbankinstanz festlegt. Ein erster Gedanke ist, eine zusätzliche virtuelle IP-Adresse hierfür zu benutzen. Diese dürfte also nur auf einem Knoten mit beschreibbarer Datenbank laufen. Um diese Lauffähigkeit festzustellen, kämen z. B. wieder `corosync` und `pacemaker` ins Spiel. Beide sind auch in der Lage, eine Komponente wie das DBMS hochzustufen (zu promoten), also vom Zustand Hot Standby in den produktiven und damit beschreibbaren Zustand zu versetzen.

Befinden sich allerdings Knoten des Datenbank-Clusters in unterschiedlichen Netzsegmenten mit entsprechend unterschiedlichen IP-Adressen, muss als Alternative zur virtuellen IP-Adresse auf einen anderen Verteilmechanismus zurückgegriffen werden. Soll dies keine Speziallösung wie ProxySQL[12] für MySQL oder PgBouncer[13] für PostgreSQL sein, empfiehlt sich auch hier HAProxy.

24.5.1 MySQL

Das Standardverfahren bei MySQL und MariaDB ist die **asynchrone Replikation**. Dabei schreibt der Primary Events in sein Binary-Log und die Secondarys holen sie dort ab, wenn sie bereit dazu sind. Es gibt also keine Garantie dafür, dass ein Event den Secondary auch wirklich erreicht. Es ist eine lose Kopplung, bei der der Primary nicht auf die Secondarys wartet und die einzelnen Secondarys bestimmen, wie viel und ab welcher Stelle

[12] https://proxysql.com

[13] https://www.pgbouncer.org

aus dem Binary-Log gelesen wird. Damit kann ein Secondary beliebig hinter dem aktuellen Stand auf dem Primary hinterher sein.

Wenn der Primary ausfällt, kann es passieren, dass Transaktionen, die er geschrieben hat, möglicherweise an keinen Secondary übertragen wurden. Folglich kann ein Failover zum Verlust von Transaktionen führen. Das ist im Umfeld eines Monitorings durchaus verschmerzbar, da »nur« einige Check-Ergebnisse für die Anzeige im Icinga Web 2 verloren gehen. Damit wird die ebenfalls existierende **semiasynchrone Replikation** uninteressant. Bei ihr bestätigt der Primary dem Client erst dann eine Transaktion, wenn mindestens ein Secondary die Änderung in sein Relay-Log kopiert und auf die Festplatte geschrieben hat. Diese Form der Replikation erfordert zudem eine zusätzliche Plugin-Installation.

Die asynchrone Replikation bietet eine geringere Schreiblatenz, da ein Schreibvorgang lokal vom Primary bestätigt wird, bevor er auf die Secondarys geschrieben wird.

Kehrt man das Szenario um und konfiguriert den Secondary zusätzlich als Primary sowie den Primary ebenfalls als Secondary, erhält man eine **Multi-Primary-Replikation**. Als Failover-Konfiguration für die IDO-Datenbank ist sie hervorragend geeignet, da der zweite Knoten damit sofort schreibbereit und damit arbeitsfähig ist.

Ein **Galera**[14]-Cluster ist ein synchrones Multi-Primary-Replikations-Plugin für InnoDB. Es behebt eine Reihe von Problemen, darunter Konflikte beim Schreiben auf mehreren Primarys, Replikationsverzögerungen und nicht synchrone Secondarys mit dem Primary. Benutzer müssen nicht wissen, auf welchen Knoten sie schreiben müssen und von welchen sie lesen dürfen.

Galera wurde als Patch von Codership für Standard-MySQL entwickelt. Es gibt drei Varianten – MySQL Galera Cluster von Codership, Percona XtraDB Cluster von Percona[15] und MariaDB Galera Cluster von MariaDB. Ab MariaDB Server 10.1 ist Galera bereits im regulären Server enthalten. Ein Galera-Cluster besteht immer aus mindestens drei Knoten und beinhaltet im »Normalzustand« auch immer eine ungerade Anzahl an Clusterknoten. Ein Fencing über ein Quorum ist in einem Galera-Cluster bereits enthalten.

Auch wenn ein paralleles Beschreiben möglich ist, sollten überlappende Änderungen an einem Datensatz unterbleiben. Wird dies nicht beachtet, führen mehrer Clusterknoten Transaktionen aus, die miteinander in Konflikt stehen. Galera wird einen Gewinner auswählen. Damit wird diese Transaktion bindend und alle anderen widersprüchlichen Transaktionen werden via Rollback zurückabgewickelt. So etwas wird die Leistung des

[14] https://galeracluster.com
[15] https://www.percona.com

Clusters tief in den Abgrund ziehen. Beschränkt man solche Transaktionen auf einen Knoten, kommen lokale Locks zum Einsatz und ein Rollback wird nicht erforderlich.

Es gilt aber weiterhin, ob asynchrone Replikation oder Galera, falls es einen Split Brain ohne funktionierendes Fencing zwischen den Instanzen von Icinga 2 gibt, wird die Datenbank unmittelbar korrumpiert. Unterliegt das MySQL-DBMS selbst ebenfalls einem Split Brain, tritt die Korrumpierung erst auf, wenn beide Instanzen wieder Kontakt zueinander haben.

24.5.2 PostgreSQL

Im Gegensatz zu einer Replikation auf logischer Ebene verfolgt PostgreSQL per Default einen anderen Ansatz. So werden Änderungen zunächst im WAL als Pages abgelegt, genauso wie sie dann später in die Datenbankdateien geschrieben werden. Diese Pages werden dann auch benutzt, um auf einem weiteren Knoten (einen Replica) Daten direkt auf binärer Ebene auf Platte zu schreiben.

Die sogenannte **Streaming-Replikation** ist hocheffizient und damit ungemein schnell. Leider lässt sich so kein Multi-Primary-Ansatz verfolgen, denn dieser binäre Austausch funktioniert zeitgleich nur in eine Richtung. Hier wird also ein Mechanismus erforderlich, der den Ausfall des primären Knotens bemerkt und einen der replizierten zum neuen Primary hochstufen kann.

Eine solche steuernde Instanz bietet Patroni[16], eine in Python geschriebene Software, die sich »vor« oder auf jeder PostgreSQL-Instanz setzt und mit weiteren Tools wie `etcd`[17] oder Consul[18] und HAProxy Anfragen verteilt (routet) und sich zugleich um die Konfiguration für den gewünschten bzw. benötigten Zustand des Clusters kümmert.

PostgreSQL kann alternativ auch mit einer logischen Replikation betrieben werden, die dann auch eine **bidirektionale Replikation** zulässt. Dazu wird das WAL für den Modus *logical* konfiguriert, der es um benötigte Metainformationen anreichert, die es ermöglichen, wieder SQL aus WAL-Einträgen zu erzeugen.

Die PostgreSQL-Extension *pglogical*[19] (wird in Zukunft zusammen in Postgres-BDR[20] weitergeführt) ermöglicht über ein Publisher-Subscriber-Modell, einen beidseitigen Datenaustausch. Der nicht unerhebliche Nach-

[16]https://github.com/zalando/patroni

[17]https://etcd.io

[18]https://www.consul.io

[19]https://github.com/2ndQuadrant/pglogical

[20]https://www.enterprisedb.com/products/bidirectional-replication-bdr-postgresql-database

teil ist allerdings, dass Änderungen an der Struktur von Tabellen oder gar das Neuanlegen von Tabellen nicht repliziert wird.

Aber auch hier gilt, egal für was man sich entscheidet, nichts funktioniert ohne Fencing zwischen den Clusterknoten.

24.6 Time-Series-Datenbanken und ihre Grapher

Wie die Performance-Daten in die zugehörige TSDB kommen, unterscheidet sich bei PNP4Nagios zu allen anderen unterstützten Datenbanken. Senden alle anderen die Daten an einen Socket, schreibt das Objekt vom Typ *PerfdataWriter* Textdateien ins Dateisystem, von wo aus sie von PNP4Nagios weiterverarbeitet werden.

Die Render-Engines für Graphite, Grafana bei InfluxDB und auch PNP4Nagios laufen alle in einem Webserver. Eine sessionbasierte Verteilung oder ein Failover lässt sich also grundsätzlich mit Webserver-Boardmitteln und einem Load Balancer oder virtuellen IP-Adresse herstellen.

24.6.1 PNP4Nagios

Die Eigenschaft, Dateien aus dem Dateisystem zu lesen und zu verarbeiten, schränkt die Möglichkeiten zum Aufbau von Hochverfügbarkeit erheblich ein. Am einfachsten ist es, PNP4Nagios auf beiden Icinga-Knoten zu betreiben und damit zwei unabhängige Installationen und Datenablagen für die RRD-Dateien vorzuhalten. Dafür ist im Feature *perfdata* das Attribut *enable_ha* auf *false* zu setzen. Bei Ausfällen eines Knotens werden dort dann natürlich keine weiteren Performance-Daten verarbeitet und es entstehen Lücken in den Graphen.

Soll dies unbedingt vermieden werden, muss mit *enable_ha = true* und einem Shared Storage gearbeitet werden. Dort werden dann von Icinga 2 die Performance-Daten abgelegt, von PNP4Nagios gelesen, verarbeitet und in RRDs geschrieben.

Der zu PNP4Nagios gehörende Grapher ist in PHP geschrieben und läuft in einem Webserver. Hier sind dieselben Dinge zu berücksichtigen, wie sie schon zu Icinga Web 2 diskutiert wurden: Load Balancer oder virtuelle IP und Sessionmanagement.

Soll die TSDB und der zugehörige Grapher hochverfügbar sein, sollte bei aktuellen Setups lieber ein Tool eingesetzt werden, das sich wie Graphite oder InfluxDB in so einem Fall einfacher installieren und betreiben lässt.

24.6.2 Graphite

Beim Einsatz von Graphite wird die gleiche Technologie wie bei der Skalierung in die Breite genutzt. Icinga 2 spricht dabei nicht mehr direkt mit dem Carbon-Cache, sondern mit einem Carbon-Relay, das die empfangenen Daten auf mindestens zwei Carbon-Caches verteilt. In der Konfiguration kann festgelegt werden, ob die Daten anhand eines Schemas, z. B. »Consistant Hashing«, auf die Caches verteilt oder Daten mehrfach geschrieben werden bzw. eine Kombination aus beiden Vorgehensweisen genutzt wird. Das Carbon-Relay kann hierbei jeweils auf den Icinga-Servern direkt betrieben werden, es dient so zusätzlich als Puffer.

Ein Split Brain zwischen den Icinga-Instanzen ist in einem solchen Setup ungefährlich, da Metriken, die doppelt am Carbon-Cache ankommen, ignoriert werden. Fällt hingegen ein Carbon-Cache aus oder ist er zeitweise nicht erreichbar, puffert das Carbon-Relay zwar noch Daten, ist der dortige Speicher jedoch erschöpft, werden Metriken verworfen. Die Folge sind Löcher in einem Graphen, der aus Daten von diesem Cache erzeugt wird. Umgehen lässt sich dies durch eine einmalige Datensynchronisation der Whisper-Dateien vom aktuell laufenden Carbon-Cache.

Kommt Graphite-API als Renderer zum Einsatz, ist man darauf beschränkt, diese ausschließlich auf demselben Knoten wie den Carbon-Cache zu betreiben. Eine Instanz kann leider nicht mit einer weiteren kommunizieren. Beim Graphite-Web ist es hingegen möglich, dass im Cluster wahlweise auf mehrere weitere Graphite-Web-Instanzen zugegriffen werden kann. Damit ist ein Szenario konfigurierbar, in dem ein Graphite-Web auf jedem Icinga-Knoten auf zwei weitere zugreift, die wiederum unabhängig voneinander für unterschiedliche Carbon-Caches zuständig sind. Alternativ lässt sich, wie schon bei der Graphite-API erforderlich, auch auf Load Balancer oder eine »wandernde» IP-Adresse zurückgreifen.

Als Datenbank für Graphite-Web sollte dabei keine lokale SQLite-Datenbank, sondern eine MySQL- oder PostgreSQL-Datenbank verwendet werden, die auch durchaus repliziert konfiguriert sein sollte. Die Graphite-API benötigt keine Datenbank, da sie ohne zu teilende Daten unabhängig von anderen Instanzen eingesetzt wird.

24.6.3 InfluxDB

Aktuelle Versionen, wie auch schon die Versionen 1.x, unterstützen von sich aus keine Hochverfügbarkeit. Die Onlinedokumentation[21] verweist hier nur auf das kommerzielle Produkt »Influx Enterprise«.

Eine Datenduplizierung für mehrerer InfluxDB-Instanzen kann aber auch hier mit den Bordmitteln von Icinga 2 vorgenommen werden. Hierfür

[21]https://docs.influxdata.com/influxdb/v1.8/high_availability

muss lediglich ein zweites Objekt vom Typ *InfluxdbWriter* hinzugefügt werden, das auf eine andere InfluxDB als Ziel konfiguriert ist. Fällt jedoch eine dieser Instanzen aus, können dort, nach Wiederverfügbarkeit, nur noch solche Metriken gespeichert werden, die von Icinga 2 gepuffert wurden. Es entstehen Lücken in den Graphen. Um dies zu vermeiden, müsste die komplette Datenbank auf Dateiebene vom aktiven Knoten kopiert werden, bevor die ausgefallene InfluxDB wieder gestartet wird. Soll das vermieden werden und sind auch Lücken nicht akzeptabel, muss auf die Enterprise-Version zurückgegriffen werden.

24.6.4 Grafana

Grafana als reiner Grapher mit integriertem Webserver kann über einen Load Balancer angesprochen werden. Als Backend für Benutzerdaten und Dashboards kommt standardmäßig eine SQLite-Datenbank zum Einsatz. In einer hochverfügbaren Umgebung sollte auf eine MySQL- oder PostgreSQL-Datenbank zurückgegriffen werden, die zur Replikation konfiguriert sein kann und sollte.

24.6.5 Elasticsearch

Zwar ist Elasticsearch keine TSDB und besitzt auch keinen integrierbaren Grapher im eigentlichen Sinn, ist aber mit *elasticsearch*-Feature als Datensenke für Metriken benutzbar. Elasticsearch bringt bereits alles für ein hochverfügbares Setup mit und sollte unbedingt mit mindestens drei Knoten im Cluster betrieben werden, wodurch die Hochverfügbarkeit auf jeden Fall gegeben ist.

24.7 Beispielszenarien

Dieser Abschnitt skizziert einige Beispiele, wie die Verfügbarkeit eines Überwachungssystems basierend auf Icinga erhöht werden kann. Er enthält aber keine konkreten Anleitungen.

24.7.1 Überwachung und Benachrichtigung

Zuerst stellen wir uns die Aufgabe, die Überwachung und die Benachrichtigung durch eine höhere Verfügbarkeit sicherzustellen. Beide Aufgaben werden von Icinga 2 wahrgenommen. Zusätzlich ist natürlich dafür Sorge zu tragen, dass auch die Benachrichtigungswege redundant ausgelegt sind.

In diesem ersten Szenario kommen drei Server zum Einsatz. Auf *fornax* wird im Prinzip ein Stand-alone-System mit Icinga 2, MariaDB für die erforderlichen Datenbanken, Grafana und Icinga Web 2 betrieben. Metriken werden auf *tucana* in einer InfluxDB gespeichert. Die zweite Instanz von Icinga 2, die die Verfügbarkeit der Überwachung und Benachrichtigung erhöht, ist auf dem Server *virgo* untergebracht.

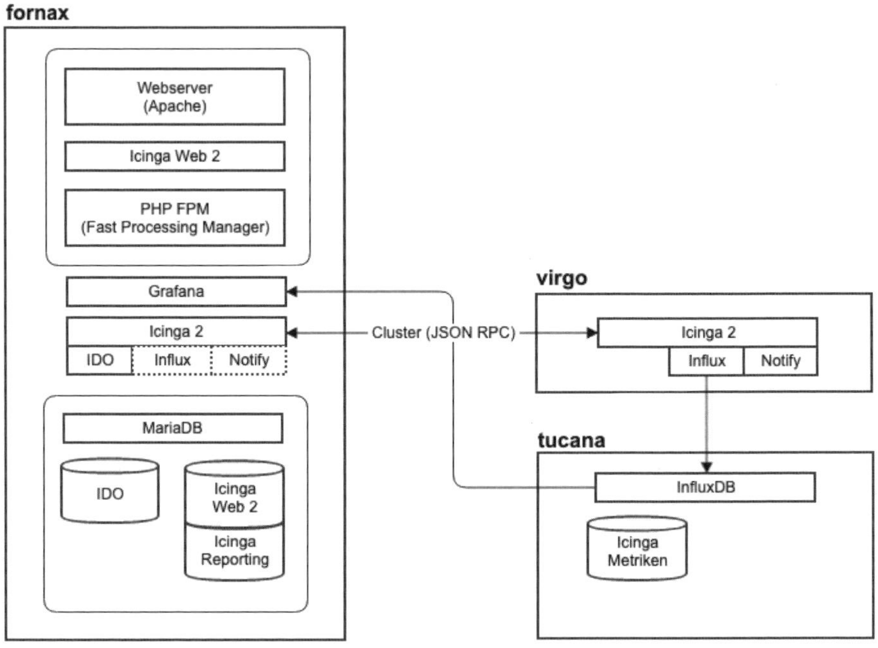

Abbildung 24-4: Erhöhen der Verfügbarkeit bei Überwachung und Benachrichtigung

Hierfür sind beide Instanzen in einer Zone zusammengeschaltet, siehe Abschnitt 24.3 ab Seite 588. Beide Systeme erfordern die Features *checker*, *api*, *notification* und *influxdb*, zusätzlich wird eines der beiden Features *mainlog* oder *syslog* zum Logging benötigt.

Icinga Web 2 mit allen anderen notwendigen Komponenten einschließlich der Datenbanken wird in diesem Szenario ausschließlich auf einem Knoten *fornax* betrieben. Dabei schreibt nur dessen Icinga 2 in die Datenbank. Das heißt, nur auf diesem Knoten ist das entsprechende Feature *ido* aktiviert und mit *enable_ha = false* konfiguriert. Auf genau diesem Knoten sollte auch die CA liegen und er sollte ebenfalls als Konfigurationsserver dienen.

Um die Wahrscheinlichkeit eines Split Brain zu reduzieren, ist dafür Sorge zu tragen, dass beide Instanzen auf unterschiedlichen Wegen miteinander kommunizieren. Da Icinga 2 an Endpoint-Objekten nur mit einem anderen verbunden werden kann, bleibt hier nur eine Bündelung (engl.

Bond[22]) von mindestens zwei Netzwerkinterfaces. Kommen virtuelle Maschinen zum Einsatz, kann diese Forderung durchaus schon auf der Ebene der Hypervisor gegeben sein.

Werden die Module *vspheredb* oder *businessprocess* nicht nur zur Anzeige in Icinga Web 2 eingesetzt, sondern sind sie auch an der aktiven Überwachung beteiligt, kann dies in diesem Szenario nur auf *fornax* mit installiertem Icinga Web 2 erfolgen. Die entsprechenden Services müssen in der Konfiguration via Attribut *command_endpoint* genau auf diesem Knoten ausgeführt werden. Hier besteht also keine erhöhte Verfügbarkeit für diese mitunter wichtigen Checks (*businessprocess*). Was uns zum nächsten Setup-Szenario führt.

24.7.2 Redundante Benutzeroberfläche

In diesem Szenario wird das vorhergehende Setup um die Redundanz von Icinga Web 2 und der Datenbank erweitert. Die erste Frage, die man sich beantworten sollte, ist die, ob eine Inkonsistenz der Daten akzeptabel ist. Dies bezieht sich insbesondere auf Downtimes, wie sie in Abschnitt 24.3.3 ab Seite 592 erörtert wurden.

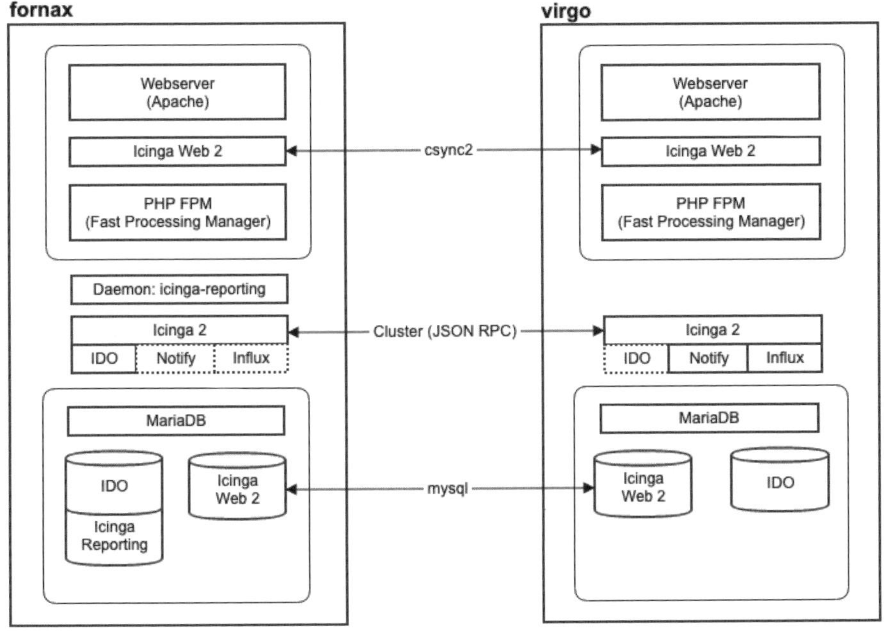

Abbildung 24-5: Höhere Verfügbarkeit durch redundantes Icinga Web 2

[22]https://de.wikipedia.org/wiki/Link_Aggregation

Ist Konsistenz egal, insbesondere wenn sie nicht für ein Reporting erforderlich ist, empfehlen sich zwei unabhängige Datenbanken für den IDO, die keine Daten synchronisieren. Der wirklich wichtige Vorteil ist die massive Entlastung einer Synchronisation für diese extrem IO-lastige Datenbank. Dafür ist das Feature *ido* auf beiden Icinga-Knoten mit *enable_ha = false* konfiguriert und aktiviert. Beide Knoten schreiben nur in »ihre« Datenbank, also z. B. nach *localhost*.

Icinga Web 2 wird auf beiden Knoten installiert und die Konfiguration zwischen beiden Knoten mit `csync2` synchron gehalten, siehe dazu Abschnitt 24.4 auf Seite 595. Zusätzlich ist auf Datenbankebene eine Synchronisation für die Datenbank *icingaweb2* eingerichtet, damit die Benutzer- und Gruppenverwaltung sowie die Benutzereinstellungen auf beiden Knoten immer gleich sind. Die Rollenverwaltung und alle Dashboards müssen hier ebenfalls via `csync2` abgeglichen werden.

Die Abbildung 24-5 gibt keine Auskunft darüber, wann auf welchem der beiden Knoten auf die Weboberfläche zugegriffen wird. Hier kommt ein Load Balancer zum Einsatz, der es erlaubt, dass Benutzer im Normalbetrieb immer auf denselben Knoten geleitet werden. Das ist erforderlich, da gemachte Einstellungen wie Dashboard-Anpassungen, die im Dateisystem abgelegt werden, nicht unmittelbar mit *csync2* repliziert werden.

Auch eine detaillierte Ausführung der InfluxDB fehlt. Hier sollten ebenfalls zwei Server eingesetzt werden. Das Feature *influxdb* enthält in seiner Konfigurationsdatei dabei zwei Objekte vom Typ *influxdb*, jeweils eines zu den beiden InfluxDB-Instanzen. Gelesen und angezeigt werden die Metriken hingegen jeweils nur aus einer InfluxDB-Instanz. Ein getrennter Betrieb auf eigenen Servern erhöht die Verfügbarkeit, da trotz Ausfall eines Icinga-Knotens immer noch alle Metriken in beide InfluxDB-Instanzen geschrieben werden.

Ein redundanter Betrieb vom Modul *businessprocess* ist hiermit nun auch in der aktiven Überwachung und Benachrichtigung möglich. Reporting wird hingegen nur auf der Datengrundlage der IDO-Datenbank auf *fornax* vorgenommen, damit muss auch nur dort der zugehörige Daemon `icinga-reporting` gestartet sein.

Kommt jedoch wieder das Modul *vspheredb* zur Überwachung zum Einsatz, ist auch eine Datenbank hierfür erforderlich. Wird das Modul wiederum nur auf einem Knoten betrieben, wäre so weit alles in Ordnung, bis auf den Punkt, dass keine höhere Verfügbarkeit bei der Überwachung für VMware erzielt wird. Ist die Datenbank nicht erreichbar, gibt es auch keine Check-Ergebnisse. Natürlich lassen sich auch hier zwei unabhängige Datenbanken betreiben, die von ebenfalls zwei unabhängig voneinander laufenden Diensten befüllt werden. Soll auch für *vspheredb* oder *reporting* eine höhere Verfügbarkeit erreicht werden, bleibt die Überlegung, das letzte Szenario zu implementieren.

24.7.3 Das Rundum-»sorglos«-Paket für lückenloses Reporting

Soll ein Split Brain komplett ausgeschlossen werden, um eine doppelte Überwachung und Benachrichtigung zu vermeiden, um für Ressourcen wie die Systemdienste von *reporting* oder *vspheredb* ein Failover zu haben und sie nur einmal im Cluster laufen zu haben, kommt hier `pacemaker` als Manager für Ressourcen zum Einsatz. Für die Kommunikation und das Quorum ist `corosync` verantwortlich.

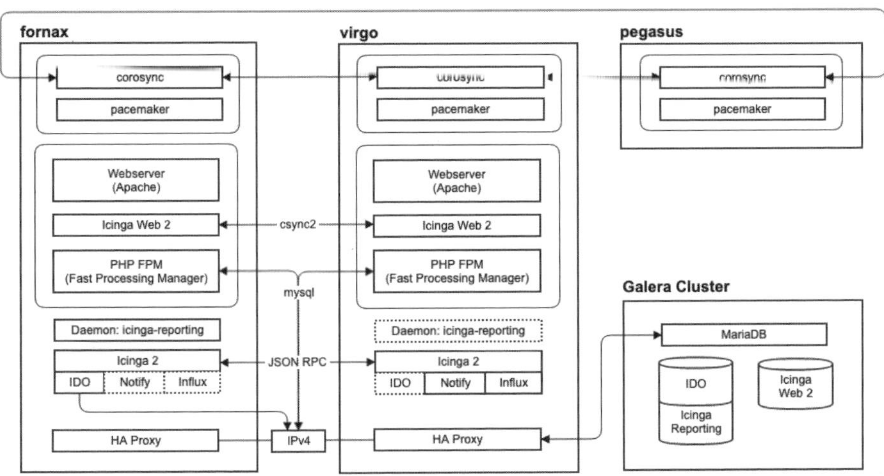

Abbildung 24-6: Hochverfügbarer Icinga-Cluster

Ressourcen, die gesteuert werden müssen und auch nur auf *fornax* und *virgo* lauffähig sein dürfen, sind die virtuelle IP-Adresse, der Webserver, die erforderlichen Daemons der zusätzlichen Module für Icinga Web 2 und natürlich Icinga 2 selbst. Die IP wie auch die Daemons sind hierbei solche Ressourcen, die nur einmal im Cluster aktiv sein dürfen. Webserver und Icinga 2 laufen im normalen Betrieb auf beiden Knoten, müssen aber im Fehlerfall fürs Fencing beendet werden können, und unterliegen deshalb der Verwaltung durch `pacemaker`.

Die virtuelle IP-Adresse dient für den Cluster zur Kommunikation mit dem Datenbank-Cluster, hier ein Galera aus mindestens drei eigenständigen Knoten auf eigenen Servern. Wie bekannt ist, darf pro Datenbank nur in einen Knoten geschrieben werden, die Konfiguration des HAProxy lässt sich mit unterschiedlichen Ports entsprechend abfassen. Derselbe Mechanismus und die Tatsache, dass die IDO-Datenbank von Icinga 2 nur beschrieben und von Icinga Web 2 nur gelesen wird, ermöglicht das Lesen aus und das Schreiben in unterschiedliche Knoten.

Anhang

A Das, was du zurücklässt

Dieses Kapitel greift einige wichtige Regeln für den Aufbau eines Monitorings mit Icinga nochmals auf und beschäftigt sich mit Tuningmaßnahmen, Updates und Datensicherungen sowie mit Troubleshooting.

»Ich weiß was Sie jetzt denken, und Sie haben recht.«
Thomas Magnum, 1980

A.1 Goldene Bulle

Dieses Unterkapitel ist eher eine Zusammenfassung von Regeln als eine Sammlung von Gesetzen und zeigt auf, was beim Monitoring zu beachten ist, welche Limits Icinga kennt und wie etwas zu überwachen ist.

»Dies ist nicht Vietnam, sondern Bowling, da gibt es Regeln.«
Walter Sobchak, 1998

A.1.1 Überwachung

Starten sollte man immer damit, die Dinge zu überwachen, die einem schon in der Vergangenheiten immer wieder Probleme bereitet haben. Erst danach kommen alle anderen an die Reihe.

Um herauszufinden, was zu überwachen ist, lassen sich die Businessprozesse analysieren. Man betrachtet einen Prozess und nimmt ihn Stück für Stück »auseinander«. Dabei wird von oben nach unten vorgegangen.

Mit dieser Top-down-Analyse wird so lange fortgefahren, bis alle Komponenten – auch die kleinste Teilkomponente – erkannt und spezifiziert wurden. Danach wird festgelegt oder recherchiert, mit welchen Plugins sich die einzelnen Komponenten überwachen lassen.

Ein überwachter Service hat als normalen Zustand ausschließlich den Status OK. Wenn WARNING oder gar CRITICAL zum Normalzustand wird, stimmen die Schwellenwerte nicht und müssen angepasst werden oder der Service hat in der Überwachung nichts zu suchen.

Ein Statuswechsel in einen Status, der nicht OK ist, hat immer eine Reaktion auszulösen. Diese besteht zuerst aus der Bewertung und Priorisierung des Problems. Tätigkeiten können das Anpassen der Schwellenwerte, das Setzen eines Acknowledgements (beinhaltet meist eine Delegierung an einen Kollegen) oder die direkte Problembehebung sein. Andernfalls sollte der Service entfernt werden, da er anscheinend nicht wichtig ist.

Aktive Checks sind den passiven stets vorzuziehen, da Icinga bei Ausbleiben von Ergebnissen nur sehr eingeschränkt beurteilen kann, ob nicht vielleicht ein Problem vorliegt. Es könnte z. B. der Kommunikationsweg zur Einlieferung unterbrochen sein. Sendet nun aber der passive Check sowieso nur Meldungen, wenn er einen Fehler feststellt, kann keine verlässliche Aussage über den Zustand getroffen werden.

Meldet sich ein passiver Check jedoch regelmäßig, ist dessen Aktualität ebenfalls regelmäßig zu prüfen. Ein praktikabler Ansatz bietet auch hier wieder die Onlinedokumentation[1]. Mit etwas Aufwand lässt sich der Ansatz sogar in der eigentlichen Definition des passiven Services integrieren.

A.1.2 Benachrichtigungen

Die wichtigste Grundlage eines jeden Monitoring-Systems ist es, über erkannte Probleme zu informieren. Dabei stellt sich immer die Frage, wer ist worüber und auf welchem Wege zu benachrichtigen. Die Frage nach dem wer, ist bei einer Firma eng an die Unternehmensstruktur gebunden und zuerst organisatorisch zu klären. Wie zu benachrichtigen ist, ist eher ein technisches Problem.

Das Benachrichtigungssystem von Icinga ist kein Eventmanager. Komplizierte und sich flexibel ändernde Strukturen sind nur schwer zu implementieren. Einfach umzusetzen ist jedoch, wenn für einen Host und seine Services immer auch derselbe Personenkreis zu informieren ist. Nach Möglichkeit sollte hierauf hingewirkt werden.

Die Akzeptanz eines Monitorings bemisst sich an seinen Fehlalarmen, Meldungen über Probleme, die sich als keine herausstellen. Besonders zu Beginn eines Projekts sollte unbedingt darauf geachtet werden, seine Kollegen nicht mit Nachrichten zu überfluten. Das endet fast immer darin, dass Meldungen ignoriert werden und später womöglich automatisch gelöscht werden. Hier gilt, manchmal ist weniger mehr. Man sollte mit dem absolut Wichtigsten starten und die Benachrichtigungen langsam aufbauen.

Im Zusammenspiel mit den Businessprozessen kann eine »getrennte« Benachrichtigung realisiert werden. Das heißt, über die Beeinträchtigung des ganzen Prozesses kann mittels SMS oder Messanger informiert werden und bei den einzelnen Services per Mail. So kann man sich beim Ausfall einer Teilkomponente eines redundant ausgelegten Dienstes in aller Ruhe zu den normalen Arbeitszeiten um die Behebung des Problems kümmern.

Eine Benachrichtigung über die Beeinträchtigung eines der Benachrichtigungswege darf natürlich nicht über diesen selbst erfolgen. Der Ausfall des Mailsystems z. B. mittels Messanger, bei diesem dann wiederum per Mail. Sind allerdings die Meldungen, die über den Messanger versandt werden, zu wichtig, muss dessen Ausfall ggf. via SMS und damit über einen dritten Benachrichtigungsweg erfolgen.

Kann in diesen Fällen in Kauf genommen werden, dass eine Benachrichtigung verzögert erfolgt, kann sie auch unter Zuhilfenahme von Eskalationen umgesetzt werden.

[1]https://icinga.com/docs/icinga-2/latest/doc/08-advanced-topics/#check-result-freshness

A.1.3 Überwachen des Monitorings

Viele Komponenten der Monitoring-Umgebung werden von Icinga selbst überwacht. So beeinträchtigt der Ausfall der IDO-Datenbank oder der Weboberfläche nicht das Benachrichtigungssystem. Gleiches gilt in verteilten Umgebungen für die Agenten und Worker, hier werden die Verbindungen (*cluster zone*) und auch der Icinga-Service (*icinga*) selbst überwacht.

Verlässt man sich auf Benachrichtigungen und schaut nicht ununterbrochen auf das Webfrontend, bekommt man einen kompletten Ausfall »seines« Monitorings zu spät oder gar nicht mit. Anstatt eine weitere unabhängige Überwachung »nur« für den Icinga-Server, genauer gesagt das Icinga 2, umzusetzen, kann eine zweite Instanz als weiterer Endpunkt in die Server-Zone *main* aufgenommen werden. Leider sind dann alle Konfigurationen auf den Workern und sämtlichen Agenten, die an die Server-Zone angebunden sind, anzupassen.

Dieser zweite Server läuft ausschließlich mit den Features *checker*, *notification* und einem der beiden Features fürs Logging, *mainlog* oder *syslog*, also keine Datenbank und kein Icinga Web 2. Dafür muss auf dem ersten Server im zugehörigen Feature zum IDO das Attribut *enable_ha* auf *false* gesetzt werden, damit nur dieser Server in die Datenbank schreibt.

Ab diesem Zeitpunkt beginnt Icinga auch das Scheduling seiner durchzuführenden Checks auf beide Instanzen zu verteilen. Voraussetzung dazu ist, dass alle Plugins auf beiden Servern installiert sind, beide müssen dieselben globalen Zonen konfiguriert haben und der zweite Server muss so ausgelegt sein, beim Ausfall des ersten alle Checks zu übernehmen. Außerdem muss der neue Server natürlich in der Lage sein, alle Benachrichtigungswege zu bedienen.

Zu beachten sind die Businessprozesse, die mittels `icingacli` überwacht werden und ein lokal zugängliches Icinga Web 2 erfordern. Alle diese Checks müssen mit *command_endpoint* zur ausschließlichen Ausführung auf den ersten Server festgelegt werden. Fällt dieser allerdings aus, verliert man auch die Überwachung der wichtigen Businessprozesse. Ziel ist in diesem Szenario jedoch, dass über den Ausfall des »eigentlichen« Icinga-Servers informiert wird, was gegeben ist. Ausführlich wird das Thema Hochverfügbarkeit in Kapitel 24 ab Seite 579 behandelt.

A.2 Tuning

In einer Umgebung mit Icinga-Agenten muss man wissen, dass der Server bzw. die Worker für jeden Endpunkt ein Relay-Log »schreiben«. Für den korrekten Austausch zwischen einem Server und seinen Satelliten ist dies auch erforderlich, da bei einem Verbindungsabbruch Daten, die nicht verloren gehen dürfen, gepuffert werden müssen. Bei einem Agenten ist das allerdings nicht notwendig und sollte am zugehörigen Endpoint-Objekt aufseiten des Servers und der Worker abgeschaltet werden. Das betrifft auch das Endpoint-Objekt in der zentralen Konfiguration auf dem Server.

```
object Endpoint "agent.domain.tld" {
  log_duration = 0
}
```

Codebeispiel A.1: Deaktivieren des Relay-Logs für Agenten

Das Attribut *log_duration* gibt an, wie lange das Relay-Log zurückreichen soll, *0* schaltet es ab.

Der Standardwert ist *1d* für einen Tag. Bei einem Verbindungsabbruch zwischen Server und Worker kann dies dazu führen, dass das Dateisystem mit `/var/cache/icinga2` schnell vollgeschrieben wird. Darum ist zu erwägen, auch diesen Wert an den entsprechenden Endpunkten herunterzusetzen.

Ein absoluter Flaschenhals in großen Umgebungen mit einigen Zehntausend Servicechecks ist aber die Datenbank für den IDO. Natürlich ist nicht nur die Anzahl der Services wichtig, sondern auch in welchem Intervall sie ausgeführt werden. Als Standard ist heutzutage ein Check-Intervall von 1 Minute zu betrachten.

»Du hast doch nicht geglaubt, dass es so einfach sein würde, oder?«
O-Ren Ishii, 2003

Performance-Messungen

Generell von Interesse ist die Zahl der Datenbankabfragen und ob es »verzögerte« (pending queries) Anfragen gibt. Diese sollten im »normalen« Betrieb sowieso schon mit dem internen Plugin *ido* überwacht werden.

Performance data

Label	Value	Warning	Critical
queries	355.70	0.00	0.00
queries_1min	21,342.00	-	-
queries_5mins	107,626.00	-	-
queries_15mins	627,425.00	-	-
pending_queries	0.00	0.00	0.00

Abbildung A-1: Performance-Daten des Checks *ido*

Ein zweites Szenario ist das Startverhalten von Icinga 2, wenn viele SQL-Queries, vor allem Updates oder Inserts, ausgeführt werden. Das ist immer dann der Fall, wenn viele Objekte der Datenbank hinzugefügt oder reaktiviert werden.

```
$ tail -f /var/log/icinga2/icinga2.log |grep IdoMysqlConnection
'ido-mysql' resumed.
MySQL IDO instance id: 1 (schema version: '1.14.3')
Pending queries: 73997 (Input: 12686/s; Output: 5735/s)
Finished reconnecting to 'ido-mysql' ... in 13.8922 second(s).
Pending queries: 93295 (Input: 8604/s; Output: 7300/s)
Pending queries: 46475 (Input: 4613/s; Output: 9188/s)
```

Erst ab dem Zeitpunkt mit der Meldung »Finished reconnecting« im Logfile (Severity: *information*) beginnt Icinga 2 auch wieder damit, aktuelle Überwachungsdaten in die Datenbank zu schreiben. Wirklich wieder richtig arbeiten wird Icinga jedoch erst, wenn alle *pending queries* abgearbeitet sind. Das wird im Logfile leider nicht konkret ausgegeben, sondern ist nur daran ersichtlich, dass die Anzahl sinkt und irgendwann keine diesbezüglichen Anzeigen mehr protokolliert werden. Das bedeutet, dass in der Zeitspanne vom Start oder Reload bis zum Zeitpunkt, wenn alle Queries abgearbeitet sind, in Icinga Web 2 keine Daten aktualisiert werden!

Testszenario

Dieses Verhalten kann leicht simuliert werden. Über eine Schleife werden in einer Konfigurationsdatei eine Vielzahl von Objekten angelegt. Am einfachsten sind Host- und Serviceobjekte, diese bräuchte man sowieso für alle anderen Objekttypen. Achtung, andere zusätzliche Objekte können über weitere *apply*-Regeln hinzukommen. Das gilt insbesondere für Notification- und Dependency-Objekte!

```
var hosts = 2000
var services = 20

while (hosts > 0) {
  object Host "localhost "+hosts {
    import "generic-host"
    check_command = "dummy"
  }
  hosts -= 1
}
while (services > 0) {
  apply Service "dummy "+services {
    import "generic-service"
    check_command = "dummy"
    assign where match("localhost*", host.name)
  }
  services -= 1
}
```

Codebeispiel A.2: Aufbau eines Testszenarios

Für die einzelnen Testläufe reicht es zwischen diesen, die Datei zu deaktivieren, einen Reload auszuführen und wieder zu aktivieren. Endet der Dateiname nicht auf *.conf*, wird die Datei bei einem Reload ignoriert und die Definition ist damit bis zur Reaktivierung durch erneute Umbenennung inaktiv.

Zusätzlich zum Logfile ist die Ausnutzung des Systems von Interesse und kann mit `iostat -dx` beobachtet werden.

A.2.1 Hardware-Tuning

Generell kann an zwei Stellschrauben gedreht werden, an der »Hardware« und an der Konfiguration des jeweiligen DBMS. Für eine Datenbank, die wie bei IDO unter permanenter Schreiblast steht, sind hohe IOPS von zentraler Bedeutung. Ab einer Größenordnung um die 40.000 Checks sollte »Blech« (dedizierte Serverhardware) einkalkuliert werden, da jede Virtualisierungslösung zusätzliche Latenzen in der IO verursacht.

Ein dem Server zugrunde liegendes Plattensystem aus mehreren SSDs bringt einen erheblichen Schub. Das Dateisystem mit den Datenbankdateien sollte dann unbedingt als DAS betrieben werden, da auch in einem vermeintlich »schnellen« SAN Latenzen hinzukommen.

Die Datenbankdateien sollten in einem eigenen Dateisystem liegen, dieses muss dann natürlich gesondert gemountet und mit der Option *noatime* in */etc/fstab* versehen werden, die am Dateisystem verhindert, dass bei jedem Zugriff auf die Datenbankdateien der Zeitstempel für die Access Time geschrieben wird. Das reduziert den IO am System, bringt aber eigentlich nur etwas bei Anwendungen, die intensiv im lesenden Bereich arbeiten.

Um den Durchsatz weiter zu erhöhen, kann natürlich ein RAID-Level wie sechs gewählt werden, das auf Schreiben optimiert ist. Im Allgemeinen gilt: Bessere Schreibleistung wird durch erhöhten Rechenaufwand erkauft. Daher kann hier nur ein hardwarebasierter Controller für das Redundant Array of Independent Disks (RAID) zum Einsatz kommen. Wenn man es auf die Spitze treiben möchte, legt man dieses Dateisystem exklusiv auf ein eigenes lokal angebundenes Plattensubsystem.

Macht man das jedoch nicht, kann mit dem Anpassen des Loggings von Icinga 2 weitere Last vom Dateisystem genommen werden. Im produktiven Einsatz sollte nicht mehr als im Loglevel *warning* protokolliert werden. Nach der Umstellung von der eigenen Logdatei, die das Feature *mainlog* realisiert, auf *syslog* werden Logeinträge nicht mehr einzeln und direkt, sondern gepuffert als Block geschrieben.

A.2.2 Tuning der Datenbankmanagementsysteme

Einfacher und schneller zu realisieren ist die Optimierung des verwendeten DBMS. Die folgenden Beschreibungen stellen sicher nicht der Weisheit letzter Schluss dar, bieten aber Ansatzpunkte, sein eigenes System zu verbessern.

PostgreSQL Als gute Ausgangsbasis dient der Konfigurationsvorschlag von PGTune[2] mit Data Warehouse als Datenbanktyp.

```
# DB Version: 10
# OS Type: linux
# DB Type: dw (data warehouse)
# Total Memory (RAM): 16 GB
# CPUs num: 4
# Connections num: 100
# Data Storage: ssd

max_connections = 100
shared_buffers = 4GB
effective_cache_size = 12GB
maintenance_work_mem = 2GB
checkpoint_completion_target = 0.9
wal_buffers = 16MB
default_statistics_target = 500
```

[2]https://pgtune.leopard.in.ua

```
random_page_cost = 1.1
effective_io_concurrency = 200
work_mem = 10485kB
min_wal_size = 4GB
max_wal_size = 16GB
max_worker_processes = 4
max_parallel_workers_per_gather = 2
max_parallel_workers = 4
```

Codebeispiel A.3: Vorschlag von PGTune für `postgresql.conf`

Einige weitere Parameter, deren Anpassung deutliche Performance-Steigerungen erbringen, sind:

```
full_page_writes = off
wal_compression = on
maintenance_io_concurrency = 100   # add in pgsql 13
commit_delay = 100
checkpoint_timeout = 30min
```

Für die Beschreibung der einzelnen Optionen sei an dieser Stelle auf die offizielle PostgreSQL-Dokumentation verwiesen. Wenn man in Kauf nimmt, nach einem Crash eine nicht wiederherstellbare Datenbank zu bekommen, kann man auch noch ***fsync*** auf ***off*** setzen und einen weiteren Geschwindigkeitsvorteil erzielen. Damit wird das unmittelbare Schreiben in das WAL unterbunden, was aber nach einem Crash zu korrupten Daten führen kann.

MySQL Die Optimierung von MySQL kann mit dem Perl-Skript `mysqltuner.pl`[3] beginnen. Hierfür sollte Icinga schon 24 bis 48 Stunden mit *performance_scheme = on* laufen und *innodb_buffer_pool_size* sollte einen Wert haben, der einem Drittel des Hauptspeichers entspricht.

```
$ wget https://raw.githubusercontent.com \
    /major/MySQLTuner-perl/master/mysqltuner.pl
$ chmod +x mysqltuner.pl
$ ./mysqltuner.pl
```

Die Empfehlungen können dann unter Zuhilfenahme der Dokumentation nachvollzogen und sukzessive unter der oben beschriebenen Beobachtung umgesetzt werden.

Standardmäßig schreibt auch die InnoDB-Storage-Engine jeden Commit direkt auf Platte. Einen erheblichen Gewinn an IO-Durchsatz von Queries erzielt man damit, den **fsync** nur einmal in der Sekunde (*innodb_flush_log_at_trx_commit = 0*) ausführen zu lassen. Dann ist allerdings nach einem Crash mit Datenverlust zu rechnen, was bei einem Monitoring-System jedoch zu verschmerzen sein sollte.

[3]https://github.com/major/MySQLTuner-perl

A.3 Icinga absichern

Icinga 2 bzw. die Kommunikation zwischen einzelnen Instanzen wie Agenten zu Workern oder zum Server ist schon ziemlich gut durch Verschlüsselung und Zertifikate abgesichert, dennoch muss noch eines gesondert abgesichert werden. Neben nahezu allen Schnittstellen nach außen sollte zuerst darauf geachtet werden, dass generell alle Passwörter in Konfigurationsdateien im Klartext hinterlegt sind und diese nicht für jeden lesbar sein dürfen.

A.3.1 Clusterkommunikation

Eine verschlüsselte Kommunikation ist nur so lange als sicher zu betrachten, wie die eingesetzten Verfahren als sicher gelten. Aktuell gilt die Protokollfamilie TLS noch in den Versionen 1.2 und 1.3 als sicher. Icinga 2 setzt seit Version 2.11 mindestens TLS 1.2 voraus und unterstützt ab Version 2.13.0 auch TLS 1.3. Mit dem Attribut *tls_protocolmin* des Features *api* kann eine Auswahl für die Mindestvoraussetzung getroffen werden. Im selben Objekt lassen sich mit *cipher_list* die zu verwendenden Chiper-Suites in TLS bei Bedarf weiter einschränken.

Wie im Sicherheitsbereich üblich, sind regelmäßige Updates einzuplanen, um möglichen Bedrohungsszenarien erfolgreich begegnen zu können.

Ein weiteres kleines Problem stellt der in Icinga 2 implementierte CA-Proxy dar, der Zertifikatsanfragen an die CA weiterleitet. Dies ist leider kein Feature, das einfach deaktiviert werden kann. Da es fest eingebaut ist, leitet auch jeder Agent solche Anfragen ungefiltert an die CA weiter. Wer der Empfehlung folgt, dass nur der Agent die Verbindung zum Server oder Worker aufbaut und nicht umgekehrt, sollte mit *bind_host* im Feature *api* den Port 5665 der API fest auf *localhost* einstellen. Damit können keine passiven Check-Ergebnisse von entfernter Stelle aus dem Netz mehr entgegengenommen werden. Auf einem Agenten sollte das allerdings zu verschmerzen sein und sowieso nur in Ausnahmefällen vorkommen. Alternativ bleibt noch eine Einschränkung über den lokalen Paketfilter.

```
object ApiListener "api {
  ...
  tls_protocolmin = "TLSv1.3"
  cipher_list = "AES256-GCM-SHA384:AES128-GCM-SHA256"
  bind_host = "127.0.0.1"
  max_anonymous_clients = 10
}
```

Worker und Server dürfen beide Zertifikatsanfragen entgegennehmen. Dort kann die Anzahl der gleichzeitigen unautorisierten Verbindungen beschränkt werden. Das betrifft Anfragen von Stellen ohne gültiges Passwort oder Zertifikat und Endpoint-Objekt. Das Attribut *max_anonymous_clients* gehört ebenfalls zum Objekttyp *APIListener* und damit ins Feature *api*.

A.3.2 Certificate Revocation List

Icinga 2 bietet zwar keine eigenen Kommandozeilentools zur Pflege einer CRL, aber wenigstens die Möglichkeit, eine solche Liste zu benutzen. Die Pflege kann dann mittels `openssl` erfolgen.

```
[ ca ]
default_ca                   = CA_default

[ CA_default ]
dir                          = /var/lib/icinga2/ca
database                     = $dir/index.txt
certificate                  = $dir/ca.crt
private_key                  = $dir/ca.key
default_crl_days             = 30
# default_crl_hours            = 1
default_md                   = md5
policy                       = policy_any
name_opt                     = ca_default
cert_opt                     = ca_default
copy_extensions              = none

[ policy_any ]
countryName                  = supplied
stateOrProvinceName          = optional
organizationName             = optional
organizationalUnitName       = optional
commonName                   = supplied
emailAddress                 = optional
```

Codebeispiel A.4: */etc/icinga2/openssl.cnf*

Dazu erstellt man sich zunächst am besten eine Konfigurationsdatei, um nicht übermäßig viele Optionen beim Aufruf von `openssl` eingeben zu müssen.

Alle benötigten Indexdateien wie `index.txt` mit der Liste der gesperrten Zertifikate, aus der dann die eigentliche CRL generiert wird, sollen mit im CA-Verzeichnis abgespeichert werden. Mit *default_crl_days* wird festgelegt, wie lange die Liste gültig ist. Erlaubtes Minimum ist eine Stunde, was allerdings mit der Option *default_crl_hours* gesetzt wird. Gestartet wird mit einer leeren Datei als leere Liste.

```
$ touch /var/lib/icinga2/ca/index.txt
```

> Sollen alle Datei einschließlich der CRL wie alle anderen Dateien rund um CA und Zertifikate demselben Benutzer gehören, können die folgenden Kommandos via `sudo -u` als dieser Benutzer ausgeführt werden.

```
$ openssl ca -config /etc/icinga2/openssl.cnf -gencrl \
    -out /var/lib/icinga2/certs/ca.crl
```

Kontrollieren bzw. sich anschauen kann man die CRL mit:

```
$ openssl crl -in /var/lib/icinga2/certs/ca.crl -noout -text
Certificate Revocation List (CRL):
        Version 1 (0x0)
        Signature Algorithm: md5WithRSAEncryption
        Issuer: CN = Icinga CA
        Last Update: May 22 13:39:42 2021 GMT
        Next Update: May 22 14:39:42 2021 GMT
Revoked Certificates:
    No Revoked Certificates
        Revocation Date: May 22 13:09:39 2021 GMT
...
```

Eine leere CRL erkennt man an der Zeile »No Revoked Certificates«. Die Liste wird Icinga 2 wiederum im Feature *api* bekannt gemacht. Dem Attribut *crl_path* ist der Pfad zur eben erzeugten Datei `ca.crl` zuzuweisen.

```
object ApiListener "api" {
  ...
  crl_path = "/var/lib/icinga2/certs/ca.crl"
}
```

Codebeispiel A.5: */etc/icinga2/features-enabled/api.conf*

Diese Konfigurationsanpassung erfordert natürlich einen Reload von Icinga 2. Aber **ab jetzt ist auch für jede Änderung an *ca.crl* ein Reload notwendig**. Zum Beispiel wenn ein neues Zertifikat der CRL hinzugefügt wird:

```
$ openssl ca -config /etc/icinga2/openssl.cnf -revoke client.crt
$ openssl ca -config /etc/icinga2/openssl.cnf -gencrl \
    -out /var/lib/icinga2/certs/ca.crl
```

Ein erneuter Blick in die CRL listet nun das gesperrte Zertifikat anhand dessen Seriennummer auf:

```
$ openssl crl -in /var/lib/icinga2/certs/ca.crl -noout -text
...
```

```
Revoked Certificates:
    Serial Number: D1377BEAA5C549200FBE526B2C4BB2AA978D9F72
        Revocation Date: May 22 13:09:39 2021 GMT
...
```

Ein Problem ist es, in den Besitz des Zertifikats zu gelangen, das gesperrt werden soll. Am einfachsten geht dies natürlich, wenn Zugriff auf den Host mit dem Zertifikat `client.crt` besteht.

Eine CRL ist immer dort einzubinden, wo das Blocking zu erfolgen hat, also in der Regel auf dem zugehörigen Worker oder auf dem Server selbst, wenn dieser der Kommunikationspartner ist.

Des Weiteren ist das Logverhalten zu berücksichtigen. Ist das Zertifikat einer Gegenstelle in der CRL hinterlegt, wird trotzdem alle zehn Sekunden versucht, eine Verbindung zu etablieren, und dies im Logfile vermerkt. Mit der Log-Severity *information* auf der Seite der blockenden Instanz geschieht dies mit drei Einträgen und selbst bei *warning* ist es immer noch ein Eintrag. Auf der geblockten Seite sind es sogar noch mehr. Wird ernsthaft mit Revoke-Listen gearbeitet, sollte auf beiden beteiligten Seiten ein Loglevel von *critical* in Erwägung gezogen werden.

A.3.3 Datenbankverbindungen

Allgemein gilt, befindet sich eine anzusprechende Datenbank auf einem anderen Host, sollte die Verbindung verschüsselt erfolgen. Icinga 2 und Icinga Web 2 lassen sich beide für eine TLS-gesicherte Verbindung konfigurieren. Voraussetzung ist bei MariaDB und PostgreSQL ein Zertifikat mit einem zugehörigen privaten Schlüssel und dem passenden CA-Zertifikat. Wird ein selbst signiertes Zertifikat verwendet, wie in den folgenden Beispielen, entfällt natürlich die Notwendigkeit des CA-Zertifikats. Im produktiven Einsatz ist jedoch dringendst die Verwendung eines Zertifikats einer eigenen CA zu empfehlen.

```
$ openssl req -newkey rsa:2048 -nodes \
    -keyout server.key -x509 -days 1825 -out server.crt
```

Unabhängig davon, ob Icinga Web 2 auf einem anderen Host als die Datenbank läuft, kann mit einem rein leseberechtigten Datenbankbenutzer der Zugriff von Icinga Web 2 auf die IDO-Datenbank eingeschränkt werden.

MariaDB

Ein zusätzlicher Benutzer, der nur lesenden Zugriff auf die IDO-Datenbank *icinga2* besitzt, wird wie folgt angelegt. Befindet sich die Datenbank auf einem eigenen Server, ist anstatt »localhost« der Host einzutragen, auf dem

Icinga Web 2 installiert ist. Der Zusatz ***REQUIRE SSL*** bewirkt, dass ausschließlich verschlüsselte Verbindungen entgegengenommen werden, ***X509*** erzwingt darüber hinaus das Vorweisen eines gültigen Zertifikats.

```
MariaDB [(none)]> GRANT SELECT ON icinga2.* TO \
   'icinga2ro'@'localhost' IDENTIFIED BY 'XXX' REQUIRE SSL;
Query OK, 0 rows affected (0.00 sec)
```

Ein bereits existierender Benutzer kann ebenfalls eingeschränkt werden, das führt aber hier zu weit und ist der MariaDB-Dokumentation zu entnehmen.

Die Konfiguration zu TLS erfordert nach Abschluss einen Neustart des MariaDB-Servers und wird auf RedHat und Debian leicht unterschiedlich durchgeführt. Im Grunde unterscheiden sich nur die Pfade zu den verschiedenen Dateien.

- RedHat
  Das Zertifikat und der private Schlüssel können mit den nötigen Berechtigungen wie folgt in den Standardpfaden abgespeichert werden:

  ```
  $ install -o root -g mysql -m640 \
      server.key /etc/pki/tls/private/mariadb.key
  $ install -o root -g root -m644 \
      server.crt /etc/pki/tls/certs/mariadb.pem
  ```

  Entsprechend müssen die Pfade in der Konfigurationsdatei zum MariaDB-Server hinterlegt werden und auch TLS ist mit der Option *ssl* zu aktivieren.

  ```
  ssl = on
  #ssl-ca =
  ssl-cert = /etc/pki/tls/certs/mariadb.pem
  ssl-key = /etc/pki/tls/private/mariadb.key
  ```

  Codebeispiel A.6: `/etc/my.cnf.d/server.cnf`

- Debian
  Auch hier läuft das DBMS unter dem Benutzer *mysql* und so wird der private Schlüssel mit Leseberechtigung für die Gruppe *mysql* abgelegt.

  ```
  $ install -o root -g mysql -m640 \
      server.key /etc/ssl/private/mariadb.key
  $ install -o root -g root -m644 \
      server.crt /etc/ssl/certs/mariadb.pem
  ```

  Die Konfigurationsdateien, in der TLS zu aktivieren ist und die Pfade zum Zertifikat, Schlüssel und optional dem CA-Zertifikat beim Einsatz einer eigenen CA anzupassen sind, heißt hier `50-server.cnf`.

```
ssl = on
#ssl-ca =
ssl-cert = /etc/ssl/certs/mariadb.pem
ssl-key = /etc/ssl/private/mariadb.key
```

Codebeispiel A.7: */etc/mysql/mariadb.conf.d/50-server.cnf*

Das IDO-Feature für MySQL ist nun lediglich um das auf `true` gesetzte Attribut *enable_ssl* zu ergänzen. Wird mit *ssl_ca* ein CA-Zertifikat angegeben oder im unter *ssl_capath* gesetzten Pfad angelegt, wird das Zertifikat des antwortenden Servers validiert.

```
object IdoMysqlConnection "ido mysql" {
  ...
  database = "icinga2"
  enable_ssl = true
  ssl_ca = "/etc/icinga2/ca.crt"
  ssl_key = "/etc/icinga2/client.key"
  ssl_cert = "/etc/icinga2/client.crt"
}
```

Codebeispiel A.8: */etc/icinga2/features-available/ido-mysql.conf*

Wird zur Authentifizierung ein Zertifikat benötigt, muss mit *ssl_key* der Pfad zum privaten Schlüssel und mit *ssl_cert* der zum Zertifikat angegeben werden. Alle Dateien müssen vom Benutzer, unter dem Icinga 2 ausgeführt wird, lesbar sein.

Danach sind in *resources.ini* die neuen Zugangsdaten zu den entsprechenden Ressourcen zu hinterlegen und die Einstellungen für TLS zu tätigen, damit Icinga Web 2 auch weiterhin auf die Daten zugreifen kann.

```
...
dbname = "icinga2"
username = "icinga2ro"
password = "XXX"
use_ssl = "1"
ssl_ca = "/etc/icingaweb2/ca-nps.crt"
ssl_do_not_verify_server_cert = "1"
```

Codebeispiel A.9: */etc/icinga2/features-available/ido-mysql.conf*

Das zugrunde liegende PHP-Framework erfordert immer ein CA-Zertifikat. Alternativ kann es im Pfad hinterlegt werden, der mit *ssl_capath* angegeben wird. Client-Zertifikat und Schlüssel lassen sich mit `ssl_cert` bzw. `ssl_key` angeben.

Mit *ssl_do_not_verify_server_cert* lässt sich die Überprüfung des Zertifikats des MySQL-Servers abschalten, wenn z. B. dort zu Testzwecken ein selbst signiertes verwendet wird.

PostgreSQL

Der zusätzliche Benutzer, der lediglich lesend auf die IDO-Datenbank zugreift, wird wie folgt erstellt:

```
$ sudo -u postgres psql -d icinga2
icinga2=# CREATE ROLE icinga2ro WITH LOGIN PASSWORD 'XXX';
icinga2=# GRANT CONNECT ON DATABASE icinga2 TO icinga2ro;
icinga2=# GRANT SELECT ON ALL TABLES IN SCHEMA public TO icinga2ro
```

Zusätzlich muss in der Datei *pg_hba.conf* noch der Zugriff vom Host mit Icinga Web 2 erlaubt werden. Auf RedHat befindet sich diese Datei in */var/lib/pgsql/data* und bei Debian unterhalb von */etc/postgresql/11/main*.

```
# host   icinga2         icinga2ro        127.0.0.1/32     md5
# host   icinga2         icinga2ro        ::1/128          md5
```

Die Einträge sind am besten direkt bei den schon existierenden aufgehoben. Läuft Icinga Web 2 auf einem entfernten Server, sind die schon existierenden Einträge durch den Eintrag des neuen Benutzers *icinga2ro* zu aktualisieren. Sollen nur verschlüsselte Verbindungen erlaubt sein, ist *host* lediglich durch *hostssl* zu ersetzen. Änderungen an *pg_hba.conf* machen immer einen Neustart von PostgreSQL notwendig.

Die Konfiguration zu TLS erfordert nach Abschluss ebenfalls einen Neustart und wird auf RedHat und Debian leicht unterschiedlich durchgeführt. Im Grunde unterscheiden sich nur die Pfade zu den verschiedenen Dateien.

- RedHat
  Der PostgreSQL-Server läuft hier unter dem Benutzer *postgres*. Dieser benötigt lesenden Zugriff auf den privaten Schlüssel und das Zertifikat. Beim Zertifikat sind weltweite Leserechte unkritisch, beim Schüssel hingegen wird der Zugriff auf die Mitglieder der Gruppe *postgres* und natürlich *root* eingeschränkt.

  ```
  $ install -o root -g postgres -m640 \
      server.key /etc/pki/tls/private/postgresql.key
  $ install -o root -g root -m644 \
      server.crt /etc/pki/tls/certs/postgresql.pem
  ```

  Vor dem Neustart von PostgreSQL ist in der Konfigurationsdatei noch mit der Option *ssl* TLS zu aktivieren und es sind die Pfade zum Zertifikat, zum privaten Schlüssel und ggf. zum CA-Zertifikat zu hinterlegen.

  ```
  ssl = on
  ssl_cert_file = '/etc/pki/tls/certs/postgresql.pem'
  ssl_key_file = '/etc/pki/tls/private/postgresql.key'
  #ssl_ca_file = ''
  ```

  Codebeispiel A.10: */var/lib/pgsql/data/postgresql.conf*

- Debian
  Debian installiert von sich aus schon ein eigenes selbst signiertes Zertifikat, das berüchtigte »snakeoil«. Für PostgreSQL ist es bereits konfiguriert und läuft damit auch schon.

  ```
  ssl = on
  ssl_cert_file = '/etc/ssl/certs/ssl-cert-snakeoil.pem'
  ssl_key_file = '/etc/ssl/private/ssl-cert-snakeoil.key'
  #ssl_ca_file = ''
  ```

  Codebeispiel A.11: */etc/postgresql/11/main/postgresql.conf*

  Spätestens wenn ein Zertifikat einer eigenen CA eingesetzt werden soll, sind Schlüssel, Zertifikat und CA-Zertifikat lokal abzulegen und die Pfade in der Konfigurationsdatei *postgresql.conf* anzupassen.

  ```
  $ install -o root -g postgres -m640 \
      server.key /etc/ssl/private/postgresql.key
  $ install -o root -g root -m644 \
      server.crt /etc/ssl/certs/postgresql.pem
  ```

Im IDO-Feature wird die Verschlüsselung mit dem Attribut *ssl_mode* aktiviert. Der Default *prefer* versucht zuerst, eine verschlüsselte Verbindung aufzubauen. Beim Fehlschlag wird eine unsichere Verbindung eingerichtet. Mit *require* wird ausschließlich versucht, eine verschlüsselte Verbindung aufzubauen.

Der Wert *verify-ca* erweitert diese Forderung noch um die eines vertrauenswürdigen Server-Zertifikats, *verify-full* dann zusätzlich noch darum, dass der Hostname dem im Zertifikat zu entsprechen hat.

Die Verbindungen von Icinga Web 2 zu den entsprechenden Datenbanken sind in *resources.ini*, wie schon für MySQL in Codebeispiel A.9 auf Seite 627 beschrieben, abzuändern und zu ergänzen.

Änderungen lassen sich auch direkt in Icinga Web 2 grafisch gestützt vornehmen. Die Ressourcen erreicht man über *Application* im Menü *Configuration*. Dort klickt man auf *Resources*, das sich im horizontal angeordneten Menü am oberen Rand des Browser befindet.

A.3.4 Apache Webserver

Der Apache kann auf viele unterschiedliche Arten für den Einsatz mit Icinga Web 2 konfiguriert werden. Gleiches gilt demnach auch für die Absicherung mit HTTPS. Hier wird von einer »Standardkonfiguration« ausgegangen, wie sie der Icinga-Installer durchführt oder wie sie »per Hand« in Anhang D beschrieben ist. Das bedeutet, Icinga Web 2 ist über einen Alias mittels */icingaweb2* zu erreichen und nicht als eigener Virtual Host konfiguriert.

Bei dieser Ausgangssituation existiert bereits ein Default Virtual Host, dessen Konfiguration sich leicht erweitern lässt. Ziel ist eine automatiche Weiterleitung aller unverschlüsselten Anfragen auf HTTPS. Hierbei bietet sich eine Rewrite-Regel an, die quasi nur das Protokoll HTTP gegen HTTPS austauscht. So bleiben alle Bookmarks der Benutzer gültig und eine vorherige Information der Kollegen kann entfallen.

```
<VirtualHost *:80>
  RewriteEngine on
  RewriteRule \
      ^ https://%{SERVER_NAME}%{REQUEST_URI} [END,NE,R=permanent]
</VirtualHost>
```

Codebeispiel A.12: Der Default Virtual Host für HTTP

Jetzt fehlen nur noch ein Zertifikat, der private Schlüssel und das zugehörige CA-Zertifikat für die Konfiguration in einem Default Virtual Host für HTTPS auf Port 443.

```
Listen 443
<VirtualHost _default_:443>
  SSLEngine on
  SSLCertificateFile       path/to/server.pem
  SSLCertificateKeyFile    path/to/server.key
  SSLCACertificateFile     path/to/ca-bundle.crt

  DocumentRoot "/var/www/html"

  <Directory "/var/www/html">
    Options Indexes FollowSymLinks MultiViews
    AllowOverride None
    Require all granted
  </Directory>
</VirtualHost>
```

Codebeispiel A.13: Der Default Virtual Host für HTTPS

Die beiden Zertifikate sind im Verzeichnis `certs` gut aufgehoben. Bei RedHat befindet sich dieses unterhalb von `/etc/pki/tls` und auf Debian in `/etc/ssl`. Dort gibt es mit `private` auch ein Verzeichnis für Schlüssel. Da der initiale Apache-Prozess als *root* läuft und dieser fürs Lesen des privaten Schlüssels verantwortlich ist, kann der Zugriff auf diesen ausschließlich bei *root* belassen werden.

Auf RedHat ist im Gegensatz zu Debian für TLS die Installation eines weiteren Pakets erforderlich:

```
$ dnf install mod_ssl
```

A.4 Updates

Ein Überwachung mit Icinga besteht bekanntlich aus verschiedenen Komponenten:

- Icinga 2 mit seinen Plugins,
- das Datenbanksystem mit IDO,
- Icinga Web 2 mit
- dem Webserver und PHP.

Wie sie zu aktualisieren sind, ist im Einzelnen zu betrachten. Die jeweiligen **Release Notes** und das Changelog enthalten dabei stets wichtige Hinweise oder sogar detaillierte Vorgehensweisen.

Auf die Updates von MySQL/MariaDB und dem Apache wird in diesem Abschnitt nicht eingegangen, da davon ausgegangen wird, dass diese über den Paketmanager der Distribution aktuell gehalten werden und dort gut dokumentiert sind.

Plugins

Bei den Plugins ist zu berücksichtigen, wie sie ursprünglich installiert wurden. Kamen sie als Paket auf das System, werden sie über den Paketmanager aktualisiert. Wurden sie aus ihren Quellen installiert, müssen sie auf gleichem Wege mit einer neuen Version versorgt werden. Dabei ist zu beachten, ob womöglich neue Abhängigkeiten hinzugekommen sind.

Ist Letzteres auf dem Server und den Workern vom Aufwand her noch durchführbar, ist spätestens bei einer größeren Anzahl an Icinga-Agenten dieser nicht mehr zu bewältigen. Da auf den zu überwachenden Systemen im Vergleich zum Server oder den Workern weniger Plugins benötigt werden, sollten diese unbedingt in Paketen gepflegt werden.

Icinga 2

Die Kernkomponente von Icinga wird ebenfalls auf dem Server, den Workern und als Agent eingesetzt. Da Icinga ein sehr agiles Projekt ist, bei dem leider in einer neuen Version bei der Entwicklung auch etwas schiefgehen kann, ist hier häufiger mit Updates zu rechnen.

In verteilten Umgebungen, ein Server mit Agenten ist im Prinzip schon eine solche, ist zu beachten, dass die beteiligten Instanzen von Icinga 2 über das Clusterprotokoll miteinander kommunizieren und kompatibel zueinander sein müssen.

Im Icinga-Projekt ist ein Major-Release nicht die erste Stelle in der dreistelligen Versionierung, sondern die zweite. Die führende Nummer bezeichnet zurzeit, dass es sich um Icinga 2 handelt. Die letzte Stelle kennzeichnet ein Bugfix-Release.

> Idealerweise wird Icinga 2 in einer Monitorumgebung ausschließlich im selben Major-Release betrieben. Ist das nicht möglich, sollten aber die Releases auch nicht um mehr als eine Versionsnummer voneinander abweichen.

Eine Kompatibilität kann auch zu wesentlich älteren Versionen bestehen, das wird jedoch nicht garantiert und muss ggf. selbst getestet werden.

Icinga Data Output

Beim IDO als Datenbank ist bei jedem Update von Icinga 2 auf dem Server darauf zu achten, ob das Datenbankschema zu aktualisieren ist. Die erforderlichen SQL-Skripte befinden sich nach Aktualisierung der Pakete `icinga2-ido-pgsql` oder `icinga2-ido-mysql` in den jeweiligen Verzeichnissen.

- PostgreSQL
  Ist Icinga nicht mittels Icinga-Installer installiert worden, muss das Update ggf. als Benutzer *postgres* eingespielt werden.

  ```
  $ psql -U icinga2 -d icinga2 \
      < /usr/share/icinga2-ido-pgsql/schema/upgrade/2.x.y.sql
  ```

- MySQL
  Wurde zur Installation nicht der Icinga-Installer benutzt, ist es eventuell notwendig, sich mit dem Benutzer *root* zur Datenbank zu verbinden.

  ```
  $ mysql -u icinga2 -p icinga2 \
      < /usr/share/icinga2-ido-mysql/schema/upgrade/2.x.y.sql
  ```

Gemeint sind alle Skripte, die sich auf eine höhere als die aktuelle Version bis einschließlich zur gewünschten oder der nächstgelegenen Version beziehen.

```
$ ls upgrade/
2.0.2.sql  2.1.0.sql  2.11.0.sql  2.2.0.sql  2.3.0.sql
2.4.0.sql  2.5.0.sql  2.6.0.sql  2.8.0.sql  2.8.1.sql
```

Codebeispiel A.14: Update-Skripte für das IDO-Datenbankschema

Bei einem Update von 2.8.0 auf 2.12.3 wären das die Dateien `2.8.1.sql` und `2.11.0.sql`.

Icinga Web 2

Ist die grafische Benutzeroberfläche zu aktualisieren, sind beim Update der Pakete zwei Dinge zu berücksichtigen. Wird als Backend zur Authentifizierung eine Datenbank eingesetzt, ist zunächst zu prüfen, ob für die neue Version von Icinga Web 2 das Datenbankschema zu aktualisieren ist. Die erforderlichen Skripte sind im Softwarepaket enthalten und folgen demselben Namens- und Anwendungsschema wie die entsprechenden Skripte zum Update der IDO-Datenbank.

- PostgreSQL
  Sind die erforderlichen Berechtigungen für den Datenbankbenutzer *icinga2* nicht gegeben, weil z. B. nicht der Icinga-Installer zum initialen Setup verwendet wurde, ist das Update vom Systembenutzer *postgres* als PostgreSQL-Admin auszuführen.

```
$ psql -U icingaweb2 -d icingaweb2 \
    < /usr/share/doc/icingaweb2/schema/pgsql-upgrades/2.x.y.sql
```

- MySQL
  Auch hier gilt, besitzt der Datenbankbenutzer *icingaweb2* nicht die benötigten Rechte, muss er sich als *root* mit MySQL verbinden.

```
$ mysql -u icingaweb2 -p icingaweb2 \
    < /usr/share/doc/icingaweb2/schema/mysql-upgrades/2.x.y.sql
```

PHP Der zweite zu beachtende Punkt betrifft PHP. Erfordert die neue Version von Icinga Web 2 eine neue PHP-Version, wird diese in der Regel als Abhängigkeit des Softwarepakets ebenfalls installiert. Hier ist nicht die Rede von einfachen Bugfix-Releases, sondern von einem Feature-Release wie von Version 7.1 auf 7.3.

Diese PHP-Pakete kommen hierbei wie aktuell bei RHEL 7 mit der Software Collection for Linux (SCL) womöglich aus alternativen Quellen und werden parallel zur bereits existierenden Version installiert. Wurden die Konfigurationsdateien angepasst, müssen diese per Hand übernommen werden, da die Dateien der neuen Version in anderen Pfaden abgelegt sind.

In einem solchen Fall ist es immer zu bevorzugen, PHP mit dem FPM als eigenständig laufenden Dienst zu betreiben. Wurde zur Installation der Icinga-Installer verwendet, geschieht das generell. Hier muss dann der alte Service noch gestoppt und deaktiviert werden, bevor die neue Version gestartet und aktiviert werden kann.

Bei der reinen Installation aus Paketen wird jedoch auf Debian standardmäßig das Apache-Modul installiert und konfiguriert. Hier wie auch beim Einsatz von FPM gilt der Hinweis, unbedingt die Update-Anleitungen in den Release-Notes zu beachten.

A.5 Datensicherung

Ein gutes Recovery-Konzept setzt voraus, sich zunächst die unterschiedlich anfallenden Daten vor der Konfiguration des Backups näher anzuschauen. Dazu gehören natürlich zuerst die Konfigurationsdaten in *zones.d*, die die Überwachung beschreiben, aber auch weitere Dateien in */etc/icinga2* wie die Konstanten- und die Zonen- und Features-Konfigurationen. Es ist also eine gute Idee, ***/etc/icinga2*** auf dem Server komplett zu sichern. Aber auch auf einem Worker oder den Agenten enthält */etc/icinga2* bis auf die eigentliche Konfiguration alle genannten wichtigen Daten und gehört auch dort in die Datensicherung.

- Server
  - */etc/icinga2*
  - */var/lib/icinga2*
  - */etc/icingaweb2*
  - Logdateien */var/log/icinga2* oder Syslog
  - Datenbanken: IDO und Icinga Web 2

Ebenfalls auf allen drei Varianten müssen die Zertifikate gesichert werden, will man nach einem Recovery keine neuen ausstellen. Ganz wichtig ist es, auf dem Server auch die CA mit im Backup zu berücksichtigen. Beide sind als Unterverzeichnisse *certs* und *ca* unterhalb von */var/lib/icinga2* abgelegt. Auf dem Server sind dort ein weiteres wichtiges Verzeichnis *api/packages*, das die per API von Icinga Web 2 empfangenen Kommandos enthält. Downtimes und Kommentare sollen natürlich auch nach einer Wiederherstellung nicht alle verloren sein. Alle anderen Dateien werden zwar bei einem Start von Icinga 2 nach einer Datenrücksicherung neu erzeugt, stören aber nicht und so kann ***/var/lib/icinga2*** der Einfachheit halber komplett gesichert werden.

Das IDO-Datenbank-Backend dient zwar nur als Schnittstelle zu Icinga Web 2, enthält aber womöglich wichtige Daten, die nicht im Icinga 2 selbst vorgehalten werden. Diese »flüchtigen« Daten, die die letzten Check-Ergebnisse beinhalten, entsprechen in einer Sicherung sowieso nicht mehr dem aktuellen Stand und ihr Verlust wäre zu verschmerzen. Wichtiger sind die Daten zu »historischen« Ereignissen, wie der Beginn oder das Ende einer Downtime, da diese Informationen ggf. für ein Reporting interessant sind. Da sich diese beiden Daten nicht voneinander trennen lassen, bleibt nur, die Datenbank komplett zu sichern.

- Worker und Agent (Linux)
  - */etc/icinga2*
  - */var/lib/icinga2*

- Agent (Windows)
  - C:\ProgramData\Icinga2

Auch das Icinga Web 2 verwendet in der Regel eine Datenbank für benutzerbezogene Daten, die zu sichern ist. Allerdings schreibt Icinga Web 2 auch einige Daten nicht in die Datenbank, sondern legt die Dashboards der Benutzer unterhalb von */etc/icingaweb2* im Dateisystem ab. Da dort auch die sonstige Konfiguration der Weboberfläche liegt, kann gleich das gesamte Verzeichnis vom Backup berücksichtigt werden.

Binärdateien und sonstiger Programmcode

Sollen nicht nur die »Bewegungsdaten« gesichert werden, sondern auch der Programmcode bzw. die Binärdaten, kommen noch einige Verzeichnisse hinzu:

- Server, Worker, Agent (Linux)
  - */usr/lib/icinga2*
  - */usr/sbin/icinga2*
  - */usr/share/icinga2*
  - */usr/share/doc/icinga2*
  - */var/spool/icinga2*
  - */var/cache2/icinga2*
  - */etc/passwd* und */etc/shadow*
  - */var/run/icinga2*

- Server
  - */usr/share/icingaweb2*
  - */usr/share/doc/icingaweb2*

- Agent (Windows)
  - C:\Program Files\Icinga2

Andernfalls können auch die jeweiligen Pakete *icinga2*, *icingaweb2* und *icinga2-ido-pgsql* bzw. *icinga2-ido-mysql* vor der Rücksicherung installiert werden.

A.6 Troubleshooting

Das Icinga-Team hat eine nahezu allumfassende Sammlung zu Troubleshooting in der Onlinedokumentation[4] zusammengetragen, die mit dem Einsatz der API und der Icinga-Console über den Wissenstand dieses Buchs hinausgeht. Hilfe von Community-Mitgliedern bei eigenen Problemen erhält man auf dem Community-Board[5] des Icinga-Projekts.

Probleme gliedern sich meistens in einen der zwei Teilbereiche Konfiguration oder Laufzeitfehler. Dabei können die Übergänge fließend sein. So kann das Nichtausführen eines Plugins auf einen Konfigurationsfehler zurückgeführt werden, nur weil es nicht die richtigen Berechtigungen besitzt oder versehentlich unter einem falschen Pfad abgelegt ist.

Plugins sind von der Kommandozeile aus testweise auf RedHat-Systemen immer als Benutzer *icinga* und auf Debian als *nagios* auszuführen, also der Benutzer, unter dem der Icinga-Prozess läuft.

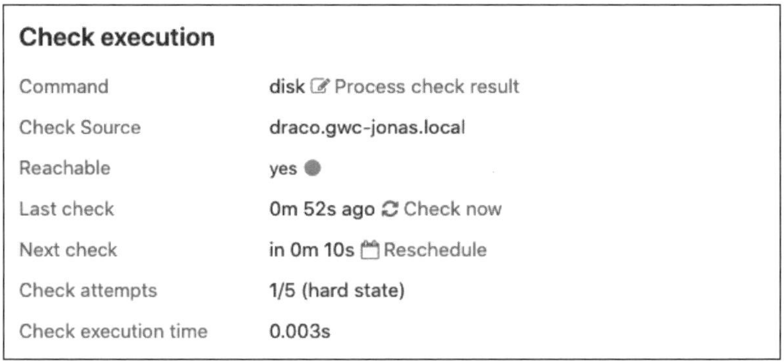

Check execution

Command	disk Process check result
Check Source	draco.gwc-jonas.local
Reachable	yes
Last check	0m 52s ago Check now
Next check	in 0m 10s Reschedule
Check attempts	1/5 (hard state)
Check execution time	0.003s

Abbildung A-2: Check Source

Ob das Check Command auf dem richtigen Endpunkt getriggert und damit das Plugin auf dem gewünschten Server läuft, wird am einfachsten der Detailansicht des Services in Icinga Web 2 aus *Check Source* unterhalb von *Check execution* entnommen.

Wie der eigentliche Plugin-Aufruf mit seinen gesetzten Optionen wirklich erfolgt, wird im Logfile protokolliert. Allerdings erst sobald die Log-Severity mindestens auf die Stufe *notice* gesetzt wurde.

Eine ggf. noch detailliertere Ausgabe des Protokolls bietet *debug*. Hierfür lässt sich vorübergehend auch das zusätzliche Debuglog mittels Feature *debuglog* aktivieren.

[4]https://icinga.com/docs/icinga-2/latest/doc/15-troubleshooting

[5]https://community.icinga.com

Die sicherlich wichtigsten Tools, um Fehlern in der Konfiguration auf die Spur zu kommen, sind die Validierung und die darauf aufbauende Objektliste.

- `icinga2 daemon --validate`
- `icinga2 object list`

Der Zusammenhang zwischen beiden Tools wie auch die Handhabung von `icinga2 object list` mit zusätzlichen Parametern ist in Abschnitt 4.8 ab Seite 76 grundsätzlich beschrieben.

In verteilten Umgebungen mit Workern aka Satelliten werden Konfigurationen zwischen den einzelnen Icinga-Instanzen synchronisiert. Ein Verständnis des Ablaufs hilft bei der Analyse von Problemen in diesem Bereich, aber auch mit den beiden genannten Tools lässt sich auf einem Worker arbeiten und viel an Informationen erlangen. So kann auf einem Worker beispielsweise geschaut werden, ob ein spezielles Objekt überhaupt synchronisiert wurde. Die Validierung, ausgeführt auf einem Worker, verrät, wo genau ein Konfigurationsfehler in den zu übertragenden »Dateien« besteht.

Wird keine Konfiguration übertragen oder in die andere Richtung keine Check-Ergebnisse, liegt ebenfalls mit an Sicherheit grenzender Wahrscheinlichkeit ein Konfigurationsproblem vor. Hier sei nochmals im Besonderen auf das Attribut *parent* des Zonen-Objekts hingewiesen, das nur dann den Datenfluss in beide Richtungen gewährleistet, wenn es auf beiden beteiligten Icinga-Instanzen gesetzt ist.

Echte Laufzeitprobleme lassen sich hingegen meistens nur anhand des Debug-Logs nachvollziehen oder gar des Trace-Logs. Auch der Einsatz eines Debuggers zur Laufzeitanalyse sei nicht wirklich jemandem empfohlen, der sich nicht als Entwickler berufen fühlt.

Ein »merkwürdiger« Umstand sei abschließend noch erwähnt. Icinga 2 neigt mitunter bei einem Reload oder Start dazu, eine sehr hohe Load auf dem Server und einem oder mehreren Workern zu erzeugen. Das resultiert daraus, dass der Checker von Icinga alle Plugins unmittelbar ausführen möchte und somit womöglich je nach Umgebung zu viele Prozesse startet. Darum lässt sich die maximale Anzahl an gleichzeitig »laufenden« Checks generell begrenzen.

Konfiguriert wird dies nicht im Feature *checker* direkt, sondern über die Konstante *MaxConcurrentChecks* festgelegt. Standardmäßig steht die maximale Anzahl auf 512, was für die »üblichen« Plugins in der Regel auch ausreicht. Bei vermehrter Verwendung von Plugins, die ressourcenhungrig sind oder eine lange Laufzeit aufweisen, kann es nötig sein, den Wert zu reduzieren.

Vorher sollte man sich jedoch versichern, dass es sich wirklich um genau dieses Problem handelt. Ein `watch` auf die Anzahl der Icinga-eigenen Prozesse während eines Neustarts oder Reloads verrät, ob wirklich ungefähr 512 Prozesse über einen längeren Zeitraum laufen.

```
$ watch 'ps -u icinga |wc -l'
Every 2.0s: ps -u icinga |wc -l
fornax.gwc-jonas.local: 56
```

A.7 Community

Wie geht es nun weiter? Das eigene Wissen lässt sich weiter ausbauen anhand der Onlinedokumentation, Blogposts oder des Austauschs mit anderen, die Icinga einsetzen. Genannt wurde bisher die Community-Plattform, Kontakte können aber auch persönlich vertieft werden. Icinga veranstaltet in regelmäßigen Abständen überregionale Camps, das sind Eintages-Veranstaltungen mit einer Mischung aus Vorträgen von Entwicklern und Anwendern.

Eine weitere eher regionale Möglichkeit zum Austausch sind aus der Community selbst organisierte Meetups, die von Icinga gerne mal mit Goodies oder personell unterstützt werden.

Ein weiterer Treffpunkt ist die jährlich in Nürnberg stattfindene Open Source Monitoring Conference (OSMC)[6], die als einen Schwerpunkt Icinga hat, da Icinga als Firma und die NETWAYS GmbH als Icinga-Partner und Veranstalter dort ihren Sitz haben.

Benötigt man professionelle Hilfe und scheut nicht den Einsatz finanzielle Mittel, unterhält Icinga ein weltweites Netzwerk an Partner, die im Bereich Consulting Projekte begleiten oder Schulungen anbieten. Termine und Veranstaltungsorte zu Icinga Camps, Meetups und Schulungen findet man im Events-Bereich[7] der Icinga-Projektseite.

[6] https://osmc.de

[7] https://icinga.com/community/events

B Es war einmal ...

... im April 2009, als sich ein kleines armes Häuflein Entwickler der Nagios-Community traf und eine Allianz schmiedete, um gegen das mächtige Nagios Enterprise[1] als Projektmaintainer zu rebellieren und den Fork[2] Icinga ins Leben rief. Der Projektname »Icinga« ist ein Wort aus der Sprache Zulu und bedeutet so viel wie »durchsucht« oder »untersucht«. Ja, Zulu ist die Sprache mit den Klicklauten[3]. Das führt dazu, dass die überwiegende Mehrheit der Menschheit Icinga eh immer falsch ausspricht und damit sind alle Varianten irgendwie zu tolerieren.

Wie sich schnell herausstellte, war das neue Team zwar ein kleines Häufchen, aber kein armes. Schon bald konnte es seine Vorsätze, die Bedürfnisse der Community besser zu berücksichtigen sowie Patches schneller zu integrieren, erreichen.

Im Dezember desselben Jahres erschien mit Version 1.0 das erste stabile Release mit einem erweiterten Funktionsumfang zum Vorfahren Nagios. War dieser mit einem Feature als Schnittstelle zu vielen Add-ons auf eine MySQL-Datenbank beschränkt, kam Icinga gleich mit der zusätzlichen Unterstützung von PostgreSQL und Oracle heraus. Eine neue optionale Benutzeroberfläche wurde zeitgleich veröffentlicht. Das in PHP implementierte Webfrontend erhielt folgerichtig den Namen Icinga Web.

Da Icinga die bekannten und beliebten Schnittstellen von Nagios beibehielt, höchstens erweiterte und abwärtskompatibel hielt, profitierte das Projekt maßgeblich von den vielen Add-ons und vor allem den Plugins, die den Zustand zu überwachender Dienste ermitteln.

Zu neuen Ufern ...

... brach das Icinga-Team im Jahre 2011 auf, als es zeitgleich zur laufenden Pflege von Icinga mit einer kompletten Neuentwicklung der Kernkomponente unter dem Namen Icinga 2 begann. Das Release einer ersten stabilen Version erfolgte am 16. Juni 2014 als Icinga 2 2.0.0.

[1] https://www.nagios.com

[2] https://de.wikipedia.org/wiki/Abspaltung_(Softwareentwicklung)

[3] https://icinga.com/blog/2010/11/03/a-lesson-in-zulu-icinga

Es entstand ein modernes Monitoring-System, das im Gegensatz zu seinen Vorgängern konsequent auf Multithreading setzt und dadurch deutlich besser skaliert. In diesem Zuge bekam Icinga 2 auch einen neuen Komponentenlader, der Funktionalität als sogenannte Features modular nachlädt. Neben der Skalierbarkeit auf einem System war den Entwicklern von Beginn an ebenfalls wichtig, Icinga 2 auch in der »Breite« zu verteilen und somit zusätzlich einen wichtigen Schritt in Richtung verteiltes Monitoring und Ausfallsicherheit zu schaffen.

Eine Verteilung des Monitorings bedeutet eine Aufteilung der Überwachungsaufgaben auf mehrere Instanzen von Icinga 2. Damit ist nicht einmal eine Skalierung gemeint, sondern eine Aufteilung der Aufgaben. So kann z. B. eine Instanz die Überwachung aller Systeme in einer DMZ übernehmen. Daten tauschen die beteiligten Instanzen über das neue Clusterprotokoll aus.

Konzeptionell wurde an der Vorgängerversion festgehalten, so gibt es weiterhin die klassische Aufteilung von Host und Service und auch sämtliche Plugins, die bisher zur Überwachung verwendbar waren, sind dies auch mit Icinga 2.

Eine größere Änderung musste jedoch vorgenommen werden: Die über viele Jahre gewachsene Konfiguration von Daemon und der zu überwachenden Objekte erwies sich als zu unflexibel und wurde in einer DSL zusammengeführt. Damit ist jetzt alles als Objekt zu konfigurieren, sogar das Laden der Features und deren Parametrisierung.

Die neue regelbasierte Sprache erlaubt eine deutlich flexiblere Konfiguration. Viele Objekte, die früher einzeln definiert werden mussten, können nun automatisch durch Auswerten von Regeln und Funktionen angegeben werden. Das spart nicht nur sehr viel Tipparbeit, sondern schützt auch vor Fehlern, da einmal definierte Regeln immer für alle Objekte gelten – auch für neu erstellte.

Im gleichen Zeitraum wie die Icinga 2 wurde auch eine neue Benutzerschnittstelle entwickelt. Das moderne Icinga Web 2 war von Beginn an auf Geschwindigkeit ausgerichtet, damit ein flüssiges Arbeiten auch in stressigen Zeiten von Systemausfällen gewährleistet ist.

Im November 2015 stand mit der Version 2.4 der nächste große Schritt in der Entwicklung an. Icinga 2 bekam seine eigene API als REST-Schnittstelle. Mit ihr ist es das erste Mal möglich, zu überwachende Systeme zur Laufzeit hinzuzufügen.

Ebenfalls im selben Jahr erschien mit dem Director auch eine grafische Oberfläche zur Konfiguration. Von da ab konnten zu überwachende Geräte und Dienste ohne den Umweg über die Kommandozeile und einen Editor hinzugefügt und abgepasst werden. Der Director ist als Erweiterung ein Modul für Icinga Web 2 und setzt dieses damit voraus.

C Repositories

Um das Repository mit den Paketen der stabilen Releases einbinden zu können, importiert man zuerst den GPG-Schlüssel, der zur Überprüfung der Signaturen der Pakete dient. Danach werden die Repositories je nach Distribution eingebunden und die Indizes neu aufgebaut. Eine Anleitung befindet sich zu jeder von Icinga unterstützten Distribution auf den Download-Sites[1] des Icinga-Projekts.

RedHat Für RHEL-basierte Systeme empfiehlt es sich, neben dem Icinga- auch gleich noch des EPEL-Repository einzubinden, da sich z. B. nur dort die benötigten Nagios-Plugins als Pakete befinden. Mit RHEL-Version 8 sind einige Pakete in zusätzliche Repositories verschoben worden, so benötigen die Plugins noch weitere Pakete aus dem *Code Ready Builder* auf RHEL bzw. *PowerTools*-Repository bei CentOS.

> Leider hat sich Icinga, zumindest vorrübergehend, dazu entschieden, Installationspakete für RHEL-Version-8-basierte Systeme **nicht mehr frei und kostenlos** zum Download anzubieten.[a] Betroffen sind Icinga 2 ab Version 2.12.6 bzw. Version 2.13.2 und Icinga Web 2 ab Version 2.9.5.
>
> [a] https://icinga.com/blog/2022/04/06/releasing-icinga-web-v2-10-1

Das alles heißt nun nicht, dass man sich nicht selbst Pakete bauen kann. Dazu wird einfach das Quellpaket von Fedora hergenommen, und mit dessen Hilfe[2] ein neues Paket gebaut.

»Aber was, wenn es kein Morgen gibt? Heute gab's nämlich auch keins.«

Phil Conners, 1993

[1] https://packages.icinga.com

[2] https://community.icinga.com/t/how-to-build-your-own-icingaweb2-packages-for-centos-8-as-the-security-fix-was-not-released-for-it/9390

- RHEL

```
$ subscription-manager repos --enable rhel-8-server-optional-rpm
$ subscription-manager repos \
    --enable codeready-builder-for-rhel-8-x86_64-rpms
```

- CentOS

```
$ dnf config-manager --enable powertools
```

```
$ rpm --import https://packages.icinga.com/icinga.key
$ dnf install -y http://packages.icinga.com \
    /epel/icinga-rpm-release-8-latest.noarch.rpm
$ dnf install -y https://dl.fedoraproject.org \
    /pub/epel/epel-release-latest-8.noarch.rpm

$ dnf makecache
```

Debian Repositories für Debian bieten in der Regel keine Pakete, um sich selbst einzubinden. Für das Icinga-Repository reicht jedoch ein Einzeiler an der richtigen Stelle. Sollen die Pakete via HTTPS bezogen werden, muss ein zusätzliches Paket `apt-transport-https` für den Paketmanager installiert sein.

```
$ apt install -y apt-transport-https
$ curl https://packages.icinga.com/icinga.key | apt-key add -

$ echo " \
   deb https://packages.icinga.com/debian icinga-bullseye main" \
   > /etc/apt/sources.list.d/icinga-stable-release.list

$ apt update
```

Monitoring-Plugins

Eine Vielzahl Plugins sind nicht Bestandteil des Projekts Monitoring-Plugins und müssen zusätzlich installiert werden. Das wäre mit Downloads aus vielen unterschiedlichen Quellen verbunden, zusätzlicher Installation von abhängiger Software und Übersetzung der eigentlichen Plugins.

Einige zusätzliche Plugins werden von der Firma NETWAYS über ein Repository[3] nur für Plugins und deren Abhängigkeiten zum Download bereitgestellt. Dort können ebenfalls Pakete für die Distributionen RHEL 7, Debian Stretch bzw. Bullseye und Ubuntu Focal Fossa sowie Bionic Beaver bezogen werden.

[3]https://packages.netways.de/plugins

- RedHat

```
$ dnf install https://packages.netways.de/plugins \
      /epel/8/noarch/netways-plugins-release \
      /netways-plugins-release-8-1.el8.netways.noarch.rpm
```

- Debian

```
$ echo "deb https://packages.netways.de/plugins \
       /debian bullseye main" \
       > /etc/apt/sources.list.d/netways-plugins-release.list
$ apt update
```

Pakete in diesem Repository werden ständig aktualisiert und auch neue kommen hinzu. Daher lohnt sich immer erst einmal ein Blick, ob das Plugin dort nicht als Paket vorliegt.

Monitoring-Extras

Ein weiteres Repository[4] der Firma NETWAYS bietet weitere Pakete für RHEL 7, Debian Stretch bzw. Bullseye und Ubuntu Focal Fossa sowie Bionic Beaver an. Hier sind vor allem Module für Icinga Web 2 enthalten, aber z. B. auch für den Icinga-Installer[5] oder die `graphite-api` aus Abschnitt 21.3.4 ab Seite 492, falls dies nicht schon über andere Quellen bereitgestellt wird.

- RedHat

```
$ dnf install https://packages.netways.de/extras \
      /epel/8/noarch/netways-extras-release \
      /netways-extras-release-8-1.el8.netways.noarch.rpm
```

- Debian

```
$ echo "deb https://packages.netways.de/extras \
       /debian bullseye main" \
       > /etc/apt/sources.list.d/netways-extras-release.list
$ apt update
```

Ist Icinga unter Zuhilfenahme des Icinga-Installers installiert und konfiguriert worden, ist dieses Repository in der Regel bereits aktiv.

[4]https://packages.netways.de/extras

[5]https://github.com/NETWAYS/icinga-installer

D Icinga aus Paketen installieren und konfigurieren

Der Icinga-Installer hat im ersten Teil dieses Buchs die Installation eines Icinga-Servers vereinfacht und stark abgekürzt. Die eigentliche Installation aus Paketen soll damit keinesfalls unter den Tisch fallen, trägt sie doch zum generellen Verständnis bei.

Das Icinga-Projekt stellt auf seiner Downloadseite[1] Installationspakete für Debian, SUSE, RedHat und deren jeweilige Derivate zur Verfügung.

Dort werden neue Paketversionen immer zeitnah zum Download zur Verfügung gestellt. Den aktuellen Entwicklungsstand kann man als »Snapshots« ebenfalls verfolgen, ohne auf die Vorteile einer paketbasierten Installation verzichten zu müssen.

»Tue es oder tue es nicht, es gibt kein versuchen.«
Meister Yoda, 1980

Wie die zur Installation **erforderlichen Software-Repositories** einzubinden sind, wird in Anhang C ab Seite 641 ausfürlich beschrieben.

[1] https://packages.icinga.com

D.1 Icinga 2 und Plugins

Die Paketquellen für Icinga 2 sind bei RedHat und Debian gleich, und zwar das Repository des Icinga-Projekts. Bei den »Standard«-Plugins verhält sich dies anders. Das EPEL-Repository stellt für RedHat-Systeme die von Nagios Enterprise[2] gepflegten `nagios-plugins` zur Verfügung, die auf RHEL 8 für einige Plugins zusätzlich Pakete aus dem *PowerTools*-Repository benötigen.

Bei Debian setzt man auf die vom Community-Projekt[3] bereitgestellten `monitoring-plugins`. Bis vor einigen Jahren existierten lediglich die von der Community betreuten `nagios-plugins`, durch Querelen kam es zu den jetzt zwei »unabhängigen« Projekten.

RedHat Im EPEL-Repository ist jedes Plugin einzeln paketiert zu finden. Über das Meta-Paket `nagios-plugins-all` lassen sich alle dem Projekt zugehörigen Plugins installieren. Die Plugins befinden sich danach im Verzeichnis */usr/lib64/nagios/plugins*.

```
$ dnf install -y nagios-plugins-all icinga2
$ systemctl start icinga2.service
$ systemctl enable icinga2.service
```

Wie bei RedHat üblich, wird der gerade installierte Dienst nicht automatisch gestartet, dies muss per Hand erfolgen. Zusätzlich muss der Service auch für den automatischen Start beim Bootvorgang aktiviert werden. Icinga 2 wird als Benutzer *icinga* ausgeführt.

Debian Auch bei Debian sind die »Standard«-Plugins in unterschiedliche Pakete aufgeteilt, `monitoring-plugins-basic` und `-standard`. Wobei `standard` als Abhängigkeit `basic` mit installiert. Das Meta-Paket `monitoring-plugins` fasst dann nochmals beide zusammen. Alle werden im Dateisystem unter */usr/lib/nagios/plugins* abgelegt.

```
$ apt-get install -y monitoring-plugins icinga2
```

Aus Gründen der Kompatibilität existiert zusätzlich zu jedem Monitoring-Plugin-Paket auch noch ein Dummy-Paket mit entsprechender Benennung mit *nagios*. So installiert das Paket `nagios-plugins` dennoch `monitoring-plugins`.

Im Gegensatz zu RedHat wird der Service `icinga2` nach erfolgter Installation gestartet und läuft somit auch schon zum jetzigen Zeitpunkt. Der Systembenutzer, unter dem Icinga 2 auf Debian läuft, heisst *nagios*. Da

[2] http://www.nagios-plugins.org

[3] https://www.monitoring-plugins.org

Icinga 2009 als Ableger von Nagios (Fork) gestartet ist, wird vom Debian-Projekt als Grund angeführt, dass auch alle Zusatzsoftware auf Nagios zugeschnitten ist und den User *nagios* verwendet. Damit es mit diesen nicht zu Problemen in der Zusammenarbeit mit Icinga kommt, wurde der Benutzer damals beibehalten.

> Die Themen Paketfilter und Zugriffskontrolle wurden in Abschnitt 1.4 ab Seite 18 besprochen.

Icinga 2 bietet nach der Installation eine Beispielkonfiguration zur Überwachung des eigenen Hosts und einiger Services. Diese ist in `/etc/icinga2/conf.d` abgelegt.

D.2 Datenbank-Backend

Dieses Unterkapitel enthält mehrfach Passwörter, die allesamt als »XXX« gekennzeichnet sind. An diesen Stellen sind sichere Passwörter einzufügen. Ein nützliches Tool, das unter Linux zufällige Zeichenfolgen erzeugt, ist `pwgen`.

Datenbanken und erforderliche Zugriffsrechte

Zum Beschreiben der Datenbank aus Icinga 2 heraus ist ein Benutzer mit weitreichender Berechtigung erforderlich. Bei Icinga Web 2 reichte hingegen ein lesender Zugriff auf diese Datenbank, siehe hierzu Abschnitt A.3.3 ab Seite 625. Im Folgenden wird hier darauf verzichtet und ein Benutzer verwendet.

Icinga Web 2 bietet mehrere Backends zur Anbindung an eine Authentifizierung. Da wären zunächst LDAP und ein AD zu nennen oder man kann die Authentifizierung dem Webserver überlassen. Steht all dieses nicht zur Verfügung, kommt eine eigene MySQL- oder PostgreSQL-Datenbank zum Einsatz. Dort lassen sich zusätzlich einige Benutzereinstellungen ablegen, die ansonsten als Dateien im Dateisystem gespeichert werden müssten.

Eine eigene Datenbank kann nicht nur für Benutzereinstellungen sinnvoll sein, sondern auch den ein oder anderen Benutzeraccount als Fallback enthalten. Auf die Datenbank sind volle Zugriffsrechte erforderlich. Icinga Web 2 kann mit mehreren Backends gleichzeitig umgehen.

D.2.1 MySQL/MariaDB

Bei einem dediziert betriebenen Server oder wenn das Icinga Web 2 nicht auf demselben Host läuft, muss MariaDB umkonfiguriert werden, damit die Kommunikation nicht nur über einen lokalen Socket, sondern auch über das Netzwerk erlaubt ist. Entweder ist in der Konfigurationsdatei bei `bind-address` eine bestimmte IP-Adresse eines Netzwerkinterface anzugeben oder »0.0.0.0« für alle am Server vorhandenen.

RedHat Die Pakete für das DBMS MariaDB kommen bei RedHat aus den eigenen Repositories. Nach erfolgter Installation muss MariaDB gestartet werden und auch per Hand dafür Sorge getragen werden, dass der Start automatisch bei einem Systemstart erfolgt.

```
$ dnf install -y mariadb-server
```

Um den Zugriff über das Netzwerk zu ermöglichen, ist die Option `bind-address` zwar schon in der Konfigurationsdatei eingetragen, aber auskommentiert.

```
bind-address=0.0.0.0
```

Codebeispiel D.1: */etc/my.cnf.d/mariadb-server.cnf*

Da RedHat bekanntlich Dienste nach der Installation nicht automatisch startet, muss dies per Hand erfolgen:

```
$ systemctl start mariadb.service
$ systemctl enable mariadb.service
```

Debian Über sein Standard-Repository stellt Debian ebenfalls die Pakete für MariaDB bereit.

```
$ apt-get install -y mariadb-server
```

Soll der Zugriff von außen übers Netzwerk durchgeführt werden, muss die Standardeinstellung »127.0.0.1« von `bind-address` geändert werden:

```
bind-address=0.0.0.0
```

Codebeispiel D.2: */etc/mysql/mariadb.conf.d/50-server.cnf*

Da MariaDB nach der Installation schon läuft, ist nach der Konfigurationsanpassung ein Neustart durchzuführen:

```
$ systemctl restart mariadb.service
```

Datenbanken

Soll der Zugriff auf eine Datenbank über das Netzwerk durchgeführt werden, ist im Folgenden »loacalhost« durch den Server zu ersetzen, der auf die Datenbank zugreifen wird.

Die empfohlene Datenbank für Benutzer des Icinga Web 2 und deren Einstellungen:

```
$ mysql -e "CREATE DATABASE icingaweb2; \
    CREATE USER icingaweb2@localhost IDENTIFIED BY 'XXX'; \
    GRANT ALL ON icingaweb2.* TO icingaweb2@localhost;"
```

Codebeispiel D.3: MySQL-Datenbank für Icinga Web 2 anlegen

Der Benutzer für den Zugriff von Icinga 2 und Icinga Web 2 auf den IDO vom selben Host. Das Datenbankschema muss später noch per Hand eingespielt werden.

```
$ mysql -e "CREATE DATABASE icinga2; \
    CREATE USER icinga2@localhost IDENTIFIED BY 'XXX'; \
    GRANT ALL ON icinga2.* TO icinga2@localhost;"
```

Codebeispiel D.4: MySQL-Datenbank für den IDO anlegen

D.2.2 PostgreSQL

Bei einem dediziert betriebenen Server oder wenn das Icinga Web 2 nicht auf demselben Host läuft, muss PostgreSQL umkonfiguriert werden, damit die Kommunikation nicht nur über einen lokalen Socket, sondern auch über das Netzwerk erlaubt ist. Entweder ist in der Konfigurationsdatei bei `listen_addresses` eine bestimmte IP-Adresse eines Netzwerkinterface anzugeben oder »*« für alle am Server vorhandenen.

RedHat Pakete zu PostgreSQL 10 bietet RedHat in seinem Basis-Repository an. Bevor PostgreSQL gestartet werden kann, muss das DBMS initialisiert werden.

```
$ dnf install -y postgresql-server
$ /usr/bin/postgresql-setup --initdb --unit postgresql
```

Um den Zugriff über das Netzwerk zu ermöglichen, ist die Option `listen_addresses` zwar schon in der Konfigurationsdatei eingetragen, aber auskommentiert.

```
listen_addresses='*'
```

Codebeispiel D.5: */var/lib/pgsql/data/postgresql.conf*

```
$ systemctl start postgresql.service
$ systemctl enable postgresql.service
```

Debian Im Gegensatz zu RedHat läuft hier bereits PostgreSQL 13 nach der Installation und muss nicht per Hand initialisiert werden. Auch mithilfe des `dbconfig`-Systems wird im Anschluss interaktiv die nahezu komplette Konfiguration durchgeführt.

```
$ apt-get install -y postgresql
```

Für den Zugriff über das Netzwerk ist die Option `listen_addresses` zwar schon in der Konfigurationsdatei eingetragen, aber auskommentiert.

```
listen_addresses='*'
```

Codebeispiel D.6: */etc/postgresql/13/main/postgresql.conf*

Danach ist ein Neustart erforderlich:

```
$ systemctl restart postgresql.service
```

Datenbanken

Für PostgreSQL ist noch etwas mehr zu tun. Der Zugriff auf das DBMS ist dem Benutzer *root* nicht gestattet, sondern als Datenbankadministrator *postgres* auszuführen.

```
$ sudo -i -u postgres psql -c \
   "CREATE ROLE icingaweb2 WITH LOGIN PASSWORD 'XXX'"
$ sudo -i -u postgres createdb -O icingaweb2 -E UTF8 icingaweb2

$ sudo -i -u postgres psql -c \
   "CREATE ROLE icinga2 WITH LOGIN PASSWORD 'XXX'"
$ sudo -i -u postgres createdb -O icinga2 -E UTF8 icinga2
```

Codebeispiel D.7: PostgreSQL-Datenbank für Icinga Web 2 und den IDO anlegen

Das Berechtigungskonzept verlangt jedoch zusätzlich noch die Autorisierung, von wo aus zugegriffen werden darf, und diese wird nicht in einer Datenbank des DBMS hinterlegt, sondern in der Datei *pg_hba.conf*. Die Datei befindet sich im selben Verzeichnis wie die Konfigurationsdatei `postgresql.conf`.

Für den lokalen Zugriff sind die folgenden drei Zeilen, die die Datenbank *icinga2* betreffen, einzufügen, und zwar vor den vordefinierten anderen lokalen Zugriffen. Bei einem dedizierten Server genügen die beiden Zeilen mit den IP-Adressen. Gegebenenfalls reicht auch nur eine von beiden, falls ausschließlich mit IPv4 oder IPv6 gearbeitet wird. Dort sind die Adressen durch die der Server zu ersetzen, von denen der jeweilige Zugriff erfolgt.

```
# icinga
local   icingaweb2  icingaweb2                        md5
host    icingaweb2  icingaweb2  127.0.0.1/32          md5
host    icingaweb2  icingaweb2  ::1/128               md5
local   icinga2     icinga2                           md5
host    icinga2     icinga2     127.0.0.1/32          md5
host    icinga2     icinga2     ::1/128               md5

# "local" is for Unix domain socket connections only
local   all         all                               peer
# IPv4 local connections:
host    all         all         127.0.0.1/32          ident
# IPv6 local connections:
host    all         all         ::1/128               ident
```

Codebeispiel D.8: *pg_hba.conf* für den lokalen Zugriff

Nach Änderungen an der *pg_hba.conf* muss PostgreSQL neu gestartet werden.

D.3 Icinga Data Output

Damit Icinga 2 die Check-Ergebnisse und die historischen Daten in die Datenbank schreiben kann, ist ein Feature zu konfigurieren und zu laden. Das Feature befindet sich zum jetzigen Zeitpunkt noch nicht auf dem System, es muss durch die Installation eines weiteren Pakets hinzugefügt werden. Hierbei wird zwischen den verschiedenen Datenbanken unterschieden, d. h., je nachdem, ob PostgreSQL oder MySQL zum Einsatz kommt, sind unterschiedliche Pakete zu installieren.

D.3.1 IDO mit MySQL/MariaDB

RedHat Der Paketmanager bietet keine weitreichende Unterstützung und so muss das Feature per Hand konfiguriert werden.

```
$ dnf install -y icinga2-ido-mysql mariadb
```

Das Datenbankschema ist Bestandteil des RPM-Pakets und kann wie folgt eingespielt werden:

```
$ mysql -u icinga2 -p icinga2 \
    < /usr/share/icinga2-ido-mysql/schema/mysql.sql
```

Liegt die Datenbank auf einem anderen Server, ist der Aufruf um die Option `-h` gefolgt vom Hostnamen zu erweitern.

Debian Mit `dbconfig` unterstützt Debian die Einrichtung der Datenbank für Icinga. Zusätzlich wird auch die Konfiguration des IDO-Features nach der Installation angeboten.

```
$ apt-get install -y icinga2-ido-mysql mariadb-client
```

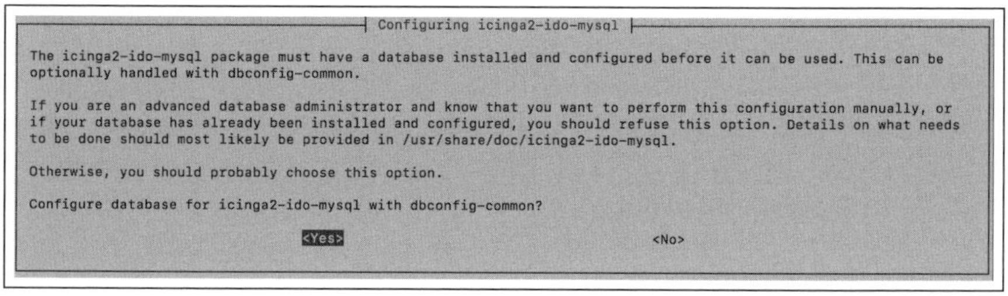

```
Configuring icinga2-ido-mysql

The icinga2-ido-mysql package must have a database installed and configured before it can be used. This can be
optionally handled with dbconfig-common.

If you are an advanced database administrator and know that you want to perform this configuration manually, or
if your database has already been installed and configured, you should refuse this option. Details on what needs
to be done should most likely be provided in /usr/share/doc/icinga2-ido-mysql.

Otherwise, you should probably choose this option.

Configure database for icinga2-ido-mysql with dbconfig-common?

              <Yes>                    <No>
```

Abbildung D-1: Konfiguration der IDO-Datenbank mittels dbconfig auf Debian

Bei den Paketen bis einschließlich der zurzeit aktuellsten Version 2.13.2 von Icinga 2 funktioniert die Aktivierung des Features jedoch nicht und muss nachträglich per Hand durchgeführt werden.

Feature konfigurieren und aktivieren

MySQL erfordert das Feature *ido-mysql*. Die entsprechende Datei zur Konfiguration enthält die Zugangsdaten zur Datenbank und die Angabe, wo sich diese befindet. Läuft die Datenbank auf einem entfernten System ist der Wert des Attributs *host* entsprechend anzupassen und das Datenbankschema per Hand einzuspielen, wie es unter dem Abschnitt RedHat weiter oben beschrieben ist.

```
object IdoMysqlConnection "ido-mysql" {
  user = "icinga2"
  password = "XXX"
  host = "localhost"
  database = "icinga2"
}
```

Codebeispiel D.9: /etc/icinga2/features-available/ido-mysql.conf

Der momentane Zustand, welche Features aktiviert bzw. deaktiviert sind, wird mit `icinga2 feature list` ermittelt:

```
$ icinga2 feature list
Disabled features: api command compatlog debuglog gelf ...
Enabled features: checker ido-mysql mainlog notification
```

Wird `ido-mysql` nicht in der Liste »Enabled features« mit aufgeführt, wird es wie folgt aktiviert:

```
$ icinga2 feature enable ido-mysql
Enabling feature ido-mysql. Make sure to restart Icinga 2 for...
```

Die Kommandozeilenausgabe fordert hier einen Restart, aber zwingend notwendig ist nur ein Reload von Icinga 2.

Ab sofort schreibt Icinga 2 zusätzlich zu Status- und Logdateien auch in die IDO-Datenbank. Verbindet man sich nun mit der Datenbank, kann durch SQL-Abfragen kontrolliert werden, ob die vorgenommene Konfiguration reibungslos funktioniert.

So liegen in der Tabelle `icinga_hosts` die Informationen der konfigurierten Hostobjekte und in `icinga_services` die der Services.

```
MariaDB [icinga2]> SELECT * FROM icinga2.icinga_hosts\G
************************** 1. row **************************
                      host_id: 1
                  instance_id: 1
                  config_type: 1
               host_object_id: 54
                        alias: fornax.gwc-jonas.local
                 display_name: fornax.gwc-jonas.local
                      address: 127.0.0.1
                     address6: ::1


...
1 row in set (0.00 sec)
```

Die Tabelle icinga_services enthält je nach Distribution bzw. mitgelieferter Beispielkonfiguration eine unterschiedliche Anzahl an Zeilen.

```
MariaDB [icinga2]> SELECT count(*) FROM icinga2.icinga_services;
+----------+
| count(*) |
+----------+
|       11 |
+----------+
1 row in set (0.00 sec)
```

Neben diesen Tabellen gibt es noch eine Vielzahl weiterer Tabellen mit Informationen oder Relationen zwischen diesen. Das komplette Datenbankschema ist der Dokumentation[4] zu entnehmen.

D.3.2 IDO mit PostgreSQL

RedHat Der Paketmanager bietet keine weitreichende Unterstützung und so muss das Feature per Hand konfiguriert werden.

```
$ dnf install -y icinga2-ido-pgsql postgresql
```

Das Datenbankschema ist Bestandteil des RPM-Pakets und kann wie folgt eingespielt werden:

```
$ psql -U icinga2 -d icinga2 \
    < /usr/share/icinga2-ido-pgsql/schema/pgsql.sql
```

Liegt die Datenbank auf einem anderen Server, ist der Aufruf mit der Option -h, gefolgt vom Hostnamen des DBMS, zu ergänzen.

Debian Mit dbconfig unterstützt Debian die Einrichtung der Datenbank für Icinga. Der Verlauf ist analog zu MySQL, vergleiche Abbildung D-1 auf Seite 652. Zusätzlich wird auch die Konfiguration des IDO-Features nach der Installation angeboten.

```
$ apt-get install -y icinga2-ido-pgsql postgresql-client
```

Bei den Paketen zur aktuellen Version 2.13 von Icinga 2 funktioniert die Aktivierung des Features jedoch nicht und muss nachträglich per Hand durchgeführt werden.

Feature konfigurieren und aktivieren

PostgreSQL erfordert das Feature *ido-pgsql*. Die entsprechende Datei zur Konfiguration enthält die Zugangsdaten zur Datenbank und die Angabe, wo

[4] https://docs.icinga.com/latest/en/db_model.html

sich diese befindet. Läuft die Datenbank auf einem entfernten System, ist der Wert des Attributs *host* entsprechend anzupassen, insbesondere auch wenn auf Debian die »automatische« Konfiguration mittels debconf verwendet wurde. Dann ist auch das Datenbankschema per Hand einzuspielen, wie es unter dem Abschnitt RedHat weiter oben beschrieben ist.

```
object IdoPgsqlConnection "ido-pgsql" {
  user = "icinga2"
  password = "XXX"
  host = "localhost"
  database = "icinga2"
}
```

Codebeispiel D.10: /etc/icinga2/features-available/ido-pgsql.conf

Der momentane Zustand, welche Features aktiviert bzw. deaktiviert sind, wird mit icinga2 feature list ermittelt:

```
$ icinga2 feature list
Disabled features: api command compatlog debuglog gelf ...
Enabled features: checker ido-pgsql mainlog notification
```

Wird ido-pgsql nicht in der Liste »Enabled features« mit aufgeführt, wird es wie folgt aktiviert:

```
$ icinga2 feature enable ido-pgsql
Enabling feature ido-pgsql. Make sure to restart Icinga 2 for...
```

Die Kommandozeilenausgabe fordert hier einen Restart, aber zwingend notwendig ist nur ein Reload von Icinga 2.

Ab sofort schreibt Icinga 2 zusätzlich zu Status- und Logdateien auch in die IDO-Datenbank. Verbindet man sich nun mit der Datenbank, kann durch SQL-Abfragen kontrolliert werden, ob die vorgenommene Konfiguration reibungslos funktioniert.

So liegen in der Tabelle icinga_hosts die Informationen der konfigurierten Hostobjekte und in icinga_services die der Services.

```
$ psql -x -U icinga2 -d icinga2 -c \
    "select * from icinga_hosts"
Password for user icinga2:
-[ RECORD 1 ]-------------------+--------------------------
host_id                         | 1
instance_id                     | 1
config_type                     | 1
host_object_id                  | 239
alias                           | fornax.gwc-jonas.local
display_name                    | fornax.gwc-jonas.local
address                         | 127.0.0.1
address6                        | ::1
...
```

Die Tabelle `icinga_services` enthält je nach Distribution bzw. mitgeliferter Beispielkonfiguration eine unterschiedliche Anzahl an Zeilen.

```
$ psql -U icinga2 -d icinga2 -c \
    "select count(*) from icinga_services"
Password for user icinga2:
 count
-------
    11 (1 row)
```

Neben diesen Tabellen gibt es noch eine Vielzahl weiterer Tabellen mit Informationen oder Relationen zwischen diesen. Das komplette Datenbankschema ist der Dokumentation[5] zu entnehmen.

D.4 API einrichten

Mit Icinga Web 2 hat der Benutzer die Möglichkeit, verschiedene Aktionen auszuführen, die Icinga 2 übergeben werden müssen. Dies betrifft das Setzen von Downtimes ebenso wie Acknowledgements, Comments oder auch das Senden von sofort auszuführenden Checks.

All diese Kommandos werden an den API-Port von Icinga 2 gesendet, standardmäßig ist dies der TCP-Port 5665. Um jedoch die API nutzen zu können, ist sie zu aktivieren und ein Zertifikat ist erforderlich.

```
$ icinga2 api setup
information/cli: Generating new CA.
...
information/cli: Reading '/etc/icinga2/icinga2.conf'.
information/cli: Enabling the 'api' feature.
...
Done.

Now restart your Icinga 2 daemon to finish the installation!
```

Was außerdem getan werden muss, ist das Anlegen eines API-Accounts per Hand. Das oben stehende Kommando schreibt das Objekt *root* mit einem zufällig erzeugten Passwort nach *conf.d/api-users.conf* ins Konfigurationsverzeichnis von Icinga 2 und bindet diese Datei in *icinga2.conf* ein, falls nicht *conf.d* schon als Ganzes geladen wird.

```
object ApiUser "root" {
  password = "XXX"
  // client_cn = ""
  permissions = [ "*" ]
}
```

[5] https://docs.icinga.com/latest/en/db_model.html

Dieser Benutzer unterliegt keinen Einschränkungen in Bezug auf Berechtigungen für den Zugang. Icinga Web 2 benötigt jedoch keinen Vollzugriff und deshalb sollte unbedingt ein eigener Benutzer *icingaweb2* mit Einschränkungen angelegt werden.

```
object ApiUser "icingaweb2" {
  password = "XXX"
  permissions = [
    "status/query",
    "actions/*",
    "objects/modify/*",
    "objects/query/*"
  ]
}
```

Codebeispiel D.11: */etc/icinga2/conf.d/api-users.conf*

Abschließend muss die Konfiguration noch neu eingelesen werden.

```
$ systemctl reload icinga2.service
```

D.5 Icinga Web 2

Bei Icinga Web 2 handelt es sich um ein in PHP implementiertes Framework, in dem *Monitoring* ein Modul ist. Weitere mitgelieferte Module sind die Icinga-Dokumentation und *Translation*, das den Übersetzern der Oberfläche bei der Arbeit hilft.

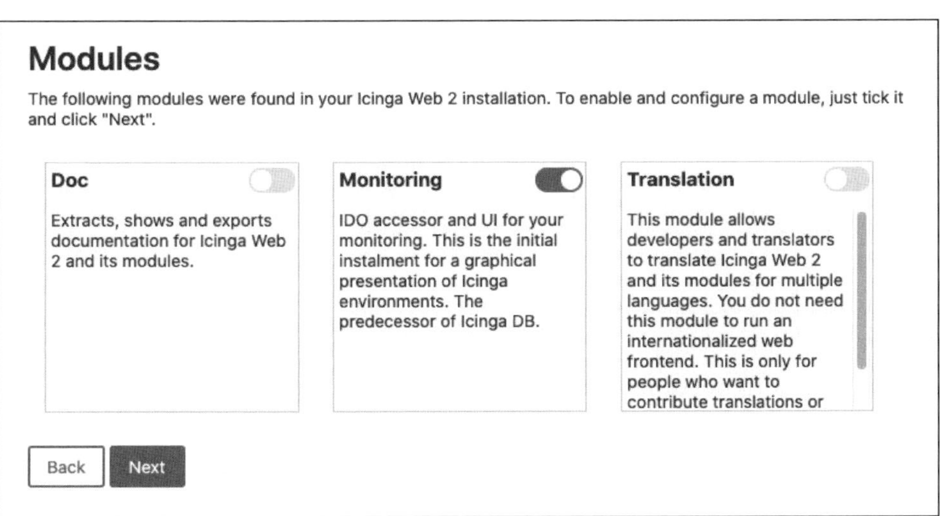

Abbildung D-2: Auswahl der installierbaren Module

Es handelt sich also bisher ausschließlich um Module aus dem Bereich Monitoring oder für die Arbeit mit Icinga Web 2 selbst. Weitere Module können bei Bedarf dazuinstalliert werden.

Die hier beschriebene Installation und Konfiguration beziehen sich auf die 2.8er- und 2.9er-Version von Icinga Web 2 und des Monitoring-Moduls. Die Abbildungen sind einer Installation auf RedHat entnommen und können auf Debian-Systemen leicht abweichen.

Ab dieser Version setzen Pakete von Icinga Web 2 ein PHP in der Version 5.6 oder neuer voraus, empfohlen wird allerdings, Versionen ab 7.2 von PHP zu verwenden. Als zusätzliche Abhängigkeiten von Icinga Web 2 werden etliche PHP-Pakete installiert. Zu empfehlen ist eine gesetzte Zeitzone, die in der `php.ini` unter der Sektion *Date* eingetragen wird.

```
[Date]
; Defines the default timezone used by the date functions
; http://php.net/date.timezone
date.timezone = Europe/Berlin
```

Codebeispiel D.12: Zeitzonen-Einstellung in PHP

RedHat Um neuere Versionen von PHP auch unter RHEL 7 einsetzen zu können, hat das Icinga-Team schon vor längerer Zeit entschieden, die Pakete für RedHat-basierte Plattformen ausschließlich auf die Unterstützung des PHP FPM auszurichten. Für das aktuelle RHEL 8 wurde diese Entscheidung beibehalten.

Als Voraussetzung für die Installation von Icinga Web 2 muss das EPEL-Repository eingebunden werden, was bereits geschehen sein sollte, wenn Icinga 2 ebenfalls auf diesem Server läuft.

Für ältere Versionen wie auch andere Distributionen bietet die Onlinedokumentation[6] detaillierte Anleitungen.

Neben vielen anderen Paketen wie dem FPM wird bei der Installation von `icingaweb2` als Abhängigkeit auch der Apache Webserver mit installiert. Damit sind der FPM und Apache bei einem Systemstart automatisch mit zu starten.

```
$ dnf install -y icingaweb2
$ systemctl enable httpd.service
$ systemctl enable php-fpm.service
```

Die PHP-Konfiguration wird aus `/etc/php.ini` gelesen und sollte mit der gewünschten Zeitzone wie in Codebeispiel D.12 angepasst werden.

[6]https://www.icinga.com/docs/icingaweb2/latest/doc/02-Installation

Debian Alle erforderlichen Pakete bezieht Debian aus seinem Standard-Repository und aus dem vom Icinga-Projekt. Im Gegensatz zu RedHat basieren die Pakete bei Debian nach wie vor auf einer Abhängigkeit zum PHP-Modul des Apache Webserver.

```
$ apt-get install -y icingaweb2
```

Je nachdem, welches DBMS zur Anwendung kommt, ist darauf zu achten, dass entweder `php7.4-mysqlnd` für MySQL-DBs oder `php7.4-pgsql` bei PostgreSQL installiert ist. Die Datei *php.ini* befindet sich für den Apache im Verzeichnis */etc/php/7.4/apache2*. Beide Aktionen erfordern jeweils für sich einen Neustart des Apache.

D.5.1 Konfiguration mithilfe des Assistenten

Bevor mit der Konfiguration fortgefahren werden kann, muss der Webserver und der FPM gestartet bzw. ggf. neu gestartet werden.

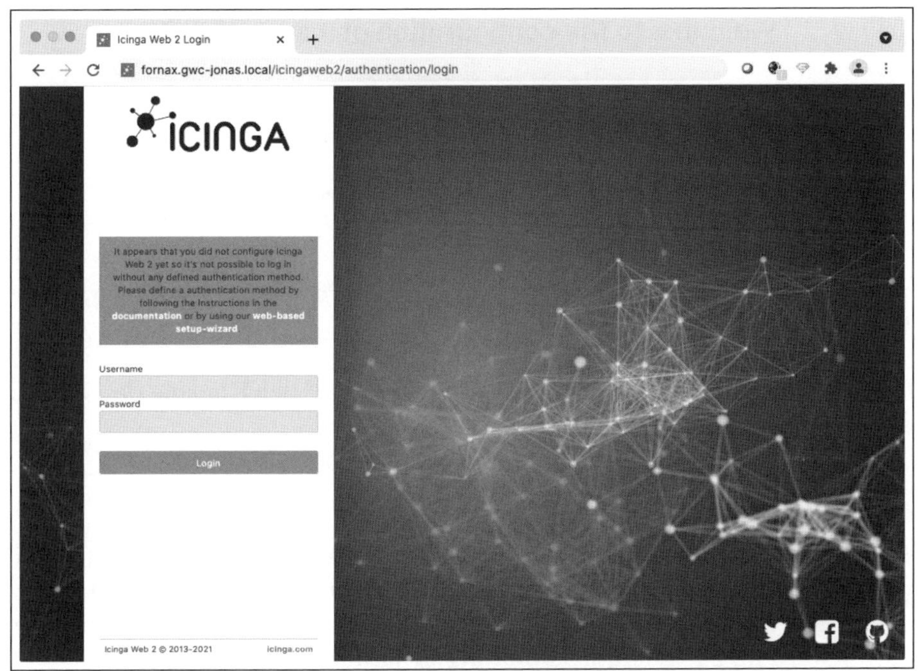

Abbildung D-3: Anmeldemaske von Icinga Web 2 direkt nach der Installation

Das ist immer erforderlich, wenn an der PHP-Konfiguration Änderungen erfolgt sind. Beim Einsatz vom FPM auf RedHat muss bei Anpassungen an PHP entsprechend nur dieser Dienst neu gestartet werden. Das betrifft nicht nur Anpassungen an der *php.ini* sondern auch die Installation neuer PHP-Module.

Bei direkten Konfigurationsarbeiten am Webserver gilt die Erfordernis, diesen ebenfalls einem Neustart zu unterziehen.

Wird nun der Webserver, auf dem Icinga Web 2 läuft, mit */icingaweb2* als URI aufgerufen, erhält man den Anmeldebildschirm aus Abbildung D-3 mit dem Hinweis, die noch erforderliche Konfiguration wie in der Dokumentation beschrieben oder mit dem Assistenten durchzuführen. Hier folgt die Beschreibung, wie bei der Benutzung des Assistenten zu verfahren ist.

Da dieses Setup in der Regel ohne Authentifizierung für jeden erreichbar ist, muss als Erstes festgestellt werden, dass der Benutzer der Session autorisiert ist, eine Konfiguration vorzunehmen. Dies geschieht anhand eines einzugebenden Tokens.

Abbildung D-4: Setup-Authentifizierung mit Token

Das erforderliche Token muss mit `icingacli` auf der Konsole des Webservers erzeugt werden:

```
$ icingacli setup token create;
The newly generated setup token is: d53c4418b749b385
```

Weiter geht es mit der Auswahl der zu aktivierenden Module aus Abbildung D-2 auf Seite 657. Nachdem zumindest *Monitoring* ausgewählt wurde, gelangt man zur Seite, auf der die Voraussetzungen für die Konfiguration geprüft werden, zu sehen in Abbildung D-5 auf Seite 661.

Unbedingt erforderliche Voraussetzungen werden in Rot angezeigt, optionale in Gelb und schon erfüllte in Grün.

Etwas anders verhält es sich mit den PHP-Modulen für MySQL und PostgreSQL, hier ist zur Konfiguration des Monitoring-Moduls von Icinga Web 2 eines von beiden erforderlich. Es wird hier jedoch nicht in Rot angezeigt, sondern bei Abwesenheit immer nur in Gelb. Der Grund liegt darin, dass die Konfiguration zweigeteilt verläuft. Zuerst wird das Framework Icinga Web 2 konfiguriert und im Anschluss das Modul *Monitoring*, bei dem die Datenbankanbindung erst endgültig relevant wird.

Icinga Web 2

PHP Version	Running Icinga Web 2 requires PHP version 5.6.	You are running PHP version 7.2.24.
Linux Platform	Icinga Web 2 is developed for and tested on Linux. While we cannot guarantee they will, other platforms may also perform as well.	You are running PHP on a Linux system.
PHP Module: OpenSSL	The PHP module for OpenSSL is required to generate cryptographically safe password salts.	The PHP module OpenSSL is available.
PHP Module: JSON	The JSON module for PHP is required for various export functionalities as well as APIs.	The PHP module JSON is available.
PHP Module: LDAP	If you'd like to authenticate users using LDAP the corresponding PHP module is required.	The PHP module LDAP is available.
PHP Module: INTL	If you want your users to benefit from language, timezone and date/time format negotiation, the INTL module for PHP is required.	The PHP module INTL is available.
PHP Module: DOM	To be able to export views and reports to PDF, the DOM module for PHP is required.	The PHP module DOM is available.
PHP Module: GD	In case you want views being exported to PDF, you'll need the GD extension for PHP.	The PHP module GD is available.
PHP Module: Imagick	In case you want graphs being exported to PDF as well, you'll need the ImageMagick extension for PHP.	The PHP module Imagick is missing.

Abbildung D-5: Test auf erfüllte Voraussetzungen

Wird auf der darauffolgenden Seite jedoch »Datenbank« als Authentifizierungsquelle gewählt, ist auch schon für das Framework das entsprechende PHP-Modul Voraussetzung. Mit LDAP konfiguriert man, dass die Authentifizierung gegen einen LDAP-Server erfolgt. Auch die Anbindung an ein Microsoft AD wird über diesen Punkt vorgenommen. Die externe Quelle bezeichnet z. B. die Authentifizierung über ein Apache-Auth-Modul.

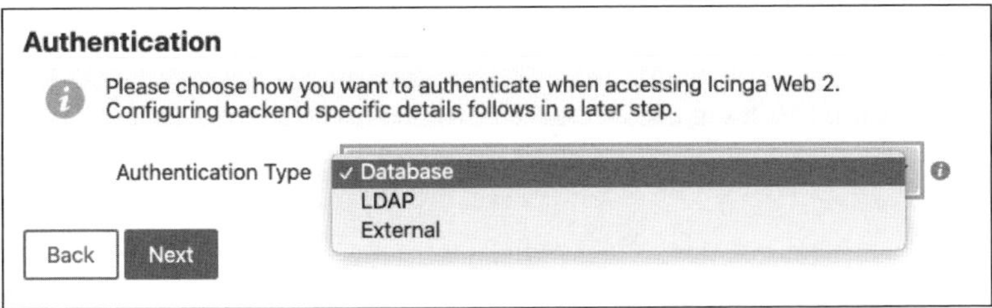

Abbildung D-6: Konfiguration der Authentifizierung

Hat man sich für die Datenbank entschieden, werden als Nächstes deren Zugangsdaten erfragt. Als Erstes ist ein Ressourcenname erforderlich, standardmäßig schlägt der Assistent *icingaweb_db* vor. Diese Bezeichnung ist lediglich zur internen Verwendung und dient später zur Identifizierung dieser Quelle und der dort enthaltenen Authentifizierungsdaten.

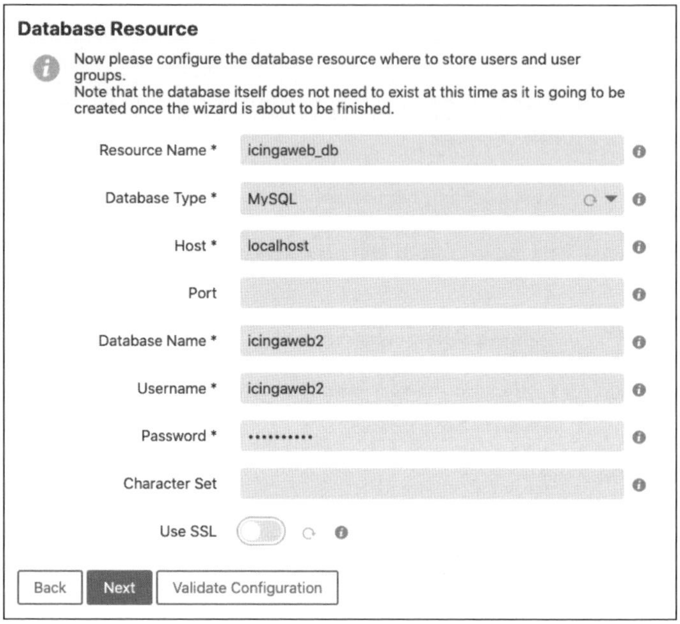

Abbildung D-7: Authentifizierung mit Datenbank-Backend

Welcher Datenbanktyp ausgewählt werden kann, richtet sich nach den schon oben erwähnten PHP-Modulen, die installiert sein müssen. Darauf folgen dann die üblichen Daten wie Host und Port, um eine Datenbank zu erreichen. Die Angabe eines Ports ist optional, wird keiner eingetragen, findet der jeweilige Standardport Verwendung.

Fehlen noch Datenbank-, Benutzername und Passwort. Wird kein Zeichensatz angegeben, wird der jeweilige Defaultwert des DBMS benutzt. Zu beachten ist, dass dies im Nachhinein nicht mehr ohne Weiteres geändert werden kann.

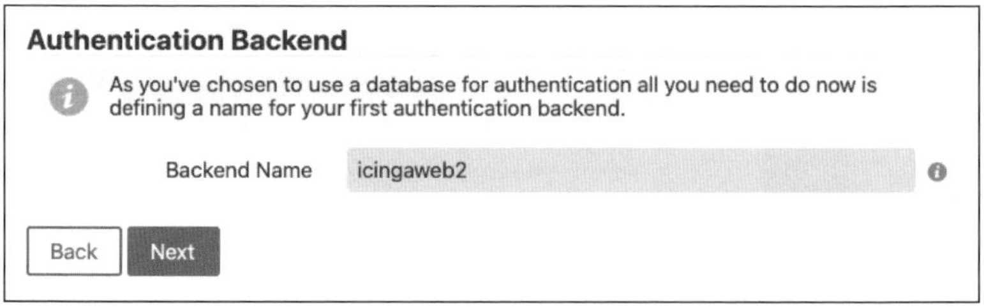

Abbildung D-8: Backend-Namen für die Authentifizierung festlegen

Als Nächstes wird der zu vergebende Name des Backends abgefragt. Dieser wird wie schon der Name der Ressource intern verwendet. Es handelt sich hierbei um das Backend zur Authentifizierung des Benutzers und der Gruppenzugehörigkeit. Icinga Web 2 unterstützt mehrere Backends gleichzeitig, über diese Namen wird auf die unterschiedlichen Backends zugegriffen.

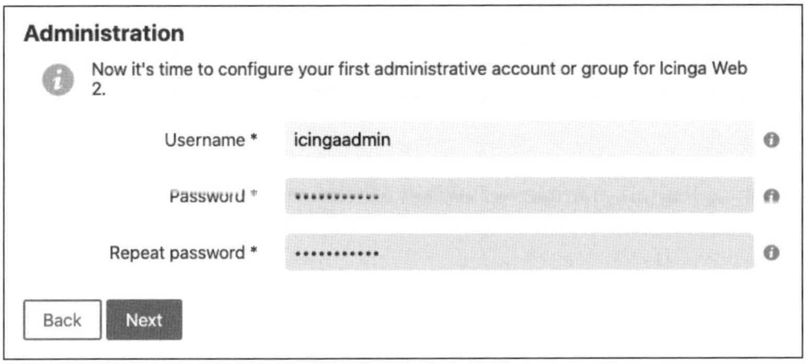

Abbildung D-9: Administratoraccount anlegen

Bevor die abschließende Konfiguration vom Framework erfolgt, muss noch der Administratorzugang zu Icinga Web 2 erstellt werden. Danach sind die Einstellungen bezüglich des Loggings zu treffen.

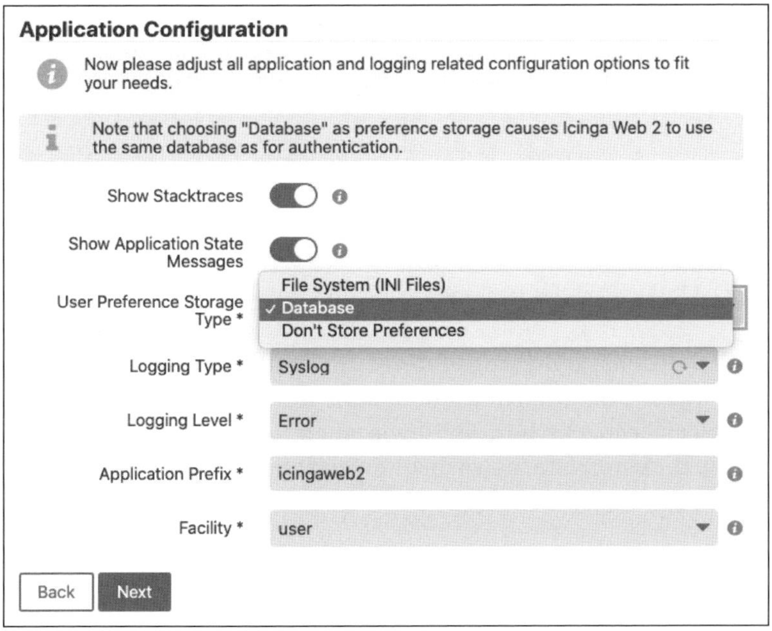

Abbildung D-10: Logging und Anwenderdaten

Logging erfolgt via Syslog, bei dem dann zusätzlich die Facility, das Präfix und das zu protokollierende Loglevel angegeben werden müssen. Alternativ kann in eine dedizierte Datei geschrieben werden.

Interessant ist noch, wie Benutzerdaten gespeichert werden, die über die Authentifizierung via Namen und Passwort hinausgehen. Damit sind Eigenschaften wie z. B. Spracheinstellungen oder das Thema der Anzeigeoptik gemeint. Da in diesem Beispiel schon eine Datenbank für die Authentifizierungsdaten verwendet wird, bietet es sich an, auch hier *Database* auszuwählen, zumal in diesem Fall dieselbe DB benutzt wird.

> Die Möglichkeit, Benutzerdaten in Dateien im Dateisystem abzulegen, ist mit Versionen ab 2.9.0 von Icinga Web 2 entfallen!
> Auch diese Daten stehen ab jetzt immer nur in der Datenbank.

Damit ist die Konfiguration des Frameworks abgeschlossen und auf der folgenden Seite sind nochmals alle gemachten Angaben aufgelistet. Nun startet mit der kommenden Seite die Konfiguration des Monitoring-Moduls. Zuerst bestimmt man den Namen des Backends, als Typ wird zurzeit nur IDO unterstützt.

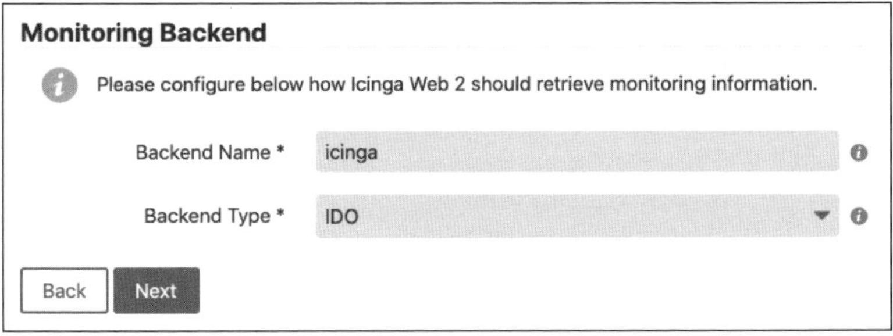

Abbildung D-11: Auswahl des Backends

Als Zweites werden die Zugangsdaten zur IDO-Datenbank eingetragen, aus der Icinga Web 2 alle Informationen zum aktuellen Status der einzelnen Host- und Servicechecks bezieht sowie auch alle zusätzlichen historischen Daten wie z. B., wann Statuswechsel erfolgten. In Abbildung D-12 wird als Beispiel eine MySQL-Datenbank auf dem lokalen Host als Backend konfiguriert.

Mit Anwahl des Buttons *Validate Configuration* kann geprüft werden, ob die Datenbank mit den angegebenen Daten erreichbar ist.

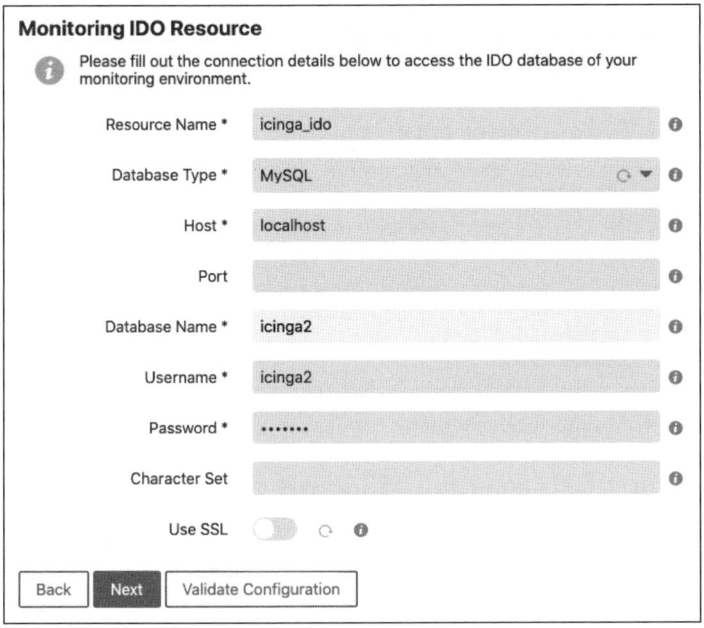

Monitoring IDO Resource

Please fill out the connection details below to access the IDO database of your monitoring environment.

Resource Name * icinga_ido

Database Type * MySQL

Host * localhost

Port

Database Name * icinga2

Username * icinga2

Password * •••••••

Character Set

Use SSL

Back Next Validate Configuration

Abbildung D-12: Konfiguration des IDO-Backends

Als Nächstes muss der »Command Transport« konfiguriert werden, also die Schnittstelle ausgewählt werden, mit der Icinga Web 2 vom Benutzer angestoßene Kommandos an Icinga 2 weiterreicht. Schon im Vorfeld ist hier die Entscheidung für die Verwendung der API gefallen.

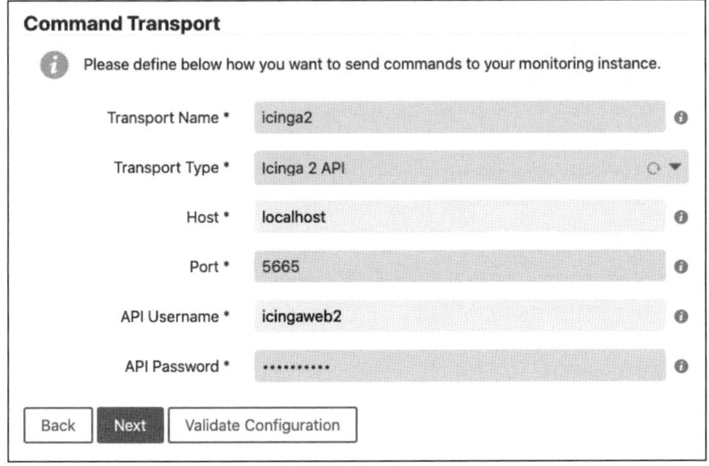

Abbildung D-13: Konfiguration des Befehlstransports

In Abschnitt D.4 wurden die Zugangsdaten in der Datei `api-users.conf` festgelegt, diese sind nun, wie in Abbildung D-13 zu sehen, einzutragen. Des Weiteren ist der Icinga-Server mit aktivierter API anzugeben, der Port ist standardmäßig 5665.

In der letzten Eingabemaske des Assistenten wird angegeben, welche Werte zu welchen Icinga-Attributen nicht im Webinterface angezeigt werden, weil sie z. B. Passwörter enthalten.

Monitoring Security

To protect your monitoring environment against prying eyes please fill out the settings below.

Protected Custom Variables: *pw*,*pass*,community

Back | Next

Abbildung D-14: Monitoring-Sicherheit

Bei der Beschreibung kann mit Wildcards gearbeitet werden. So werden mit der Einstellung aus Abbildung D-14 die Werte aller Attribute mit einem *pw* und einem *pass* im Namen oder die genau dem String *community* entsprechen, in der Weboberfläche nur als »***« dargestellt.

Nachdem alle getätigten Angaben vom Monitoring-Modul nochmals angezeigt wurden, sind alle Einstellungen vorgenommen und die Konfiguration wird in die entsprechenden Dateien geschrieben. Danach ist eine Anmeldung mit dem Benutzer, den man während der Konfiguration bestimmt hat, möglich, z. B. *icingaadmin*.

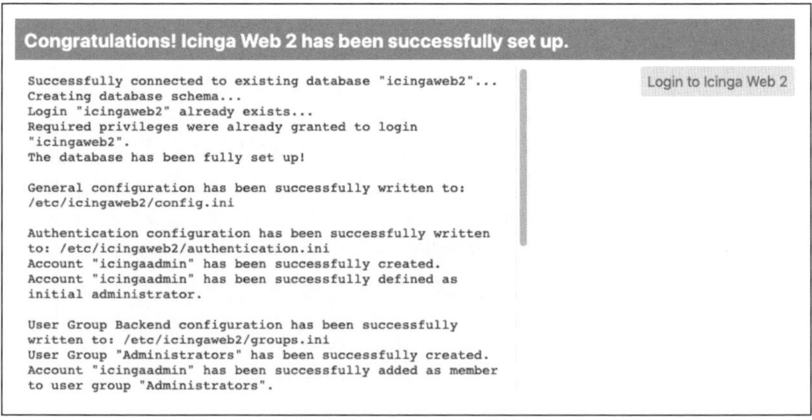

Abbildung D-15: Abschluss der Konfiguration

War der Konfigurationsvorgang nicht erfolgreich, kann mit dem Button *Back* an die Stelle mit den fehlerhaften Eingaben gesprungen werden, wo sich diese dann korrigieren lassen.

D.6 Vorbereiten des Icinga-Servers zur verteilten Überwachung

Um nun den Server auch darauf vorzubereiten, in einer verteilten Umgebung als zentrale Instanz zu agieren, hilft der Node Wizard weitreichend bei der Konfiguration. Es folgt hier ein Beispiel für den Host mit dem FQDN *fornax.gwc-jonas.local*. Im Anschluss wird zum besseren Verständnis noch gezeigt, wie alle Schritte, die der Node Wizard automatisch vollzieht, von Hand ausgeführt werden können.

D.6.1 Nodc Wizard

Nach Aufruf des Installations-Wizard ist darauf zu achten, dass man bei der ersten Frage mit »n« für nein antwortet, um eine Konfiguration für einen Server mit CA durchzuführen.

```
# icinga2 node wizard
Welcome to the Icinga 2 Setup Wizard!

We will guide you through all required configuration details.

Please specify if this is an agent/satellite setup \
      ('n' installs a master setup) [Y/n]: n

Starting the Master setup routine...

Please specify the common name (CN) [fornax.gwc-jonas.local]:
Reconfiguring Icinga...
Checking for existing certificates for \
      common name 'fornax.gwc-jonas.local'...
Certificates not yet generated. Running 'api setup' now.
Generating master configuration for Icinga 2.
Enabling feature api. Make sure to restart Icinga 2 \
      for these changes to take effect.

Master zone name [master]: main

Default global zones: global-templates director-global
Do you want to specify additional global zones? [y/N]: y

Please specify the name of the global Zone: linux-commands

Do you want to specify another global zone? [y/N]: y

Please specify the name of the global Zone: windows-commands
```

```
Do you want to specify another global zone? [y/N]:
Please specify the API bind host/port (optional):
Bind Host []:
Bind Port []:

Do you want to disable the inclusion \
      of the conf.d directory [Y/n]:
Disabling the inclusion of the conf.d directory...
Checking if the api-users.conf file exists...

Done.

Now restart your Icinga 2 daemon to finish the installation!
```

Codebeispiel D.13: Konfiguration des Servers mit CA durch den »Node Wizard«

Das Auslassen der Zertifikatserzeugung tritt allerdings nur auf, wenn schon eine CA und ein Zertifikat für den Server selbst wie zum Beispiel in Abschnitt D.4 auf Seite 656 erstellt wurde. Andernfalls sieht die entsprechende Zeile wie folgt aus:

```
Certificates not yet generated. Running 'api setup' now.
```

Offensichtlich wird auch hier nichts anderes als ein `icinga2 api setup` aufgerufen, um eine CA zu erstellen und ein Zertifikat zu generieren.

Für die weitere Verwendung als Server in diesem Buch wird die eigene Zone in *main* umbenannt und es werden zwei weitere globale Zonen erstellt.

Mit den beiden letzten Fragen kann für »Bind Host« eine IP-Adresse und mit »Bind Port« der TCP-Port angegeben werden, auf dem Icinga 2 den Socket für eingehende Anfragen öffnen soll. Standardmäßig ist es der Port 5665 auf allen Netzwerkschnittstellen.

Wird die Beispielkonfiguration in *conf.d* ausgeschaltet, wird der Eintrag in */etc/icinga2/icinga2.conf* durch den folgenden ersetzt:

```
include "conf.d/api-users.conf"
```

Damit ist sichergestellt, dass API-User-Objekte, die dort abgelegt sind, auch weiterhin zur Verfügung stehen.

Zum Abschluss muss der Dienst von Icinga 2 lediglich gestartet oder neu gestartet werden.

D.6.2 Manuelle Konfiguration

In diesem Abschnitt wird beschrieben, wie der Server zu konfigurieren ist, wenn nicht der Wizard zum Einsatz kommt. Außerdem werden zusätzliche Erläuterungen zu den einzelnen Schritten zum besseren Verständnis vorgenommen.

Certificate Authority anlegen

Die Kommunikation zwischen verschiedenen Icinga-Instanzen ist mit TLS verschlüsselt und wird durch Zertifikate authentifiziert. Als Erstes wird demnach eine CA benötigt.

```
$ icinga2 pki new-ca
```

Codebeispiel D.14: Erstellen einer Certificate Authority

Mit diesem Aufruf wird eine neue CA in `/var/lib/icinga2/ca` erzeugt. Genauer gesagt wird dort der private Schlüssel der CA und das Root-CA-Zertifikat abgelegt.

Zu beachten ist, dass hier auf einem RedHat-System gearbeitet wird, für andere Distributionen weichen der Benutzer und die Gruppe ggf. ab, so sind der Benutzer sowie die Gruppe unter Debian z. B. *nagios*.

```
$ ls -al /var/lib/icinga2/ca/
insgesamt 8
drwx------. 2 icinga icinga   34 24. Apr 14:38 .
drwxr-x---. 4 icinga icinga   27 24. Apr 14:38 ..
-rw-r--r--. 1 icinga icinga 1720 24. Apr 14:38 ca.crt
-rw-------. 1 icinga icinga 3243 24. Apr 14:38 ca.key
```

Zertifikat erstellen

Icinga-CLI-Aufrufe werden in dem Benutzerkontext ausgeführt, unter dem der Icinga-Prozess läuft. Für das zu erzeugende Zertifikat und den zugehörigen Schlüssel muss demnach der Benutzer *icinga* bei RedHat bzw. *nagios* bei Debian auf das Zielverzeichnis Schreibrechte besitzen. Standardmäßig ist dies seit Version 2.8 von Icinga 2 das Verzeichnis `/var/lib/icinga2/certs`.

Nun werden zuerst ein privater Schlüssel und eine Zertifikatsanfrage erzeugt. Der CN hat eindeutig zu sein, es empfiehlt sich, den FQDN zu verwenden. Dieser ist eindeutig, zusätzlich minimiert diese Wahl die Verwechslungsgefahr und es erleichtert einem später die Konfiguration der zu überwachenden Services.

```
$ cd /var/lib/icinga2/certs
$ icinga2 pki new-cert \
    --cn=fornax.gwc-jonas.local \
    --key=./fornax.gwc-jonas.local.key \
    --csr=./fornax.gwc-jonas.local.csr
```

Codebeispiel D.15: Erzeugen einer Zertifikatsanfrage

Die Zertifikatsanfrage ist im nächsten Schritt von der eben erzeugten CA zu signieren. Das beglaubigte Zertifikat befindet sich danach ebenso wie der private Schlüssel im Verzeichnis `/var/lib/icinga2/certs`.

```
$ icinga2 pki sign-csr \
    --csr=./fornax.gwc-jonas.local.csr \
    --cert=./fornax.gwc-jonas.local.crt
```

Codebeispiel D.16: Beglaubigen einer Zertifikatsanfrage

Root-CA-Zertifikat kopieren

Fehlt noch das Root-CA-Zertifikat zur Authentizitätsprüfung. Die entsprechende Datei wird ebenfalls nach `/var/lib/icinga2/certs` kopiert.

```
$ install -o icinga -g icinga -m644 \
    /var/lib/icinga2/ca/ca.crt /var/lib/icinga2/certs/
```

Auch hier ist darauf zu achten, dass je nach Distribution der korrekte Benutzer verwendet wird.

Konstanten setzen

Die Konstante *NodeName* wird zwar standardmäßig auf den FQDN gesetzt, aber in `/etc/icinga2/constants.conf` kann dies trotzdem explizit vorgenommen werden. Der Name der Zone sollte für den Icinga-Master auf *main* lauten. Unbedingt ist ein zufälliger Wert für *TicketSalt* zu vergeben. Dieser Wert ist ein Offset für den Hashwert, der bei der Berechnung eines Tickets zur Authentifizierung beim automatischen Signieren von Zertifikaten die Sicherheit signifikant erhöht.

```
const NodeName = "fornax.gwc-jonas.local"

/* Our local zone name. */
const ZoneName = "main"

/* Secret key for remote node tickets */
const TicketSalt = "bd051f11074e2388980481ce0dbd3d76"
```

Codebeispiel D.17: Konstanten in `/etc/icinga2/constants.conf` anpassen

Ein Salt kann z. B. einfach eine Prüfsumme einer Datei mit zufälligem Inhalt sein:

```
$ md5sum /etc/icinga2/pki/fornax.gwc-jonas.local.key
bd051f11074e2388980481ce0dbd3d76
```

Aber besser ist es, Salt mit dem Kommandozeilentool `pwgen` zu erzeugen.

Zone und Endpunkt konfigurieren

Konfiguriert wird die Richtung des Verbindungsaufbaus durch Setzen oder Weglassen des Attributs *host* im Endpoint-Objekt des Kommunikationspartners. Ist das Attribut gesetzt, versucht Icinga 2, aktiv eine Verbindung aufzubauen, sonst lässt es selbst nur eingehende Verbindungen zu.

Zum jetzigen Zeitpunkt wird lediglich ein Endpunkt mit Zone definiert, und zwar die für den Server selbst, da weitere Kommunikationspartner noch nicht bekannt sind. Hier werden die Konstanten benutzt, es ist selbstverständlich auch möglich, anstelle der Konstanten explizite Strings mit Hostnamen zu verwenden.

```
object Endpoint NodeName {
  host = NodeName
}

object Zone ZoneName {
  endpoints = [ NodeName ]
}

object Zone "linux-commands" {
  global = true
}

object Zone "windows-commands" {
  global = true
}
```

Codebeispiel D.18: Zonen- und Endpoint-Objekt in `/etc/icinga2/zones.conf`

Zusätzlich kommen zwei globale Zonen für Check-Command-Definitionen hinzu, getrennt nach Linux und Windows. Ein Zusammenlegen in eine Zone empfiehlt sich nicht, da bei Änderungen auch auf den Agenten ein Neustart des Icinga-Prozesses erforderlich wird und im Gegensatz zu Linux kennt Windows keinen sanften Reload, sondern nur einen Stopp mit anschließendem Start.

API-Feature konfigurieren und aktivieren

Die Kommunikation erfolgt über das Clusterprotokoll von Icinga 2, das im Feature *api* implementiert ist. Bei der Verwendung der obigen Konstanten sowie des angegebenen Pfads zum Schlüssel und Zertifikat ist eigentlich keine weitere Anpassung in der Konfigurationsdatei `api.conf` mehr vorzunehmen. Optional als Vorgriff sollte jedoch jetzt schon mit *accept_commands* die Ausführung von Kommandos erlaubt werden. Damit wird später der Master in der Überwachung wie ein Agent geprüft.

```
object ApiListener "api" {
  //accept_config = false
  accept_commands = true

  ticket_salt = TicketSalt
}
```

Codebeispiel D.19: */etc/icinga2/features-available/api.conf*

Abschließend muss das Feature aktiviert werden und Icinga 2 ist neu zu starten. Vorher ist zur Überprüfung der neuen Konfiguration eine Validierung zu empfehlen.

```
$ icinga2 feature enable api
Enabling feature api. Make sure to restart Icinga 2 ...

$ icinga2 daemon --validate
$ systemctl restart icinga2.service
```

E Ausblick auf die IcingaDB

Die IDO-Datenbank als Schnittstelle, ist wie schon erwähnt, ein Relikt aus den Anfangszeiten von Nagios und hat sich überlebt. Bei immer größeren Umgebungen, die womöglich auch in kleineren Intervallen überwacht werden wollen, steigt die Datenmenge, die in die Datenbank zu schreiben ist, immer weiter an. Auch muss man sich darüber bewusst werden, was wie in der Datenbank abgelegt wird.

Bei der Visualisierung in Icinga Web 2 sind erst einmal zwei unterschiedliche Arten von Daten wichtig. Zunächst ist das der aktuelle Status zu jedem Host- und Servicecheck, der zur Verfügung gehalten werden muss, um jederzeit angezeigt werden zu können. Ist der gespeicherte Status veraltet, wird er nicht mehr benötigt und wird vom nun aktuellen »überschrieben«. Für die Datenbank bedeutet das eine erhebliche Masse an Updates pro Minute, da sich die Aktualisierung eines Status zudem nicht auf eine Tabelle beschränkt, was Ressourcen mit hohen IOPS erfordert. Auch im Zeitalter von SSD ist irgendwann das Ende erreicht, ganz abgesehen davon, dass es ineffizient ist.

Die anderen Daten sind historische Informationen, wer hat wann einen Kommentar eingestellt, in welchem Zeitraum gab es eine Downtime oder wann hat ein Host oder Service seinen Status gewechselt. Es handelt sich also im Gegensatz zu den vorherig beschriebenen Informationen nicht um flüchtige Daten, sondern um solche, die über einen längeren Zeitraum aufbewahrt werden müssen.

Aus diesem Umstand heraus entstand die IcingaDB als neue Schnittstelle zwischen dem Icinga 2 Core und dem Icinga Web 2. Es handelt sich hierbei weniger um eine Datenbank, sondern um ein Konzept zur Aufteilung und unterschiedlichen Behandlung der eben beschriebenen Datenarten. Im Icinga-Team entschied man, die historisch relevanten Daten weiterhin in einer relationalen Datenbank abzulegen. Damit bleiben diese Daten persistent wird und leicht durchsuchbar.

Die anderen Daten, die flüchtigen Informationen über den aktuellen Status, hingegen werden nun in der In-Memory-Datenbank Redis[1] gespeichert. Die nicht unmittelbar, aber regelmäßig auf Platte persistiert wird und somit bei einem Ausfall oder Absturz nicht alles verloren ist. Ein Verlust ist bei den hier gehaltenen flüchtigen Daten für ein Monitoring-System zu verschmerzen, da sie beim nächsten geplanten Check erneut geschrieben werden.

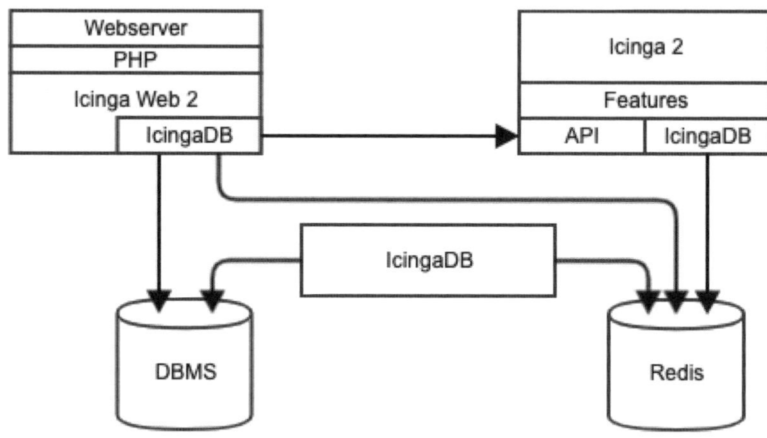

Abbildung E-1: Anbindung von Icinga 2 an IcingaDB

Das neue Feature *icingadb* sendet alle Informationen von Icinga 2 ins Redis. Dort greift der als Daemon laufende `icingadb`-Prozess alle historisch relevanten Daten ab und speichert sie in die relationale Datenbank. Das erste Release unterstützt zunächst leider nur MySQL/MariaDB.

Icinga Web 2 bekam ebenfalls ein neues Modul mit dem Namen *icingadb*. Anders als das Feature fragt es die Redis und relationale Datenbanken direkt ab.

IcingaDB und Redis

Die neue Alternative zur IDO-Datenbank ist die IcingaDB, die sich aus der In-Memory-Datenbank Redis, dem Daemon zur IcingaDB und einer relationalen Datenbank zusammensetzt. Pakete für Redis und den Daemon befinden sich zur Drucklegung dieses Buchs lediglich als Release Candidate im offiziellen Testing-Icinga-Repository, als relationale Datenbank wird zunächst nur MySQL unterstützt.

[1] https://redis.io

- RedHat
  Das Repository wird als Konfigurationsdatei heruntergeladen:

```
$ rpm --import https://packages.icinga.com/icinga.key
$ wget https://packages.icinga.com/epel/ICINGA-testing.repo \
  -O /etc/yum.repos.d/icinga-testing-builds.repo
```

  Wurde auch der Schlüssel korrekt importiert, sind die erforderlichen Pakete zu installieren. Wie bei RedHat üblich müssen beide Dienste danach noch per Hand gestartet und für den Systemstart aktiviert werden. Für den ersten Start ist jedoch noch die Konfiguration durchzuführen und kann damit hier zunächst unterbleiben.

```
$ dnf install -y icingadb-redis icingadb mariadb
$ systemctl enable icingadb-redis.service
$ systemctl enable icingadb.service
```

- Debian
  Auch für Debian wird zunächst der Schlüssel heruntergeladen, bevor die Konfigurationsdatei für das Repository angelegt wird:

```
$ wget -O - https://packages.icinga.com/icinga.key | gpg \
  --dearmor -o /usr/share/keyrings/icinga-archive-keyring.gpg
$ echo "deb [signed-by=/usr/share/keyrings \
  /icinga-archive-keyring.gpg] https://packages.icinga.com \
  /debian icinga-bullseye-testing main" \
  > /etc/apt/sources.list.d/icinga-testing-builds.list
```

  Hier werden die Dienste `icingadb-redis` und `icingadb` zwar direkt nach der Installation gestartet und dem Systemstart hinzugefügt, aber die aktuellen Pakete vom Icinga-Projekt bieten keine anschließende Konfiguration mittels *debconf*-System und so sind beide nach Konfigurationsanpassungen später per Hand neu zu starten.

```
$ apt update
$ apt-get install -y icingadb-redis icingadb mariadb-client
```

Weder die RedHat- noch die Debian-Pakete unterstützen bei der Installation ein Einrichten der Datenbank. Wie üblich gilt: Befindet sich die Datenbank auf einem entfernten Server, ist *localhost* durch den Hostnamen zu ersetzen, von dem aus zugegriffen werden soll. Das Einspielen des Schemas muss dementsprechend um `-h`, gefolgt vom Hostnamen oder der IP des Datenbankservers, ergänzt werden.

```
$ mysql -e "CREATE DATABASE icingadb; \
    CREATE USER icingadb@localhost IDENTIFIED BY 'XXX';
    GRANT ALL ON icingadb.* TO icingadb@localhost;"
$ mysql -u icingadb -p icingadb \
    < /usr/share/icingadb/schema/mysql.schema.sql
```

Die Konfiguration /etc/icinga-redis/icinga-redis.conf, die vom Paket mitgeliefert wird, ist funktional und lauscht lokal auf Port 6380. Soll auch ein Zugriff von außen erfolgen, muss die Option bind entsprechend ergänzt werden. Da es sich bei icinga-redis um eine Icinga-eigene »Umpaketierung« handelt, gilt entsprechend die Redis-Dokumentation[2].

Aufseiten von icingadb muss zumindest das Passwort für MySQL eingetragen werden. Optional natürlich auch die Optionen host, sofern die entsprechenden Komponenten nicht auf demselben Server laufen sollten. Das Logging erfolgt via Syslog und sollte in Produktionsumgebungen nicht im Level info erfolgen, dort sind warn oder error angebracht.

```
---
database:
  host: localhost
  port: 3306
  database: icingadb
  user: icingadb
  password: XXX

redis:
  address: localhost:6380

logging:
  level: warn
```

Codebeispiel E.1: /etc/icingadb/config.yml

Nun müssen beide Dienste noch gestartet bzw. einem Neustart unterzogen werden. Abschließend ist noch das Feature *icingadb* von Icinga 2 zu aktivieren.

```
$ icinga2 feature enable icingadb
Enabling feature icingadb. Make sure to restart Icinga 2 ...
$ systemctl reload icinga2
```

Laufen Icinga 2 und Redis auf demselben Host, reichen die Voreinstellungen der Konfiguration, da Redis nicht durch ein Passwort geschützt werden muss.

```
object IcingaDB "icingadb" {
  host = "127.0.0.1"
  port = 6380
  //password = "xxx"
}
```

Codebeispiel E.2: /etc/icinga2/features-available/icingadb.conf

[2]https://redis.io/documentation

Nach einem Reload von Icinga 2 muss bei einer schon laufenden Überwachung die MySQL-Datenbank bereits Daten enthalten.

Die Anzahl der Services kann variieren, hier folgt die Ausgabe auf einem RHEL mit der laufenden Beispielkonfiguration von Icinga 2:

```
$ mysql -u icingadb -p icingadb -e \
    "select count(*) from service"
Enter password:
+----------+
| count(*) |
+----------+
|       11 |
+----------+
```

Modul für Icinga Web 2

Die in der IcingaDB gespeicherten Daten werden in Icinga Web 2 über ein komplett neues Modul angezeigt. Ist dieses zunächst zusätzlich konfiguriert und aktiv, integriert es sich in der Oberfläche als neuer Punkt *IcingaDB* im vertikal angeordneten Menü am linken Fensterrand. Erst wenn das Modul *monitoring* deaktiviert ist, übernimmt die neue Ansicht die komplette Kontrolle und alles ist über die bekannten Menüpunkte erreichbar.

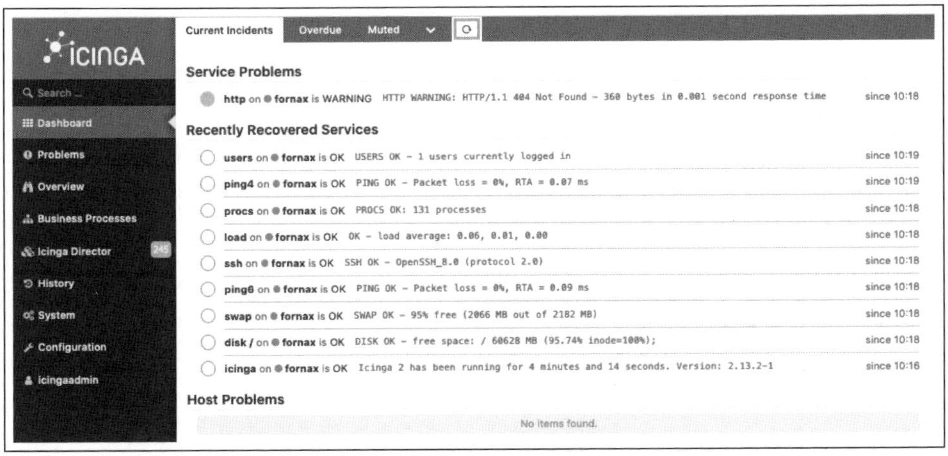

Abbildung E-2: Das neue Look & Feel vom IcingaDB-Modul

Mit diesem Modul hat das Icinga-Team nicht nur die Optik rundum erneuert, sondern auch die Suchfilter komplett überarbeitet, wie ein Beispiel am Ende dieses Abschnitts zeigt.

Die Installation erfolgt im Gegensatz zu allen anderen Modulen durch die Installation eines offiziellen Pakets. Es trägt den Namen `icingadb-web`, wie auch das projektbezogene Git-Repository[3], und weicht somit vom bisher bekannten Namensschema ab.

- RedHat

```
$ dnf install -y icingadb-web
$ install -o apache -g icingaweb2 -m2770 \
    -d /etc/icingaweb2/modules/icingadb
```

- Debian

```
$ apt install -y icingadb-web
$ install -o www-data -g icingaweb2 -m2770 \
    -d /etc/icingaweb2/modules/icingadb
```

Möchte man die nachfolgende Konfiguration auf der Weboberfläche ausführen, kann das Anlegen des Konfigurationsverzeichnisses entfallen.

Wie zu erwarten, ist die Datenbank *icingadb* zuerst den Ressourcen hinzuzufügen:

```
...
[icingaweb2-module-icingadb]
type = "db"
db = "mysql"
host = "localhost"
dbname = "icingadb"
username = "icingadb"
password = "icingadb"
use_ssl = "0"
```

Codebeispiel E.3: */etc/icingaweb2/resources.ini*

Danach erfolgt die Verknüpfung dieser Ressource mit dem Modul. Zusätzlich lassen sich in `config.ini` die TLS-Verschlüsselungseigenschaften zu Redis ablegen.

```
[icingadb]
resource = "icingaweb2-module-icingadb"

[redis]
tls = "0"
```

Codebeispiel E.4: */etc/icingaweb2/modules/icingadb/config.ini*

Der Host, auf dem Redis läuft, und optional auch Zugangsdaten werden in der Datei `redis.ini` abgelegt.

Ist Redis redundant ausgelegt, wird die zweite Instanz unterhalb der Sektion *[redis2]* konfiguriert. Es sind maximal zwei Instanzen aus diesem Modul heraus gleichzeitig ansprechbar.

[3]https://github.com/Icinga/icingadb-web

```
[redis1]
host = "localhost"
```

Codebeispiel E.5: */etc/icingaweb2/modules/icingadb/redis.ini*

Selbstverständlich muss auch dieses Modul Kommandos an Icinga 2 senden, um Downtimes oder Kommentare zu setzen. Der Zugang zur API von Icinga 2 wird analog zum Modul *monitoring* konfiguriert, nur an einem anderen Ort:

```
[localhost]
transport = "api"
host = "localhost"
port = "5665"
username = "icingaweb2"
password = "XXX"
```

Codebeispiel E.6: */etc/icingaweb2/modules/icingadb/commandtransports.ini*

Jetzt kann *icingadb* aktiviert und *monitoring* optional abgeschaltet werden:

```
$ icingacli module enable icingadb
$ icingacli module disable monitoring
```

Abschließend sollten alle neuen Konfigurationsdateien noch die korrekten Rechte erhalten, sodass im Anschluss Änderungen über die Modulkonfiguration der Weboberfläche von Icinga Web 2 vorgenommen werden können. Dieser Schritt ist nicht erforderlich, falls die Konfiguration über die Weboberfläche selbst durchgeführt wurde.

- RedHat

  ```
  $ chown apache.icingaweb2 \
      /etc/icingaweb2/modules/icingadb/*
  ```

- Debian

  ```
  $ chown www-data.icingaweb2 \
      /etc/icingaweb2/modules/icingadb/*
  ```

Wie eingangs erwähnt, ist nicht nur die Optik überarbeitet worden, sondern auch das gesamte Such- und Filtersystem, was sich auch in dessen Darstellung widerspiegelt. Komplizierte, weil geschachtelte Ansichten von »und« und »oder« gehören der Vergangenheit an. Nun lassen sich intuitiv Abfragen mit Klammerung und logischen Operatoren zusammenbauen.

Die folgende Abbildung zeigt, wie man durch einen einfachen Klick in die Suchzeile Vorschläge unterbreitet bekommt, wie die Suchanfrage fortgesetzt werden könnte.

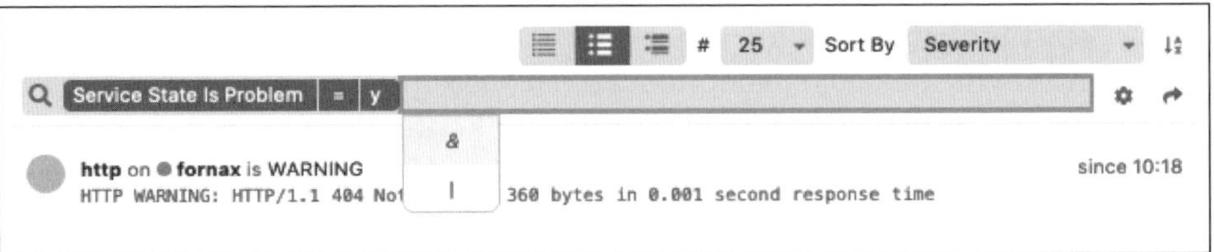

Abbildung E-3: Das neue Look & Feel vom IcingaDB-Modul

Hat man sich für einen Operator entschieden, kann mit einer Texteingabe fortgefahren werden. Wie erwähnt kann dies nun auch eine öffnende Klammer sein. Beim Beginn einer Texteingabe bietet Icinga Web 2 unmittelbar eine Auswahl möglicher Felder. Danach folgt wieder ein Vorschlag eines Operators. Bei den hier aufgeführten wird es sich um ein »=« handeln, das auf der rechten Seite mit »y« oder »n« (einem Boolean) ergänzt werden muss.

Abbildung E-4: Das neue Look & Feel vom IcingaDB-Modul

Alle vorgenommenen Eingaben lassen sich mit einem Backspace auch wieder entfernen. Auch eine Ergänzung ist mit einem Klick an die richtige Stelle nachträglich durchführbar.

F Check Commands und Templates

F.1 Powershell-Plugins

Powershell-Skripte lassen sich ebenfalls mittels Icinga-Agenten ausführen, sie müssen lediglich wie alle Plugins die Plugin-Richtlinien erfüllen. Ein Problem, das auftritt, falls man noch die 32-Bit-Version des Icinga Binary auf Windows mit 64-Bit einsetzt, ist, dass ein 32-Bit-Programm auch immer eine 32-Bit-Powershell aufruft. Soll aber unbedingt ein Aufruf einer 64-Bit-Powershell erfolgen, muss in *vars.ps_path* `system32` durch `sysnative` ersetzt werden.

```
template CheckCommand "my/ps-local" {
  command = [
    "$ps_command$",
    "-command",
    "& '$ps_script_path$\\$ps_script$'"
  ]

  arguments = {
    "-args" = {
      value = "$ps_arguments$"
      repeat_key = true
      skip_key = true
    }
    ";exit" = {
      order = 99
      value = "$$LASTEXITCODE"
    }
  }

  vars.ps_command = "C:\\Windows\\system32\\WindowsPowerShell \
        \\v1.0\\powershell.exe"
  vars.ps_script_path = "C:\\Program Files\\ICINGA2\\sbin"
}
```

Codebeispiel F.1: Template für das Aufrufen von Powershell-Skripten

Das hier beschriebene Template dient allen Powershell-Plugins als Grundlage für jeweils eigene Check Commands. In den abgeleiteten Check Commands muss dann jeweils mittels *vars.ps_script* das entsprechende Powershell-Skript angegeben werden. Standardmäßig ist dies in `sbin`, das sich in `C:/Program Files/icinga2` befindet, abzulegen. Ein alternativer Ablageort wird mit *vars.ps_script_path* festgelegt. Eine spezielle Powershell kann mit der Angabe in *vars.ps_command* im abgeleiteten Powershell-Skript überschrieben werden. Beide Werte lassen sich aber natürlich auch am jeweiligen Host- oder Serviceobjekt selbst anpassen.

Da das eigentliche Skript in einem Powershell-Aufruf gekapselt wird, muss dafür Sorge getragen werden, dass der Return Code vom Skript und nicht vom Beenden der Powershell an Icinga zurückgegeben wird. Das geschieht mit *exit $$LASTEXITCODE*. Damit das *exit* stets am Ende des Kommandozeilenaufrufs steht, wird es mit `order = 99` ans Ende gestellt. In abgeleiteten Check Commands darf somit kein zusätzliches Argument dahinter eingefügt werden.

Bekommt ein Wert im Dictionary *arguments* kein *order* zugewiesen, wird der Wert *0* angenommen. Mit *order* kleiner *0* werden die entsprechenden Argumente absteigend vor den Argumenten ohne *order*, bei größer *0* aufsteigend dahinter eingereiht.

Das Powershell-Skript selbst muss eine dem Windows-System bekannte Signatur aufweisen oder von einer solchen Prüfung[1] explizit ausgenommen werden.

ps-local-dns

Die beiden Powershell-Skripte `check_dns.ps1` für Windows bis zur Version 2008 und `check_win8_2012r2.ps1`[2] ab 2008 R2 werden entsprechend auf den jeweiligen Windows-Plattformen installiert. Egal, um welche Windows-Version es sich handelt, es sollte ein einheitlicher Name benutzt werden, hier `check_dns_lookup`. Damit erspart man sich Icinga-seitig eine eigene Logik zur Unterscheidung der Windows-Plattformen.

```
object CheckCommand "my/ps-local-dns" {
  import "my/ps-local"
  import "ipv4-or-ipv6"

  vars.ps_script = "check_dns_lookup.ps1"
```

[1] https://msdn.microsoft.com/en-us/powershell/reference/5.1/microsoft.powershell.security/set-executionpolicy

[2] https://github.com/riskersen/Monitoring/tree/master/Windows_DNS

```
  arguments = {
    "--server" = {
      value = "$dns_server$"
      order = 1
      skip_key = true
      required = true
    }
    "--hostname" = {
      value = "$dns_lookup$"
      order = 2
      skip_key = true
      required = true
    }
  }

  vars.dns_lookup = "$host.name$"
}
```

Codebeispiel F.2: *my/ps-local-dns*

Als Default wird versucht, den Namen des Hostobjekts, an dem der Service gebunden ist, aufzulösen. Der zu fragende Nameserver ist zwingend anzugeben. Die beiden Parameter sind dem Skript ohne Optionen `skip_key = true` und in der richtigen Reihenfolge zu übergeben, erst der Nameserver `order = 1` und dahinter der aufzulösende Hostname `order = 2`.

Ausnahme von der Signatur

Die Skripte sind nicht signiert. Eine Erklärung, wie eine Signierung durchgeführt wird, sprengt hier den Rahmen, es kann jedoch eine Validierung für einzelne Powershell-Skripte ausgeschaltet werden:

```
C:\Program Files\icinga2\sbin>
Unblock-File -Path "check_windows_updates.ps1"
```

Ein »Unblock-File« ist nur durchzuführen, sofern die maschinenweite oder eine dem Scope entsprechende Policy nicht auf *Unrestricted* steht. Herausfinden lässt sich die aktuelle Policy mit dem Powershell-Cmdlet `Get-ExecutionPolicy`. Eine nützliche Option ist `-List`.

F.2 Visual-Basic-Skripte

Viele Plugins für Windows sind in Visual Basic implementiert. Das Template *vbs-local* ist die Grundlage für alle weiteren Check Commands, die ein in Visual Basic geschriebenes Plugin aufrufen. Als Parameter stehen zur Verfügung *vbs_timeout*, mit dem die maximale Laufzeit bis zum vorzeitigen Abbruch gesetzt wird, und *vbs_script*, in dem das aufzurufende Skript angegeben wird.

```
template CheckCommand "my/vbs-local" {
  import "ipv4-or-ipv6"
  command = [
    "c:/windows/system32/cscript.exe",
    "//T:$vbs_timeout$",
    "//NoLogo",
    PrefixDir + "/sbin/$vbs_script$"
  ]
  vars.vbs_timeout = 30
}
```

Codebeispiel F.3: Template für das Aufrufen von VB-Skripten

F.2.1 vbs-local-ad

Microsoft liefert selbst ein Werkzeug `dcdiag` zur Diagnose des Active Directory mit. Das Plugin `check_ad.vbs`[3] kapselt dieses Tool. Als Parameter *ad_test* können ein oder mehrere Optionen angegeben werden. Hierbei handelt es sich um die gleichen, die im MS-Tool Verwendung finden. Der Parameter *ad_test* muss ein Array sein.

```
object CheckCommand "my/vbs-local-ad" {
  import "my/vbs-local"

  vars.vbs_script = "check_ad.vbs"

  arguments = {
    "-t" = {
      value = vbs_prefix("/test:", "$ad_test$")
      repeat_key = true
      skip_key = true
    }
  }
}
```

Codebeispiel F.4: Check Command *vbs-local-ad*

[3] https://exchange.nagios.org/directory/Plugins/Operating-Systems/Windows/Active-Directory-(AD)-Check/details

Die erforderliche Funktion, mit der jedem Element eines Arrays ein Präfix vorangestellt wird, folgt gleich hier.

```
globals.vbs_prefix = function(prefix, pmacro) {
  return function() use (prefix, pmacro) {
    var values = macro(pmacro)
    if (typeof(values) == Array) {
      var result = []
      for (value  in values) {
        result += [ prefix + value ]
      }
      return result
    } else {
      return [ prefix + values ]
    }
  }
}
```

Codebeispiel F.5: Funktion, um jedem Element eines Arrays ein Präfix voranzustellen

F.3 Weitere Linux-basierte Plugins

Dieser Abschnitt enthält Plugins, die ausschließlich dazu gedacht sind, auf einem Linux-System aufgerufen zu werden. Dies kann auf dem Server, einem Worker oder mittels *command_endpoint* auf einem Linux-Agenten erfolgen.

pgactivity

```
object CheckCommand "my/pgactivity" {
 import "ipv4-or-ipv6"

 command = [ PluginContribDir + "/check_pgactivity" ]
 arguments = {
   "-h" = "$pgactivity_address$"
   "-s" = {
     value = "$pgactivity_service$"
     required = true
   }
   "-U" = "$pgactivity_username$"
   "-p" = "$pgactivity_port$"
   "-d" = "$pgactivity_database$"
   "--dbexclude" = "$pgactivity_dbexclude$"
   "--dbinclude" = "$pgactivity_dbinclude$"
```

```
    "-w" = "$pgactivity_warning$"
    "-c" = "$pgactivity_critical$"
    "--format" = "$pgactivity_format$"
    "--tmpdir" = "$pgactivity_tempdir$"
    "--psql" = "$pgactivity_psql$"
    "--status-file" = "$pgactivity_status_file$"
    "--timeout" = "$pgactivity_timeout$"
    "--query" = "$pgactivity_query$"
  }

  env = {
    "PGPASSWORD" = "$pgactivity_password$"
    "PGDATABASE" = "postgres"
  }

  vars.pgactivity_address = "$check_address$"
}
```

Codebeispiel F.6: Check Command zum Plugin `check_pgactivity`

puppet

Die folgenden Check Commands erlauben das Verwenden von Plugins zum Überwachen von Puppet. Die damit konfigurierten Plugins überwachen Läufe des Puppet-Agenten oder den Inhalt der PuppetDB. Mehr Details zur Verwendung der Plugins finden sich in Abschnitt 19.4 ab Seite 424.

```
object CheckCommand "my/puppet" {

  command = [ "sudo", PluginContribDir + "/check_puppet.rb" ]
  arguments = {
    "-c" = {
      value = "$puppet_critical$"
      required = true
    }
    "-w" = {
      value = "$puppet_warning$"
      required = true
    "-f" = {
      set_if = "$puppet_check_failures$"
    }
    "--only-enabled" = {
      set_if = "$puppet_only_enabled$"
    }
```

```
    "--state-dir" = "$puppet_state_dir$"
    "--agent-lock-file" = "$puppet_lock_file$"
    "--agent-disabled-lock-file" = "$puppet_disabled_lock_file$"
    "--state-file" = "$puppet_state_file$"
    "--summary-file" = "$puppet_summary_file$"
    "--disable-perfdata" = {
      set_if = "$puppet_disable_perfdata$"
    }
  }

  vars.puppet_check_failures = false
  vars.puppet_only_enabled = true
}
```

Codebeispiel F.7: Check Command zum Plugin `check_puppet`

```
object CheckCommand "my/puppetdb" {

  command = [ PluginContribDir + "/check_puppetdb.rb" ]
  arguments = {
    "--host" = "$puppetdb_address$"
    "--port" = "$puppetdb_port$"
    "--sslport" = "$puppetdb_sslport$"
    "--timeout" = "$puppetdb_timeout$"
    "--queuewarn" = "$puppetdb_queue_warning$"
    "--queuecrit" = "$puppetdb_queue_critical$"
    "--cmd_p_secwarn" = "$puppetdb_cmd_warning$"
    "--cmd_p_seccrit" = "$puppetdb_cmd_critical$"
  }
  vars.puppetdb_address = "127.0.0.1"
}
```

Codebeispiel F.8: Check Command zum Plugin `check_puppetdb`

F.4 Hardware

F.4.1 cisco_health

```
object CheckCommand "cisco_health" {
  import "ipv4-or-ipv6"

  command = [ PluginContribDir + "/check_cisco_health" ]
  arguments = {
    "-c" = {
      value = "$cisco_health_community$"
      description = "SNMP community to use."
    }
    "-h" = {
      value = "$cisco_health_address$"
      description = "Hostname or address to ask."
    }
    "-t" = {
      value = "$cisco_health_timeout$"
      description = "Sets the SNMP timeout (in ms)."
    }
  }

  vars.cisco_health_address = "$check_address$"
  vars.cisco_health_community = "public"
}
```

Codebeispiel F.9: Check Command zum Plugin check_cisco_health

F.4.2 prtdiag

```
object CheckCommand "my/prtdiag" {
  command = [ PluginContribDir + "/check_prtdiag" ]
  arguments = {
    "-c" = {
      value = "$prtdiag_config$"
      description = "Path to prtdiag config."
    }
  }

  vars.cisco_health_community = "$snmp_community$"
}
```

Codebeispiel F.10: Check Command zum Plugin check_prtdiag

```
template Host "solaris-host" {
  vars.os = "Solaris"

  vars.by_ssh_logname = "icinga"
  vars.by_ssh_plugindir = "/opt/csw/libexec/nagios-plugins"
}
```

Codebeispiel F.11: Host-Template für Solaris-Server

F.4.3 Thola

```
template CheckCommand "my/generic-thola-check-command" {
    command = [ PluginContribDir + "/thola-client" ]
    arguments += {
        "(no key.0)" = {
            order = -2
            required = true
            skip_key = true
            value = "check"
        }
        "--target-api" = {
            required = true
            value = "$thola_api_target$"
            description = "Target URL  of the thola API"
        }
    }
}

template CheckCommand "my/generic-thola-device-check-command" {
    import "ipv4-or-ipv6"
    import "my/generic-thola-check-command"

    arguments += {
        "(no key.1)" = {
            order = 0
            required = true
            skip_key = true
            value = "$thola_address$"
            description = "Thola Check Device Mode"
        }
        "--snmp-community" = {
            required = false
            value = "$thola_snmp_community$"
            description = "SNMP Community of target"
        }
```

```
        "--snmp-version" = {
            required = false
            value = "$thola_snmp_protocol$"
            description = "SNMP Version of target"
        }
    }

    vars.thola_address = "$check_address$"
    vars.thola_snmp_community = "$snmp_community$"
    vars.thola_snmp_version = "v2c"
}
```

Codebeispiel F.12: Templates der Check Commands für Thola

thola-cpu-load

```
object CheckCommand "my/thola-cpu-load" {
    import "my/generic-thola-device-check-command"

    arguments += {
        "(no key)" = {
            order = -1
            required = true
            skip_key = true
            value = "cpu-load"
            description = "CPU-Load mode"
        }
        "--critical" = {
            required = false
            value = "$thola_cpu_load_critical$"
            description = "Critical Threshold"
        }
        "--warning" = {
            required = false
            value = "$thola_cpu_load_warning$"
            description = "Warning Threshold"
        }
    }
}
```

Codebeispiel F.13: Check Command für Load via Thola

thola-interface-metrics

```
object CheckCommand "my/thola-interface-metrics" {
    import "my/generic-thola-device-check-command"
    arguments += {
        "(no key)" = {
            order = -1
            required = true
            skip_key = true
            value = "interface-metrics"
        }
    }
}
```

Codebeispiel F.14: Check Command für Netzwerk-Interfaces via Thola

thola-hardware-health

```
object CheckCommand "my/thola-hardware-health" {
    import "my/generic-thola-device-check-command"
    arguments += {
        "(no key)" = {
            order = -1
            skip_key = true
            value = "hardware-health"
        }
    }
}
```

Codebeispiel F.15: Check Command für den Device Health via Thola

thola-snmp

```
object CheckCommand "my/thola-snmp" {
    import "my/generic-thola-device-check-command"
    arguments += {
        "(no key)" = {
            order = -1
            skip_key = true
            value = "snmp"
        }
    }
}
```

Codebeispiel F.16: Check Command für SNMP via Thola

thola-memory-usage

```
object CheckCommand "my/thola-memory-usage" {
    import "my/generic-thola-device-check-command"
    arguments += {
        "(no key)" = {
            order = -1
            skip_key = true
            value = "memory-usage"
        }
        "--critical" = {
            required = false
            value = "$thola_memory_usage_critical$"
        }
        "--warning" = {
            required = false
            value = "$thola_memory_usage_warning$"
        }
    }
}
```

Codebeispiel F.17: Check Command für die Speicherauslastung via Thola

thola-sbc

```
object CheckCommand "my/thola-sbc" {
    import "my/generic-thola-device-check-command"
    arguments += {
        "(no key)" = {
            order = -1
            skip_key = true
            value = "sbc"
        }
        "--system-health-score-critical" = {
            required = false
            value = "$thola_system_health_score_critical$"
        }
        "--system-health-score-warning" = {
            required = false
            value = "$thola_system_health_score_warning$"
        }
    }
}
```

Codebeispiel F.18: Check Command für den Environmental Health via Thola

thola-thola-server

```
object CheckCommand "my/thola-thola-server" {
    import "my/generic-thola-device-check-command"

    arguments += {
        "(no key)" = {
            order = -1
            required = true
            skip_key = true
            value = "thola-server"
        }
    }
}
```

Codebeispiel F.19: Check Command für Serverüberwachung via Thola

thola-identify

```
object CheckCommand "my/thola-identify" {
    import "my/generic-thola-device-check-command"

    arguments += {
        "(no key)" = {
            order = -1
            skip_key = true
            value = "identify"
        }
        "--model" = {
            required = false
            value = "$thola_model$"
        }
        "--os-version" = {
            required = false
            value = "$thola_os_version$"
        }
        "--vendor" = {
            required = false
            value = "$thola_vendor$"
        }
        "--serial-number" = {
            required = false
            value = "$thola_serial_number$"
        }
```

```
        "--snmp-discover-retries" = {
            required = false
            value = "$thola_discover_retries$"
        }
        "--snmp-discover-timeout" = {
            required = false
            value = "$thola_discover_timeouts$"
        }
    }
}
```

Codebeispiel F.20: Check Command für die Device Identity via Thola

thola-ups

```
object CheckCommand "my/thola-ups" {
    import "my/generic-thola-device-check-command"

    arguments += {
        "(no key)" = {
            order = -1
            required = true
            skip_key = true
            value = "ups"
        }
        "--batt-current-critical-max" = {
            required = false
            value = "$thola_batt_current_critical_max$"
        }
        "--batt-current-critical-min" = {
            required = false
            value = "$thola_batt_current_critical_min$"
        }
        "--batt-current-warning-max" = {
            required = false
            value = "$thola_batt_current_warning_max$"
        }
        "--batt-current-warning-min" = {
            required = false
            value = "$thola_batt_current_warning_min$"
        }
        "--batt-temperature-critical-max" = {
            required = false
            value = "$thola_batt_temperature_critical_max$"
        }
```

```
"--batt-temperature-critical-min" = {
    required = false
    value = "$thola_batt_temperature_critical_min$"
}
"--batt-temperature-warning-max" = {
    required = false
    value = "$thola_batt_temperature_warning_max$"
}
"--batt-temperature-warning-min" = {
    required = false
    value = "$thola_batt_temperature_warning_min$"
}
"--current-load-critical-max" = {
    required = false
    value = "$thola_current_load_critical_max$"
}
"--current-load-critical-min" = {
    required = false
    value = "$thola_current_load_critical_min$"
}
"--current-load-warning-max" = {
    required = false
    value = "$thola_current_load_warning_max$"
}
"--current-load-warning-min" = {
    required = false
    value = "$thola_current_load_warning_min$"
}
"--rectifier-current-critical-max" = {
    required = false
    value = "$thola_rectifier_current_critical_max$"
}
"--rectifier-current-critical-min" = {
    required = false
    value = "$thola_rectifier_current_critical_min$"
}
"--rectifier-current-warning-max" = {
    required = false
    value = "$thola_rectifier_current_warning_max$"
}
"--rectifier-current-warning-min" = {
    required = false
    value = "$thola_rectifier_current_warning_min$"
}
"--system-voltage-critical-max" = {
    required = false
```

```
                value = "$thola_system_voltage_critical_max$"
            }
            "--system-voltage-critical-min" = {
                required = false
                value = "$thola_system_voltage_critical_min$"
            }
            "--system-voltage-warning-max" = {
                required = false
                value = "$thola_system_voltage_warning_max$"
            }
            "--system-voltage-warning-min" = {
                required = false
                value = "$thola_system_voltage_warning_min$"
            }
        }
}
```

Codebeispiel F.21: Check Command für USVs via Thola

F.4.4 NetApp (ONTAP)

Die von NetApp entwickelte Schnittstelle Data ONTAP benutzt diese Plugin-Sammlung[4]. Die Plugins sind in Perl geschrieben und setzen auf das von NetApp kostenlos zur Verfügung gestellte Manageability SDK auf.

```
template CheckCommand "my/cdot" {
  import "ipv4-or-ipv6"
  arguments = {
    "--hostname" = {
      value = "$cdot_address$"
    }
    "--username" = {
      value = "$cdot_username$"
      required = true
    }
    "--password" = {
      value = "$cdot_password$"
      required = true
    }
  }
  vars.cdot_address = "$check_address$"
}
```

Codebeispiel F.22: Template für NetApp Check Commands

[4] https://github.com/aleex42/netapp-cdot-nagios

cdot-global

```
object CheckCommand "my/cdot-global" {
  import "my/cdot"

  command = [ PluginContribDir + "/check_cdot_global.pl" ]
  arguments += {
    "--plugin" = {
      value = "$cdot_global_plugin$"
    }
  }

  vars.cdot_global_plugin = "health"
}
```

Codebeispiel F.23: Check Command für den globalen Status einer NetApp

cdot-clusterlinks

```
object CheckCommand "my/cdot-clusterlinks" {
  import "my/cdot"

  command = [ PluginContribDir + "/check_cdot_clusterlinks.pl" ]
}
```

Codebeispiel F.24: Check Command für NetApp Clusterlinks

cdot-snapshots

```
object CheckCommand "my/cdot-snapshots" {
  import "my/cdot"

  command = [ PluginContribDir + "/check_cdot_snapshots.pl" ]
  arguments += {
    "--age" = "$cdot_snapshots_age$"
    "--volume" = "$cdot_snapshots_volume$"
    "--numbersnapshot" = "$cdot_snapshots_number$"
    "--retentiondays" = "$cdot_snapshots_retentiondays$"
    "--busy" = {
      set_if = "$cdot_snapshots_busy$"
    }
  }
}
```

Codebeispiel F.25: Check Command für NetApp Snapshots

cdot-volume

```
object CheckCommand "my/cdot-volume" {
  import "my/cdot"

  command = [ PluginContribDir + "/check_cdot_volume.pl" ]
  arguments += {
    "--volume" = "$cdot_volume_volume$"
    "--size-warning" = "$cdot_volume_size_warning$"
    "--size-critical" = "$cdot_volume_size_critical$"
    "--inode-warning" = "$cdot_volume_inode_warning$"
    "--inode-critical" = "$cdot_volume_inode_critical$"
    "--snap-warning" = "$cdot_volume_snap_warning$"
    "--snap-critical" = "$cdot_volume_snap_critical$"
    "--perf" = {
      set_if = "$cdot_volume_perfdata$"
    }
    "--exclude" = "$cdot_volume_exclude$"
  }

  vars.cdot_volume_size_warning = 80
  vars.cdot_volume_size_critical = 90
}
```

Codebeispiel F.26: Check Command Volumes einer NetApp

cdot-snapmirror

```
object CheckCommand "my/cdot-snapmirror" {
  import "my/cdot"

  command = [ PluginContribDir + "/check_cdot_snapmirror.pl" ]
  arguments += {
    "--volume" = {
     value = "$cdot_snapmirror_volume$"
    }
    "--vserver" = {
      value = "$cdot_snapmirror_vserver$"
    }
    "--lag" = {
      value = "$cdot_snapmirror_lag$"
    }
  }
}
```

Codebeispiel F.27: Check Command für Snapshot-Spiegel einer NetApp

cdot-lun

```
object CheckCommand "my/cdot-lun" {
  import "my/cdot"

  command = [ PluginContribDir + "/check_cdot_lun.pl" ]
  arguments += {
    "--volume" = "$cdot_lun_volume$"
    "--size-warning" = "$cdot_lun_size_warning$"
    "--size-critical" = "$cdot_lun_size_critical$"
    "--vserver" = "$cdot_lun_vserver$"
    "--perf" = {
      set_if = "$cdot_lun_perfdata$"
    }
  }

  vars.cdot_lun_size_warning = 80
  vars.cdot_lun_size_critical = 90
}
```

Codebeispiel F.28: Check Command für LUNs an einer NetApp

F.4.5 NetApp (SNMP)

In Abschnitt 17.4.2 auf Seite 382 wird ein NetApp Filer überwacht. Die dort verwendeten Check Commands befinden sich in diesem Abschnitt. Das Template *my/netapp* liegt allen anderen zugrunde und nimmt neben der Adresse auch die SNMP Community entgegen. Am wichtigsten ist jedoch der durch das Plugin `check_naf.py` anzuwendende Check in *netapp_check*.

```
template CheckCommand "my/netapp" {
  import "ipv4-or-ipv6"

  command = [ PluginContribDir + "/check_naf.py", "$netapp_check$" ]
  arguments = {
    "-H" = "$netapp_address$"
    "-C" = {
      value = "$netapp_community$"
      required = true
    }
  }
  vars.netapp_address = "$check_address$"
}
```

Codebeispiel F.29: Check Command *my/netapp*

netapp-status

```
object CheckCommand "my/netapp-status" {
  import "my/netapp"

  vars.netapp_check = "global"
}
```

netapp-cpu

```
object CheckCommand "my/netapp-cpu" {
  import "my/netapp"

  vars.netapp_check = \
    "cpu,$netapp_target$,$netapp_cpu_warning$,$netapp_cpu_critical
}
```

netapp-cluster

```
object CheckCommand "my/netapp-cluster" {
  import "my/netapp"

  vars.netapp_check = "cluster"
}
```

netapp-cifs-stats

```
object CheckCommand "my/netapp-cifs-stats" {
  import "my/netapp"

  vars.netapp_check = "cifs,stats"
}
```

netapp-cifs-users

```
object CheckCommand "my/netapp-cifs-users" {
  import "my/netapp"

  vars.netapp_check = \
    "cifs,users,$netapp_cifs_users_warning$,$netapp_cifs_critical$
}
```

netapp-disk-failed

```
object CheckCommand "my/netapp-disk-failed" {
  import "my/netapp"

  vars.netapp_check = "disk,failed,$netapp_disk_failed_warning$," \
    + "$netapp_disk_failed_critical$"
}
```

netapp-disk-spare

```
object CheckCommand "my/netapp-disk-spare" {
  import "my/netapp"

  vars.netapp_check = "disk,spare," \
    + "$netapp_disk_spare_warning$,$netapp_disk_spare_critical$"
}
```

netapp-volume-data

```
object CheckCommand "my/netapp-volume-data" {
  import "my/netapp"

  vars.netapp_check = "vol_data,$netapp_volume_data_target$," \
    + "$netapp_volume_data_warning$," \
    + "$netapp_volume_data_critical$"
  vars.netapp_volume_data_target = "ALL"
}
```

netapp-volume-snapshot

```
object CheckCommand "my/netapp-volume-snapshot" {
  import "my/netapp"

  vars.netapp_check = "vol_snap,$netapp_volume_snapshot_target$," \
    + "$netapp_volume_snapshot_warning$," \
    + "$netapp_volume_snapshot_critical$"
  vars.netapp_volume_snapshot_target = "ALL"
}
```

netapp-volume-files

```
object CheckCommand "my/netapp-volume-files" {
  import "my/netapp"

  vars.netapp_check = "vol_files,$netapp_volume_files_target$," \
    + "$netapp_volume_files_warning$," \
    + "$netapp_volume_files_critical$"
  vars.netapp_volume_files_target = "ALL"
}
```

netapp-volume-inode

```
object CheckCommand "my/netapp-volume-inode" {
  import "my/netapp"

  vars.netapp_check = "vol_inode,$netapp_volume_inode_target$," \
    + "$netapp_volume_inode_warning$,"
    + "$netapp_volume_inode_critical$"
  vars.netapp_volume_inode_target = "ALL"
}
```

netapp-nvram

```
object CheckCommand "my/netapp-nvram" {
  import "my/netapp"

  vars.netapp_check = "nvram"
}
```

netapp-version

```
object CheckCommand "my/netapp-version" {
  import "my/netapp"

  vars.netapp_check = "version"
}
```

F.5 Templates für Exchange

In Abschnitt 16.4 ab Seite 344 ist für Exchange 2013 eine Überwachung in Auszügen beschrieben. Im Folgenden ist eine weitreichendere abgedruckt. Die abzufragenden Performance Counter sind dem Microsoft Technet[5] entnommen und deren Bedeutung ist dort beschrieben.

```
template Host "exchange-common" {
  vars.services["Exchange Common Services"] = {
    IcingaCheckService_Array_Service = [
        "IISAdmin",
        "MSExchangeADTopology",
        "MSExchangeServiceHost",
        "W3Svc",
        "WinRM" ]
  }

  vars.counter["DC LDAP Searches timed out"] = {
    IcingaCheckPerfcounter_Array_PerfCounter = [
        "\\MSExchange ADAccess Domain Controllers(*)" \
        + "\\LDAP Searches timed out per minute" ]
    IcingaCheckPerfcounter_Object_Critical = 10
  }

  vars.counter["DC LDAP Search Time"] = {
    IcingaCheckPerfcounter_Array_PerfCounter = [
        "\\MSExchange ADAccess Domain Controllers(*)" \
        + "\\LDAP Search Time" ]
    IcingaCheckPerfcounter_Object_Warning = 50
    IcingaCheckPerfcounter_Object_Critical = 100
  }

  vars.counter["DC LDAP Read Time"] = {
    IcingaCheckPerfcounter_Array_PerfCounter = [
        "\\MSExchange ADAccess Domain Controllers(*)" \
        + "\\LDAP Read Time" ]
    IcingaCheckPerfcounter_Object_Warning = 50
    IcingaCheckPerfcounter_Object_Critical = 100
  }

  vars.counter["DC Long running LDAP operations"] = {
    IcingaCheckPerfcounter_Array_PerfCounter = [
        "\\MSExchange ADAccess Domain Controllers(*)" \
        + "\\Long running LDAP operations/Min" ]
    IcingaCheckPerfcounter_Object_Critical = 50
```

[5] https://technet.microsoft.com/en-us/library/dn904093(v=exchg.150).aspx

```
  }

  vars.counter["Processes LDAP Read Time"] = {
    IcingaCheckPerfcounter_Array_PerfCounter = [
        "\\MSExchange ADAccess Processes(*)" \
        + "\\LDAP Read Time" ]
    IcingaCheckPerfcounter_Object_Warning = 50
    IcingaCheckPerfcounter_Object_Critical = 100
  }

  vars.counter["Processes LDAP Search Time"] = {
    IcingaCheckPerfcounter_Array_PerfCounter = [
        "\\MSExchange ADAccess Processes(*)" \
        + "\\LDAP Search Time" ]
    IcingaCheckPerfcounter_Object_Warning = 50
    IcingaCheckPerfcounter_Object_Critical = 100
  }
}
```

Codebeispiel F.30: »Privates« Template für alle Exchange-2013-Rollen

```
template Host "exchange-um" {
  vars.services["Exchange UM Services"] = {
    IcingaCheckService_Array_Service = [
        "MSExchangeUM",
        "MSExchangeUMCR" ]
  }
}
```

Codebeispiel F.31: »Privates« Template für den Unified Messaging Server

```
template Host "exchange-mailbox" {
  import "exchange-transport"
  import "exchange-um"

  vars.services["Exchange Mailbox Services"] = {
    IcingaCheckService_Array_Service = [
        "MSExchangeDelivery",
        "MSExchangeIS",
        "MSExchangeMailboxAssistants",
        "MSExchangeRepl",
        "MSExchangeRPC",
        "MSExchangeSubmission",
        "MSExchangeThrottling",
        "MSExchangeTransportLogSearch" ]
  }

  vars.counter["IS Client RPC Requests"] = {
```

```
  IcingaCheckPerfcounter_Array_PerfCounter = [
      "\\MSExchangeIS Client Type(*)\\RPC Requests" ]
  IcingaCheckPerfcounter_Object_Critical = 70
}

vars.counter["IS Client RPC Average Latency"] = {
  IcingaCheckPerfcounter_Array_PerfCounter = [
      "\\MSExchangeIS Client Type(*)" \
      + "\\RPC Average Latency" ]
  IcingaCheckPerfcounter_Object_Critical = 50
}

vars.counter["IS Store Average Latency"] = {
  IcingaCheckPerfcounter_Array_PerfCounter = [
      "\\MSExchangeIS Store(*)\\RPC Average Latency" ]
  IcingaCheckPerfcounter_Object_Warning = 50
  IcingaCheckPerfcounter_Object_Critical = 100
}

vars.counter["IS Store RPC Operations"] = {
  IcingaCheckPerfcounter_Array_PerfCounter = [
      "\\MSExchangeIS Store(*)\\RPC Operations/sec" ]
}

vars.counter["IS Client RPC Operations"] = {
  IcingaCheckPerfcounter_Array_PerfCounter = [
     "\\MSExchangeIS Client Type(*)" \
     + "\\RPC Operations/sec" ]
}

vars.counter["DB Reads (Attached) Average Latency"] = {
  IcingaCheckPerfcounter_Array_PerfCounter = [
     "\\MSExchange Database ==> Instances(*)" \
     + "\\I/O Database Reads (Attached) Average Latency" ]
  IcingaCheckPerfcounter_Object_Critical = 20
}

vars.counter["DB Writes (Attached) Average Latency"] = {
  IcingaCheckPerfcounter_Array_PerfCounter = [
     "\\MSExchange Database ==> Instances(*)" \
     + "\\I/O Database Writes (Attached) Average Latency" ]
  IcingaCheckPerfcounter_Object_Critical = 50
}

vars.counter["DB Log Writes Average Latency"] = {
  IcingaCheckPerfcounter_Array_PerfCounter = [
```

```
        "\\MSExchange Database ==> Instances(*)" \
        + "\\I/O Log Writes Average Latency" ]
    IcingaCheckPerfcounter_Object_Critical = 10
  }

  vars.counter["DB Reads (Recovery) Average Latency"] = {
    IcingaCheckPerfcounter_Array_PerfCounter = [
       "\\MSExchange Database ==> Instances(*)" \
       + "\\I/O Database Reads (Recovery) Average Latency" ]
    IcingaCheckPerfcounter_Object_Critical = 200
  }

  vars.counter["DB Writes (Recovery) Average Latency"] = {
    IcingaCheckPerfcounter_Array_PerfCounter = [
        "\\MSExchange Database ==> Instances(*)" \
        + "\\I/O Database Writes (Recovery) Average Latency" ]
    IcingaCheckPerfcounter_Object_Critical = 200
  }

  vars.counter["DB active copies"] = {
    IcingaCheckPerfcounter_Array_PerfCounter = [
        "\\MSExchange Active Manager(_total)" \
        + "\\Database Mounted" ]
  }
}
```

Codebeispiel F.32: Template für die »Mailbox Server«-Rolle

```
template Host "exchange-transport" {
  import "exchange-common"

  vars.services["Exchange Transport Services"] = {
    IcingaCheckService_Array_Service = [
        "MSExchangeEdgeSync",
        "MSExchangeTransport",
        "MSExchangeTransportLogSearch" ]
  }

  vars.counter["Total Active Mailbox Delivery Queue"] = {
    IcingaCheckPerfcounter_Array_PerfCounter = [
        "\\MSExchangeTransport Queues(_total)" \
        + "\\Active Mailbox Delivery Queue Length" ]
    IcingaCheckPerfcounter_Object_Critical = 250
  }

  vars.counter["Total Active Non-Smtp Delivery Queue"] = {
    IcingaCheckPerfcounter_Array_PerfCounter = [
```

```
      "\\MSExchangeTransport Queues(_total)" \
      + "\\Active Non-Smtp Delivery Queue Length" ]
  IcingaCheckPerfcounter_Object_Critical = 250
}

vars.counter["Total Active Remote Delivery Queue"] = {
  IcingaCheckPerfcounter_Array_PerfCounter = [
      "\\MSExchangeTransport Queues(_total)" \
      + "\\External Active Remote Delivery Queue Length" ]
  IcingaCheckPerfcounter_Object_Critical = 250
}

vars.counter["Total Aggregate Delivery Queue \
  (all external queues)"] = {
  IcingaCheckPerfcounter_Array_PerfCounter = [
      "\\MSExchangeTransport Queues(_total)" \
      + "\\External Aggregate Delivery Queue Length" \
      + " (All External Queues)" ]
  IcingaCheckPerfcounter_Object_Warning = 3000
  IcingaCheckPerfcounter_Object_Critical = 5000
}

vars.counter["Total Largest Delivery Queue"] = {
  IcingaCheckPerfcounter_Array_PerfCounter = [
      "\\MSExchangeTransport Queues(_total)" \
      + "\\External Largest Delivery Queue Length" ]
  IcingaCheckPerfcounter_Object_Critical = 200
}

vars.counter["Total Poison Queue"] = {
  IcingaCheckPerfcounter_Array_PerfCounter = [
      "\\MSExchangeTransport Queues(_total)" \
      + "\\Poison Queue Length" ]
  IcingaCheckPerfcounter_Object_Critical = 1
}

vars.counter["Total Retry Mailbox Delivery Queue"] = {
  IcingaCheckPerfcounter_Array_PerfCounter = [
      "\\MSExchangeTransport Queues(_total)" \
      + "\\Retry Mailbox Delivery Queue Length" ]
  IcingaCheckPerfcounter_Object_Critical = 100
}

vars.counter["Total Retry Non-Smtp Delivery Queue"] = {
  IcingaCheckPerfcounter_Array_PerfCounter = [
      "\\MSExchangeTransport Queues(_total)" \
```

```
        + "\\Retry Non-Smtp Delivery Queue Length" ]
    IcingaCheckPerfcounter_Object_Critical = 100
  }

  vars.counter["Total Retry Remote Delivery Queue"] = {
    IcingaCheckPerfcounter_Array_PerfCounter = [
        "\\MSExchangeTransport Queues(_total)" \
        + "\\External Retry Remote Delivery Queue Length" ]
    IcingaCheckPerfcounter_Object_Critical = 100
  }

  vars.counter["Total Submission Queue"] = {
    IcingaCheckPerfcounter_Array_PerfCounter = [
        "\\MSExchangeTransport Queues(_total)" \
        + "\\Submission Queue Length" ]
    IcingaCheckPerfcounter_Object_Critical = 100
  }

  vars.counter["Total Unreachable Queue Length"] = {
    IcingaCheckPerfcounter_Array_PerfCounter = [
        "\\MSExchangeTransport Queues(_total)" \
        + "\\Unreachable Queue Length" ]
    IcingaCheckPerfcounter_Object_Critical = 100
  }
}
```

Codebeispiel F.33: Template für die »Edge Transport Server«-Rolle

```
template Host "exchange-cas" {
  import "exchange-transport"
  import "exchange-um"

  vars.services["Exchange CAS Services"] = {
    IcingaCheckService_Array_Service = [
        "MSExchangeMailboxReplication",
        "MSExchangeFrontEndTransport",
        "MSExchangeIMAP4",
        "MSExchangeRPC" ]
  }

  vars.http_vhosts["Exchange Control Panel"] = {
    http_uri = "/ecp/healthcheck.htm"
    http_ssl = true
    http_string = "200 OK<br/>"
  }

  vars.http_vhosts["Exchange Web Service"] = {
```

```
    http_uri = "/ews/healthcheck.htm"
    http_ssl = true
    http_string = "200 OK<br/>"
  }

  vars.http_vhosts["Outlook Web App"] = {
    http_uri = "/owa/healthcheck.htm"
    http_ssl = true
    http_string = "200 OK<br/>"
  }

  vars.http_vhosts["Exchange RPC"] - {
    http_uri = "/rpc/healthcheck.htm"
    http_ssl = true
    http_string = "200 OK<br/>"
  }

  vars.http_vhosts["Offline Address Book"] = {
    http_uri = "/OAB/healthcheck.htm"
    http_ssl = true
    http_string = "200 OK<br/>"
  }

  vars.http_vhosts["Exchange ActiveSync"] = {
    http_uri = "/Microsoft-Server-ActiveSync/healthcheck.htm"
    http_ssl = true
    http_string = "200 OK<br/>"
  }

  vars.counter["CAS RPC Averaged Latency"] = {
    IcingaCheckPerfcounter_Array_PerfCounter = [
        "\\MSExchange RpcClientAccess" \
        + "\\RPC Averaged Latency" ]
    IcingaCheckPerfcounter_Object_Critical = 250
  }

  vars.counter["CAS RPC Requests"] = {
    IcingaCheckPerfcounter_Array_PerfCounter = [
        "\\MSExchange RpcClientAccess" \
        + "\\RPC Requests" ]
    IcingaCheckPerfcounter_Object_Critical = 40
  }

  vars.counter["CAS Active User Count"] = {
    IcingaCheckPerfcounter_Array_PerfCounter = [
        "\\MSExchange RpcClientAccess" \
```

```
        + "\\Active User Count" ]
  }

  vars.counter["CAS Connection Count"] = {
    IcingaCheckPerfcounter_Array_PerfCounter = [
        "\\MSExchange RpcClientAccess" \
        + "\\Connection Count" ]
  }

  vars.counter["CAS RPC Operations"] = {
    IcingaCheckPerfcounter_Array_PerfCounter = [
        "\\MSExchange RpcClientAccess" \
        + "\\RPC Operations/sec" ]
  }

  vars.counter["CAS RPC User Count"] = {
    IcingaCheckPerfcounter_Array_PerfCounter = [
        "\\MSExchange RpcClientAccess" \
        + "\\User Count" ]
  }
}
```

Codebeispiel F.34: Template für die »Client Access Server«-Rolle

Abkürzungsverzeichnis

ACL	Access Control List
AD	Active Directory
AJP	Apache JServ Protocol
API	Application Programming Interface
AWS	Amazon Web Services
BAPI	Business Application Programming Interface
BMC	Baseboard Management Controller
CA	Certificate Authority
CAS	Client Access Server
CCMS	Computer Center Management System
CentOS	Community Enterprise Operating System
CFS	Cluster File System
CIFS	Common Internet File System
CLI	Command Line Interface
CMDB	Configuration Management Database
CMS	Content Management System
CN	Common Name
COM	Component Object Model
CPAN	Comprehensive Perl Archive Network
CRL	Certificate Revocation List
CSV	Comma-separated values
DAS	Direct Attached Storage
DBA	Datenbankadministrator
DBD	Database Driver
DBMS	Database Management System
DDoS	Destributed Denial of Service
DHCP	Dynamic Host Configuration Protocol
DLL	Dynamic Link Library
DMZ	Demilitarized Zone
DN	Distinguished Name
DNS	Domain Name System
DoS	Denial of Service
DSL	Domain Specific Language
ELK	Elasticsearch Logstash Kibana

EPEL Extra Packages for Enterprise Linux
ERP Enterprise Resource Planning
EVA Enterprise Virtual Array
FHS Filesystem Hierarchy Standard
FPM FastCGI Process Manager
FQDN Fully Qualified Domain Name
GELF Graylog Extended Log Format
GFS Global File System
GnuPG Gnu Privacy Guard
GPG Gnu Privacy Guard
GUI Graphical User Interface
HA High Availability
HP Hewlett Packard
HTTP Hypertext Transfer Protocol
HTTPS Hypertext Transfer Protocol Secure
ICMP Internet Control Message Protocol
IDE Integrated Device Electronics
IDO Icinga Data Output
IEEE Institute of Electrical and Electronics Engineers
iLO Integrated Lights-Out
IMAP Internet Message Access Protocol
IOPS Input/Output operations Per Second
IPMI Intelligent Platform Management Interface
ITL Icinga Template Library
JDBC Java Database Connectivity
JMX Java Management Extensions
JRE Java Runtime Environment
JSON JavaScript Object Notation
KDC Key Distribution Center
KVM Kernel-based Virtual Machine
LAN Local Area Network
LDAP Lightweight Directory Access Protocol
LSM Log-Structured Merge Tree
LXC Linux Containers
MAC Media Access Control
MIB Management Information Base
MS Microsoft
MSI Microsoft Windows Installer
MTA Mail Transfer Agent
MTE Monitoring Tree Element
MTU Maximum Transmission Unit
MX Mail Exchange
NAS Network Attached Storage

NAT Network Address Translation
NFS Network File System
NPCD Nagios Perfdata C Daemon
NRPE Nagios Remote Plugin Executor
NSCA Nagios Service Check Acceptor
NTP Network Time Protocol
NWRFC NetWeaver RFC
OCFS2 Oracle Cluster File System
OID Object Identifier
OSMC Open Source Monitoring Conference
OSS Open Source Software
PHP Hypertext Preprocessor
PID Process Identifier
PIP PIP Installs Packages
PKI Public Key Infrastructure
PNG Portable Network Graphics
POP3 Post Office Protocol 3
PVE Proxmox Virtual Environment
QEMU Quick Emulator
RAID Redundant Array of Independent Disks
RAM Random Access Memory
RBL Realtime Blacklist
RC Return Code
Regex Regular Expression
REST Representational State Transfer
RFC Requests for Comments
RHEL RedHat Enterprise Linux
RPC Remote Procedure Call
RPM RedHat Package Manager
RRA Round Robin Archive
RRD Round Robin Database
SAN Storage Area Network
SCL Software Collection for Linux
SDK Software Development Kit
SLA Service Level Agreement
SLES SUSE Linux Enterprise Server
SMB Server Message Block
SMTP Simple Mail Transfer Protocol
SNMP Simple Network Management Protocol
SOAP Simple Object Access Protocol
SPOF Single Point of Failure
SPOK Single Point of Knowledge
SQL Standard Query Language

SSD Solid State Drive
SSH Secure Shell
SSL Secure Socket Layer
SSTable Sorted String Table
STONITH Shot The Other Node In The Head
TCP Transmission Control Protocol
TDS Tabular Data Stream
TFT Thin Film Transistor
TLS Transport Layer Security
TSDB Time Series Database
TSM Time-Structured Merge Tree
UDP User Datagram Protocol
UI User Interface
URI Uniform Resource Identifier
UMCR Unified Messaging Call Router
URL Uniform Resource Locator
USV unterbrechungsfreie Stromversorgung
VB Visual Basic
VBS Visual Basic Scripting Edition
VRRP Virtual Router Redundancy Protocol
WAL Write Ahead Log
WAR Web Application Archive
WMI Windows Management Instrumentation
WSGI Web Server Gateway Interface
XMI External Management Interface
YAML YAML Ain't Markup Language
ZFS Zettabyte File System

Index

D

X

Y

Z